I libri di Viella

254

La mobilità sociale nel Medioevo italiano

3. Il mondo ecclesiastico (secoli XII-XV)

a cura di
Sandro Carocci e Amedeo De Vincentiis

viella

Prima edizione: novembre 2017
ISBN 978-88-6728-868-7

Volume pubblicato con il contributo del Ministero dell'Istruzione, dell'Università e della Ricerca (PRIN 2012: La mobilità sociale nel medioevo italiano) e del Dipartimento di Storia, patrimonio culturale, formazione e società dell'Università degli Studi di Roma Tor Vergata.

viella
libreria editrice
via delle Alpi, 32
I-00198 ROMA
tel. 06 84 17 758
fax 06 85 35 39 60
www.viella.it

Indice

Identità ecclesiastiche e mobilità

Poteri laici e traiettorie ecclesiastiche

Sandro Carocci e Amedeo De Vincentiis

Introduzione

Tanti testi, anche i più strani, ci parlano della fiducia che i contemporanei nutrivano nella capacità della Chiesa, e delle sue risorse, di cambiare le condizioni sociali. Alla metà del Duecento, il contrasto spiazzante fra il bucranio affisso all'esterno della romana Porta San Lorenzo e la possente testa di toro all'interno veniva interpretato, ad esempio, come una carnale metafora dei benefici effetti della Chiesa, capace di trasformare in "grassi" e ricchi «quelli ke macri intravano in Roma».[1] E gli storici non sono stati da meno, insistendo sulla Chiesa come «the most visible avenue of social advance in the medieval world»,[2] oppure individuando nel clero «la prima élite competitiva della società occidentale», in quanto «solo ordine della società medievale e primo moderna dove, in virtù del celibato», i membri venivano reclutati per le loro qualità.[3] Per

1. E. Monaci, *Le* Miracole de Roma, in «Archivio della Reale Società Romana di Storia Patria», 38 (1915), pp. 551-590, a p. 582. Questo passo de *Le miracole de Roma,* assente nella versione latina dei *Mirabilia Urbis Romae* di cui *Le miracole* sono un volgarizzamento, è stato attribuito dagli editori dei *Mirabilia* all'"umorismo" del volgarizzatore romano (R. Valentini, G. Zucchetti, *Codice topografico della Città di Roma*, vol. III, Roma 1946, p. 112); peraltro figura anche in una versione latina, per quanto tradita da un codice tardo (cfr. G. Colella, *Descriptio brevis. Considerazioni su "Le miracole de Roma"*, in *Testi brevi*, Atti del Convegno internazionale di studi, Roma 8-10 giugno 2006, a cura di M. Dardano, G. Frenguelli e E. De Roberto, Roma 2008, pp. 163-180: p. 168).

2. D. Herlihy, *Three Patterns of Social Mobility in Medieval Society*, in «Journal of Interdisciplinary History», 3 (1973), pp. 623-647: p. 624.

3. Così riassume la visione prevalente W. Reinhard, *Kirche als Mobilitätskanal der frühneuzeitlichen Gesellschaft*, in *Ständische Gesellschaft und soziale Mobilität*, a cura di W. Schulze, Munich 1982, pp. 333-351: pp. 333-334.

questo è stato scritto che «la Chiesa restava la via per eccellenza della mobilità sociale».[4]

Non tutti gli storici condividono la fiducia sull'effettivo ruolo della Chiesa come canale di mobilità sociale. Uno dei massimi storici sociali della Chiesa di età moderna, Wolfgang Reinhard, ha pubblicato un articolo sulla Chiesa come fattore di ascesa sociale (*Mobilitätskanal*) nella prima età moderna. L'articolo inizia ricordando come gli studi insistano sull'efficacia del canale ecclesiastico di mobilità sociale, e sottolinea come i teologi avessero imparato ad approvare l'ascesa sociale (una tematica molto approfondita, in questo volume, dal saggio di Giacomo Todeschini, che insiste sullo scarto fra la moderna concezione di mobilità sociale da un lato, e dall'altro la rappresentazione ecclesiologica della promozione sociale e i percorsi per cui si giunse a una sua legittimazione canonistica e teologica). Reinhard prosegue citando casi eclatanti di papi e cardinali di modesta origine. Ma poi arriva il ribaltamento: questa immagine non è così semplice, non è così vera. Segue una fitta analisi, basata su dati statistici circa l'origine sociale di santi, cardinali, papi, vescovi, preti. E la conclusione è perentoria: la Chiesa ha favorito soprattutto una mobilità interna alle classi, e non fra le classi, è stata cioè strumento di «riproduzione delle frontiere esistenti fra gli ordini sociali».[5] Come illustra bene Daniela Rando più oltre, nella storiografia tedesca più recente qucsta valutazione è accolta anche per il medioevo. Nelle regioni dell'Impero tedesco, le cariche ecclesiastiche «affiancarono le ascese sociali piuttosto che esserne la radice», furono utili per la crescita di status ma non il suo vero motore.

In Italia l'approccio storiografico è per così dire meno negazionista. Le ragioni che inducono a insistere, per l'Italia medievale, sul ruolo della Chiesa come canale di mobilità sociale sono numerose, ma due spiccano sulle altrc. La prima è il nepotismo. A Roma e in generale in Italia, palazzi e opere d'arte testimoniano tuttora quanto il nepotismo abbia potuto rendere potenti e ricchi i suoi beneficiati. E in effetti, come illustrano i saggi di Armand Jamme, Stefano Magni e Sandro Carocci, il tema del nepotismo

4. J. Verger, *Il rinascimento del XII secolo*, in *La fioritura della dialettica. X-XII secolo*, a cura di I. Biffi e C. Marabelli, Milano 2008, pp. 127-185: p. 149. Per l'Inghilterra, v. J. Gillingham, *Some Observation on Social Mobility in England between the Norman Conquest and the Early Thirteenth Century*, in *England and Germany in the High Middle Ages*, a cura di A. Haverkamp, H. Vollrath e K. Leyser, Oxford 1996, pp. 333-355: pp. 344-348.

5. Reinhard, *Kirche als Mobilitätskanal*.

riguarda da vicino le ascese sociali. La seconda ragione è la capacità del mondo ecclesiastico di restare anche nel tardo medioevo, in Italia centro-settentrionale, un canale di ascesa meno subordinato al potere politico di quanto non accada in altri stati europei (un tema su cui torneremo dopo).

Ciò detto, va subito osservato che la nostra ricerca ha sfumato da almeno tre punti di vista questo giudizio circa il rilievo del canale ecclesiastico di mobilità sociale. In primo luogo, le tante varianti locali e cronologiche su cui insistono quasi tutti i contributi qui raccolti mostrano che il ricorso alla Chiesa per alimentare percorsi di ascesa sociale non era un atteggiamento da considerare come scontato e onnipresente, ma una pratica che si attivava con forza solo in determinati contesti e condizioni. Da questo punto di vista, il caso più esemplificativo è probabilmente quello di Lucca nel XIII secolo.[6] Ma gli esempi possibili sono numerosi, anche ai livelli bassi del clero. Come ricorda Michele Pellegrini, lo studio degli abitanti delle campagne fiorentine (diocesi di Fiesole) che durante il XIV secolo presero la prima tonsura e gli ordini minori attesta che in grande maggioranza (oltre l'80%) finirono per abbandonare la carriera clericale, visto che la difficoltà di ottenere un beneficio li spinse «a sposarsi e a prendere tutt'altra professione». Il secondo luogo, l'importanza dei percorsi di cambiamento sociale alimentati dalla Chiesa è stata sfumata dalla constatazione, simile a quella degli studi tedeschi, che le cariche ecclesiastiche erano funzionali alla conservazione di uno *status* familiare almeno altrettanto spesso che all'arrampicata sociale. Questa constatazione, tuttavia, è bilanciata dalla coscienza di una ben maggiore apertura sociale del clero italiano. Come afferma l'intervento di Andrea Tilatti, persino i capitoli cattedrali, che pure erano «fra gli istituti della Chiesa i più conservatori, vere cittadelle aristocratiche», almeno nel XIV-XV secolo finivano per accogliere gli esponenti delle nuove famiglie, sia pure con ritardi di alcuni decenni rispetto alla loro affermazione socio-politica.[7] Rispetto al mondo delle monarchie europee, un'altra differenza dei canonici dell'Italia centro-settentrionale era costituita dal legame molto più debole con il potere politico e molto più stretto, dal XIV secolo, con il papa. Così, se Oltralpe si è potuto parlare dei

6. A. Poloni, *La mobilità sociale a Lucca nel Duecento. Qualche riflessione sul ruolo delle istituzioni religiose*, in *Il patrimonio documentario della Chiesa di Lucca. Prospettive di ricerca*, a cura di S. Pagano e P. Piatti, Firenze 2010, pp. 131-156.

7. La frase citata è da R. Bizzocchi, *Chiesa e potere nella Toscana del Quattrocento*, Bologna 1987, p. 24.

«canonici come ecclesiastici servitori dello Stato», in tante regioni italiane vanno piuttosto considerati «come servitori della Chiesa di Roma».[8]

In terzo luogo, la nostra ricerca ha attenuato il ruolo della Chiesa nel cambiamento sociale sottolineando come solo raramente essa sia stata un canale di mobilità sociale autosufficiente. Molto spesso il canale ecclesiastico ha affiancato ascese alimentate anche da altri fattori. Ha fornito redditi e occupazioni aggiuntive, spazi per l'azione politica, prestigio familiare, forza simbolica, collegamenti con il potere e con le cerchie dirigenti. Sebbene in misura molto minore a quanto avveniva nei grandi stati monarchici europei (e in Italia nel Regno di Sicilia-Napoli, illustrato da Kristjan Toomaspoeg), alcune carriere ecclesiastiche furono a tal punto alimentate dall'appoggio dei governanti da apparire il risultato, piuttosto che il motore, di ascese sociali avvenute altrove, nel mondo della politica e del governo degli stati.

In realtà questa terza limitazione è valida per tutti i canali di mobilità sociale. La scuola, l'esercito, le organizzazioni politiche, la burocrazia, e via dicendo: quasi sempre un canale di mobilità sociale opera in relazione strettissima con altre risorse, altri canali. Una simile presa d'atto si accompagna a una storiografia che ha abbandonato ogni insistenza su appartenenze e rigidità cetuali, e muove da un'idea più complessa di mondo sociale e dei fattori che ne determinano il cambiamento. Viene indagata l'*agency* degli attori, e la rete relazionale a loro disposizione. In questo senso le cariche ecclesiastiche, più ancora che una fonte di risorse economiche, appaiono come l'accesso a un mondo di relazioni e a una pluralità di risorse.[9]

Ovviamente un ruolo importante viene attribuito anche alle risorse immateriali e simboliche. Al riguardo, va ammesso che queste ultime sono state le meno indagate dal gruppo di ricerca. Il prestigio derivato dalle cariche ecclesiastiche è stato in un certo senso presupposto, dato per scontato, e solo in pochi casi oggetto di analisi. Una serie di notazioni sparse appaiono comunque indicative. È stato osservato, ad esempio, come a partire dalla metà del XIV secolo la diffusione dell'araldica episcopale e la rivendicazione da parte dei vescovi del titolo comitale servissero ai presuli

8. M. Pellegrini, *Corte di Roma e aristocrazie italiane in età moderna*, in «Rivista di storia e letteratura religiosa», 30 (1994), pp. 543-602: p. 562.

9. Per un quadro delle ricerche e dei problemi, cfr. S. Carocci, *Mobilità sociale e medioevo*, in «Storica. Rivista quadrimestrale», 15 (2009), pp. 11-55.

per rivendicare la nobiltà della loro carica, e a riverberarla sulla parentela.[10] Oppure gli studi sui capitoli hanno mostrato come il canonicato fornisse, accanto a quelli materiali, vantaggi simbolici e carismatici, che contribuivano «a depurare lo status di chi poteva aver guadagnato posizioni sul piano economico, esercitando magari attività lucrose, ma sentiva il bisogno di ricollocarsi sul piano della considerazione e onorabilità» (A. Tilatti). A Roma, in alcune città e soprattutto nel Sud, illustrato nel saggio di Toomaspoeg, la formazione di nomi di famiglia come *De Episcopo, De Abate, De Arcipretis* testimonia non soltanto il ruolo dell'ecclesiastico nell'affermazione materiale della famiglia, ma anche una rivendicazione di ordine simbolico – un fenomeno antroponimico e sociale notato con precisione già a metà XIII secolo dal cardinale Hugh of St-Cher.[11] Il piano della valutazione simbolica, della percezione di status, poteva d'altra parte essere anche veicolo di mobilità inversa, come quella sperimentata a partire dal tardo XIV secolo dal clero curato subordinato al quale i titolari dei benefici di chiese rurali affidavano la cura d'anime: come osserva Pellegrini nel suo intervento, in questo caso ancor più grave della precarizzazione delle condizioni di ingaggio di vicari, cappellani, coadiutori e preti salariati fu la crescente minore considerazione da parte della società e della comunità dei fedeli.

I partecipanti alla ricerca di gruppo sulla connessione fra mondo ecclesiastico e cambiamento sociale hanno a più riprese sottolineato la varietà e l'ampiezza della tematica. Talora l'immensità dell'argomento è apparsa soverchiante. In particolare, ci siamo interrogati sull'ampiezza della nozione di "ecclesiastico", sulla diversificazione geografica e sulla cronologia.

Il primo problema è stato l'ampiezza e per certi aspetti anche la vaghezza di ciò che dobbiamo intendere con la nozione di "Chiesa", o meglio di mondo ecclesiastico. Nel corso delle nostre indagini abbiamo esaminato molteplici manifestazioni istituzionalizzate della presenza della Chiesa, ad ogni livello. In primo luogo, come ovvio, papi, cardinali, apparati della Curia pontificia, vescovi. Per quanto importanti, si trattava pur sempre di un numero ristretto di individui e famiglie, che è stato ampliato studiando

10. A. Gamberini, *La nobiltà del pastore. Una nota sui processi di formalizzazione di status nel Trecento*, in *Medioevo dei poteri. Studi di storia per Giorgio Chittolini*, a cura di N. Covini, Roma 2012, pp. 77-96.

11. *Hugonis de Sancto Charo... Tomus quintus in libros Prophetarum...*, Venetiis 1732, p. 16: «Hodie uno episcopante, tota progenies episcopatur cum illo. Nam omnes de genere eius amittunt nomina, et qui prius dicebatur filius fabri, nunc dicitur nepos episcopi».

i molto più numerosi canonici e chierici di tutti gli ordini, compresi il clero subordinato e privo di benefici. Abbiamo poi tenuto conto degli ordini monastici di ogni tipo, maschili e femminili, su cui si sofferma Anna Maria Rapetti, e a partire dal XIII secolo anche dei Mendicanti. Infine è stato accordato spazio a istituzioni ecclesiastiche di altro tipo, come confraternite, ospedali, sodalizi religiosi volti a provvedere la fornitura di doti o a sostenere femmine pericolanti.[12]

Contribuisce a determinare l'ampiezza del mondo ecclesiastico anche l'impossibilità di darne sempre una definizione autonoma, slegata da ogni commistione laica. In un celebre saggio di storia della letteratura, nel 1960 Carlo Dionisotti ricordava quanti chierici si contassero fra le glorie letterarie italiane: da Petrarca a Boccaccio, da Angelo Poliziano al teorico della famiglia rinascimentale, Leon Battista Alberti, sempre si trattava di chierici, destinati al celibato e sostenuti nella loro attività da benefici ecclesiastici. All'inizio del Cinquecento, fra i cento principali letterati italiani, almeno la metà erano ecclesiastici: nel gruppo troviamo una ventina di cardinali e vescovi, monaci e poi i tanti letterati nelle condizioni di Ariosto, semplici chierici senza sacerdozio ma che «di buona o cattiva voglia debbono sottostare agli obblighi inerenti» il beneficio ecclesiastico che dà loro da vivere. Spesso personaggi privi di «una vocazione religiosa» e inclini «al vivere proprio dei laici».[13] Sono constatazioni che le nostre ricerche hanno permesso di estendere molto, fin dal XIII secolo, soprattutto per i canonici, un «clero bifronte integrato socialmente con i laici (e prima di tutto con le famiglie di provenienza), dei quali condivide stili di vita e aspirazioni» (così il contributo di Gian Maria Varanini, che ha peraltro un approccio parzialmente diverso da quello qui espresso). E l'intimità e, per molto aspetti, la confusione fra profilo clericale e profilo laico riguarda in modo massiccio anche i livelli più bassi del clero, quelli dei semplici tonsurati e degli ordini minori. Come mostrano i ricordati dati relativi alla diocesi di Fiesole, per molti di costoro, del resto, l'appartenenza ecclesiastica costituì soltanto un segmento minoritario del percorso di vita. La commistione fra la sfera ecclesiastica e quella laica appare poi fortissima

12. A. Esposito, *Non solo carità. Confraternite e mobilità sociale a Roma alla fine del Medioevo*, e C. d'Avossa, *Mobilità sociale e assistenza dotale a Roma (XV-XVI secc.)*, in *La mobilità sociale nel Medioevo italiano*, 5, *Roma e la Chiesa (secoli XII-XV)*, a cura di C. Carbonetti e M. Vendittelli, Roma 2017, rispettivamente pp. 99-114 e pp. 115-138 .

13. C. Dionisotti, *Chierici e laici* (1960), in Id., *Geografia e storia della letteratura italiana*, Torino 1999, pp. 55-88: p. 72.

nel ruolo giocato dalle istituzioni politiche per le carriere del clero. Come vedremo oltre, nel Regno di Sicilia fin dal XII secolo, e poi a partire dal XIV secolo anche in molte città centro-settentrionali passate sotto governi personali o familiari, gli incarichi ecclesiastici erano spesso concessi come premi a funzionari particolarmente devoti. Inoltre a monaci e frati i comuni affidavano incarichi politici e finanziari di ogni tipo, esaminati nel saggio di Paolo Grillo.

Tutto questo va ricordato per evitare un rischio interpretativo sempre in agguato, soprattutto negli studiosi delle istituzioni ecclesiastiche, della religiosità e dei culti: quello di volere adottare definizioni di clero e di carriera ecclesiastica basate su l'idea di un qualche significato ecclesiale della carica, su un'autonomia delle gerarchie ecclesiastiche e sulla netta distinzione fra ecclesiastico e laico. È un approccio legittimo nello studio del diritto canonico, del pensiero teologico, del sentimento religioso, ma porta fuori strada quando si vuole comprendere il significato sociale del mondo ecclesiastico. Spinge infatti ad applicare anche ai secoli medievali classificazioni della sfera ecclesiastica e di quella laica di matrice tridentina, che poco si adattano alla storia anteriore. All'opposto, è meglio muovere proprio dalla diversa connotazione del nesso fra mondo ecclesiastico e mondo laico per capire come in epoca pre-tridentina il ruolo giocato dalla Chiesa come canale di mobilità sociale si sia configurato in forme proprie, e dunque spesso diverse da quelle di età moderna. Tanto più che le distinzioni moderne appaiono incongrue per la realtà medievale anche dal punto di vista patrimoniale. Da un lato, come vedremo, le famiglie consideravano spesso di avere diritti di possesso e quasi proprietari sui benefici dei propri chierici; dall'altro lato, soprattutto in alcune realtà rurali gli stessi patrimoni fondiari di chiese e istituzioni ecclesiastiche potevano venire concepiti come un bene comune, sottoposto a un controllo collettivo, dato in concessione ai membri della comunità con contratti di favore e usato per effettuare prestiti a basso interesse.[14]

Oltre ai problemi connessi all'ampiezza del mondo ecclesiastico, vi sono quelli legati alle diversità geografiche. L'assetto ecclesiastico era frutto di peculiari vicende regionali. Nel Sud, tranne che in Abruzzo e in Sici-

14. Per alcuni interessanti esempi da regioni alpine, v. M. Della Misericordia, *Commune ecclexie. Chiese e società locali in Valtellina e nelle Alpi lombarde nel tardo medioevo*, Sondrio 2015, pp. 32-38; E. Curzel, *Sul ruolo economico delle chiese di villaggio nel tardo medioevo. Notizie da libri di conti dell'area trentina*, in «Storia e regione», 24 (2015), pp. 62-72.

lia, fra IX e inizio XII secolo era stato creato un numero impressionate di diocesi (ben 145), spesso di grande povertà. In media l'imposta pontificia del *servitium commune* era nel Regno di 184 fiorini, contro i 4.000 dell'Inghilterra e gli oltre 800 dell'Italia settentrionale. Ma la media maschera un gran numero di vescovati lillipuziani, con redditi miserrimi. Vi erano diocesi con meno di 1.000 abitanti, in un caso addirittura solo con 300 fedeli. Non meraviglia che i loro vescovi venissero considerati, fuori dal Regno di Sicilia, una sorta di curati di campagna.[15] Ogni area ha le proprie peculiarità. Fra tutte, ovviamente, spicca Roma, a cui sono dedicati gli interventi di Cristina Carbonetti, Sandro Carocci e un intero altro volume.[16]

Altre difformità geografiche mutavano a seconda delle epoche, e possiamo trattarle, dunque, assieme ai problemi suscitati dalla grande complessità di sviluppi cronologici. Si può pensare, anzi, che l'esistenza di evoluzioni complesse dovrebbe suggerire di evitare scansioni cronologiche generali, inevitabilmente approssimative. Coscienti del rischio di generalizzazioni improprie, cercheremo tuttavia di proporre alcuni picchetti cronologici.

Il primo riguarda la prima parte del periodo considerato nella nostra ricerca collettiva, il XII secolo e la prima metà di quello successivo. Fu questa una fase di crescita demografica ma anche una nuova stagione ecclesiastica, caratterizzata dalla moltiplicazione delle chiese, da una presenza dcl clero più estesa e capillare, sia in città che in campagna, e poi dalla nascita di ordini di massa come quelli Mendicanti. Il numero dei sacerdoti e in generale dei membri del clero subì un aumento difficilmente stimabile, ma vertiginoso, che ne accrebbe molto l'influenza religiosa, culturale e anche sociale.

Una delle tante conseguenze di questa crescita di ruolo della Chiesa fu anche una maggiore apertura sociale: accedettero alla chiericatura livelli sociali che fino ad allora ne erano stati esclusi. Solo allora nacque veramente il basso clero. Per i ceti lavoratori delle città e delle campagne, la Chiesa iniziò ad essere un canale di miglioramento sociale sempre più frequentato. Gli obbiettivi perseguiti appaiono spesso modesti in termini assoluti, ma vanno valutati in relazione alla modestia complessiva degli

15. K.Toomaspoeg, *La pauvreté du clergé: le cas exemplaire des diocèses-cités du royaume de Sicile (XIe-XVe siècle)*, in *Puer Apuliae. Mélanges offerts à Jean-Marie Martin*, a cura di E. Cuozzo, V. Déroche, A. Peters-Custot e V. Prigent, Paris 2008, pp. 661-689.

16. *La mobilità sociale nel Medioevo italiano*, 5.

ambienti sociali di provenienza. Questa nuova apertura sociale è precocemente percepibile anche in Sicilia e in Italia meridionale, e spinse re Ruggero II nel 1140 a emanare quella che è forse la più antica legge regia circa le modalità con cui i contadini dipendenti potevano accedere alla condizione di chierico. Dapprima venne stabilito che per prendere gli ordini minori i *villani* dovessero ottenere il permesso dei loro signori, senza il quale ai vescovi era vietato compiere l'ordinazione; in seguito la normativa venne addolcita. I problemi nascevano dal fatto che il nuovo chierico otteneva per sé e la famiglia una parziale esenzione dagli obblighi signorili. In effetti gli inventari dei diritti signorili attestano che, in molti villaggi, a volte decine di contadini erano esonerati da qualche pagamento o servizio proprio in quanto discendenti o parenti di un chierico.[17]

Un altro snodo cronologico è collegato alla grande espansione numerica degli ordini mendicanti, evidente dal quarto decennio del XIII secolo. Come illustra Giulia Barone, da quel momento e per circa due generazioni almeno, i nobili, i possidenti e anche gli esponenti di famiglie solo modestamente agiate che si facevano frati compivano una scelta di mobilità inversa. Al momento dell'entrata nell'ordine, il frate perdeva non solo i possessi personali, ma la stessa identità familiare, e i frequenti cambiamenti di convento e di città impedivano anche la nascita di collegamenti territoriali. Tanto nei Francescani che nei Domenicani osserviamo comunque alcune formidabili carriere, di personaggi di oscura origine che arrivarono al cardinalato o persino al papato. Dunque almeno nel XIII secolo i Mendicanti causavano una mobilità sociale fortissima: verso il basso, per la maggioranza dei frati provenienti dai livelli medi e alti della società; ma anche la possibilità, per chi aveva qualità, di compiere ottime carriere nonostante le origini modeste.

Fra tutte le scansioni cronologiche da tenere in considerazione, le più importanti sembrano quelle relative al nesso che nella provvista di benefici si venne a stabilire fra Curia romana, governi politici e società locali. Erano anche i cambiamenti più importanti da un punto di vista geografico, perché in effetti le diversità regionali dipendevano molto dalla grande varietà di regimi politici italiani. Si passava dal Regno di Sicilia, cioè una realtà

17. G. Petralia, *La 'signoria' nella Sicilia normanna e sveva: verso nuovi scenari?*, in *La signoria rurale in Italia nel medioevo*, 2, a cura di M. L. Ceccarelli Lemut e C. Violante, Pisa 2006, pp. 217-254: pp. 245-262; S. Carocci, *Signorie di Mezzogiorno. Società rurali, poteri aristocratici e monarchia (XII-XIII secolo)*, Roma 2014, pp. 331-335.

monarchica per molti aspetti simile a quelle inglese, francese e iberiche, fino a città autonome, oltre naturalmente a regioni direttamente sottoposte all'autorità spirituale e temporale della Santa Sede.

Nel XII secolo, come ricorda Toomaspoeg, l'interferenza del potere politico sulle carriere ecclesiastiche risulta già molto forte nel Regno di Sicilia, dove i sovrani esercitavano quasi sempre un controllo effettivo sulle nomine dei vescovi. L'obbedienza dei presuli meridionali era inoltre assicurata dal sistema di finanziamento. La corona trasferiva ogni anno ai vescovi una quota delle entrate ritratte dai possessi e dai diritti che il fisco regio aveva all'interno della diocesi. Dunque una parte talvolta cospicua dei redditi episcopali proveniva non già dalla riscossione della decima dai fedeli, sconosciuta nel meridione italiano, e dai patrimoni episcopali, spesso modesti, ma da versamenti statali, che potevano venire interrotti in caso di contrasti. Nel XIII secolo la situazione meridionale restò grosso modo invariata, pur se gli interventi dei sovrani raggiunsero la massima intensità durante la fase di contrapposizione con il papato di Federico II e dei suoi eredi, mentre l'arrivo della dinastia angioina determinò una minore chiusura alle pressioni pontificie.

In Italia centro-settentrionale i cambiamenti furono molto maggiori.[18] Nel XII secolo l'interferenza fra potere politico e le potenzialità della Chiesa come canale di mobilità sociale appare in linea di massima debole. Anche nel XIII secolo la società urbana conservò un sostanziale controllo dei benefici locali, grazie a formali diritti di patronato e elezione, o tramite influenze informali. Già nella seconda metà del secolo peraltro il sistema delle "riserve" e "provviste" papali incideva molto sulle nomine episcopali, e al volgere del secolo compaiono i prodromi di un controllo sulle cariche ecclesiastiche da parte dei regimi signorili. Spetta tuttavia al XIV secolo vedere una chiara accentuazione sia degli interventi pontifici nella provvista dei benefici di ogni tipo, sia della vigilanza dei signori sulle prelature del loro Stato. Come ricorda il saggio di Gian Maria Varanini, si

18. Per vescovati e capitoli, forniscono un buon orientamento il saggio di Tilatti in questo volume, e M. Ronzani, *Vescovi, capitoli e strategie famigliari nell'Italia comunale*, in *La Chiesa e il potere politico dal Medioevo all'età contemporanea*, a cura di G. Chittolini e G. Miccoli, Torino 1986 («Storia d'Italia Einaudi, Annali», 9), pp. 103-146; M. Pellegrini, *Vescovo e città. Una relazione nel Medioevo italiano (secoli II-XIV)*, Milano 2009; M.C. Rossi, *Vescovi nel basso medioevo (1274-1378). Problemi, studi, prospettive*, in *Il difficile mestiere di vescovo (secoli X-XIV)*, Verona 2000, pp. 217-254. Ancora stimolante la lettura di R. Brentano, *Due chiese. Italia e Inghilterra nel XIII secolo*, Bologna 1972.

inaugurò allora un sistema di mediazioni fra papato, governi politici e società locali molto differenziato.[19] In linea di massima gli stati repubblicani e i regimi signorili (e poi principeschi) ebbero capacità di intervento abbastanza forti sulle nomine episcopali. Nei principati, il saggio di Federica Cengarle illustra bene come dopo la metà del XIV secolo le famiglie cittadine poterono sempre più raramente contare sulla cattedra episcopale come strumento di affermazione e di controllo degli assetti ecclesiastici locali, poiché i vescovati andavano per lo più a personalità fedeli alla dinastia e spesso provenienti da località del dominio diverse dalla loro sede vescovile. Per le altre cariche ecclesiastiche, ai principi Roma riconobbe sempre non soltanto una qualche autorità sulle chiese locali, ma anche il ruolo di interlocutori privilegiati della Curia e di rappresentanti delle aspirazioni beneficiarie delle diverse società locali presso la corte di Roma.

Negli stati repubblicani la situazione era per molti aspetti simile, visto che nel XIV e soprattutto nel XV secolo il sostegno del governo locale divenne sempre più una condizione indispensabile per conseguire dal papato una carica episcopale o un grande beneficio. Si era peraltro più restii a farsi promotori presso la Curia pontifica della concessione dei benefici ecclesiastici maggiori a grandi funzionari dello Stato, nel timore che il prelato divenisse troppo influente rispetto al resto dell'oligarchia, e nella certezza che avrebbe finito per gestire la carica seguendo le proprie connotazioni familiari e politiche, piuttosto che le indicazioni del governo. Esistevano comunque grosse differenze. Alla situazione dei dominii veneziani, dove i patrizi della dominante mantenevano un controllo sistematico di tutti i benefici maggiori, si contrapponeva il più duttile modello fiorentino, che rifuggiva da ogni contrapposizione con Roma, puntando piuttosto sul negoziato, la persuasione, il compromesso.[20] Nel complesso, comunque, per l'Italia centro-settentrionale è possibile dire che, sia pure con modalità e

19. Quadri d'insieme sul XIV-XV secolo sono G. Chittolini, *Stati regionali e istituzioni ecclesiastiche nell'Italia centro-settentrionale del Quattrocento*, e A. Prosperi, *La figura del vescovo fra Quattro e Cinquecento: persistenze, disagi e novità*, in *La chiesa e il potere politico*, rispettivamente pp. 149-193 e 221-264; utile sintesi di I. Lazzarini, *Amicizia e potere. Reti politiche e sociali nell'Italia medievale*, Milano 2010, pp. 67-80 e 156-7. Un'esemplare indagine su uno stato signorile è *Gli Sforza, la Chiesa lombarda, la corte di Roma. Strutture e pratiche beneficiarie nel ducato di Milano (1450-1535),* a cura di G. Chittolini, Napoli 1989.

20. Le due ricerche di riferimento sono G. Del Torre, *Patrizi e cardinali. Venezia e le istituzioni ecclesiastiche nella prima età moderna*, Milano 2010, e Bizzocchi, *Chiesa e potere nella Toscana.*

cronologie specifiche, anche i percorsi di cambiamento sociale alimentati dalla Chiesa conobbero nel corso del XIV secolo quel tipo di cambiamento che, poco tempo prima, aveva connotato gli altri canali di mobilità: una presenza sempre più determinante del dato politico, della relazione con i governi e le loro risorse.

In questi sviluppi il periodo successivo alla fine dello Scisma e, soprattutto, alla metà del Quattrocento vide un'accentuazione che presto divenne una vera e propria discontinuità. Si accentuò «il particolare rapporto di vicinanza e intrinsichezza che univa gli stati italiani alla corte romana».[21] Poi, negli ultimi decenni del secolo, nella corsa ai benefici il crescente ruolo della trattativa in Roma dominata dai rapporti politici finì per determinare «un mutamento del modo di intendere la natura del beneficio, che ormai era considerato più che altro come un elemento della rete di relazioni politiche e di spartizioni di risorse che innervava l'Italia».[22] Nel contempo, il passaggio al sistema della venalità degli uffici curiali provocò, come ricorda l'intervento di Carocci, un formidabile afflusso in Roma di famiglie patrizie e investimenti finanziari. Le possibilità di carriera a Curia dipesero sempre più, oltre che dal patronage, dalla disponibilità di capitali, al punto che Peter Partner ha parlato della «Roman court as a sort of plutocratic republic».[23] Nacque una sorta di ceto ecclesiastico, spesso di estrazione aristocratica recente, che occupava le tante cariche curiali e anche le strutture ecclesiastiche locali. Per questo Paolo Prodi ha parlato di un "patto storico" fra nobiltà italiana e corte di Roma, basato non solo sullo scambio economico ma anche sul reciproco sostegno politico, culturale, valoriale.[24] L'ambito sociale in cui la Chiesa alimentava il riposizionamento sociale non era più soltanto cittadino o regionale, ma più ampio, per certi aspetti quasi italianizzato.

Questa nuova realtà aveva una vasta serie di conseguenze. Come mostra il forte calo delle carriere compiute da umanisti e altri uomini di cultura,[25] l'introduzione degli uffici venali frenava la mobilità sociale poi-

21. Chittolini, *Stati regionali e istituzioni ecclesiastiche*, p. 155.

22. Prosperi, *La figura del vescovo*, p. 242.

23. P. Partner, *The Pope's Men. The Papal Civil Service in the Renaissance*, Oxford 1990, p. 18.

24. P. Prodi, *Istituzioni ecclesiastiche e mondo nobiliare*, in *Patriziati e aristocrazie nobiliari. Ceti dominanti e organizzazione del potere nell'Italia centro-settentrionale dal XVI al XVIII secolo*, a cura di C. Mozzarelli e P. Schiera, Trento 1978, pp. 64-77.

25. Fra i numerosi studi che illustrano le potenzialità di carriera, ma anche i limiti, di una preparazione umanistica, v. J.F. D'Amico, *Renaissance Humanism in Papal Rome. Humanists and Churchmen on the Eve of the Reformation*, Baltimore-London 1983, pp.

ché diminuiva le possibilità di promozione in Curia di chi non disponeva delle risorse economiche necessarie ad acquistare una qualche carica. Nel frattempo, in modo graduale ma con risultati chiarissimi dopo la metà del Cinquecento, il consolidarsi del legame fra aristocrazie italiane e papato limitava le ascese dal basso anche negli episcopati e in altre cariche. Per questo i modernisti hanno sostenuto che nel tardo medioevo e all'inizio del XVI secolo le carriere dei vescovi e degli stessi papi, con la presenza di un buon numero di casi di affermazione dal basso, mostrino «una certa aria di libertà che si cercherebbe invano nell'episcopato post-tridentino, gravato di nuovo dal peso di valori aristocratici».[26]

Fu proprio nel percorso in questa direzione che, già dal primo XV secolo, si svilupparono fenomeni in precedenza meno presenti e visibili. Sempre più spesso capitava che i benefici ecclesiastici restassero per generazioni in una stessa famiglia, grazie a strumenti di vario tipo, che vanno dagli interventi principeschi e cardinalizi alle resignazioni in favore, alle nomine di coadiutori, al diritto di regresso e altri meccanismi. Queste pratiche sono osservabili nei vescovati e poi ad ogni livello beneficiale, anche relativamente basso. Nelle fonti divengono sempre più frequenti affermazioni come quella fatta nel 1473 dal fratello del vicario vescovile di Como per chiedere che i benefici del vicario, da poco morto, passassero al proprio figlio, nipote del defunto, sostenendo che essi negli «octanta anni passati [erano stati] continuamente de casa nostra et sempre pervenuti ordinatamente de sucessori in sucessori».[27] Dopo il 1450-60 questi meccanismi vennero sempre più spesso istituzionalizzati tramite la fondazione, nei capitoli, di prebende sotto il patronato di singoli casati, la diffusione di cappellanie di fondazione privata e il moltiplicarsi di giuspatronati laici su chiese e parrocchie.[28]

12-19 e 29-88; C.S. Celenza, *Renaissance Humanism and the Papal Curia. Lapo da Castiglionchio the Younger's De curiae commodis,* Ann Arbor 1999; per il minore rilievo della semplice preparazione culturale negli ultimi decenni del XV secolo, Partner, *The Pope's Men*, pp. 14-16, 79-80 e 86-90. Per la diversa connessione fra cultura e carriere ecclesiastiche nei secoli precedenti, É. Anheim, F. Menant, *Mobilité sociale et instruction. Clercs et laics du milieu du XIIIe au milieu du XIVe siècle*, in *La mobilità sociale nel Medioevo*, a cura di S. Carocci, Roma 2010, pp. 341-379.

26. Prosperi, *La figura del vescovo*, p. 248.

27. E. Canobbio, *Tra episcopio e cattedrale: successo individuale, affermazione famigliare e istituzioni ecclesiastiche a Como (sec. XIV - prima metà sec. XV)*, in *La mobilità sociale nel Medioevo italiano*, 2, *Stato e istituzioni (secoli XIV-XV)*, a cura di A. Gamberini, Roma 2017, pp. 257-281: p. 257.

28. Bell'analisi del caso toscano in Bizzocchi, *Chiesa e potere nella Toscana*, pp. 22-54.

In questo contesto sempre di più, nelle famiglie possidenti, «il beneficio era qualcosa che entrava nel budget non di un individuo ma di un sistema parentale».[29] Questa sensazione già si coglie in realtà in una fase precedente. Basti ricordare il sonetto del senese Bindo Bonichi, *Le chiese son poder de' maggiorenti*, che oltre a lamentare l'abitudine dei potenti di sistemare nelle posizioni ecclesiastiche figli bastardi o meno dotati fisicamente, racconta gli sforzi della parentela per conservare nella famiglia il beneficio alla morte del titolare (*Poi quando vaca, i consorti o parenti / Ciascun al figliuol suo vuol tener mano*).[30] Da parte sua, nella seconda metà del XIV secolo il libro di *Ricordanze* dei Corsini mostra che i patrizi fiorentini tendevano a confondere l'amministrazione dei beni dei due vescovi della famiglia con quella del resto del patrimonio familiare, nelle mani dei fratelli e dei nipoti dei presuli.[31] E tuttavia, nonostante precedenti due-trecenteschi come questi, l'assimilazione dei benefici al patrimonio, o lo sviluppo di una concezione privatistica della Chiesa non va genericamente attribuita al medioevo, come a volte è stato detto, perché questi fenomeni furono veramente forti solo dal pieno Quattrocento.

Sempre nel XV secolo la ricerca di cariche ecclesiastiche divenne una componente standard delle strategie di riproduzione dei ceti possidenti. Si verificò così la generalizzazione di un fenomeno importante, che in precedenza aveva riguardato solo determinate fasi e solo alcuni gruppi sociali. Va sottolineato: non vogliamo assolutamente dire che in passato fenomeni del genere fossero assenti. Già nel XIII secolo, a Roma l'investimento nelle carriere ecclesiastiche dei figli era una strategia comune non solo ai baroni, ma a quasi tutta la nobiltà cittadina e a una parte, peraltro difficile da precisare, degli stessi ceti popolari. Ecco, l'impressione è proprio che nel corso del XV secolo in un certo senso tutta Italia inizi a fare come Roma. All'inizio del Cinquecento nelle sue *Istorie* Giovanni Cambi registrava come una novità tutto sommato recente che «ogni chasa grande» avesse «el prete».[32] Ancor prima, nel 1478, il cardinale Francesco Gonzaga osservava come da circa un quarantennio la carriera chiericale fosse divenuta ricercata da tutte le famiglie possidenti, al punto che «hora sono multiplicati li preti et

29. Prosperi, *La figura del vescovo*, p. 237.

30. B. Bonichi, *Rime*, Bologna 1867, p. 187. Su questo sonetto e il poeta senese, vedi oltre quando detto nel saggio di M. Pellegrini, pp. 281-282, note 39-42.

31. Cfr. A. Petrucci, *Introduzione*, in *Il libro di ricordanze dei Corsini (1362-1457)*, a cura di A. Petrucci, Roma 1965, pp. XVI-XIX.

32. Bizzocchi, *Chiesa e potere nella Toscana*, pp. 354-355.

hormai chi ha pur doi figlioli, per nobile o richo che se sia, ne adapta uno a la chiericha».[33]

Fu in questo mutato contesto che la Chiesa assunse quella funzione ausiliaria al sistema nobiliare che la caratterizzò nei primi secoli dell'età moderna. Le famiglie nobili venivano alleggerite da una quota costante dei loro membri, ottenevano redditi, relazioni, sostegno politico, simbolico. Per tornare alla cautele che esprimevamo all'inizio, è stato allora che sempre più spesso la Chiesa, anziché essere un frequentato canale di mobilità sociale, fu un fattore di riproduzione dell'ordine sociale e degli status familiari.

33. D. S. Chambers, *A defence of non-residence in the later fifteenth century. Cardinal Francesco Gonzaga and the Mantuan clergy*, in «Journal of Ecclesiastical History», 36 (1985), pp. 605-633: pp. 619 e 631 (ora in Id., *Renaissance cardinals and their worldly problems*, Aldershot 1997).

Linguaggi della mobilità ecclesiastica

Daniela Rando

Mobilità sociale e mondo ecclesiastico transalpino (sec. XII-XV). Spunti e suggestioni dalla storiografia tedesca

1. Nel 1488 il domenicano Felix Fabri, autore di un *Trattato sulla città di Ulm*, menzionava ben dodici criteri per valutare se la nobiltà in città potesse essere equiparata alla tradizionale aristocrazia del territorio (*Ebenbürtigkeit*): quel che rendeva davvero nobili erano relazioni parentali d'alto rango, diritti feudali, ricchezze di antica data e molto altro ancora.[1] Fabri non faceva in alcun modo riferimento alle Chiese, fra i criteri di distinzione sociale da lui individuati mancava la componente ecclesiastica.[2]

La sua testimonianza è valorizzata da Rudolf Holbach in un saggio del 2001 dedicato a «Chiese, carriere e mobilità sociale fra non-nobili e nobili», uno dei pochi studi sul tema del nostro incontro. Il contributo, presentato nel 1998 ad un convegno su «Non-nobili e nobili»,[3] si collega

1. Il passo è citato spesso dagli studiosi della nobiltà, v. ad es. G. Fouquet, *Stadt-Adel: Chancen und Risiken sozialer Mobilität im späten Mittelalter,* in *Sozialer Aufstieg. Funktionseliten im Spätmittelalter und in der frühen Neuzeit.* Büdinger Forschungen zur Sozialgeschichte 2000 und 2001, a cura di G. Schulz, München 2002, pp. 171-192: pp. 179-180; Id., *Zwischen Nicht-Adel und Adel. Eine Zusammenfassung,* in *Zwischen Nicht-Adel und Adel*, a cura di K. Andermann e P. Johanek, Stuttgart 2001 (https://journals.ub.uni-heidelberg.de/index.php/vuf/article/view/17421/11231, consultato il 4.7.2016), pp. 417-434: p. 419. In quest'ultimo vol. cfr. anche K.-H. Spiess, *Aufstieg in den Adel und Kriterien der Adelszugehörigkeit im Spätmittelalter,* in *Zwischen Nicht-Adel und Adel* (https://journals.ub.uni-heidelberg.de/index.php/vuf/article/view/17414/11224, consultato il 4.7.2016), pp. 1-26: p. 9.

2. Fabri non era il solo a riflettere in tal modo sulla promozione sociale: Fouquet, *Stadt-Adel*, apre il suo saggio con un passo un passo del *Ritterspiegel* di Johannes Rothes (1415), il quale descrive il processo di promozione sociale idealtipico dal villaggio alla città entro la nobiltà, senza accennare a ruoli ecclesiastici o ad attività di fondazione: ivi, pp. 171-172.

3. R. Holbach, *Kirchen, Karrieren und soziale Mobilität zwischen Nicht-Adel und Adel,* in *Zwischen Nicht-Adel und Adel* (https://journals.ub.uni-heidelberg.de/index.php/vuf/article/view/17545/11357, consultato il 30.6.2016), pp. 311-360: p. 314.

con un altro, sempre del medesimo autore e di poco successivo (2002), pubblicato all'interno di un volume collettaneo sull'«ascesa sociale»[4] – Holbach vi si occupava dell'alto clero («Ascesa sociale ai vertici della Chiesa»), Dieter Scheler del basso («Patronage e ascesa nelle chiese minori»).[5]

Sullo sfondo di questi tre ormai datati saggi di sintesi è una mole enorme di studi e ricerche. Si può partire dalla *Germania Sacra* inaugurata da Paul Kehr nel 1917 e rinnovata da Hermann Heimpel nel 1945 a Göttingen, compito istituzionale della quale era e resta la descrizione storico-statistica delle chiese del vecchio Impero (quindi fino al 1803):[6] oltre a ricerche su fonti e bibliografia di singole chiese, con volumi ormai alla serie terza,[7] *Germania Sacra* offre pure una collana di studi[8] e da qualche anno, in collaborazione con l'università di Toruń, una *Prussia sacra,* relativa alle chiese nel territorio dell'Ordine teutonico.[9] Accanto ad essa sono tuttora

4. R. Holbach, *Sozialer Aufstieg in der Hochkirche,* in *Sozialer Aufstieg*, pp. 337-356. Il volume raccoglie gli atti di un doppio convegno (Büdinger Gespräche, 2000 e 2001), che aveva visto venti storici discutere di mobilità sociale, ceti dirigenti e origine di nuove élite funzionariali nel tardo medioevo e prima età moderna. Il volume fu a sua volta inserito nella collana dal titolo: *Deutsche Führungsgeschichten in der Neuzeit* (Ceti dirigenti tedeschi nell´età moderna).

5. D. Scheler, *Patronage und Aufstieg im Niederkirchenwesen,* in *Sozialer Aufstieg*, pp. 315-336.

6. Sull'impresa, ora incardinata presso l'Accademia delle Scienze di Göttingen, ampia informazione nel sito: http://www.germania-sacra.de/. Cfr. pure E. Bünz, *Die mittelalterliche Pfarrei in Deutschland. Neue Forschungstendenzen und –ergebnisse*, in *Pfarreien im Mittelalter. Deutschland, Polen, Tschechien und Ungarn im Vergleich*, a cura di N. Kruppa, Göttingen 2008, pp. 27-66: p. 37. Come ricorda Bünz, negli anni Venti e Trenta del Novecento la *Germania sacra* ebbe il suo baricentro negli episcopati della Germania media e orientale (Brandenburg, Havelberg, Magdeburg); dopo la seconda guerra mondiale s'indirizzò verso la Germania meridionale e occidentale (Münster, Hildesheim, Würzburg, Trier e Konstanz), mentre ora si è arricchita in direzione tedesco-orientale. Dal punto di vista della storia istituzionale, risultano preferite, sempre secondo Bünz, le canoniche collegiate, solo occasionalmente i capitoli cattedrali.

7. Sono più di settanta volumi, distribuiti fra le diverse sezioni delle tre serie, cfr. http://adw-goe.de/forschung/forschungsprojekte-akademienprogramm/germania-sacra/veroeffentlichungen/ (consultato il 20.6. 2016).

8. Studien zur Germania sacra, N.F. Attualmente le due serie comprendono 37 pubblicazioni in tutto (v. nota precedente).

9. Tre sono i volumi pubblicati fra il 2003 e il 2007: http://adw-goe.de/forschung/forschungsprojekte-akademienprogramm/germania-sacra/veroeffentlichungen/prussia-sacra/ (consultato il 10.6.2016).

fiorenti numerose riviste specializzate in storia degli Ordini e delle Chiese locali o regionali,[10] cui si sono via via affiancate indagini particolari entro i «progetti speciali di ricerca» (*Sonderforschungsbereiche*)[11] nonché, fra le iniziative più recenti, quelle del Centro di ricerca per la storia comparata degli ordini a Dresda.[12] Quale fonte inesauribile d'informazioni vanno poi ricordati il *Repertorium Germanicum*[13] e il *Repertorium poenitentiariae Germanicum*[14] dedicati alle fonti vaticane – sono i repertori cui attingono le numerose ricerche sui tedeschi alla Curia romana, in gran parte pubblicate nella collana e nella rivista dell'Istituto storico germanico di Roma.[15] Né va dimenticato il più recente *Repertorium Academicum Germanicum* (RAG),[16] un data-base su tutti gli studenti e docenti dell'Impero fra il 1250 e il 1550, che corona e sistematizza l'impetuoso sviluppo degli studi sulle università medievali degli ultimi decenni.

Per le carriere clericali culminate nella carica vescovile o arcivescovile è punto di riferimento essenziale il dizionario biografico dei vescovi

10. Fra le più di quaranta riviste attualmente vitali, mi limito a citare la «Zeitschrift für Kirchengeschichte» (dal 1877), il «Rottenburger Jahrbuch für Kirchengeschichte» (dal 1982), l'«Archiv für mittelrheinische Kirchengeschichte» (dal 1949), la «Zeitschrift für bayerische Kirchengeschichte» (dal 1929), gli «Studien und Mitteilungen zur Geschichte des Benediktinerordens und seiner Zweige» (dal 1911).

11. Si v. ad es. il SFB 537, *Institutionalität und Geschichtlichkeit* presso la TU di Dresda.

12. FOVOG, *Forschungsstelle für Vergleichende Ordensgeschichte*, Dresden (http://www.fovog.de/index.html)

13. Si v. http://dhi-roma.it/rep_germ.html?&L=11. e v. nota successiva.

14. Si v. http://dhi-roma.it/rep_poen_germ.html?&L=11. e cfr. Bünz, *Die mittelalterliche Pfarrei in Deutschland*, p. 48. Sul *Repertorium poenitentiariae* v. anche C. Schuchard, *Ein neues Regestenwerk aus dem Vatikanischen Archiv. Das Repertorium Poenitentiariae Germanicum*, in «Blätter für deutsche Landesgeschichte», 133 (1997), pp. 23-36 (http://periodika.digitale-sammlungen.de/bdlg/Blatt_bsb00000337,00030.html, consultato il 17.6.2016).

15. La collana è la *Bibliothek des Deutschen Historischen Instituts in Rom*; la rivista: «Quellen und Forschungen aus italienischen Archiven und Bibliotheken» (QFIAB) (dal 1898).

16. Si v. http://www.rag-online.org/de.html. Del progetto è responsabile la Historische Kommission bei der Bayerischen Akademie der Wissenschaften. Dell'iniziativa hanno dato notizia Peter Moraw e Rainer Christoph Schwinges: *Das Repertorium Academicum Germanicum (RAG). Die Erforschung der Lebenswege der deutschen Gelehrten zwischen 1250 und 1550*, in «Akademie Aktuell. Zeitschrift der bayerischen Akademie der Wissenschaften», 1 (2004), pp. 38-40; l'ultimo intervento di Schwinges al riguardo, *Repertorium Academicum Germanicum (RAG): ein digitales Forschungsvorhaben zur Geschichte der Gelehrten des Alten Reiches (1250-1550)*, in «Jahrbuch für Universitätsgeschichte», 16 (2013), pp. 215-232.

dell'Impero dal 1198 al 1803 curato da Erwin Gatz;[17] numerose indagini su singoli enti ecclesiastici ricadono infine nell'ambito della «storia regionale» (*Landesgeschichte*), che ha visto non solo la fioritura di repertori (*Klösterbücher*),[18] ma anche puntuali e ricche indagini, come ad esempio quelle di Enno Bünz, studioso delle istituzioni ecclesiastiche nella Germania settentrionale e nord-orientale (Sassonia, Turingia, Schleswig-Holstein),[19] il quale dall'università di Lipsia è diventato, dopo Dietrich Kurze,[20] lo specialista delle parrocchie nel medioevo tedesco.

17. *Die Bischöfe des Heiligen Römischen Reiches 1198 bis 1448. Ein biographisches Lexikon*, a cura di E. Gatz, con la collaborazione di C. Brodkorb, Berlin 2001. Cinque anni prima, con gli stessi curatori, era stato pubblicato il volume *Die Bischöfe des Heiligen Römischen Reiches 1448 bis 1648. Ein biographisches Lexikon*, a cura di E. Gatz, con la collaborazione di C. Brodkorb, Berlin 1996. L'opera in cinque volumi, iniziata nel 1983, è stata completata nel 2002, con il volume che abbraccia gli anni 1945-2001.

18. I *Klösterbücher* regionali offrono, sulla base di uno schema standardizzato, informazioni sulla storia della fondazione, sulla costruzione, sui possessi, sulla costituzione e sulla storia spirituale dei monasteri e delle chiese collegiate della regione, si v. ad es. *Westfälisches Klosterbuch. Lexikon der vor 1815 errichteten Stifte und Klöster von ihrer Gründung bis zur Aufhebung*, a cura di K. Hengst, 3 voll., Münster 1992-2003 (lessico di canoniche e monasteri fondati prima del 1815, pubblicazione della Commissione storica per la Westfalia, nella collana Fonti e ricerche di storia delle chiese e storia religiosa); *Württembergisches Klosterbuch. Klöster, Stifte und Ordensgemeinschaften von den Anfängen bis in die Gegenwart*, a cura di W. Zimmermann e N. Priesching, Ostfildern 2003 (su iniziativa della Società storica della diocesi Rottenburg-Stuttgart); *Brandenburgisches Klosterbuch. Handbuch der Klöster, Stifte und Kommenden bis zur Mitte des 16. Jahrhunderts*, a cura di H.-D. Heimann, K. Neitmann e W. Schich, 2 voll., Berlin 2007 (nella collana delle Brandenb. Historische Studien); *Niedersächsisches Klosterbuch. Verzeichnis der Klöster, Stifte, Kommenden und Beginenhäuser in Niedersachsen und Bremen von den Anfängen bis 1810*, a cura di J. Dolle con la collaborazione di D. Knochenhauer, 4 voll., Bielefeld 2012; *Sächsisches Klosterbuch. Die mittelalterlichen Klöster, Stifte und Kommenden im Gebiet des Freistaates Sachsen*, a cura di E. Bünz, Leipzig 2014; *Klosterbuch Schleswig-Holstein und Hamburg. Verzeichnis der Klöster, Stifte und Konvente nördlich der Elbe von den Anfängen bis zur Reformation*, a cura di K. Hillebrand, O. Auge e T. Riis, Regensburg 2014; *Mecklenburgisches Klosterbuch. Handbuch der Klöster, Stifte und Kommenden (10.-16. Jahrhundert)*, a cura di W. Huschner, E. Münch, C. Neustadt e W.E. Wagner, Rostock 2013; *Nordrheinisches Klosterbuch: Lexikon der Stifte und Klöster bis 1815*, 1: *Aachen bis Düren*, 2: *Düsseldorf bis Kleve*, a cura di M. Groten, Siegburg 2009-2012 (nella collana degli Studi per la storia della Chiesa di Colonia).

19. Profilo e pubblicazioni in: https://www.gko.uni-leipzig.de/historisches-seminar/seminar/saechsische-landesgeschichte/professur.html (consultato l'11.6.2016).

20. Profilo e pubblicazioni in: http://www.geschkult.fu-berlin.de/e/fmi/mitglieder/Emeriti_Professorinnen_und_Professoren_im_Ruhestand/kurze.html (consultato l'11.6.2016).

Tener presente e dominare questa massa di dati e ricerche è impossibile, tanto più in riferimento alla cronologia e allo spazio affidatimi, che si presentano estremamente differenziati al loro interno.[21] Già solo limitandosi agli ultimi due secoli del medioevo, il grande scisma, i concili da Costanza a Basilea e i concordati con i prìncipi modificarono profondamente il rapporto con la Curia romana e i meccanismi di distribuzione di uffici e risorse ecclesiastiche; la fondazione di *Studia* e il gioco fra università "vicine"/"lontane" dal potere imperiale favorì la formazione e promozione dei cosiddetti «consiglieri dotti» (*Gelehrte Räte*), in massima parte chierici, attivissimi sul cosiddetto "mercato delle prebende"; le riforme e le nuove congregazioni di Bursfelde o Windesheim modificarono in profondità le comunità monastiche, anche quanto a composizione sociale. Se ci si volge poi alla "geografia", Peter Moraw aveva a suo tempo proposto, in una Germania medievale che riteneva compresa sia in una «vecchia Europa» sia in una «più giovane Europa», una distinzione in sei regioni, almeno quanto a "paesaggi" canonicali: un'area renana, una alamanna, una bavarese-austriaca, una francone, una tedesco-centro-settentrionale (Fritzlar, Erfurt, Magdeburg, Holstein) e infine una tedesco-orientale.[22] A tale distinzione ne sono state aggiunte altre, come ad esempio riguardo i paesaggi urbani o universitari e i paesaggi "vicini" o "lontani" dalla Curia romana,[23] a testimonianza della varietà estrema del mondo transalpino ecclesiastico – e non solo ecclesiastico. Ma anche questo tipo di terminologia è stata recentemente posta in discussione da Gert Melville e Franz Felten i quali, a proposito di «paesaggi monastici e canonicali», hanno valutato le possibilità e i limiti di un discorso comparativo.[24]

Ancora: al di là di spazi e tempi, il tema della mobilità va ovviamente agganciato al quadro più ampio della storia sociale nel suo complesso, giacché non è sufficiente ricostruire singole "carriere" clericali o indivi-

21. Sulla necessità di differenziare in senso geografico e di distinguere fasi diverse anche Holbach, *Kirchen, Karrieren*, p. 355.

22. P. Moraw, *Stiftspfründen als Elemente des Bildungswesens im spätmittelalterlichen Reich,* in *Studien zum weltlichen Kollegiatstift in Deutschland*, a cura di I. Crusius, Göttingen 1995, pp. 270-297: p. 272.

23. Così G.-R. Tewes, *Die römische Kurie und die europäischen Länder am Vorabend der Reformation*, Tübingen 2001.

24. F.J. Felten, *Klosterlandschaften*, in *Landschaft(en). Begriffe-Formen-Implikationen*, a cura di F.J. Felten, H. Müller e H. Ochs, Stuttgart 2012, pp. 157-191: p. 189; G. Melville, *"Klosterlandschaft"*, ivi, pp. 195-222.

duare le opportunità offerte nelle e tramite le Chiese, ma va costantemente considerata l'interazione con la società laica. In questa prospettiva, che cosa significò promozione sociale? come venne percepita e "ostentata" se, come scriveva Felix Fabri e come mostra una ricca bibliografia, elementi decisivi per qualificare uno *status* furono la socialità e l'*habitus,* i segni di distinzione e i codici simbolici?

Qui entra in gioco anzitutto la vastissima produzione scientifica sul tema della ministerialità, della bassa nobiltà e della nobiltà cittadina, con le sottili distinzioni fra *honoratiores* e *cives/Bürger,* fra patriziato, meliorato e famiglie con titolarità al seggio nel consiglio cittadino (*Ratsfähigkeit*). Le ricerche sulla nobiltà tedesca mostrano quanto grandi fossero le differenze nell'ordine gerarchico reale, pur nella nominale uguaglianza di ceto.[25] In ogni regione, e in prospettiva diacronica, ci fu di volta in volta una "specifica" nobiltà, sia in città sia sul territorio – è ancora l'opinione di Peter Moraw, ripresa da Gerhard Fouquet.[26] In che misura pesasse poi il patrimonio mobile e immobiliare nella promozione sociale all'interno delle città è questione recentissimamente affrontata da Bernd Fuhrmann in un fresco volume a più mani sulla ricchezza nel tardo medioevo,[27] all'interno del quale Hans-Jörg Gilomen ha considerato «la ricchezza della Chiesa e le discussioni sul suo contributo al bene comune», in riferimento alle città confederate elvetiche.[28]

La carriera clericale di un individuo va inoltre considerata in relazione con la sua parentela – già nel 1989 Klaus Schreiner dedicava un ampio saggio alla *consanguinitas* come «principio strutturale della formazione di comunità e ordinamenti religiosi nella Chiesa e nel monachesimo

25. Così sintetizza R. Gramsch, *Erfurter Juristen im Spätmittelalter: die Karrieremuster und Tätigkeitsfelder einer gelehrten Elite des 14. und 15. Jahrhunderts*, Leiden-Boston 2003, p. 29 con bibliografia.

26. Fouquet, *Stadt-Adel*, p. 172. Fra le pubblicazioni degli ultimi anni sul patriziato, M. Hecht, *Patriziatsbildung als kommunikativer Prozess: die Salzstädte Lüneburg, Halle und Werl im Spätmittelalter und früher Neuzeit*, Köln-Weimar-Wien 2010, in particolare p. 276.

27. Bernd Fuhrmann si è occupato dell'accumulazione di capitale come elemento di promozione sociale nella cronachistica e nella percezione urbana nel Quattro e Cinquecento: B. Fuhrmann, *Sozialer Aufstieg in der städtischen Chronistik und Wahrnehmung vornehmlich des 15. und 16. Jahrhunderts,* in *Reichtum im späten Mittelalter. Politische Theorie-Ethische Norm-Soziale Akzeptanz*, a cura di P. Schulte e P. Hesse, Stuttgart 2015, pp. 145-165.

28. H.-J. Gilomen, *Der Reichtum der Kirche und die Auseinandersetzungen um ihren Beitrag zum Gemeinwohl. Das Beispiel eidgenössischer Städte im Spätmittelalter,* in *Reichtum im späten Mittelalter*, pp. 203-238.

medievali».[29] Di qui la necessità di attingere a studi prosopografici allargati: i tre volumi di Hermann Heimpel sui Vener di Gmünd[30] sono un esempio precoce e paradigmatico dello studio di quella «mobilità intergenerazionale» di cui recentemente ha parlato Christine Reinle.[31]

A proposito infine di percezione e "rappresentazione" dei gruppi,[32] di codici e comunicazione simbolica – un ambito di ricerca fra i più indagati nell'ultimo decennio[33] – Andreas Bihrer ha ultimamente riaperto la discussione circa produzione e ricezione del sapere cortese, sostenendo che alla curia del vescovo di Costanza, nel Trecento, la letteratura di corte andrebbe posta in relazione non con le élite, ma piuttosto con personaggi in ascesa, *outsiders* e "perdenti",[34] mentre un recentissimo saggio di Christof Rolker, sulla base di un rinnovato esame del *Wappenbuch* (Libro delle insegne) compilato negli anni Ottanta del XV secolo da Konrad Grünenberg, cittadino e cavaliere di Costanza,[35] invita a ripensare i rapporti complessi fra

29. K. Schreiner, *"Consanguinitas". "Verwandschaft" als Strukturprinzip religiöser Gemeinschafts- und Verfassungsbildung in Kirche und Mönchtum des Mittelalters,* in *Beiträge zu Geschichte und Struktur der mittelalterlichen Germania Sacra*, a cura di I. Crusius, Göttingen 1989, pp. 176-305.

30. H. Heimpel, *Die Vener von Gmünd und Straßburg 1162-1447. Studien und Texte zur Geschichte einer Familie sowie des gelehrten Beamtentums in der Zeit der abendländischen Kirchenspaltung und der Konzilien von Pisa, Konstanz und Basel,* 3 voll., Göttingen 1982.

31. C. Reinle, *Wappengenossen und Landleute. Der bayerische Niederadel zwischen Aufstieg und Ausgrenzung,* in *Zwischen Nicht-Adel und Adel*, (https://journals.ub.uni-heidelberg.de/index.php/vuf/article/view/17417/11227, consultato il 20.6.2016), pp. 105-156: p. 151, ripresa da Fouquet, *Stadt-Adel*, p. 172.

32. *Die Repräsentation der Gruppen. Texte-Bilder-Objekte*, a cura di O.G. Oexle, Göttingen 1998; *Bild-Macht-UnOrdnung. Visuelle Repräsentationen zwischen Stabilität und Konflikt*, a cura di A.-M. Blank, V. Isaiasz e N. Lehmann, Frankfurt-New York 2011, in particolare A.-M. Blank, V. Isaiasz, N. Lehmann, *Einleitung: Visuelle Repräsentationen zwischen Konflikt und Stabilität*, 9-24: pp. 17-18, e bibliografia alle note 27-30.

33. Rinvio solo a *Alles nur symbolisch? Bilanz und Perspektiven der Erforschung symbolischer Kommunikation,* a cura di B. Stollberg-Rilinger, T. Neu e C. Brauner, Köln-Weimar-Wien 2013.

34. A. Bihrer, *Repräsentationen adelig-höfischen Wissens – ein Tummelplatz für Aufsteiger, Aussenseiter und Verlierer. Bemerkungen zum geringen gesellschaftlichen Stellenwert höfischer Literatur im späten Mittelalter,* in *Kulturtopographie des deutschsprachigen Südwestens im späteren Mittelalter. Studien und Texte,* a cura di B. Fleith e R. Wetzel, Berlin-New York 2009, pp. 214-227, in particolare pp. 225-227.

35. C. Rolker, *Heraldische Orgien und sozialer Aufstieg. Oder: Wo ist eigentlich "oben" in der spätmittelalterlichen Stadt*, in «Zeitschrift für Historische Forschung», 42 (2015), pp. 191-224: pp. 192-197.

rappresentazione e socializzazione, fra codici e realtà sociale, ponendo fra l'altro in questione tanto l'aspirazione borghese alla nobilitazione quanto la promozione come "imitazione" della nobiltà e come appropriazione dei codici corrispondenti.[36]

In un panorama così complesso e dinamico è dunque difficile orientarsi o trovare fili conduttori. Per tale ragione, oltre che riprendere le citate sintesi di Holbach e Scheler, mi limiterò a considerare alcuni studi e alcuni temi che mi pare abbiano segnato la storia sociale delle Chiese transalpine.

2. Vorrei partire da uno studio del 1989 di Klaus Schreiner, mancato pochi mesi fa: «Essere monaci nella società nobiliare del pieno e basso medioevo. La formazione delle comunità monastiche fra realizzazione spirituale di sé e adeguamento (conformità) alle esigenze del contesto sociale».[37]

Schreiner si occupa esattamente dell'arco temporale XII-XV secolo e di una società che considera "nobiliare" in quanto contraddistinta da «forme di convivenza segnate da meccanismi di potere, interessi e concezioni valoriali proprie di gruppi dirigenti qualificati in senso cetuale»[38] (in questo senso "nobiliare"). Dalle sue riflessioni emerge chiaramente il ruolo di valvola sociale del monastero, sia per l'ascesa a migliori condizioni di vita sia di fronte al rischio di declassamento: già i riformatori cistercensi del secolo XII levavano i loro ammonimenti nei confronti di nobili impoveriti che entravano in monastero solo per poter vivere al suo interno in modo conforme al loro ceto – quindi per contrastare la discesa sociale: «fit monachus miles, fit de paupere dives».[39] Ma altrettanto sospetto essi manifestavano nei confronti del contadino ignorante (*rusticus idiota*) che, nel farsi cisterciense, diventava nel monastero «quasi princeps et dominator».[40] Il sospetto era ben esemplificato da uno dei segni per eccellenza della distinzione sociale, il cavallo: chi prima aveva montato solo la schiena di un miserabile asino ora cavalcava magnifici destrieri («sessor magnanimo-

36. Ivi, in particolare pp. 211 e 213.
37. K. Schreiner, *Mönchsein in der Adelsgesellschaft des hohen und späten Mittelalters: klösterliche Gemeinschaftsbildung zwischen spiritueller Selbstbehauptung und sozialer Anpassung*, München 1989 (una summa, per quanto provvisoria, degli studi precedenti dell'autore).
38. Ivi, p. 9.
39. Ivi, p. 21.
40. *Ibidem*.

rum equorum»).[41] La stessa tematica ritornava in Cesario di Heisterbach ai primi del secolo successivo, con la denuncia del fatto che se prima fra i monaci dell'ordine si trovavano nobili e ricchi, ora cavalieri impoveriti e borghesi vestivano il saio per pura necessità (*cogente inopia*), preferendo servire il Signore *ex necessitate*, piuttosto che sopportare la povertà vergognosa (*egestatis confusio*) in seno ai loro conoscenti.[42]

Dunque il monastero come strumento per mantenere o conquistare uno *status*, e ciò ai diversi livelli della scala sociale: come scriveva Umberto di Romans sempre a proposito dei cisterciensi nel cuore del Duecento, i conversi, per assicurarsi la sopravvivenza (*sustentatio vite),* passavano da uno *status* all'altro (*de statu paupertatis ad hunc statum*), e utilizzava anch'egli uno dei criteri della distinzione sociale, l'alimentazione, per descrivere persone che, se in famiglia mangiavano pane nero, entravano in convento per ricevere pane bianco (*panis albus*) – lo mostrava il caso di un aspirante converso il quale, interrogato dall'abate su ciò che lo spingesse a entrare nel monastero, aveva risposto: «panem album, et hoc frequenter».[43]

Insieme alla pressione sociale alle porte del monastero, Schreiner sottolineava il carattere esclusivo delle comunità religiose, specie femminili. La convinzione di Ildegarda di Bingen circa la necessaria divisione dei ceti è diventata punto di riferimento classico per gli studiosi che discutono di chiusura ed esclusivismo monastico in ambito benedettino.[44] Nel XV secolo la tendenza alla chiusura divenne tanto forte che, nel 1417, una sinodo della provincia Magonza-Bamberga tenuta a Petershausen, a margine del concilio di Costanza, dovette condannare la prassi monastica di accogliere solo nobili e proporre un compromesso in base al quale era lecito accogliere novizi di origine non-nobile nel caso in cui gli aspiranti nobili fossero pochi, e comunque un abate, se si fosse trovato di fronte all'alternativa fra un nobile e un non-nobile, era autorizzato a scegliere il

41. *Ibidem.*
42. Ivi, pp. 21-22.
43. Ivi, p. 27.
44. Secondo Franz Felten la posizione di Ildegarda di Bingen non fu però rappresentativa del monachesimo benedettino femminile e ancor meno del XII secolo: *Wie adelig waren Kanonissenstifte (und andere weibliche Konvente) im (frühen und hohen) Mittelalter?*, in *Studien zum Kanonissenstift*, a cura di I. Crusius, Göttingen 2001, pp. 39-128: pp. 94-95 (rist. in F. Felten, *Vita religiosa sanctimonialium: Norm und Praxis des weiblichen religiösen Lebens vom 6. bis zum 13. Jahrhundert,* a cura di C. Kleinjung, Korb 2011, pp. 93-162).

primo.[45] Pure questo compromesso si rivelò fragile, tanto che cinque anni dopo gli abati della provincia di Treviri-Colonia, riuniti nel capitolo provinciale, accolsero tutti gli articoli emanati a Petershausen, tranne appunto quello citato.[46] Pochi decenni dopo il monastero di Kornelimünster chiese a Niccolò V la conferma del diritto consuetudinario di avere abate e monaci *de militari genere*,[47] mentre resistenze vittoriose all'allargamento sociale sono segnalate a Bamberga (monastero di Michelsberg), Ellwangen, Würzburg, Schwäbisch Hall e altrove,[48] al punto che negli studi attuali è ormai ricorrente la definizione dei monasteri come *xenodochia nobilitatis,* luoghi di sostentamento/soccorso della nobiltà – l'espressione risale al tardo secolo XV – a favore di quei *nobiles* che per una qualche ragione non potessero essere inseriti nella società o non fossero più abili.[49] Pur negli esiti diversi, ciò che dunque risalta è la resistenza del privilegio di *status*, di fronte a un'evidente pressione esercitata da ceti non-nobiliari.

3. Il quadro tracciato da Schreiner nel 1989 persiste, con qualche sfumatura e dettaglio ulteriore, nella storiografia successiva, che ha precisato come ideale nobiliare ed esclusivismo si realizzassero solo in parte e solo in modo progressivo. Molto dipese dalle circostanze della fondazione, dalle sue funzioni di sostentamento, dalle costituzioni dell'ordine e dal grado di autonomia dei singoli monasteri. Holbach, che opera una rapida distinzione fra i vari ordini, ha parlato di un «imborghesimento o mescolanza cetuale», legato anche a ragioni economiche o demografiche come peste, impoverimento dei monasteri, estinzione di famiglie locali;[50] con

45. La chiusura fu nettissima nel caso di Kempten, che Klaus Schreiner ha seguito fin nel secolo XVIII: K. Schreiner, *"Spital des Adel". Die Fürstabtei Kempten in der Frühen Neuzeit. Adliges Standesdenken und benediktinisches Reformstreben im Widerstreit,* in *Adel im Wandel. Oberschwaben von der frühen Neuzeit bis zur Gegenwart*, a cura di M.S. Hengerer e E.L. Kuhn, Ostfildern 2006, 2, pp. 497-513.

46. Schreiner, *Mönchsein,* p. 46.

47. Holbach, *Kirchen, Karrieren*, p. 321.

48. Ivi, pp. 323-324 e *passim*. Holbach cita ad esempio il monastero di Werden an der Ruhr, dove nel 1291 Rodolfo d'Asburgo riconobbe in tutti i monaci «sangue generoso per nobiltà secolare»: p. 321.

49. L'espressione «spedali della nobiltà» ritorna ad es. in E. Bünz, *Geistliche Karrieren im Hause Schönberg vor der Reformation. Eine Fallstudie zur Aussagekraft der kurialen Quellen des Vatikanischen Archivs,* in *Die Adelsfamilie von Schönberg in Sachsen*, a cura di B. Richter, Dresden 2011, pp. 22-35.

50. Holbach, *Kirchen, Karrieren*, p. 328.

un'eccezione, quella degli ordini cavallereschi, in particolare dell'ordine teutonico: se tale ordine attinse in maggioranza alla ministerialità, i cui membri poterono assumere posizioni di comando accanto ai rappresentanti dell'alta nobiltà, i confini permeabili fra nobiltà territoriale e patriziato urbano favorirono l'ingresso nell'ordine di membri del *Patriziat* provenienti ad es. da famiglie della Westfalia in Livonia o dalla cerchia dei cosiddetti *Ritterbürger* nelle città prussiane.[51]

Riguardo agli ordini mendicanti, Holbach ha sottolineato il loro carattere misto dal punto di vista cetuale, con variazioni e oscillazioni fra i diversi ordini. Pur non essendo possibile alcuna rigida affermazione riguardo la distinzione fra Predicatori e Minori, secondo lo stesso autore resta un fatto che a Strasburgo le presenze nobiliari furono relativamente rare fra i Francescani (fino al 1450 solo un quarto del totale), mentre fra i Domenicani la maggioranza dei frati fu di estrazione élitaria (ministerialità e patriziato). L'appartenenza a un ordine mendicante, sostiene sempre Holbach, non va comunque considerata elemento sostanziale nella promozione di un gruppo familiare.[52]

Uno dei problemi sollevati da Schreiner e ripreso dagli studiosi successivi è dato dall'eventuale nesso tra riforme monastiche e mobilità sociale – le istanze di riforma, scriveva Schreiner, attutirono le barriere sociali, nel secolo XII come pure nel XV, quando la riforma fu fatta propria dai nuovi "dotti" di formazione universitaria. Nel monastero di Tegernsee, il primo monaco di estrazione borghese a entrare nel monastero fu, nel 1442, Johannes Keck, maestro e dottore in teologia; una quarantina d'anni dopo (1480), la rinnovata composizione sociale della comunità investita dalla riforma sarebbe diventata occasione di riflessione in Christian Tesenpacher, un monaco che aveva studiato all'università di Vienna raggiungendo il titolo di *baccalaureus*: nel commentare la regola benedettina, Tesenpacher recuperava la dottrina aristotelica della *mesótes*, sostenendo che la comunità monastica poteva essere fedele alla regola solo se i monaci fossero appartenuti al ceto medio borghese (*medii*). A suo parere un convento eterogeneo di non-nobili e nobili, ricchi e poveri insieme, sarebbe stato fonte di tensioni, mentre solo i borghesi, *mésoi*, abituati a vivere *rationa-*

51. Ivi, pp. 328-329. Holbach riprende un giudizio di Janusz Tandecki del 1995, secondo il quale nel Due e Trecento l'ingresso nell'ordine (come *Ritterbruder*) fu considerato nelle cerchie patrizie tedesche agiate come una sorta di nobilitazione (ivi, p. 329).

52. Holbach, *Kirchen, Karrieren*, p. 330.

biliter e ad amarsi reciprocamente, potevano costituire un convento ideale. Appellandosi ad Aristotele e recuperando l'idea, comune nell'etica sociale del basso medioevo, che in una comunità umana l'appartenenza allo stesso ceto creasse minore discordia, Tesenpacher tentava un modello di spiegazione e legittimazione della nuova composizione sociale ormai affermatasi nel suo monastero. Per l'autocomprensione dei riformatori di Tegernsee del Quattrocento borghesia, impegno intellettuale e aspirazioni alla riforma andavano di pari passo.[53]

4. Il fenomeno di chiusura esclusiva colto in tanti monasteri benedettini si rende ancora più evidente nel caso di capitoli cattedrali e collegiate.[54] Nel reclutamento e nell'acquisizione di prebende tramite cooptazione le *chances* per eventuali nuovi venuti furono limitate, e soprattutto intervennero intrecci personali che favorirono i gruppi tradizionalmente rappresentati, in grado di operare un efficace apparentamento (la cosiddetta *Versippung*). Nei capitoli cattedrali il privilegio cetuale riservò i seggi all'alta nobiltà e alla nobiltà minore del circondario (Würzburg, Bamberg, Spira): si andava da una richiesta di estrazione *edelfrei* (nobiltà libera, di origine non ministeriale), come a Colonia/Strasburgo, a capitoli in cui poté sedimentarsi un sentimento comunitario piccolo-nobiliare; senza escludere collegi che permisero l'accesso anche ai cittadini (Schwerin, Lubecca,[55] Amburgo, cioè non a caso nelle città della *Hanse*). La richiesta di un'accoglienza esclusiva di *nobiles* o almeno di persone di estrazione cavalleresca, insieme con le norme corrispondenti, fu, al pari delle "prove di nobiltà", caratteristica appunto dei capitoli cattedrali tardomedievali; segno di stabilizzazione e aspirazione alla chiusura,[56] essa promosse un'identità comune e rese tali comunità strumento di integrazione politica e sociale in un ambito circoscritto o anche entro sistemi interterritoriali.[57] Ne poterono risultare

53. Riprendo letteralmente Schreiner, *Mönchsein,* pp. 51-52. E cfr. Holbach, *Kirchen, Karrieren*, p. 323.

54. Holbach, *Sozialer Aufstieg*, p. 338.

55. Holbach, *Kirchen, Karrieren*, p. 333, nota 125 sulla *Ratsbezogenheit* a Lubecca.

56. Così Holbach, *Kirchen, Karrieren*, p. 333.

57. V. ad es. C. Reinle, *Zur sozialen und politischen Lage des Niederadels in der Landgrafschaft Hessen im 15. Jahrhundert,* in *Adel in Hessen. Herrschaft, Selbstverständnis und Lebensführung vom 15. bis ins 20. Jahrhundert,* a cura di E. Conze, A. Jendorff e H. Wunder, Marburg 2010, pp. 57-85, in particolare le pp. 81-85 sull'acquisizione delle prebende come "strategia nobiliare" nella contea dell'Assia (p. 82) e con una sintesi recente

barriere così rigide che Erasmo da Rotterdam avrebbe ironicamente osservato come nemmeno Gesù Cristo sarebbe riuscito ad entrare in corporazioni siffatte: ai gruppi sociali più forti economicamente, ma inferiori dal punto di vista cetuale, riuscì solo raramente di superare le norme riguardo l'occupazione di stalli canonicali.[58]

Le ragioni addotte a giustificare l'esclusività sociale furono molteplici: ci si poteva appellare alla consuetudine o a conflitti recenti, come ad esempio nel 1256 a Treviri, ove le azioni illegittime e ostili dei *cives*, entro e fuori la città, vennero utilizzate come argomento per la loro esclusione dal capitolo cittadino. Il privilegio cetuale, almeno dei capitoli cattedrali, venne peraltro sempre accettato e confermato da parte curiale, «al di là di tutte le pratiche di provvista pontificia»;[59] e con l'affermazione delle prove di nobiltà la prassi di accoglienza venne ancor più irrigidita, tanto che nel 1474/75 fu impossibile perfino a un Fugger (Markus il vecchio) ottenere, nonostante una provvista papale, un canonicato in Augusta.[60] Nel capitolo di Paderborn, che ancora nel 1223 risultava relativamente variegato e non monopolizzato da figli di conti e di nobili, la chiusura progressiva culminò negli statuti del 1580, che richiesero per l'ingresso ben sedici antenati cavalieri.[61]

Meno rigido fu l'atteggiamento nelle collegiate, in cui almeno in alcuni casi la formazione culturale fu apprezzata tanto quanto l'estrazione sociale (ad esempio nel Marienstift di Aquisgrana). Se nel 1419 l'abbazia di St. Alban di Magonza su pressione nobiliare fu trasformata in collegiata, e attorno al 1500 si diceva escludesse uomini che avrebbero potuto essere tranquillamente accolti nel collegio cardinalizio, altre canoniche più generose, ad esempio St. Georgen a Limburg, favorirono l'integrazione di membri di ceti sociali diversi e l'ingresso di *cives*, soprattutto di funzionari al servizio di principi, con i loro parenti. Il sistema di cooptazione fece comunque raggiungere anche in tali casi un grado notevole di apparentamento (la *Versippung* di cui parla Holbach), quindi una sorta di chiusura parental-cetuale; inserendosi nelle collegiate, membri delle nuove élite poterono aspirare a ottenere successivamente anche uno stallo nei capitoli cattedrali.[62]

dei dati relativi al capitolo di Magonza, alla canonica di Fritzlar, ai monasteri di Fulda e Hersfeld, alla casa dell'ordine teutonico a Marburg etc.

58. È ancora Holbach, fra molti altri, a ricordarlo: Holbach, *Kirchen, Karrieren*, p. 333.
59. Ivi, pp. 334-335.
60. Ivi, ripreso in Id., *Sozialer Aufstieg*, p. 352.
61. Holbach, *Sozialer Aufstieg,* pp. 338-339.
62. Holbach, *Kirchen, Karrieren*, pp. 336-337.

La conclusione, secondo Holbach, è che nel tardo medioevo, specie nel XV secolo, nella composizione cetuale di monasteri e canoniche ci furono effettivamente trasformazioni con una più forte apertura ai *cives*, ma contemporaneamente anche irrigidimenti in direzione nobiliare; pure la fissazione di norme corrispondenti, con la verifica della *Stiftsfähigkeit* (titolo ad entrare nel collegio), rappresenta un fenomeno tipicamente bassomedievale, coerente con la più forte giuridizzazione e la redazione di statuti. Il fenomeno fu connesso sia con la formazione di una nobiltà distinta in due classi (*Hoch-* e *Ritteradel*) sia con le trasformazioni nei gruppi dirigenti urbani, cioè con la crescente partecipazione di cerchie cittadine a funzioni di governo e di controllo sulle istituzioni ecclesiastiche. Solo in casi eccezionali e spettacolari, però, si può verificare come la presenza nelle Chiese sia potuta diventare punto di partenza decisivo per la mobilità sociale, con l'ampliamento dell'influenza personale e il rafforzamento di *status* per la propria famiglia; nell'insieme, questo è il giudizio di Holbach, le cariche ecclesiastiche *affiancarono* una particolare ascesa piuttosto che esserne alla radice, nella misura in cui provvidero ai membri della famiglia che non potevano sposarsi in modo adeguato, crearono loro spazi per l'azione politica, garantirono o promossero il prestigio familiare, mantennero i collegamenti con il potere o con le cerchie dirigenti. Furono quindi utili per una crescita sociale, ma non ne costituirono il vero motore. In fatto di mobilità sociale, nemmeno le *chances* economiche che le istituzioni ecclesiastiche offrivano vanno sopravvalutate né andrebbe postulata una strategia e una pianificazione nell'acquisizione di posizioni specifiche all'interno di una singola carriera. Di fatto si sfruttarono le più diverse possibilità per valorizzare legami *anche* all'interno della Chiesa, legami che già esistevano e dipendevano da circostanze diverse.[63]

Nel giudizio di Holbach, datato ma forse non superato, si riflette la diffusa convinzione che per la dinamica sociale si debba guardare a un complesso di fattori, attivi non solo nelle Chiese: nepotismo e "campanilismo"; formazione e servizio presso potenti ovvero patronato e clientela; provviste e grazie aspettative pontificie, non ultime le attività finanziarie, che permisero di accreditarsi presso la curia o presso le maggiori istituzioni.[64] Insieme con qualità personali come pazienza, costanza, mobilità,

63. Ivi, p. 356. Ma v. anche *infra*, testo corrispondente alla nota 80.

64. Su tale aspetto, qui solo enunciato, ampiamente Holbach, *Kirchen, Karrieren*, pp. 345-350, con riferimento ai lavori di Wolfgang Stromer sull'ascesa dei Fugger e di altri finanziatori di chiese locali. Si v. anche, più in generale: *Stift und Wirtschaft: Die Finan-*

attività, flessibilità,[65] l'intreccio variabile di questi fattori poté consentire la mobilità verticale.

5. In quest'orizzonte di ricerca, il beneficio ecclesiastico tende ad essere considerato una semplice risorsa all'interno di un vivacissimo mercato, «der Pfründenmarkt»;[66] non a caso Peter Moraw ha potuto definire la *Pfründe* (il beneficio ecclesiastico) «una delle grandi conquiste di astrazione (*Abstraktionsleistungen*) del mondo della vecchia Europa».[67] Questo è l'angolo visuale dal quale guardano alla mobilità socio-economica tanto gli studiosi del sistema beneficiale quanto gli storici dell'università e dei «consiglieri dotti» (*gelehrte Räte*) al servizio di sovrani, principi e città.

A proposito di università: l'espressione retorica più esplicita della promozione attraverso la formazione superiore è nella bolla di fondazione dello *Studium* di Ingolstadt nel 1459 da parte di Pio II, il quale in essa sosteneva che lo studio «in infimo loco natos evehit in sublimes».[68] Ma il finanziamento dello studio, come pure della carriera accademica succes-

zierung geistlichen Lebens im Mittelalter. Fünfte wissenschaftliche Fachtagung zum Stiftskirchenprojekt des Instituts für Geschichtliche Landeskunde und Historische Hilfswissenschaften der Universität Tübingen (12. - 14. März 2004, Weingarten), a cura di S. Albus, A. Miegel, L. Sönke e A. Meyer, Ostfildern 2007.

65. Holbach, *Sozialer Aufstieg*, pp. 343 e sgg.

66. Sull'espressione, A. Meyer, *Der deutsche Pfründenmarkt im Spätmittelalter*, in «Quellen und Forschungen aus italienischen Archiven und Bibliotheken», 71 (1991), pp. 266-279. Il «mercato delle prebende» figura correntemente anche negli studi di Brigide Schwarz: B. Schwarz, *Klerikerkarrieren und Pfründenmarkt: Perspektiven einer sozialgeschichtlichen Auswertung des Repertorium Germanicum*, in «Quellen und Forschungen aus italienischen Archiven und Bibliotheken», 71 (1991), pp. 243-265; Ead., *Römische Kurie und Pfründenmarkt im Spätmittelalter*, in «Zeitschrift für historische Forschung», 20 (1993), pp. 129-152; Ead., *Weltgeistliche zwischen Ortskirche und päpstlicher Kurie: Nordelbiens Anteil am spätmittelalterlichen Pfründenmarkt,* in *Klerus, Kirche und Frömmigkeit im spätmittelalterlichen Schleswig-Holstein*, a cura di E. Bünz e K.-J. Lorenzen-Schmidt, Neumünster 2006, pp. 127-165. E cfr. A. Rehberg, *Kirche und Macht im römischen Trecento. Die Colonna und ihre Klientel auf dem kurialen Pfründenmarkt (1278-1378),* Tübingen 1999.

67. P. Moraw, *Stiftspfründen als Elemente des Bildungswesens im spätmittelalterlichen Reich,* in *Studien zum weltlichen Kollegiatstift in Deutschland*, a cura di I. Crusius, Göttingen 1995, pp. 270-297: p. 274.

68. Con questa famosa citazione si apre il saggio di C. Hesse, *Qualifikation durch Studium? Die Bedeutung des Universitätsbesuchs in der lokalen Verwaltung spätmittelalterlicher Territorien im Alten Reich*, in *Sozialer Aufstieg*, pp. 243-268: p. 243.

siva, non poté che fondarsi in gran parte sui benefici ecclesiastici,[69] come testimonia chiaramente per Erfurt Robert Gramsch: almeno il 91% dei giuristi da lui studiati godeva di benefici – il 91% solo perché per il restante 9% non si hanno notizie.[70]

L'imponente dissertazione di Gramsch sui giuristi di Erfurt (2003) si staglia sull'insieme degli studi sulle università tedesche per l'ampiezza e la capacità di analisi critica. Gramsch si pone il problema di *come* misurare l'ascesa sociale, anche per le difficoltà di definire gerarchie precise all'interno del mondo laico ove, come si accennava, rimanevano grandi le differenze quanto a ordine gerarchico reale. E propone la considerazione di una mobilità "orizzontale", nel senso di un'attività allargata e molteplice in campi diversi: il "giurista" quale professore, officiale, consigliere di principi, redattore di *consilia*, curiale o canonico,[71] avanzando al tempo stesso l'idea che la possibilità di partecipare a processi decisionali politici, offerta dalla qualificazione giuridica, si possa considerare e apprezzare come forma particolare di ascesa sociale.[72]

La prospettiva è quindi diversa da quella di uno Schreiner o di un Holbach, perché Gramsch guarda a un gruppo professionale che godette "anche" dello *status* clericale. Secondo Gramsch, il beneficio ecclesiastico fu il più importante mezzo di sostentamento dei giuristi, i quali si posero come obiettivo materiale della loro azione l'acquisizione di cariche ecclesiastiche lucrative e di prestigio.[73] Se fra Tre e Quattrocento ogni giurista passato per l'università di Erfurt possedeva in media 3,9 benefici, paragonabili a quelli di un canonico del capitolo estremamente élitario di Spira, la cifra è segno di un "successo" nell'accaparramento delle risorse, tanto più se paragonato alla situazione dell'episcopato di Bamberga, dove in media solo il 24% dei chierici possedeva più di un beneficio[74] – a Erfurt, invece, si trovava in questa condizione ben il 75% dei giuristi, un sesto dei quali cumulava oltre dieci benefici. Ai giuristi di Erfurt riuscì quindi di occupare e accumula-

69. Sul tema si v. ancora C. Hesse, *Pfründen, Herrschaften und Gebühren: Zu Möglichkeiten spätmittelalterlicher Universitätsfinanzierung im Alten Reich,* in *Finanzierung von Universität und Wissenschaft in Vergangenheit und Gegenwart,* a cura di R.C. Schwinges, Basel 2005, pp. 57-68.

70. Gramsch, *Erfurter Juristen im Spätmittelalter*, p. 264.

71. Ivi, p. 30.

72. Ivi, p. 31.

73. Ivi, p. 264.

74. Ivi, p. 272.

re benefici, dall'autore considerati anzitutto come mezzo di sostentamento, arricchimento e, in caso di collegiate o capitoli, anche di acquisizione di prestigio sociale.

A Gramsch preme verificare se la formazione universitaria sia stata motore sociale, e per rispondere affermativamente egli produce dettagliatissime tabelle, in cui la conquista di *Pfründen* più o meno ricche, a seconda del successo professionale, sarebbe "prova" di un'ascesa sociale.[75] Rispetto ai giuristi di estrazione borghese, cioè rispetto alla stragrande maggioranza degli studenti e docenti universitari di Erfurt, la vera e propria "carriera" entro la gerarchia ecclesiastica – quindi non la semplice ricerca di benefici – fu perseguita preferibilmente sia dagli studenti immatricolati come *pauperes* (in tal caso soprattutto in Curia e necessariamente con il titolo dottorale) sia dai nobili, una componente dello *Studium* che secondo Gramsch non va sottovalutata: se quest'ultimi intraprendevano una carriera ecclesiastica in quanto la sentivano una loro prerogativa tradizionale, i *pauperes* fecero tale scelta perché nella Chiesa le *chances* di carriera erano superiori rispetto alle città e alle università – di qui la "tendenza democratica" delle provviste papali di cui talora si parla.

Lo sguardo sulle e dalle università modifica dunque il modo di valutare strumenti e protagonisti della mobilità sociale: per un verso, benefici come elemento accessorio (o nel caso migliore: sostegno) di un *curriculum* da giurista entro e fuori la Chiesa; per altro verso, carriere ecclesiastiche promosse dalla formazione universitaria, vero ascensore sociale dei *pauperes*.

Da presupposti analoghi muovono le ricerche condotte sul *Pfründenmarkt*, il mercato delle risorse beneficiali, cui attinsero città, principi e sovrani per finanziare il personale del proprio apparato amministrativo (non solo in Germania), in quella che viene comunemente definita *Verdichtung*, il processo bassomedievale di "addensamento" dell'impero.[76] Schiere di studiosi, da Brigide Schwarz a Götz-Rüdiger Tewes, si sono impegnati a

75. Ivi, p. 327.

76. C. Hesse, *Amtsträger der Fürsten im spätmittelalterlichen Reich. Die Funktionseliten der lokalen Verwaltung in Bayern-Landshut, Hessen, Sachsen und Württemberg 1350-1515*, Göttingen 2015 (http://digi20.digitale-sammlungen.de/de/fs1/object/display/bsb00047613_00001.html, consultato il 20.6.2016); Id., *Elitenbildung in den Fürstentümern des spätmittelalterlichen Reiches*, in *Europa im späten Mittelalter. Politik - Gesellschaft - Kultur.* Beiträge und Ergebnisse einer Tagung, die unter dem Titel «Europa im späten Mittelalter: Politik - Gesellschaft - Kultur» vom 23. bis 27. April 2003 in Bern durchgeführt worden ist, a cura di R.C. Schwinges, C. Hesse, P. Moraw, München 2006, pp. 263-290.

scoprire i "trucchi" che il sistema beneficiale-amministrativo-giudiziario permetteva, e a ridisegnare di conseguenza anche il ruolo della Curia romana come fattore di dinamismo sociale. Il numero di provviste papali di per sé non dice nulla, bisogna considerare contesto e successo di ogni singola azione. Ad esempio, nell'episcopato di Bamberga, fra il 1378 e il 1490, il 19% dei benefici curati fu interessato da una provvista papale, ma il tasso di successo fu solo del 41% (quindi solo l'8% fu effettivamente provvisto dal papa); altrettanto a Salisburgo, dove il successo papale fu ancora inferiore (21%). Anche a Olmütz (Boemia) le provviste papali, che sotto Bonifacio IX ammontavano al 7-10%,[77] furono in parte rinnovi di collazioni già effettuate da collatori ordinari o interventi di salvaguardia richiesti da una delle parti durante una causa beneficiale: la strada per ottenere questi benefici, conclude Petr Elbel, non passò attraverso la Curia.[78]

Sulla qualità e sull'efficacia delle provviste papali il giudizio tradizionale è stato pertanto rivisto, tanto più che recentemente Robert Gramsch ha ribadito la necessità di non isolare il mercato delle prebende "regionale" da quello curiale né considerarli l'un l'altro antagonisti,[79] ricordando il caso del noto Rudolf Losse da Eisenach: chierico di successo al servizio diplomatico dell'arcivescovo di Treviri, impiegato (*Kanzlist*) e officiale, cappellano di re, principi, cardinali e infine del pontefice, dal 1364 decano di Magonza. Per ottenere benefici – ben 30 nel corso della sua esistenza – Losse sfruttò ora provviste papali, ora *primariae preces*, ora concessioni arcivescovili e presentazioni di patroni, ora permute o cooptazioni da parte di canonici, usando in modo libero e "virtuosistico" le possibilità di collazione ordinaria e straordinaria. Impegnato nella grande politica come "multifunzionario", Losse trattò al contempo piccoli e minimi affari, intrecciando servizio e promozione personale, i propri affari con quelli del suo *dominus* («in nostris et suis negociis»).[80] E fu consapevole dei vantaggi

77. P. Elbel, *Die Besetzungen der Pfarreien in der Diözese Olmütz durch die päpstliche Kurie im Spätmittelalter*, in *Pfarreien im Mittelalter. Deutschland, Polen, Tschechien und Ungarn im Vergleich*, a cura di N. Kruppa, Göttingen 2008, pp. 363-517: p. 379. A p. 364 i dati comparativi sulle diocesi di Bamberga e Salisburgo, sulla base delle ricerche rispettivamente di Tobias Ulbrich e Sabine Weiss.

78. Ivi, p. 390.

79. R. Gramsch, *Kommunikation als Lebensform. Kuriale in Thüringen vom 13. bis zum 16. Jahrhundert*, in *Kurie und Region. Festschrift für Brigide Schwarz zum 65. Geburtstag*, a cura di B. Flug, M. Matheus e A. Rehberg, Stuttgart 2005, pp. 417-434: p. 432.

80. Ivi, 429.

ottenuti tramite la Chiesa di Treviri, tanto da riconoscerlo nel suo testamento: «Item cum multa bona mihi pervenerint racione ecclesie Trever(ensis) predicte et sub ea, ego tanquam gratus do et lego ad ipsam ecclesiam».[81]

Lo sviluppo di strutture burocratico-amministrative nelle diocesi e la trasformazione della Curia in punto di snodo del "commercio" di uffici e benefici, in particolare nel Trecento, comportò la nascita di nuove figure e di un "nuovo mercato del lavoro". A livello regionale la giurisdizione ecclesiastica, l'amministrazione e gli organi di controllo richiesero nuovo personale – ad esempio officiali e decani rurali – con funzioni che per il loro speciale legame con il "potere" (*Herrschaft)* poterono diventare canali di promozione sociale, nonostante che la regionalizzazione e la specializzazione si coniugassero non di rado con chiusure, perdite di permeabilità e anche esclusione di élite nuove;[82] dunque trasformazioni complesse, mai a senso unico. A livello centrale, in Curia si trattò invece di legati, cappellani, suddiaconi papali o altri curiali e in particolare di procuratori, per i quali la "comunicazione" divenne una "forma di vita"[83] – già nel Duecento tale attività attrasse personaggi provenienti fin dalla lontana Turingia.[84] La ricerca prosopografica incentrata sui registri papali, scandagliati tramite il *Repertorium Germanicum*, continua a dare frutti succosi al riguardo, e una recente, imponente dissertazione di Kerstin Hitzbleck sugli esecutori dei rescritti papali in curia e *in partibus* durante il pontificato di Giovanni XXII[85] ha arricchito il quadro, rinnovandolo anche dal punto di vista metodologico. Particolarmente significativa l'attività del canonico di Colonia Heinrich von Jülich, diplomatico di stirpe comitale, spesso presente alla curia e destinatario di innumerevoli mandati esecutivi su incarico pontificio[86], uno dei nuovi "mediatori" fra centro e periferia di cui parlava Gramsch.

Il buon esito di un'operazione alla corte pontificia dipese dall'intervento di curiali influenti, di informatori in curia e in loco, di colleghi magari conosciuti all'università con cui scambiare i propri benefici e di notai camerali nei processi *de intruso*,[87] oltre che, per usare una terminologia ormai

81. La citazione da Holbach, *Kirchen, Karrieren,* p. 353.
82. Ivi, pp. 356-357.
83. È il titolo del saggio di Gramsch citato alla nota 79.
84. *Ibidem*.
85. K. Hitzbleck, *Exekutoren. Die außerordentliche Kollatur von Benefizien im Pontifikat Johannes' XXII.*, Tübingen 2009.
86. Ivi, pp. 527-537.
87. Tewes, *Die römische Kurie*, pp. 307-308.

classica, dalla "vicinanza" a sovrani e principi. Tutto questo per ribadire che il beneficio, in quanto risorsa in certo modo neutra (l'«astrazione» di Moraw), fu alla base dell'azione per assicurarsi sostentamento, arricchimento ed eventualmente prestigio, in vista di una promozione sociale per la quale il vero strumento principe fu l'intreccio fra parentela, amicizie, clientele e patronage. È la cosiddetta *Verflechtung* (intreccio), termine introdotto con successo da Wolfgang Reinhard ormai da alcuni decenni, sulla base della *network analysis* di origine sociologica.[88] È alle reti che si guarda ora con più interesse, valorizzando la dimensione dinamica personale (individui e gruppi) rispetto alla tradizionale *Germania Sacra*, legata a istituzioni e a geografie ("paesaggi"), quindi indirizzata a "liste", più che a "reti".[89] Il fortunato concetto di *network* (*Netzwerk*) come strumento d'indagine e anche come realtà caratteristica del medioevo recentemente è stato comunque posto in discussione e valutato nei suoi limiti di applicazione.[90]

6. Un ultimo punto almeno da sfiorare riguarda le "pratiche culturali" connesse con la promozione sociale. Fra i numerosissimi studi sulle confraternite e sulle *societates* come strumento d'integrazione e distinzione sociali vanno ricordati perlomeno i lavori di Malte Prietzel sulle Calande clericali, che pongono in evidenza come tale organizzazione dell'élite sacerdotale poté favorire la "vicinanza" ai detentori del potere politico e contatti sociali significativi, risultando attraente per famiglie in ascesa.[91] Accanto a queste e

88. Cfr. al riguardo Hitzbleck, *Exekutoren,* p. 285.

89. Riprendo qui la suggestione di K. Odenweller, *Von der Liste zum Netz? Nutzen und Schwierigkeiten der netzwerkanalytischen Betrachtung historischer Quellen am Beispiel der Quellenliste des Capodilista-Kodex"*, in *Die Grenzen des Netzwerks 1200-1600*, a cura di K. Hitzbleck e K. Hübner, Stuttgart 2014, pp. 41-63. Una recente ricerca sulle clientele cardinalizie in A. Rehberg, *Die Kardinäle aus Rom und die Macht der Klientelbeziehungen (1277-1527),* in *Die Kardinäle des Mittelalters und der frühen Renaissance*, a cura di J. Dendorfer e R. Lützelschwab, con la collaborazione di J. Nowak, Firenze 2013, pp. 55-110. Sull'uso del concetto di *Netzwerk* si v. pure, anche se relativo a un diverso contesto, R. Gramsch, *Das Reich als Netzwerk der Fürsten: politische Strukturen unter dem Doppelkönigtum Friedrichs II. und Heinrichs (VII.) 1225-1235,* Ostfildern 2013.

90. *Die Grenzen des Netzwerks*. Per una recensione critica dei risultati del volume, almeno dal punto di vista teorico, C. Jahnke, Recensione di *Die Grenzen des Netzwerks 1200-1600*, a cura di K. Hitzbleck e K. Hübner, Stuttgart 2014, in «Sehepunkte», 15/11 (2015), http://www.sehepunkte.de/2015/11/26268.html (consultato il 23.6.2016).

91. Si v., fra i vari lavori dell'autore, M. Prietzel, *Die Kalande im südlichen Niedersachsen. Zur Entstehung und Entwicklung von Priesterbruderschaften im Spätmittelalter*, Göttingen 1995; Id., *Klerikerbruderschaften, Obrigkeiten und Laien. Die niedersächsi-*

ad altre classiche istituzioni religiose di socialità e sociabilità come le confraternite, attive nel "creare identità" (*identitätsstiftend*),[92] uno specifico interesse è stato volto da una ventina d'anni alle "fondazioni" (*Stiftungen)*, che in quanto poste all'incrocio fra diritto, economia, religiosità, mentalità e

schen Kalande im späten Mittelalter, in «Niedersächsisches Jahrbuch für Landesgeschichte», 75 (2003), pp. 87-100; Id., *Pfarrkirche und Kaland im spätmittelalterlichen Celle: Kirchenwesen und Frömmigkeit des 14. und 15. Jahrhunderts am Beispiel einer kleinen Residenzstadt*, in «Jahrbuch der Gesellschaft für niedersächsische Kirchengeschichte», 106 (2008), pp. 7-24. E cfr. Holbach, *Kirche, Karrieren*, p. 355.

92. Tra la copiosa bibliografia sulle confraternite, considerate soprattutto nell'ambito della problematica povertà/assistenza, si v. R. Barzen, M. Escher-Apsner, D. Multrus, *Religiös motivierte Barmherzigkeit und karitatives Handeln von Gemeinschaften im hohen und späten Mittelalter,* in *Inklusion/Exklusion. Studien zu Fremdheit und Armut von der Antike bis zur Gegenwart*, a cura di A. Gestrich e L. Raphael, Frankfurt am Main-Berlin-Bern-Bruxelles-New York-Oxford-Wien 2004, pp. 397-422; M. Escher-Apsner, *'Confraternitas pauperum' / 'Confraternitas exulum': Inklusions und Exklusionsmodi bruderschaftlicher Organisationen – die sog. Elendenbruderschaften als Sonderform?*, in *Zwischen Ausschluss und Solidarität. Modi der Inklusion/Exklusion von Fremden und Armen in Europa seit der Spätantike*, a cura di L. Raphael e H. Uerlings, Frankfurt am Main-Berlin-Bern-Bruxelles-New York-Oxford-Wien 2008, pp. 181-212; G. Köster, *Künstler als Mitglieder venezianischer Bruderschaften im 14. und frühen 15. Jahrhundert am Beispiel der Scuola di Santa Maria della Misericordia,* in *Verwandtschaft, Freundschaft, Bruderschaft. Soziale Lebens und Kommunikationsformen im Mittelalter*, a cura di G. Krieger, Berlin 2009, pp. 151-175; B. Laqua, *Bruderschaften und Hospitäler während des hohen Mittelalters. Kölner Befunde in westeuropäisch-vergleichender Perspektive*, Stuttgart 2011. E inoltre: H. Dormeier, *Religiöse Bruderschaften der "Oberschicht" in Lübeck im 15./16. Jahrhundert: Frömmigkeitsformen, soziale Beziehungen und wirtschaftliche Interessen,* in *Der Kaufmann und der liebe Gott: zu Kommerz und Kirche in Mittelalter und früher Neuzeit*, a cura di A. Graßmann, Trier 2009, pp. 21-44; *Geschlechtergesellschaften, Zunft-Trinkstuben, Bruderschaften in spätmittelalterlichen und frühneuzeitlichen Städten,* a cura di G. Fouquet e M. Steinbrink e G. Zeilinger, Ostfildern 2003; K. Utz Tremp, *Barmherzigkeit und Versicherung zugleich. Die Armenfürsorge der Freiburger Heiliggeistbruderschaft an der Wende vom Spätmittelalter zur frühen Neuzeit*, in *Von der Barmherzigkeit zur Sozialversicherung. Umbrüche und Kontinuität vom Spätmittelalter bis zum 20. Jauhrhundert*, a cura di H.-J. Gilomen, S. Guex e B. Studer, Zürich 2002, pp. 183-197. Devo tali indicazioni bibliografiche a Thomas Frank, che ringrazio. Fra i suoi lavori dedicati al tema si v. almeno: T. Frank, *Rechtsgeschichtliche Anmerkungen zu spätmittelalterlichen Bruderschaftsstatuten in Deutschland und Italien*, in *Von der Ordnung zur Norm: Statuten in Mittelalter und Früher Neuzeit*, a cura di G. Drossbach, Paderborn-München-Wien-Zürich 2010, pp. 311-325; T. Frank, *Bruderschaften und Hospitäler. Spätmittelalterliche Beispiele aus Italien und Deutschland,* in *Formen der Armenfürsorge in hoch- und spätmittelalterlichen Zentren nördlich und südlich der Alpen*, a cura di L. Clemens, A. Haverkamp e R. Kunert, Trier 2011, pp. 167-184.

memoria vengono proposte e indagate come "fenomeno sociale totale".[93] Il punto di osservazione globalizzante permette di considerare nel suo insieme un ampio spettro di attività volte alla salvezza dell'anima in vista del giudizio finale, con risvolti precisi nell'organizzazione del mondo sociale terreno, fra "merito religioso e ambizioni mondane".[94] Nobili e cittadini, comunità e confraternite furono protagonisti della fondazione di monasteri, canoniche, ospedali, elemosine, cappelle, altari, clericati, predicature, salari per preti, messe, anniversari, oggetti liturgici o arredi ecclesiastici – oltre ad università e benefici per *magistri* o *scholares*. Se gli scopi concreti furono molteplici – incremento del culto, assistenza e carità, promozione delle arti e del sapere, su un piano più generale entrarono in gioco la messa in scena e l'ostentazione della (nuova) ricchezza, il desiderio di riconoscimento sociale, l'ancoraggio durevole della propria persona o famiglia nella memoria collettiva, non ultima la sicurezza economica, attraverso la destinazione a membri della parentela di benefici o salari per messe appositamente fondati.[95] Un recentissimo bilancio sottolinea che la "messa in scena del rango" svolse un ruolo significativo nella volontà di fondazione in *tutti* gli strati della società, specie per individui e famiglie in ascesa:[96] fondazioni (proto)borghesi sono attestate già dalla fine dell'XI secolo a Spira, ma fu nelle città tardomedievali che l'attività di fondazione fu strumento amato per esibire la crescita sociale ai contemporanei e ai posteri o anche per suscitarla – le fondazioni individuali di contadini, al contrario, si fecero più frequenti solo dal XV secolo. Alla "fondazione" fecero ricorso sia laici sia ecclesiastici, anche questi ultimi più o meno impegnati a seconda della loro estrazione cetuale e del loro patrimonio privato, ma altresì degli uffici esercitati.[97]

93. M. Borgolte, *Zur Einführung*, in *Enzyklopädie des Stiftungswesens in mittelalterlichen Gesellschaften,* a cura di M. Borgolte, con la collaborazione di Z. Chitwood, E. Kosma, T. Lohse, I. Sánchez e A. Schmiedchen, 1, *Grundlagen*, Berlin 2014, pp. 9-13: p. 9.

94. Così una sezione, la settima, dell'*Enzyklopädie des Stiftungswesens in mittelalterlichen Gesellschaften,* a cura di M. Borgolte, con la collaborazione di Z. Chitwood, E. Kosma, T. Lohse, I. Sánchez e A. Schmiedchen, 2, *Das soziale System Stiftung. Mit einem Beitrag von Volker Olles über religiöse Stiftungen in China*, Berlin 2016, p. 15 e sgg.

95. Una prima presentazione in D. Rando, *"Fondazioni" medievali. La realtà e il problema*, e Ead., *"Fundationes" e società cittadina. A proposito di un libro recente*, entrambi in «Annali dell'Istituto storico italo-germanico in Trento», 27 (2001), pp. 635-638 e pp. 657-670.

96. T. Lohse, *Religiöses Verdienst und weltliche Ambitionen*, 7.2, *Lateinische Christen*, in *Enzyklopädie des Stiftungswesens*, 2, pp. 27-34: p. 32.

97. T. Lohse, *Typologisierungen*, 3.2, *Lateinische Christen,* in *Enzyklopädie des Stiftungswesens*, 1, pp. 167-182: p. 177.

L'attività fondativa fu dunque un campo in cui le Chiese furono direttamente coinvolte, in un gioco di risorse materiali e "immateriali", di dono e controdono, con un costante scambio di beni concreti (rendite della fondazione) e controdoni immateriali (preghiere, atti di pietà corrispondenti).[98] Meccanismo sociale fondato su un rapporto scambievole fra singoli e gruppi, fra contemporanei e posteri, essa favorì la creazione di nuovi legami sociali fra fondatore, amministratori e beneficiari della fondazione.[99]

Oltre al capitale "simbolico" e all'instaurazione, consolidamento o modifica delle reti sociali, della fondazione sono state specificamente valorizzate le componenti economiche; che furono fra l'altro determinanti per la domanda e per l'offerta entro quel «mercato della pietà» del quale poté giovarsi, accanto ai religiosi, un'ampia fascia del clero secolare: nel secondo Quattrocento nella città anseatica di Stralsund, sul mar Baltico, si destinarono anche alle chiese parrocchiali e non conventuali lasciti o donazioni per la commemorazione perpetua, soprattutto con la richiesta di suffragi dopo la predica. Secondo Ralf Lusiardi, autore di uno studio raffinato sull'argomento, con la sua offerta liturgica tardiva il clero parrochiale reagiva a una forte domanda laicale di memoria "a basso prezzo", una domanda sviluppatasi solo in dipendenza e a imitazione della prassi liturgica propria delle comunità monastiche.[100] La fondazione divenne cespite importante per il sostentamento di quel clero salariato – *commendiste, horiste, chorales*[101] – che nell'ultimo medioevo crebbe di numero an-

98. M. Borgolte, *Stiftung - Mittelalterlicher Sprachgebrauch und moderner Begriff*, 1.1, *Interkulturelle Perspektiven*, in *Enzyklopädie des Stiftungswesens*, 1, pp. 19-23: p. 19.

99. T. Lohse, *Forschungsgeschichten*, 2.2, *Lateinische Christen*, in *Enzyklopädie des Stiftungswesens*, 1, pp. 87-103: pp. 91-92 (*Sozialgeschichte*). Come si è cercato di mostrare anche recentemente, attraverso l'analisi del comportamento fondativo di una famiglia o di un monastero può risaltare l'instaurazione, il consolidamento o la modifica di reti sociali: M. Olschowski, *"Vmme erer selen salicheit willen". Stiftungen für das Zisterzienserkloster Dargun als Spiegel der sozialen Vernetzung*, in «Mecklenburgische Jahrbücher», 126 (2001), pp. 53-90. Nel soddisfare l'interesse individuale alla memoria, il monastero cistercienseè di Dargun favorì la costituzione di comunità di persone, le sostenne e mantenne in vita.

100. R. Lusiardi, *Stiftung und städtische Gesellschaft. Religiöse und soziale Aspekte des Stiftungsverhaltens im spätmittelalterlichen Stralsund*, Berlin 2000, pp. 221-222. Cfr. Rando, *"Fundationes" e società cittadina*, p. 663.

101. E. Bünz, K.-J. Lorenzen-Schmidt, *Zu den geistlichen Lebenswelten in Holstein, Lauenburg und Lübeck zwischen 1450 und 1540*, in *Geistliche Lebenswelten: zur Sozial- und Mentalitätsgeschichte der Geistlichen in Spätmittelalter und Früher Neuzeit*, a cura di M. Jakubowski-Tiessen, Neumünster 2005, pp. 11-57: p. 35.

che perché animato da attese di promozione sociale tramite il sacerdozio, ambizioni stigmatizzate dalla letteratura satirico-didattica e parzialmente confermate dalla diffusione, a partire dal Trecento, del titolo di *dominus* per gli ecclesiastici.[102]

A conclusione delle linee fin qui tracciate, si può osservare che nel nuovo millennio la storia sociale si è accostata alla mobilità fra Chiese e secolo in modo solo indiretto, con risultati che vanno ricercati all'interno di studi orientati ad altre problematiche: riforma monastica, promozione e formazione universitaria, "addensamento" dell'Impero e nuove strutture burocratico-amministrative, *gravamina* e finanze papali. Problematiche che a loro volta si pongono all'incrocio fra piano istituzionale e piano personale ("reti", *Verflechtung*), nell'intreccio tra vicende socio-economiche e "pratiche culturali" – queste ultime esaminate con attenzione alla comunicazione, alla "rappresentazione" e ai suoi codici simbolici. Nella messe ricchissima di dati emergenti dagli indirizzi di ricerca tuttora prevalenti rischia forse di essere oscurata la componente più schiettamente religiosa dei fenomeni indagati, che non fu sempre e comunque un *optional* – lo mostrano il nesso con le riforme indagato da Schreiner o le ultimissime ricerche sulla predicazione universitaria, cioè sui compiti clericali effettivamente esercitati dai docenti degli *Studia*;[103] o ancora, a proposito di "fondazione" e "rappresentazione" dei ceti urbani, la decisiva valenza liturgica di tante fondazioni. Valenza liturgica e non solo: riguardo alle committenze artistiche dell'élite urbana, in particolare riguardo agli affreschi tardoquattrocenteschi della cappella Tornabuoni in S. Maria Novella a Firenze, Till Busse ha potuto sottolineare la necessità di analizzare il contesto *teologico* del ciclo in cui vennero inseriti i ritratti dei diversi esponenti della famiglia, collocati nel tessuto narrativo di una scena sacra e radicati così nel contesto della storia della salvezza.[104]

102. D. Kurze, *Der niedere Klerus in der sozialen Welt des späteren Mittelalters* (1976), ora in Id., *Klerus, Ketzer, Prophetien. Gesammelte Aufsätze,* a cura di J. Sarnowsky, M.-L. Heckmann, S. Jenks, Warendorf 1996, pp. 1-36: pp. 26-27.

103. F. Rexroth, *Expertenweisheit. Die Kritik an den Studierten und die Utopie einer geheilten Gesellschaft im späten Mittelalter*, Basel 2008, pp. 40-42.

104. T. Busse, Recensione a J. Schmid: Et pro remedio animae et pro memoria. *Bürgerliche* repraesentatio *in der Cappella Tornabuoni in S. Maria Novella*, München-Berlin, in «Sehepunkte» 3/9 (2003), http://www.sehepunkte.de/2003/09/3468.html (consultato il 4.7.2016).

Liturgia, commemorazione, teologia: in apertura si è ricordato come Felix Fabri rinunciasse ad inserire parametri di natura ecclesiastica fra i criteri distintivi della nobiltà urbana di Ulm, e ora in chiusura si può aggiungere che il frate domenicano raccolse tutti i *sacerdotes* in un unico ceto, distinto e collocato «plus et supra cives», tanto prevaleva per lui la funzione di mediazione fra Dio e il *populus* dei fedeli,[105] a conferma di una qualità irriducibile dell'essere nella e della Chiesa («sub ea», diceva Losse), sul piano della stratificazione e della rappresentazione sociale. Tale qualità, percepita o pretesa che fosse, merita di essere considerata come eventuale elemento di tensione (e di contraddizione) anche in fatto di mobilità sociale; onde evitare il rischio di una *Germania* o di un'*Italia sacra* "desacralizzate", più simili alla contemporaneità che al loro medioevo.

105. Holbach, *Kirchen, Karrieren,* p. 315.

Giacomo Todeschini

Linguaggi ecclesiastici della mobilità sociale

La nozione stessa di mobilità sociale, in se stessa alquanto vaga e comunque contraddittoria anche dal punto di vista del contesto cittadino basso-medievale italiano nel suo insieme, appare ancora più strana se rapportata alla rappresentazione offertane da un soggetto collettivo e dottrinario, la Chiesa, di per sé orientato piuttosto a codificare il mutamento identitario in termini penitenziali definiti da riferimenti all'intenzione e alla coscienza soggettive, e a definire l'ambiente sociale in cui questo mutamento eventualmente si colloca secondo i lessici dell'appartenenza istituzionale e cioè per mezzo di linguaggi che indicano lo status delle persone servendosi di una griglia preordinata e prevedibilmente gerarchica e concentrica.[1] Avendo chiara questa premessa e dunque lo scarto che esiste fra la moderna concezione di mobilità sociale, di per se stessa codificata secondo logiche che ne fanno inesorabilmente l'esito e la metafora di una schematizzazione economica e tardo-positivista dei giochi sociali,[2] e la rappresentazione ecclesiologica e canonistica delle possibilità e dei significati di cambiamento di condizione di individui e gruppi, è comunque possibile rintracciare alcune piste discorsive in grado di attestare talune modalità di raffigurazione della fluidità sociale espresse, e a volta codificate, dalla Cristianità istituzionale in Occidente.

Si dividerà l'esposizione in due parti, cronologicamente corrispondenti, rispettivamente, alle premesse della riflessione ecclesiastica sulla ric-

1. Nonostante la classica semplificazione proposta da P.A. Sorokin, *Social Mobility* (1927), London-New York 1998, pp. 166 e sgg. (*The Church as a Channel of Vertical Circulaton*). Cfr. *La mobilità sociale nel medioevo*, a cura di S. Carocci, Roma 2010.

2. M. Hawkins, *Social Darwinism in European and American Thought, 1860-1945: Nature as Model and Nature as Threat*, Cambridge 1997; T. Piketty, *Le capital au XXI*[e] *siècle*, Paris 2013.

chezza e le gerarchie sociali nei secoli che vanno dal quarto al nono,[3] e agli sviluppi più significativi di queste premesse situabili nel periodo che sta fra decimo e tredicesimo secolo.

Nel decimo capitolo del Vangelo di Giovanni[4] si incontra una tripartizione di persone, poi ripresa e ampiamente commentata da Agostino e da molti altri autori cristiani che ad Agostino si rifaranno, nei secoli del primo medioevo. Si tratta della triade costituita dal *pastor*, dal *fur*, e dal *mercenarius*. A ben guardare però questa triade è resa possibile da un quarto soggetto, il gregge, *oves*, governato, abusato o trascurato dal *pastor*, dal *fur* e dal *mercenarius*. Questi tre personaggi e il quarto che li implica, abbondantemente ignorati dalla storiografia dedita alle questioni sociali dell'Europa premoderna che li ha relegati, insieme con tanti altri analoghi casi testuali, nel ripostiglio delle anticaglie storicamente inutili perché letterarie, teologiche, fantasiose, e insomma non inerenti al sanguigno vissuto del quotidiano economico e cetuale, rivelano invece, nella logica stessa della loro vita testuale, lunga e, come si vedrà, complessa, caratteri adatti a farne il presupposto del sistema di categorie e di concettualizzazioni tradottosi poi, gradualmente, nel discorso ecclesiastico e canonistico sulle gerarchie sociali e sulla loro eventuale permeabilità, in un discorso tanto più cari-

3. Cfr. V. Toneatto, *Les banquiers du Seigneur. Évêques et moines face à la richesse (IVe-début IXe siècle)*, Rennes 2012.

4. Joh. 10: «1amen amen dico vobis qui non intrat per ostium in ovile ovium sed ascendit aliunde ille fur est et latro 2 qui autem intrat per ostium pastor est ovium 3 huic ostiarius aperit et oves vocem eius audiunt et proprias oves vocat nominatim et educit eas 4 et cum proprias oves emiserit ante eas vadit et oves illum sequuntur quia sciunt vocem eius 5 alienum autem non sequuntur sed fugient ab eo quia non noverunt vocem alienorum 6 hoc proverbium dixit eis Iesus illi autem non cognoverunt quid loqueretur eis 7 dixit ergo eis iterum Iesus amen amen dico vobis quia ego sum ostium ovium 8 omnes quotquot venerunt fures sunt et latrones sed non audierunt eos oves 9 ego sum ostium per me si quis introierit salvabitur et ingredietur et egredietur et pascua inveniet 10 fur non venit nisi ut furetur et mactet et perdat ego veni ut vitam habeant et abundantius habeant 11 ego sum pastor bonus bonus pastor animam suam dat pro ovibus 12 mercennarius et qui non est pastor cuius non sunt oves propriae videt lupum venientem et dimittit oves et fugit et lupus rapit et dispergit oves 13 mercennarius autem fugit quia mercennarius est et non pertinet ad eum de ovibus 14 ego sum pastor bonus et cognosco meas et cognoscunt me meae 15 sicut novit me Pater et ego agnosco Patrem et animam meam pono pro ovibus 16 et alias oves habeo quae non sunt ex hoc ovili et illas oportet me adducere et vocem meam audient et fiet unum ovile unus pastor 17 propterea me Pater diligit quia ego pono animam meam ut iterum sumam eam 18 nemo tollit eam a me sed ego pono eam a me ipso potestatem habeo ponendi eam et potestatem habeo iterum sumendi eam hoc mandatum accepi a Patre meo».

co di significati politicamente impliciti, quanto più derivato da autorevoli premesse teologiche come quella di cui si sta ragionando. Nel Vangelo di Giovanni la metafora del gregge e del pastore, del popolo cristiano e del suo Messia, fa apparire sulla scena come comprimari un *fur*, un ladro, o forse ancor meglio un furtivo ed oscuro fuorilegge che del gregge vuol fare un bottino da trafugare, e, accanto a lui, un *mercenarius*, qualcuno che fa quello che fa per essere pagato, che, se accudisce il gregge, lo fa per il proprio interesse, e che quindi in vista del pericolo, rappresentato dal *fur* o da un lupo eventuale, nera controfigura del *fur*, fugge o si nasconde abbandonando il gregge a se stesso e ai predatori. Questo quadro, oltre ad inaugurare il grande scenario di pastorato sociale e politico che sarà proprio della Cristianità occidentale nella prospettiva ricostruita dall'archeologia concettuale di Michel Foucault,[5] costituisce una base testuale e specificamente lessicale per successivi elaborati ecclesiologici che, da Agostino in avanti, rielaboreranno il triplice protagonismo del *pastor/fur/mercenarius* e il significato del gregge mutevolmente gestito da questi tre soggetti, trasformandolo gradualmente in una griglia concettuale adatta, una volta trasposta nei linguaggi del diritto canonico codificati in primo luogo dal *Decretum Gratiani*,[6] a precisare il senso delle immagini di società pensate dalle istituzioni ecclesiastiche. Ben prima che questo potesse avvenire, tuttavia, Agostino, tanto nel quarantaseiesimo capitolo del suo commento al Vangelo di Giovanni quanto in un suo celebre Sermone, il cento trentasettesimo,[7] aveva dato inizio al viaggio testuale del passaggio

5. M. Foucault, *Sécurité, territoire, population* (cours au Collège de France, 1977-1978), a cura di M. Senellart, Paris 2004; Id., *Du gouvernement des vivants* (cours au Collège de France 1979-1980), Paris 2012. Cfr. M. Senellart, *Michel Foucault: une autre histoire du christianisme?*, in «Bulletin du centre d'études médiévales d'Auxerre», 7 (2013) (en ligne): http://cem.revues.org/12872.

6. *Decretum Gratiani*, C. XXIII, q. 4, c. 12 (*Corpus Iuris Canonici* ed. Friedberg, I, 902-3).

7. Agostino, *In Johannis Evangelium tractatus*, 46: «*Bonus pastor animam suam dat pro ovibus suis. Mercenarius autem...*(Io 10, 11-13). Et mercenarii necessarii sunt. Multi quippe in Ecclesia commoda terrena sectantes, Christum tamen praedicant, et per eos vox Christi auditur; et sequuntur oves, non mercenarium, sed vocem pastoris per mercenarium. 1. Loquens Dominus Iesus ovibus suis, et praesentibus, et futuris quae tunc aderant; quia erant ubi iam oves eius erant, quae futurae erant eius oves: item praesentibus et futuris, et illis et nobis, et quotquot etiam post nos fuerint oves eius, quis ad eas missus esset, ostendit. Omnes ergo audiunt vocem pastoris sui dicentis: *Ego sum pastor bonus.* Non adderet, *bonus,* nisi essent pastores mali. Sed pastores mali, ipsi sunt fures et latrones: aut certe, ut

giovanneo amplificandone smisuratamente il senso ecclesiologico ossia politico-giuridico per mezzo di una sottolineatura crescente della concreta efficienza e utilità dell'attività del *pastor* inteso come sacerdote legittimato a governare il gregge dei fedeli, dell'irrimediabile devastazione operata dal *fur/lupus*, demone o eretico minaccioso e aggressivo che fosse, e infine dell'ambiguità di una presenza che come quella del *mercenarius* appariva nel testo agostiniano come talvolta funzionale alla amministrazione del gregge, e talvolta invece pericolosamente inutile. Mentre il testo di Giovanni aveva risolutamente e nettamente affermato l'inefficacia della cura del gregge da parte del *mercenarius* («mercenarius, et qui non est pastor, cuius non sunt oves propriae, videt lupum venientem et dimittit oves et fugit et lupus rapit et dispergit oves») visto che il gregge non gli appartiene e non lo riconosce, dunque la sua assoluta estraneità rispetto all'amministrazione di cui è protagonista il *pastor*, Agostino sposta decisamente l'attenzione sia sulla natura ecclesiastica e cioè istituzionalmente direttiva del pastore, sia sull'eventuale seppur secondaria utilità del mercenario nella gestione del popolo dei fedeli, il gregge. La conclusione è che, mentre il *fur*, il cupo e furtivo agente del male, dev'essere temuto e combattuto, il *mercenarius,* che, in tutta la sua fallibilità e corruttibilità, agisce all'interno della società cristiana esercitando un potere di tipo pastorale senza però averne l'autorità compiuta, dev'essere tollerato e indirizzato, ossia gestito e corretto, utilizzato, quindi, dai pastori, rari, sottolinea Agostino, come l'autenticità del loro carisma: *pauci pastores, multi mercenarii*. Questo spostamento degli equilibri e la cauta reintroduzione nell'ambito dello spazio governativo cristiano dei *mercenarii*, ossia di quanti coordinano, organizzano ed eventualmente dirigono la vita dei fedeli per un proprio interesse o tornaconto, ha un duplice effetto testuale; da un lato, in questo contesto, prende forma un lessico concettuale che indica come forma di utile e giusta gestione dell'ordine l'affidamento di compiti gestionali sacri a funzionari prevedi-

multum, mercenarii. Omnes enim hic personas quas posuit, requirere, distinguere, nosse debemus. Aperuit enim iam duas res Dominus, quas quodammodo clausas proposuerat: iam scimus quia ostium ipse est, scimus quia pastor ipse est. Fures et latrones qui sint, in hesterna lectione patefactum est; hodie autem audivimus mercenarium, audivimus et lupum: heri nominatus est et ostiarius. In bonis ergo ostium est, ostiarius, pastor et oves: in malis fures et latrones, mercenarii, lupus. » (http://www.augustinus.it/latino/commento_vsg/omelia_046_testo.htm); cfr. Agostino, *Sermo* 137, 5.5: «Sed tres personas dixit Dominus, et debemus illa investigare in Evangelio: pastoris, mercenarii et furis.» (http://www.augustinus.it/latino/discorsi/discorso_177_testo.htm)

bilmente indegni da parte di una élite carismatica. D'altra parte, nello stesso tempo, il gregge dei *fideles*, il popolo di Dio, comincia a perdere la sua natura di soggetto/oggetto intrinseco al carisma del pastore, per diventare piuttosto una folla la cui amministrazione può essere demandata, da parte dei pastori, anche a funzionari sospetti, da tollerare perché, come osserva Agostino, diffondono un Verbo e regole salvifici in se stessi, il cui valore è cioè indipendente dalla corruzione o dalla mala fede di chi li distribuisce. È a partire da questa svolta che Giuda Iscariota[8] potrà apparire nella narrazione patristica e altomedievale e poi in quella ecclesiologica bassomedievale come il prototipo dell'amministratore disonesto oltre che del falso apostolo, tollerato in ragione del suo ruolo nonostante la sua prevista inaffidabilità e prevedibile dannazione.

La reinterpretazione agostiniana dà dunque inizio alla costruzione, anche per via esegetica, di un modello di ordine sociale che, oltre a soffermarsi come avviene in numerosi altri suoi scritti sugli equilibri economici e l'equità che dovrebbe caratterizzarli, sulla povertà e la ricchezza come condizioni sociali eppure mistiche e metaforiche,[9] tende a rappresentare il carisma pastorale come la prima radice di un'egemonia in grado, vista la sua perfezione inimitabile, di servirsi di agenti governativi imperfetti, a tal punto corrotti e *sua propria querentes*, da non comprendere il senso pubblico e trascendente dell'amministrazione loro affidata ma di cui, però, il gregge dei fedeli può comunque profittare. Si trattava dell'inizio di un modello gestionale il cui carattere più profondo era costituito dalla ambiguità del rapporto esistente fra "pastori" e "mercenari", ossia fra governanti carismatici e loro quotidiani rappresentanti, grezzi portatori di precetti e schemi, incapaci a causa della loro ignoranza spirituale di capire il mistero del governo loro affidato. Di questo modello faceva parte essenziale, da un lato l'affermazione della natura più che umana dei *pastores*, uomini eppure, come asserirà nel 796 il concilio di Cividale convocato da

8. G. Todeschini, *Come Giuda. La gente qualunque e i giochi dell'economia all'inizio dell'epoca moderna*, Bologna 2011.

9. H. Rondet, *Richesse et pauvreté dans la prédication de Saint Augustin,* in «Revue d'Ascétique et de Mystique», 30 (1954), pp. 193-231; D.J. MacQueen, *St. Augustine' concept of property ownership*, in «Recherches Augustiniennes», 8 (1972), pp. 187-229; Toneatto, *Les banquiers*. Cfr. P. Brown, *Through the Eye of a Needle: Wealth, the Fall of Rome, and the Making of Christianity in the West, 350-550 AD,* Princeton 2012; Id., *The Ransom of the Soul. Afterlife and Wealth in Early Western Christianity*, Cambridge (Ma) 2015.

Paolino di Aquileia, *plus quam homines*,[10] vista l'analogia del loro ruolo di propalatori della Verità con quello degli apostoli, e dall'altro una sempre più complessa descrizione dell'assemblea dei fedeli, il gregge, il *populus*, come insieme umano composto di soggetti sotto indagine, la cui natura superiore o inferiore, di eventuali *pastores* infusi di intelligenza spirituale o di *fures* rapaci e dannati nella loro ignoranza, *spiritum non habentes*, era da verificarsi, senza escludere, però, una terza possibilità identitaria offerta dall'ampio spettro di condizioni riassumibili nella parola *mercenarius*: una vastissima gamma di status né eccelsi né infami, la cui potenziale utilità sociale era costantemente temperata dal sospetto che li caratterizzava.[11] Cresciuta nell'ambito variegato delle scritture conciliari, esegetiche e polemiche prodotte dal mondo ecclesiastico europeo fra quinto e nono secolo nella prospettiva di un'autodefinizione governativa delle presenze episcopali, sempre più nettamente in conflitto – soprattutto dalla fase carolingia – con i poteri signorili non ecclesiastici di vario ordine a grado, la rappresentazione canonica dei sacerdoti come depositari di un superno *sal terrae*, rara e preziosa qualità dell'intelletto in grado di accedere alle Verità più alte è completata dalla descrizione sempre più cupa della congrega di uomini privi di *spiritus* che minacciano dal buio delle loro caverne il gregge cristiano.[12] L'indole oscura e furtiva, infida e predatoria, bestialmente

10. *Concilium Forojuliense* (Paulinus Aquileiensis), 2 (anno 796), *Patrologia Latina*, 99, 296C: «Ut longe altius excellat vita pastoris comparata subditi gregis, quibus singulariter boni pastoris voce dicitur: *Vos estis lux mundi* (Matth. V, 14), et rursus: *Vos estis sal terrae* (ivi, 13); et iterum: Luceat lux vestra coram hominibus, ut videant opera vestra bona, et glorificent Patrem vestrum qui in coelis est. Hinc etenim colligi potest, in quantum distare debet pastor a grege, dum istos homines, et illos plusquam homines, id est, lucem hominum, Dominus voluit appellari. Si ergo lux mundi sumus, lucere utique absque nebulosa hypocrisis admixtione debemus: et si sal terrae sumus, condire nihilominus terrenas mentes sapientiae sapore per verbum praedicationis debemus».

11. Cfr. *Arbeit im Mittelalter. Vorstellungen und Wirklichkeiten*, a cura di V. Postel, Berlin 2006; *Rémunérer le travail au Moyen Âge. Pour une histoire sociale du salariat*, a cura di P. Beck, Ph. Bernardi L. Feller, Paris 2014; G. Todeschini, *Wealth, Value of Work and Civic Identity in the Medieval Theological Discourse (XII-XIV C.)*, in *Reichtum im späteren Mittelalter. Politische Theorie, ethische Handlungsnormen und soziale Akzeptanz*, a cura di P. Schulte e P. Hesse, Stuttgart 2015, pp. 55-68; Id., *Servitude et travail à la fin du Moyen Âge. La dévalorisation des salariés et les pauvres "peu méritants"*, in «Annales HSS», 70/1 (2015), pp. 81-89.

12. Cfr. G. Todeschini, *"Licet in maxima parte adhuc bestiales": la raffigurazione degli Ebrei come non umani in alcuni testi altomedievali*, in «Studi Medievali», 44/3 (2003) (Miscellanea in onore di Claudio Leonardi), pp. 1135-1150; Id., *«Spiritum non habentes»:*

in agguato, di eretici e infedeli sarà dunque, soprattutto dal settimo secolo, sempre più immaginata e divulgata per mezzo di vocabolari che fanno riferimento alle tenebre della notte: «Fur a furvo ... idest a fusco», scriverà Isidoro di Siviglia, riprendendo e tramandando un passo delle Istituzioni di Giustiniano: «furtum autem vel a furvo, id est nigro, dictum est, quod clam et obscure fit et plerumque nocte».[13] Questo binomio di luce e tenebra, di *civitas* e *silva*, tuttavia, coerentemente con l'assunto agostiniano in cui dottrinalmente si radicava, prevede ormai sempre più chiaramente come terzo elemento l'esistenza, forse maggioritaria, di un popolo di *mercenarii* la cui presenza, utile e tuttavia moralmente ambigua, sospesa fra la comprensione e l'incomprensione del compito loro affidato, predispone un lessico, in seguito canonistico, delle relazioni sociali tanto gerarchico quanto possibilista riguardo al mutamento di status di quanti, saggiati e provati come autenticamente cristiani, si saranno rivelati idonei ad un ruolo diverso da quello originario.

A seguito della ridefinizione del ruolo episcopale caratteristica della fase carolingia, e in particolare della rivendicazione governativa che aveva contraddistinto il nuovo carisma dei vescovi in area franco-germanica, le allocuzioni *ad status* di Raterio di Verona si svolgono dunque in un contesto segnato dal primato dei *pastores* intesi a questo punto in quanto *episcopi*. L'esaltazione del ruolo sovrano dei vescovi, rintracciabile anche in altri vocabolari concettuali dell'epoca, come quello di Atto di Vercelli, contribuisce da un lato a reimpostare il senso delle varie categorie professionali, accentuandone il carattere di sudditanza e dunque di transitorietà ossia di relativa mobilità, mentre d'altro lato sottolinea con forza la natura lavorativa e di servizio degli appartenenti a ben differenti categorie sociali ed economiche. «Tutti i figli della Chiesa» nota Raterio nel dodicesimo titolo del terzo libro dei suoi Praeloquia «... a meno che non rodano come

appunti sulla bestializzazione egli ebrei nell'alto medioevo, in *Dentro e fuori la Sicilia. Studi in onore di Enzo d'Alessandro*, a cura di P. Corrao, E.I. Mineo, Roma 2009, pp. 267-283; Id., *Visibilmente crudeli. Malviventi, persone sospette e gente qualunque fra medioevo ed età moderna*, Bologna 2007.

13. *Corpus Iuris Civilis, Institutiones,* L. IV, T. I: «Furtum est contrectatio rei fraudulosa vel ipsius rei vel etiam usus eius possessionisve: quod lege naturali prohibitum est admittere. Furtum autem vel a furvo, id est nigro, dictum est, quod clam et obscure fit et plerumque nocte: vel a fraude: vel a ferendo, id est auferendo». Cfr. M. Sbriccoli, *Nox quia nocet. I giuristi, l'ordine e la normalizzazione dell'immaginario*, in *La notte. Ordine, sicurezza e disciplinamento in età moderna*, a cura di M. Sbriccoli, Firenze 1991, pp. 9-19. Todeschini, *Come Giuda*.

vipere il ventre materno, sono figli di Dio e, o fanno parte del gruppo del Signore (*de sorte domini*) e si chiamano ecclesiastici e monaci, oppure sono servitori della Chiesa e i vescovi compongono questo gruppo, oppure sono lavoratori liberi o asserviti, oppure nobili ovvero guerrieri (*milites regni*)».[14] Come ha notato Giacomo Vignodelli[15] qualche anno fa, queste righe e nel complesso il quadro sociale prospettato da Raterio, ovverossia dalla cultura episcopale postcarolingia fra decimo e undicesimo secolo, ben al di là di una raffigurazione più o meno tripartita del sistema cetuale (fin troppo enfatizzata dalla storiografia), insistono sulla discutibilità dell'appartenenza sociale, preferendo piuttosto affermare come socialmente decisiva la dialettica fra supremazia e subalternità, fra *domini e servi*, fra *domini* e *laboratores*, fra *domini* e *clientes*. In questa prospettiva, stabilita l'indiscutibilità della primazia ecclesiastica sullo sfondo di un'esaltazione estremamente accentuata del ruolo giudicante dei vescovi, e dunque nell'ambito di una dichiarazione definitiva della superiorità politica del loro potere sacerdotale, la figura del *mercenarius* riappare ricostruita come controfigura del *cliens* e del *commendatus*, di coloro cioè che, a vario titolo, dipendono da un signore o da un padrone e svolgono un servizio o un lavoro per lui. Così come al *nobilis*, a sua volta controfigura del *senior* e del *patronus*[16] compete la giustizia retributiva, al *mercenarius* si addice un impegno che neghi l'ambiguità e l'amoralità servile che sin dall'archetipo agostiniano lo aveva caratterizzato. Appare in questo schema linguistico la enunciazione dell'uguaglianza di natura fra gli esseri umani, ma anche, nello stesso tempo, la codificazione dell'inevitabilità delle disuguaglianze definita dalla consuetudine ma contrassegnata, anche, in linea di principio, dalla soggezione creaturale degli animali agli uomini

L'affermazione di superiorità del clero costituito dai vescovi risolutamente espressa da Raterio per mezzo di un vocabolario volutamente provocatorio: «Ovunque si adora il Cristo, si venera subito dopo di lui il sacerdote, e in effetti nel sacerdote si onora il Cristo» («Ubicunque Christus adoratur, sacerdos post ipsum excolitur, imo in sacerdote Christus

14. Ratherius Veronensis, *Praeloquia,* III, 4. - *Episcopi quam honorandi*, *Patrologia Latina*, 146, 236B.

15. G. Vignodelli, *Milites Regni: aristocrazie e società tripartita in Raterio di Verona*, in «Bulletino dell'Istituto Storico Italiano per il Medio Evo», 109/1 (2007), pp. 97-150; cfr. G. Vignodelli, *Il Filo a piombo. Il Perpendiculum di Attone di Vercelli e la storia politica del regno italico*, Spoleto 2011.

16. Ratherius Veronensis, *Praeloquia,* I, 11, 172A; III 4, 271B.

honoratur»),[17] in tutta la radicalità antimperiale che la caratterizza, può essere presa come sintomo e snodo concettuale utile a comprendere il luogo di origine e di irradiazione di quella che fra undicesimo e dodicesimo secolo, in un contesto ormai effettivamente giuridico e giurisdizionale, compiutamente canonistico, sarà la fase avanzata della definizione ecclesiale delle relazioni sociali e della relativa permeabilità che avrebbe dovuto caratterizzarle dal punto di vista episcopalista, poi tipico del cosiddetto partito riformatore "gregoriano". Questa affermazione di superiorità dell'Ordine sacerdotale, nella sua componente episcopale, ulteriormente precisata in senso gerarchico e centripeto durante il periodo di formazione della dottrina e della politica del primato del vescovo di Roma, soprattutto dopo il 1059, pone infatti le basi tanto lessicali quanto argomentative di una raffigurazione dell'ordine cristiano del mondo che, a partire dal momento stesso in cui destabilizza la preminenza di signori, sovrani e imperatori, comincia a prevedere un'instabilità dei ruoli arbitrabile soltanto dai detentori della ragione ispirata, dai possessori di un'intelligenza spiritualmente qualificata. L'avvio nel corso del secolo undicesimo delle discussioni che avrebbero condotto nel 1215 alla dogmatizzazione della presenza reale del Cristo nel sacramento eucaristico celebrato dai sacerdoti debitamente consacrati, accompagnerà a partire dal 1050 e per tutto il secolo successivo un'ulteriore ridefinizione dell'autorità sacerdotale e, più specificamente, la risoluta promulgazione della natura divina del carisma e della presenza dei sacerdoti, ribadendo di nuovo, nell'ambito dei discorsi riguardanti la loro ingiudicabilità da parte dei non consacrati, la loro competenza nella valutazione dei ruoli e delle collocazioni sociali di quanti, parte dell'*Ecclesia*, non erano tuttavia segnati dal crisma sacerdotale.[18]

La crescita del discorso canonistico durante questa fase, culminerà nella codificazione costituita dal *Decretum Gratiani*, a Bologna,[19] approssimativamente fra il 1120 e il 1140: in questa fase, appare sempre più nitida

17. Ivi, III, 4, 224C.

18. O. Capitani, *Tradizione ed interpretazione: dialettiche ecclesiologiche del sec. XI*, Roma 1990; Id., *Raterio da Verona e il diritto canonico*, in *Raterio da Verona*, Todi 1973 (Convegni del Centro Studi sulla spiritualità medievale, 10), pp. 139-164; G. Miccoli, *Aspetti del rapporto tra ecclesiologia ed organizzazione ecclesiastica nel primo periodo della riforma gregoriana*, in *Chiesa e riforma nella spiritualità del sec. XI* Todi 1968 (Convegni del Centro Studi sulla spiritualità medievale, 6), pp. 75-116; Id., *Chiesa gregoriana: ricerche sulla riforma del secolo XI*, Roma 1999.

19. A. Winroth, *The Making of Gratian's Decretum*, Cambridge 2000.

la corrispondenza fra, da un lato, l'affermazione dell'autorità ecclesiastica e specificamente episcopale in materia di ordinamento e ruoli sociali ed economici e, dall'altro, una legittimazione delle identità cetuali da parte del diritto canonico sempre più determinata dall'identificazione in termini di intenzionalità e consapevolezza della propria appartenenza all'*ordo* christianus di coloro che compongono la variegata gamma delle professioni e degli status. Le dinamiche di quella che verrà in un lontano futuro chiamata "mobilità sociale" sono, a questo punto, interpretate, di conseguenza, come forme di crescita personale o di gruppo tanto più autenticabili quanto più in grado di rivelare l'*intelligentia* ossia l'acquisizione di criteri di organizzazione sociale intesi, da parte canonistica e teologica, come basilarmente cristiani e per ciò stesso fondanti, dal punto di vista economico e politico, quanto viene denominato *bonum commune*. Per questa ragione, una ragione tanto ecclesiologica quanto politico-sociale, nella codificazione operata dal *Decretum* e poi ripresa dai molteplici commenti del XII e XIII secolo, l'intenzione[20] di chi agisce, giura, accusa, e cioè si presenta in pubblico, ossia si dichiara come libero e responsabile protagonista dello spazio civico, come politicamente intitolato ad esprimersi, come *civis* a pieno titolo,

20. *Deretum Gratiani*, C. XXII, q. 5, c. 11 (ed. Friedberg, 885): «Humanae aures talia uerba nostra iudicant, qualia foris sonant. Diuina uero iudicia talia foris audiunt, qualia ex intimis proferuntur. §. 1. Certe nouerit ille, qui intentionem et uoluntatem alterius uariis uerbis explicat, quia non debet aliquis uerba considerare, sed uoluntatem et intentionem, quia non debet intentio uerbis deseruire, sed uerba intentioni. GRATIAN. Si ergo diuina iudicia uerba nostra talia foris audiunt, qualia ex intimis proferuntur, si intentio non debet deseruire uerbis, sed uerba intentioni: patet, quod Deus non sic accipit iuramentum, sicut ille, cui iuratur, sed pocius sicut qui iurat intelligit, cum recipienti non ex intimis, sed ex his que proferuntur foris, uerba nostra sonent. GRAT.§. 1. Item obicitur, qui iurat super lapidem, putans se iurare super sacrosanctum euangelium, perinde tenetur, ac si super euangelium iurauerit, licet ille, cui iurat, ideo super lapide illum iurare fecerit, ne, non seruando quod promittit, reatu periurii teneatur. §. 2. Item obicitur de ciuibus, qui credunt se iurare obedituros consulibus suis in omnibus, que sibi imperata fuerint pro honore suae ciuitatis; ne uero, obedientiam recusantes, reatu periurii illaqueentur, supponitur breue iuraturis, in quo aliud continetur, quam se iuraturos arbitrentur, uidelicet ne Padum in Nilum conuertant, uel aliquid huiusmodi faciant. Si ergo contra hoc, quod se iurasse crediderant, consulibus suis obedientiam denegarent, numquid secundum intentionem recipientis, an non pocius secundum intentionem iurantis Deus iuramentum illud acciperet? §. 3. Item, si innocens de adulterio uel furto inpetitus innocentiam suam uellet asserere, iuraret autem se ab obiectis sic esse inmunem, sicut in breui illo continetur, quod manibus suis se scripsisse arbitretur, contineatur autem in illo, hunc esse reum obiectorum, numquid a Domino periurus reputabitur? aut numquid poterit argui, se iurasse, adulterii aut furti reatum incurrisse? Non».

è fortemente enfatizzata, sino ad occupare il primo posto nell'elenco delle condizioni che legittimano un comportamento sociale.[21] Non è insomma il detto oggettivo, né la collocazione sociale effettiva, a definire la sostanza della credibilità di una persona, la sua appartenenza al gruppo dei diabolici *fures* o a quello deli ambigui *mercenarii*, o a quello dei *fideles* senza macchia, e il suo diritto di aspirare ad un mutamento di ruolo sulla scacchiera sociale, quanto piuttosto la volontà interiore, l'*intentio*, onorevole e sincera o al contrario disonesta e fraudolenta. L'accento si sposta, dunque, e decisamente, dal gruppo di appartenenza, del resto già diminuito nella sua importanza da due secoli di discussioni sull'intrinseca *utilitas* dei soggetti cristiani per l'insieme dell'organismo ecclesiale, alla scelta mentale dell'ipotetico *civis christianus*, una scelta che tuttavia, proprio a causa della sua natura intima e non immediatamente palese, dovrà necessariamente rinviare alla capacità di discernimento – alla *probatio*[22] – di coloro che, in quanto *episkopoi*, in quanto pastori consacrati, soli saranno in grado di comprendere e decifrare secondo le logiche indiziarie dell'analisi confessionale e giuridica, l'identità nascosta ma vera dei cristiani *fideles*, dei membri del gregge affidato alla loro cura. Ciò non significherà che l'identità cetuale o di gruppo, e anche professionale, debba essere trascurata: essa, però, a questo punto, nella prospettiva canonistica, teologica ed ecclesiastica, verrà trasformandosi in un ulteriore indizio da valutare per determinare, insieme con altri, meno evidenti segnali, l'attitudine interna di quanti compongono il popolo sottoposto alla cura dei *pastores*. I tre verbi utilizzati da Graziano per indicare l'atteggiamento da tenersi nei confronti dei tre soggetti collettivi agostiniani, *pastores*, *mercenarii* e *lupi*, è, in questo senso, rivelatore.[23] I pastori devono essere amati (*diligendi*) i *mercenarii* ossia

21. Cfr. G. Todeschini, *Mercato medievale e razionalità economica moderna*, in «Reti Medievali Rivista», VII/2 (2006): http://www.dssg.unifi .it/_RM/rivista/saggi/Todeschini.htm, e la bibliografia contenutavi.

22. Cfr. Toneatto, *Les banquiers du Seigneur*.

23. *Decretum Gratiani* C XXIII, q 4, c. 12 (ed. Friedberg, 902): «Tres personas dixit Dominus (et debemus illas inuestigare) in euangelio, pastoris, et mercenarii, et furis. Pastorem dixit animam suam ponere pro ouibus, et intrare per ianuam. Furem dixit et latronem ascendere per aliam partem. Mercenarium dixit, lupum uel etiam furem si uideat, fugere, quia non est illi cura de ouibus: mercenarius autem est, non pastor. Ille intrat per ianuam, qui pastor est; ille ascendit per aliam partem, qui fur est; ille uidens eos, qui uolunt oues tollere, timet et fugit, quia mercenarius est, nec illi cura est de ouibus, mercenarius est enim. Si inuenerimus tres istas personas, inuenit sanctitas uestra quos diligatis, quos tolleretis, quos caueatis. Diligendus est pastor, tollerandus est mercenarius, cauendus est latro».

quanti servono la Chiesa per interesse devono essere tollerati (*tolerandi*), i *lupi* ovverossia i predatori, i *fures*, devono essere temuti (*cavendi*). In ogni caso si dischiude una gamma di eventualità di giudizio aperta al moltiplicarsi delle forme di analisi casistica. Nel caso dei *mercenarii*, è proprio l'ambiguità estrema dei significati del verbo *tolerare* a rimandare a una minuziosissima osservazione delle situazioni particolari riguardanti coloro che svolgono il loro compito in cambio di un guadagno, e a una verifica dell'*utilitas* che questa loro presenza ha nel quadro complessivamente ecclesiologico. Benché originariamente, soprattutto da Agostino all'età carolingia, il termine *mercenarii* usato in questo tipo di contesto si riferisse al clero che poi sarebbe stato detto simoniaco e alla sua utilità nel diffondere il Verbo nonostante l'indegnità di coloro che lo diffondevano, dal *Decretum* in avanti il *mercenarius* sarà in senso più ampio chi, di condizione subalterna o servile, agisce per denaro: si creerà dunque nel dettato canonico un'ulteriore sovrapposizione semantica fra l'utile indegnità del clero reprensibile e forse simoniaco, e l'altrettanto utile indegnità di chi lavora per un salario o per un compenso.[24] In entrambi i casi, i *pastores* dovranno chiarire il senso di una presenza sotto inchiesta, da tollerare, da utilizzare e di cui valutare la collocazione sulla mappa sempre più estesa delle presenze sociali cristiane. Appare, in questo contesto, di grande importanza la definizione data dal *Decretum* del criterio per mezzo del quale dev'essere giudicata la natura vincolante di un giuramento o di un obbligazione assunta legalmente: se, si dice, chi ha giurato di mantenere un impegno o ha sottoscritto un documento lo ha fatto con l'intenzione, ovvero ritenendo in buona fede, che l'impegno assunto riguardasse qualcosa che in realtà il documento non conteneva o non prevedeva, sarà l'intenzione a vincolare chi ha sottoscritto o giurato a rispettare l'accordo per cui ha ritenuto di impegnarsi. Il fatto che l'esempio scelto dal compilatore del *Decretum* faccia riferimento a casi civici, come il giuramento fatto dai cittadini ai consoli di una città comunale di riconoscere la loro autorità, valido anche se il documento (*breve*) che i cittadini hanno sottoscritto conteneva altro da quello che essi credevano, il fatto insomma che l'intenzione vincoli più dell'oggettività delle parole («intentio non debet deseruire uerbis, sed uerba intenzioni»),[25] trasforma l'identità di chi appartiene a un gruppo sociale

24. Todeschini, *Visibilmente crudeli*, cap 5; Id., *Come Giuda*, III 3; Id., *Servitude et travail*.

25. Sopra, nota 20.

in un'identità e in una credibilità direttamente connesse alle sue volontà di scelta, alla sua intenzione profonda, e dunque rinvia il senso della sua collocazione sociale ad un elemento invisibile, apparentemente imponderabile, che solo un soggetto altamente carismatico è in grado di valutare. Non può sfuggire la coincidenza di questo criterio di individuazione sociale con la progressiva emersione, appunto fra XII e XIII secolo, del principio canonico di verifica confessionale dell'identità dei *cives* e *fideles christiani*, istituzionalizzato nel 1215 dal quarto concilio lateranense nei canoni ottavo e ventunesimo dedicati rispettivamente alla dinamica dell'inchiesta e al dovere di confessione di quanti compongono il popolo dei cristiani intesi significativamente tanto come "fedeli" quanto come "sudditi". La codificazione stessa della *fama*,[26] della reputazione personale, come carattere fondante dell'identità civica, un processo che si compie appunto fra XII e XIII secolo nell'ambito di un fitto dialogo tra canonisti e romanisti, conferma la sostanza di questo slittamento, fortemente determinato dalla razionalità ecclesiologica e canonistica, dal piano dell'identificazione determinata dal gruppo o dall'*ordo* di appartenenza a quello determinato da una credibilità a sua volta desunta, oltre che dai comportamenti morali o professionali, da un'*intentio* decifrata da chi detiene il potere più carismatico.

L'effetto di questo spostamento determinerà dopo il 1250, e in testi diversissimi come la *Summa de virtutibus et vitiis* di Guglielmo Peraldo, la *Summa* giuridica di Enrico di Susa cardinale d'Ostia, la *Lectura* della *Politica* aristotelica e la *Summa theologica* di Tommaso d'Aquino, una nuova attenzione alla qualità dei soggetti civici, intesi, dal punto di vista ecclesiale, come soggetti sotto inchiesta, la cui possibilità di muoversi nel mondo e dunque anche quella di ridefinirsi socialmente, dipendono – a partire da un lessico che intreccia Seneca e Bernardo di Clairvaux – da quella che Peraldo chiama *virtus*, che Tommaso chiama *honestas*, e che Enrico di Susa definisce *bona vita*[27] sintetizzando vocabolari giustinianei e canonistici.[28] Sebbene i

26. F. Migliorino, *Fama e infamia. Problemi della società medievale nel pensiero giuridico dei secoli XII e XIII,* Catania 1985; *La renommée*, in «Médiévales» 24 (1993); T. Fenster, D. Lord Smail, *Fama: The Politics of Talk and Reputation in Medieval Europe,* Ithaca 2003.

27. G. Peraldo, *Summa virtutum et vitiorum*, I, 3, Lione 1551, ff. 11 e sgg.; Tommaso d'Aquino (Pietro di Alvernia), *Sententia Libri Politicorum 13* (896111), in *Opera omnia, 47,* Roma 1971; Id., *Summa Theologica* II IIae, Q. 145 (*De honestate*); Enrico di Susa, *Summa*, Lione 1517, f. 495v (*De penitentia et remissione*: «...in bona vita perseverare...»).

28. Per esempio: *Collectio brugensis* X: «De conversatione prelatorum et modestia erga subditos. 1. Quanto maiorem inter alios dignitatem habetis tanto uobis fortius est ad-

testi di tipo penitenziale o confessionale come la *Summa* di Peraldo o quella di Tommaso di Chobham facciano, a partire da un ragionamento teologico (*virtus vel gratia*),[29] della *virtus* una conseguenza della grazia, direttamente funzionale ad una riconoscibilità etica in grado di legittimare la condizione sociale del cristiano, mentre l'*honestas* di Tommaso e della sua scuola è intesa come premessa obbligata di una ascesa sociale incompatibile con condizioni di tipo servile da cui non si è capaci di liberarsi, ed è insomma una virtù politico-economica, mentre la *bona vita* di Enrico di Susa si riferisce ad una reputazione giuridicamente valutabile, di per se stessa alla base di qualunque forma di credibilità legale, in tutti e tre i casi, secondo i diversi vocabolari che articolano i molteplici linguaggi parlati dalle istituzioni ecclesiastiche,[30] al centro del discorso è l'appartenenza di chi si dice cristiano alla *civitas christiana* considerata sia come corpo mistico, sia come organismo politico-istituzionale, sia come sistema di legalità. In tutti e tre i casi, dunque, il problema della verifica della *virtus*, dell'*honestas* o della *bona vita*, è centrale e prevede la perizia di un tribunale ecclesiastico o civile, e di un foro confessionale, in grado di stabilire queste condizioni che, in ogni caso, saranno la premessa irrinunciabile di qualunque progresso sociale, e soprattutto dell'accesso, come chiarisce compiutamente Tommaso d'Aquino, alla cittadinanza piena, alla possibilità di essere riconosciuti adatti a gestire le scelte politiche e cioè ad essere *simpliciter cives*.[31] La

mittendum ut nichil inueniatur in uobis quod oculos intuentium offendat aut pontificali detrahat honestati. Quoniam igitur inter cetera quae ad honestatem uestram spectare noscuntur eam prudentiam et circumspectionem habere debetis ut circa uos non nisi honestos uiros cubicularios habeatis, prudentiam uestram monemus attentius atque preeipimus, quatenus honestos uiros circa uos cubicularios teneatis de quorum uita et moribus nulla uobis nata reprehensionis suspicio inhereat aut uestra ledatur honestas», in E. Friedberg, *Die Canones-sammlungen zwischen Gratian und Bernhard von Pavia*, Graz 1958, p. 144.

29. Rintracciabile per esempio nel Commento alle Sentenze di Pietro Lombardo di Tommaso d'Aquino (*In tertium Sententiarum Petri Lombardi,* D. 36, 5, *ad secundum*), oppure in opere come la *Dieta salutis* V (*De virtutibus*) di Guglielmo di Lanicia (o di Lavicea) pubblicata fra Quattro e Settecento sotto il nome di Bonaventura di Bagnoregio (Venezia 1497, f. 46v).

30. Cfr. *Credito e usura fra teologia, diritto e amministrazione: Linguaggi a confronto (sec. XII-XVI)*, a cura di D. Quaglioni, G. Todeschini, G.M. Varanini, Roma 2005; *The Languages of Political Society*, a cura di A. Gamberini, J.P. Genet, A. Zorzi, Roma 2011.

31. Tommaso d'Aquino, *Sententia libri politicorum 4*: «Verum est enim quod non omnes sunt cives, qui sunt necessarii ad complementum civitatis, sine quibus civitas esse non potest; quia non solum de servis, sed etiam de pueris videmus, quod non sunt ita perfecte cives sicut et viri. Viri enim sunt simpliciter cives, quasi potentes operari ea quae sunt

possibilità riconosciuta ai tribunali ecclesiastici più alti, dalla canonistica del XII secolo, e ribadita poi da Enrico di Susa, di cancellare la condizione di *infamia iuris* o *facti* consentendo a chi fosse stato così riscattato nuove possibilità di ruolo socialmente qualificato, e primariamente quelli clericali, appare in questa prospettiva la logica conseguenza e il punto di arrivo di una ricodificazione dell'identità dei cristiani, e soprattutto di quelli di condizione più ambigua (sintetizzata ancora fra Due e Trecento con la parola *mercenarii*), complementare alla progressiva ridefinizione del protagonismo ecclesiastico in materia di cittadinanza e di etica economica e civica. Sarà proprio Enrico di Susa a sottolineare questa prerogativa, a sua volta funzionale alla ricodificazione ecclesiologica del senso della mobilità sociale, stabilendo nella sua *Summa* che il diritto dei tribunali ecclesiastici, dei vescovi e del papa, di cancellare la condizione di *infamia* che osta alla credibilità e alla piena cittadinanza deriva dall'equiparazione della Chiesa al Senato o al sovrano che, soli, stando al Diritto giustinianeo avevano detenuto questo potere.[32]

La stretta connessione che si crea nel diritto canonico e nella valutazione penitenziale dei comportamenti, fra intenzione e valutazione della medesima da parte di chi ne abbia la competenza, fa del discorso ecclesiastico sull'organizzazione sociale ed economica, e quindi anche sull'eventuale mobilità sociale di chi partecipi a questa organizzazione, un discorso sull'inclusione o sull'esclusione nel e dal gruppo dei fedeli che formano l'*ecclesia* intesa come Corpo tanto religioso quanto politico e civico. In quest'ambito la comprensione e l'interiorizzazione delle regole che, dal punto di vista ecclesiale, definiscono la vita razionale e ordinata, fa tutt'uno con la legittimità di scelte economiche e civiche che a loro volta consentiranno la trasformazione dello status ovvero il passaggio da un ceto

civium: sed pueri sunt cives ex suppositione, idest cum aliqua determinatione diminuente. Sunt enim cives imperfecti: et sicut servi et pueri sunt quidem aliqualiter cives, sed non perfecte, ita etiam est et de artificibus».

32. Enrico di Susa, *Summa*, f. 170v, II, *De testibus*: «Potest enim papa famam restituere clericis ... et puto etiam quod laicis ... Item princeps vel senatus laicis ... sed etiam secundum Innocentium Episcopus potest infamiam remittere in casibus illis in quibus potest dispensare quia ecclesia senatui equiparatur». Cfr. Bartolo da Sassoferrato, *Consilia*, II, 17 (*Reverendissimus in Christo*), Torino 1589, f. 69v. Il tema si connetteva a quello della concessione della cittadinanza e delle cariche che essa comportava agli "infami" per definizione, gli ebrei: cfr. F. Treggiari, *Bartolo e gli ebrei*, in *Bartolo da Sassoferrato nel VII centenario della nascita: diritto, politica, società*, Spoleto 2014, pp. 403-462.

o da un gruppo sociale all'altro di colui che Tommaso d'Aquino chiama *conveniens membrum civitatis*.[33]

Un esempio assai noto di questa rappresentazione è costituita dal trattato del domenicano Remigio de' Girolami sul *bonum commune*,[34] che, in forma di appassionata perorazione di tipo sermocinale, insiste, servendosi di un linguaggio estremamente eterogeneo quanto a origini lessicali e vocabolario, sull'obbligo per il *civis christianus* realmente tale, ossia realmente parte della *civitas* e delle sue dialettiche, di assumere consapevolmente il ruolo tanto pratico quanto simbolico di membro del Corpo civico.[35] L'insistenza di Remigio sul carattere naturale, teologico, logico, e dunque sia razionale sia mistico, dell'appartenenza civica, mostra con una certa chiarezza che ci si trova di fronte a un esempio (non a caso molto tramandato) di codificazione ecclesiale dell'identità dei *christifideles* in termini che, per accentuare l'importanza dell'appartenenza all'organismo politico e religioso riassunto dalla *civitas*, enfatizzano l'equazione fra appartenenza alla *civitas* e appartenenza al genere umano.[36] La piena possibi-

33. Tommaso d'Aquino, *In IV Sententiarum Petri Lombardi,* D. 46, q. 1, 3: *Respondeo.*

34. Cfr. *De Bono Communi: The Discourse and Practice of the Common Good in the European City (13th-16th C.)*, a cura di E. Lecuppre-Desjardin, A.L. Van Bruaene, Turnhout 2009; P. Evangelisti, *À la place du bonheur: bâtir le bien commun et la prospérité de la res publica. La littérature consiliative de la couronne catalano-aragonaise*, in «Revue française d'histoire des idées politiques», 32 (2010), pp. 115-134; E.I. Mineo, *Caritas e bene comune*, in «Storica», 20/59 (2014), pp. 7-56; Id., *Cose in comune e bene comune. L'ideologia della comunità in Italia nel tardo Medioevo*, in *The Languages of Political Society*, pp. 39-67.

35. Remigio de' Girolami, *De bono comuni*, in *Dal bene comune al bene del Comune*, a cura di E. Panella, in «Memorie domenicane», 16 (1985), pp. 123-168 (http://www.e-theca.net/emiliopanella/remigio3/dbc.htm). O. Capitani, *Cupidigia, avarizia, Bonum Commune in Dante Alighieri e Remigio de' Girolami*, in *Scientia veritatis*: *Festschrift für Hubert Mordek zum 65. Geburtstag*, a cura di O. Münsch, T. Zotz, München 2004, pp. 351-364. Per la relazione esistente fra "bene comune" e *infamia* cfr. G. Milani, *Avidité et trahison du bien commun. Une peinture infamante du XIIIe siècle*, in «Annales HSS», n. 3 (2011), pp. 705-739.

36. Remigio de' Girolami, *De bono comuni* 9: «Unde destructa civitate remanet civis lapideus aut depictus, quia scilicet caret virtute et operatione quam prius habebat, puta miles in militaribus, mercator in mercationibus, artifex in artificialibus artis sue, officialis in officialibus, pater familias [p(ate)rmal'ias *scr.*] in familiaribus, et universaliter liber in operibus liberis, puta ire ad podere suum, facere ambasciatas, habere dominia aliarum civitatum. Ut qui erat civis florentinus, per destructionem Florentie iam non sit florentinus dicendus sed potius flerentinus. Et si non est civis non est homo, quia homo est naturaliter animal civile, secundum Philosophum in VIII *Ethicorum* et in I *Phisicorum*». Cfr. E.H.

lità di questa appartenenza, e quindi di una piena partecipazione ai giochi sociali ed economici che possono consentire, intraprendendo un'attività economica, partecipando al governo della *civitas*, amministrando una famiglia, la definizione dello status sociale e del suo possibile mutamento, deriva in ultima analisi da un'acquisizione di regole ossia da un'adesione mentale al modello civico cristiano, così come si era venuto formando nel dialogo fra teologia, diritto canonico e civile, soprattutto a partire dall'undicesimo secolo.

In questa luce, l'ampia trattatistica economica e politica prodotta dal mondo ecclesiastico e soprattutto dagli Ordini Mendicanti fra Tre e Quattrocento,[37] così come il dispiegarsi della retorica sermocinale nello stesso arco di tempo, potrà anche essere vista come il consolidamento di un poderoso sistema testuale sempre più orientato a definire i modi giusti, legittimi ed etici, della vita dei mercati e delle comunità politiche, a fissare dunque un sempre più preciso insieme di regole il cui grado di apprendimento è direttamente proporzionale al diritto/dovere del *civis christianus* di partecipare alla *civitas* intesa come struttura multidimensionale fatta di riti, usi, tradizioni e leggi.

Si apre per questa via, eminentemente casistica, la possibilità di legittimare un'estesissima gamma di eventualità di promozione sociale e politica per coloro che, per le ragioni più varie, ricchezza, abilità politica, legami familiari, competenze professionali, saranno in grado di mutare status definendosi al tempo stesso come integralmente *cives* per mezzo dei vocabolari del bene comune e dell'utilità ecclesiale. E tuttavia, nello stesso tempo, il filtro dell'esclusione e dell'irregolarità potrà allontanare dalla piena partecipazione alla *civitas* e dunque dalla facoltà di presentarsi in pubblico in una condizione legittimamente mutata, tutti coloro che, per povertà, incompetenza politica, assenza di legami familiari e inabilità professionale, in forza della loro stessa condizione di *ignoti* e *nimis*

Kantorowicz, *The King's Two Bodies: A Study in Mediaeval Political Theology* (1957), Princeton 1997, p. 479.

37. Per una sintesi storiografica, cfr. A. Rigon, *Mendicant Orders and the Reality of Economic Life in Italy in the Middle Ages*, in *The Origin, Development, and Refinement of Medieval Religious Mendicancies*, a cura di D. Prudlo, Leiden 2011, pp. 241-275. Cfr. P. Evangelisti, *I Francescani e la costruzione di uno Stato. Linguaggi politici, valori identitari, progetti di governo in area catalano-aragonese*, Padova 2006; *Économie et religion. L'expérience des ordres mendiants (XIIIe-XVe siècle)*, a cura di N. Bériou, J. Chiffoleau, Lyon 2009; *I frati osservanti e la società in Italia nel secolo XV*, Spoleto 2013.

obscuri,[38] si riveleranno inadeguati alla *civitas christiana*, ignari delle sue regole o ribelli ad esse, all'oscuro delle leggi generali della socialità, capaci di intendere solo la specificità dei propri bisogni: in nulla dissimili dagli animali sensibili soltanto alle proprie *bestiales delectationes*, come aveva scritto Alberto Magno.[39]

L'ambigua utilità sociale dei *mercenarii*, di agostiniana memoria, si dilaterà a questo punto nella molteplice definizione, dottrinale ed economica o politica, di una condizione maggioritaria, quella di chi lavora e guadagna, in se stessa rischiosa dal punto di vista etico, eppure potenzialmente adatta ad implicare innumerevoli occasioni di promozione sociale, così come altrettante occasioni di decadimento e fuoriuscita dal cosmo ordinato della *civitas*. Denaro e ricchezze si riveleranno dunque, dal Tre al Quattrocento, all'occhio di teologi e canonisti, elementi della dialettica sociale tanto inquietanti quanto promettenti. Saperne far uso coniugando il proprio utile con quello della comunità di cui si fa parte, o al contrario sprecarli e farsene un'ossessione, divengono, sulla scorta di più antichi vocabolari sul molteplice significato della ricchezza, il segnale di una competenza sociopolitica[40] oppure di un'inadeguatezza alla partecipazione ai mercati e al sistema relazionale che essi implicano.

L'allocuzione di Bernardino da Siena sul corretto impiego della ricchezza familiare è una ricapitolazione divulgabile di questa raffigurazione della competenza economica come riassunto di una più complessiva idoneità sociale e religiosa a far parte virtuosamente della comunità dei fedeli, a muoversi al suo interno, fino a mutare di stato e a raggiungere ruoli imprevedibili.

> Quanta robba tenete voi oggi morta in casa vostra, e quanti so' di quelli che, con tutto che n'abbiano assai, anco ne comprano di più? Meglio ti sarebbe che quelli danari tu gli mettesse ne la tua bottiga in mercantia, che tenergli morti come tu fai. Dimmi ancora. Hai de' pegni al giudeo, che costano cotanto il mese: oh quanta ne potresti menovare, se tu ti sapessi regolare! Tu hai de' pegni al giudeo, e vuoi tenere i goffani pieni di panni che non ne fai nulla

38. Da ricusarsi come testimoni oppure da ammettersi a testimoniare in un tribunale solo «cum verberibus inferendis a iudice»: Enrico di Susa, *Summa*, f. 171v.

39. Alberto Magno, *Super Ethica commentum et quaestiones*, Münster 1968 (*Opera omnia*, 14), p. 545.

40. Cfr. G. Todeschini, *Theological Roots of the Medieval/Modern Merchants' Self-Representation*, in *The Self-Perception of Early Modern "Capitalists"*, a cura di M.C. Jacob, C. Secretan, New York 2008, pp. 17-46.

e continuamente l'usura te rode l'ossa [...] Tutte queste cose tenete morte, e potreste rempire le botteghe vostre, e' fondachi vostri di mercantie, e far buona la città e voi medesimi.[41]

41. Bernardino da Siena, *Prediche volgari sul Campo di Siena 1427*, Milano 1989, vol. 2, XXXVII, p. 1089. Cfr. P. Evangelisti, *'Dunque non sognate, fate fatti non solo parole': Bernardino de Siena e a proposta franciscana de uma religião civil*, in «Varia historia», 31/55 (2015): http://www.scielo.br/scielo.php?script=sci_arttext&pid=S0104-87752015000100081; Id., *Ad invicem participancium. Un modello di cittadinanza proposto da Francesc Eiximenis, frate francescano*, in «Mélanges de l'École française de Rome-Moyen Âge [Online]», 125-2 (2013): http://mefrm.revues.org/1466. Cfr. Bernardino da Siena, *Quadragesimale de christiana religione*, *Sermo* XLVI «De peccatis vanitatum», III, «Quod divitiae temporales in patriis ex superfluis vanitatibus multipliciter minuuntur» (in *Opera omnia*, II, Firenze 1950, pp. 83-84): «[...] pecunia quae expenditur in superfluis indumentis, in iocalibus, in anulis, in coronis, in lapidibus pretiosis atque in aliis superfluis ornamentis, mortua perseverat; quae quidem posset esse lucrosa in mercantiis, in possessionibus, in animalibus, in artibus et in aliis quibuscumque lucrosis, et sic per consequens ad temporalem utilitatem civitatis et totius patriae redundaret».

La curia e il papato

Cristina Carbonetti Vendittelli

Il *palatium Lateranense* come risorsa: gli scrittori di documenti a Roma tra VIII e XII secolo

Quello che presento è un caso di studio nel quale il canale di mobilità rappresentato dalla Chiesa di Roma – e in particolare dalla forte contiguità con l'ambiente papale e il palazzo lateranense – ha avuto un ruolo importantissimo e ha permesso tra IX e XI secolo l'ascesa formidabile e vertiginosa di un gruppo professionale e la conseguente, rapida e definitiva rovina di un altro, mettendo in moto un duplice processo di mobilità – ascendente e discendente – che si segue molto bene fino alla conclusione della vicenda, al termine dell'XI secolo. Il mio studio quindi arriva solo a lambire il termine iniziale dell'arco cronologico preso in esame dal nostro convegno, tuttavia, nella parte conclusiva mi spingerò fino al XII secolo, per mostrare come e attraverso quali mutati canali proseguì il percorso di ascesa intrapreso dal gruppo di professionisti uscito vincitore da questo conflitto.

La ricerca riguarda i due gruppi di scrittori di documenti che operarono contemporaneamente a Roma tra VIII e XI secolo – gli *scriniarii sanctae Romanae ecclesiae* e i *tabelliones urbis Romae* – e si basa sullo studio di una massa consistente e affidabile di dati offerti da fonti di diversa natura, ma principalmente dagli stessi documenti che essi redigevano: scritture che meglio di qualsiasi altra fonte possono dirci degli individui che li scrivevano, del loro grado di istruzione grafica e giuridica, del loro patrimonio culturale e intellettuale, e, in particolar modo, della considerazione della quale essi godevano all'interno dello spazio sociale romano.

Detto questo anticipo anche che il mio discorso parte da molto lontano, ossia dall'alto medioevo di VII e VIII secolo, perché è lì che affondano le radici e si pongono le premesse del fenomeno che ho sottoposto ad analisi, in una Roma dove le dinamiche sociali rimangono per molti versi ancora antiche e dove il peso della tradizione e il lascito della civiltà antica e tardoantica hanno avuto spessore e consistenza più rilevanti che altrove.[1]

Fatta questa premessa vengo ai fatti. A Roma fin dagli inizi del VII secolo, è testimoniata l'attività di un corpo di professionisti laici della scrittura, i *tabelliones urbis Romae* ai quali era affidata la redazione dei negozi giuridici che si compivano tra privati e che possono essere considerati in qualche modo eredi degli antichi tabellioni di IV e V secolo e delle loro pratiche documentarie. La produzione della documentazione pontificia invece, era demandata agli *scriniarii sanctae Romanae ecclesiae*, dei quali si ha notizia a partire dal 711; si trattava di ecclesiastici degli ordini minori: ordini che, com'è noto, non imponevano il celibato e offrivano al contrario ampie possibilità di stabilire strategie familiari di controllo ed ereditarietà degli uffici.

1. Per un quadro d'insieme (istituzionale e sociale) dell'Italia bizantina tra la metà del VI secolo e la fine dell'VIII v. T.S. Brown, *Gentlemen and Officers. Imperial Administration and Aristocratic Power in Byzantine Italy A.D. 554-800*, London 1984. Per quanto riguarda la lunga fase di passaggio dalla tarda antichità al medioevo che a Roma si consumò tra tardo VII secolo e tardo VIII secolo, si vedano in generale i saggi pubblicati nel volume *Roma dall'antichità al medioevo. Archeologia e storia nel museo nazionale romano Crypta Balbi*, a cura di M.S. Arena, P. Delogu, L. Paroli, M. Ricci, L. Saguì e L. Vendittelli, Roma 2001, e inoltre F. Marazzi, *Il conflitto fra Leone III Isaurico e il papato fra il 725 e il 733 e il "definitivo" inizio del medioevo a Roma: un'ipotesi in discussione*, in «Papers of the British School at Rome», 59 (1991), pp. 231-257, Id., *Roma in transizione o Roma tardoantica? Spunti di riflessione su un problema di "quasi longue durée"*, in *Studi sul Medioevo per Girolamo Arnaldi*, a cura di G. Barone, L. Capo e S. Gasparri, Roma 2000 (I libri di Viella, 24), pp. 317-354, L. Saguì, *Roma, i centri privilegiati e la lunga durata della tarda Antichità. Dati archeologici dal deposito di VII secolo nell'esedra della Crypta Balbi*, in «Archeologia medievale», 29 (2002), pp. 7-42. In merito alle pratiche di scrittura e in generale al contesto culturale della Roma di questi secoli si veda P. Supino Martini, *Aspetti della cultura grafica a Roma fra Gregorio Magno e Gregorio VII*, in *Roma nell'alto medioevo*, Atti della XLVIII Settimana del CISAM (Spoleto, 27 aprile-1 maggio 2000), Spoleto 2001, pp. 921-968 (ora in P. Supino Martini, *Scritti "romani". Scrittura, libri e cultura a Roma in età medievale*, a cura di G. Ancidei, E. Condello, M. Cursi, M.E. Malavolta, L. Miglio, M. Signorini e C. Tedeschi, Roma 2012, pp. 213-250). Si veda anche C. Carbonetti Vendittelli, *Il sistema documentario romano tra VII e XI secolo: prassi, forme, tipologia della documentazione privata*, in *L'héritage byzantin en Italie (VIIIe-XIIe siècle). I. La fabrique documentaire*, dir. J.-M. Martin, A. Peters-Custot e V. Prigent, Roma 2011, pp. 87-115, in particolare per il ruolo rilevante svolto dal papato nel traghettare fino al primo medioevo parte del patrimonio di Roma tardoantica (della sua cultura – anche materiale –, del suo diritto, della sua tradizione burocratica, delle sue pratiche d'amministrazione e di scrittura, dei suoi modelli e delle sue prassi documentarie), impedendo al sottile filo della continuità di spezzarsi del tutto.

Tabellioni e scriniari erano organizzati in due diverse associazioni, la prima prettamente municipale, l'altra tutta interna al *palatium Lateranense*. Dell'organizzazione tabellionale abbiamo indizi ancora nell'VIII e IX secolo. Il primo è costituito dal ricordo di individui che si qualificano come *magister census*, un titolo che in età tardoantica indicava proprio il funzionario che controllava l'attività dei tabellioni, e che a Roma – una volta venuta a mancare l'impalcatura statuale bizantina nella seconda metà dell'VIII secolo – aveva finito per indicare i vertici del collegio senza più alcun legame con la scomparsa curia cittadina. L'altro indizio è rappresentato dal ricordo di *discipuli* e *adiutores* che nel IX secolo collaboravano con i tabellioni redigendone i documenti, ai quali poi i titolari apponevano la propria dichiarazione di conformità alla norma, la *completio*; essi dunque venivano formati e istruiti secondo il sistema dell'apprendistato tipico delle corporazioni professionali: ovvero esercitando capacità ed acquisendo nozioni e competenze in un ambito di insegnamento di bottega.[2]

Com'è facile immaginare, i tabellioni godevano di un discreto prestigio all'interno della società romana altomedievale per il fatto di essere per lunga tradizione i depositari di quei saperi tecnici che permettevano loro di fissare per iscritto le transazioni giuridiche della loro clientela,[3] traducendone in latino il linguaggio e soprattutto inquadrandole all'interno di schemi compositivi e di formulari che si erano ormai consolidati da tempo e che erano ritenuti necessari a conferire validità agli atti scritti. Per quanto riguarda la posizione sociale da loro raggiunta nella Roma dei primi secoli del medioevo è significativo il fatto che nella loro sottoscrizione i *tabelliones* romani aggiungessero a volte al loro titolo professionale quello di *vir honestus*, il quale in età tardoantica veniva attribuito a chi occupa-

2. Ivi, p. 94 e sgg. Un sistema di formazione e di "scuola" che del resto doveva funzionare in gran parte dell'Italia almeno a partire dall'età carolingia (cfr. G. Tamba, *Formazione professionale del notaio in età medievale e moderna* (Genova, 18 aprile 2007 – Centro G. Costamagna), in «Studi e materiali», VI/2 (2007), pp. 1273-1288, http://www.centrostudicostamagna.it/testi/GiorgioTAMBAGenova163KB.pdf, dove si fa il punto della situazione con ampi riferimenti bibliografici).

3. I primi documenti redatti da *tabelliones* romani altomedievali risalgono agli inizi del VII secolo (J.-O. Tjäder, *Die nichtliterarischen lateinischen Papyri Italiens aus der Zeit 445-700*, I, *Papyri 1-28*, Lund 1955, P. 17, pp. 327-333; *Tafeln*, Lund 1954, n. 74 e Id., *Chartae latinae antiquiores*, a cura di A. Bruckner e R. Marichal, XXII, Dietikon-Zurich 1983, n. 718), ma – com'è noto – questo titolo era legato alle pratiche di scrittura di documenti privati già da qualche secolo, v. C. Carbonetti Vendittelli, *Tabellio, tabelliones*, in *Lexicon des Mittelalters*, VIII, München 1997, pp. 391-392.

va meritoriamente un ufficio pubblico senza essere di discendenza nobile. Eloquente anche la circostanza che alla fine del VII secolo uno di essi – *Sergius* – avesse patrocinato la realizzazione degli affreschi della chiesa di S. Adriano alla *Curia senatus* situata nel Foro Romano,[4] palesando in qualche modo la sua volontà (o il suo tentativo) di manifestare la sua adesione a modelli culturali propri degli strati più alti della società.[5]

A capo degli scriniari, invece, era il *protoscriniarius*, l'ultimo dei sette giudici palatini a comparire nelle fonti romane; la sua irruzione tardiva in questo collegio di prelati/alti funzionari della Chiesa romana (nell'860)[6] ratificò il peso burocratico e l'importanza che erano venuti acquisendo dopo la metà dell'VIII secolo gli *scriniarii sanctae Romanae ecclesiae* e lo *scrinium* lateranense,[7] il luogo cioè dove si conservavano gli archivi della Chiesa di Roma e dove si producevano le scritture pontificie.

Gli scriniari ricevevano la loro educazione grafica, tecnica, giuridica e intellettuale all'interno dello *scrinium* situato nel *palatium* lateranense[8]

4. A. Mancini, *La chiesa medioevale di S. Adriano nel Foro Romano*, in «Atti della Pontificia Accademia romana di Archeologia», ser. III, *Rendiconti*, 40 (1967-1968), pp. 191-245: 208-212.

5. Sul riconoscimento sociale di cui godevano in generale i redattori di documenti privati nell'alto medioevo e sull'importanza loro attribuita da parte di quanti facevano ricorso a loro per documentare le proprie transazioni si veda anche F. Bougard, *La justice dans le royaume d'Italie de la fin du VIII*[e] *siècle au début du XI*[e] *siècle*, Roma 1995 («Bibliothèque des Ècoles françaises d'Athènes et de Rome», 291), p. 70, con particolare riferimento ovviamente al *Regnum*.

6. Per le liste dei funzionari romani e del *palatium Lateranense*: L. Halphen, *Etudes sur l'administration de Rome au Moyen Age (751-1252)*, Paris 1907, pp. 90-146 (con piccoli aggiustamenti fatti da P. Toubert, *Le structures du Latium médiéval. Le Latium méridional et la Sabine du IX*[e] *siècle à la fin du XII*[e] *siècle*, 2 voll., Roma 1973 (Bibliothèque des Écoles françaises d'Athènes et de Rome, 221), II, pp. 1349-1353) e L. Santifaller, *Saggio di un Elenco dei funzionari, impiegati e scrittori della Cancelleria Pontificia dall'inizio all'anno 1099*, in «Bullettino dell'Istituto storico italiano», 56 (1940), pp. 1-865.

7. P. Toubert, Scrinium *et* Palatium*: la formation de la bureaucratie romano-pontificale (VIII*[e]*-X*[e] *siècles)*, in *Roma nell'alto Medioevo*, Atti della XLVIII settimana di studio del Centro italiano di studi sull'alto medioevo (Spoleto, 27 aprile-1° maggio 2000), 2 voll., Spoleto 2001, I, pp. 57-120: p. 100 e sgg.

8. Dopo aver probabilmente compiuto una prima formazione di base presso la *schola cantorum* del Laterano. Sul *palatium Lateranense* come luogo di concentrazione delle funzioni del governo pontificio, dove erano riuniti tutti gli spazi della burocrazia papale e delle attività di culto, e insieme residenza ordinaria dei papi si veda ivi, pp. 87 e sgg. Si consideri inoltre che il Laterano era allora – e continuò ad esserlo ancora a lungo – un importante centro ecclesiastico d'istruzione, "il grande vivaio" dove tra l'altro si formavano e riceve-

e qui essi erano impiegati per far fronte all'immensa attività documentaria del papato: redigevano epistole, registri di lettere, registri di censimento della popolazione urbana ed extraurbana, registri patrimoniali e quant'altro era connesso all'amministrazione della Chiesa. E sempre nel *palatium* essi avevano a disposizione una delle più ricche biblioteche del tempo,[9] dove si conservavano e potevano essere consultati, oltre agli atti dei concili, alle opere dei padri della Chiesa e di autori tardoantichi, anche le Istituzioni, il Codice e le Novelle di Giustiniano (seppure questi ultimi due nelle versioni compendiate della *Summa Perusina* e dell'*Epitome Iuliani*), ma molto probabilmente anche il Digesto, che nel corso dell'alto medioevo era caduto nella totale dimenticanza.[10] Su questi codici gli scriniari affinavano la loro formazione, il che ne faceva scrittori d'élite, dotati non soltanto di competenze e saperi tecnici di alto livello (come una robusta conoscenza della lingua latina), ma anche di un notevole capitale culturale.[11]

vano la loro istruzione infantile e giovanile molti futuri pontefici, cfr. in proposito P. Supino Martini, in P. Supino Martini, A. Petrucci, *Materiali ed ipotesi per una storia della cultura scritta nella Roma del IX secolo*, in «Scrittura e Civiltà», 2 (1978), pp. 45-101; rip. (solo la parte dovuta a Paola Supino) in Supino Martini, *Scritti "romani"*, pp. 29-83 (da cui si cita): p. 40.

9. Sulla funzione di luogo di trascrizione e conservazione di manoscritti, oltre che di sede amministrativa e archivio, dello *scrinium* lateranense cfr. G. Cavallo, *Scuola, libri, pratiche intellettuali a Roma tra il V e il IX secolo*, in *Roma dall'antichità al medioevo*, pp. 92-103: pp. 96 e sgg. Sulla biblioteca della Chiesa romana si veda da ultimo M. Buonocore, *La biblioteca dei pontefici dall'età antica all'alto medioevo*, in *Le origini della Biblioteca Vaticana tra Umanesimo e Rinascimento (1447-1534)*, a cura di A. Manfredi, Città del Vaticano, 2010 (Storia della Biblioteca Apostolica Vaticana, 1), pp. 23-71. Per quanto riguarda poi la Biblioteca lateranense nel X secolo e il suo "qualificato deposito librario" del quale ci informano ad esempio le lettere di Gerberto d'Aurillac, si veda anche quanto scrive Supino Martini, *Aspetti della cultura grafica a Roma*, p. 230.

10. E del quale è stata riconosciuta invece almeno una citazione in una lettera di Niccola I dell'866: P.S. Leicht, *Lineamenti del diritto a Roma dal IX al XII secolo*, in appendice a P. Brezzi, *Roma e l'impero medioevale (774-1252)*, Bologna 1947 (Storia di Roma 10), pp. 559-592: p. 581.

11. Sulla cultura giuridica degli scriniari romani si vedano Carbonetti Vendittelli, *Il sistema documentario*, p. 94 e note 16-17 e, da ultima, C. Mantegna, *Roma dentro e fuori le sue mura: ancora a proposito di rinascimento giuridico romano*, in *Roma e il suo territorio nel Medioevo. Le fonti scritte fra tradizione e innovazione*. Atti del Convegno internazionale di studio dell'Associazione italiana dei Paleografi e Diplomatisti (Roma, 25-29 settembre 2012), a cura di C. Carbonetti Vendittelli, S. Lucà e M. Signorini, Spoleto 2015 (Studi e Ricerche, 6), pp. 395-419, entrambi con ampi riferimenti documentari e bibliografici; per quanto riguarda la loro conoscenza della letteratura latina, che si esprimeva nella ripresa di

È noto che dopo l'età gregoriana e fino alla metà circa del IX secolo (almeno per quanto concerne la cultura latina) Roma non mostra segni di rinnovamento e la sua *facies* rimase «quella che, sullo scorcio del VI secolo, Gregorio Magno nel contempo aveva trovato e le aveva impresso: una fisionomia tutta legata alla tarda antichità».[12] Il distacco dal passato e «dal sostrato culturale tardoantico, subantico e mediterraneo»[13] cominciò a manifestarsi a metà del IX secolo ed è proprio allora che anche nella prassi documentaria privata si avvertono i primi cambiamenti. La novità principale consiste nella comparsa di atti privati redatti da quegli stessi *scriniarii sanctae Romanae ecclesiae* che fino ad allora erano stati impiegati esclusivamente nello *scrinium* lateranense, a testimonianza del fatto che in ambito cittadino a quell'epoca erano mutati modi, luoghi e attori della produzione documentaria. Pur continuando a redigere le scritture del papato insomma, gli scriniari avevano cominciato a rivolgere la loro attenzione al settore della documentazione privata, il cui monopolio fino a quel momento era stato appannaggio dei tabellioni. I due gruppi di scrittori però non entrarono in contatto tra loro, non si scambiarono conoscenze, non mutarono fisionomia, non si fusero: ciascuno si dimostrò impermeabile alle sollecitazioni dell'altro e mantenne la propria identità nell'organizzazione collegiale, nella qualifica, nel *signum* col quale aprivano le loro sottoscrizioni ai documenti, persino nel tipo di scrittura adoperato. Insomma l'affiancamento degli scriniari ai tabellioni sembra essere avvenuto in maniera competitiva, probabilmente fin dall'inizio con il preciso disegno di sostituirsi ad essi. E infatti, nel giro di pochi decenni il numero degli scriniari che redigono documenti privati e la quantità di atti da loro prodotti aumentano in progressione geometrica mentre al contrario i tabellioni appaiono sempre meno numerosi e la loro produzione documentaria va scemando sensibilmente; nel corso dell'XI secolo la forbice aumenta ancora di più con percentuali che si attestano intorno al 95% di atti redatti da scri-

passi scritturistici all'interno dei documenti da loro redatti, cfr. C. Carbonetti Vendittelli, *Documentazione scritta e preminenza sociale*, in *La nobiltà romana nel medioevo*. Atti del Convegno internazionale (Roma, 20-22 novembre 2003), a cura di S. Carocci, Roma 2006, pp. 323-343: pp. 328-333. Per alcune citazioni tratte dal Vecchio e Nuovo Testamento e da Isidoro di Siviglia (III libro delle *Sententiae*) cfr. A. Bartola, *Il regesto del monastero dei SS. Andrea e Gregorio ad clivum Scauri,* 3 voll., Roma 2003 (Codice diplomatico di Roma e della regione romana, 7), II, docc. 5 e 14 (pp. 23-27 e 75-80).

12. Cavallo, *Scuola, libri, pratiche intellettuali*, p. 96.

13. Ivi, p. 102.

niari a fronte del 5% di quelli scritti da tabellioni.[14] Finché negli ultimi decenni dell'XI secolo, i tabellioni scomparvero definitivamente dalla scena, lasciando agli scriniari quel monopolio della documentazione privata che in passato essi avevano detenuto, e questo proprio nel momento in cui l'attività degli scriniari come scrittori di documenti papali andava man mano rarefacendosi e loro lasciavano progressivamente il posto a nuovi scrittori di cancelleria. Sostituiti con sempre maggiore frequenza dai *notarii sacri palatii Lateranensis* durante il pontificato di Urbano II (1088-1099), gli scriniari infatti cessarono definitivamente di esercitare la loro funzione di redattori di documenti pontifici nel 1123.[15]

Fin qui i fatti, che ho cercato di esporre in maniera il più possibile compendiata, ma che avevo già analizzato nel dettaglio molti anni fa, sottoponendo i documenti romani a un protocollo d'indagine di tipo prevalentemente paleografico e diplomatistico.[16]

Passo ora alle motivazioni e alle circostanze nelle quali maturò e giunse a compimento questo duplice fenomeno di mobilità, che vide il ricollocamento di un gruppo professionale in un'attività documentaria nuova (quella privata appunto) e l'uscita dal proscenio di antichi e consolidati

14. Per i numeri si rinvia a C. Carbonetti Vendittelli, *Gli «scriptores chartarum» a Roma nell'Altomedioevo*, in *Notariado pùblico y documento privado: de los orígenes al siglo XIV*. Actas del VII Congreso Internacional de Diplomática (Valencia, 6-12 ottobre 1986), 2 voll., Valencia 1989, II, pp. 1109-1137: p. 1110 nota 3.

15. Nel giro di cent'anni infatti (tra metà XI e metà XII secolo) la necessità di dotarsi di mezzi d'azione e di governo più appropriati e di realizzare una burocrazia nuova e più efficiente spinsero – com'è noto – il papato riformatore a costruire quell'organismo completamente nuovo che era la Curia romana a discapito delle antiche strutture del *palatium Lateranense* e di quegli "alti funzionari" che erano stati i giudici palatini (Toubert, *Scrinium et Palatium*, p. 106). Anche gli scrittori, che fino all'epoca dei papi tedeschi avevano continuato a sbrigare il lavoro della cancelleria romana secondo norme antiche e tradizionali consolidate, a partire dal pontificato di Leone IX furono adibiti in misura più ridotta allo svolgimento di quelle mansioni, per le quali invece furono preferiti uomini nuovi, provenienti da altri ambienti, così come negli altri rami dell'amministrazione papale (H. Bresslau, *Manuale di diplomatica per la Germania e l'Italia*, trad. di A.M. Voci-Roth, sotto gli auspici della Associazione italiana dei paleografi e diplomatisti [Pubblicazioni degli Archivi di Stato, sussidi, 10], Roma 1998 [ed. or. Lipsia 1912-1931], p. 207 e sgg.).

16. C. Carbonetti Vendittelli, *Tabellioni e scriniari a Roma nei secoli IX-XI*, in «Archivio della Società romana di storia patria», 102 (1979), pp. 77-156 e Ead., *Gli «scriptores chartarum»*; quest'ultimo anche per l'analisi di alcuni casi di scriniari contemporaneamente attivi nella produzione di documenti papali e nel campo della documentazione privata.

professionisti: l'ascesa formidabile di operatori nuovi e la completa scomparsa dei precedenti.

Se nel giro di pochi decenni gli *scriniarii sanctae Romanae ecclesiae* riuscirono a scardinare un sistema antico e a sovvertirlo totalmente, senza rinunciare tuttavia alla loro identità di gruppo, fu certamente grazie alla loro intraprendenza (dovuta anche al fatto di dover "aggredire" spazi professionali già saldamente occupati) e fu anche grazie al sostegno della forte attrezzatura culturale e giuridica che essi avevano acquisito e continuavano ad accrescere all'interno dello *scrinium*,[17] la quale nel giro di pochi decenni consentì loro di farsi artefici di una prassi documentaria più vitale e perfino di inventare forme documentarie nuove e più duttili.[18] Ma i veri motivi che permisero agli scriniari di intraprendere con successo questa vera e propria invasione di campo furono il fatto di appartenere all'apparato statuale della Chiesa di Roma, furono la loro familiarità con il *palatium* lateranense, la loro contiguità col potere papale, le relazioni influenti e autorevoli che essi poterono stringere all'interno del *Palatium*, e furono la considerazione e il prestigio dei quali essi godevano nella società romana proprio per queste ragioni.

Fin dalla seconda metà dell'VIII secolo gli *scriniarii sanctae Romanae ecclesiae* occupavano un rango saldamente istituzionalizzato all'interno del palazzo e del suo cerimoniale, erano loro che riferivano ufficialmente al popolo e al clero di Roma le decisioni prese nei consessi solenni della Chiesa[19] (il che ne enfatizzava la posizione facendo sì che essa venisse

17. Sul tema della cultura come elemento di distinzione e canale di mobilità nella società altomedievale si vedano le recenti riflessioni di François Bougard e Régine Le Jan, secondo i quali solo l'interdipendenza con altri fattori (come il rapporto col potere, le relazioni di clientela, la parentela, l'economia) potevano creare le condizioni necessarie affinché la cultura potesse favorire la mobilità; notai e giudici, tuttavia, costituivano un'eccezione; F. Bougard e R. Le Jan, *Quelle mobilité sociale dans l'Occident du haut Moyen Âge?*, in *La mobilità sociale nel Medioevo*, Atti del Convegno internazionale (Roma, 28-31 maggio 2008), a cura di S. Carocci, Roma 2010 («Collection de l'École fraçaise de Rome», 436), pp. 41-68.

18. Carbonetti Vendittelli, *Il sistema documentario*, pp. 111-115.

19. Al termine del concilio romano indetto in Laterano da Stefano III nel 769, il pontefice riunì tutto il clero e il popolo di Roma in S. Pietro, dove uno scriniario – Leonzio – lesse al popolo le decisioni prese dal concilio: «illicque in ambonem ascedens Leontius scriniarius cuncta, quae in eodem peracta sunt concilio, extensa voce legit populo» (*Monumenta Germaniae Historica* (d'ora in poi *MGH*), *Concilia aevi Karolini,* 2/1 [742-817], Hannover-Lipsia 1906, p. 77).

percepita in maniera più tangibile dalla società romana); essi inoltre godevano della considerazione e della benevolenza dei pontefici[20] e per essi svolgevano anche delicate missioni diplomatiche[21] e incarichi di fiducia.[22] La loro alta preparazione professionale e l'indubbia preminenza culturale e intellettuale, da cui derivava la capacità di padroneggiare anche il settore della documentazione e del diritto privati e che li vedeva oltre modo avvantaggiati rispetto ai vecchi tabellioni, rappresentavano ovviamente un importante valore aggiunto, che si sarebbe dimostrato decisivo tra X e XI secolo per aumentare il proprio prestigio e per arrivare a dominare il settore della documentazione privata; anche questo valore però era riconducibile al fatto di appartenere all'ambiente papale e, nel caso particolare, alla circostanza di compiere la loro formazione all'interno dello *scrinium* lateranense.

Il primo fattore che consentì il ricollocamento degli *scriniarii sanctae Romanae ecclesiae* all'interno dello spazio sociale della città di Roma fu dunque il loro essere organici al *Palatium*. Ma come spesso accade i fattori che determinano e influenzano lo *status* sociale e i suoi cambiamenti si combinano e si intrecciano tra loro e soprattutto ne inducono e ne attraggono altri: fu così che il capitale culturale e di relazioni che gli scriniari avevano acquisito all'interno dell'ambiente papale assicurò loro un sempre

20. Nel settembre 865 il pontefice Nicola I ricorda alcune lettere che erano state redatte *per Zachariam et Petrum atque Leonem, Deo amabiles scriniarios sanctae Romanae ecclesiae* (*Nicolai I papae epistolae*, in *MGH, Epistolae*, 6, *epistolae Karolini aevi IV*, Berlin 1925, p. 477).

21. Nel 960 fu uno scriniario romano, Azzo, ad essere inviato dal pontefice Giovanni XII, insieme al diacono Giovanni, presso Ottone I per chiedergli di intervenire in soccorso della Chiesa romana minacciata da Berengario (*Annales Sancti Trudperti a. 897-963*, p. 288, in *MGH, Scriptores*, 17, Hannover 1861; *Continuatio Reginonis*, p. 624, in *MGH, Scriptores* 1, Hannover 1826 e *Chronica regum romanorum*, p. 348 in *MGH, Scriptores rerum Germanicarum, Nova series*, 18/1, Hannover 2003). Sia Azzo che Giovanni quattro anni dopo furono tra le vittime della rivolta dei romani contro Ottone: al primo furono amputati il naso, la lingua e due dita, al secondo la mano destra (*Continuatio Reginonis*, p. 626 e *Liutprandi Historia Ottonis*, in *MGH, Scriptores* 3, Hannover 1839, p. 346).

22. In un diploma rilasciato all'abbazia di Farfa nell'840, Lotario I ricorda come una quindicina d'anni prima, al termine di una controversia sorta in merito ai diritti ingiustamente accampati dalla sede papale sull'abbazia, il pontefice Pasquale I avesse inviato a Farfa «missum suum Gregorium nomine, eiusdem sanctae Romanae ecclesiae scriniarium», per verificare ed esaminare tutti i beni e i diritti che erano stati usurpati e restituirli ufficialmente all'inviato imperiale Leuterio e ai monaci; in *MGH, Diplomatum Karolinorum,* III, *Lothar I und Lothar II diplomata*, Berlin 1966, p. 148.

crescente credito sociale, che nel X secolo si concretizzò nella possibilità di attivare una rete di relazioni privilegiate, prima con le istituzioni religiose romane e poi con i gruppi aristocratici cittadini.

I rapporti di clientela più o meno formalizzati costituiscono nel nostro caso un secondo, ulteriore canale che alimentò il movimento di ascesa dei nuovi scrittori di documenti privati; chiese e monasteri romani, che a quest'epoca erano ancora i maggiori committenti di scritture della prassi in città, cominciarono infatti a rivolgersi di preferenza agli scriniari papali piuttosto che ai tabellioni, fino a stringere con essi rapporti fiduciari ed esclusivi.[23] Lo testimonia bene il caso di Sergia, la badessa dell'antico monastero dei SS. Ciriaco e Nicola, fondato nella prima metà del X secolo da Marozia, Stefania e Teodora sorelle di Adelberto *consul romanorum*; nel 996 la donna aveva al proprio servizio uno scriniario di nome Giorgio (il *suus scriniarius*), che redigeva per lei epistole e documenti e che molto probabilmente era anche responsabile della produzione e della conservazione di tutte le scritture connesse all'attività di gestione del cenobio e svolgeva per conto di questo mansioni di fiducia.[24]

Da notariato eminente e d'élite, quasi certamente il più colto dell'Italia di X secolo, che traeva linfa vitale dallo *scrinium* pontificio e dall'ambiente palatino in genere e che si alimentava del consenso delle istituzioni ecclesiastiche romane, il passo per diventare notariato al servizio dell'élite romana e

23. Dalla lettura analitica di placiti e processi civili che si svolsero a Roma a partire dal X secolo, Giovanni Chiodi ha ricavato numerose e puntuali citazioni di leggi e procedure romane, deducendone che gli enti religiosi romani erano attorniati da professionisti dotati di una conoscenza non superficiale del diritto giustinianeo (G. Chiodi, *Roma e il diritto romano: consulenze di giudici e strategie di avvocati dal X al XII secolo*, in *Roma fra Oriente e Occidente*, Atti della XLVIIII settimana di studio del Centro italiano di studi sull'alto medioevo [Spoleto 19-24 aprile 2001], 2 voll., Spoleto 2002, II, pp. 1141-1245, con ampia bibliografia); non è difficile immaginare che tra questi professionisti vi fossero anche numerosi scriniari.

24. «Tunc iussit domna Sergia abbatissa Georgium scriniarium suum cum Roberto cancellarium suum epistola faceret» (L.M. Hartmann, *Ecclesiae S. Mariae in via Lata Tabularium*, I, Wien 1895, doc. XXIV). Questa notizia apre a interessanti confronti (che in questa sede tuttavia porterebbero fuori tema) con la situazione del *regnum Italiae*, dove, a seguito del capitolare generale dell'805 (*Capitularia regum Francorum*, I, n. 43, § 4) che aveva ordinato che ciascun vescovo, abate e conte avesse il suo notaio, si era creato e diffuso su una vasta scala geografica un notariato particolare posto al servizio dei potenti, per rendere conto per iscritto della loro gestione, cfr. F. Bougard, *Notaires d'élite, notaires de l'élite dans le royaume d'Italie*, in *La culture au haut Moyen Âge: une question d'élites?*, a cura di F. Bougard, R. Le Jan e R. McKitterick, Turnhout 2009 (Haut Moyen Âge, 7), pp. 438-460: p. 447.

per assicurarsi la committenza degli strati preminenti della società cittadina fu breve.[25] Fin dalla metà del X secolo anche l'aristocrazia romana si rivolse agli scriniari in maniera esclusiva per la redazione dei propri documenti (e probabilmente pure per altre pratiche di scrittura). La netta e indiscutibile superiorità culturale degli scrittori del *Palatium*, infatti, era in perfetta sintonia con le necessità di ostentazione di *status* di questa aristocrazia colta, che possedeva un'accentuata consapevolezza del proprio rango, che manteneva viva con orgoglio l'ammirazione per il passato e che amava ancora decorarsi dei titoli di antica tradizione e di sapore antico dei quali si erano fregiati i suoi antenati (*senator*, *patricius*, *vir clarissimus*, *illustrissimus et gloriosus*, *eminentissimus*, *inclitus*, *magnus*). Ebbene, per questa aristocrazia gli scriniari misero a frutto tutto il capitale culturale e intellettuale che avevano acquisito nel palazzo lateranense ed elaborarono un modello documentario "aristocratico",[26] altamente rappresentativo, caratterizzato da un'ostentazione retorica e letteraria capace di comunicare efficacemente, attraverso la liturgia della scrittura, la superiorità sociale e l'immagine prestigiosa di questa committenza speciale, che a quel tempo godeva in Roma di dignità pubblica e deteneva l'autorità politica effettiva e una potenza indiscussa.[27]

L'altezza cronologica di queste testimonianze non permette di sapere di più su questi professionisti della scrittura né tanto meno di ricostruirne i profili biografici o di indagarne la posizione sociale, le carriere professionali, lo stato patrimoniale, i legami familiari; sono solo i loro raffinati documenti a testimoniarne il livello intellettuale e a informarci in merito al sistema di re-

25. È assolutamente voluto il riferimento all'espressione usata da François Bougard nel titolo del saggio citato alla nota precedente.

26. Per questa definizione mi permetto di rinviare al mio *Documentazione scritta e preminenza sociale*, p. 327.

27. Pur muovendosi ancora tutti all'interno del modello consolidato del documento privato altomedievale la cui credibilità era affidata alle formalità traghettate dall'età tardoantica (la *charta*), questi documenti – dove vediamo agire i discendenti di Teofilatto, il *princeps* Alberico e i suoi fratelli, Marozia II e alcuni esponenti dei due potenti clan familiari dei Crescenzi e dei Tuscolani – venivano tradotti, nella forma, in prodotti di altissima qualità e di grande forza comunicativa, attraverso l'adozione di una terminologia di stampo prettamente cancelleresco e grazie all'inserimento – all'interno di eleganti arenghe e di articolate formule di *minatio* – di citazioni tratte dall'Antico e dal Nuovo Testamento e da opere di autori tardo-antichi che gli scriniari riuscivano ad accostare con grande raffinatezza e a declinare con un'eccellente capacità compositiva. Il risultato erano scritture esclusive, capaci di farsi strumento di distinzione sociale e di esprimere l'appartenenza dei committenti a un ceto preminente ed esso stesso esclusivo.

lazioni nel quale essi si erano abilmente inseriti. Tuttavia a partire dagli inizi dell'XI secolo cominciamo a conoscere i nomi di alcuni scriniari proprietari di beni fondiari o detentori di terre avute in concessione da monasteri romani; in alcuni casi, abbiamo indizi interessanti sui loro legami di parentela e sulla percezione del loro *status* sociale: in un documento del 1007 viene appellato con il titolo di *nobilis vir* Giovanni, figlio dell'omonimo scriniario;[28] qualche anno prima, nel 1002, gli scriniari Pietro e Simone avevano ottenuto in concessione da S. Maria Nova al foro romano una chiesa e gran parte delle terre di sua pertinenza situate nel territorio di Galeria, nell'Agro romano;[29] lo stesso scriniario Pietro deteneva dalla medesima chiesa di S. Maria Nova la metà di un monumento antico situato all'interno di una calcararia posta in città, nella *regio* quarta, e suo fratello, il *nobilis vir* Paolo, aveva in enfiteusi l'altra metà.[30] Altri scriniari, come Stefano e Teudaldo (quest'ultimo definito *eximius* nel documento che lo ricorda), possedevano terre in concessione nella stessa *regio* quarta;[31] mentre il figlio dello scriniario Teodoro, Ottaviano *puer magnificus*, aveva in locazione un filo salinario.[32]

Nella seconda metà dell'XI secolo gli scriniari romani compirono un ulteriore importante salto qualitativo che contribuì definitivamente a spazzare via quel poco che ancora sopravviveva dell'antico collegio tabellionale e a realizzare un'ulteriore fase di ascesa professionale e sociale, agevolata almeno in parte anche dalla crescita demografica ed economica avviatasi proprio in quei decenni. Essi fecero allora passi da gigante verso un sistema documentario nuovo di forme, di formule e di prassi, che li vide porsi come unici depositari della fiducia della popolazione romana e custodi della memoria scritta della propria clientela,[33] anticipando di alcuni

28. Hartmann, *Ecclesiae S. Mariae in Via Lata tabularium*, doc. XXVII.

29. P. Fedele, *Tabularium S. Mariae novae ab an. 982 ad an. 1200*, in «Archivio della Società romana di storia patria», 23 (1900), pp. 171-237; 24 (1901), pp. 159-196; 25 (1902), pp. 169-209; 26 (1903), pp. 21-141, doc. II dell'ottobre 1002.

30. Ivi, doc. III, del 24 giugno 1011.

31. Ivi, doc. XIII del 13 ottobre 1042.

32. Ivi, doc. XII del 10 febbraio 1042.

33. Per i profondi mutamenti di prassi e di forme documentarie di cui furono artefici gli scriniari romani nei decenni a cavallo della metà dell'XI secolo si veda Carbonetti Vendittelli, *Il sistema documentario*, pp. 112-115, con relativi riferimenti documentari e bibliografici. In particolare, sul diffondersi a partire dalla seconda metà dell'XI secolo di un regolare sistema di registrazione degli atti privati (i cosiddetti *dicta*) – una sorta di protoimbreviature redatte su singoli fogli o semplici ritagli di pergamena, che gli scriniari

decenni le basi della svolta che nel XII secolo avrebbe portato alla cosiddetta "nascita del notariato pubblico" e all'acquisizione da parte dei notai dell'Italia centro-settentrionale della *publica fides*, ossia della fiducia generale da parte di tutti. Questo passaggio fu reso possibile, da un lato, grazie alla forza, alla credibilità e al prestigio che essi e il loro collegio avevano acquisito nel corso dei due secoli precedenti per via della sempre maggiore contiguità con i vertici ecclesiastici e laici, e, dall'altro, grazie al sostegno della loro più che robusta attrezzatura giuridica assimilata all'interno del *Palatium*. Quest'ultima in particolare traspare dai loro documenti già a partire dalla fine del X secolo nell'uso di formule tratte da compilazioni e formulari altomedievali – come le *Formulae Marculfi* di VII-VIII secolo,[34] le *Formulae Salicae Lindenbrogianae* del secolo VIII[35] e, soprattutto, il *Liber Diurnus*, il famoso formulario pontificio composto di materiali eterogenei dei secoli VII-VIII[36] –, ma si dimostra ancora più vitale dalla metà dell'XI secolo nelle citazioni di passi tratti dal *Corpus iuris civilis* nella sua versione ormai completa, mostrandoci gli scriniari romani tra gli attori indiscussi di quell'intenso processo di recupero delle diverse parti che componevano il *Corpus* giustinianeo che va sotto il nome di Rinascimento giuridico italiano.[37]

conservavano presso di loro per estrarne documenti in originale a distanza anche di molti decenni, e che dopo la loro morte venivano trasmesse ai loro eredi o assegnate d'ufficio ad altri scriniari dal priore del collegio notarile – si vedano P.S. Leicht, *Dictum ed imbreviatura. Osservazioni*, in «Bullettino senese di di storia patria», 17 (1910), pp. 369-402 (ripubblicato in Id., *Scritti vari di storia del diritto italiano*, II, Milano 1948, pp. 187-214: p. 212 e sgg.), secondo il quale i *dicta* romani rappresentano lo stadio più vicino all'imbreviatura, e l'ormai classico A. Pratesi, *I «dicta» e il documento privato romano*, in «Bullettino dell'Archivio paleografico italiano», n.s., 1 (1955), pp. 81-97, ora in Id. *Tra carte e notai. Saggi di diplomatica dal 1951 al 1991*, Roma 1992 (Miscellanea della Società romana di storia patria, 35), pp. 481-501; si veda inoltre, dello stesso Pratesi, *Appunti per una storia dell'evoluzione del notariato*, in *Studi in onore di Leopoldo Sandri*, III, Roma 1983, pp. 759-772, anch'esso ripubblicato in Id., *Tra carte e notai*, pp. 520-535: p. 530.

34. Cfr. Bartola, *Il regesto del monastero dei SS. Andrea e Gregorio ad clivum Scauri*, p. 400, nota 1.

35. Ivi, p. 397, nota 1.

36. Su questo aspetto si vedano le considerazioni di S. Ammirati, *Testi e* marginalia *in libri prodotti a Roma alla fine dell'alto medioevo: riflessioni sulla cultura degli* scrinarii sanctae romanae ecclesiae, in *Roma e il suo territorio nel Medioevo*, pp. 343-364: p. 346.

37. G. Nicolaj, *Cultura e prassi dei notai preirneriani. Alle origini del rinascimento giuridico*, Milano 1991 (Ius nostrum, 19), pp. 31-37; E. Cortese, *Alle origini della scuola di Bologna*, in «Rivista internazionale di diritto comune», 4 (1993), pp. 7-49 (ried. in Id.

Con la fine dell'XI secolo la nostra storia si conclude: il processo di avvicendamento del quale gli *scriniarii sanctae Romanae ecclesiae* erano stati abili attori si compì definitivamente: essi rimasero gli unici, indiscussi redattori di documenti privati romani e l'organizzazione dei *tabelliones urbis Romae* scomparve per sempre.

Aggiungo ora alcune considerazioni finali che mi permettono (come ho anticipato in apertura) di spingermi fino al XII secolo.

Le vicende degli scriniari romani tra VIII e XI secolo illustrano bene un esempio di "mobilità strutturale" (per usare una delle categorie sociologiche impiegate per studiare le dinamiche sociali),[38] una mobilità che coinvolse un intero gruppo di professionisti della scrittura (omogeneo e dotato di una sua precisa identità), i cui membri poterono giovarsi nella stessa misura del forte prestigio derivato dal fatto di appartenere all'amministrazione papale (indubbiamente uno dei vettori di mobilità verso l'alto maggiormente significativi nella Roma tardoantica e altomedievale), delle innumerevoli possibilità di alimentare relazioni influenti all'interno del *palatium* lateranense e delle grandi competenze culturali e dei saperi professionali acquisiti presso lo *scrinium*. Tutti insomma poterono sfruttare gli stessi canali che diedero loro le medesime opportunità di accrescere il proprio capitale sociale, di rinnovare il proprio strumentario, di sperimentare nuove forme documentarie e di garantirsi la fiducia e la credibilità della propria clientela.

Con il XII secolo il processo di ascesa degli *scriniarii sanctae Romanae ecclesiae* non si arrestò, tuttavia si sviluppò secondo modalità in parte diverse e attraverso canali differenti. Quella che fino ad allora si era presentata soprattutto nelle forme di una mobilità "strutturale" si configurò d'ora in avanti come "mobilità individuale" o "pura", ossia come ricollocamento più in alto nell'ambito della società romana di singoli scriniari, i quali, grazie alla loro personale intraprendenza, alle loro capacità individuali,

Scritti, a cura di I. Birocchi e U. Petronio, Spoleto 1999 (Collectanea, 10/2), pp. 1095-1137: in particolare p. 1112s; Id., *Il rinascimento giuridico medievale*, Roma 1996[2]; Mantegna, *Roma dentro e fuori le sue mura*, e Ammirati, *Testi e* marginalia, pp. 346-349.

38. In merito alle quali si vedano l'argomentato e ricco quadro storiografico ricomposto da Sandro Carocci e le sue considerazioni in merito alla possibilità di applicare determinate categorie sociologiche al mondo medievale; S. Carocci, *Mobilità sociale e medioevo*, in «Storica», 43-45 (2009), pp. 11-55, Id., *Introduzione* in *La mobilità sociale nel Medioevo*, pp. 367-404.

alla loro maggiore determinazione e alla loro migliore abilità nell'intessere relazioni sociali, finirono per occupare una posizione preminente all'interno della gerarchia professionale e nella società e furono protagonisti di un'ascesa sociale e in alcuni casi politica più marcata, riuscendo a volte a stabilizzare le posizioni conquistate e ad assicurarle anche alle proprie famiglie e ai propri discendenti consolidando la base economica familiare.

Siamo informati – ad esempio – del ruolo che svolsero alcuni scriniari sulla scena politica romana e della loro partecipazione più o meno incisiva alla vita civile nel nascente comune romano a metà del XII secolo; di altri sappiamo dei loro investimenti nella terra, nel settore della produzione del sale o nel commercio e del loro arricchimento tramite le attività produttive, e sappiamo altrettanto bene come – sempre a metà del XII secolo – alcuni di essi misero al servizio del neo-nato comune capitolino il loro capitale culturale di altissima qualità e la loro indiscutibile perizia tecnico-linguistica, riuscendo a veicolare in maniera molto efficace attraverso la documentazione scritta e l'epistolografia (che svolgevano un ruolo di primo piano nei sistemi di comunicazione del comune) la retorica con la quale la nuova istituzione cittadina volle permeare il proprio messaggio politico, grazie all'uso di un linguaggio magniloquente e fortemente permeato di richiami all'antico e al mito di Roma, capace di caricare di contenuti e di significati ideologici i documenti che venivano emessi dai *senatores* romani.[39]

Concludo quindi illustrando e commentando velocemente due casi che ritengo particolarmente esemplificativi di come, all'interno del mutato ambiente della Roma della seconda metà del XII secolo, furono l'intraprendenza, le capacità di azione e di ascesa personali a consentire l'emersione di alcuni scriniari, quando la loro organizzazione professionale aveva ormai perso quel carattere di omogeneità che in passato l'aveva caratterizzata dal punto di vista della provenienza sociale e dello strumentario culturale, e di come ai precedenti canali di promozione se ne aggiunsero altri, non ultimo quello economico.

Ho detto prima dello scriniario Giorgio che a fine X secolo era al servizio della badessa del monastero femminile dei SS. Ciriaco e Nicola e aveva stretto con lei un così forte legame professionale e fiduciario da in-

39. C. Carbonetti Vendittelli, *Le scritture del Comune*, in *Roma e il suo territorio nel Medioevo*, pp. 293-342; Ead., *Scelte cancelleresche del comune di Roma delle origini. In margine a una sentenza dell'anno 1148*, in «Schola salernitana - Annali», 20 (2015), pp. 69-88.

durre la donna a rivolgersi a lui come *meus scriniarius*. Quasi due secoli dopo, nel 1177, un altro scriniario, Andrea, che era già stato protagonista di un processo di mobilità verso l'alto all'interno del suo gruppo professionale approdando al vertice del collegio degli scriniari col titolo di *prior scriniariorum*, ottenne un feudo da uno dei più antichi monasteri femminili romani. In quell'anno le monache di S. Maria in Tempulo, guidate dalla badessa Artemia, gli concessero «iure feudi pro filiis et nepotibus» una pedica di terra che gli era già stata accordata vita natural durante, e in cambio uno della sua famiglia avrebbe giurato fedeltà al monastero («pro eo quod unus de familia tua iurabit fidelitatem monasterio nostro») e avrebbe redatto o avrebbe fatto redigere tutti i documenti che avrebbero dovuto essere confezionati a spese del cenobio («chartulas omnes de quibus monasterium pretium dare debet»). Il monastero inoltre avrebbe provveduto a fargli redigere anche tutte quelle carte «de quibus pretium consequi debent ab aliis», gli avrebbe cioè assicurato la scrittura (e il guadagno che ne sarebbe derivato) di tutti gli atti dei quali le monache sarebbero state attrici giuridiche ma il cui pagamento sarebbe spettato alla controparte.[40]

Il secondo caso riguarda lo scriniario Cencio *Obicionis*, del quale le fonti della seconda metà del XII secolo consentono di ricomporre un profilo biografico di indubbio interesse: le notizie su di lui ce lo mostrano ricco, intraprendente e influente sia nell'ambiente della Curia pontificia sia in quello del comune di Roma, ben affermato nel settore del grande commercio romano, tanto da rivestire il ruolo di console all'interno dell'*ars* dei mercanti e dei marinai romani. Nel 1165 egli fu uno degli artefici del trattato commerciale stretto tra Roma e Genova, dove si era recato in qualità di *legatus Urbis* (dunque un incarico di sicuro prestigio e di alta responsabilità affidatogli dal comune), e fu lui a redigere e a sigillare la ratifica di quegli accordi per conto dei *mercatores* romani nell'aprile 1166;[41] nove anni

40. Le monache si impegnavano inoltre a lasciare la terra in ususfrutto vita natural durante alla madre di Andrea, nel caso questi fosse morto senza lasciare figli «et, si contigerit vos decedere sine filiis et mater vestra vobis supervisserit, vita sua ipsam terram usufruatur; ea decedente ipsam terram ad nostrum revertatur monasterium»: Carbonetti Vendittelli, *Le più antiche carte del convento di San Sisto*, doc. 8.

41. Il documento è stato pubblicato, una prima volta, da I. Giorgi, *Il trattato di pace e d'alleanza del 1165-1166 tra Roma e Genova*, in «Archivio della Società romana di storia patria», 25 (1902), pp. 397-466, doc. IV a pp. 414-419 e, poi, nuovamente nel *Codice diplomatico del Senato romano dal MCXLIV al MCCCXLVII*, a cura di F. Bartoloni, I (e unico) Roma 1948 (Fonti per la storia d'Italia, 87), doc. 25 a pp. 42-47.

dopo, il 10 gennaio 1174, fu ancora lui a scrivere e sigillare il trattato di pace e di commercio stipulato tra i consoli pisani e i *consules mercatorum et marinariorum Urbis*.[42] Di lui sappiamo anche che raggiunse tali livelli di ricchezza e di prestigio da poter ospitare con sontuosità nella sua ricca dimora romana l'arcivescovo di Genova e il suo seguito durante i lavori del concilio che si svolse a Roma nel 1179, e, inoltre, che l'impegno che aveva profuso per stabilire proficue relazioni commerciali tra Genova e Roma gli valse ampie agevolazioni per i suoi traffici commerciali.[43]

Le opportunità messe a frutto da Andrea e Cencio e i due percorsi di ascesa dei quali essi furono protagonisti furono molto diversi. Il primo si procurò la fiducia del monastero di S. Maria in Tempulo e si legò ad esso con un rapporto di tipo beneficiario-vassallatico, assicurando a sé e ai suoi eredi risorse che avrebbero permesso loro quanto meno di mantenere lo *status* da lui raggiunto, spianando la strada professionale dei suoi discendenti e garantendo loro il godimento di un bene fondiario grazie all'esercizio della sua professione, alle competenze acquisite nell'ambito della propria attività, alla propria affidabilità, al proprio prestigio personale, alla posizione di vertice che egli aveva conseguito all'interno del suo collegio. E possiamo senz'altro aggiungere che nel complesso non pochi scriniari romani seguirono la sua stessa strategia di affermazione e ascesa sociale: diverse famiglie notarili proprio a partire dal XII secolo fondarono la loro ricchezza e la loro carriera professionale avvalendosi dell'abilità dimostrata da uno o più familiari nell'assicurarsi la fiducia di committenti ricchi e potenti e nello stringere legami con le principali istituzioni religiose cittadine, facendosi concedere dagli uni e dalle altre non solo incarichi stabili in qualità di scrittori, procuratori, amministratori e fiduciari,[44] ma anche il godimento di beni fondiari.

Per il secondo invece furono soprattutto l'intraprendenza e le abilità imprenditoriali che, portandolo ad abbracciare un'attività particolarmente

42. Giorgi, *Il trattato di pace e d'alleanza*, pp. 460-463 e *Codice diplomatico del Senato romano*, doc. 29, pp. 51-54.

43. C. Imperiale di Sant'Angelo, *Codice diplomatico della repubblica di Genova*, I-III, Roma 1936-1942 (Fonti per la storia d'Italia, 77, 79, 89), II, pp. 256-257, doc. 122; A. Rovere, *I Libri Iurium della Repubblica di Genova*, I/1, Genova 1992 (Fonti per la storia della Liguria, 2), pp. 353-354, doc. 246.

44. Agli inizi del Duecento, ad esempio, lo scriniario e giudice Giovanni si definiva *scriniarius* del monastero di S. Silvestro in Capite (V. Federici, *Regesto del monastero di S. Silvestro de Capite*, in «Archivio della Società romana di storia patria», 22 [1899], pp. 213-300, 489-538; 23 [1900], pp. 67-128, 411-447: doc. LXXI).

redditizia come quella dell'intermediazione commerciale, gli permisero di raggiungere una posizione di prestigio all'interno della corporazione dei mercanti, di svolgere incarichi di notevole responsabilità sia per essa sia per il comune e di arricchirsi notevolmente, anche grazie al forte sostegno che, soprattutto in quei decenni, i pontefici andavano accordando ai *mercatores* romani.[45]

Entrambi gli esempi, così diversi tra loro, non hanno più niente a che vedere con il percorso di mobilità compiuto dal gruppo degli *scriniarii sanctae Romanae ecclesiae* tra IX e XI secolo né con i canali che avevano favorito quel percorso. Si tratta piuttosto di due tra i tanti casi di mobilità in ascesa di cui, a partire dal XII, ma specie nel corso del XIII secolo, furono protagonisti numerosi esponenti del notariato di molte città dell'Italia centro-settentrionale, i quali, a seconda delle circostanze e delle risorse personali ed economiche, trovarono una collocazione "alta" nel loro ambito professionale o "altra" all'interno del loro spazio sociale, mettendo le loro competenze al servizio di istituzioni religiose o di esponenti della nobiltà locale, intraprendendo brillanti carriere presso le amministrazioni comunali, acquisendo ruoli di primo piano nel governo cittadino, accedendo all'insegnamento superiore, ma anche affermandosi nel campo del commercio, investendo nella terra e nel settore agricolo oppure in quello della intermediazione finanziaria.[46]

Ma questa, come ho già detto, è tutta un'altra storia.

45. Quest'ultimo tema è stato indagato a fondo da Marco Vendittelli, rinvio quindi ai suoi numerosi studi e in particolare a M. Vendittelli, *I primi «campsores domini pape»*, in *Humanitas. Studi per Patrizia Serafin*, a cura di A. Serra, Roma 2015, pp. 407-431, dove a nota 38 si può trovare un elenco dei suoi precedenti lavori in proposito.

46. Gli studi sul notariato, sui notai di pieno e tardo medioevo e in particolare sul ruolo culturale e politico da essi svolto in quei secoli nelle città italiane sono troppo numerosi perché possano essere citati in una nota, così come sono innumerevoli gli esempi di notai che, pur non trascurando la loro professione, si dedicarono ad altre attività lucrative e/o intellettuali. Mi limiterò quindi a ricordare i nomi di due notai duecenteschi ben noti per statura intellettuale e attrezzatura ideologica: Brunetto Latini e Rolandino Passeggeri. Entrambi professionisti ben affermati, svolsero la loro attività notarile intensamente, furono cancellieri del comune ed ebbero un ruolo di primo piano nella vita pubblica delle rispettive città – Firenze e Bologna –, impegnandosi attivamente per il governo del "Popolo"; il primo inoltre fu scrittore e poeta, mentre il secondo si dedicò all'insegnamento e alla riflessione teorica dell'*ars notariae*.

Sandro Carocci

Nepotismi di curia e mobilità sociale fra XIII e XV secolo

Nel 1469 Francesco Gonzaga era un cardinale giovane, appena venticinquenne, ma già esperto, essendo stato promosso a soli diciassette anni. Rappresentava il nuovo tipo di porporato che dalla metà del Quattrocento stava iniziando a dominare il Sacro collegio: un cardinale-principe, cioè un cardinale di dinastia principesca (o regia), oppure eletto su designazione di un sovrano. Nel febbraio di quell'anno, in una lettera alla madre comunicava la gioia di essere riuscito a procurare al fratello una condotta militare dal papato, con i suoi grandi introiti. E concludeva: «la chiesia la sarà una gran tetta».[1] La sua icastica frase esprime bene un sentimento diffuso e, in fin dei conti, il tema stesso di questo intervento, cioè gli (auspicati) effetti sulla parentela delle diverse forme di nepotismo praticate nella curia pontificia. Tuttavia l'immagine della Chiesa come "gran tetta" ha un significato molto più complesso, come vedremo, di quel che può apparire a prima vista: più un seno materno, che una mammella da mungere.

I nepotismi di curia sono una tematica vastissima, molto diversa nei comportamenti, nei percorsi, nelle risorse utilizzate e negli esiti. Per studiarli, occorre dare spazio a molti casi individuali e alle grandi diversità dei nessi che, nei vari contesti locali e cronologici, hanno unito nepotismo e cambiamento sociale. È un tipo di analisi che esula dalle possibilità di un breve contributo, e ho quindi scelto un approccio intermedio. Dapprima, come lunga premessa, cerco di indicare e mettere a confronto i caratteri generali e il contesto stesso del nepotismo curiale nella fase iniziale della sua diffusione, il XIII secolo, e nell'ultima qui considerata, la seconda metà del

1. La lettera, conservata nell'Archivio di Stato di Mantova, *Archivio Gonzaga*, b. 843, l. 756, è citata da I. Lazzarini, *Amicizia e potere. Reti politiche e sociali nell'Italia medievale*, Milano 2010, p. 77, che mi ha gentilmente fornito una trascrizione.

Quattrocento. Nel resto del contributo, analizzo più da vicino alcuni caratteri del nesso fra pratiche nepotistiche e mobilità sociale, dando maggiore spazio ad alcuni casi individuali.[2]

Il nepotismo è un fenomeno così onnipresente da venire talvolta considerato quasi un dato biologico. Fin dal XII secolo, il rapporto fra lo zio prelato e i nipoti viene presentato come la relazione di parentela e di affetto tipica di personaggi ai quali, come avrebbe detto papa Alessandro III, «quando Dio vietò di avere figli, il diavolo diede i nipoti» («Filios episcopis dominus abstulit, nepotes autem diabolus dedit»).[3] In senso lato, il nepotismo è qualsiasi comportamento di ecclesiastici volto a favorire e tutelare gli interessi familiari.[4] Questa ampiezza conduce però a una difficoltà di metodo. Da un punto di vista teorico è molto difficile stabilire una differenza tra nepotismo, e qualsiasi utilizzazione delle risorse ecclesiastiche da parte della famiglia. Dobbiamo ad esempio considerare come nepotismo il comportamento di Alfonso Borgia, il futuro papa Callisto III, quando ancora canonico utilizzò i propri redditi ecclesiastici per fornire alle sorelle doti di ammontare maggiore di quello che permetteva il patrimonio paterno, consentendo così ai Borgia di stabilire quelle parentele con stirpi nobili, che furono poi cruciali per l'ascesa familiare?[5] Se noi pensiamo che qualsiasi utilizzazione laica di risorse ecclesiastiche sia nepotismo, la risposta dovrebbe essere positiva. Potremmo in tal caso sostenere che il ruolo della Chiesa come canale di mobilità sociale debba quasi inevitabilmente venire ricondotto a pratiche nepotistiche.

2. L'ambito cronologico di questo intervento coincide con quello del PRIN, e dunque va dal XII secolo al primo Cinquecento. Tuttavia non proporrò un'ordinata ricostruzione di quali siano stati, nelle diverse epoche, i meccanismi attraverso cui ha operato la connessione fra nepotismo e mobilità sociale, e su come siano cambiati i loro protagonisti e la loro effettiva efficacia. Visto che il periodo avignonese è trattato da Armand Jamme, ho preferito mettere a raffronto il XIII secolo e la seconda metà del XV secolo, due fasi diverse ma importanti della storia del nepotismo.

3. *Giraldi Cambrensis Gemma ecclesiastica*, a cura di J.S. Brewer, London 1862 (Rerum Britannicarum Medii Aevi Scriptores, 21,2), p. 304.

4. Cfr. ad es. la recente definizione di E. Crosby, *The King's Bishops. The Politics of Patronage in England and Normandy, 1066-1216*, New York 2013, p. 56: «favoritism shown to relatives through patronage based on family connections rather than on merit alone».

5. M. Navarro Sorní, *La promoción eclesiastica de Rodrigo de Borja: estrategia nepotista y politica dinastica de Calixto III*, in *De València a Roma a través dels Borja*, a cura di F.P. Iradiel Murugarren e J.M. Cruselles Gómez, Valencia 2006, pp. 69-90: pp. 69-70.

Etichettare come nepotismo qualsiasi trasferimento ai parenti di redditi e risorse ecclesiastiche presenta però un doppio rischio. Copre sotto una definizione generica e per di più moraleggiante fenomeni diversi e complessi. Ma, soprattutto, pecca di anacronismo, poiché applica distinzioni fra mondo laico e mondo ecclesiastico che sono divenute prevalenti solo in età moderna e che prefigurano una completa separatezza fra quello che era chiamato il "patrimonio del Crocifisso" e il mondo secolare.[6] Questa posizione era sostenuta da alcune riflessioni canonistiche e teologiche, e alla sensibilità odierna appare quasi scontata. Ma era tutt'altro che generalmente condivisa in un età in cui da una parte i patrimoni familiari venivano generosamente impiegati per favorire carriere ecclesiastiche, e dall'altra parte dominava, soprattutto nel XV secolo, una «concezione privatistica del beneficio».[7] «Il beneficio era qualcosa che entrava nel budget non di un individuo ma di un sistema parentale»,[8] a tal punto che gli studiosi hanno assimilato i benefici ecclesiastici ai feudi di una famiglia, e hanno etichettato come «manomorta del nepotismo» la capacità di cardinali e vescovi di fare in modo che lo stock di benefici venisse trasmesso all'interno dei chierici della famiglia.[9]

1. *Premessa*

Inizierò riassumendo brevemente alcune premesse indispensabili, che ho già trattato più ampiamente altrove.[10] Il Duecento è il primo secolo in cui le pratiche nepotistiche, già diffuse al livello minuto, si svilupparono in modo massiccio e con grandi conseguenze. Questo secolo, è stato

6. Si veda la *Introduzione* a questo volume.

7. A. Prosperi, *Dominus beneficiorum: il conferimento dei benefici ecclesiastici tra prassi curiale e ragioni politiche negli stati italiani tra '400 e '500*, in *Strutture ecclesiastiche in Italia e in Germania prima della Riforma*, a cura di P. Prodi e P. Johanek, Bologna 1984, pp. 51-86: p. 66.

8. A. Prosperi, *La figura del vescovo fra Quattro e Cinquecento: persistenze, disagi e novità*, in *La chiesa e il potere politico dal Medioevo all'età contemporanea*, a cura di G. Chittolini e G. Miccoli, Torino 1986, pp. 221-264: p. 237.

9. B. McClung Hallman, *Italian Cardinals, Reform, and the Church as Property: 1492-1563*, Berkeley-Los Angeles-London 1985, p. 121.

10. Un'ampia indagine sulle pratiche nepotistiche nel XII-XIII secolo è S. Carocci, *Il nepotismo nel medioevo. Papi, cardinali, famiglie nobili*, Roma 1999, al quale rinvio per tutto ciò che segue.

detto, «inventa il nepotismo», e lo lascia in eredità ai secoli a venire.[11] Il fattore che trasformò pratiche antiche di favoritismo familiare in qualcosa di nuovo e più importante fu l'enorme crescita del potere dei papi e dei cardinali che era in corso dalla fine dell'XI secolo. Durante il secolo successivo, in numero sempre maggiore testimonianze cronistiche, lettere, documentazione relativa a prestiti contratti a Roma e il diffondersi delle lamentele sull'esosità dei prelati di curia attestano il normalizzarsi della pratica di sostenere con elargizioni le suppliche indirizzate al papa e ogni questione affidata agli uffici curiali, che andavano ampliando a dismisura la loro capacità di intervento in tutta la cristianità. Visto dalla periferia, questo fenomeno significava un incremento delle spese (ad esempio la prima imposta generalizzata a tutto il *comitatus* introdotta nel 1125-1130 da Siena sarebbe stata dovuta proprio ai costi della disputa con il vescovo di Arezzo che si svolgeva presso la curia papale).[12] Per il mondo curiale, costituiva invece un impressionante aumento di risorse economiche. Tuttavia, perché da pratica isolata, portata avanti solo da alcuni papi e pochi cardinali, il nepotismo si trasformasse in un fenomeno diffuso e, in certi ambienti, un comportamento ordinario, occorre attendere la fine del XII secolo. L'accordo con il comune di Roma nel 1188, la sottomissione di Lazio, Umbria e Marche alla sovranità pontificia nel decennio successivo e la maggiore capacità di intervento nelle strutture ecclesiastiche acquisita dai pontefici accrebbero il potere della curia, la mole di benefici ecclesiastici che controllava, il numero delle cariche di governo temporale che distribuiva, le capacità di intervento sulle regioni dello Stato della Chiesa, l'influenza su Roma e le aree circostanti. Inoltre il nepotismo divenne allora funzionale sia alla politica di supremazia del papa, sia alle nuove esigenze di governo.

L'esplosione del nepotismo, oltre che allo sviluppo della potenza pontificia, va infatti collegata ai limiti di quella stessa potenza.[13] Nel Duecento,

11. A. Paravicini Bagliani, *Il trono di Pietro. L'universalità del papato da Alessandro III a Bonifacio VIII*, Roma 1996, p. 12.

12. *Documenti per la storia della città di Arezzo nel medioevo*, a cura di U. Pasqui, vol. I, Firenze 1899, doc. 389 (testimonianze del 1177-1180), pp. 565-573, in partic. p. 569; altri testi, forse più correttamente, riconducono peraltro l'imposta alla volontà comunale di affermare il controllo su nuove aree del territorio, cfr. N. D'Acunto, *Gualfredo*, in *Dizionario Biografico degli Italiani* (d'ora in poi *DBI*), 60, 2003.

13. Cfr. in part. Carocci, *Il nepotismo nel medioevo*, pp. 37-62 (capitolo «Potere e debolezza»).

le strutture di governo dello Stato erano in una fase del tutto embrionale, l'autonomia di città e stirpi signorili del territorio restava elevata, il potenziale militare della Chiesa molto debole, la capacità di controllare Roma e la sua nobiltà rimaneva sempre incerta, e la stessa curia, pur burocraticamente avanzata, costituiva un organismo complesso, per il cui controllo clientele e patronage erano più che mai necessari, e dove comunque quote anche cospicue di potere erano nelle mani dei porporati più influenti. Di conseguenza, papi e cardinali trovavano molto vantaggioso poter contare sui parenti per esercitare le nuove funzioni di governo temporale e per controllare il sempre più vasto apparato burocratico curiale. Per ottenere dai sudditi ubbidienza, a volte i cardinali mandati ad amministrare come rettori le nuove province dello Stato ricorrevano alle truppe dei parenti laici.

Questo quadro va tuttavia integrato con una constatazione più generale. Come ho detto, del nepotismo duecentesco è necessario dare una lettura in cui fattori funzionalisti e politici hanno grande spazio, più di quanto avvenga di massima nei secoli successivi: e tuttavia va aggiunto che, allora come in seguito, esso rispondeva soprattutto a specifiche strutture sociali, e alla centralità che tali strutture attribuivano alla parentela. La famiglia rappresentava un valore da tutti riconosciuto come fondamentale, e ogni atteggiamento a sua tutela e favore era sostenuto da riflessioni teologiche e obblighi morali. Ma non si deve ricorrere solo a spiegazioni strutturaliste, che siano di natura politica o sociale. Come mostrano i (rari) casi di papi e cardinali romani estranei al nepotismo, occorre dare qualche spazio anche al soggettivismo, cioè ricondurre le condotte a scelte razionali, consapevoli, legate alle rappresentazioni che i soggetti avevano del mondo sociale e etico. Ma soprattutto, un grande ruolo va riconosciuto alle motivazioni inconsapevoli, e proprio per questo più condizionanti. Nel nepotismo di determinate epoche e certi ambienti intravediamo un vero e proprio *habitus*, cioè un sistema di disposizioni all'azione plasmato dal contesto di appartenenza e così interiorizzato e incorporato nei soggetti da determinare, al di là di ogni razionalità e consapevolezza, il loro ambito d'azione.[14] Un esempio è appunto costituito dalle famiglie nobili di Roma del XIII secolo che fornirono in gran numero cardinali e prelati di curia. Fin da bambini, i giovani di queste

14. Il riferimento teorico è ovviamente P. Bourdieu, *La distinzione. Critica sociale del gusto*, Bologna 1983 (ed. or. Paris 1979), e Id., *Per una teoria della pratica. Con tre studi di etnologia cabila*, Milano 2003 (ed. or. Gèneve 1972).

famiglie erano avviati alla carriera ecclesiastica e per questo oggetto di investimenti, cure e aspettative da parte di tutta la famiglia. Per la loro carriera si investivano senza risparmio risorse umane, materiali, politiche. Il chierico romano che finalmente sorpassava l'agognata soglia del Sacro collegio (o di qualche altra alta carica) portava con sé non solo le aspettative della parentela, ma un sistema di disposizioni all'azione che influenzavano e a volte costringevano le sue possibilità di agire.

Questi fattori di ordine generale, di tipo antropologico, morale e persino psicologico, continuarono ad agire con forza dietro il nepotismo durante l'altro periodo qui considerato, la seconda metà del XV secolo. Anche in questa fase almeno per i pontefici (ma non più per i cardinali) il nepotismo conservava poi una valenza funzionale: molti papi ricorrevano ai nipoti per controllare il collegio cardinalizio e più in generale la curia, e per aumentare le reti clientelari a sostegno del papato. Fra il 1450 e la fine del secolo, i pontefici promossero cardinali dodici nipoti, due pronipoti e un figlio, oltre a qualche parente acquisito e a cugini.[15] Fra i sei papi di questo periodo, Sisto IV fu il più determinato. Non soltanto conferì la porpora a tre nipoti, un pronipote e ad altri due parenti più lontani, accrescendo così molto la presenza di elementi di fiducia nel Sacro collegio, ma è stato supposto che, di proposito, stimolasse la rivalità tra i nipoti Giuliano Della Rovere e Pietro Riario, e favorisse lo schieramento filo-aragonese del primo e quello filo-sforzesco del secondo: in questo modo il Collegio si polarizzò intorno alle tensioni fra i nipoti e le due potenze di riferimento di cui erano divenuti referenti, perdendo ogni capacità di efficace opposizione al potere papale.[16] Gli ambiti dove poteva esplicarsi la funzionalità del nepotismo all'esercizio del potere papale si erano peraltro ridotti, poiché il papato del secondo Quattrocento aveva ormai un controllo solido di Roma e, nello Stato della Chiesa, aveva sviluppato strutture di governo abbastanza efficaci, compre-

15. Mi baso sulla tabella di John A.F. Thomson, *Popes and Princes: Politics and Polity in the Late Medieval Church, 1417-1517*, London 1980, pp. 62-63, senza tenere peraltro conto di Niccolò Fortiguerri per Pio II (per i dubbi sulla sua parentela con il papa v. A. Esposito, *Fortiguerri, Niccolò*, in *DBI*, 49, 1997), Pantaleone e Nicola Cibo (le poche e dubbie notizie su questi cardinali sono segnalate in *The Cardinals of the Holy Roman Church. Biographical Dictionary*, http://www2.fiu.edu/~mirandas/bios1489.htm); la parentela con Sisto IV di Cristoforo e Domenico Della Rovere, rifiutata da F.C. Uginet, *Della Rovere, Cristoforo*, e Id., *Della Rovere, Domenico*, in *DBI*, 37, 1989, è invece dimostrata da F. Somaini, *Un prelato lombardo del quindicesimo secolo. Il cardinale Giovanni Arcimboldi, vescovo di Novara, arcivescovo di Milano*, Roma 2003, p. 693, in nota.

16. Somaini, *Un prelato lombardo*, pp. 692-696.

so un certo potenziale militare.[17] Per un governatore locale, il sostegno di parenti, clientele e patroni restava importante, ma aveva smesso di essere, a differenza di quanto spesso accadeva nel XIII secolo, un elemento determinante all'esercizio di ogni effettivo potere. Un po' paradossalmente, la maggiore funzionalità delle pratiche nepotistiche per lo sviluppo dei poteri temporali era allora di carattere indiretto, e opposta alle aspettative dei suoi protagonisti: alludo naturalmente ai vantaggi che, nel lungo periodo, vennero alla potenza temporale della Chiesa romana dal passaggio sotto l'amministrazione diretta della Santa Sede di quei territori, fino ad allora dominio autonomo di signori di vario tipo, che il nepotismo papale procacciava ai parenti, e che questi perdevano dopo la scomparsa del pontefice. L'esempio più famoso e rilevante è il crollo dello stato di Cesare Borgia dopo la morte di Alessandro VI, che per la prima volta permise alla Chiesa di estendere la propria diretta sovranità sull'intera Romagna.

Al di la di questi elementi di (parziale) continuità, nella seconda metà del Quattrocento, rispetto al XIII secolo (e al XIV), il contesto e le pratiche stesse del nepotismo curiale erano radicalmente cambiati. La vittoria dei pontefici sulle teorie conciliariste era ormai incontestabile, le strutture di governo temporale erano in rapido rafforzamento, e stava realizzandosi la trasformazione di Roma in una grande corte italiana, per certi aspetti la più importante. Le entrate di natura spirituale e tutte le risorse di potere connesse al controllo pontificio sulle strutture ecclesiastiche, in primo luogo nella provvista dei benefici, avevano conosciuto un'espansione durante il XIII secolo e avevano infine toccato livelli altissimi in età avignonese («l'epoca più universale delle finanze pontificie»).[18] Tuttavia entrate e posizioni di potere si erano drasticamente ridotte con lo Scisma e il successivo diffondersi di accordi fra papato e monarchie nazionali. Alla fine dello Scisma, nel 1417, i papi disponevano appena di un terzo delle risorse finanziarie vantate dai loro predecessori d'età avignonese.[19] Nella nuova situazione, il

17. Per la storia dei dominii temporali nel XV secolo, il miglior quadro d'insieme resta M. Caravale, *Lo Stato pontificio da Martino V a Gregorio XIII*, in M. Caravale, A. Caracciolo, *Lo Stato pontificio da Martino V a Pio IX*, Torino 1978, pp. 1-371; per le ricerche successive, di veda S. Carocci, *Vassalli del papa. Potere pontifico, aristocrazie e città nello Stato della Chiesa nel medioevo*, Roma 2010.

18. C. Bauer, *Die Epochen der Papstfinanz. Ein Versuch*, in «Historische Zeitschrift», 138 (1927), pp. 457-503: p. 467.

19. P. Partner, *Papal Financial Policy in the Renaissance and Counter-Reformation*, in «Past & Present», 88 (1980), pp. 17-62: p. 20.

papato fece per la prima volta massiccio ricorso al mercato del credito e si sforzò di aumentare gli introiti assicurati dal dominio temporale sullo Stato della Chiesa, che tuttavia erano spesso assorbiti dalle spese militari.[20] Fra le entrate e le risorse di origine ecclesiastica, il crollo di quanto era assicurato dai grandi regni europei fece aumentare molto l'incidenza di quello che il papato ritraeva dalle regioni italiane.

La centralità italiana negli orizzonti finanziari, politici e sociali della curia romana che si venne allora a realizzare fu l'esito di un complesso processo, del quale interessa qui sottolineare soprattutto due aspetti. Il primo è la persistente capacità di intervento sui benefici e le chiese di molte regioni della penisola.[21] Con gli stati italiani mancavano concordati, indulti, diritti di visita, avvocazia e gli altri patti con cui le monarchie europee regolavano le relazioni con Roma. La provvista dei benefici, i rapporti con gli enti monastici, i contenziosi patrimoniali e tutte le altre questioni, anche spirituali, erano materia di una gestione negoziale con la curia, di contrattazioni, di accordi e mediazioni a cui prendevano parte il potere politico, i gruppi dirigenti e altri attori.

Un secondo fenomeno accresceva l'importanza dell'Italia per il papato quattrocentesco, molto contribuendo al suo potere e alle sue capacità di nepotismo: il rilievo crescente, per tutte le élite italiane, del rapporto con Roma, da perseguire magari promuovendo la carriera curiale di un proprio membro, e comunque da coltivare in quanto percorso ricco di potenzialità per l'accesso a benefici, favori, patronage e clientele. Nel secondo Quattrocento, il fenomeno venne stimolato dall'accentuata italianizzazione della curia, evidente nell'aumento della percentuale di italiani negli uffici curiali e nel collegio cardinalizio (nel 1455 i porporati stranieri costituivano anco-

20. Sulle entrate dello Stato della Chiesa, un buon quadro è M. Caravale, *Le entrate pontificie*, in *Roma capitale (1447-1527)*, Pisa 1994, pp. 73-106.

21. Negli ultimi decenni il tema è stato oggetto di numerosi studi: quadri generali sono già forniti da G. Chittolini, *Stati regionali e istituzioni ecclesiastiche nell'Italia centro-settentrionale del Quattrocento*, in *La chiesa e il potere politico*, pp. 149-193; Prosperi, *La figura del vescovo*; cui si aggiunga ora G.M. Varanini, *Strategie familiari per la carriera ecclesiastica (Italia, sec. XII-XV)*, in questo volume. Un'esemplare indagine su uno stato signorile è *Gli Sforza, la Chiesa lombarda, la corte di Roma. Strutture e pratiche beneficiarie nel ducato di Milano (1450-1535),* a cura di G. Chittolini, Napoli 1989; per i dominii di Venezia e Firenze, le ricerche di riferimento sono G. Del Torre, *Patrizi e cardinali. Venezia e le istituzioni ecclesiastiche nella prima età moderna*, Milano 2010, e R. Bizzocchi, *Chiesa e potere nella Toscana del Quattrocento*, Bologna 1987.

ra i due terzi del collegio, trent'anni dopo nemmeno un terzo).[22] Conobbe poi una drastica accentuazione con Pio II e soprattutto con Sisto IV, che svilupparono molto la vendita degli uffici curiali, che portò fra l'altro a un deciso incremento nelle dimensioni della curia stessa.[23] Alla morte di Sisto IV i nuovi collegi di uffici venali contavano già 625 membri, che aumentarono poi rapidamente, raggiungendo i 2.232 nel 1521. Gli uffici venali non avevano in genere scopi amministrativi, e venivano creati per le necessità finanziarie dei papi, cui fornivano grandi redditi. Fra 1471 e 1527, i 64 abbreviatori *de parco maiori* di cui è stato ricostruito l'investimento in uffici acquistarono ciascuno uffici per un valore medio di 8.774 ducati, i 158 segretari per 8.056 ducati, e i 369 abbreviatori minori per 4.649 ducati.[24] Inoltre il ricavato delle vendite affluiva in conti direttamente controllati dal papa, per il tramite prima del camerario segreto, poi del datario. Le famiglie dei patriziati italiani investirono massicciamente nella carriera di un figlio, e in molti casi optarono per il trasferimento a Roma. Nel complesso la venalità degli uffici curiali accrebbe le risorse e i margini di manovra per il nepotismo pontificio, e provocò «un'impressionante iniezione di capitale fresco e di gente nuova in corte di Roma».[25]

2. *Cardinali nepotisti*

Chiariti alcuni caratteri generali del contesto in cui avveniva il nepotismo, e le loro differenze fra Duecento e seconda metà del Quattrocento, è il momento di interrogarsi sui meccanismi che permettevano a papi, cardinali e grandi prelati di curia di modificare attraverso il nepotismo la collo-

22. Si vedano i grafici e le tabelle di W. Reinhard, *Herkunft und Karriere der Päpste 1417-1963. Beiträge zu einer historischen Soziologie der römischen Kurie*, in «Mededelingen van het Nederlandsch Historisch Instituut te Rome», 38 (1976), pp. 87-108: pp. 102-104.

23. La ricerca fondamentale è P. Partner, *The Pope's men. The papal civil service in the Renaissance*, Oxford 1990; importanti anche i commenti di M. Pellegrini, *Corte di Roma e aristocrazie italiane in età moderna*, in «Rivista di storia e letteratura religiosa», 30 (1994), pp. 543-602: pp. 561-571. Altri dati in McClung Hallman, *Italian Cardinals,* pp. 130-132, e M.A. Visceglia, *Burocrazia, mobilità sociale e "patronage" alla corte di Roma tra Cinque e Seicento. Alcuni aspetti del recente dibattito storiografico e prospettive di ricerca*, in «Roma moderna e contemporanea», 3 (1995), pp. 11-55: pp. 20-24.

24. Partner, *The Pope's men,* pp. 200-201.

25. Pellegrini, *Corte di Roma e aristocrazie italiane*, pp. 551-552.

cazione sociale della parentela e di altri soggetti. Esporrò le mie riflessioni attraverso una comparazione fra le due epoche in cinque diversi ambiti: in questo paragrafo e in quello successivo, mi soffermerò sul numero dei cardinali nepotisti e su alcuni grandi cambiamenti nel nepotismo papale; negli altri paragrafi tratterò la mobilità sociale strutturale, la destinazione geografica del nepotismo, l'efficacia del nepotismo.

Il primo ambito di comparazione fra il XIII secolo e la seconda metà del XV riguarda dunque la consistenza numerica del gruppo di prelati di curia che hanno determinato grandi ascese sociali per via nepotista. Nel Duecento, e soprattutto negli ultimi due terzi del secolo, questo gruppo è folto: oltre ad alcuni papi, annovera infatti molti cardinali, soprattutto romani e laziali.[26] Il XIII secolo è in effetti la sola epoca nella storia della Chiesa in cui il nepotismo dei cardinali è paragonabile, per consistenza e per conseguenze, con quello dei papi. Papi e cardinali, inoltre, utilizzarono per lo più le stesse strategie e gli stessi meccanismi di ingrandimento familiare. Del resto il nepotismo non era una pratica diffusasi dall'alto verso il basso, non era cioè una creazione dei papi imitata poi dai cardinali. I maggiori papi nepotisti del Duecento, anzi, portarono avanti politiche di arricchimento familiare in genere già avviate durante il loro cardinalato. Gli esempi sono numerosi, ma il caso limite è senz'altro costituito da Onorio IV (Giacomo Savelli, 1285-1287), che nel corso del suo pontificato si limitò più che altro a consolidare (riscattando alcuni castelli dati in pegno e acquistando tre nuovi centri) i dominii che aveva procurato alla famiglia durante i precedenti cinque lustri di cardinalato: in totale una quindicina di signorie laziali direttamente acquistate dal cardinale stesso, e poi altri acquisti compiuti dal fratello e dai nipoti in modo formalmente autonomo, ma certo con il suo appoggio.

Questa fase aurea del nepotismo cardinalizio, così accentuatamente romana e laziale, aveva diverse cause. La prima era il maggior potere dei cardinali in generale, e poi con maggiore evidenza di quelli romani, laziali o di grande stirpe. Da qualsiasi punto la si consideri, nel XIII secolo (come già nel precedente) la storia del Sacro collegio è quella di una crescita quasi ininterrotta di prestigio e prerogative, visibile tanto al livello ecclesiologico, quanto nelle innumerevoli competenze e funzioni via via attribuite ai cardinali nei tribunali pontifici, nella trattazione di questioni religiose e temporali di ogni genere, nel governo dello Stato, nel ruolo di

26. Per quanto segue rinvio a Carocci, *Il nepotismo nel medioevo*, pp. 63-110.

collaboratori, consiglieri e inviati dei papi. Le effettive funzioni dei cardinali, il loro livello di subordinazione al papa e la possibilità di limitarne la pienezza dei poteri tramite la partecipazione collegiale agli affari della Chiesa non vennero mai definiti con sistematicità, restando oggetto di una continua tensione fra le aspirazioni del collegio cardinalizio a una sorta di "diarchia" con il potere pontificio e le riaffermazioni della discrezionalità papale al riguardo. Il potere del collegio cardinalizio nel suo insieme dipese molto anche dall'atteggiamento dei diversi pontefici. Alcuni ricercarono sistematicamente il consenso dei cardinali, altri, come Innocenzo III, si basarono sui consigli di un ristretto gruppo di favoriti, altri ancora, come Bonifacio VIII, limitarono molto l'autorità del Sacro collegio per esaltare la supremazia e l'indipendenza del papa.

Il discorso diviene in parte diverso se guardiamo non al potere del corpo cardinalizio nel suo insieme, ma a quello dei singoli cardinali. Per questo aspetto, che è naturalmente della massima importanza nella storia del nepotismo, il primo elemento da considerare è il numero dei cardinali. Ora proprio durante il Duecento la consistenza del Sacro collegio fu sempre particolarmente contenuta, toccando a volte livelli mai più raggiunti nella storia della Chiesa: appena 8 o forse 7 membri del collegio erano in vita nel 1243, di nuovo 8 cardinali appena parteciparono all'elezione di Urbano IV nel 1261, mentre 11 furono nel 1294 i porporati che chiamarono al soglio pontificio Celestino V. Naturalmente, se il numero dei cardinali era elevato, la concorrenza fra i diversi porporati tendeva a ridurre il potere e le ricchezze dei singoli membri del collegio; all'opposto, in un collegio molto ridotto tutti i membri finivano per acquisire grande rilievo. Va aggiunto che, come ovvio, il prestigio e l'influenza dei singoli cardinali cambiavano poi molto a seconda del grado di intimità e confidenza con il papa in carica, della loro conoscenza degli apparati curiali, dei legami con i maggiori sovrani della cristianità, delle alleanze e delle parentele, della preparazione giuridica e del carattere stesso dei diversi personaggi. Ora, è proprio da questo punto di vista che i cardinali di origine romana e laziale appaiono particolarmente avvantaggiati. Anche quando non erano imparentati con il pontefice, avevano decine di congiunti e amici che occupavano gli uffici curiali, e magari qualche parente nel Sacro collegio stesso. Influenza, prestigio, abilità di manovra erano garantiti dal sostegno di questo fitto reticolo di relazioni e dalla maggiore conoscenza della burocrazia pontificia. Non a caso i donativi, le pensioni e i feudi elargiti ai cardinali dai re di Sicilia, Francia, Inghilterra e altri stati beneficiavano in primo luogo i porporati romani e i loro congiunti. Un ulteriore fattore che accentuava le capacità nepotistiche dei cardinali romani e laziali era la possibilità di avere il sostegno dei parenti sia per meglio esercitare gli incarichi di governo locale loro affidati dai pontefici, sia per accompagnare l'opera nepotista con colpi di mano risolutivi per portare a termine acquisizioni controverse, il cui esito il cardinale si preoccupava poi di far legittimare. Infine, contava molto un dato anagrafico: avvantaggiati dalle mille relazioni, i romani riuscivano a venire eletti cardinali ad un'età meno avanzata dei loro confratelli. Nel XIII secolo, vennero promossi, in media, 25 anni prima della loro morte, mentre la durata media degli altri cardinalati è stata inferiore ai 14 anni. La lunghezza del cardinalato permetteva di accumulare potere, e dilatava le strategie nepotistiche.[27]

Se ci spostiamo nel secondo Quattrocento, il cardinale di famiglia nella maggioranza dei casi era ancora (forse ancor più) uno strumento per compiere carriere curiali e ottenere concessioni ecclesiastiche. In molti casi, inoltre, il porporato disponeva di ingenti risorse finanziarie.[28] La capacità cardinalizia di cumulare benefici di tutti tipi già in età avignonese era giunta ad ottenere che un cardinale potesse detenere anche un episcopato, sorpassando gli impedimenti canonici rispettati per tutto il Duecento; ma fu solo dal pieno Quattrocento che si iniziò ad ammettere il cumulo di più vescovati da parte di un singolo cardinale. Le numerose provviste in favore dei nipoti di Sisto IV accentuarono il fenomeno, che raggiunse dimensioni imponenti: calcoli relativi al secondo decennio del XVI secolo attestano che nel 43% dei casi i membri del Sacro collegio detenevano cinque o più episcopati, e che soltanto un terzo dei porporati ne era privo.[29] Non era però detto che le ricchezze fornite da benefici, pensioni e sussidi fossero sufficienti a praticare un ampio nepotismo. Se infatti Lutero aveva ragione nell'accusare i cardinali di avere depredato vescovadi, monasteri, parrocchie per potere condurre «a Roma un tenore di vita pari a quello di un ricco sovrano», va aggiunto che, come è stato detto, «la magnificenza cardinalizia era più un dovere che un piacere», cioè un obbligo imposto dalla concezione sempre più aristocratica della dignità cardinalizia, dalla competizione suntuaria fra porporati e dallo

27. Ivi, pp. 78-83.

28. Dati sulle entrate medie dei cardinali all'inizio del XVI secolo in W. Reinhard, *Struttura e significato del Sacro Collegio tra la fine del XV e l'inizio del XVI secolo*, in *Città italiane del '500 tra Riforma e Controriforma*, Lucca 1988, pp. 257-266: pp. 260-262.

29. McClung Hallman, *Italian Cardinals,* pp. 21-38; cfr anche l'informatissima nota di Somaini, *Un prelato lombardo*, pp. 611-612, e Prosperi, *La figura del vescovo*, pp. 224-228.

stesso desiderio papale di esaltare il proprio potere attraverso lo splendore delle corti cardinalizie.[30] Non tutti i cardinali erano in grado di affrontare le ingenti spese richieste, e questa difficoltà spiega sia la diffusione della figura del "cardinal povero", sia la relativa pochezza di redditi che molti porporati potevano destinare ai parenti.[31] Nel contempo venivano meno, come dirò fra poco, molti poteri dei cardinali. Così, anche fra i porporati che non erano "poveri", si facevano rarissimi quelli che riuscivano a garantire veri e propri balzi al vertice della nobiltà o, per le famiglie già potenti, ampliamenti patrimoniali simili a quelli duecenteschi.

3. *Il "grande nepotismo"*

Nel contempo, il nepotismo dei pontefici era anch'esso mutato, e si era allontanato da quello dei cardinali. Poco importava, ormai, se prima del pontificato la famiglia era di condizione modesta. Le risorse nelle mani dei

30. La frase di Lutero da G. Fragnito, *«Parenti» e «familiari» nelle corti cardinalizie del Rinascimento*, in *«Familia» del principe e famiglia aristocratica*, a cura di C. Mozzarelli, Roma 1988, pp. 565-587; la citazione da K. Weil-Garris, J. D'Amico, *The Renaissance Cardinal's Ideal Palace: A Chapter from Cortesi's* De cardinalatu, in «Memoirs of American Academy in Rome», 35 (1980), pp. 45-123: p. 60. Sullo stile di vita dei cardinali rinascimentali si vedano i classici studi di D.S. Chambers, poi raccolti in Id., *Renaissance cardinals and their worldly problems*, Aldershot 1997, e, per un approccio storico-artistico, C.M. Richardson, *Reclaiming Rome. Cardinals in the Fifteenth Century*, Leiden-Boston 2009; cfr. inoltre M. Pellegrini, *Il profilo politico-istituzionale del cardinalato nell'età di Alessandro VI. Persistenze e novità*, in *Roma di fronte all'Europa al tempo di Alessandro VI*, a cura di M. Chiabò, S. Maddalo, M. Miglio e A.M. Oliva, I-III, Roma 2001, I, pp. 177-215, a pp. 205-206.

31. Lo studio principale resta D.S. Chambers, *The Economic Predicament of Renaissance Cardinals*, in «Studies in Medieval and Renaissance history», 3 (1966), pp. 287-313 (poi in Id., *Renaissance cardinals*). Nella storiografia, il trattato *De cardinalatu* di Paolo Cortesi (1510) è stato importante per trattare lo stile di vita principesco richiesto ai cardinali, e il discredito per i porporati privi di palazzi, ville e oggetti d'arte; sul trattato si veda ad esempio Id., *The Renaissance cardinalate: from Paolo Cortesi's "De cardinalatu" to the present*, in *The possessions of a cardinal. Politics, piety, and art 1450-1700*, a cura di M. Hollingsworth e C.M. Richardson, University Park (Penn.) 2010, pp. 17-24. È stato peraltro notato che l'ideale cardinalizio delineato da Cortesi faceva riferimento a una concezione dei cardinali, come consiglieri politici e coadiutori del papa, ormai tramontata (G. Ferraù, *Politica e cardinalato in un'età di transizione. Il* De cardinalatu *di Paolo Cortesi*, in *Roma capitale*, pp. 519-540; J.M. DeSilva, *Senators or Courtiers: Negotiating Models for the College of Cardinals under Julius II and Leo X*, in «Renaissance Studies», 22 (2008), pp. 154-173).

papi erano adesso tali da indurli a far tentare ai congiunti non una semplice ascesa sociale, ma un balzo verso il principato. Purché vi fossero parenti laici, la potenza papale poteva bastare, da sola, a tentare ciò che nel Duecento fu vagheggiato (e mai conseguito) solo da Nicola III e Bonifacio VIII. La forte dilatazione del fenomeno ha spinto gli storici a coniare anche un termine specifico, "grande nepotismo", volto a rimarcare la specificità delle strategie nepotistiche dei papi fra la metà del XV e la metà del XVI secolo.[32] Con questo nepotismo, si trattava da una parte di tentare la trasformazione in senso dinastico del papato, o più esattamente di porre le condizioni, tramite promozioni cardinalizie, perché in un successivo conclave la parentela conquistasse di nuovo il papato; dall'altro lato, anche se di origine modesta la famiglia andava elevata al principato, o comunque inserita nel gruppo delle maggiori casate italiane.

Secondo molti, Callisto III Borgia (1455-1458) sarebbe il primo pontefice riconducibile al "grande nepotismo".[33] Il papa già alla prima promozione creò cardinali due nipoti giovani, nemmeno venticinquenni, accrescendo la possibilità di lasciare dietro di sé un gruppo curiale potente e duraturo. Inoltre riversò sulla clientela catalana, forte di 283 membri e di almeno 32 parenti, incarichi amministrativi e curiali di tutti i tipi, e moltissimi benefici.[34] Il nipote laico prediletto, Pier Luigi, ottenne in breve il controllo militare di Roma e dello Stato, cumulando la carica di capitano generale della Chiesa con quella di castellano di Castel S. Angelo, di prefetto di Roma e di governatore di una dozzina di città umbre e di molti castelli papali. Gli ambasciatori a curia rimarcavano l'ossessione del papa per «impinguare questi soy nepoti» e si giunse a ipotizzare che volesse porre Pier Luigi Borgia sul trono di Napoli, o comunque creargli una signoria italiana.[35] Con la morte del papa, però, tutte le posizioni temporali

32. Per la canonica distinzione fra "grande nepotismo" del XV secolo e della prima metà del XVI secolo e il successivo "piccolo nepotismo", vedi ad esempio G.B. Picotti, *Nepotismo*, in *Enciclopedia italiana*, vol. 24, Roma 1934, pp. 591-592.

33. Così, di recente, anche l'utile profilo di M. Pellegrini, *Il papato nel Rinascimento*, Bologna 2010, pp. 84-86; un'impostazione più classica individua Martino V come primo esponente del "grande nepotismo" (Picotti, *Nepotismo*).

34. Dati basati su J. Rius Serra, *Catalanes y Aragoneses en la corte de Calixto III*, Barcelona 1928, e elaborati da G. De Blasi, *Il nepotismo pontificio nei decenni centrali del Quattrocento*, Tesi di dottorato, Università di Verona 2015, p. 84. Sul pontefice catalano, M. Navarro Sorní, *Callisto III. Alfonso Borgia e Alfonso il Magnanimo*, a cura di A.M. Oliva e M. Chiabò, Roma 2006, e Id., *La promoción eclesiastica*.

35. Navarro Sorní, *Callisto III*, p. 210.

attribuite al nipote laico e ad altri parenti vennero subito meno; non così le promozioni ecclesiastiche, destinate a portare nuovamente la famiglia sul trono pontificio con Alessandro VI (1492-1503). Il successore, Pio II Piccolomini (1458-1464), sviluppò il nepotismo lungo orientamenti simili.[36] Anch'egli promosse alla porpora un nipote giovanissimo destinato a salire al pontificato, il ventunenne Francesco (Pio III, 1503), e ricoprì di cariche curiali e benefici i parenti, ma si mosse con una cautela maggiore.[37]

Nonostante la promozione cardinalizia di tre nipoti, per Paolo II Barbo (1464-1471) la storiografia è concorde nel sottolinearne la debole pulsione nepotistica, anche se poi è divisa nella valutazione dei risultati raggiunti dal pontefice nel governo della Chiesa e dello Stato.[38] Per il pontefice successivo, Sisto IV Della Rovere (1471-1484), il divampare del nepotismo è invece un dato evidente.[39] Il suo pontificato segna un cambiamento sia nel-

36. Una vasta bibliografia nella voce di M. Pellegrini, *Pio II*, in *Enciclopedia dei papi*, Roma 2000, pp. 663-685; fra le opere successive: B. Baldi, *Il 'cardinale tedesco'. Enea Silvio Piccolomini fra impero, papato, Europa*, Milano 2012, e V. Reinhardt, *Pius II. Piccolomini. Der Papst, mit dem die Renaissance begann*, München 2013; del tutto inutile l'articolo di R.B. Hilary, *The Nepotism of Pope Pius II, 1458-1464*, in «The Catholic Historical Review», 64/1 (1978), pp. 33-35.

37. Se il nipote laico Antonio venne fatto capitano generale della Chiesa e castellano di Castel S. Angelo, non ricevette né la prefettura di Roma, affidata a un Colonna, né il governatorato di città e province dello Stato della Chiesa. Pio II riuscì peraltro ad assegnargli una signoria (Senigallia, Mondavio e Montemarciano, sottratte a Sigismondo Malatesta) e, soprattutto, ottenne che re Ferrante, come ricompensa per l'aiuto militare prestatogli, desse nel 1461 in sposa ad Antonio una figlia naturale. La cautela mostrata dal pontefice, peraltro, non valse a preservare alla parentela le posizioni acquisite, poiché Paolo II smantellò rapidamente il gruppo curiale legato al suo predecessore, mentre Antonio perse immediatamente le signorie marchigiane. Sul nipote laico, v. G. De Blasi, *Piccolomini, Antonio*, in *DBI*, 83 (2015), per la liquidazione dei pieschi e i suoi riflessi nella produzione letteraria v. A. De Vincentiis, *Battaglie di memoria. Gruppi, intellettuali, testi e la discontinuità del potere papale alla metà del Quattrocento (con l'edizione del* Regno *di Leodrisio Crivelli*), Roma 2002.

38. Vasta bibliografia in A. Modigliani, *Paolo II*, in *DBI*, 81 (2014); per le promozioni cardinalizie, v. oltre nota 63.

39. Sul nepotismo sistino, v. Caravale, Caracciolo, *Lo stato pontificio*, pp. 99-107; Somaini, *Un prelato lombardo*, pp. 692-715; A. De Vincentiis, *La sopravvivenza come potere. Baroni di Roma e papi nel XV secolo*, in *La nobiltà romana nel medioevo*, a cura di S. Carocci, Roma 2006, pp. 551-613: pp. 588-592; Id., *Guerre e paci dei baroni romani (1417-1484): la prospettiva curiale*, in *Congiure e conflitti: l'affermazione della signoria pontificia su Roma nel Rinascimento: politica, economia e cultura*, a cura di M. Chiabò, Roma 2014, pp. 217-245: pp. 243-245; M. Pellegrini, *Das Kardinalskolleg von Sixtus IV.*

la pratica che nella percezione stessa del nepotismo. In effetti già i contemporanei rimasero colpiti dalla determinazione con cui questo francescano di umili origini perseguì l'innalzamento tanto dei figli della sorella, moglie di Paolo Riario e madre di Girolamo, il più influente dei nipoti laici, quanto dei figli del fratello Raffaele.[40] Sisto IV promosse al cardinalato sei parenti, avviando così il lignaggio verso la riconquista del papato che infine il grande cardinale Giuliano Della Rovere conseguì nel 1503 (Giulio II); cumulò sui parenti innumerevoli benefici, e li arricchì con le risorse finanziarie fornite dall'esplosione della venalità degli uffici; infine, per garantire ai nipoti una signoria stabile, innescò una serie di sanguinosi conflitti fra gli stati della penisola, condusse una guerra senza precedenti contro i baroni romani e giunse a partecipare alla congiura dei Pazzi, volta ad assassinare Lorenzo dei Medici. Questa prontezza al confronto armato non derivava certo soltanto dagli spregiudicati consigli del nipote Girolamo Riario, che vi vedeva lo strumento per conservare la signoria di Imola (1473), Forlì e Faenza (1480) e per raggiungere maggiori obbiettivi, magari a spese dei Medici stessi; in primo luogo derivava dal contesto geopolitico. Se infatti per la prima volta dall'età di Bonifacio VIII il nepotismo verso i parenti laici tentava di modificare gli equilibri già consolidati sia nello Stato della Chiesa che fuori, adesso una simile operazione era molto più complessa: il contesto politico successivo alla pace di Lodi aveva ristretto gli spazi di azione per tutti i protagonisti, rendendo difficile progettare nuovi dominii principeschi, mentre nel Lazio e nelle aree vicine l'ingombrante presenza del baronato ostacolava anche la creazione di signorie più modeste.

L'elezione del genovese Giovanni Battista Cibo (Innocenzo VIII, 1484-1492) fu voluta dal potente cardinale Giuliano Della Rovere, che negli anni successivi restò l'artefice della politica pontificia. Per un certo periodo, così, i frutti del nepotismo sistino continuarono a condizionare pesantemente l'atteggiamento del papato.[41] Un nuovo orientamento iniziò nel 1487, in seguito

bis Alexander VI. (1471-1503), in *Geschichte des Kardinalats im Mittelalter*, a cura di J. Dendorfer e R. Lützelschwab, Stuttgart 2011, pp. 399-446: pp. 416-418.

40. Che ottennero stabilmente il dominio di Senigallia e Mondavio nelle Marche e di Sora ai confini settentrionali del Regno di Napoli.

41. Girolamo Riario conservò le signorie romagnole, mentre Giuliano Della Rovere, per proteggere il ducato di Sora e altri possessi del fratello e per tutelare gli interessi delle famiglie baronali unite per via matrimoniale ai Della Rovere (soprattutto i Sanseverino nel Regno e i Colonna a Roma), spinse il papato contro Ferrante di Aragona e gli Orsini, coinvolgendolo nella "seconda guerra dei baroni" nel Regno di Sicilia, e in molteplici con-

all'alleanza con Lorenzo dei Medici, sanzionata dal matrimonio di Maddalena dei Medici e del figlio naturale del papa, Franceschetto. Caduto in disgrazia Giuliano Della Rovere, si giunse alla pace con Ferrante di Aragona, accompagnata dal matrimonio fra i nipoti del papa e del re e da una serie di concessioni a favore dei Cibo. I contemporanei, e poi un nutrito filone storiografico, rimasero negativamente colpiti dal fatto che Innocenzo VIII, abbandonando le pratiche fino allora seguite dai prelati nei riguardi dei figli naturali, era lungi dall'occultare l'esistenza del figlio e della figlia avuti prima della chiericatura, al punto da organizzare in Vaticano grandi feste per i matrimoni del figlio stesso e delle nipoti. Ma va detto che in realtà, pur conferendo la porpora almeno ad un nipote e colmando di donativi e benefici la famiglia, Innocenzo VIII seguì un nepotismo nel complesso di basso profilo, esitando a lungo prima di concedere al figlio Franceschetto la signoria di Anguillara e di altri castelli laziali, nel 1491.[42]

Terminare con Alessandro VI questa rapida rassegna di papi nepotisti è fin troppo scontato, e non descriverò quante acquisizioni i Borgia raggiunsero tanto per intervento diretto del papa, quanto grazie all'opera spregiudicata dei suoi figli, Giovanni duca di Gandia fino all'assassinio nel 1497, e soprattutto Cesare Borgia.[43] Salito sul trono pontificio, il potente, ricchissimo e discusso cardinale Rodrigo, porporato da oltre trentasei anni, avviò subito un nepotismo di grande ampiezza. Al di là della leggenda nera che nella letteratura, e non solo, circonda i Borgia e Alessandro VI, va riconosciuto che nel suo pontificato e nella sua figura troviamo concentrate, e visibilissime, una serie di caratteristiche del più determinato nepotismo: l'amore per il lusso, il fasto e le donne, che durante il cardinalato gli avevano dato non meno di dieci figli; la determinazione brutale ad affermare

flitti. Per un primo orientamento, v. Caravale, Caracciolo, *Lo stato pontificio*, pp. 118-128, e soprattutto le voci di M. Pellegrini, *Innocenzo VIII*, in *Enciclopedia dei papi*, III, Roma 2000, pp. 1-13, e in *DBI*, 62 (2004).

42. Pellegrini, *Innocenzo VIII*, nota che almeno in parte l'esitazione del papa va attribuita al «fatto che il caso di Franceschetto non aveva precedenti, essendo lui il primo figlio di un pontefice a beneficiare pubblicamente di investiture feudali di terre della Chiesa».

43. La figura di Alessandro VI ha suscitato interpretazioni divergenti, anche nella stessa storiografia cattolica (belle notazioni al riguardo in A. De Vincentiis, *I Borgia, la provvidenza e la storia. Una questione storiografica e una nota di Arsenio Frugoni*, in «Roma nel Rinascimento», 2000, pp. 273-288). Una vasta bibliografia è in G.B. Picotti, M. Sanfilippo, *Alessandro VI*, in *Enciclopedia dei papi*, III, Roma 2000, pp. 13-22, e una buona panoramica sono *Alessandro VI e lo Stato della Chiesa*, a cura di C. Frova e M.G. Nico Ottaviani, Roma 2003 e i tre volumi *Roma di fronte all'Europa al tempo di Alessandro VI.*

il potere proprio e a soggiogare con spregiudicatezza ogni opposizione, anche dei cardinali; la "carnalità", come dicevano i contemporanei, cioè l'amore per la famiglia e in particolare per i figli; un nepotismo formidabile, scaturito in parte dalla volontà papale, ma in parte determinato (come su scala più ridotta tante volte era avvenuto per i papi e i cardinali duecenteschi) dalle azioni della stessa parentela laica, e in primo luogo di Cesare Borgia, che effettuò in modo autonomo, e spesso contro la volontà del padre, scelte politiche, colpi di mano e guerre, forzando in definitiva il papa al nepotismo, visto poi Alessandro VI era costretto ad accettare e legittimare anche ingrandimenti familiari reputati poco opportuni; infine, la capacità di conciliare l'amore per la parentela con l'aspirazione alla grandezza della Chiesa.

Dopo questa rapida panoramica, va detto che le ricerche sul nepotismo papale nel secondo Quattrocento hanno spesso troppo accentuato la novità del fenomeno. Già nel Duecento, ricorrevano una serie di specificità che molti studi riservano all'età rinascimentale: la capacità (ma solo di alcuni pontefici) di innalzare dal nulla, o quasi, interi lignaggi, a partire dalla formidabile ascesa di Conti e Annibaldi promossa da Innocenzo III fino a quella altrettanto impressionante, e più dirompente, dei Caetani con Bonifacio VIII;[44] la collaborazione, la "sinergia", fra laici e ecclesiastici di un casato per massimizzare le acquisizioni nepotistiche, e la stessa spinta che come ho detto ad esse venne, a volte, dalle autonome iniziative dei più intraprendenti parenti laici; l'erroneità di chi afferma che prima del Quattrocento il nepotismo avesse scarso peso nel cambiamento sociale. Fatte queste riserve, va però riconosciuto che davvero i papi del Rinascimento appaiono nelle condizioni di sviluppare ben più ampiamente e più liberamente che nel passato quanto suggeriva loro quel sentimento di identificazione e passione per la famiglia che così ampiamente dominava gli orizzonti mentali delle aristocrazie e di molti altri gruppi sociali.

Le cause principali di questo diverso assetto del nepotismo nel secondo Quattrocento erano ovviamente la crescente pienezza dei poteri papali, in ogni campo, e la meno centrale collocazione del collegio cardinalizio nell'assetto complessivo dei poteri che ruotava intorno alla Chiesa. Il go-

44. Incomprensibilmente anche uno studio informatissimo come W. Reinhard, *Nepotismus. Der Funktionswandel einer papstgeschichtlichen Konstanten*, in «Zeitschrift für Kirchengeschichte», 86 (1975), pp. 145-185: p. 166, è giunto al punto da negare l'esistenza di ascese sociali delle famiglie papali prima del XIV-XV secolo («von dem spektakulären Aufstieg einer Papstfamilie ist nichts bekannt»)

verno dei papi era divenuto sempre più personale, perdendo quel carattere di collegialità che in passato era quasi imposto, salvo alcuni brevi periodi, alle decisioni di maggior rilievo. Questo ci riporta all'altro argomento di questo paragrafo, il nepotismo cardinalizio.

Nella plurisecolare storia dei rapporti fra papi e collegio cardinalizio, proprio la seconda metà del Quattrocento segna il momento d'inizio della indiscussa supremazia pontificia. L'attacco ai poteri cardinalizi fu condotto su diversi fronti. Paolo II affermò una rinnovata ecclesiologia pontificia incentrata sulla preminenza papale.[45] Si diffuse il ricorso, piuttosto che all'assemblea del concistoro, a commissioni ristrette di cardinali, che sempre più spesso erano nominate dal pontefice e solo a lui facevano riferimento.[46] Il forte aumento dei porporati italiani fece perdere rappresentatività al Sacro collegio,[47] e nel contempo venne incrementato il numero dei cardinali, sorpassando l'avversità dei porporati a un collegio troppo dilatato che diminuiva le prerogative dei singoli membri, e dando il via a un processo che conobbe episodi eclatanti, come le 34 promozioni di Sisto IV, e che già a fine secolo aveva raddoppiato la composizione media del collegio cardinalizio.[48] Sempre con Sisto IV, come abbiamo visto, divenne forte l'uso dei nipoti cardinali per polarizzare le fazioni interne al collegio.[49] Un ultimo elemento di contrazione del potere del corpo cardinalizio e della sua capacità di contrapporsi al papa fu poi la politicizzazione di molte nomine, con la diffusione dei cardinali-principi: rappresentanti o parenti di un sovrano, costoro si impegnavano ovviamente a difendere gli interessi della potenza che li aveva designati, piuttosto che quelli del cardinalato.[50] Particolarmente negativi per la coesione e la forza del Sacro collegio furono l'aumento dei porporati e la promozione di alcuni cardinali di rango elevatissimo, che accrebbero molto le disparità: da un lato, un piccolo gruppo di

45. Pellegrini, *Il profilo politico-istituzionale*, pp. 186-187; Somaini, *Un prelato lombardo*, pp. 670-678.

46. P. Prodi, *Il sovrano pontefice. Un corpo e due anime: la monarchia papale nella prima età moderna*, Bologna 1982, pp. 179-185 (con riferimento a Pio II), e Somaini, *Un prelato lombardo*, pp. 705-712 (che a p. 707 insiste sul ruolo di Sisto IV).

47. Cfr. sopra, nota 22, e Somaini, *Un prelato lombardo*, pp. 681-686.

48. Partner, *The Pope's men*, pp. 205-207; Somaini, *Un prelato lombardo*, pp. 686-691.

49. V. sopra alla nota 16.

50. Pellegrini, *Il profilo politico-istituzionale*, pp. 206-214; Somaini, *Un prelato lombardo*, pp. 472-484.

cardinali-principi, potenti per legami familiari, relazioni politiche, risorse economiche accumulate grazie all'appoggio dei sovrani alleati e longevità in carica (come Francesco Gonzaga, spesso ottenevano la porpora molto giovani); dall'altro lato, una maggioranza di porporati di origine più modesta, poco influenti, spesso poveri o comunque dotati di risorse insufficienti. Per questi ultimi era indispensabile ricercare la protezione e i favori dei loro confratelli più potenti, stimolando così la formazione di clientele e partiti interni al Sacro collegio. Sempre più spesso i porporati veramente in grado di favorire i parenti erano già di rango principesco. Nel secondo Quattrocento, insomma, è vera una massima del tipo «cardinali si diventa, ma signori si nasce».

4. *Mobilità strutturali e destinazione geografica del nepotismo*

È ora giunto il momento di metter a confronto le pratiche nepotistiche curiali del Duecento e del secondo Quattrocento da altri punti di vista: i processi di mobilità sociale strutturale attivati dal nepotismo, la sua destinazione geografica, infine l'efficacia del nepotismo.

In un certo numero di occasioni la Chiesa è stata un elemento determinante di processi di mobilità strutturale, cioè del riposizionamento non di singoli individui o famiglie, ma di un intero gruppo sociale; tuttavia credo che solo in un caso una funzione di questo tipo sia stata svolta non dalle risorse ecclesiastiche in generale, ma più specificamente da quelle connesse al nepotismo. Si tratta peraltro di un caso eclatante, perché ha condotto alla genesi di un gruppo sociale strapotente e destinato a condizionare per oltre tre secoli la storia del papato: i cosiddetti baroni di Roma. Come è stato più volte detto, al vertice della società romana si impose nel corso del Duecento una quindicina di lignaggi. Il processo di crescita sperimentato da questi casati, l'ampiezza dei patrimoni accumulati, il rilievo delle relazioni politiche, clientelari e militari che seppero istituire li costituirono presto in un vero e proprio ceto, piccolo ma potentissimo e coeso, per i cui membri a partire dall'ultimo terzo del secolo le fonti iniziarono ad utilizzare un termine specifico, *barones*. In grande maggioranza, i casati che costituivano questa nuova compagine sociale si erano affermati al vertice della società romana e laziale in primo luogo grazie proprio alle risorse ritratte dal nepotismo di papi e cardinali, e più in generale dalla prossimità alla curia. Appaiono dotati di molte risorse finanziarie, di palazzi e fortezze in Roma e di un gran numero di signorie castrali (dapprima nel Lazio, poi anche in altre regioni dell'Italia centrale e meridionale). Le scelte matrimoniali, la titolatura onorifica utilizzata nei documenti, il tipo di incarichi ricoperti nel comune romano, le forme dell'habitat urbano, le epigrafi, la committenza artistica e altri elementi testimoniano che fra i baroni e il resto della nobiltà romana si venne a creare un forte stacco. I baroni erano considerati, si autopercepivano e a tutti gli effetti davvero erano un gruppo sociale per molti aspetti a parte.[51] Senza il nepotismo, questo nuova potente e longeva compagine sociale non sarebbe mai nata.[52]

L'eccezionale connessione fra nepotismo e mobilità strutturale costituita dai baroni duecenteschi scaturiva da due elementi tipici del nepotismo di quell'epoca, che già sono stati ricordati: l'ampiezza numerica del gruppo di grandi prelati in grado di praticare nepotismo su ampia scala e la loro prevalente concentrazione in un'area ristretta, la città di Roma e le più vicine città del Lazio meridionale. Ora proprio questa constatazione ci suggerisce che l'indagine sul variare, fra XIII e XV secolo, dei nessi fra nepotismo e mobilità strutturale deve tenere conto anche di un altro ambito di comparazione: la destinazione geografica del nepotismo. Con questo non intendo l'origine geografica di papi e cardinali nepotisti, che pure è ovviamente un tema di rilievo. Intendo invece il problema della destinazione, per così dire, dei capitali acquisiti per via nepotista, cioè della localizzazione geografica finale dei processi di mobilità sociale. Da questo punto di vista, chi studia il XIII e il XIV secolo corre il rischio di cadere in una deformazione ottica, perché in entrambi i periodi c'è stata una sostanziale coincidenza fra area di residenza del papato e area di origine dei papi e dei cardinali più nepotisti. Nel XIII secolo i papi e i cardinali più nepotisti furono in grande maggioranza romani e laziali, e dunque i frutti delle loro

51. Un quadro degli studi in *La nobiltà romana nel medioevo*.

52. Peraltro va denunciato un errore ricorrente, che riconduce al solo nepotismo l'ascesa di queste stirpi. Ovviamente, il ruolo di papi e prelati di famiglia fu in effetti importantissimo. Tuttavia non ha rappresentato l'unica, né, talvolta, la principale causa di espansione. Alcuni casati baronali furono del tutto sprovvisti di papi, porporati e vescovi (Normanni, Anguillara e Sant'Eustachio). Per gli altri il nepotismo è stato in effetti l'elemento propulsivo, ma l'ascesa familiare si è fondata anche su altri elementi: alleanze matrimoniali, capacità militari, relazioni politiche con i sovrani del Sud, clientele e relazioni con la società romana e il personale di curia. Per il nepotismo, è valida cioè la stessa avvertenza formulata per la Chiesa nel suo insieme e per tutti gli altri canali di mobilità sociale: solo raramente è stato un canale di mobilità sociale autosufficiente; molto più spesso il canale ecclesiastico ha affiancato ascese alimentate anche da altri fattori (si veda sopra, *Introduzione*, p. 12).

fatiche, per così dire, restarono a Roma e nel Lazio. Sbaglieremmo tuttavia a pensare che questo sia avvenuto perché Roma era la sede del papato, da dove provenivano e dunque dovevano restare le risorse nepotistiche. Basta pensare ai Fieschi, a Uberto da Cocconato o a Ottaviano Ubaldini per constatare che in realtà la regola seguita era tutt'altra: quella dell'esportazione dei capitali acquisiti in curia verso il paese di origine.[53] In altri termini, se Nicola III o Riccardo Annibaldi fossero stati, poniamo, liguri, avrebbero promosso l'ascesa della famiglia piuttosto in Liguria che non a Roma e nel Lazio. Il rischio di una deformazione ottica per certi aspetti simile riguarda anche il periodo avignonese, visto il carattere così accentuatamente occitano di papi provenienti tutti da un'area ristretta (un rettangolo largo duecento chilometri, e poco più lungo) e non troppo lontana da Avignone. Anche in questo caso, però, in realtà il nepotismo di papi e cardinali fu volto a favorire acquisizioni di terre, signorie e potere nella zona di origine della famiglia, piuttosto che nella sede del papato.[54]

La strategia di esportare nella terra di origine i capitali acquisiti a curia restò importante anche per tutto il Quattrocento, e oltre. I pontefici, mai originari di Roma dopo Martino V, tutt'al più promossero il trasferimento nella città di una parte dei parenti, di solito i maschi, ma nessuno per tutto il secolo riuscì a garantire un radicamento romano della parentela anche per il periodo successivo alla propria scomparsa. È vero, d'altra parte, che da Callisto III e soprattutto da Sisto IV in poi l'ampiezza degli obbiettivi dei papi nepotisti faceva sì che la parentela venisse avviata su percorsi di mobilità che andavano ben oltre la località di origine della famiglia. Se infatti nelle strategie di avanzamento familiare Callisto III e Pio II lasciarono centrali l'uno la Catalogna e soprattutto la regione di Valenza, l'altro Siena, già entrambi prevedevano per i nipoti acquisizioni signorili in aree diverse, all'interno dello Stato della Chiesa e non solo. A partire da Sisto IV, lo sforzo di ricollocazione della famiglia per via nepotista fu così accentuato da marginalizzare l'area di origine, che peraltro non venne mai del tutto abbandonata.

Anche molti dei più ricchi e potenti cardinali del secondo Quattrocento non sembrano pensare che Roma dovesse essere la destinazione geografica del loro nepotismo. Tuttavia, come Rodrigo Borgia, a Roma richiamavano i parenti giovani per sorvegliarne la preparazione culturale, l'apprendistato

53. Carocci, *Il nepotismo nel medioevo*, pp. 73-74.
54. Si veda il saggio di A. Jamme, in questo volume.

politico e per avviarli magari nella carriera ecclesiastica.[55] E nella città investivano somme crescenti di denaro non solo per circondarsi di *familie* immense (nel 1526 le 21 corti cardinalizie avevano oltre 3.100 membri, con una media di 134 familiari a cardinale, con un massimo di 306)[56] e condurre un tenore di vita sfarzoso, ma anche per edificare imponenti palazzi, che di per sé costituivano un elemento di attrazione per la parentela. Proprio questi investimenti edilizi sono il sintomo di un cambiamento più generale: il nuovo e inedito rilievo di Roma come destinazione dei processi di mobilità attivati dalla curia. Il fenomeno risulta più chiaramente visibile se, abbandonato il livello dei cardinali principi, i cui interessi familiari erano naturalmente situati nell'area di provenienza, si passa a guardare l'insieme dei porporati di origine italiana e altri importanti esponenti del mondo curiale. Si percepisce allora che la schiacciante prevalenza dell'area di origine familiare che aveva sempre connotato i flussi nepotistici iniziò ad attenuarsi molto. A partire da Niccolò V la possibilità di una mobilità sociale realizzata non soltanto in patria, ma a Roma, cominciò a venire sempre più spesso messa in conto fra le finalità del nepotismo. È stato osservato che, fra il pontificato di Martino V e quello di Sisto IV, da eccezionali divennero del tutto normali casi di famiglie come i Valla di Piacenza e i Planca di Giovinazzo, che in parte o in tutto furono così attratte dalla carriera curiale da trasferirsi più o meno stabilmente in città e da venire assimilate alla nobiltà romana.[57] Simili esiti furono stimolati anche da appositi interventi pontifici, come la decisione di Sisto IV di permettere la libera disponibilità testamentaria di tutti gli investimenti immobiliari compiuti in Roma, mettendo così al sicuro dal rischio, realizzatosi effettivamente solo in pochi casi ma temutissimo da tutti, che i pontefici facessero valere le norme

55. Si veda ad esempio il caso dei figli della sorella del cardinale Rodrigo Borgia, Giovanna, tutti richiamati nella corte del potente zio, che si preoccupò della loro formazione culturale; cfr. G. De Caro, *Borgia, Pier Luigi (Ludovico)*, in *DBI*, 12 (1971).

56. G. Fragnito, *Le corti cardinalizie nella Roma del Cinquecento*, in «Rivista storica italiana», 106 (1994), pp. 5-41: p. 5.

57. P. Partner, *Famiglie curiali dall'Italia a Roma: una nota*, in *Alle origini della nuova Roma: Martino V (1417-1431)*, a cura di M. Chiabò, Roma 1992, pp. 347-365. Va peraltro ribadito che il definitivo trasferimento a Roma non fu una strategia universalmente seguita: si vedano ad esempio in J.F. D'Amico, *Renaissance Humanism in Papal Rome. Humanists and Churchmen on the Eve of the Reformation*, Baltimore-London 1983, pp. 72-88, i casi delle famiglie Cortesi di San Gimignano e Maffei di Volterra, che ebbero nella corte di Roma più membri anche con cariche di rilievo, ma che pur soggiornando molto a lungo a Roma mantennero sempre legami con la città di origine, dove alla fine tornarono.

canoniche che consentivano di appropriarsi delle ricchezze accumulate dai curiali.[58] Sempre più la città stava divenendo la capitale d'Italia e d'Europa, il centro della cattolicità e al tempo stesso il fulcro della politica italiana e delle contrattazioni in materia beneficiaria; poi, con il diffondersi della venalità degli uffici, Roma divenne un luogo dove famiglie patrizie di tutte le regioni italiane investivano ingenti capitali e tendevano a radicarsi.

Fu in questo nuovo contesto che anche cardinali e prelati di curia di origine non romana o laziale iniziarono a investire in Roma e nei suoi immediati dintorni una parte talvolta cospicua delle risorse fornite dal nepotismo. Questo cambiamento si inseriva in un processo più generale, cui prendevano parte i patriziati di tutta Italia e che come ho ricordato all'inizio era alimentato, più che dal nepotismo, dal desiderio di profittare al meglio delle possibilità finanziarie della Chiesa rinascimentale, investendo in uffici venali e sulla carriera ecclesiastica di uno o più figli. Un simile processo ebbe naturalmente conseguenze in ogni campo, a partire dall'economia e dall'edilizia. In un numero crescente di casi comportò anche lo spostamento in città di parte o tutta la famiglia laica. Per tornare al tema della mobilità strutturale, i fenomeni allora verificatisi di ampliamento e trasformazione delle élite romane sotto la pressione di una nobiltà curiale di origine varia rappresentano un bel caso di mobilità sociale collettiva, che per portata e conseguenze non ha nulla da invidiare all'altro caso di mobilità strutturale sopra ricordato, l'ascesa dei baroni. In questo caso, però, il nepotismo non era il motore principale del cambiamento, ma solo una sua componente.

5. *L'efficacia del nepotismo*

L'ultimo ambito in cui metterò a confronto Duecento e secondo Quattrocento è l'efficacia del nepotismo, cioè l'effettiva capacità di trasformare in stabili avanzamenti della parentela tutte le elargizioni, gli incarichi, le promozioni e gli altri benefici assicurati dalle pratiche nepotistiche di papi e cardinali. Per chiarezza, occorre distinguere fra una sfera di azione nepotistica interna al mondo curiale, e una rivolta verso i laici.

58. Partner, *The Pope's men*, pp. 166-167, e più in generale, per le norme che favorivano gli investimenti immobiliari romani dei curiali, P. Partner, *Finanze e urbanistica a Roma (1420-1623),* in «Cheiron», 1 (1983), 59-67.

La sfera ecclesiastica del nepotismo è quella più scontata. Per definizione, il nepotismo è in primo luogo costituito dalla concessione di cariche ecclesiastiche ai parenti: nipoti, fratelli, cognati, se il caso figli (in Inghilterra e Normandia, solo nel XII secolo sono stati individuati ben sette figli di vescovi che a loro volta furono consacrati o nominati vescovi).[59] Occorre allora domandarsi in che misura il nepotismo di papi e cardinali abbia garantito, oltre alle concessioni di benefici e cariche ecclesiastiche in tutta la cristianità, anche una continuità di presenza nel Sacro collegio, e magari un ritorno al pontificato. Fin dal XII secolo, e poi per tutto il Duecento, quei papi che sono noti per il loro nepotismo risultano quasi sempre avere promosso alla porpora dei parenti. Si può anche compilare una graduatoria, che vede in testa il più grande pontefice del secolo, Innocenzo III, con quattro promozioni, pone al secondo posto Bonifacio VIII, con tre congiunti neoporporati, e al terzo posto pari merito Innocenzo IV e Nicola III, ciascuno con due parenti nel collegio cardinalizio, per scendere a l'unico promosso di Gregorio IX, Urbano IV e Gregorio X (un personaggio così nepotista come Onorio IV non promosse parenti).[60] È indubbiamente molto, e in un caso si giunse a replicare il papato (Ottobono Fieschi-Adriano V). Inoltre alle promozioni di parenti pontefici vanno aggiunte quelle effettuate su pressione dei potentissimi cardinali duecenteschi, che nel loro insieme ebbero effetti forse maggiori e certo più duraturi del nepotismo papale stesso. Lo strapotere di Conti e soprattutto di Colonna e Orsini dipese in buona parte proprio dalla capacità di conservare a lungo almeno un proprio membro nel corpo cardinalizio.

Peraltro le nomine nepotistiche crebbero molto in età avignonese, quando quattro papi promossero alla porpora ben venti parenti stretti. La successione di parenti nel Sacro collegio divenne più frequente, e si è potuto a ragione parlare della diffusione di "dinastie cardinalizie", già comparse a Roma nel tardo Duecento.[61] In realtà, come illustra Armand Jamme

59. Crosby, *The King's Bishops*, p. 54.

60. Dati tratti da K. Eubel, *Hierarchia Catholica Medii Aevi...*, I, Monasterii 1913, ma con le seguenti correzioni: il promosso n. 30 di Innocenzo III, *Stephanus de Normannis*, era in realtà un Conti (W. Maleczek, *Papst und Kardinalskolleg von 1191 bis 1216. Die Kardinäle unter Coelestin III. und Innocenz III.*, Wien 1984, p. 196, in nota); la promozione n. 8 di Gregorio IX non è mai avvenuta (A. Paravicini Bagliani, *Cardinali di curia e 'familiae' cardinalizie dal 1227 al 1254*, Padova 1972, pp. 531-532); la parentela con Onorio IV di Giacomo Boccamazza era remota (S. Carocci, *Baroni di Roma. Dominazioni signorili e lignaggi aristocratici nel Duecento e nel primo Trecento*, Roma 1993, pp. 321-322).

61. É. Anheim, *Les dynasties cardinalices et l'institution pontificale à la fin du XIIIe et au XIVe siècle. Identité institutionnelle et mémoire collective*, in *Die Kardinäle des Mittelal-*

in questo volume, una simile dinamica raggiunse un'elevata intensità solo per il casato dei Roger, che diedero alla Chiesa due papi e un gran numero di cardinali e prelati. Ciò che più sembra caratterizzare certe fasi del papato avignonese, quando così ristretta era l'area geografica di provenienza di un gran numero di porporati, fu piuttosto la molteplicità dei legami che univano personaggi presenti in contemporanea o in successione nel Sacro collegio. Si affermò allora con forza quel fenomeno che già intravediamo nella Roma duecentesca: nella riproduzione del potere curiale, l'importanza non solo dei legami agnatici, ma anche di una vasta "nebulosa" di parentele più remote e per via femminile. In effetti la bilateralità delle relazioni familiari, con il connesso rilievo della discendenza matrilineare e dei rami collaterali, anche in età moderna ha rappresentato un elemento che distingueva la curia romana dagli altri ambienti del tempo, dove ben maggiore era il predominio della parentela agnatica.[62]

Proprio nel Quattrocento, però, il rilievo di queste nebulose parentali si attenuò molto, visto che per gran parte del secolo l'origine geografica dei cardinali tornò a essere molto diversificata, diminuendo le relazioni di parentela e affinità immesse nel corpo cardinalizio dalla promozione in massa di porporati della stessa origine. Le minori capacità nepotistiche dei cardinali quattrocenteschi dipesero in parte anche da questa diversa configurazione delle relazioni parentali che innervavano la curia. Vi furono delle eccezioni, naturalmente, fra cui spicca quella sorta di stirpe pontificia veneziana, che nell'arco di sessant'anni diede alla Chiesa ben tre pontefici. Gregorio XII (Angelo Correr, 1406-1415) e sua sorella sposata con Angelo Condulmer furono all'origine di una lunga sequenza di chierici veneziani con incarichi in curia, una nebulosa parentale dove Correr, Condulmer, Barbo, Barbarigo e altre famiglie veneziane in qualche modo imparentate diedero i natali a due ulteriori pontefici (Eugenio IV-Gabriele Condulmer; Paolo II-Pietro Barbo), sei cardinali e decine di alti prelati.[63]

ters und der frühen Renaissance, a cura di J. Dendorfer e R. Lützelschwab, Firenze 2013, pp. 37-53; H. Bresc, *Les partis cardinalices et leurs ambitions dynastiques*, in *Genèse et débuts du Grand Schisme d'Occident*, Paris 1980, pp. 45-57; Somaini, *Un prelato lombardo*, p. 616.

62. Sulle "nebulose familiari" avignonesi rinvio al saggio di Jamme, con i relativi riferimenti agli studi di Pierre Jugie; per la peculiarità delle strutture di parentela nella curia romana di età moderna, v. R. Ago, *Carriere e clientele nella Roma barocca*, Roma-Bari 1990.

63. I cardinali: Angelo Barbarigo (1408-1418), Antonio Correr (1408-1445), Francesco Condulmer (1431-1453), Marco Barbo (1467-1491), Giovanni Michiel (1468-1503) e

Perché le relazioni di parentela tornassero a collegare un numero cospicuo di esponenti del corpo cardinalizio si dovette attendere la fine del XV secolo e i primi anni del successivo. Ciò avvenne dapprima per effetto delle promozioni di papi nepotisti, della crescente italianizzazione e dell'incremento numerico del Sacro collegio; poi, e in molto maggiore misura, a causa della scelta di radicarsi nella curia romana effettuata da molte famiglie del patriziato italiano che investivano nel finanziamento della Chiesa, nell'acquisto di uffici venali e nella carriera ecclesiastica dei propri membri. Le stesse famiglie che finanziavano la Santa Sede producevano i prelati che guidavano la curia.[64] La coesione di questo blocco sociale era accentuata dalla politica matrimoniale, al punto che – è stato sostenuto – nei primi decenni del XVI secolo «un compatto fronte di famiglie patrizie italiane imparentate fra loro» avevano sviluppato un «quasi-monopolio» del ceto cardinalizio, che appariva come «one big family».[65]

Se sembra confermata, pur con molte differenze a seconda delle epoche e del complessivo assetto del corpo cardinalizio, la buona efficacia del nepotismo nel garantire la riproduzione del potere curiale delle parentele, la valutazione diviene meno ottimista quando ci si sposta in ambito laico. O meglio, qui spicca una forte differenza fra i due ambiti cronologici esaminati. Nel XIII secolo, l'efficacia del nepotismo nel promuovere un avanzamento impressionante dei parenti laici è chiaramente attestata per alcuni, importanti ambienti sociali.[66] La si osserva per tutti i papi originari di Roma e del Lazio a partire da Celestino III (1191-1198), a patto che i pontefici volessero effettivamente arricchire la parentela, o che avessero parenti (questo non è avvenuto per due papi in apparenza estranei ad ogni nepotismo, Onorio III e Gregorio IX). Per i pontefici di altra origine, la capacità di garantire alla parentela una forte ascesa sociale appare invece molto più rara, e sembra molto dipendere, oltre che dall'orientamento personale e dalla provenienza sociale del papa, dal potere già nelle mani del parentado: così se il papato di Innocenzo IV fu per i Fieschi un'occasione per lanciarsi in progetti ancora

Giovanni Battista Zeno (1468-1501). In generale, su questo reticolo parentale v. Del Torre, *Patrizi*, pp. 47-55, 137-139, e *ad indicem* per i diversi personaggi, e soprattutto De Blasi, *Il nepotismo pontificio*, pp. 122-145.

64. L'osservazione compare in Partner, *Papal Financial Policy*, p. 61.

65. Le ricerche di base sono Partner, *The Pope's men*, e McClung Hallman, *Italian Cardinals,* da cui p. 162 la citazione inglese; la definizione di «quasi-monopolio» e la citazione italiana da Pellegrini, *Corte di Roma*, p. 569.

66. Carocci, *Il nepotismo nel medioevo*.

più ambiziosi, che ampliarono le già consistenti signorie familiari, viceversa per molti altri pontefici non originari di Roma e del Lazio e di condizione sociale poco elevata i risultati del nepotismo, quando vi fu, restarono sempre modesti. Quanto ai cardinali duecenteschi, come ho già detto quasi immancabilmente quelli di origine romana e laziale riuscirono a riverberare stabilmente sulla parentela ricchezze e potere, e questo soprattutto a partire dal 1220-1230, in seguito alla riduzione del numero dei membri del Sacro collegio e all'aumento del loro potere. I cardinali di altre regioni, viceversa, assegnarono senz'altro ai parenti cariche e benefici, ma sembrano essere stati in grado di fare compiere alla famiglia avanzamenti importanti solo in rare occasioni, che anche per i cardinali sembrano molto dipendere dalle capacità di iniziativa e dal preesistente potere dei familiari.

La situazione del Quattrocento, invece, appare diversa. Si potrebbe dire che diveniva generalizzata la situazione che, due secoli prima, connotava solo i non romani: la presenza di un congiunto cardinale e persino papa non implicava di necessità un cospicuo e duraturo avanzamento sociale dei parenti laici. Anche il nepotismo di vasta scala praticato da Martino V verso i Colonna modificò i rapporti fra i rami familiari, ma non determinò clamorosi mutamenti dello statuto sociale dei beneficiati. La cosa è ancor più evidente per la ricordata stirpe pontificia veneziana, visto che i suoi tre papi non modificarono in definitiva molto la condizione dei familiari laici: già presenti nel Maggior Consiglio, i Condulmer ottennero l'ammissione anche di una seconda linea dinastica, quella diretta del papa;[67] Barbo e Correr accrebbero anch'essi il prestigio, già notevole, nel patriziato veneziano, ma senza compiere sostanziali cambiamenti (Barbo e parenti dovettero anzi scontare le conseguenze negative del processo che, all'indomani della morte di Paolo II, il Consiglio dei Dieci mosse contro la sorella e gli altri parenti del pontefice).[68]

Per l'epoca che gli storici significativamente hanno definito "grande nepotismo", ogni affermazione sulla debole efficacia degli interventi papali a favore della famiglia deve essere accolta tenendo conto del contesto d'insieme: in altri termini, il giudizio si deve basare non su mediocri incrementi, ma sulla capacità o meno di promuovere un avanzamento principesco del casato, o quantomeno l'acquisizione di uno stabile dominio

67. Si veda il profilo della famiglia in I. Robertson, *Tyranny under the Mantle of St Peter. Pope Paul II and Bologna*, Turnhout 2002, pp. 5-24.

68. Del Torre, *Patrizi*, pp. 141-144.

territoriale. I contemporanei erano ben coscienti di quanto simili esiti, pur così tenacemente perseguiti dai pontefici, fossero tutt'altro che scontati. Naturalmente il pensiero corre a Cesare Borgia, e al più generale commento di Machiavelli, che negli anni venti del XVI secolo scriveva che «infino a qui, i principati ordinati da pontefici hanno avuta poca vita», paragonandoli ad alberi ancora non finiti di piantare o con poche radici, e quindi subito uccisi dai primi venti una volta venuto meno il sostegno del papa.[69] Amedeo De Vincentiis ha scritto un articolo intitolato appunto *Nepotismo inefficace*, e dedicato a Pierluigi Borgia, nipote di Callisto III, e a Francesco Cibo, figlio di Innocenzo VIII.[70] Sono infatti casi che, in misura diversa, appaiono caratterizzati da un insuccesso del nepotismo. Alla morte dello zio papa, Pier Luigi Borgia fu immediatamente cacciato con violenza dalla Tuscia; Franceschetto Cibo dovette cedere a Virginio Orsini la contea di Anguillara, Bracciano, Cerveteri e altre terre che il padre gli aveva procurato. Altra cosa fu la strategia di ingrandimento familiare promossa in grande stile da Sisto IV, caratterizzata da acquisizioni di breve durata, ma anche da indubbi successi (Forlì e Imola furono del nipote Girolamo Riario e poi della vedova Caterina Sforza rispettivamente fino al 1499 e al 1500; Senigallia di Giovanni Della Rovere e poi del figlio). Per tutta la seconda metà del Quattrocento, peraltro, le più significative e durature acquisizioni di signorie e posizioni principesche furono garantite per via indiretta, tramite le alleanze matrimoniali stabilite grazie al prestigio che il pontificato riverberava, per quanto momentaneamente, sulla parentela papale. Nel 1461, tramite il matrimonio con la figlia naturale del re di Napoli, Maria d'Aragona, Antonio Piccolomini ottenne la contea di Celano e altre terre abruzzesi, e soprattutto il ducato di Amalfi, che rimase ai suoi discendenti (i Piccolomini d'Aragona) per un secolo e mezzo.[71] Con il matrimonio combinato da Innocenzo VIII con la figlia di Lorenzo dei Medici, Franceschetto Cibo stabilì un'alleanza preziosa, che gli permise non solo di sorpassare senza troppi problemi, per lo più al sicuro in Toscana, il pontificato di Alessandro VI, ma gli garantì una ripresa di potere sotto Giulio

69. Niccolò Machiavelli, *Istorie fiorentine*, I, 23 (che cito da N. Machiavelli, *Opere*, a cura di E. Raimondi, Milano 1967, p. 488).

70. A. De Vincentiis, *Nepotismo inefficace. Papi, nipoti e il Patrimonium nel Quattrocento*, in *Famiglie nella Tuscia tardomedievale. Per una storia*, a cura di A. Pontecorvi e A. Zuppante, Orte 2011, pp. 33-41.

71. I. Puglia, *I Piccolomini d'Aragona duchi di Amalfi, 1461-1610. Storia di un patrimonio nobiliare*, Napoli 2005.

II e poi, con l'elezione a pontefice del cognato (Leone X, 1513-1521), gli fruttò la contea di Ferentillo, il cardinalato per il figlio primogenito e il governo del ducato di Spoleto.[72] Quanto ai Della Rovere, il matrimonio fra Giovanni e la figlia del duca di Urbino, Giovanna, fruttò un trentennio più tardi un'acquisizione imprevista, ma non meno formidabile: l'adozione del maggiore dei figli della coppia, Francesco Maria, da parte di Guidubaldo di Urbino, e l'inizio nel 1508 della dinastia ducale dei Della Rovere di Urbino, proseguita fino all'inizio del XVII secolo.[73]

Parlare delle cause che determinavano una difficoltà "di radicamento", per riprendere la metafora di Machiavelli, dei principati nepotistici implicherebbe un'analisi di storia politica e istituzionale che mi allontanerebbe troppo dal nostro tema sociale. Più in argomento è invece osservare che queste difficoltà nascevano, fra le altre cose, dall'insufficienza dei meccanismi elaborati per limitare l'aleatorietà delle carriere curiali e del nepotismo stesso. Si trattava di meccanismi di vario tipo. Potevano consistere in interventi volti a modificare la fisionomia stessa della famiglia, come la decisione di Pio II di costituire i Piccolomini in formale consorteria, strutturata in tre livelli di affiliazione, che comprendevano anche estranei alla parentela.[74] Sempre nell'ambito di una maggiore istituzionalizzazione della famiglia e del favore nepotistico, ma molto più in basso nella gerarchia curiale, fu l'iniziativa del vescovo e prelato di curia Angelo Geraldini che creò nel 1477 la *Oliva de Geraldinis* (oliva perché per l'appunto un olivo carico di frutti costituiva lo stemma di famiglia). Si trattava di una fondazione, costituita con i beni mobili e immobili acquisiti dal prelato, destinata ad aiutare i parenti e i loro discendenti in situazioni di bisogno, fornendo ad esempio sostegno ai nipoti maschi per gli studi universitari o le doti alle femmine.[75]

72. F. Petrucci, *Cibo, Francesco*, in *DBI*, 25 (1981).

73. G. Benzoni, *Francesco Maria I Della Rovere, duca di Urbino*, in *DBI*, 50 (1998).

74. G. Chironi, *Pius II and the formation of the ecclesiastical institutions of Pienza*, in *Pius II "el più expeditivo pontifice". Selected studies on Aeneas Silvius Piccolomini (1405-1464)*, a cura di Z. Von Martels e A. Vanderjagt, Leiden-Boston 2003, pp. 171-185, a pp. 180-185, e C.M. Richardson, *Francesco Todeschini Piccolomini (1439-1503), Sant'Eustachio and the Consorteria Piccolomini*, in *The Possessions of a Cardinal*, pp. 46-60, che contesta in modo efficace la datazione tarda, al primo Cinquecento, della consorteria proposta da R. Mucciarelli, *Piccolomini a Siena, XIII-XIV secolo: ritratti possibili*, Ospedaletto (Pisa) 2005, pp. 490-491 e 505.

75. J. Petersohn, *Ein Diplomat des Quattrocento: Angelo Geraldini (1422-1486)*, Tübingen 1985, pp. 247-280.

Altri meccanismi per limitare l'aleatorietà di carriere curiali e nepotismo erano costituiti dalla attenzione a coinvolgere nel nepotismo un'area ben più vasta di quella costituita dai parenti prossimi; oppure dalla cura prestata nel dotarsi di garanzie interne al sistema curiale (il fitto tessuto di parentele con altre famiglie prelatizie, clientele, e in primo luogo la continuità di presenza nel Sacro collegio). Essenziale era poi una regola non scritta, ma osservata da quasi tutti i papi e i cardinali già nel Duecento (con la notevole eccezione di Bonifacio VIII) e di nuovo nel Rinascimento (con le eccezioni dei Borgia): la regola che direi della compatibilità, cioè di una competizione aspra ma che cercava di evitare gli scontri irreparabili. Una simile linea di condotta rappresentava la scelta migliore sia perché i rapporti di forza erano sempre resi incerti dalla discontinuità dei pontificati, sia perché la credibilità politica di un grande prelato dipendeva anche dalla adesione ai valori condivisi del mondo curiale, che appunto sarebbe stata compressa dalla violazione del codice della compatibilità che regolava amicizie e inimicizie dei maggiori prelati di curia.[76]

76. M. Pellegrini, *Ascanio Maria Sforza. La parabola politica di un cardinale-principe del Rinascimento*, p. 819, e Lazzarini, *Amicizia e potere*, pp. 74-77.

Armand Jamme

Avignone tra mobilità e conservazione sociale. Riconsiderazioni intorno al nepotismo di curia tra Tre e Quattrocento

Il solo nome di *Avignone* in un contesto di storia della Chiesa evoca un problema di discontinuità: rimane però dubbio quanto la frattura in questione sia stata propriamente storica oppure storiografica. Nel primo caso, dovremmo riconoscere fenomeni istituzionali, giuridici, sociali e artistici pressoché rivoluzionari nel corso del Trecento, che avrebbero coinvolto i modi di organizzazione e di manifestazione del potere pontificio e dell'ecclesiologia papale tanto da modificarne la natura profonda. Nel secondo caso – se si tratta solo di una cesura storiografica – dovremmo invece attribuire alla passione degli storici per le periodizzazioni nette, soprattutto a partire dai classici eruditi Baronio e Baluze e dalle visioni "nazionali" della storia tardomedievale, la costruzione teorica di una rottura attorno al 1305 di cui i contemporanei, in realtà, non sembrarono rendersi conto. Di fatto, nel corso dei secoli si è costituita una stratificazione di argomenti diversi che hanno finito con il rappresentare un insieme di supposti "caratteri originali" del papato trecentesco talmente eterogenei e confusi da far dubitare su quanto *Avignone* non sia un gigante storiografico dai piedi storici di fragilissima argilla.

Secondo alcuni storici, sulle rive del Rodano si assistette al declino di un'istituzione «esiliata», strappata dalle ceneri dei primi apostoli fondatori e trapiantata in un contesto privo di una dimensione religiosa fecondante e, dunque, sempre più mondanizzata; altri invece, sottolineando fattori diversi, vedono durante il soggiorno avignonese un ambizioso potenziamento amministrativo e politico del papato.[1] Molto dipende dalle scelte docu-

* I miei ringraziamenti ad Amedeo De Vincentiis per la stesura finale del testo.

1. D. Waley, *Opinions of the Avignon Papacy: a Historiographical Sketch*, in *Storiografia e Storia. Studi in onore di Eugenio Dupré Theseider*, Roma 1974, vol. 1, pp. 75-188; A. Vasina, *Il papato avignonese nella storiografia degli ultimi decenni*, in *Aspetti culturali della Società italiana nel periodo del papato avignonese,* Todi 1981, pp. 9-48;

mentarie: gli storici "declinisti" tendono a privilegiare la letteratura critica prodotta dai contemporanei ostili allo spostamento di sede, su testi che dunque insistono molto su questioni etiche, morali e di rappresentazione teorica dell'istituzione; i "difensori" invece si appoggiano maggiormente sulle abbondanti e straordinarie tracce archivistiche e architettoniche del papato avignonese che ancora oggi ci sono accessibili. Rimane il fatto che, in definitiva, oggi lo storico che affronta questo periodo e intraprende la lettura coraggiosa delle bibliografie italiane, francesi, tedesche e anglosassoni sul tema, rimane in dubbio se considerare il Trecento avignonese come un tempo di crisi del papato e della Chiesa (secondo la visione degli storici protestanti del Cinquecento),[2] come per molto tempo ha fatto la storiografia anglosassone, oppure come un momento di ricomposizione e potenziamento delle capacità di azione dell'istituzione, in continuità con la propria tradizione amministrativa e politica, di cui forse i contemporanei non ebbero piena consapevolezza perché invischiati poi nelle vicende contingenti di uno scisma che durò quasi mezzo secolo. La crescita delle capacità finanziarie del papato trecentesco è fuori dubbio, come pure lo sviluppo numerico della curia che – se riprendiamo i calcoli di Bernard Guillemain – avrebbe contato tra i 447 e i 654 funzionari stipendiati[3] e avrebbe raggiunto dunque un effettivo reale di individui al suo servizio corrispondente almeno al doppio o al triplo di queste cifre. A questo totale si dovrebbero poi aggiungere tutti i vari personaggi al servizio dei fratelli istituzionali del papa, i cardinali, anche loro parti del «Capo della Chiesa»,[4]

G.G. Merlo, *Dal papato ai grandi scismi: crisi delle istituzioni ecclesiastiche*, in *La Storia. I grandi problemi dal Medio Evo all'età contemporanea*, vol. 1, *Il Medio Evo: I quadri generali*, a cura di N. Tranfaglia e M. Firpo, Torino 1988, pp. 453-475. Come rilevato da Patrick Zutshi, gli storici hanno utilizzato l'espressione «cattività babilonese» per parlare del XIV secolo (*The Avignon Papacy*, in *The New Cambridge Medieval History*, vol. VI, *c. 1300 - c. 1415*, a cura di M. Jones, Cambridge 2000, pp. 653-673: p. 658).

2. D. Solfaroli Camillocci, *Le pape selon les Réformés. Genève et l'Antéchrist romain un parcours entre polémique et controverse (XVIe - début XVIIe siècle)*, in *Rome, l'unique objet de mon ressentiment. Regards critiques sur la papauté*, a cura di P. Levillain, Roma 2011, pp. 179-192.

3. B. Guillemain, *La cour pontificale d'Avignon (1309-1376). Étude d'une société*, Paris 1962, p. 443. G. Mollat, *Les papes d'Avignon (1305-1378)*, Paris 1965, p. 470, aveva reperito solo 300/400 stipendiati. La mia valutazione complessiva è al ribasso: basta considerare che un semplice *mastro usciere* a metà secolo poteva avere tre o quattro persone ai suoi ordini.

4. Per il Guillemain, 50 individui in media per *familia*, numero che sembra abbastanza basso se lo riportiamo al numero medio di chierici che contava una *familia*: 25 (Guillemain,

e del camerario. Infatti, la popolazione totale direttamente coinvolta nel servizio della sede apostolica superava largamente i 2.500 individui a metà del secolo, sebbene non fosse tutta contemporaneamente e assiduamente mobilitata in tale attività.[5] Per quanto un paragone con la corte pontificia del tardo Duecento sia reso difficile dalle fonti, l'incremento della curia trecentesca appare innegabile. Tale crescita, facilitata dalla stabilità della sede, fu indubbiamente un punto di forza, ma altri fattori contribuirono allo sviluppo della corte pontificia.

La progressiva costruzione di un complesso architettonico originale[6] rivela di fatto la maturazione di un nuovo concetto di corte, molto differente dai modelli duecenteschi sviluppati nelle città del Patrimonio di San Pietro e della Campagna romana.[7] Il palazzo dei papi di Avignone è tra i massimi esempi del "gigantismo" architettonico che caratterizza il Trecento e, fino all'ampliamento dell'antico castello regio a Praga da parte di Carlo IV di Boemia, rimase il palazzo più esteso d'Europa. Costruito sull'estremità sporgente di un pendio al sommo della città, il palazzo non vuole inserirsi nel tessuto urbano, piuttosto ambisce a dominarlo. In se stesso l'edificio rappresenta una trasformazione non tanto della concezione teorica della curia, quanto piuttosto del suo funzionamento: se un castello fortificato simboleggia ormai il potere del papa, significa che il modello politico dominante è quello di un'aristocrazia che coltiva una strategia e una simbologia dell'isolamento, e dunque una pratica delle funzioni auli-

La cour pontificale, pp. 254-255; P. Jugie, *Les familiae cardinalices et leur organisation interne au temps de la papauté d'Avignon: esquisse d'un bilan*, in *Aux origines de l'État moderne. Le fonctionnement administratif de la papauté d'Avignon*, Roma 1990, pp. 41-59). Comunque, tenuto conto del numero dei cardinali, si supera il migliaio di persone.

5. Oltre al problema dei turni di servizio, è da vedere il lavoro molto suggestivo di G. Mollat, *Les vacances à la cour pontificale au XIVe siècle*, in «Mélanges d'archéologie et d'histoire», 65 (1953), pp. 215-218.

6. Molto progressiva se si considera i lavori abbastanza importanti ordinati da Giovanni XXII nel palazzo del vescovo di Avignone che occupava (si veda da ultimo G. Kerscher, *Johannes XXII. und sein Palast in Avignon*, in *Papst Johannes XXII. Konzepte und Verfahren seines Pontifikats*, a cura di H.J. Schmidt e M. Rohde, Berlin-Boston 2014 (Scrinium Friburgense, 32), pp. 231-260; da vedere anche H. Aliquot, *Montfavet, Le Pontet, Sorgues, Avignon. Les Palais gothiques aux XIVe et XVe siècles*, Marguerittes 1993; numerose illustrazioni e ricostituzioni 3D in D. Vingtain, *Le palais des papes d'Avignon*, Bergamo 2015.

7. Per le costruzioni duecentesche G. Radke, *Viterbo: Profile of a Thirteenth Century Papal Palace*, Cambridge 1996; M.T. Gigliozzi, *I palazzi del papa: architettura e ideologia. Il Duecento*, Roma 2003 e P.-Y. Le Pogam, *De la "cité de Dieu" au "palais du pape". Les résidences pontificales dans la seconde moitié du XIIIe siècle (1254-1304)*, Roma 2005.

che e di governo privativa, separata dalla comunità,[8] che attesta una concezione sociale diversa da quella del Duecento.

L'ampliamento del palazzo è legato allo sviluppo del servizio del papa che significativamente passa, proprio nello stesso momento, sotto la direzione di un *magister hospicii*.[9] Le fonti però non permettono di capire se lo sviluppo di questo *hospicium* (nel senso socio-istituzionale del termine) fu concepito solo come un'ostentata elevazione del servizio del sovrano o per avere anche una effettiva attività di coordinamento e di controllo delle complesse funzionalità di una curia concepita da secoli come somma di dicasteri, di persone e di istituzioni a competenze settorializzate, e aumentare dunque l'efficacia del governo di uno spazio cristiano ben più vasto di quello del secolo precedente.[10] Le ricerche all'intersezione tra storia sociale e storia politica sul tema in effetti hanno subito un arresto dopo i lavori di Guillemain, che rimangono un punto di riferimento imprescindibile, sebbene la sua ricomposizione della struttura e della gerarchia istituzionale della curia avignonese non sempre sia rispecchiata dalle fonti.[11] Dopo le sue ricerche, la storiografia sulla curia avignonese si è piuttosto concentrata sulle famiglie cardinalizie e, in una prospettiva biografica, su cardinali più o meno famosi.[12] Inoltre, in Francia negli ultimi decenni si è indagato

8. Anche se il palazzo si voleva aperto, come dimostrato dal percorso quotidiano delle chiavi del portone d'entrata (M. Dykmans, *Le cérémonial papal de la fin du Moyen Age à la Renaissance*, III, *Les textes avignonnais jusqu'à la fin du Grand Schisme d'Occident.* Bruxelles-Roma 1983, p. 119.

9. A. Jamme, *Le Maître de l'Hôtel du pape: entre imitations françaises, nécessités curiales et fantaisies pontificales (XIV-XV siècle)*, in *La cour du prince. Cour de France, cours d'Europe (XII-XV siècle)*, a cura di M. Gaude-Ferragu, B. Laurioux e J. Paviot, Paris 2011, pp. 53-80.

10. Si ricordi ad esempio la fondazione della diocesi di Kambalik, cioè Pechino, nel 1307.

11. *Le Souverain, l'Office et le Codex. Gouvernement de la cour et techniques documentaires dans les* Libri officiariorum *des papes d'Avignon (XIV-XV siècle)*, a cura di A. Jamme, Roma 2014, p. 59.

12. Da rilevare l'estrema diversità di trattamento storico dell'oggetto tra libri, articoli e dizionari. Vedere sopratutto C.A. Willemsen, *Kardinal Napoleone Orsini (1263-1342)*, Berlin 1927 (nuova edizione Vaduz 1965); B.R. Beattie, *Angelus Pacis. The Legation of Cardinal Giovanni Gaetano Orsini, 1326-1334,* Leiden-Boston 2007; M. Dykmans, *Le cardinal Annibal de Ceccano (vers 1282-1350). Étude biographique et testament du 17 juin 1348*, in «Bulletin de l'institut historique belge de Rome», 43 (1973), pp. 145-344; J. Verger, *L'entourage du cardinal Pierre de Monteruc (1356-1385)*, in «Mélanges de l'École française de Rome», 85 (1973), pp. 515-546; R. Lützelschwab, *Cardinalis albus - On the*

maggiormente il funzionamento delle istituzioni ecclesiastiche francesi, avvalendosi della grande quantità e qualità di fonti disponibili (suppliche, lettere) per ricostruire una precisa prosopografia clericale trecentesca da incrociare con le ricerche sullo sviluppo degli apparati statali dello stesso periodo.[13] Anche la storia istituzionale e la storia del diritto hanno fornito nuove acquisizioni sul papato avignonese, ma lo studio delle istituzioni offre informazioni soltanto parziali sui meccanismi sociali;[14] e lo stesso vale per una terza area tematica che è stata sviluppata negli ultimi decenni, centrata sulla cultura di corte, dalla musica all'iconografia all'architettura.[15]

Career of the Cistercian Monk Guillaume Court († 1361), in «Cistercian Studies Quarterly», 45 (2010), pp. 141-167, l'inedita tesi dell'Ecole des chartes di Pierre Jugie su Guy de Boulogne ed anche M. Hayez, *Cabassole Philippe*, in *Dizionario biografio degli Italiani* (d'ora in poi *DBI*), 15 (1972), pp. 678-681; P. Jugie, *Estaing Pierre d'*, in *DBI*, 43 (1993), pp. 290-294; F. Soetermeer, *Bertrandus de Deocio*, in «Biographisch-Bibliographisches Krichenlexikon», 23 (2004), pp. 84-90, etc.

13. Da vedere sopratutto i numerosi lavori di Hélène Millet e la collezione dei «Fasti Ecclesiae Gallicane».

14. Da vedere, fra i numerosi lavori pubblicati negli ultimi trent'anni, D. Williman, *The Right of Spoil of the Popes of Avignon 1316-1415*, Philadelphia 1988; A. Santangelo Cordani, *La giurisprudenza della Rota Romana nel secolo XIV*, Milano 2001; A. Fossier, *La Pénitencerie pontificale en Avignon ou la justice des âmes comme style de gouvernement*, in *Les justices d'Eglise dans le Midi (XIe-XVe siècles)*, Toulouse 2007 (Cahiers de Fanjeaux, 42), pp. 199-239; J. Théry, *Faide nobiliaire et justice inquisitoire de la papauté à Sienne au temps des Neuf: les recollectiones d'une enquête de Benoît XII contre l'évêque Donosdeo de' Malavolti (ASV, Collectoriae 61A et 404A)*, in *Als die Welt in die Akten kam. Prozesschrifgut im europaïschen Mittelalter*, a cura di S. Lepsius e T. Wetzstein, Frankfurt 2008, pp. 275-345; P. Clarke, *Between Avignon and Rome: Minor Penitentiaries at the Papal Curia in the Thirteenth and Fourteenth Centuries*, in «Rivista di Storia della Chiesa in Italia», 63/2 (2009), pp. 455-510; B. Schwarz, *Kurienuniversität und stadtrömische Universität von ca. 1300 bis 1471*, Leiden 2012; J. Théry, *Excès et affaires d'enquête. Les procédures criminelles de la papauté contre les prélats de la mi-XIIe à la mi-XIVe siècle. Première approche*, in *La pathologie du pouvoir: vices, crimes et délits des gouvernants*, a cura di P. Gilli, Leiden 2016, pp. 164-236.

15. E. Castelnuovo, *Avignone e la nuova pittura: artisti, pubblico, committenti*, in *Aspetti culturali della società italiana nel papato avignonese*, Todi 1981, pp. 389-414; A. Tomasello, *Music and Ritual at Papal Avignon*, Ann Arbor 1983; *Roma, Napoli, Avignone. Arte di curia, arte di corte 1300-1377*, Torino 1996; A. Girard, *L'aventure gothique entre Pont-Saint-Esprit et Avignon du XIIe au XIVe siècle. Genèse des formes et du sens de l'art gothique dans la basse vallée du Rhône*, Aix-en-Provence 1996; É. Anheim, *Diffusion et usages de la musique polyphonique mesurée (ars nova): France du midi, nord de l'Espagne et de l'Italie (1340-1430)*, in *Eglise et culture en France méridionale (XIIe-XIVe siècle)*, Toulouse 2000 (Cahiers de Fanjeaux, 35), pp. 287-323; F. Manzari, *La miniatura ad Avignone al tempo dei papi*, Modena 2006; É. Anheim, *La musique polyphonique à la cour des papes au XIVe siècle.*

Nel complesso quindi, le nuove prospettive hanno consentito di cogliere fenomeni e aspetti particolari, anche in campo più specificamente sociale; però rimane difficile – e ancora tutta da compiere – la ricostruzione di un quadro globale dei fenomeni sociali che si svilupparono nel Trecento attorno alla corte sul Rodano.

Il primo obiettivo di questo contributo comunque non sarà proporre un'interpretazione globale dei mutamenti e della mobilità sociale nel mondo ecclesiastico gravitante intorno ad Avignone, bensì di esaminare alcuni aspetti delle dinamiche sociali al vertice della curia nella loro manifestazione più vistosa e riconosciuta dai contemporanei: metterò dunque a fuoco la pratica del nepotismo di curia, prima quello papale e quindi quello dei confratelli cardinali. Si tratterà in particolare di capire se il progressivo cambiamento del personale curiale dopo il 1305 si è accompagnato da una vera modifica dei modi di ascesa sociale o se fu piuttosto una semplice sostituzione a vantaggio di "francesi" immessi senza troppe modifiche nelle precedenti strutture di potere. Vi è poi un secondo livello di analisi di cui si terrà conto, considerata l'importanza che durante il corso del secolo precedente avevano acquisito le relazioni tra centro e periferie nel funzionamento quotidiano della curia.[16] Il radicamento della curia sulle due rive del Rodano ad Avignone e Villeneuve, quindi tra regno di Francia e Impero, ridisegnò anche quelle relazioni: è dunque da vedere in quale misura e in che modi le nuove periferie influenzarono la curia sui processi sociali di ascesa o conservazione che si concentravano attorno alle pratiche nepotistiche.

1. *Rappresentazioni e contromodelli*

Per molti secoli, la storiografia francese sulla corte avignonese si è fondata sulla presupposta esistenza di legami di amicizia tra le corti di Parigi e di Avignone – concepite tutte e due come fondamentalmente "francesi" – che sarebbero stati improntati a un rapporto di dominazione-

Une sociologie historique, in «Bulletin du centre d'études médiévales d'Auxerre», 2 (2008), in rete: http://cem.revues.org/index9412.html; *La vie culturelle, intellectuelle et scientifique à la cour des papes d'Avignon*, a cura di J. Hamesse, Turnhout 2006; É. Anheim, *La Chambre du Cerf. Image, savoir et nature à Avignon au milieu du XIVe siècle*, in *I saperi nelle corti. Knowledge at the court,* in «Micrologus», 16 (2008), pp. 57-124, etc.

16. Su tutto questo si rinvia ovviamente a S. Carocci, *Il nepotismo nel Medioevo. Papi, cardinali e famiglie nobili*, Roma 1999, capitoli 3, 5 e 7.

protezione da parte dei sovrani francesi sui papi avignonesi, sul modello di quanto già accaduto con molti altri loro predecessori che si erano rifugiati nel regno, da Innocenzo IV ad Alessandro III, per non risalire fino ai tempi di Stefano II. In realtà, se esaminiamo le relazioni tra i papi e i re di Francia nel Trecento, esse appaiono spesso tese: in una lettera al re Carlo IV, papa Giovanni XXII tratta velatamente il sovrano da giovane privo di senno, per poi indurlo a rinunciare al suo progetto iniziale di un intervento in Italia;[17] in un'altra Benedetto XII prega Filippo VI di riflettere meglio prima di inviare ambasciatori che illustrano programmi irrealistici.[18] Esempi di questo atteggiamento sono abbondanti: Urbano V che rimprovera freddamente Giovanni il Buono, ed evita di riceverlo mentre il sovrano risiede per sei mesi sul lato opposto del Rodano, a Villeneuve; o, sul versante opposto, la guerra nel Venassin, nel Viennois e in Provenza scatenata dal duca Lodovico d'Angiò, fratello del re. Molto spesso la prudenza dei papi avignonesi nei confronti dei loro potenti vicini si trasformò in aperta diffidenza. Fu principalmente durante i soli pontificati di Clemente VI – che aveva vissuto alla corte del re – e di suo nipote Gregorio XI che le relazioni tra Parigi e Avignone si mossero su un piano di fiducia reciproca che giustifica, ma solo in questi casi, la visione tradizionale di forti legami di amicizia tra i due poteri.[19]

Inoltre, la corte avignonese non era veramente una corte francese. Come ha osservato Guillemain, l'area da cui provennero sette papi avignonesi è racchiusa in un rettangolo di 200 km per 250 km, dal Limousin al Lauragais e

17. Commento in A. Jamme, *Rois de France et papes d'Avignon. Une relecture des relations entre deux pouvoirs dissemblables*, in *Église et État. Église ou État ? Les clercs et la genèse de l'État. Mélanges H. Millet*, a cura di C. Barralis, J.-P. Boudet, F. Delivré e J.-P. Genet, Paris 2014, pp. 159-187.

18. Commento in A. Jamme, *Le pape et les princes. Deux cas d'espèces:* Clericis laicos - *Guînes*, in *Gouverner par les lettres, de l'Antiquité à l'époque contemporaine*, a cura di A. Bérenger e O. Dard, Nancy 2015, pp. 117-145.

19. Da vedere le ricerche di G. Mollat, *Correspondance de Clément VI par cédule*, in «Bollettino dell'archivio paleografico italiano», 2 (1956-7), pp. 175-178; Id., *Jeanne de Bourgogne, reine de France*, in «Comptes rendus de l'Académie des Inscriptions et Belles Lettres», 4 (1957), pp. 412-419; Id., *Philippe de Valois et son fils Jean duc de Normandie*, in «Bibliothèque de l'École des chartes», 116 (1958), pp. 209-210; Id., *Clément VI et Blanche de Navarre, reine de France*, in «Mélanges d'archéologie et d'histoire», 71 (1959), p. 377-380; Id., *Clément VI et Jeanne d'Évreux, reine de France et de Navarre*, in «Revue d'histoire ecclésiastique», 58 (1963), pp. 140-141; Id., *Clément VI et le chancelier Firmin de Cocquerel*, in «Bibliothèque de l'École des chartes», 122 (1964), pp. 257-261.

dalla Guascogna al Gévaudan, il tutto centrato su Cahors.[20] Questi papi si devono dunque differenziare da quegli autentici francesi che furono Urbano IV e Martino IV nel Duecento. Più attenuate sono invece le differenze di origine sociale: per lo più i papi avignonesi furono nobili, di rango quasi baronale in un caso (Clemente V), ma in maggioranza provenienti dalla piccola nobiltà rurale (Clemente VI, Innocenzo VI, Urbano V), con le due eccezioni di Giovanni XXII, figlio di un ricco mercante di Cahors, e di Benedetto XII, figlio di un panettiere di Saverdun.[21] Solo quando scoppiò lo Scisma del 1378, in un momento dunque di grave difficoltà per la Santa Sede, si finì con il ricorrere a membri dell'alta nobiltà come Clemente VII, figlio del conte di Ginevra, o Benedetto XIII, apparentato con la casa reale di Aragona.[22]

La composizione del Sacro collegio presenta caratteristiche analoghe a quella della serie dei pontefici. Tra 134 cardinali creati tra il 1305 e il 1378, 95 furono originari di paesi di lingua d'oc, 16 di paesi di lingua d'oil, 15 dalla penisola italiana, e gli altri dalla Spagna e dall'Inghilterra.[23] Appare quindi evidente un notevole squilibrio che, da un lato, segna una rottura con la composizione duecentesca del collegio e, dall'altro, evidenzia la debolezza dell'influenza francese sull'evoluzione dell'istituzione pontificia. Particolarmente notevole è la ristrettezza del reclutamento, concentrato nel mezzogiorno francese; altrettanto significativa, appare l'assenza fra questi 134 cardinali di parenti del re di Francia, ad eccezione di Guy de Boulogne e del suo pronipote Roberto di Ginevra.

Sulle origini sociali dei cardinali dei tre primi papi avignonesi non esiste uno studio recente. Si conosce meglio, in compenso, la provenienza sociale dei cardinali vissuti tra il 1342 e il 1378: su 94 cardinali – e tenuto conto che rimane ignota l'origine sociale per il 16% di loro[24] – il 70% proveniva dai

20. Guillemain, *La cour pontificale*, p. 149.

21. Mollat, *Les papes d'Avignon*, pp. 39-88 e Guillemain, *La cour pontificale*, pp. 156-157.

22. P. Genequand, *Une politique pontificale en temps de crise. Clément VII d'Avignon et les premières années du Grand Schisme d'Occident (1378-1394)*, Basel 2013 (Bibliotheca Helvetica Romana, 35), e F. de Moxó y Montoliu, *El Papa Luna: un imposible empeño. Estudio político-económico*, 2 voll., Zaragoza 1986, nuova edizione 2006; Id., *La casa de Luna (1276-1348). Factor politico y lazos de sangre en la ascension de un linaje aragonés*, Münster 1990.

23. Guillemain, *La cour pontificale*, pp. 184-189.

24. Si è notata la propensione di numerosi storici, a cominciare da François Duchesne, ad annettere questo o quel cardinale ad un lignaggio nobile, di preferenza di alto rango, a causa di similitudini onomastiche o araldiche servite come presunzione di nobiltà (P. Jugie,

ranghi della nobiltà, e in particolare il 20% dall'aristocrazia baronale[25] e il 33% da quella rurale.[26] Meno numerosi furono invece i cardinali provenienti dalla nobiltà urbana, rari i figli di borghesi, rarissimi i figli del popolo e dell'alta nobiltà, come Hélie Talleyrand di Périgord o Roberto di Ginevra.[27]

La forte concentrazione sociale del reclutamento e lo sviluppo di vere stirpi cardinalizie hanno condotto a ritenere che una delle principali dinamiche di mobilità sociale del papato trecentesco fu appunto il nepotismo, a condizione di non considerare il termine nel suo senso più ristretto e specifico, quello cioè legato alla figura del cardinale nipote con un ruolo istituzionale pressoché formalizzato,[28] ma invece intenderlo con un significato ampio, nel senso di favoritismo da parte del papa nei confronti dei propri parenti. Se considerato in questa accezione, anzi, si può ritenere che il nepotismo pontificio fu al cuore del sistema di potere che mantenne la sede papale ad Avignone per quasi un secolo.

Nel Novecento, la storiografia ha quasi eretto il nepotismo nel senso ristretto a sistema socio-politico di governo, seguendo una logica per cui necessariamente ogni prelato era tenuto a favorire uno o più nipoti. In una prospettiva così rigida, una figura come il cardinale Bertrando del Poggetto, per esempio, cioè di un cardinale che aveva esercitato ampissimi poteri in Italia, non poteva che essere un nipote del papa, come ancora si trova in lavori recenti.[29] Ciò che invece oggi appare con più evidenza è che i pon-

Le Sacré collège et les cardinaux de la mort de Benoît XII à la mort de Grégoire XI (1342-1378), tesi inedita, Paris 2010, I, p. 79.

25. Per Pierre Jugie: Albornoz, Boulogne, Canilhac, Capocci, Ceccano, Chanac, Colonna, Comminges, Estaing, Gómez Barroso, Gómez Alvarez, i due La Tour, Luna, Montesquiou, i due Orsini, Tebaldeschi, Vassal.

26. Per lo stesso storico: i due Aigrefeuille, Aure, Aycelin, Besse, Blauzac, Châtelus, Cosnac, i due Cros, Deaux, Du Pouget, Fargues, Grimoard, Itier, La Garde, La Mothe, La Pérarède, La Roche, Malsec, Monteruc, Montfavès, Montrelais, Nabinal, Robert, i tre Roger, Saint-Martial, Saint-Yrieix, Villemur.

27. Ivi, p. 81 e sgg.

28. Si rinvia ovviamente ai classici W. Reinhard, *Nepotismus. Der Funktionswander einer papstgeschichtlichen Konstaten*, in «Zeitschrift für Kirchen geschichte», 86 (1975), pp. 145-185 e *Freunde und Kreaturen. Verflechtung als Konzept zur Erforschung historischer Führungsgruppen. Römische Oligarchie um 1600*, Munich 1979.

29. G. Benevolo, *Bertrando del Poggetto e la sede papale a Bologna: un progetto fallito*, in *Giotto e le arti a Bologna al tempo di Bertrando del Poggetto*, a cura di M. Medica, Milano 2005, p. 23; sul personaggio si veda A. Jamme, P. Jugie, *Bertrando del Poggetto*, in *DBI*, 84 (2015) (http://www.treccani.it/enciclopedia/bertrando-del-poggetto_(Dizionario_Biografico).

tefici avignonesi sicuramente non si privarono di favorire i propri parenti nella gerarchia ecclesiastica: sei papi su sette hanno creato cardinali uno o diversi parenti, in due casi (Clemente VI e Urbano V) un fratello e negli altri cinque (Clemente V, Giovanni XXII, Clemente VI, Innocenzo VI, Gregorio XI) dei nipoti. Tali pratiche tuttavia non condizionarono molto l'ascesa al trono di Pietro, poiché solo un papa (Gregorio XI) fu nipote di papa e solo tre papi su sette (Clemente V, Benedetto XII e Gregorio XI) ebbero un cardinale in famiglia prima di diventare anche loro cardinali. In breve, il sistema socio-politico che condizionò l'accesso al trono pontificio si dimostrò capace di garantire un certo rinnovamento.

Inteso in senso più ampio, come favoritismo, vantaggio e privilegio per la famiglia, il nepotismo si declina nel Trecento in modo ripetitivo nei diversi livelli dell'organizzazione curiale tanto da apparire come un fenomeno del tutto normale, a tal punto che i papi che non favorivano i loro parenti erano considerati sospetti. «Sappiate che nel nostro signore la natura non parla in nessun modo»,[30] disse il cardinale Bernardo de Albia a guisa di avvertimento al nipote di Benedetto XII, che intendeva venire a visitarlo ad Avignone. «Homo durus et constans» per alcuni, «avarus, durus et tenax» per altri,[31] Benedetto XII non intrattenne a corte i suoi parenti né permise che il loro rango sociale si avvantaggiasse della parentela pontificia. Il papa infatti si oppose al matrimonio di una nipote con un nobile, preferendogli un ignoto mercante di Tolosa, così come rimproverò il re Roberto di Napoli per gli onori e i doni con cui il sovrano aveva gratificato un altro nipote.[32] «Il papa deve somigliare a Melchisedech che non aveva né padre, né madre, né genealogia»:[33] questa massima che viene attribuita a Benedetto XII non è autentica, ma certamente verosimile, considerando che a metà Trecento in curia si diceva che quel papa «vel non habuit, vel non novit» nipoti[34] e che «sanguis et caro non revelavit amorem»[35] ricordando cosi l'assenza, straordinaria, di manifestazioni nepotistiche durante il suo pontificato.

30. Mollat, *Les papes d'Avignon*, p. 77.

31. Stephanus Baluzius, *Vitae Paparum Avenionensium (1305-1394)*, a cura di G. Mollat, 4 voll., Paris 1916-1922 (anche su http://baluze.univ-avignon.fr), I, p. 232 e p. 236. *Sexta vita* e *Octava Vita* sembrano contemporanee del pontificato.

32. Guillemain, *La cour pontificale*, p. 156.

33. Mollat, *Les papes d'Avignon*, p. 76.

34. Baluzius, *Vitae Paparum Avenionensium,* p. 215. L'autore anonimo scrive tra 1355 e 1370.

35. Ivi, p. 207. La *Prima vita* è della fine del Trecento.

Un rigore monacale simile a quello che spingeva Benedetto XII a rinunciare alla concreta e tangibile manifestazione dei suoi affetti familiari, sebbene attenuato, si ritrova anche in un altro papa avignonese. Amalrico di Peyrac, abate di Moissac al servizio di Urbano V, ricorda come il pontefice si fosse rifiutato di incrementare significativamente il tenore di vita del suo anziano genitore, e la notazione rivela anche come tale pratica al contrario fosse del tutto scontata per un papa.[36] Urbano V comunque non fu del tutto alieno dal favoritismo familiare,[37] ma alla fine del secolo in ogni caso il ricordo era ormai univoco: *affectum carnalem nequaquam ad suos se habere demonstravit*. Allora infatti si intrecciarono le memorie di due pontificati differenti da tutti gli altri per sottolineare – significativamente – che la Chiesa poteva essere governata persino senza utilizzare il nepotismo![38]

Rimane nondimeno palese che, messi da parte questi papi, i pontefici avignonesi hanno mostrato più che delle tendenze al favoreggiamento dei parenti, per quanto con intensità piuttosto varia. Sicuramente il culmine venne toccato durante i regni dei tre papi di nome Clemente, a tal punto che alla corte di Clemente V i cardinali italiani – come riporta un altro cronista – si consideravano trattati come se fossero «vasi di terracotta, privati delle loro attribuzioni e ridotti alla condizione di semplici chierici».[39] Alla morte dello scandalosamente nepotista Clemente VI scoppiò una ribellione nel Sacro collegio e nella popolazione (che per altro appare piuttosto passiva nel Trecento per quanto si può intendere dalle fonti pontificie, avare di notizie in questo campo). La rivolta fa pensare alle sommosse che esplosero in Italia contro gli Orsini alla morte di Niccolò III,[40] e collega così l'esperienza avignonese all'esperienza romana in una forma di *continuum* nepotistico senza rimedi. Clemente V, che aveva – come diceva B. Guillemain – due dozzine di nipoti, riservò uffici curiali e periferici ai laici e ai chierici della sua famiglia e, soprattutto, sottrasse somme tanto ingenti che il suo successore dovette intentare dei processi contro i Got e i Budos per

36. Ivi, p. 406.

37. L. Vones, *Urban V. (1362-1370): Kirchenreform zwischen Kardinalkollegium, Kurie und Klientel*, Stuttgart 1998 (Päpste und Papsttum, 28), pp. 89-131.

38. Baluzius, *Vitae Paparum Avenionensium*, p. 381.

39. Ivi, p. 238. Da vedere ovviamente sul nepotismo di Clemente V, J. Bernard, *Le népotisme de Clément V et ses complaisances pour la Gascogne*, in «Annales du Midi», 61 (1949), pp. 369-412, Guillemain, *La cour pontificale*, pp. 73-77, e S. Menache, *Clement V*, Cambridge 1998, pp. 40-54.

40. D. Waley, *The Papal State in the Thirteenth Century*, London 1961, pp. 200-201.

tentare di recuperarne qualcosa.[41] Clemente VI, che aveva quasi altrettanti nipoti, in piena guerra di riconquista di Bologna acquistò la viscontea di Turenne per uno dei suoi nipoti, causando l'altisonante disfatta della sede apostolica di fronte all'arcivescovo di Milano, Giovanni Visconti;[42] inoltre, si rese noto per avere autorizzato un bambino di sette anni a ricevere la tonsura e prendere possesso di un canonicato o per aver creato cardinale un giovanotto di diciotto anni al quale fu suggerito di dedicarsi allo studio[43] – e non di dedicarsi ai propri doveri di servizio alla Chiesa che tanto lo aveva beneficiato.[44] Anche i cronisti che lodano Benedetto XII e Urbano V non possono celare la speciale *dilectio* di Clemente VI per i suoi «fratres, nepotes et consanguineos»,[45] ma si sforzano di ricollocarla nella dimensione positiva della sua *humanitas*, della sua *pietas*, della sua *benignitas*, della sua *liberalitas*,[46] concetti sui quali il papa aveva personalmente insisto per giustificare il suo nepotismo[47] e più tardi ripresi da Enea Silvio Piccolomini, come ha rilevatoW. Reinhard anche se non si è stabilito quanto il precedente clementino fosse presente a Pio II.[48]

41. F. Ehrle, *Der Nachlass Clemens V und der in Betreff desselben von Johann XXII geführte Process*, in «Archiv fur Literatur und Kirchengeschichte des Mittelalters», 5 (1889), pp. 1-166. Par la citazione del Guillemain vedi *La cour pontificale*, p. 157.

42. Per gli avvenimenti, bisogna considerare ancora A. Sorbelli, *La signoria di Giovanni Visconti a Bologna e le sue relazioni con la Toscana*, Bologna 1912, pp. 1-36, e per l'acquisto della viscontea, G. Mollat, *Clément VI et la vicomtesse de Turenne*, in «Mélanges d'archéologie et d'histoire», 73 (1961), pp. 375-389 e T. Pataki, *Hommages rendus au vicomte de Turenne en 1350-1351*, in «Bulletin de la Société scientifique, historique et archéologique de la Corrèze», 91 (1969), pp. 119-140 e in «Bulletin de la Société des études littéraires scientifiques et artistiques du Lot», 112 (1991), pp. 295-314.

43. Su Pierre Roger si vedano le nuove acquisizioni di P. Jugie, *La formation intellectuelle du cardinal Pierre Roger de Beaufort, le pape Grégoire XI: nouveau point sur la question*, in *Vaticana et medievalia: études en l'honneur de Louis Duval-Arnould*, a cura di J.-M. Martin, B. Martin-Hisard e A. Paravicini Bagliani, Firenze 2008, pp. 267-286.

44. Per la sua figura vedere R. Lützelschwab, *Flectat cardinales ad velle suum? Clemens VI. (1342-1352) und sein Kardinalskolleg. Ein Beitrag zur kurialen Politik in der Mitte des 14. Jahrhunderts*, Münich 2007 (Pariser Historische Studien, 80) e il bel libro di E. Anheim, *Clément VI au travail. Lire, écrire, prêcher au XIVe siècle*, Paris 2014.

45. Baluzius, *Vitae Paparum Avenionensium*, p. 261 (*Prima Vita*).

46. Ivi, pp. 260-261.

47. Vedere D. Wood, *Clement VI. The Pontificate and Ideas of an Avignon Pope*, Cambridge 2003, p. 112.

48. L'elogiatore autore del *Tertia Vita* nella sua lode finale lo ricolloca anche in una prospettiva positiva, che fa di lui «l'onore del suo sangue e la gloria della sua patria» (Baluzius, *Vitae Paparum Avenionensium*, p. 288).

Complessivamente, però, gli eccessi nepotistici di Clemente V e Clemente VI non sono sufficienti a suffragare la tesi di una quasi istituzionalizzazione del favore papale per i congiunti in età avignonese: abbiamo visto infatti come sulle rive del Rodano i papi adottarono talvolta comportamenti che toccavano gli estremi opposti della prodigalità e del rigore, il che ricorda quanto le singole volontà e concezioni personali del potere dei vari papati abbiano giocato un ruolo fondamentale anche in questo settore.

Per quanto possa apparire scontato, a questo punto è fondamentale ricordare quanto il favore verso i parenti fosse un fenomeno che attraversava tutta la società del tempo, e certamente non limitato agli ambienti curiali. Tutti coloro che raggiungevano funzioni di comando o comunque posizioni di livello elevato ricorrevano ai propri parenti per coadiuvare la propria autorità e ponevano i loro parenti e protetti nei posti chiave. Quando il conte Giovanni I d'Armagnac prese possesso del governo della Linguadoca, a metà del secolo, pose progressivamente i suoi parenti in posizioni chiave, rinnovando così una gran parte del personale amministrativo.[49] Allo stesso modo, quando il conte di Foix-Béarn, Gaston Fébus, ottenne il governo della provincia, fece parimenti, impiegando i parenti per aumentare la sua influenza politica e sminuire quella del suo antico avversario,[50] e considerazioni analoghe si potrebbero fare sulle pratiche di governo dei duchi d'Angiò e di Berry.[51] Il favore papale concesso alla parentela a Avignone non può dunque essere considerato come strettamente generato dal sistema

49. Fu due volte «capitano e luogotenente del re» nella Linguadoca. Poteva istituire e destituire tutti gli ufficiali regi eccetto i siniscalchi, tesorieri, giudici, ricevitori e guardie delle monete. Vedere gli elenchi parziali e perfettibili di Gustave Dupont-Ferrier et alii (*Gallia regia ou état des officiers royaux des bailliages et des sénéchaussées de 1328 à 1515*, 7 voll., Paris 1942-1965) per le senescallie di Agenais-Gascogne, Béziers-Carcassonne (nel vol. 1), e Toulouse (nel vol. V). Un vero studio rimane da fare. Da vedere comunque le pagine suggestive di P. Dognon, *Les institutions politiques administratives des pays de Languedoc du XIIIe siècle aux guerres de religion*, Paris 1895, pp. 346-363.

50. Vedere P. Tucoo-Chala, *Gaston Phébus, un grand prince d'Occident au XIVe siècle*, Paris 1983 e per il suo «successore» nell'ufficio P. Dognon, *Les Armagnacs et les Bourguignons. Le comte de Foix et le Dauphin de Languedoc (1416-1420)*, in «Annales du Midi», 4 (1889), pp. 433-509.

51. F. Lehoux, *Jean de France, duc de Berri: sa vie, son action politique (1340-1416)*, 4 voll., Paris 1966-68, *passim*; da vedere anche A. Demurger, *Guerre civile et changements du personnel administratif dans le royaume de France de 1400 à 1418: l'exemple des baillis et sénéchaux*, in «Francia», 6 (1978), pp. 151-298.

ecclesiastico-curiale: piuttosto, andrà rilevato che in curia si è fatto come si faceva nei suoi dintorni.

Più in generale, nell'attuale Francia meridionale dominavano forme di organizzazione sociale fondamentalmente strutturate dalla nobiltà, che non significa però un calo della qualifica universitaria dei cardinali, e dai suoi valori. Non a caso, a parte il pontificato di Clemente V, l'evoluzione del reclutamento nel Sacro collegio da Giovanni XXII a Clemente VII è proprio segnata da un ispessimento della nobiltà.[52] Forte è la provenienza rurale, poiché gli ambienti cittadini furono sempre meno rappresentati nel Sacro collegio trecentesco, con un 20% circa sotto Giovanni XXII e Benedetto XII, e appena un 5% sotto Innocenzo VI. Al contrario, gli ambienti cittadini furono i meno rappresentati nel Sacro collegio trecentesco, con le parziali eccezioni dei pontificati di Giovanni XXII e Benedetto XII (20% circa dei cardinali di provenienza urbana).[53] Questi fenomeni, che segnalano l'irrobustimento di logiche sociali diffuse nell'aristocrazia rurale hanno certamente avuto delle conseguenze sulle concezioni politiche della Sede apostolica. E appare chiaro che il favore per i consorti a Avignone è coerente con le diffuse forme signorili di organizzazione dell'autorità, dalle quali i papi per lo più non hanno potuto, saputo o voluto esonerarsi.

Infine però, per attenuare una presentazione forse troppo influenzata dal determinismo sociale, ricordiamo ancora come i due papi meno nepotistici del periodo avignonese, Benedetto XII e Urbano V, furono proprio quelli che avevano ricevuto una formazione monastica. Tale formazione, segnata dalla rinuncia al mondo, sembra tradursi in un certo irrigidimento della concezione dei doveri della carica pontificia e di quella dei suoi ufficiali.[54] Tanto la politica concreta di questi papi quanto l'eco che ne hanno dato le testimonianze del tempo sembrano indicare che rispetto al nepotismo quale pratica strutturante del potere papale fosse invece possibile un contromodello, fondato sulla rinuncia a quella pratica.

52. P. Jugie, *Les cardinaux de la papauté d'Avignon, des lettrés?*, in *Les élites lettrées au Moyen âge modèles et circulation des savoirs en Méditerranée occidentale (XIIe-XVe siècle)*, a cura di P. Gilli, Montpellier 2008, pp. 171-194.

53. Si rinvia ai grafici di Jugie, *Le Sacré Collège et les cardinaux*, p. 85.

54. Si rimanda ai lavori di Théry (sopra, nota 14) e per lo Stato della Chiesa a H. Otto, *Benedikt XII als Reformator des Kirchenstaates*, in «Römische Quartalschrift», 36 (1928), pp. 59-110; per Urbano ai lavori di Ludwig Vones, Anne-Marie e Michel Hayez.

2. *Ragioni e caducità del favore*

In un articolo recente, É. Anheim ricorda che i cardinali italiani rappresentarono ad Avignone un fattore di continuità che contribuì, in una prospettiva culturale, al buon funzionamento della sede apostolica.[55] È di fatto impossibile negare il ruolo quasi didattico che essi esercitarono durante più di trent'anni nei confronti dei neoeletti che, per lo più, non conoscevano gli usi e il senso delle tradizioni curiali. Fu al bonifaciano Jacopo Stefaneschi che fece ricorso Giovanni XXII nel 1316 per organizzare la sua cerimonia d'incoronazione.[56] E si sa che spesso i suoi colleghi ultramontani si rivolgevano a lui per saperne di più sugli usi della curia duecentesca, al fine di conformare il proprio comportamento alla tradizione millenaria della Chiesa.[57] Se ci spostiamo sul piano delle pratiche sociopolitiche, ci si dovrà allora domandare in quale misura il nepotismo dei cardinali ultramontani riprodusse le logiche di politica familiari adottate e diffuse dalle stirpi cardinalizie italiane. Come vedremo, la risposta varia a seconda che si proceda a una analisi interna del fenomeno o piuttosto alla considerazione di fattori esterni.

In un suo studio, A. Rehberg ha mostrato che i cardinali italiani di rango baronale erano riusciti a mantenere le loro posizioni in curia fino al ritorno a Roma della Santa Sede, con una sola eccezione.[58] Giovanni di Stefano Colonna, vero «prolungamento dell'azione del padre e del fratello» in curia, ebbe un'influenza determinante nell'attribuzione di benefici ai fedeli romani della famiglia. La scomparsa del cardinale e del padre senza eredi nel 1348 mise a nudo la strategia di permanenza in curia mediante un cugino, Niccolò Capocci elevato alla porpora nel 1350, e in seguito la promozione all'episcopato di membri dei rami collaterali, come

55. É. Anheim, *Les dynasties cardinalices et l'institution pontificale à la fin du XIIIe et au XIVe siècle. Identité institutionnelle et mémoire collective*, in *Die Kardinäle des Mittelalters und der frühen Renaissance*, a cura di J. Dendorfer e R. Lützelschwab, Firenze 2013, pp. 37-53.

56. A. Jamme, *Les couronnements lyonnais de Clément V et Jean XXII. Imperium pontifical et monarchie française*, in *De l'Empire au royaume: autour du rattachement de Lyon à la France*, a cura di A. Charansonnet, X. Hélary, in corso di stampa.

57. E. Condello, *I codici Stefaneschi*, I, *Uno scriptorium cardinalizio del Trecento tra Roma e Avignone*; II, *Libri e committenza di un cardinale avignonese*, in «Archivio della Società romana di storia patria», 110 (1987) pp. 21-61 e 112 (1989), pp. 195-218.

58. A. Rehberg, *Die kardinäle aus Rom und die Macht der Klientelebeziehungen (1277-1527)*, in *Die Kardinäle des Mittelalters*, pp. 55-109.

Agapito Colonna.[59] Per quanto appaia evidente quanto questa potentissima famiglia baronale padroneggiasse gli strumenti per garantirsi una posizione di preminenza curiale, tuttavia non bisogna sottovalutare quanto il favore concesso ai Colonna dai papi avignonesi fu altrettanto importante per la conservazione del loro potere in curia. I papi avignonesi infatti accordarono ampio favore in particolare ai Colonna ed agli Orsini perché la loro presenza nel Sacro collegio era il segno della continuità della sede apostolica, della tradizione della romanità dell'autorità pontificia che gli esponenti del papato sradicato dall'Urbe avevano tutti gli interessi a mantenere ben visibile. Tuttavia Orsini e Colonna si distinsero da tutti gli altri cardinali italiani anche circa il favore dei papi avignonesi: solo loro infatti mantennero costantemente una dinastia cardinalizia, mentre le famiglie di altri cardinali del tempo – Gozio Battaglia da Rimini, Andrea Ghini de Malpighi, Francesco degli Atti, Marco da Viterbo o Simone da Borsano – apparirono e scomparvero dalla curia come meteore.[60] Fu lo stesso per i Ceccano, anche se il fastoso cardinale Annibale favorì le alleanze dei nipoti e pronipoti con le famiglie che contavano allora nella Campagna romana, i Caetani, i Conti, i Colonna e gli Orsini.[61] Anche i cardinali ultramontani incontrarono uguali difficoltà a mantenere un membro della famiglia nel Sacro collegio. Non sembra infatti che aver contato un papa nei propri antenati sia stato un titolo particolarmente utile per accedere al cardinalato ad Avignone, fatta eccezione per i Roger. Gaillard de La Mothe, pronipote di Clemente V, fu promosso nel 1316 per calmare le recriminazioni del partito guascone e Jean de Caraman, pronipote di Giovanni XXII, fu alzato alla porpora nel 1350, ma si tratta solo di 2 cardinali su 134 tra il 1305 e il 1378. «Per un gran numero di chierici ambiziosi l'accesso al cardinalato era un fine in sé e non un mezzo di promozione

59. Id., *Kirche und Macht im römischen Trecento. Die Colonna und ihre Klientel auf dem kurialen Pfündenmarkt (1278-1378)*, Roma 1999 (Bibliothek des Deutschen Historische Instituts in Rom, 88), pp. 365-399.

60. Vedere *Atti Francesco degli*, in *DBI*, 4 (1962); Z. Zafarana, *Battaglia Gozio*, in *DBI*, 7 (1970); I. Walter e H.J. Becker, *Brossano (Borsano) Simone*, in *DBI*, 14 (1972); G. Aquilina, *Marco da Viterbo (1304-69). Ministro generale dei Frati Minori, cardinale e nunzio apostolico*, Roma 1971 (Studi e testi francescani, 47); P. Jugie, *L'orfèvrerie dans tous ses états ou la vaisselle précieuse d'Andrea Ghini de' Malpigli, évêque de Tournai, mise en dépôt à Saint-Victor de Paris en 1340-42*, in *Kurie und Region. Festchrift für Brigide Schwarz zum 65. Geburtstag*, a cura di B. Flug, M. Matheus e A. Rehberg, Stuttgart 2005, pp. 371-387.

61. Dykmans, *Le cardinal Annibal de Ceccano*, pp. 205-211.

sociale».[62] A lungo si è pensato che l'elevazione di brillanti universitari e tecnici del diritto fosse servita al papato per mascherare l'inestricabile foresta del suo favoritismo. Il numero dei nipoti del papa promossi al cardinalato è dunque probabilmente inferiore a ciò che afferma un elenco sempre fondamentale per gli storici.[63] Rimane però elevato: più lunghi di quelli dei papi duecenteschi, i pontificati del Trecento generano logicamente delle onde di promozioni clientelari di più grande ampiezza che nel passato!

Non hanno tutte nondimeno un'influenza duratura sui vertici della Chiesa, segno della vera caducità del potere pontificio.

Complessivamente, si distinguono solo un piccolo numero di famiglie il cui nome è onorato almeno due volte da un titolo cardinalizio, e spesso si tratta di cardinali promossi dallo stesso papa: i due Frédol per Clemente V, i due Via (suoi nipoti) per Giovanni XXII, i due Roger (fratello e nipote) per Clemente VI, i due Aubert (nipote e pronipote) per Innocenzo VI. Sono solo sei le famiglie che ebbero l'opportunità di durare nel Sacro collegio al di là di un pontificato: gli Aigrefeuille, i Bertrand, i Cros, i Jugie, i La Tour ed i Roger, che sfidarono il tempo grazie al sostegno di più di un papa. Ma solo gli Aigrefeuille, con tre cardinali (Guillaume, Guillaume II, Faydit) dal 1350 al 1391, i Bertrand (due Pierre) dal 1331 al 1361 e i Roger dal 1342 al 1370, poterono contare su una vera e propria permanenza nel Sacro collegio. I Cros (Pierre, Jean e Pierre, dal 1350 al 1388) persero il titolo cardinalizio tra 1361 e 1371, come i La Tour (Bertrand e Bernard, dal 1317 al 1361) tra 1332 e 1342. Quanto a Guillaume de La Jugie (1342-1374), fu seguito da Pierre de La Jugie, che però morì nel 1376, meno di un anno dopo la sua promozione.

Questi elementi mettono in rilievo nella costituzione di queste «dinastie cardinalizie» (per riprendere il termine di Guillemain) il ruolo fondamentale giocato dalla famiglia Roger, cioè da una sequenza cronologica contrassegnata dall'indiretta successione di due pontefici della stessa famiglia, Clemente VI e Gregorio XI. L'analisi dei vincoli di parentela dei cardinali condotta da P. Jugie ha delineato l'ampiezza e le specificità del nepotismo di Clemente VI: sui 55 cardinali attivi tra 1342 e 1378 di cui si è potuto ricostruire la parentela (su 94 totali) 28 hanno avuto un legame più o meno lontano con i Roger: una rete che contrasta radicalmente con l'iso-

62. Jugie, *Le Sacré Collège et les cardinaux*, p. 285.
63. Ci si riferisce a quella di K. Eubel che moltiplica le parentele fittizie.

lamento della famiglia del suo successore, Innocenzo VI.[64] Le ambizioni dinastiche di alcuni cardinali sono fuori dubbio,[65] ma fu tra 1342 e 1375 che si manifestò un vero fermento di creazioni dinastiche cardinalizie, con Gregorio XI che concesse la berretta rossa a un numero superiore di cugini di quanto non aveva fatto suo zio papa.[66] Naturalmente, tra loro i Limosini erano ampiamente maggioritari, e per questo nell'aprile del 1378, al momento di eleggere un nuovo papa, si ci comportò secondo la massima: «Chiunque fuorché un limosino»![67]

Lo studio delle relazioni zio-nipote e prozio-pronipote condotto da P. Jugie rinnova peraltro anche la visione complessiva del funzionamento del nepotismo cardinalizio, mostrando la permanenza e la ricomposizione di nebulose familiari in curia per tempi superiori alla durata di vita di un cardinale. Ad esempio, la figura di Bertrand de Deaux (1338-1355) nipote di Guillaume de Mandagout (1312-1321) e zio di Raymond de Canilhac (1350-1373) e di Raymond de Blauzac (1361-1379)[68] lascia intendere una rete di famiglie interconnesse provenienti delle due diocesi vicini di Mende e Uzès. Più che una successione dinastica vera e propria, questi casi mostrano una pratica di devoluzione del titolo cardinalizio a un membro di una rete di varie famiglie, legate tra loro, che diventava così rappresentante unico in curia degli interessi di un gruppo regionale.

Un cardinale godeva nel Trecento d'ingenti risorse, divise in maniera probabilmente inadatta dagli storici tra ordinarie e straordinarie:[69] dovreb-

64. Jugie, *Les cardinaux et le Sacré Collège*, p. 289.

65. H. Bresc, *Les partis cardinalices et leurs ambitions dynastiques*, in *Genèse et débuts du Grand Schisme d'Occident*, Paris 1980, pp. 45-57. Guy de Boulogne era capace di prendere delle decisioni in cui l'interesse particolare della sua famiglia, o addirittura il suo stesso, veniva prima dell'interesse della Chiesa e di quello del re di Francia con cui era affine, come ha notato lo storico che lo conosce meglio: Jugie, *Les cardinaux et le Sacré Collège*, p. 280.

66. Ivi, p. 297.

67. Rinvio al mio *Renverser le pape. Droits, complots et conceptions politiques aux origines du Grand Schisme d'Occident*, in *Coups d'État à la fin du Moyen Âge? Aux fondements du pouvoir politique en Europe occidentale*, a cura di F. Foronda, J.-P. Genet e J.M. Nieto Soria, Madrid 2005 (Collection de la Casa de Velázquez, 91), pp. 433-482 e alla bibliografia relativa.

68. Jugie, *Les cardinaux et le Sacré Collège*, p. 291.

69. Vedi G. Mollat, *Contribution à l'histoire du Sacré Collège de Clément V à Eugène IV*, in «Revue d'histoire ecclésiastique», 46 (1951), pp. 22-122, 566-594: pp. 61-72; *Geschichte des Kardinalats im Mittelalter*, a cura di J. Dendorfer e R. Lützelschwab, Stuttgart 2011 (Päpste und Papsttum, 39).

bero invece essere distribuite in tre categorie, quelle provenienti automaticamente dal titolo, quelle dovute al favore del papa e quelle suscitate dal rango e dall'influenza socio-politica del titolare. Un cardinale presente in curia percepiva una porzione della metà di tutti i censi versati alla Sede e delle risorse provenienti dalle provincie italiane e provenzali della Chiesa, ma anche della metà delle *visitationes* e dei servizi comuni versati dagli abbati e dai vescovi dopo la loro promozione. Nel 1355, sottratto quanto venne concesso all'Albornoz, il totale ammontava a più di 61.000 fiorini.[70]

Il favore del papa beneficiava doppiamente i suoi confratelli istituzionali. Collettivamente, prendeva forma di un dono in denaro concesso dopo l'elezione, dono che decrebbe a metà Trecento per risalire dopo il 1371.[71] Individualmente, prendeva forma di doni e di concessioni di benefici, di cui i contemporanei hanno spesso esagerato il numero. M. Hayez ha mostrato che i cardinali morti durante il pontificato di Urbano V detenevano in media – a parte il fratello di Clemente VI, Hugues Roger, coi suoi 69 benefici – 26 benefici, con delle differenze notevoli da un cardinale all'altro: Arnaud Aubert ne deteneva più del doppio del cardinale Itier (35 contro 14).[72] I benefici per lo più erano sfruttati al massimo del rendimento, spesso a danno del culto e degli edifici locali, come indicano i ripetuti ordini dei papi affinché si intervenga in restauri.[73] Elevato alla porpora nel 1370, Pierre d'Estaing l'anno seguente sollecitava a Gregorio XI la concessione di benefici fino ad un «valore» di 2 a 3.000 fiorini, fornendo così una inedita indicazione su quanto un neoeletto poteva aspettarsi dai primi benefici.[74] In effetti, la ricchezza

70. Di cui 39.000 per i *servitia* (H. Hoberg, *Die Einnahmen der apostolischen Kammer unter Innocenz VI*, Paderborn 1955-1972, pp. 20-21), che conobbe un certo sviluppo nel Trecento se consideriamo la media annua tra 1316 e 1323 che era di 33.000 fiorini circa (Mollat, *Contribution*, p. 72).

71. 100.000 fiorini sotto Giovanni XXII e Benedetto XII; i doni decrebbero in seguito fino ad Urbano V, che concesse loro solamente 2.000 fiorini ciascuno (Mollat, *Contribution*, p. 69). La decisione di Urbano VI di non concederli dopo la sua elezione non ha dunque niente di rivoluzionario, e non può dunque costituire uno dei fattori dello scisma come è stato detto.

72. M. Hayez, *La moderatio des bénéfices des cardinaux par Urbain V (1362-1370)*, in *Crises et réformes dans l'Église de la réforme grégorienne à la préréforme. Actes du 115ème Congrès national des sociétés savantes (Avignon, 1990)*, Paris 1991, pp. 207-227, tavola 1, pp. 221-224.

73. Mollat, *Contribution*, pp. 63-66.

74. A. Jamme, *Instructions et avis du cardinal Pierre d'Estaing sur le gouvernement des Terres de l'Église (1371)*, in *Hommes, cultures et sociétés à la fin du Moyen Âge*. Liber

beneficiale di un cardinale dipendeva quasi interamente dalla volontà del pontefice: durante il pontificato del riformatore Urbano V, furono i fratelli e i nipoti dei pontefici defunti a cumulare il più gran numero di benefici.

Infine, un cardinale godeva dei vantaggi del suo rango nella società politica. Alle pensioni che versavano i re per acquistare il sostegno dei principi della Chiesa nelle cause che erano trattate in curia si aggiungevano le pensioni concesse dalle città, dagli ordini religiosi,[75] senza contare case, terre, campi, signorie di cui erano beneficiari essi stessi o i loro parenti.[76] Giungere a tale posizione in curia era dunque molto proficuo e le numerose critiche relative alla cupidigia dei cardinali – «la loro vanità messa a parte, chi potrà descrivere l'orribile e tenebroso baratro della loro brama?» dirà l'umanista Nicolas de Clamanges parlando dei cardinali di Clemente VII –[77] furono conseguentemente sempre più aspre.

Ricettacolo ideale par accasare più o meno temporaneamente i propri nipoti e parenti, tanto chierici che laici, la casa del cardinale o *familia* – un termine diffuso nell'ambito dei medievisti da A. Paravicini Bagliani, con il senso di *entourage* –[78] era anche un buon punto di partenza per trovare una carica in curia o un beneficio in qualsiasi luogo della cristianità. Quest'atteggiamento dei cardinali ebbe delle conseguenze sull'attribuzione delle cariche curiali,[79] dei vescovati, ma anche sull'intera politica beneficiale del papato: un quaderno di riserve speciali mostra, per il primo anno del pontificato di Gregorio XI (1371), che più del 25% di queste riserve riguardavano i cardinali e i loro familiari.[80] Purtroppo, solo poche *familie* cardinalizie

discipulorum *en l'honneur de Philippe Contamine*, a cura di P. Gilli, J. Paviot, Paris 2012, pp. 69-105: p. 89.

75. Mollat, *Contribution*, p. 66.

76. Vedi gli esempi dati da Guillemain, *La cour pontificale*, pp. 271-272. Si deve anche pensare ai beni personali accumulati durante la carriera e per alcuni ereditati dalla famiglia (Talleyrand de Périgord per esempio).

77. A. Coville, *Le Traité de la ruine de l'Eglise (De corruptu ecclesie statu) de Nicolas de Clamanges, et la traduction française de 1564*, Gèneve 1936, p. 123, citato con una traduzione diversa da Mollat, *Contribution*, p. 61.

78. A. Paravicini Bagliani, *La cour des papes au XIIIe siècle*, Paris 1995, p. 141; P. Jugie, *Les familiae cardinalices et leur organisation interne au temps de la papauté d'Avignon*, in *Aux origines de l'État moderne*, pp. 41-59; da vedere comunque A.-M. Hayez, *Une famille cardinalice à Avignon au XIVe siècle, les La Jugie*, in «Annuaire de la Société des amis du palais des papes», 57/58 (1980-1981), pp. 25-48.

79. Come mostrano, fra altre fonti, i *Libri officiariorum*.

80. Hayez, *Les réserves spéciales de bénéfices*, p. 248.

sono state studiate.[81] Neppure esistono ricerche sulle *familie* d'importanti personaggi come i due Pierre Roger (futuri Clemente VI e Gregorio XI), Étienne Aubert (futuro Innocenzo VI), Hélie Talleyrand, l'Albornoz e per l'intrigante Hugues Roger, che rinunciò alla tiara nel 1362, dopo aver rastrellato in vent'anni di cardinalato tanto da trasformare il suo palazzo (sul luogo dell'attuale palazzo detto de La Mirande, accanto al palazzo papale) in un vero *Fort Knox*.[82]

Queste lacune sono tanto più dannose che il concetto di *familiarità* cardinalizia, se rimane poco preciso per lo storico – la distinzione tra *familiares* e *dilecti*, operata da J. Verger, non definisce in effetti due insiemi sociali così separati – causava anche malintesi nell'Avignone del Trecento. Uno studio globale delle forme e dell'impatto del favoritismo cardinalizio sulla loro clientela rimane da fare[83] e necessita di ricerche biografiche numerosissime e dell'incrocio di giacimenti documentari diversi su un arco di tempo corrispondente a varie generazioni.

In definitiva, in campo nepotistico i primi cardinali avignonesi subirono più l'influenza del modello pontificio che avevano sotto gli occhi – e il modello clementino di appropriazione delle risorse della Chiesa era quanto mai eloquente –[84] che quelli sviluppati dai cardinali italiani. Si costruirono

81. Per il periodo 1342-1378, Pierre Jugie si è potuto appoggiare solo su cinque casi: Guy de Boulogne, che aveva studiato lui, Giovanni Colonna, Anglic Grimoard, Simon of Langham e Pierre de Monteruc (Rehberg, *Kirche und Macht*; Jacques Verger, *L'entourage du cardinal Pierre de Monteruc*, in «Mélanges d'archéologie et d'histoire», 85 (1973), pp. 515-546; A.-L. Rey-Courtel, *L'entourage d'Anglic Grimoard, cardinal d'Albano (1366-1388)*, in *Genèse et début du Grand Schisme d'Occident*, Paris 1980, pp. 59-64; M. Harvey, *The Household of cardinal Langham*, in «Journal of ecclesiastical history», 47 (1996), pp. 18-44) ai quali si deve aggiungere la ricerca di Anne-Lise Rey-Courtel sui familiari degli otto cardinali limosini all'alba del grande scisma: *Les clienteles des cardinaux limousins en 1378*, in «Mélanges de l'École française de Rome», 89 (1977), pp. 889-944.

82. Gli esecutori delle sue ultime volontà trovarono il 26 maggio 1364, bene ordinati, 21 sacchi di 5.000 fiorini di Firenze, 5 che contenevano 22.766 scudi d'oro, 3 sacchi con 5.000 fiorini del Piemonte, 5.000 reali d'oro e 2.000 fiorini d'Aragona, diverse borse contenenti qualche centinaia di franchi, ducati ed altri, e altre contenenti parecchie migliaia di grossi d'argento per un totale di 140.487 monete d'oro e 14.644 monete d'argento (*Vitae paparum avenionensium*, IV, pp. 127-129) .

83. Lo sottolineava nel 2010, Jugie, *Les cardinaux et le Sacré Collège*, p. 285. Saranno poi da vedere i risultati della tesi di laurea di A. Kistner, *Kirchenfürst und Würmerfrass: Kardinalstestamente (1305-1378)*, relatori A. Jamme e E. Schlotheuber, che si discuterà nel 2018.

84. F. Piola Caselli, *L'espansione delle fonti finanziarie della Chiesa nel XIV secolo*, in «Archivio della Società romana di storia patria», 110 (1987), pp. 63-97: p. 66.

veri palazzi urbani, socialmente strutturati come la *domus* del papa, con camerario, uditori, notai, cappellani e scudieri, tanto numerosi già nei primi decenni del secolo che Giovanni XXII intervenne poco dopo la sua elezione per moderare i loro eccessi:[85] eccessi che si devono riferire al nepotismo di Clemente V piuttosto che alle pratiche dei cardinali italiani. Inoltre, non sappiamo quanto le case cardinalizie abbiano seguito le evoluzioni istituzionali della *domus* papale, ci è solo noto che quando Clemente VI creò l'ufficio di *magister hospicii*, i cardinali del suo sangue fecero parimenti.[86]

L'intervento di Innocenzo VI, che con la costituzione *Ad honorem decus* del 1357 definiva la *familiarità* partendo dalla livrea, tendeva a definire visibilmente per tutti l'appartenenza alla casa di un cardinale, sia per i numerosi ufficiali di casa che per i procuratori del cardinale nei suoi benefici e gli ufficiali papali residenti nel suo palazzo. La norma papale si fondava su ciò che chiamerò un'"appartenenza-ligia" o "solida" – la *ligesse* distingue la precedenza in caso di fedeltà plurali –[87] che associava una diversità di servizi potenzialmente resi ai cardinali e al papa a una identità specifica manifestata dall'abito.[88] In definitiva, gli interventi papali mostrano la volontà di lottare contro gli eccessi che nuocevano all'immagine della sede apostolica di cui i cardinali erano parte integrante, ma anche di limitare lo sviluppo della loro potenza, che a volte poteva essere in grado di superare quella del papa. Hugues Roger, come Alessandro Farnese nel Cinquecento – anche lui cardinale parecchi decenni prima di diventare Paolo III – era probabilmente più ricco di Innocenzo VI e di Urbano V ai quali doveva ubbidienza.

Diversi da un cardinale all'altro, i livelli di ricchezza dipendevano dalla longevità in curia, dall'appartenenza ad una famiglia di rango già

85. «ordinamus quod [...] non ultra viginti ad plus familiares suos, eosdem ipsorum cardinalium domesticos qui commensales vulgariter appellantur, secum in domo habeant commorantes» (Costituzione *Dat vivendi normam*, 1316; N.P. Zacour, *Papal regulation of cardinals' households in the fourteenth century*, in «Speculum», 50 (1975), pp. 434-455: p. 448). Sullo sviluppo di questi palazzi e il controllo da parte dei cardinali di porzioni crescenti dello spazio urbano (Guillemain, *La cour pontificale*, p. 266 e pp. 272-273)

86. A. Jamme, *Le Maître de l'Hôtel du pape, entre imitations françaises, nécessités curiales et fantaisies pontificales (XIVe- XVe siècle)*, in *La cour du prince. Cour de France, cours d'Europe*, a cura di M. Gaude-Ferragu, B. Laurioux e J. Paviot, Paris 2011, pp. 53-80: p. 78.

87. Si diceva nel sud della Francia che l'omaggio poteva essere *solidum* o *non solidum* (R. Telliez, *Les institutions de la France médiévale: IXe-XVe siècle*, Paris 2009, p. 15).

88. Zacour, *Papal regulation of cardinals' households*, p. 448 e p. 454. Solo i commensali sembra erano abilitati a ricevere delle lettere di familiarità: diciannove sono state ritrovate per il solo XIV secolo (Jugie, *Les cardinaux et le Sacré Collège*, pp. 219-223.

elevato e dalla personalità del titolare. Nella caccia ai benefici alla quale si dedicano i cardinali, in circostanze a volte poco adatte,[89] nemmeno i cardinali francescani furono più timorosi che gli altri.[90] Le strategie sembrano diverse da un cardinale all'altro, però quelle che hanno funzionato sembrano rimandare a logiche ricorrenti. «Quanto si aveva una posizione forte nel secolo, meno si chiedeva alla Chiesa», notava Guillemain, prendendo gli esempi del fratello del conte di Périgord, Hélie Talleyrand, e del fratello di un consigliere e un cancelliere del re di Francia, Jean de Dormans, due casi in cui i benefici ecclesiastici sono serviti a consolidare una potenza e un rango già elevati dal servizio ad altri sovrani. Per tutti gli altri invece, le fonti rivelano tattiche di investimento molteplici negli uffici di curia e nell'istituzione ecclesiale, sebbene spesso contrassegnate dalla volontà di controllare cariche ecclesiastiche nelle regioni di origine, puntando così allo sviluppo locale delle proprie famiglie.[91] Quando il cardinale proveniva dai livelli inferiori della società, di fatto diveniva il vero capo della famiglia, determinando le alleanze matrimoniali, che sembrano contratte con famiglie dello stesso ambiente sociale, in modo da seguire una logica che chiamerei di "endogamia curiale", volta a mantenere le probabilità della famiglia di rimanere presente nelle sfere superiori della Chiesa.

3. *Centro e periferie: l'*hinterland *del favoritismo avignonese*

Al centro degli intrighi curiali, il territorio aveva un ruolo primario, ma differentemente da quanto accadeva nella Roma del secondo Duecento non si trattava più del territorio che circondava la città e la curia, rivendicato dalla Chiesa come sua proprietà. Nel Venassin, gli uffici di governo

89. Due esempi: nel mattino del lunedì 3 febbraio 1365, il potente Talleyrand de Périgord si avvicina a Urbano V nel momento in cui il papa penetra nel concistoro. Gli presenta i suoi omaggi e domanda subito l'assegnazione di un beneficio (A. Jamme, *"Or çà, Messieurs, vous avez ouy, vive vocis oraculo ?" Écriture et oralité dans la décision pontificale au XIV*e *siècle*, in *L'enquête en questions: de la réalité de la «vérité» dans les modes de gouvernement*, a cura di A. Mailloux e L. Verdon, Paris 2014, pp. 71-84: pp. 78-79); nel mattino del 9 aprile 1378, il primo dei cardinali ad andare in Vaticano è Pietro Corsini. Perfetto ipocrita, afferma al Prignano che l'assenza dei suoi colleghi è all'origine della sua elezione e gli rimette subito un rotolo di suppliche (*Renverser le pape*, p. 439).

90. Come ha notato monsignor Mollat, *Contribution*, p. 62.

91. Su tutto questo Guillemain, *La cour pontificale*, pp. 267-269.

furono in un certo senso considerati come benefici per laici: servirono ad accasare i vari affiliati alla famiglia regnante, senza che necessariamente ciò compromettesse la buona amministrazione locale. Sicuramente la maggior parte degli uffici venne attribuita a personaggi provenienti dalle stesse aree di origine dei gruppi governanti in curia. Non potendo alienare i beni della Chiesa nel Venassin, i papi diedero il godimento delle cariche ai loro parenti ed affidati vita natural durante; tuttavia, visto che ogni cambiamento di pontefice non diede luogo a un vero *spoilsystem*, l'influenza di determinate reti di relazioni dominate da uno o più cardinali nella attribuzione delle cariche rimase attiva attraverso vari pontificati.[92]

Ci furono certo anche acquisizioni di signorie dalla parte di parenti dei papi o dei cardinali, probabilmente con il loro sostegno finanziario, ma non furono durature. Forse prima della sua morte nel 1324, il papa s'impadronì del castello e della signoria di Monteux, acquistata da Bertrand de Got.[93] Rimanere sotto la giurisdizione diretta della Santa Sede presentava alcuni rischi dopo il trapasso di un papa che si era mostrato troppo zelante nei suoi favori. Se le sfortune degli eredi di Bertrand de Got hanno scoraggiato in seguito fratelli e nipoti di papi e cardinali, altri fattori spiegano la rarità delle loro acquisizioni.

In effetti, le manovre per controllare territori avvenivano più proficuamente in spazi esterni alla giurisdizione papale, dove si poteva contare sugli effetti incrociati di due favoritismi: quello del papa o dei cardinali e quello dei principi. La famiglia di Clemente V approfittò dell'estrema no-

92. Per la prima metà del secolo, V. Theis, *Le gouvernement pontifical du Comtat Venaissin*, Roma 2012 (Collection de l'École française, 464); per la seconda metà, C. Faure, *Étude sur l'administration et l'histoire du Comtat Venaissin du XIIIe au XVe siècle*, Paris-Avignon 1909 e G. Butaud, *Entre le séjour et l'intégration, les officiers étrangers en Comtat Venaissin (1352-1433)*, in *Offices et Papauté (XIVe - XVIIe siècle). Charges, Hommes, Destins*, a cura di A. Jamme e O. Poncet, Roma 2005 (Collection de l'École française de Rome, 334), pp. 741-759.

93. Il passaggio sotto la giurisdizione pontificia spesso considerato dagli storici del Venassin come effettivo nel 1342 (Faure, *Étude sur l'administration et l'histoire du Comtat*, p. 36; Theis, *Le gouvernement pontifical du Comtat*, pp. 208-209) è anteriore. Risale o al processo aperto contro Bertrand di Got (vedi nota 41), o alla morte della sua unica figlia Régine, nel 1325. Fin da 1330 Giovanni XXII considerava Monteux come parte del Venassin e gli abitanti si rivolgevano a lui come al loro signore naturale (*Lettres secrètes et curiales du pape Jean XXII relatives à la France*, a cura di A. Coulon, 4 voll., Paris 1900-1972, n. 4183). Non vale a dire che lo sposo ed erede di Régine non fece niente per recuperare i suoi diritti.

vità che costituiva per i re di Francia e dell'Inghilterra l'elezione e soprattutto la permanenza di un papa Oltralpe: i Got, i Sauviac e i Budos ricevettero importanti signorie da Filippo il Bello e da Edoardo I e il primo nipote del papa diventò visconte di Lomagne e di Auvillars.[94] Non si trattava di un vero precedente, visto che i re di Francia e d'Inghilterra non fecero che imitare pratiche sviluppate nel regno di Napoli, già reperibili al principio del Duecento sotto Innocenzo III, che rimanevano ancora in uso, come dimostrano i favori che Roberto d'Angiò concesse al nipote di Clemente V. Ormai, al livello pontificio, due figure concentrarono donazioni e favori: il fratello maggiore del sovrano ed il suo erede. Fu così che Giovanni XXII fornì a suo fratello ed ad uno dei suoi nipoti il necessario per acquistare la viscontea di Caraman, la baronia di Villemur e la viscontea di Calvinet nell'Auvergne.[95] E fu così che Clemente VI, il cui fratello era stato fatto conte di Beaufort dal re di Francia, trattò l'acquisto della viscontea di Turenne per il figlio, e restaurò le fortezze locali.[96]

L'inserimento di nuove famiglie dalle vaste capacità finanziarie negli strati superiori dell'aristocrazia provinciale e nelle strutture politiche regionali, rinforzato dal loro coinvolgimento nelle gerarchie ecclesiastiche locali, sono fenomeni le cui conseguenze restano per la Francia da studiare. Sembra palese che se l'unica erede di Bertrand de Got, visconte di Lomagne e signore di numerosi castelli in Guascogna, nella Linguadoca e in Provenza, non fosse stata promessa sposa nel 1311, e poi sposata nel 1324, al figlio di Bernard d'Armagnac e Cécile de Rodez, la casata dello sposo non sarebbe forse diventata una delle prime del mezzogiorno francese nei seguenti decenni. Giovanni I proveniva da una famiglia che prima del 1298 aveva esercitato potere solo in Guascogna. Tuttavia i problemi che incontrò per impossessarsi dei diritti della sua prima sposa furono tali che quest'interpretazione può essere messa in dubbio.[97] Nondimeno contribuì alla specificità delle relazioni tra papato avignonese e casata degli Armagnac che, forse è da ricordare, fu una delle più costanti nel sostegno al papa durante lo scisma, anche dopo il trasferimento di Benedetto XIII in Aragona.

94. Menache, *Clement V*, p. 49.

95. Guillemain, *La cour pontificale*, pp. 168-169; J. Weakland, *John XXII before his pontificate (1244-1316): Jacques Duèse and his Family*, in «Archivum Historiae Pontificiae», 10 (1972), pp. 161-185.

96. Vedi sopra, nota 42.

97. Per un primo approcio, D. Barrois, *Jean Ier comte d'Armagnac (1305-1373)*, tesi inedita, Lille III, 2004.

Le genealogie disponibili sono purtroppo vecchie e non sempre affidabili. Provano comunque che papi e cardinali si interessarono ripetutamente alla loro regione d'origine ed intervennero, sia per contrattare che per contrarre alleanze matrimoniali al fine di mantenere nella loro famiglia le terre e i titoli più importanti. Fronteggiare l'estinzione della stirpe fu sempre una eventualità, come nel caso dei Colonna, in cui un fratello cadetto abbandonò la carriera ecclesiastica e ottenne agevolmente le autorizzazioni necessarie per tornare nel secolo e rialzare il nome della famiglia. Così pure fece il fratello del cardinale Fortanier Vassal, che rinunciò nel 1344 alla sua sagrestia del Vigan, nella diocesi di Cahors, per diventare cavaliere e signore di Frayssinet, ciò che lo condusse al servizio del re di Francia e alle cariche di luogotenente tra la Loira e la Dordogna e poi di sinescalco del Quercy.[98]

Rari sono i documenti che illustrano il comportamento e le concezioni dei curialisti avignonesi. Mi soffermerò dunque su due fonti periferiche, un libro di ricordanze e un cartulario signorile, che illustrano i rapporti che gli ufficiali di curia, anche di rango minore, intrattenevano con le loro famiglie.

Il libro di ricordanze di Guillaume de Rouffilhac, vescovo di Fréjus e rettore del Venassin, offre in effetti l'autorappresentazione dell'autore nel proprio contesto familiare. Sebbene avesse raggiunto un rango superiore nella Chiesa, il vescovo si riteneva di importanza secondaria nella gerarchia familiare, a tal punto che nell'albero genealogico – che delinea egli stesso e intitola *Genealogia generis mei di Rofilhaco* – il vescovo lascia comparire solo il figlio maggiore di ogni generazione. Il proprio successo nella gerarchia ecclesiastica rimane dunque escluso dal tempo genealogico, passato e futuro. Ciononostante, il vescovo garantì tutto il suo sostegno al ramo familiare rimasto nel paese, che approfitta del conflitto franco-inglese per acquisire rilievo locale. Quando i suoi nipoti, costruendo una nuova fortezza, insorgono contro il decano dell'abbazia di Souillac, il vescovo li sostiene in curia e paga a loro nome le spese di procedura. Tuttavia, nella schiera di funzionari al suo servizio nel Venassin sono presenti solo familiari acquisiti per via femminile.[99] Il libro di ricordanze del Rouffilhac

98. E. Albe, *Autour de Jean XXII. Jean XXII et les familles du Quercy*, Roma 1903-1906, pp. 33-35.

99. Su tutto questo vedi N. Coulet, *Le livre de raison de Guillaume de Rouffilhac (1354-1364)*, in *Genèse et débuts du Grand Schisme d'Occident*, Paris 1980, pp. 73-88.

viene dunque a confermare che la ricchezza e l'influenza acquisite da un prelato in curia servivano prima di tutto a sostenere il ramo patronimico nella sua affermazione politica regionale, poi a dotare i cadetti diventati chierici di benefici e di uffici in curia e infine a sostenere i membri dei rami discendenti per via femminile, incorporati nella sua *familia* o «hôtel».

Le strategie sviluppate dai prelati si ritrovano anche a livelli inferiori della società curiale. Prenderò l'esempio ben documentato di un certo Garsabal, figlio cadetto del signore di Recoules (nel Rouergue), il cui percorso e i cui affari sono ricostruibili grazie dalla buona conservazione delle fonti avignonesi e del cartulario dei marchesi di Vézins.[100] Il fratello maggiore aveva sposato una nipote del cardinale Raymond de Mostuéjouls e ritroviamo – a illustrazione del fenomeno descritto sopra – il nostro Raymond de Garceval in curia, al servizio del maresciallo Guillaume Rolland, parente del cardinale Aymeric de Châtelus. Diventato capitano della guardia, Raymond si sposa con la figlia di un vassallo del vescovo del Puy en Velay, al servizio del maresciallo; quindi entra nell'amministrazione regia francese, come balivo del Vivarais-Valentinois, cioè in una zona che controlla l'accesso settentrionale ad Avignone, in un momento di crisi militare provocato delle compagnie di ventura. Dopo l'elezione di Urbano V, Raymond torna al servizio del papa, ed infatti la madre del pontefice era una Montferrand, famiglia alla quale i Garceval prestavano omaggio. Divenuto vicario temporale del vescovo di Avignone, frequentò il pontefice che lo incaricò di varie missioni diplomatiche e di uffici prestigiosi, anche in Italia (è nominato vicario di Forlì). Durante il pontificato di Gregorio XI, Raymond rimane scudiere del papa e viene sempre incaricato di varie missioni in Italia. Al momento della partenza della corte per Roma, tuttavia Raymond rimane in patria.

Il servizio del papa durante tanti anni aveva fruttato a Raymond influenza, risorse e posizione sociale: appare come prestatore di denaro a signori del suo paese d'origine, e finisce per possedere un insieme di signorie sparse, ottenute in parte grazie a procedure giudiziarie (St Germain nella diocesi del Puy en Velay), in parte comprate (St-Victor nella diocesi di Millau). Raymond inoltre sostiene vari membri della sua famiglia, a cominciare dal fratello maggiore, al quale compra una parte dei diritti

100. A. Jamme, *Garsabal. Voyages, carrière et fortune d'un officier pontifical*, in *Identités juives et chrétiennes. France méridionale (XIVe-XIXe siècle). Études offertes à René Moulinas*, a cura di G. Audisio, R. Bertrand, M. Ferrières e Y. Grava, Aix 2003, pp. 7-28.

signorili di Recoules, e fornisce almeno la prima rata della dote della nipote. Non avendo figli, Raymond fa entrare un suo nipote, Raymond de Montjaux, al servizio del papa, e presto il giovane Raymond diventerà anche capitano della guardia del maresciallo. Morì in circostanze sconosciute nel 1379 a Ferrara, probabilmente incaricato di una missione segreta presso il marchese d'Este, e venne sepolto nel cimitero dei francescani.

Raymond de Garceval appare insomma come un vero prodotto della curia avignonese, nel senso che questo cadetto della piccola nobiltà rurale non era affatto predestinato ad un tale percorso. La durata della sua carriera in curia, dal 1354 al 1379, si spiega in gran parte con l'interconnessione di varie reti cardinalizie che gli hanno consentito di rimbalzare a più riprese. Tramite la curia si sposò, fece fruttificare i suoi redditi, riunì delle signorie: la centralizzazione amministrativa della Chiesa, tramite chierici che oliavano costantemente la catena che legava il centro alle periferie, rese possibile a Raymond di gestire l'insieme dei suoi possessi, sparsi e distanti, senza spostarsi troppo dall'orbita curiale. Il suo percorso però mostra anche che i redditi dell'ufficio curiale (formali e informali) non erano destinati ad un insediamento in curia, ma ad investimenti periferici, che permettevano ad un cadetto di elevarsi socialmente – anzi di giocare il ruolo di capo famiglia – acquistando beni signorili in prossimità del baricentro della potenza familiare, rendendo così possibili eventuali progetti di affermazione regionale.

Tanto il nepotismo pontificio e cardinalizio quanto le strategie di elevazione sociale degli ufficiali minori rivelano in definitiva un aspetto spesso trascurato dagli studi sulla curia avignonese: la sua funzione di mercato. Ben conosciuta per i benefici, Avignone è però totalmente ignota agli studi quando si tratta dei beni temporali e di signorie. La curia avignonese fu invece per i detentori del potere dell'attuale Francia meridionale un luogo di scambi dove si trattava la vendita di diritti e di castelli spesso lontani dalla sede. Come nel caso del progetto di un signore della Marche, Guy d'Aubusson, che intendeva vendere a Avignone parte della sua signoria di La Borne per pagare il suo riscatto. Sfortunatamente per lui, si rivolse ad un cavaliere favorevole agli Inglesi, che una volta in città mostrò di avere come solo scopo quello di impossessarsi dei suoi beni. Guy sarebbe perciò morto in Inghilterra.[101] Questo episodio permette di capire che quando non si poteva

101. G. Clément-Simon, *La rupture du traité de Brétigny et ses conséquences en Limousin de l'appel des seigneurs gascons à la trêve de Bruges (1368-1375), d'après des documents inédits*, Paris 1898, p. 105.

vendere sul posto a causa del conflitto franco-inglese un bene a buon prezzo, si pensava di ricorrere al mercato avignonese e ai ricchissimi signori che frequentavano la curia e avevano accesso alle risorse delle banche toscane.

Avignone ebbe indiscutibilmente nel Trecento funzioni di una città-capitale per il mezzogiorno francese. Vi vennero elaborate strategie fondiarie, matrimoniali e professionali, che hanno interessato un ampio spazio, organizzato da varie reti aristocratiche e politiche, ma non omogenee perché sviluppate molto meno in Provenza e nel Delfinato che in Linguadoca: quello fu il vero *hinterland* della curia avignonese. Sembra che l'accesso ad un titolo curiale, qualunque fosse la sua importanza, fu concepito come un'opportunità per sviluppare la potenza del lignaggio, secondo una strategia di elevazione sociale che in realtà era chiaramente periferica.

Coordinate dai cardinali, le reti familiari agirono infine come degli elementi di stabilità. Costituirono una struttura di controllo dell'istituzione, che spiega l'efficacia del lavoro amministrativo realizzato dagli ufficiali inferiori, ma che fu anche un elemento di conservazione, che bloccò il rinnovo di un'istituzione ancorata a modelli giuridici e giurisdizionali duecenteschi, e che infine, e soprattutto, compromise il ritorno della Santa Sede in Italia. In questa prospettiva resta difficile stabilire in quale misura la consapevolezza della transitorietà della residenza sulle rive del Rodano – tanto Giovanni XXII, Benedetto XII, Urbano V che Gregorio XI progettarono e poi tentarono il ritorno – abbia influito sull'intensità del favore a parenti e connazionali. Le reticenze dei cardinali e della maggior parte degli ufficiali rispetto al ritorno della sede papale in Italia[102] non furono determinate tanto dal disprezzo per Roma e l'Italia, quanto dai timori per un distacco dei curiali da quello che era ormai il loro vero territorio di influenza.

Ciò contribuisce a spiegare come mai gli investimenti fondiari nella regione di Avignone da parte dei principi della Chiesa siano stati abbastanza deboli. Certo, i cardinali comprarono delle case nella città e, a imitazione del papa, allestirono palazzi in campagna, a Villeneuve in particolare,[103] tutti articolati intorno a molteplici cortili e giardini – quello di Raymond di Canilhac era celebre per i suoi giardini annaffiati dalle acque della sorgente

102. Vedi A.-M. Hayez, *Les fonctionnaires de la cour pontificale d'Urbain V (1362-1370), in Crises et réformes dans l'Église. De la réforme grégorienne à la préréforme*, Actes du 155e congrès national des Sociétés Savantes, Paris 1991, pp. 229-248: p. 241.

103. B. Sournia, J.-L. Vayssettes, *Villeneuve-lès-Avignon. Histoire artistique et monumentale d'une villégiature pontificale*, Paris 2006.

di Montaut – però tutto ciò non costituiva un capitale simbolico in funzione signorile o di egemonia politica: in prossimità della curia comparvero piuttosto autentici rifugi bucolici per *apparatchik* assediati ad Avignone da suppliche e lagnanze di ogni tipo. Lo dimostra in St-Rémy oggi la "Torre del Cardinale", che portava sull'architrave l'iscrizione adesso scomparsa: «Vivi per te nella campagna, dopo che avrai vissuto nella città per gli altri»![104]

Conclusione

Il nepotismo dei tempi avignonesi presenta caratteri piuttosto diversi da quello di epoche successive. Secondo W. Reinhard, il sistema istituzionale papale dell'età moderna, per il suo carattere elettivo e non ereditario, avrebbe fatto sì che «la famiglia regnante non poteva considerarsi all'esterno del gioco delle fazioni e manovrare liberamente». Il nepotismo sarebbe stato dunque necessario per godere di piena fiducia negli individui incaricati d'importanti funzioni di governo nello spirituale e nel temporale, ed anche nella condotta della guerra.[105] Il Trecento avignonese invece non pare fatalmente nepotistico sul piano del governo. Il camerario del papa, probabilmente l'ufficio di maggiore importanza nella curia avignonese, non è che raramente un parente del papa. I principali capi degli eserciti pontifici mandati in Italia – Pouget, Albornoz, poi Ginevra – non furono parenti del pontefice che li designò. E la nomina di cardinali realmente imparentati con il pontefice ha ubbidito talvolta a necessità politiche ben più che a logiche nepotistiche.[106] Vale a dire che il campo del nepotismo pontificio, che rimane di intensità variabile da un pontificato all'altro, senza ignorare totalmente la dimensione politica non mirava a una concentrazione delle funzioni di governo nelle mani della sola famiglia regnante. Si sfogava più volentieri su delle funzioni secondarie e periferiche che lasciavano così ai cardinali un ruolo effettivo nella condotta degli affari della Chiesa. Questo spiega perché il nepotismo pontificio non abbia avuto nel Trecento un carattere sistematico. Per i papi avignonesi, in fondo, era ancora possibile governare la Chiesa senza la propria famiglia.

104. E. Leroy, *La Tour du Cardinal à Saint-Rémy, des origines aux Peytavin*, in «Bulletin philologique et historique du CTHS 1962», Paris 1965, pp. 513-530.

105. Carocci, *Il nepotismo pontificio*, pp. 157-162, che cita Reinhard.

106. Come ho dimostrato per Pierre d'Estaing; vedi sopra nota 74.

Più che dal nepotismo, il XIV secolo pare contrassegnato da un fenomeno travisato dagli odierni storici che chiamerò – scusandomi per il neologismo – "compatriottismo", nel senso che furono reti regionali di famiglie interconnesse a controllare durante un pontificato il funzionamento dell'istituzione, un fenomeno che qualche erudito locale ha talvolta messo maldestramente in evidenza,[107] e sul quale si dovrebbe piuttosto ricominciare a indagare oggi. Popolare la curia di propri connazionali, cioè trasportarvi delle reti gerarchiche e di amicizia già costituite nel paese di origine e durante la carriera curiale, permetteva al pontefice di meglio controllare l'efficacia del lavoro amministrativo ed eventualmente – ma non fu l'obiettivo di tutti i pontefici – di realizzare delle profonde riforme amministrative: senza questo tipo di reti, Giovanni XXII non avrebbe potuto imporre le sue riforme nel governo della Chiesa, del Venassin e anche dell'Italia centrale.[108] In altri termini (e per attenuare l'interpretazione sistemica proposta da Reinhard), il nepotismo, almeno quello del Trecento, non bastava per fare funzionare il sistema delle istituzioni curiali. Se talvolta contribuì – più o meno efficacemente – a questo scopo, tutto sembra mostrare che certo il nepotismo non fu la chiave di volta dell'autorità di governo del papa, ma più semplicemente un favore arbitrario accordato ai propri parenti.

107. Si pensi alle ricerche di Jacques Bernard ed Edmond Albe (vedi sopra le note 39 e 98); per Giovanni XXII vedi anche V. Theis, *De Jacques Duèse à Jean XXII: la construction d'un entourage pontifical*, in *Jean XXII et le Midi*, Toulouse 2012, pp. 103-130.

108. Per le riforme amministrative realizzate in Italia centrale, rinvio al mio *De la banque à la Chambre ? Les mutations d'une culture comptable dans les provinces de l'État pontifical (1270-1430)*, in *Offices, Écrit et Papauté*, pp. 97-251, pp. 108-113, 126-135, 148-156.

Identità ecclesiastiche e mobilità

Mauro Ronzani

Uffici vescovili e mobilità sociale: alcuni esempi pisani dei secoli XIII e XIV

Nel preparare questa relazione, mi sono accorto ben presto che il mio intento originario di offrire una "panoramica" su tutta l'Italia comunale del Due e Trecento era troppo ambizioso, in quanto abbisognava di un lavoro preliminare di acquisizione di dati molto superiore alle mie possibilità (anche a riguardo dei tempi serrati richiesti dal nostro progetto). L'obiettivo di verificare se ed in qual misura, nei secoli XIII e XIV, un ufficio vescovile potesse riflettersi sulle fortune ed il prestigio della cerchia famigliare del presule, richiede infatti un impegno assai più ampio di una normale ricerca biografica, allargandosi inevitabilmente alla società e alla politica della città di riferimento. Ho deciso perciò di concentrarmi sull'unica città per la quale mi senta sufficientemente sicuro, e di considerare i quattro casi che meglio si prestano a fornire elementi di conoscenza e discussione: quelli degli arcivescovi Federico Visconti (1253-1277), Oddone Della Sala (1312-1323), Giovanni di Scarlatto (1348-1362) e Francesco Moricotti (1362-1378), che di Giovanni fu non solo il diretto successore, ma anche il nipote *ex sorore*.[1] Come vedremo, si tratta di presuli diversissimi fra loro per estrazione famigliare (salvo gli ultimi due), carriera precedente e rapporti instaurati con la città; tanto più che fra l'inizio del governo di Fede-

1. La presente relazione si riallaccia (riprendendone molte notizie) a quella che tenni molti anni fa ad un convegno bresciano, i cui corposi "atti" sono ancora oggi un riferimento importante per gli studi sui vescovi italiani dei secoli bassomedievali: M. Ronzani, *«Figli del comune» o fuorusciti? Gli arcivescovi di Pisa di fronte alla città-stato fra la fine del Duecento e il 1406*, in *Vescovi e diocesi in Italia dal XIV alla metà del XVI secolo.* Atti del VII Convegno di storia della Chiesa in Italia (Brescia, 21-25 settembre 1987), a cura di G. De Sandre Gasparini, A. Rigon, F. Trolese, G.M. Varanini, 2 voll., Roma 1990 (Italia Sacra, 44), vol. I, pp. 773-835.

rico Visconti e la morte di Francesco Moricotti intercorse ben più di un secolo. Semmai, la figura e l'operato di Federico non furono troppo dissimili da quelli di predecessori altrettanto longevi nell'ufficio arcivescovile come Ubaldo (1176-1207) e Vitale (1217-1252), entrambi provenienti dal Capitolo della cattedrale;[2] di essi, però, le fonti non ci indicano mai l'estrazione famigliare, mentre sono generose di particolari circa l'ampia cerchia dei consanguinei del Visconti. È poi anche vero che, dopo Giovanni Scarlatti e Francesco Moricotti, si potrebbero prendere in considerazione arcivescovi come Lotto Gambacorta (1381-1392), o come il fiorentino Piero Ricci (1411-1417), il quale, nelle particolari circostanze politico-ecclesiastiche dell'ultimo anno del suo governo, riuscì a "passare il testimone" al nipote *ex fratre* Giuliano (1418-1460). Lotto, peraltro, fu soprattutto il nipote di Piero Gambacorta, signore di Pisa fra il 1370 e il 21 ottobre 1392 (giorno in cui egli fu ucciso, e l'arcivescovo dovette abbandonare precipitosamente la città);[3] e se i due Ricci, membri di una famiglia che dalla fine del Trecento si trovava in una difficile posizione nella Firenze "albizzesca", sembrano offrire un bell'esempio di come una carriera vescovile "esterna" potesse offrire una valida alternativa al prestigio politico conseguibile nella propria città, la mancanza di studi approfonditi su tale schiatta rende molto difficile passare dalle semplici impressioni a qualcosa di più solidamente argomentato.[4]

1. *La cerchia parentale di Federico Visconti: sfortune politiche e fugaci fortune curiali*

Come già accennato, Federico Visconti è il primo arcivescovo pisano di cui conosciamo particolareggiatamente la cerchia parentale. Il cognome indica che egli discendeva da uno dei quattro fratelli, figli di un tal Siche-

2. M. L. Ceccarelli Lemut, S. Sodi, *I vescovi di Pisa dall'età carolingia all'inizio del XIII secolo*, in «Rivista di Storia della Chiesa in Italia», 58 (2004), pp. 1-28; G. Dell'Amico, *Tra politica e pastorale. I trentacinque anni dell'arcivescovo Vitale nella diocesi di Pisa (1217-1252)*, in «Reti Medievali Rivista», 9 (2008).

3. L. Carratori, *Il Capitolo della cattedrale nelle vicende pisane della fine del Trecento e degli inizi del Quattrocento*, in «Bollettino storico pisano», 56 (1987), pp. 1-68: p. 9.

4. Mi permetto di rimandare, anche per la bibliografia sulla famiglia, a M. Ronzani, *Ricci Giuliano*, in *Dizionario Biografico degli Italiani* (d'ora in poi *DBI*), 2016, consultabile in rete all'interno di www.treccani.it.

rio, che nel penultimo decennio del secolo XI Enrico IV aveva nominato propri *vicecomites* per la città di Pisa, al posto del visconte insediatovi da Matilde, la marchesa di Tuscia deposta dal re nel 1081. La "presa" di Enrico sulla città durò però solo pochi anni, e i suoi «visconti», pur mantenendo il titolo, aderirono alla pacificazione cittadina promossa dal vescovo Daiberto: Pietro «vicecomes», trisavolo dell'arcivescovo Federico, fu appunto uno dei «socii» che coadiuvarono Daiberto nella stesura del famoso lodo del 1089-1090, e da allora in poi lo stesso Pietro, i suoi fratelli e i rispettivi discendenti comparteciparono regolarmente all'autogoverno della *civitas* in qualità di consoli o consiglieri. Ciò li distinse dai discendenti del visconte "canossiano", i quali mantennero a lungo un ruolo a sé stante, ed entrarono nel consolato solo dal 1184. A dire il vero, nessun documento attesta esplicitamente che l'avo paterno di Federico, chiamato Ricoveranza (e menzionato nel 1183), fosse nato da Pietro II (figlio dell'omonimo visconte "enriciano"), e fosse dunque fratello di Lombardo, iniziatore di un ramo famigliare che sopravvisse fino a tutto il Trecento;[5] ma i discendenti di Ricoveranza abitarono accanto a quelli di Lombardo, nella «carraia del Borgo» (oggi Borgo Stretto), all'altezza della chiesa di S. Felice, dove già avevano operato i quattro «vicecomites» enriciani, prima che l'unico dei fratelli di Pietro che ebbe discendenza per più generazioni (ossia Sicherio II) si trasferisse un po' più ad est, presso la chiesa di S. Cecilia.[6]

Enrico, l'unico figlio a noi noto di Ricoveranza, partecipò alla vita pubblica nei primi decenni del Duecento, ed ebbe almeno quattro figli maschi, uno dei quali, il nostro Federico, entrò sin da ragazzo nello status di ecclesiastico, si recò a studiare a Bologna e guadagnò presto la stima di Sinibaldo Fieschi, che lo accolse nella propria «cappella» cardinalizia e lo mantenne al proprio servizio anche dopo l'elezione a papa del 1243. Nel frattempo, Federico era diventato pievano dell'importante pieve di Vicopi-

5. Per orientarsi nelle genealogie due e trecentesche delle famiglie viscontili pisane è sempre utile (nonostante presupponga che esse siano riconducibili ad un'unica grande «domus») la tesi di laurea di F. Ceccotti, *Per la storia della classe dirigente del Comune di Pisa: la «domus Vicecomitum» nei secoli XIII e prima metà del XIV*, Università di Pisa, a. a. 1977-78, rel. G. Rossetti (consultabile presso la Biblioteca di Filosofia e Storia dell'Università di Pisa).

6. M. Ronzani, *Le tre famiglie dei Visconti nella Pisa dei secoli XI-XIII. Origini e genealogie alla luce di un documento del 1245 relativo al patronato del monastero di San Zeno*, in *Un filo rosso. Studi antichi e nuove ricerche sulle orme di Gabriella Rossetti*, a cura di G. Garzella e E. Salvatori, Pisa 2007, pp. 45-70.

sano, ed era entrato nel Capitolo della cattedrale pisana.[7] All'indomani della morte dell'arcivescovo Vitale (sopraggiunta il 20 novembre 1252, dopo ben 35 anni di governo), Innocenzo IV non ebbe esitazioni ad assegnare a Federico l'«amministrazione» temporanea della Chiesa pisana, e poco dopo (entro la fine del 1253) ad «eleggerlo» arcivescovo. La consacrazione sarebbe arrivata solo il 4 agosto 1257, per mano di Alessandro IV,[8] dopo che la città fu liberata dall'interdetto che gravava su di essa sin dal 1241.

È innegabile che, sin dall'inizio del proprio governo, Federico si mostrasse molto legato ai propri consanguinei, in particolar modo ai tre fratelli Pietro, Visdomino e Ranieri «Manzola» e ai rispettivi figli. A tutti costoro egli attribuì un posto di riguardo entro la cerchia dei «fideles» dell'arcivescovato (coloro che, in forza dei beni ricevuti a titolo di «feudo», dovevano pronunciare al presule un giuramento di fedeltà),[9] e assegnò spesso incarichi di rilievo "politico", come la podesteria dei castelli (invero pochi) sui quali l'arcivescovato stesso vantava diritti giurisdizionali. Ben sostenuti sul piano strettamente economico e rafforzati su quello del prestigio e della "visibilità" dal loro congiunto con la mitria, i parenti laici di Federico parteciparono attivamente alla vita del Comune. Per ovvie ragioni, essi erano invece esclusi dalle magistrature di Popolo, che erano state introdotte a Pisa nell'estate del 1254, con lo scopo precipuo di proteggere le istituzioni cittadine dai contraccolpi delle lotte fra le due «fazioni» («partes») formatesi da qualche decennio intorno alle famiglie che avevano ottenuto posizioni di dominio in Sardegna: i «Vicecomites maiores» (ossia i discendenti diretti dei visconti canossiani) e i «Comites» Della

7. La biografia di Federico è ripercorsa da N. Bériou, *Introduction historique*, in *Les sermons et la visite pastorale de Federico Visconti archevêque de Pisa (1253-1277)*, a cura di N. Bériou, Roma 2001, pp. 27-265; ma si veda ora anche la tesi dottorale di G. Dell'Amico, *Federico Visconti di Ricoveranza, arcivescovo di Pisa (1253-1277)*, Pisa 2011 (consultabile in formato elettronico partendo dal catalogo unico delle biblioteche dell'Università di Pisa).

8. Il giorno esatto è indicato ivi, p. 83.

9. Il 28 agosto 1254, pochi giorni dopo che Federico ebbe preso possesso del palazzo arcivescovile, gli sfilarono davanti i «fideles archiepiscopatus, qui fecerunt iuramentum fidelitatis venerabili patri domino Frederico Dei gratia pisano electo, recipienti pro se et archiepiscopatu suo»; fra i primi dell'elenco, «Petrus, Ranerius Maçola, Visdominus quondam Henrici Ricoverantie Vicecomites germani, Federicus filius predicti Petri, Iohannes filius predicti Ranerii»: Archivio Storico Diocesano di Pisa [da ora semplicemente ASDPi], *Mensa arcivescovile. Contratti,* 5, c. 59r. Per le concessioni successive, si veda Dell'Amico, *Federico Visconti*, pp. 234-239.

Gherardesca.[10] Poiché tanto i primi quanto i secondi erano filoimperiali, le lotte fazionarie avevano taciuto fra 1237 e 1250, si erano riaccese dopo la morte di Federico II, per spegnersi di nuovo dopo l'istituzionalizzazione del Popolo. Questa nuova fase di concordia interna si protrasse fino al 1268, ossia fino al fallimento della spedizione italiana di Corradino di Svevia. A quel punto, i leaders dei due vecchi schieramenti fazionari tornarono a muoversi, per cercare di condizionare in proprio favore la politica comunale. In particolare, Giovanni di Ubaldo Visconti, giudice di Gallura, si propose come l'uomo in grado di riconciliare Pisa con Carlo I d'Angiò. Fra coloro che si schierarono con lui, vi furono appunto alcuni dei fratelli e nipoti dell'arcivescovo, i quali entrarono così nella "rinnovata" «pars Vicecomitum» (mentre in precedenza né Enrico di Ricoveranza né i suoi figli erano stati coinvolti nella fazione guidata dal padre e poi dal cugino di Giovanni). Pur in mancanza di espliciti riscontri, è lecito pensare che una politica apertamente filoangioina fosse auspicata anche da Federico, se non altro in vista della riconciliazione con la Sede Apostolica, che nel settimo decennio del secolo aveva punito l'atteggiamento filosvevo di Pisa con due interdetti, al secondo dei quali (fulminato nel 1267 da Clemente IV) s'era aggiunta addirittura la revoca delle prerogative metropolitiche e primaziali della sede arcivescovile.

In ogni caso, dal 1270 in poi il coinvolgimento dei parenti laici di Federico nella fazione guidata da Giovanni Visconti (e in seguito da suo figlio Ugolino detto Nino) risulta con chiarezza dalle fonti cronistiche cittadine.[11] Una di queste, la cosiddetta «cronaca roncioniana»,[12] può essere anzi considerata espressione diretta di tale gruppo "politico", giacché è costruita intorno agli uomini che si avvicendarono alla testa di esso, e descrive i fatti dal punto d'osservazione dei loro sostenitori più stretti. Senza dilungarci in

10. Lo studio di riferimento è A. Poloni, *Trasformazioni della società e mutamenti delle forme politiche in un Comune italiano: il Popolo a Pisa (1220-1330)*, Pisa 2005.

11. Così, fra le precise (e preziose) annotazioni cronachistiche contenute in Guido da Vallecchia, *Libri Memoriales*, La Spezia 1973, «Liber secundus», pp. 23-53, vi è quella relativa ai membri della «pars vicecomitis» inviati temporaneamente al confino all'inizio di maggio del 1270: subito dopo il leader, Giovanni giudice di Gallura, troviamo il «dominus Guilielmus Mançiuli», figlio di Ranieri (p. 24).

12. Questo testo, conservato in Archivio di Stato di Pisa [da ora ASPi], *Archivio Roncioni*, 352, è stato edito e commentato da E. Cristiani, *Gli avvenimenti pisani del periodo ugoliniano in una cronaca inedita*, in «Bollettino storico pisano», 35-36 (1957-1958), pp. 27-104.

esemplificazioni dettagliate, basterà notare che la seduta del «consiglio generale» del 29 luglio 1274 (ampiamente descritta nella cronaca roncioniana),[13] che sbarrò la strada al rientro in città del giudice Giovanni (allontanatosi da Pisa l'anno prima) e aprì un biennio di conflitti con le città «guelfe» di Toscana, si tenne quando l'arcivescovo non era ancora ritornato da Lione, dove aveva partecipato attivamente al Concilio convocato da Gregorio X. I membri della fazione, fra i quali alcuni nipoti del presule, poterono rientrare a Pisa solo nell'estate del 1276: non sembra dunque azzardato interpretare l'ultima grande decisione presa da Federico Visconti proprio alla vigilia della morte, ossia la cessione all'Opera del Duomo del terreno su cui sarebbe dovuto sorgere il nuovo cimitero dell'«ecclesia maior» (chiamato ben presto «campo santo», per via della terra che vi sarebbe stata sparsa dall'arcivescovo Ubaldo al ritorno dalla III Crociata), come un gesto volto a rafforzare la pace interna, ritrovata faticosamente da pochi mesi, intorno all'ideale unificante della Crociata, e nel segno del «decoro» di un luogo centrale della vita pubblica cittadina come la piazza del Duomo.[14]

Pochi anni dopo la morte di Federico (avvenuta nella notte fra il 3 e il 4 ottobre 1277), la città subì la traumatica sconfitta navale della Meloria (6 agosto 1284), seguita dalla signoria del conte Ugolino, trasformatasi nel 1287 in "condominio" fra lui e il giovane Nino Visconti (che era figlio di una sua figlia). La fuga precipitosa di quest'ultimo, il 30 giugno 1288,[15]

13. Ivi, pp. 75-80. Il testo (senza apparato e note di commento) è consultabile anche in rete: www. http://icon.di.unipi.it/ricerca/html/crr.html.

14. La cessione disposta da Federico attraverso una serie di atti rogati il 18 giugno 1277, è commentata in M. Ronzani, *Dal «cimitero della chiesa maggiore di S. Maria» al Camposanto: aspetti giuridici e istituzionali*, in *Il Camposanto di Pisa*, a cura di C. Baracchini e E. Castelnuovo, Torino 1996, pp. 49-56: pp. 50-51. Anche negli anni successivi, peraltro, sono segnalati atti di violenza ai danni dei nostri «Vicecomites». In particolare, nel 1279 fu ucciso Giovanni, figlio di Ranieri «Manzola» e fratello del Guglielmo che era stato inviato al confino nel 1270 (Cristiani, *Gli avvenimenti*, p. 87).

15. La «cronaca roncioniana» (ed essa sola) racconta che il I luglio 1288 Ugolino, vistosi in grave difficoltà di fronte all'arcivescovo Ruggieri, decise in extremis di chiamare in aiuto Nino (uscito dalla città il giorno precedente), che però arrivò sotto le mura cittadine «con gran gente a piè e a cavallo» quando ormai era troppo tardi, e il conte era già stato «preso con tutti li suoi». Solo a questo punto le sorti dei due si separarono definitivamente; e il nostro testo, con un espediente usato anche altre volte, fa "suggellare" tale separazione dalle parole di un fidatissimo fautore di Nino, «messere Visdomino», che era figlio del Federico di Pietro di Enrico di Ricoveranza menzionato sopra, alla n. 9: «o messere iudici, voi mandaste dua volte per lo conte Ugolino, et elli vi mandò a dire "a sua posta", et ora è venuto a posta di quelli che l'anno in pregione, che li sta bene come ghe degnio, che stava sparanchato, *unde vi prego se*

segnò per vari membri della nostra famiglia l'inizio di un nuovo periodo d'esilio che, se pure conobbe una temporanea interruzione fra 1293 e 1294, finì per trasformarsi in definitivo distacco dalla città. Emblematica, al riguardo, appare la parabola biografica di uno dei nipoti ai quali l'arcivescovo fu più legato, ossia Guglielmo, figlio di suo fratello Pietro. Attestato frequentemente al fianco dello zio a partire dal 1258, dopo il 1270 (se non già un po' prima) Guglielmo «Ricoveranza» fu al servizio di Carlo I d'Angiò, che nel 1272 lo inviò come podestà a San Miniato. Rientrato a Pisa dopo la pace del 1276, partecipò alla battaglia della Meloria e, fatto prigioniero dai Genovesi, si adoperò nel cercare di convincerli a concedere la pace ai Pisani: a tale scopo, nella primavera del 1288 fu incluso nella ristretta delegazione di prigionieri ai quali fu consentito di recarsi a Pisa, portando con sé il testo del trattato di pace elaborato dai vincitori, che, nonostante contenesse condizioni durissime, fu approvato dal consiglio generale della città, convocato dai due «podestà, capitani e rettori del Comune e del Popolo di Pisa» il giorno 15 aprile.[16] Tale trattato non fu poi attuato per via del "colpo di stato" verificatosi in città fra il 30 giugno e il I luglio 1288, e Guglielmo, rientrato in prigionia, ne fu liberato solo nel 1295, quando Nino Visconti stipulò un accordo con Genova e ne ottenne la cittadinanza.[17] Guglielmo non tornò però a Pisa, e nell'estate 1297 la «torre» cittadina di sua proprietà (situata in mezzo alle case famigliari della cappella di S. Felice) fu fatta demolire, essendo egli «rebellis pisani Comunis».[18] Qualche anno dopo egli ricompare nelle fonti come «consiliarius, familiaris et fidelis» di Carlo II d'Angiò, che nel 1303 gli affidò una missione diplomatica in Toscana, per ottenere che le città guelfe di Firenze, Siena e Lucca appoggiassero la progettata spedizione in Sardegna di Giacomo II d'Aragona.[19] Due anni

m'amate, non ve ne pigliate tormento, ansi ve ne confortate et confortate tutti noi che siamo alla vostra guida» (Cristiani, *Gli avvenimenti*, p. 97; l'evidenziatura è mia). Sugli avvenimenti di quei giorni mi permetto di citare M. Ronzani, *L'imprigionamento e la morte del conte Ugolino nelle fonti precedenti e successive a Inferno, XXXIII*, in *Lectura Dantis Lupiensis*, vol. IV, a cura di V. Marucci e V. L. Puccetti, Ravenna, 2016, pp. 73-90.

16. M. L. Ceccarelli Lemut, *I Pisani prigionieri a Genova dopo la battaglia della Meloria: la tradizione cronistica e le fonti documentarie* (1984), ora in Ead., *Medioevo Pisano. Chiesa, famiglie, territorio*, Pisa 2005, pp. 352-366: pp. 361-362.

17. Cristiani, *Gli avvenimenti*, p. 102.

18. ASPi, Comune A, 81, c. 38r.

19. Cfr. V. Salavert y Roca, *Cerdeña y la expansión mediterránea de la Corona de Aragón, 1297-1314*, 2 voll., vol. II, *Documentos*, Madrid 1956, nr. 55 (p. 75), 58-59 (pp. 81-84), 82-85 (pp. 115-118).

dopo, Guglielmo fu di nuovo in contatto con costui, occupandosi del possibile matrimonio di Giovanna, figlia ed erede di Nino Visconti giudice di Gallura.[20] Sia pure in età avanzata, il nostro uomo raggiunse dunque una posizione di prestigio alla corte angioina di Napoli; ma non risulta che la trasmettesse ad eventuali discendenti diretti. Egli morì prima del 14 giugno 1310, data di un documento pisano riguardante l'eredità dei discendenti di Pietro di Enrico di Ricoveranza, vale a dire lo stesso Guglielmo e Visdomino, suoi figli, Federico e Ugolino figli di Enrico, e Visdomino figlio di Federico.[21] Quasi tutti costoro erano morti in esilio,[22] e a quel punto, nelle case avite, abitavano solo alcuni discendenti di Ranieri «Manzola».[23]

Il discorso resterebbe tuttavia incompleto, se non contemplasse anche i nipoti dell'arcivescovo avviati alla carriera ecclesiastica. Contestualmente alla sua nomina a presule, Federico ottenne da Innocenzo IV che a subentrargli nell'ufficio di pievano di Vico fosse Visdomino (uno dei molti figli maschi del fratello Pietro più volte menzionato): anche Visdomino restò a lungo pievano di Vico, ma negli anni Ottanta del Duecento era ormai da tempo lontano dalla diocesi.[24] Quanto al Capitolo della «ecclesia maior», se è verosimile che già alcuni dei predecessori di Federico fossero riusciti a collocarvi almeno un nipote (o comunque un consanguineo), il primo esempio esplicito di quella che sarebbe divenuta una pratica abituale, quasi un diritto non scritto riservato ad ogni nuovo presule, risale proprio agli anni di governo del Visconti, e concerne un Ranieri «Manzola», nato certamente da uno dei figli dell'omonimo fratello dell'arcivescovo, ossia Guglielmo oppure Goffredo.

20. Ivi, nr. 120-123 (pp. 158-160).

21. ASPi, *Diplomatico. San Lorenzo alla Rivolta*, «1311 giugno 14».

22. Scorrendo i regesti meritoriamente raccolti a suo tempo da F. Landogna, *Maestri e scolari pisani nello Studio di Bologna tra il sec. XII e la metà del XIV*, in «Archivio storico italiano», 85 (1926), pp. 192-231, si trova il testamento dettato in tale città il 31 luglio 1297 da Federico Manzola (figlio del Giovanni ucciso nel 1279), che ricordava il fratello Ranieri, rimasto a Pisa (nr. 131, p. 208); oppure la menzione, nel febbraio 1300, del «nobilis miles d.nus Bisdominus de Vicecomitibus», protagonista del passo cronachistico riportato a n. 15 e morto prima del 1310 (nr. 156, p. 212).

23. Come Burgundio, figlio del Guglielmo inviato al confino nel 1270, e a sua volta padre di un Feo, ricordato ancora nel 1334 (cfr. Ceccotti, *Per la storia*, Appendice di documenti, pp. 65-66).

24. Il 30 gennaio 1281 l'arcivescovo Ruggieri insediò nella pieve un amministratore temporaneo, «audito quod d.nus Visdominus plebanus plebis de Vico diu fuit absens ab ipsa ecclesia, nec speretur ad presens de suo reditu vel adventu pro eo quod in Francia detinetur captivus»: ASDPi, *Mensa arcivescovile. Contratti,* 12, c. 304r.

A questo pronipote, Federico volle far ripercorrere le proprie orme. Nel marzo 1270 troviamo infatti Ranieri a Bologna, in veste di studente («scolaris»), e già titolare di un canonicato in terra di Francia; il documento in questione lo mostra accanto a quattro giovani rampolli della grande casata dei Fieschi, e al più anziano Gerardo Bianchi, canonico della cattedrale di Parma, qualificato come «magister» (e destinato a diventare qualche anno dopo cardinale).[25] Tutto lascia credere che, come Federico Visconti si era precocemente legato a Sinibaldo Fieschi, così Ranieri «Manzola» fosse entrato nella cappella cardinalizia di Ottobuono Fieschi (al quale sappiamo che il prozio fu devoto). Di certo, dopo la morte di costui (che nell'estate del 1276 fu papa solo per un mese con il nome di Adriano V), Ranieri si legò a Gerardo Bianchi, seguendolo ad esempio nella missione in Sicilia svolta a partire dal 1282 per mandato di Martino IV.[26] A quel punto egli era divenuto (non sappiamo con esattezza da quando) canonico della cattedrale di Pisa, con prebenda diaconale, anche se non lo troviamo mai presente alle riunioni capitolari. Con Niccolò IV egli ottenne l'importante incarico di «notarius domini papae» (oltre ad un'ulteriore prebenda canonicale presso la cattedrale di Beauvais), e fra 1290 e 1291 fu chiamato dal papa a guidare il vescovato di Feltre-Belluno, senza però che vi fossero le condizioni per accettare tale designazione. Subito dopo, peraltro, Ranieri fu nominato «rettore» del Ducato di Spoleto e della Sabina.[27] Forte della posizione da lui detenuta nella Curia di Niccolò IV (certo grazie all'appoggio del cardinale Gerardo), sin dall'autunno del 1288 Ranieri riuscì a far ammettere nel Capitolo pisano un proprio «nipote» di nome Federico (ignoriamo che ne fosse il padre): la documentazione relativa suggerisce che l'operazione fu condotta con grande rapidità, saltando buona parte della procedura usuale, nell'evidente intento di occupare subito il seggio canonicale che si era testé liberato.[28] Tutto si svolse in

25. Il doc. è appunto riportato da P. Silanos, *Gerardo Bianchi da Parma (+1302). La biografia di un cardinale-legato duecentesco*, Roma 2010 (Italia sacra, 84), pp. 130-131.

26. Il 22 marzo 1285 il rappresentante legale del Capitolo della «ecclesia maior» pisana, nell'enumerare i canonici che in quel momento erano assenti o impediti da infermità, dichiarò appunto che Ranieri era «in servitio domini Sabinensis apostolice sedis legati in Regno Sicilie, ita quod eidem ecclesie in diaconatu ordine deservire non poterat»: ASDPi, Capitolo, A-5, c. 17r. Il cardinale era stato da poco nominato dal papa reggente del «Regnum»: Silanos, *Gerardo Bianchi*, pp. 235-236.

27. Le notizie in G.F. Nüske, *Untersuchungen über das Personal der päpstlichen Kanzlei 1254-1304*, in «Archiv für Diplomatik», 20 (1974), p. 130.

28. ASDPi, *Capitolo*, A-5, cc. 65r-v (1288 novembre 24); A-1, cc. 38r-39r (1289 febbraio 10). Per la composizione del Capitolo (e le procedure di assegnazione dei suoi seggi)

assenza dell'interessato (che evidentemente viveva anch'egli presso la Curia papale): Federico fu rappresentato a Pisa da Pietro, pievano di Rosignano, che era stato fino al 1277 il camerlengo di Federico Visconti. Che Pietro, dopo aver servito fedelmente questo presule, fosse rimasto legato alla sua cerchia parentale, è dimostrato dal fatto che il 24 giugno 1293 egli agisse come procuratore di tre nipoti del defunto arcivescovo (due monache e una vedova), alle quali il «notarius» papale Ranieri, nel frattempo anch'egli deceduto, aveva destinato cospicui legati in denaro. Esecutore del testamento di Ranieri fu lo stesso cardinale Gerardo.[29]

In realtà, Ranieri era morto già da qualche mese, sicuramente prima del 30 ottobre 1292.[30] Questa scomparsa, con ogni probabilità prematura, interruppe bruscamente una carriera curiale suscettibile di ulteriori sviluppi. Ma il colpo definitivo ad ogni residua possibilità dei discendenti di Enrico di Ricoveranza di ripercorrere le orme dell'arcivescovo Federico, nella Curia romana e magari anche nella città natale, fu inferto dalla morte (essa sì certamente prematura) del canonico Federico «Manzola», avvenuta «apud sedem apostolicam» nel corso dell'estate 1295, e prima del 9 agosto, data di emissione delle lettere papali che ordinavano di assegnare il canonicato e la prebenda di Federico al giovane chierico pisano Guido Fagioli, figlio del giurista Gherardo, membro della ristretta élite che guidava la città dopo la pace di Fucecchio del 1293.[31]

Se bene interpretiamo alcuni "segnali" contenuti nelle fonti, negli anni precedenti i due curiali appartenenti alla schiatta viscontile discesa da Enrico di Ricoveranza avevano avuto contatti con l'arcivescovo pisano Ruggieri Ubaldini, agendo forse da intermediari fra lui e Niccolò IV (che il 7 aprile 1289 l'aveva solennemente scomunicato come responsabile della morte atroce del conte Ugolino e degli altri prigionieri rinchiusi nella torre della Fame),[32] magari per il tramite del cardinale Gerardo Bianchi. Col-

fra XIII e XIV secolo mi permetto di citare un saggio ormai risalente, da cui ho ripreso quasi tutte le notizie sui nipoti chierici di Federico Visconti: M. Ronzani, *La Chiesa cittadina pisana tra Due e Trecento*, in *Genova, Pisa e il Mediterraneo tra Due e Trecento. Per il VII centenario della battaglia della Meloria*. Genova, 24-27 Ottobre 1984, Genova 1984 (= «Atti della Società ligure di storia patria», n.s., XXIV, 1984), pp. 283-347.

29. ASPi, *Diplomatico. Acquisto Cappelli*, «1294 giugno 24».

30. Cfr. ASDPi, *Capitolo. Diplomatico*, nr. 1262.

31. Ivi, *Capitolo*. A-3, cc. 40v-43v.

32. *Les Registres de Nicolas IV*, a cura di E. Langlois, Paris 1905, nr. 2172, pp. 384-385.

pisce, al riguardo, che negli ultimi anni del suo governo Ruggieri tenesse al proprio fianco, come vicario generale, proprio quel Pietro, pievano di Rosignano,[33] di cui già conosciamo il ruolo di "agente" pisano di Ranieri e Federico «Manzola»; e va ancora aggiunto che l'11 giugno 1294 lo stesso Ruggieri concesse in «feudo» due terreni presso San Piero a Grado ai cinque principali esponenti laici della casata, partigiani di Nino Visconti.[34] Mentre nell'estate del 1288 l'arcivescovo aveva fatto di tutto per allontanare Nino dal potere, e subito dopo aveva levato di mezzo il conte Ugolino con due figli e due nipoti nel modo a tutti noto, negli anni successivi egli cercò dunque di far leva sulla presenza in Curia di uomini come il «notarius» Ranieri e il di lui nipote Federico, provando altresì a rappacificarsi con i loro consanguinei pisani, che cercavano allora di essere riammessi in città.[35] Posto che tale tentativo sortisse qualche effetto iniziale (vista anche la lunga sedevacanza papale dovuta alla difficoltà di eleggere il successore di Niccolò IV), è facile notare che la morte del canonico e "curiale" Federico «Manzola» coincise con l'improvviso e drastico aggravarsi della posizione di Ruggieri nei confronti della Curia del nuovo papa Bonifacio VIII, segnalatoci dalla cronaca roncioniana; lo stesso testo aggiunge che, vistosi ormai senza vie d'uscita, l'arcivescovo si sarebbe lasciato «morire disperato» (ciò che dovette avvenire fra la fine di agosto e i primissimi giorni di settembre del 1295).[36]

33. Attestato in tale veste, ad esempio, l'8 marzo 1295 (ASDPi, *Capitolo*, A-3, c. 19r).

34. La notizia è riportata in un doc. del 29 aprile 1327, relativo alla «ripresa di possesso» di tali terreni da parte dell'amministratore dell'arcivescovo Simone, motivata dal fatto che la concessione in feudo «nobilibus viris d.nis Bisdomino qd. Federici Ricovarançe, Raynerio et Federigo germanis filiis olim d.ni Iohannis Mançole, et Nino qd. d.ni Henrigi Ricovarançe, pro se et pro d.no Guillelmo» suo fratello, era stata fatta «toto tempore vite prefati d.ni Rogerii et non ultra»: ASDPi, Mensa arcivescovile, 1, 457v-458r.

35. La «cronaca roncioniana» nota che nel 1291 «Messere Iacopo da la Colonna fece citare Ruggieri el arciveschovo di Pisa, sotto pena di scumunicatione del benefitio, che debbia venire dinanzi di lui, e *l'arciveschovo comparì a posta di certi cardinali amici suoi, che lo consigliorno*» (Cristiani, *Gli avvenimenti*, p. 98, con evidenziatura mia). Inoltre, fra 1293 e 1294 «levossi uno grande romore per Pisa per certi pisani e fiorentini armati per Pisa: " muoiano li guelfi che sono tornati in Pisa! ". Messere Bisdomino, messere Nieri, messere Federigo et altri estiti di Pisa guelfi se non fusseno fuggiti sarebbeno stati morti»; e aggiunge quest'ulteriore commento del solito Visdomino: «mal ci farà a tornare Iudici tal cominciamento e 'l fatto» (ivi, p. 99).

36. Ivi, p. 100.

2. *Dalla forza all'isolamento e all'esilio: la parabola di Oddone Della Sala e la disgrazia dei suoi congiunti*

A Ruggieri, come è noto, Bonifacio VIII fece immediatamente succedere il proprio camerlengo Teodorico di Orvieto, senza però consacrarlo o inviarlo a prendere possesso della sede; finché, nel febbraio 1299, il papa decise di inviare a Pisa il frate domenicano Giovanni dei Conti di Poli. Costui avrebbe governato la Chiesa pisana per tredici anni, ma la politica "famigliare" da lui perseguita non riguardò la città toscana (dalla quale fu pressoché sempre assente dopo il 1305), quanto piuttosto i due cardinali Colonna, suoi parenti, in favore dei quali si adoperò presso Clemente V. Ai fini del nostro discorso, è semmai interessante osservare che egli sicuramente appoggiò l'ascesa all'episcopato e la conseguente "carriera" del confratello domenicano Oddone Della Sala, di nascita pisana. Oddone fra 1299 e 1300 fu priore del convento cittadino di S. Caterina, e il 14 marzo 1300 fu nominato da Bonifacio VIII vescovo di Terralba, nella provincia ecclesiastica sarda di Arborea; nel 1302 fu trasferito a Pola, e nel 1308 Clemente V lo promosse arcivescovo d'Arborea, chiamandolo infine nel maggio 1312 a subentrare a Giovanni (trasferito alla sede metropolitica cipriota di Nicosia) sulla cattedra arcivescovile pisana di S. Maria.[37]

Oddone proveniva da una famiglia «di Popolo», che si era probabilmente inurbata dalla Versilia fra la fine del secolo XII e l'inizio del XIII. Poco prima della metà del Duecento, l'avo paterno del futuro arcivescovo, Oddone del fu Bernardo (il nome è certamente da ricollegare all'imperatore Ottone IV, al quale Pisa rimase fedele ben oltre la scomunica papale che lo colpì nel 1210), riuscì ad entrare nella cerchia dei «fideles» dell'arcivescovato, grazie alla concessione «in feudo» di un appezzamento di terra presso la Vettola (sulla via per S. Piero a Grado e il Porto Pisano), accordatagli il 10 ottobre 1240 dal presule Vitale. Dei suoi tre figli maschi di cui conosciamo il nome, il più noto è sicuramente Chianne, mercante di mare e padre del nostro domenicano, di un Iacopo e di varie figlie, i matrimoni delle quali portarono al futuro presule un buon numero di «nipoti» di famiglie facoltose, popolari (come i Falconi, legati a Bonifacio VIII attraverso il banco dei Ga-

37. Tutte le indicazioni in M. Ronzani, *La Chiesa pisana al tempo di Enrico VII: gli arcivescovi domenicani Giovanni dei Conti di Poli e Oddone della Sala*, in *Enrico VII, Dante e Pisa a 700 anni dalla morte dell'imperatore e dalla Monarchia,* a cura di G. Petralia e M. Santagata, Ravenna 2016, pp. 75-92.

etani) e nobili (come gli Orlandi-Gatti). Mentre un consanguineo di Oddone di Chianne (nato probabilmente da un fratello dell'avo) fu «frate gaudente», il nostro entrò come detto nell'Ordine domenicano e si distinse negli studi: nel 1299 era «lector» nel convento di Prato, quando il capitolo provinciale lo inviò a Pisa come priore di S. Caterina. Appena iniziata la carriera vescovile, si preoccupò di far abbracciare lo status ecclesiastico ad alcuni dei suoi parenti: innanzitutto Andreotto, figlio di suo cugino Oddino del fu Andrea, e poi il nipote *ex sorore* Chianne di Benetto Falconi. Quest'ultimo, in particolare, fu l'uomo di fiducia di Oddone sin dalla preparazione della presa di possesso della sede arcivescovile pisana nell'estate del 1312; mentre fra le «suppliche» allora inoltrate dal Della Sala a Clemente V, una riguardò il diritto di istituire un seggio aggiuntivo nel Capitolo della cattedrale, legato alla dignità del primiceriato (riesumata per l'occasione dopo vari secoli), che fu prontamente assegnata ad Andreotto.[38]

Nella fase iniziale del suo governo, il palese favore dimostratogli da Clemente V (certo anche grazie all'intercessione del predecessore Giovanni) mise Oddone in una posizione di forza, non dissimile di quella goduta a suo tempo da Federico Visconti. Ma se concedere con generosità terreni della Mensa arcivescovile ai propri consanguinei faceva parte, per così dire, delle regole del gioco, l'intervento sull'assetto del Capitolo fu assai più "invasivo" di quello attuato a suo tempo dal Visconti con l'ingresso del pronipote "curiale" Ranieri (il quale ebbe una delle sedici prebende "ordinarie", e inoltre, restando presso il cardinale Gerardo Bianchi, svolse una funzione di intermediazione e tutela certo non sgradita ai confratelli). Oddone, d'altronde, fu assai più incline di Federico ad esporsi sul piano politico: ne ebbe subito occasione con la presenza in città di Enrico VII (dal quale si propose addirittura di ottenere la formazione di una "enclave" signorile dell'arcivescovato intorno a San Piero a Grado), e continuò a farlo negli anni di Uguccione della Faggiola, l'energico uomo d'armi chiamato a Pisa dopo la morte dell'imperatore e divenuto rapidamente un vero e proprio dittatore.

Fra 1313 e 1316 alla posizione di forza dell'arcivescovo corrispose una discreta "visibilità" politica dei suoi consanguinei laici. Ma la logica della politica comunale era inesorabile: caduto improvvisamente Uguccione nell'aprile 1316, Oddone si ritrovò indebolito e pressoché isolato nei con-

38. Si veda al riguardo ivi; altre indicazioni sono tratte da Ronzani, *«Figli del comune»*, pp. 786-790 (testo e note).

fronti tanto del nuovo governo comunale, quanto della Chiesa cittadina, a cominciare dal Capitolo della cattedrale, deciso a cancellare la "novità" introdotta (a suo dire) abusivamente dall'arcivescovo. Nel corso del 1317 il presule lasciò la città e si ritirò nel castello di Montevaso (nelle Colline pisane) e all'inizio del 1318 partì per Avignone, a cercare l'appoggio di Giovanni XXII. In breve tempo egli fu sentito dal Comune come un esplicito e pericoloso nemico, e all'inizio del 1320 tutta la Chiesa pisana cittadina e diocesana (con la sola, anche se palesemente imbarazzata eccezione dei frati domenicani di S. Caterina) fu convinta a schierarsi al fianco delle autorità civili. Tutto ciò si ripercosse inevitabilmente sulle sorti dei parenti del presule. Invero, il primicerio Andreotto morì prematuramente, e Oddone non trovò di meglio che nominare unilateralmente come successore di costui il proprio instancabile "factotum" Chianne Falconi, che all'inizio del 1320 dovette però lasciare anch'egli la città. Nel 1322 si arrivò addirittura alla distruzione delle case d'abitazione dei Della Sala (poste nella cappella di S. Pietro in Cortevecchia, ossia presso S. Sisto e le sedi delle magistrature popolari della città), nessuno dei quali sarebbe mai più entrato nell'anzianato; mentre il vecchio «feudo» arcivescovile della Vettola restò nelle mani di Oddone di Iacopo, l'unico dei nipoti dell'arcivescovo attestato con qualche regolarità dalle fonti dopo la fine del governo dello zio, decretata da Giovanni XXII nel 1323, e la sua morte, sopraggiunta a Napoli nel 1325.[39]

L'ascesa ecclesiastica e la ripresa di una certa visibilità politica da parte dei discendenti dell'Oddone del fu Bernardo della Sala che si era messo in luce a Pisa fra 1237 e 1240 (ed era stato poi emulato dal figlio Chianne, uomo d'affari e anziano negli anni antecedenti alla Meloria e alla fine del «primo Popolo» pisano) durarono dunque solo pochi anni, e furono entrambe interrotte dalla grave crisi d'autorità conosciuta dall'arcivescovo Oddone dopo il 1316.

3. *La carriera curiale e vescovile di un chierico "senza cognome" e la brillante affermazione ecclesiastica dei suoi nipoti: da Giovanni di Scarlatto al cardinalato di Francesco di ser Puccio «Moricotti»*

Per porre fine ad una contrapposizione ormai insanabile, il 6 giugno 1323 Giovanni XXII "promosse" Oddone al patriarcato di Alessandria e inviò a

39. Ivi, pp. 791-800 e 828-835.

Pisa il domenicano fiorentino Simone Saltarelli, che dal 1316 era vescovo di Parma. Durante il suo lungo governo (morì il 24 settembre 1342), il Saltarelli offrì numerosi incarichi ai propri consanguinei. Rimandando al profilo breve ma brillante (e particolarmente attento agli aspetti che qui ci interessano) dedicatogli nel 1988 da Michele Luzzati,[40] noteremo solo che il Saltarelli riuscì a "ricucire" il rapporto con il Capitolo della cattedrale, convincendolo addirittura ad accettare come primicerio il proprio nipote Tommaso di Bino, che sarebbe sopravvissuto allo zio per vari decenni. Degno di nota è anche il tentativo, compiuto congiuntamente dal Capitolo e dal Comune alla morte del presule, di ottenere da Benedetto XII la nomina ad arcivescovo di un altro frate domenicano, nella persona del priore del convento di S. Caterina, il pisano Marco Roncioni. Costui proveniva da una famiglia nobile che nella seconda metà del Duecento, parallelamente all'adesione alla fazione del conte Ugolino, aveva abbozzato una strategia di penetrazione nel mondo ecclesiastico, perseguita con una certa abilità fra la Curia romana e la Chiesa cittadina.[41] Il prestigio goduto da fra Marco Roncioni nella Pisa degli anni Trenta e Quaranta del Trecento dipendeva però sicuramente dalle sue qualità personali, ed egli, anziché arcivescovo di Pisa, fu nominato dal papa vescovo di Urbino: è inutile perciò chiedersi se avrebbe dimostrato più prudenza e avuto più fortuna di Oddone Della Sala, e se sarebbe riuscito ad invertire il declino verso il quale era ormai incamminata la propria famiglia.

Dino da Radicofani, l'arcivescovo trasferito a Pisa da Genova nel 1342, non ebbe tempo né modo di lasciare il proprio segno sulla Chiesa pisana. Ben diverso è il discorso relativo al suo successore, Giovanni di Scarlatto, che nel 1348 fu, a sua volta, trasferito a Pisa dalla sede greca di Corone.[42] Egli era nato in città da una famiglia ancor priva di cognome, e probabilmente mai giunta all'anzianato; certo non fu mai anziano suo padre, *Scherlactus*, di cuì è al momento impossibile individuare gli ascendenti. Giovanni «figlio di Scarlatto» riuscì peraltro, grazie a qualità personali probabilmente appoggiate da protezioni che ci sfuggono, a compiere gli

40. M. Luzzati, *Simone Saltarelli arcivescovo di Pisa (1323-1342) e gli affreschi del maestro del Trionfo della Morte*, in «Annali della Scuola Normale Superiore di Pisa. Classe di Lettere e Filosofia», s. III, vol. XVIIII, 4 (1988), pp. 1645-1664.

41. M. Luzzati, *Le origini di una famiglia nobile pisana: i Roncioni nei secoli XII e XIII*, in «Bullettino senese di storia patria», 73-75 (1966-1968), pp. 60-118.

42. Un profilo accurato della sua attività è stato redatto da D. Parducci, *Giovanni Scarlatti arcivescovo di Pisa (1348-1362). Appunti biografici*, in «Bollettino storico pisano», 79 (2010), pp. 149-180.

studi di diritto canonico, sì che nel 1331 (l'unico anno in cui egli sia documentato a Pisa prima del suo "ritorno" in veste di arcivescovo) egli era già chiamato «iuris canonici peritus», e nel 1332, nel conferirgli un beneficio in diocesi di Lucca, Giovanni XXII lo definì più precisamente «decretorum doctor». Già allora, forse, egli si era stabilito ad Avignone, dove nel 1335 figurava come cappellano del cardinale Iacopo Stefaneschi, e qualche anno dopo insegnava nello «studio generale della Curia romana». Clemente VI gli affidò poi il vescovato di Corone, come base per una delicata legazione in Armenia, e nel giugno 1348, alla morte dell'arcivescovo Dino, lo destinò a Pisa, la cui Chiesa egli avrebbe governato fino alla morte, sopraggiunta il 14 febbraio del 1362 (un altro anno di peste).[43]

Giovanni di Scarlatto aveva pochissimi parenti per via maschile (un altro *Scherlactus*, probabilmente suo nipote *ex fratre*, è attestato dopo il 1362 come pievano di Vallaneto, nella zona vieppiù spopolata delle Colline); ma una sua sorella aveva sposato il notaio Iacopo detto Puccio del fu Andrea da Vico, residente nella cappella di S. Andrea in Chinzica, e almeno due figli nati da tale matrimonio abbracciarono lo status clericale già prima del rientro a Pisa di Giovanni come arcivescovo, e beneficiarono immediatamente dell'appoggio dello zio materno. Ben visto da Clemente VI e poi da Innocenzo VI, e buon conoscitore della Curia avignonese, Giovanni riuscì infatti a far entrare a pieno titolo nel Capitolo della cattedrale Francesco di ser Puccio, e ad ottenere una lettera di provvisione anche per il fratello di costui, Lotto.[44] Più tardi, dopo aver conseguito una formazione giuridica, Lotto decise di tornare nello stato secolare (e generò, come subito vedremo, la "seconda generazione" dei canonici della famiglia); ma Francesco, dopo aver goduto della fiducia dello zio materno (che lo inserì nel collegio dei suoi esecutori testamentari, incaricati fra l'altro di approntare all'interno da Duomo il monumento funebre chiesto dal presule),[45] fu

43. Cfr. Ronzani, *«Figli del comune»*, pp. 819-820 (testo e note).

44. Lo studio di riferimento per questo paragrafo è Carratori, *Il Capitolo della cattedrale*; cfr. le pp. 3-4 e 52-53. Nella lettera di provvisione di un canonicato pisano in favore di Lotto di ser Puccio, inviata il 2 marzo 1354 da Innocenzo VI all'arcivescovo Giovanni, si legge appunto che per Lotto «etiam tu, frater archiepiscope, pro dilecto nepote tuo nobis super hoc humiliter supplicasti»: ASDPi, *Capitolo*, A-13, c. 18v.

45. Il testamento di Giovanni è edito in appendice a Parducci, *Giovanni Scarlatti.* Sul sepolcro si veda M. Burresi, *I monumenti sepolcrali degli arcivescovi Giovanni Scarlatti e Francesco Moricotti*, in *Il Museo dell'Opera del Duomo a Pisa*, Cinisello Balsamo 1986, pp. 103-108.

unanimemente designato dai confratelli canonici a succedergli sulla Cattedra arcivescovile.[46]

L'accoglimento della «postulazione» di Francesco ad arcivescovo di Pisa da parte di Innocenzo VI vale ai nostri occhi come l'ultima e più eloquente dimostrazione del prestigio goduto nella Curia avignonese dal «figlio di Scarlatto», e nello stesso tempo ci offre finalmente un ottimo esempio di «mobilità» propiziata e sostenuta dal godimento di un ufficio vescovile. Francesco, infatti, se nel 1362 era ancora identificato semplicemente come «figlio di ser Puccio» (e nipote del defunto arcivescovo Giovanni),[47] divenne ben presto il "capo" di una schiatta famigliare contraddistinta da un apposito cognome («Moricotti»), che compare nelle fonti appunto durante il suo governo. Nelle particolari circostanze del settembre 1378, egli fu creato cardinale da Urbano VI (che si diceva fosse suo lontano parente), e ne divenne vicecancelliere.[48] Lo stesso papa inviò come suo successore sulla Cattedra arcivescovile pisana Bernabò dei Malaspina di Fosdinovo, e nel 1381, alla morte di costui, accettò la «postulazione» di Lotto Gambacorta (nipote di Pietro, signore di Pisa dal 1370).[49] Ma nel 1384 Francesco e suo fratello Lotto orchestrarono un'operazione di "rientro" della famiglia nel Capitolo della cattedrale: il cardinale ottenne da Urbano VI per sé l'ufficio e la prebenda di primicerio,[50] e per Andrea di Lotto una lettera di provvisione, che fu eseguita subito o nel giro di poco tempo.[51] Prima del 1391 entrò nel Capitolo anche Iacopo, figlio di Bertalotto Moricotti (un altro fratello

46. La bolla papale di provvisione dell'ufficio di arcivescovo in favore di Francesco, «pro quo etiam dilecti filii Capitulum eiusdem ecclesiae per eorum patentes litteras nobis super hoc humiliter supplicarunt», datata 20 giugno 1362, fu edita da A.F. Mattei, *Ecclesiae Pisanae Historia*, 2 voll., vol. II, Lucae 1772, «Appendix Monumentorum», nr. XXI, pp. 84-85.

47. Ciò indusse il p. Mattei, di solito vigile e ben informato, a ritenere che il «Franciscus I Puccius» promosso all'arcivescovato nel 1362 fosse persona diversa dal «Franciscus II de Moricottis», che sarebbe stato nominato l'anno successivo da Urbano V: ivi, pp. 95-103.

48. Si veda la "voce" di M.G. Blasio, *Moricotti Francesco di ser Puccio di Vico Pisano*, in *DBI*, 76 (2012), consultabile in rete all'interno di www.treccani.it.

49. Mattei, *Ecclesiae Pisanae*, II, «Appendix Monumentorum», nr. XXIV, pp. 89-90 (26 gennaio 1381). Da notare che il seggio canonicale occupato fino ad allora da Lotto Gambacorta fu assegnato dal nuovo arcivescovo e dai canonici, in forza di una provvisione di Urbano VI, ad un nipote omonimo del cardinale Francesco, figlio di Bertalotto «de Moricottis de Vico», che però è attestato solo fino al 1382 (Carratori, *Il Capitolo della cattedrale*, p. 4 con la n. 12).

50. Ivi, pp. 52-53.

51. Ivi, p. 52.

di Francesco e Lotto, che il primo, durante il proprio governo, aveva utilizzato come podestà di Filettole e visconte di Montevaso); in quell'anno, però, Iacopo rinunciò al canonicato, che il nuovo pontefice Bonifacio IX assegnò a Nicolao, un altro figlio di Lotto (mentre quest'ultimo funse in quel periodo da «advocatus» del Capitolo pisano).[52]

Nel 1394, quando il cardinale Francesco morì, la famiglia era dunque saldamente impiantata nel cuore della Chiesa cittadina pisana, e Andrea di Lotto, che dal 1392 era divenuto anche protonotario apostolico, teneva i collegamenti con la Curia romana. La incrollabile fedeltà verso il papato «romano» di Gregorio XII mantenuta da Andrea anche nei frangenti del 1408-1409 gli sarebbe alla fine costata l'espulsione dal Capitolo della città d'origine: è significativo che a privarlo del canonicato fosse il papa "pisano" Alessandro V, e che a subentrargli fosse un congiunto dell'arcivescovo Alamanno Adimari, inviato a Pisa da Innocenzo VII all'indomani della conquista fiorentina dell'8 novembre 1406, e ospite e "organizzatore" del Concilio del 1409.[53]

Pur mancando di uno studio sulle vicende ulteriori della famiglia Moricotti, sembra comunque lecito pensare che anche dopo il primo decennio del Quattrocento gli effetti della vistosa ascesa propiziata dai due arcivescovi Giovanni e Francesco continuassero a farsi sentire. Di certo, la memoria di questa famiglia durò a lungo, sì che gli eruditi di età rinascimentale e moderna non ebbero difficoltà ad assegnare il cognome «Moricotti», oltre che al cardinale e vicecancelliere di Urbano VI, anche ad un altro cardinale pisano, Enrico, vissuto nel secolo XII e protagonista fra 1155 e 1167 di un'intensa attività legatizia per conto di Adriano IV e Alessandro III. Come è facile constatare, l'origine famigliare di Enrico non è però mai ricordata dalle fonti coeve.[54]

52. Ivi, p. 53.

53. Ivi, p. 52.

54. Come è opportunamente notato dall'autore della recente "voce", la quale peraltro lascia al personaggio il cognome tradizionale: M. Vendittelli, *Moricotti Enrico*, in *DBI*, 76 (2012).

Stefano G. Magni

Il nepotismo episcopale nell'Italia dei comuni (fine XIII-XIV secolo)*

Lo studio del nepotismo vescovile nelle città comunali tra fine XIII e XIV secolo rappresenta un tema di grande complessità. Le implicazioni di questo tipo di ricerca sono infatti numerose. Mi limito a segnalarne due, il problema metodologico del nepotismo come oggetto di indagine e la storia dei vescovati nel periodo di riferimento e nelle fasi ad esso prossime (il pieno medioevo e la prima età moderna).[1] La

* Gli *url* segnalati sono tutti aggiornati al 01-07-2016. Ringrazio Daniela Rando e Gian Maria Varanini per i consigli al testo. Ogni inesattezza qui presente è imputabile esclusivamente a scelte da me compiute.

1. S. Carocci, *Il nepotismo nel Medioevo. Papi, cardinali e famiglie nobili*, Roma 1999; W. Reinhard, *Nepotismus. Der Funktionswandel einer pastgeschichtlichen Konstante*» in «Zeitschrift für Kirchengeschichte», 86 (1975), pp. 145-185. Sull'istituto vescovile in Italia nel pieno e tardo medioevo la bibliografia è estesissima. Quadri d'insieme sono *Vescovi e diocesi dal XIV alla metà del XVI secolo*, atti del convegno (Brescia, 1987), a cura di G. De Sandre Gasparini, A. Rigon, F.G. Trolese e G.M. Varanini, 2 voll., Roma 1990; *Pievi e parrocchie in Italia nel Basso Medioevo (sec. XIII-XV)*, atti del convegno (Firenze, 1981), 2 voll., Roma 1984; *Dal pulpito alla cattedra. I vescovi degli ordini mendicanti nel '200 e nel primo '300*, atti del convegno (Assisi, 1999), Spoleto 2000. Sintesi principale è M. Ronzani, *Vescovi, capitoli e strategie famigliari nell'Italia comunale*, in *Storia d'Italia, Annali*, 9: *La Chiesa e il potere politico dal Medioevo all'età contemporanea*, a cura di G. Chittolini e G. Miccoli, Torino 1986, pp. 103-146; ora anche M. Pellegrini, *Vescovo e città. Una relazione nel Medioevo italiano (secoli II-XIV)*, Milano 2009, pp. 1-14. Per il XII e XIII secolo: G. Sergi, *Poteri temporali del vescovo: il problema storiografico*, in *Vescovo e città nell'alto medioevo: quadri generali e realtà toscane*, atti del convegno (Pistoia, 1998), Pistoia 2001, pp. 1-16; R. Brentano, *Due chiese: Italia e Inghilterra nel XIII secolo*, Bologna 1972 (ed. or. Princeton 1968). Recente intervento è A. Gamberini, *La nobiltà del pastore. Una nota sui processi di formalizzazione di* status *nel Trecento*, in *Medioevo dei poteri. Studi in onore di Giorgio Chittolini*, a cura di N. Covini, M. Della Misericordia, A. Gamberini e F. Somaini, Roma 2012, pp. 77-96. Sintesi problematica: M.C. Rossi, *Vescovi*

materia è ancora più complessa se si considerano le relazioni del tema con la questione più vasta della mobilità sociale nell'Italia comunale.[2]

Eppure studiando il nepotismo vescovile è possibile illuminare aspetti nevralgici della civiltà comunale.[3] Prendendo come valido in senso generale quanto emerge dal caso iberico, la carriera presso la chiesa cittadina poteva rappresentare una delle maggiori possibilità di promozione e ascesa sociale in seno alla società locale per un individuo o un gruppo familiare. L'episcopato o le maggiori cariche capitolari offrivano una grande visibilità e ampie possibilità di creare rilevanti reti clientelari.[4]

Inoltre nella penisola italiana, soprattutto in area centro-settentrionale, il rapporto tra chierici e laici in città era caratterizzato da separazioni poco nette e la società comunale poteva esprimere le sue preminenze tanto presso le istituzioni cittadine quanto in quelle della chiesa locale, profondamente permeate l'una con l'altra.[5]

Il testo che segue è organizzato in tre parti: nella prima sono presentati alcuni aspetti metodologici e problematici della ricerca, con accenni al panorama storiografico; nella seconda sono illustrati in breve alcuni casi di studio; nella terza mi soffermo su alcune prospettive di lettura dei dati raccolti.

1. Un aspetto introduttivo da evidenziare è il riconosciuto carattere fortemente localizzato della gestione delle «res sacrae» nei territori diocesani al tempo dei comuni (l'universo delle «Chiese particolari»),[6] un tratto caratteristico della Chiesa in Italia, spesso ricordato dagli studiosi, che impedisce semplici automatismi qualora si tentassero delle modellizzazioni.

nel basso medioevo (1274-1378). Problemi, studi, prospettive, in *Il difficile mestiere di vescovo (secoli X-XIV)*, Verona 2000, pp. 217-254.

2. *La mobilità sociale nel Medioevo*, a cura di S. Carocci, Roma 2010.

3. Sui comuni: F. Menant, *L'Italia dei comuni (1100-1350)*, Roma 2011; J.C. Maire Vigueur, *Cavalieri e cittadini. Guerra, conflitti e società nell'Italia comunale*, Bologna 2004; F. Franceschi, I. Taddei, *Le città italiane nel Medioevo (XII-XIV secolo)*, Bologna 2012.

4. J.D. Ibáñez, *La formación de las élites eclesiásticas. Aportaciones de la historiografía castellana y portuguesa*, in *La mobilità sociale nel Medioevo*, pp. 309-339: p. 310.

5. G. Chittolini, *Papato e Stati italiani*, in *Lo Stato del Rinascimento in Italia*, a cura di A. Gamberini e I. Lazzarini, Roma 2014, pp. 421-440: p. 423.

6. G. Cracco, *Chiese locali e partito imperiale nell'Italia dei Comuni (1236-1254)*, in *Federico II e le città italiane*, a cura di P. Toubert e A. Paravicini Bagliani, Palermo 1994, pp. 403-419: pp. 403-404.

Sul piano degli approcci il nepotismo è stato finora uno strumento interpretativo poco utilizzato, sia nei quadri di sintesi, sia negli studi di storia locale o nelle biografie di singoli personaggi.

Mi sembra tuttavia che siano due le questioni che incidono sostanzialmente sull'impostazione delle analisi condotte sui vescovi del Due e Trecento. La prima riguarda l'approccio allo studio dei vescovi all'interno della storia della Chiesa. Gli eventi della vita dei presuli, infatti, vengono indagati sulla scorta di un «tipo ideale» di vescovo, delineato dal grado di prossimità del suo operato a particolari ideali di moralità e disciplina pastorale, determinati in fase tridentina e concretizzati nell'«ideale vissuto» di alcuni grandi vescovi della prima modernità.[7] Inoltre le indagini locali hanno penalizzato la conoscenza di alcune fasi della storia dei vescovati. Negli studi cittadini e regionali si sono preferiti in genere i periodi della storia della chiesa urbana in cui il vescovo eletto era espressione del capitolo, mentre c'è stato minore interesse per il momento in cui – almeno sulla carta – la nomina dei presuli diventa prerogativa del papa, anche nei momenti travagliati di questo processo, ad esempio agli inizi del XIV secolo.[8] La seconda questione invece riguarda il piano metodologico. Si deve riconoscere infatti che esiste una radicata divergenza di metodo diffusa tra gli studiosi, poiché in Italia la storia socio-economica e la storia della Chiesa sembrano viaggiare talvolta su binari separati. I vescovi del Trecento per questo sono stati raramente indagati attraverso il filtro della storia economico-sociale.[9]

Evidentemente si tratta di una materia delicata sul piano storiografico. È noto poi come anche prima del concilio di Trento (un evento di straordinaria rilevanza nella "grande narrazione" sui vescovi[10]), l'istituto episcopale in Italia si è a lungo presentato poroso e in certi casi apertissimo alle strategie e alle aspettative dei laici. Questo carattere della Chiesa pretridentina si è manifestato in forme diverse e significative, che permettono di conoscere un

7. Riferimento è H. Jedin, *Il tipo ideale di vescovo secondo la riforma cattolica*, Brescia 1985.

8. Sugli sviluppi nel Trecento G. Chittolini, *Stati regionali e istituzioni ecclesiastiche*, in *Storia d'Italia, Annali, 9*, pp. 147-193: p. 150; cfr. Id., *Papato e Stati italiani*, p. 424.

9. W. Reinhard, *Möglichkeiten und Grenzen der Verbindung von Kirchen mit Sozial- und Wirtschaftsgeschichte*, in «Spezialforschung und "Gesamtgeschichte". Weiner Beiträge zur Geschichte der Neuzeit», 8 (1981), pp. 243-278.

10. Recentissimo contributo è B. Emich, *Dalla Chiesa tridentina al mito di Trento. Una rilettura storico-concettuale*, in «Storica», 63 (2015), pp. 39-66: soprattutto le pp. 61-66.

campo di intersezione di grande rilevanza tra storia delle istituzioni ecclesiastiche e storia sociale ed economica dell'Italia comunale.[11]

Inoltre la materia appare ancor più intricata qualora ci si domandi come sia possibile identificare chiaramente o quantificare il nepotismo nelle fonti. Durante il XIII e XIV secolo se ne ha notizia in testi cronistici e poetici, ad esempio quelli noti alla storiografia di Salimbene de Adam, Dante o di Bindo Bonichi.[12] Tuttavia nei loro testi una parte più o meno cospicua delle pratiche nepotistiche narrate viene plasmata a livello immaginifico senza essere verificata fattivamente. Informazioni significative, anche se poco frequentate dalla ricerca, possono invece essere ritrovate nella documentazione pubblica e privata che può testimoniare reti di relazione parentale, tradotte in concessioni di cariche e funzioni, devoluzioni finanziarie, trasferimenti di proprietà o protettorati politici.[13]

Occorre infine una precisazione su quali forme di nepotismo interessano questa ricerca. Sandro Carocci identifica il nepotismo ecclesiastico

11. La bibliografia sul tema è poderosa, mi limito a Reinhard, *Möglichkeiten und Grenzen*; cfr. C. Violante, *Sistemi organizzativi della cura d'anime in Italia tra Medioevo e Rinascimento*, in *Pievi e parrocchie in Italia*, I, pp. 13-16. Fondamentali i saggi raccolti nella *Storia d'Italia, Annali, 9*; inoltre A. Prosperi, *"Dominus beneficiorum". Il conferimento dei benefici ecclesiastici fra prassi curiale e ragioni politiche negli stati italiani tra '400 e '500*, in *Strutture ecclesiastiche in Italia e in Germania prima della Riforma*, Bologna 1984, pp. 51-86 e R. Bizzocchi, *Clero e chiesa nella società italiana alla fine del Medioevo*, in *Clero e società nell'Italia moderna*, Roma-Bari 1992, pp. 3-44. Nel decennio scorso c'è stata una ripresa del problema in «Humanitas», 59 (2004), a cura di M. Guasco, pp. 893-993: si vedano soprattutto G. Chittolini, *L'età pretridentina. Alcuni orientamenti di ricerca*, ivi, pp. 951-962 e G.M. Varanini, *La ricerca storica sulle chiese locali in Italia fra tradizione erudita e ecclesiologia conciliare. Alcune considerazioni*, ivi, pp. 972-982.

12. Esperto politico nella Siena d'inizio Trecento e rimatore moraleggiante, il Bonichi è autore della canzone *Contro la chiericia disonesta*, raccolta in B. Bonichi, *Rime*, Bologna 1867, pp. 93-98, di cui alcuni versi sono citati in R. Brentano, *Vescovi e collocazione socioculturale del clero parrocchiale*, in *Pievi e parrocchie in Italia*, I, pp. 235-256: p. 241, che non fornisce però riferimenti precisi al testo; cfr. E. Ragni, *Bonichi Bindo*, in *Dizionario Biografico degli Italiani* (d'ora in poi *DBI*), 12 (1971), http://www.treccani.it/enciclopedia/bindo-bonichi_(Dizionario-Biografico)/. Le considerazioni sul nepotismo pontificio e cardinalizio di Salimbene e Dante si trovano in Carocci, *Il nepotismo nel medioevo*, p. 125 e pp. 143-144.

13. Un esempio di fonte da sfruttare in questo senso sono senz'altro i registri vescovili: descrizione formale in A. Olivieri, *I registri vescovili nel Piemonte medievale*, in *I registri vescovili dell'Italia settentrionale (secoli XII-XV)*, atti del convegno (Monselice, 2000), a cura di A. Bartoli Langeli e A. Rigon, Roma 2003, pp. 1-42: pp. 7-8; sulle fonti ecclesiastiche P. Cammarosano, *Italia medievale. Struttura e geografia delle fonti scritte*, Roma 1991, pp. 225-238.

come l'insieme delle pratiche di pontefici e prelati volte a tutelare o a favorire parenti.[14] All'interno di questa definizione, lo studioso nota come esista un nepotismo minuto, meno spettacolare forse rispetto a quello in scena a Roma, che sarebbe stato praticato però in tutta Europa da presuli, abati, canonici e altri chierici.[15] Mi sono allora mosso in questo spazio di indagine ampio, poco o per nulla studiato finora, concentrandomi esclusivamente sui vescovi e sull'Italia dei comuni, al fine di portare alla luce alcune tipologie di "nepotismi" fondati sulla concessione di beni, benefici e cariche a familiari da parte di un parente vescovo.

2. È subito apparso chiaro come il nepotismo esercitato presso la *familia* del vescovo potesse essere un campo di interesse per la ricerca. Come segnalato da Marianna Cipriani, l'attenzione degli studiosi per la variegata realtà dei collaboratori vescovili è stata nel tempo crescente e ben definita, sebbene con limiti di spazio e tempo piuttosto evidenti. Infatti, gli sforzi si sono concentrati quasi del tutto sul XV secolo e specialmente su Milano, l'area lombarda e il Veneto.[16]

È noto come sia arduo proporre una definizione univoca di quale fosse la composizione dell'*entourage* vescovile. Si trattava infatti di un'istituzione fluida sul piano formale, in cui spesso le funzioni potevano essere assunte anche in mancanza di riconoscimenti ufficiali. Inoltre, se per il Due e Trecento essa è in molti casi poco conosciuta, il Quattrocento risente invece molto della costruzione ideale, oltre che del presule, anche del familiare "perfetto", protagonista di una pratica letteraria che vive una stagione fortunata nel XV secolo.[17] Il quadro poi è complicato dalla scarsità (con poche eccezioni) di studi specifici e focalizzati sulla *familia* come istituto da indagare trasversalmente o sul piano comparativo.[18] Nel complesso il termine *familia* qualifica l'insieme dei collaboratori espressamente individuati come *familiares* nelle fonti, gli addetti al suo servizio personale

14. Carocci, *Il nepotismo nel medioevo*, p. 9.

15. Ivi, p. 63.

16. M. Cipriani, Familia *ideale e* familia *reale: il vescovo di Verona Ermolao Barbaro e i suoi uomini (1453-1471)*, in «Rivista di storia della chiesa in Italia», 66 (2012), pp. 389-429: pp. 389-390.

17. Ivi, p. 393.

18. M.C. Rossi, *Gli uomini del vescovo.* Familiae *vescovili a Verona (1259-1350)*, Venezia 2001, p. 7.

(come ad esempio cappellani, domestici e servitori più o meno specializzati) e soprattutto i funzionari che permettevano al presule di governare con variabile efficienza il territorio diocesano, tra cui spiccavano il vicario, il tesoriere (quando presente) e i notai.[19]

A tal proposito mi concentrerò su due vescovi, Ildebrandino Conti a Padova e Simone Saltarelli a Pisa. Il primo caso è ben conosciuto grazie al classico di Paolo Sambin, che già sospettava la sua *familia* come possibile luogo di «filtrazione di nepotismo».[20] Vescovo di lungo periodo dal 1319 al 1352 con lunghe fasi di assenza dalla sede, Ildebrandino era rappresentante di una celebre famiglia di baroni di Roma, giurista e classicista, politico di livello europeo.[21] Tra i suoi *familiares* vi si trovano parenti e conterranei romani. Alcuni di loro ricevono benefici presso la chiesa locale:[22] Bartolomeo Conti, canonico delle pievi S. Maria di Galzignano e di S. Lorenzo di Conselve nel 1348, è vicario generale del vescovo nel 1349;[23] Francesco Conti, che Sambin ipotizza fosse fratello del presule, è testimoniato nel 1347-1348 come *domicellus et familiaris* del vescovo. Molti conterranei fidati ricoprono ruoli di funzionari nella curia o nella *familia*, oppure ricevono benefici nella diocesi. Tre di loro sono vicari vescovili, tra cui spicca il caso di Francesco di Giovanni Pedone. Accumulatore di rendite ecclesiastiche (canonico di S. Pietro a Roma nel 1329 e 1347, canonico di Segni e Sens tra 1327 e 1333), a Padova è vicario generale del vescovo tra 1333 e 1338, raggiunge tra 1338 e 1347 prima l'arcidiaconato a Piove di Sacco e infine riesce a diventare canonico a Padova.[24] Per questi personaggi occorre ricordare l'importanza del vicariato nella situazione in cui i presuli erano assenti dalla diocesi. Inoltre devono essere considerate come rilevanti anche le concessioni clientelari di benefici a conterranei. Le trame del nepotismo minuto, infatti, dovranno essere immaginate nella loro complessità. Ad esempio i personaggi che ne beneficiavano potevano

19. P. Sambin, *La* familia *di un vescovo italiano*, in «Rivista di storia della Chiesa in Italia», 4 (1950), pp. 237-247: pp. 237-238, ripreso già da Cipriani, Familia *ideale e* familia *reale*, p. 395; cfr. Rossi, *Gli uomini del vescovo,* pp. 5-18.

20. Sambin, *La* familia *di un vescovo*, p. 238.

21. B.G. Kohl, *Conti, Ildebrandino*, in *DBI*, 28 (1983), http://www.treccani.it/enciclopedia/ildebrandino-conti_(Dizionario-Biografico)/.

22. S. Carocci, *Baroni di Roma. Dominazioni signorili e lignaggi aristocratici nel Duecento e nel primo Trecento*, Roma 1993, p. 376, nota 28.

23. Sambin, *La* familia *di un vescovo*, pp. 238-239.

24. Ivi, p. 240.

avere a loro volta una *familia*, e si potevano attivare dinamiche a cascata nei legami parentali e di concessione di benefici, con il possibile favore indiretto verso la famiglia del beneficiario. In questo senso, se supportate dall'incrocio di sufficienti dati prosopografici, le possibilità comparative nello studio di questo nepotismo sembrano essere molto promettenti.

Un altro esempio è quello di Simone Saltarelli, domenicano fiorentino, vescovo di Parma dal 1316 e poi arcivescovo di Pisa dal 1324 al 1342.[25] A Firenze i suoi consanguinei si erano ritagliati uno spazio da protagonisti sulla scena politica cittadina grazie alle fortune mercantili di metà Duecento. Durante il regime degli anni Sessanta del secolo hanno fatto parte della dirigenza ghibellina e dal 1282 sono riusciti ad inserirsi nel nuovo istituto del priorato, tentando di rimanere al centro della vita politica urbana durante l'ultimo quarto del Duecento.[26]

Nella traslazione il Salterelli porta con sé da Parma tutto il suo personale, composto da consanguinei e molti conterranei fiorentini e della Valdisieve.[27] Il nipote Tommaso di Bino opera come vicario ben prima che Simone raggiunga la sede arcivescovile e risulta *negotiorum gestor* per conto di Simone già nell'ottobre del 1323.[28] La presenza dei Saltarelli nell'amministrazione episcopale è notevole.[29] È il caso dei sei figli del fratello Bino, che sono podestà di Filettole e Usignano (terre arcivescovili), camerari, familiari, procuratori, *domicelli* e accompagnatori del vescovo. Ad esempio il nipote Bartolo è nel 1324-1325 familiare del vescovo e poi podestà di Filettole tra 1334 e 1337 e Simone, figlio del fratello Andrea, è *domicellus* dell'arcivescovo nel 1334. La massiccia penetrazione dei membri della famiglia del presule nell'amministrazione della diocesi pisana interessa tanto il nepotismo vescovile quanto più in generale i problemi della mobilità

25. M. Luzzati, *Simone Saltarelli arcivescovo di Pisa (1323-1342) e gli affreschi del maestro del Trionfo della Morte*, in «Annali della Scuola Normale Superiore di Pisa. Classe di Lettere e Filosofia», 18 (1988), pp. 1645-1664; M. Ronzani, *«Figli del comune» o fuoriusciti? Gli arcivescovi di Pisa di fronte alla città-stato tra la fine del Duecento e il 1406*, in *Vescovi e diocesi in Italia*, II, pp. 800-816; cfr. R. Davidsohn, *Storia di Firenze*, Firenze 1960, IV, p. 925.

26. S. Raveggi, M. Tarassi, D. Medici, P. Parenti, *Ghibellini, guelfi e popolo grasso. I detentori del potere politico a Firenze nella seconda metà del Dugento*, Firenze 1978, p. 46 e p. 72; cfr. S. Diacciati, *Popolani e magnati. Società e politica nella Firenze del Duecento*, Spoleto 2011, pp. 232-233.

27. Ronzani, *«Figli del comune» o fuoriusciti*, p. 803.

28. Ivi, p. 802, nota 78.

29. I dati che seguono sono raccolti in Luzzati, *Simone Saltarelli*, pp. 1648-1649, nota 6.

sociale. Come già notato da Michele Luzzati, i Saltarelli avevano puntato molto sulle carriere ecclesiastiche anche fuori Pisa per far sopravvivere il loro lignaggio di tradizionale fede ghibellina, che nonostante fosse riuscito ad integrarsi al regime popolare di fine Duecento, finì decimato dalla violenta e convulsa dinamica politica fiorentina a cavallo tra i due secoli.[30] Il nepotismo (e l'emigrazione, si dovrebbe aggiungere) poteva fungere in questo caso da freno ad una mobilità sociale discendente dipendente da fattori politici.

I due casi illustrati finora, e altri, mi spingono a pensare che il servizio presso la *familia*, grazie alla sua scarsa formalizzazione – e forse ai redditi relativamente ridotti, probabilmente precari – potesse rappresentare un punto di partenza per il conferimento di rendite più sicure nel caso di personaggi minori, mentre per quelli maggiori, ossia inseriti con ruoli centrali nella strategia famigliare del vescovo, poteva aprire la strada anche alle più alte cariche della chiesa locale.

In aggiunta a ciò, il binomio nepotismo-*familia* vescovile permette di fare delle osservazioni, seppur abbozzate, sul tema delle visite pastorali, secondo una prospettiva ancora poco praticata dalla ricerca, ovvero quella del conflitto. È opportuno evidenziare il caso veronese della visita del suffraganeo Matteo Canato durante l'episcopato di Ermolao Barbaro (1460), che mi costringe ad una rapida incursione nel XV secolo, sebbene si deve ricordare come vi sia una profonda differenza tra la realtà trecentesca e quella del Quattrocento.[31] Tuttavia la considerazione di questo caso permette di sottolineare le potenzialità dello studio delle visite pastorali anche nel XIII e XIV secolo.[32] Si hanno infatti qui delle indicazioni, indirette ma chiare, di come il nepotismo potesse essere uno strumento politico potente e funzionale, oltre che alla realizzazione del governo della diocesi, anche viceversa al raggiungimento degli obiettivi politici del capitolo, che divergevano dalla prospettiva dell'immediato accrescimento del patrimonio del vescovo. Il monaco

30. Davidsohn, *Storia di Firenze*, IV, pp. 329 e sgg.; cfr. A. Zorzi, *La trasformazione di un quadro politico. Ricerche su politica e giustizia a Firenze dal comune allo Stato territoriale*, Firenze 2008, p. 120.

31. Rossi, *Gli uomini del vescovo*, p. 23. Nel XV secolo l'entrata nella *familia* "ristretta" del vescovo (ovvero coloro che vengono espressamente indicati come *familiares* nelle fonti, che si oppongono agli appartenenti alla *familia* allargata, formata da coloro che hanno funzioni amministrative senza ricevere tale appellativo) poteva avvenire per nomina formale, mentre nel XIV secolo vi si entrava senza che fossero necessarie formalizzazioni.

32. Cipriani, Familia *ideale e* familia *reale*, p. 394.

benedettino Marco, veneziano con un esperienza da abate in Montenegro e nel 1454 membro della *familia* del vescovo, è investito nel 1455 di un beneficio con cura d'anime presso la chiesa di San Giorgio di Cazzano.[33] Il monaco tuttavia non dispone dei titoli necessari per tenere quest'incarico e finisce al centro delle inchiesta del suffraganeo-visitatore Matteo, che lo incarcera. È evidente come questo specifico beneficio, di tipo clientelare, non debba essere considerato parte di una strategia nepotistica dell'ordinario.[34] Si tratta tuttavia di un buon esempio del tipo di dinamica conflittuale che anche il nepotismo (se considerato in sostanza come un clientelismo "speciale") poteva innescare. I *familiares* ricevevano benefici (addirittura curati) anche senza disporre dei necessari titoli per ottenerli e questi trasferimenti potevano aprire uno spazio di scontro politico all'interno della società urbana. In questo l'azione di Matteo Canato – un rappresentante "della città" all'interno di una *familia* dalla forte impronta forestiera – appare una pista di ricerca per studiare le visite, oltre che come manifestazione monodirezionale dell'egemonia governativa dei presuli, anche nella prospettiva del conflitto interno alla diocesi, che nel caso del vescovo Ermolao (che ha risieduto in pianta stabile presso la sua diocesi) è stato da subito evidente, finendo per diventare aspro conflitto con i *cives* veronesi proprio intorno ad aspetti concreti dell'amministrazione vescovile del potere.[35]

Più in generale, le ricerche sul nepotismo praticato presso la *familia* episcopale potranno essere arricchiti da nuovi casi di studio, anche alla luce della recente attenzione per specifici aspetti della pratica governativa dei presuli, come l'amministrazione e la giustizia.[36] Dati arrivano anche

33. *Ibidem.*

34. Tuttavia sul nepotismo del Barbaro vedi ivi, p. 397.

35. Ivi, p. 398 e p. 426.

36. Centrale quanto osservato in G. Chittolini, *«Episcopalis curiae notarius». Cenni sui notai di curie vescovili nell'Italia centro-settentrionale alla fine del medioevo*, in *Società, istituzioni, spiritualità. Studi in onore di Cinzio Violante*, I, Spoleto 1994, pp. 221-232. Recenti ricerche sono L. Tanzini, *Giurisdizione secolare e giurisdizione vescovile nella Toscana del XIV secolo. Casi documentari di conflitti e sovrapposizioni*, in *La prassi del giurisdizionalismo negli Stati italiani: premesse, ricerche, discussioni*, a cura di D. Edigati e L. Tanzini, Ariccia (Roma) 2015, pp. 65-89; A. Luongo, *I notai della curia vescovile di Gubbio nel Trecento. Prime considerazioni*, in «Bullettino della Deputazione di Storia Patria per l'Umbria», 110 (2013), pp. 37-58; E.C. Pia, *I registri del chierico notaio astigiano Giacomo Saracco*, in «Mélanges de l'École française de Rome. Moyen-Age», 122 (2010), pp. 319-325 e Id. *La giustizia del vescovo: società, economia e Chiesa cittadina ad Asti tra XIII e XIV secolo*, Roma 2014.

da altri casi italiani, come Verona,[37] ancora Pisa con il presule Lotto Gambacorta (1381-1394),[38] oppure Vicenza con Biagio da Leonessa (gennaio 1337 - gennaio 1347).[39]

Una larga fetta del nepotismo vescovile, tuttavia, si esercitava attraverso la concessione di proprietà, diritti e giurisdizioni della mensa oppure benefici (curati o semplici) e funzioni curiali a consanguinei che non avevano nessun legame con il personale della *familia*. Per osservare questo tipo di nepotismo, diffuso e dalla natura variegata, mi sono concentrato su alcuni casi di studio: Siena, Parma, Gubbio e Asti. Oltre che da pratiche necessità di ricerca, la selezione è motivata dall'offerta di studi disponibili sulle singole chiese cittadine. Si procederà tracciando un profilo dei caratteri salienti del nepotismo di alcuni presuli di queste città e alla fine della presentazione verranno messi a confronto i casi studiati.

Siena è senz'altro un esempio fortunato e peculiare nel panorama comunale. Lo studio di Michele Pellegrini sulla chiesa cittadina nel XII e XIII secolo permette di avere una conoscenza profonda del contesto. Tuttavia il Trecento ecclesiastico senese rimane ancora largamente da studiare.[40] In termini signorili, il vescovo senese disponeva di risorse ridotte, eppure stabili nel tempo e chiaramente individuabili, sulle quali gli appetiti dei laici si sono scatenati dalla fine del Duecento, grazie anche a quella particolare sintonia tra potere laico ed ecclesiastico che si era venuta creando qui dalla

37. G.M. Varanini, *La chiesa veronese nella prima età scaligera. Bonincontro arciprete del capitolo (1273-1295) e vescovo (1296-1298)*, Padova 1988; Rossi, *Gli "uomini" del vescovo*.

38. M. Ronzani, *Un aspetto della circolazione degli ecclesiastici: i trasferimenti dei vescovi (Italia comunale, secoli XIII-XIV)*, in *Circolazione di uomini e scambi culturali tra città (secoli XII-XIV)*, atti del convegno (Pistoia, 2011), Roma 2013, pp. 221-242: pp. 238-239.

39. R. Brentano, *A New World in a Small Place. Church and Religion in the Diocese of Rieti*, Berkeley-Los Angeles-London 1994, p. 171. Prima di essere vescovo di Rieti (1347-1378), Biagio porta con sé a Vicenza un cospicuo nugolo di concittadini e frati, tra cui spiccano i nipoti Nicola e Matteo da Leonessa.

40. M. Pellegrini, *Chiesa e città. Uomini, comunità e istituzioni nella società senese del XII e XIII seclo*, Roma 2004. Sul XIV secolo – oltre a P. Nardi, *I vescovi di Siena e la curia pontificia dall'ascesa della parte guelfa allo scoppio dello scisma d'Occidente (1267-1378)*, in *Chiesa e vita religiosa a Siena. Dalle origini al grande giubileo*, atti del convegno (Siena, 2000), a cura di A. Mirizio e P. Nardi, Siena 2002, pp. 153-178 – ora si ha un quadro illuminante in M. Pellegrini, *Vita religiosa e società a Siena al tempo delle origini di Monte Oliveto*, in corso di pubblicazione. Ringrazio Michele Pellegrini per avermi concesso di consultarne il testo. Cfr. B.R. Franco, *Episcopal power and the Late Medieval State: Siena's Bishops and the Government of the Nine*, in «Viator», 45 (2014), pp. 255-270.

fine del XII secolo, che ha permesso allo stesso Pellegrini di definire quella senese come «chiesa della città».[41] In tale equilibrio, infatti, la Mensa riesce a mantenere praticamente intatto nel tempo il dominio di una porzione di territorio, fin dall'XI denominata Vescovado. Se le proprietà vescovili più vicine alla città nel XIII secolo passano chiaramente nell'orbita laica, il presule riesce a mantenere il controllo di una porzione di territorio (formalizzato come *districtus*), riunito intorno a Crevole, Murlo, Casciano, Vallerano, più altri castelli e villaggi, nel territorio diocesano inserito tra l'Ombrone e il tratto meridionale della Merse e del Farma.[42]

In tale contesto è rilevante il caso dei Malavolti. Tranne nel periodo 1307-1317, i vescovi senesi dal 1282 al 1371 sono tutti provenienti dalle loro fila. Si tratta di un fatto assolutamente eccezionale nel quadro toscano.[43] La famiglia fa parte di quell'aristocrazia consolare che tra fine XII e primi decenni del XIII mostra interesse patrimoniale nell'espansione nel territorio.[44] Secondo una tradizione storiografica consolidata, negli anni Sessanta del Duecento i Malavolti, insieme a Tolomei e Salimbeni, si convertirono al guelfismo per non perdere le posizioni di dominio nella finanza e nel commercio internazionale acquisite nei decenni precedenti.[45] La loro preminenza

41. Pellegrini, *Chiesa e città*, pp. 8-9.

42. P. Cammarosano, *Tradizione documentaria e storia cittadina: introduzione al "Caleffo Vecchio" del Comune di Siena*, Siena 1988, p. 37.

43. K. Eubel, *Hierarchia catholica medii aevi*, I, München 1914 (ed. or. München 1898-1910), p. 446. Le cronologie dei vescovati segnalate qui fanno tutte riferimento ai dati forniti dall'Eubel, quando non diversamente segnalato. Sulle potenzialità e i limiti scientifici di questo strumento: M. Ronzani, *Note e osservazioni sui vescovi mendicanti in Italia centrale fino alla metà del secolo XIV*, in *Dal pulpito alla cattedra*, pp. 131-165: pp. 134-135. Profili biografici dei vescovi Malavolti: B. Bonucci, *Malavolti, Rinaldo*, in *DBI*, 68 (2007), url: http://www.treccani.it/enciclopedia/rinaldo-malavolti_(Dizionario-Biografico)/; Id., *Malavolti, Donosdeo*, in *DBI*, 68 (2007), url: http://www.treccani.it/enciclopedia/donosdeo-malavolti_(Dizionario-Biografico)/; Id., *Malavolti, Azzolino*, in *DBI*, 68 (2007), url: http://www.treccani.it/enciclopedia/azzolino-malavolti_(Dizionario-Biografico)/; cfr. Pellegrini, *Vita religiosa e società*, p. 26.

44. Cammarosano ha notato come un ruolo di primo piano presso il comune sia stato svolto da Filippo, membro dell'aristocrazia consolare senese e secondo podestà di Siena tra 1199 e 1201 (Cammarosano, *Tradizione documentaria*, p. 56), che opta per la carriera ecclesiastica per i discendenti, saldamente ancorati al vescovato e al capitolo. Tuttavia a cavaliere tra XII e XIII secolo non esistevano ancora relazioni istituzionali tra aristocrazia consolare ed episcopio (ivi, p. 37).

45. W. Bowsky, *Un comune italiano nel Medioevo. Siena sotto il regime dei Nove (1287-1355)*, Bologna 1986, p. 72; G. Milani, *Uno snodo nella storia dell'esclusione. Urbano IV,*

socio-economica è stata poi sancita dall'inserimento, fin dalla prima redazione, nelle liste dei magnati senesi (1277, 1313 e 1337-1339).[46]

All'interno di questo percorso sociale, il rapporto con le istituzioni ecclesiastiche è stato decisivo. Nel primo quarto del Duecento si aprono all'investimento in capitale simbolico grazie ad una strategia di interazione tra la famiglia e l'emergente ordine domenicano.[47] Nel 1226 tre membri dei Malavolti donano ai Domenicani la proprietà su cui costruire la loro chiesa, vicino al loro celebre *castellare*.[48] Secondo Bradley Franco questo evento ha rappresentato un momento fondativo della relazione tra ordine domenicano e famiglia. Durante il vescovato del domenicano Tommaso Fusconi (1254-1273), infatti, Rinaldo di Orlando Malavolti si ritaglia un decisivo spazio di potere all'interno della chiesa cittadina: nel 1259 è pievano di Santa Innocenza e successivamente vicario vescovile,[49] poi collettore delle decime nella diocesi tra 1275 e 1277. In questa fase, quando la dinamica politica interna a Siena è segnata dall'esclusione delle famiglie magnatizie dal governo urbano,[50] Rinaldo assume una posizione di assoluta preminenza all'interno del capitolo, e nel 1285 viene eletto rettore e podestà del castello di Montechiaro, di proprietà dello stesso capitolo.[51] Da questo momento la penetrazione della famiglia nelle istituzioni ecclesiastiche cittadine è chiara ed irrefrenabile. È possibile individuare un legame tra l'ascesa sociale dei Malavolti e le disponibilità economiche della chiesa cittadina, in particolare della Mensa.

la crociata contro Manfredi e l'avvio di nuove disuguaglianze nell'Italia bassomedievale, in «Mélanges de l'École française de Rome. Moyen-Age», 125/2 (2013), http://mefrm.revues.org/1278; cfr. R. Mucciarelli, *Il traghettamento dei* mercatores: *dal fronte imperiale alla* pars ecclesiae, in *Fedeltà ghibellina, affari guelfi. Saggi e riletture intorno alla storia di Siena fra Due e Trecento*, a cura di G. Piccinni, Siena 2008, pp. 61-102 e cfr. P. Cammarosano, *Il comune di Siena dalla solidarietà imperiale al guelfismo: celebrazione e propaganda*, in *Le forme della propaganda politica nel Due e Trecento*, Roma 1994, pp. 455-467.

46. Bowsky, *Un comune italiano nel Medioevo*, p. 110.

47. B. Franco, *Church and family: The Tenure of Bishop Donosdeo Malavolti, 1317-1350*, in *Honos alit artes. Studi per il settantesimo compleanno di Mario Ascheri, II*, *Gli universi particolari*, a cura di P. Maffei e G.M. Varanini, Firenze 2014, pp. 305-314: p. 307.

48. *Ibidem*.

49. Sull'importanza del vicariato Chittolini, *Stati regionali e istituzioni ecclesiastiche*, p. 167; cfr. R. Brentano, *Vescovi e vicari generali nel basso medioevo*, in «Italia sacra» 43 (1990), pp. 547-567.

50. Pellegrini, *Vita religiosa e società*, p. 27.

51. Nardi, *I Vescovi di Siena e la Curia*, p. 159.

La loro supremazia sugli istituti ecclesiastici senesi, a tratti totalizzante, si esprime con chiarezza durante il lungo episcopato di Donosdeo tra 1317 e 1350.[52] Egli è il maggior promotore del "sistema Malavolti" e del nepotismo vescovile su cui esso si reggeva. Celebrato al pari di altri presuli del Trecento come un vescovo capace di riorganizzare con efficacia le attività di governo pastorale, è stato promotore del *Liber titulorum* della chiesa senese, un documento finalizzato a censire le chiese urbane, quelle delle masse e le altre sparse nel resto della diocesi: inoltre il testo riporta i nomi dei patroni laici, notizie sulle consacrazioni dei sacerdoti, più altre informazioni.[53] Su questa fonte la ricerca potrà porre di nuovo attenzione in prospettiva sociale ed economica. Nel caso di Donosdeo, l'accesso di un parente ad un alto ufficio ecclesiastico urbano ha permesso di aumentare la disponibilità in beni secolari della famiglia. Lo provano i suoi acquisti di castelli (nello specifico Gavorrano, Pari e Castiglion del Bosco) passati poi ai suoi nipoti per via laica, con cui sembra abbozzarsi un processo di privatizzazione dei beni ecclesiastici.[54]

52. Sulla durata dei vescovati nel periodo di riferimento, è possibile definire come "lungo" un episcopato della durata di 20 o più anni, alla luce della durata media di 14,6 anni che è stata calcolata sulla base delle rilevazioni condotte su dieci città campione tra 1210 circa e 1360 circa, scelte perché i loro casi sono stati più o meno approfonditi nel quadro di questa ricerca:

Città	Durata media (anni)
Asti	14,5
Bologna	13,2
Brescia	12,5
Firenze	12
Gubbio	13,7
Lucca	19,6
Parma	16
Padova	12,2
Siena	18,7
Verona	13,6

Fonte: Eubel, *Hierarchia Catholica*, pp. 114, 140, 242, 250, 313, 385, 391-392, 446, 522.

53. Bowsky, *Un comune italiano nel Medioevo*, p. 370; cfr. Franco, *Church and family*, p. 308.

54. Ivi, p. 310.

È noto come l'anima belligerante di Donosdeo si sia espressa nella gestione delle maggiori cariche ecclesiastiche, oltre che nella competizione spietata per il controllo di castelli. Concede infatti ai familiari ben quattro posizioni nella canonica e altre ricche prebende nella diocesi. Inoltre si prodiga ad arginare in modo quasi ossessivo l'accesso delle altre maggiori famiglie aristocratiche ai redditi della chiesa urbana, cosicché durante il suo lungo episcopato nessun Tolomei, Piccolomini o Salimbeni si trova tra i dirigenti diocesani.[55] In quest'ottica si può riconoscere con evidenza la strategia di controllo del capitolo approntata dai Malavolti, praticata con costanza al fine di rendere ferma la presa familiare sulla cattedra.

Mi sembra che proprio dalla chiarezza dell'operato nepotistico di questo personaggio derivi la compattezza politica e giuridica dei suoi oppositori, che sfocia in un processo imbastito contro di lui. L'aggressività nel perseguire l'arricchimento famigliare finisce per generare una contesa con i Piccolomini che, oltre a dar vita ad un sanguinoso conflitto armato urbano, si è concentrata anche intorno al possesso di Castiglion del Bosco.[56] Nel 1338 i Piccolomini riescono a far organizzare un'inchiesta pontificia sulla gestione vescovile di Donosdeo e la documentazione prodotta da questa azione giudiziaria è stata studiata da Julien Théry.[57] L'accusa prendeva le mosse proprio dal nepotismo del presule, poiché Donosdeo avrebbe utilizzato il denaro della chiesa ad uso ed eredità di fratelli, nipoti e altri membri della sua famiglia. Il contenzioso verteva intorno gli acquisti di proprietà ecclesiastiche a Pari, Gavorrano e Castiglione, con in ballo la stratosferica cifra di 50.000 fiorini. Inoltre secondo la testimone Francesca, il vescovo avrebbe utilizzato parte di queste ricchezze per far addobbare il fratello e i nipoti.[58] Le pretese della chiesa cittadina in questa fase coincidevano con il nepotismo familiare dei Malavolti. Secondo Julien Théry il presule si deve inoltre difendere dall'ingerenza pontificia, che attraverso lo strumento delle inquisizioni e la raccolta di testimonianze nel territorio diocesano agiva nella direzione di un controllo più pervasivo della vita ecclesiastica locale,

55. Ivi, p. 309.

56. Pellegrini, *Vita religiosa e società*, p. 26.

57. J. Théry, *Faide nobiliaire et justice inquisitoire de la papauté à Sienne au temps des Neuf: les recollectiones d'une enquête de Benoît XII contre l'évêque Donosdeo de' Malavolti (ASV, Collectoriae 61A et 404A)*, in *Als die Welt in die Akten kam: Prozeßschriftgut im europäischen Mittelalter*, a cura di S. Lepsius e T. Wetzstein, Frankfurt am Main 2008, pp. 275-348.

58. Ivi, p. 303; cfr. Pellegrini, *Vita religiosa e società*, p. 41.

in una prospettiva di obbedienza al pontefice che aggrediva gli spazi di indipendenza locale dedicati alle logiche familiari.[59] Allo stato attuale degli studi, purtroppo, è impossibile valutare come possa essere continuata la storia del nepotismo dei Malavolti con l'elezione a vescovo del canonico Azzolino Malavolti nel 1351.

Spostiamoci a Parma, con particolare riguardo alla prima metà del Trecento e al nepotismo dei Rossi. Occorre sottolineare come qui il fenomeno andrebbe certamente studiato almeno anche nel Duecento riguardo la vicenda di Fieschi e i Sanvitale. Se la politica dei Fieschi rappresenta una sorta di modello aristocratico per le relazioni tra accrescimento del potere della stirpe e sfruttamento sistematico delle risorse ecclesiastiche,[60] anche i Sanvitale esprimono due vescovi tra 1243 e 1295 (Alberto e Obizzo), per i quali Mauro Ronzani ha parlato di una «chiesa familiare».[61] Sul piano dei possessi della Mensa, grazie anche a concessioni imperiali, l'episcopato disponeva del controllo signorile completo su diversi castelli, che si traduceva soprattutto nella gestione della giustizia criminale.[62] Sono a questo punto necessarie alcune precisazioni sulla qualità dei poteri territoriali e il ruolo della signoria vescovile nel parmense tra Due e Trecento. È noto come fosse assente quello che viene chiamato disciplinamento del contado da parte della città, una latitanza che lasciava ampio spazio alla competizione tra i poteri signorili. In generale, il caso parmense presenta una scarsa manifestazione effettiva di quell'egemonia della città nel contado che Andrea Gamberini ha individuato come «principio di territorialità».[63]

59. Théry, *Faide nobiliaire et justice inquisitoire*, pp. 324-326; cfr. Chittolini, *Papato e Stati italiani*, pp. 422-425.

60. M.P. Alberzoni, *La chiesa cittadina, i monasteri e gli ordini mendicanti*, in *Storia di Parma*, III-I: *Parma medievale. Poteri e istituzioni*, a cura di R. Greci, Parma 2010, pp. 303-312. Sui Fieschi a Genova e a Parma: G. Petti Balbi, *Governare la città. Pratiche sociali e linguaggi politici a Genova in età medievale*, Firenze 2007, pp. 83-98.

61. Ronzani, *Vescovi, capitoli*, pp. 121-122.

62. L. Baietto, *Il papa e la città. Papato e comuni in Italia centro-settentrionale durante la prima metà del secolo XIII*, Spoleto 2007, p. 257. Sulla composizione dei possessi castrensi del vescovato parmense: O. Guyotjeannin, *Conflit de juridiction et exercice de la justice à Parme et dans son territoire d'après une enquête de 1218*, in «Mélanges de l'École française de Rome. Moyen-Age, Temps modernes», 97 (1985), pp. 183-300: pp. 200-208.

63. A. Gamberini, *La territorialità nel Basso Medioevo: un problema chiuso? Osservazioni a margine della vicenda di Reggio*, in *Poteri signorili e feudali nelle campagne dell'Italia settentrionale fra Tre e Quattrocento: fondamenti di legittimità e forme di eserci-*

In quest'ottica, il caso dei Rossi si inserisce appieno come progetto di dominio locale, in cui il nepotismo diretto lungo il Trecento realizzato dal vescovo Ugo (presule dal 1323 al 1377), alle spese della consistenza delle proprietà del vescovo rappresenta un fatto preponderante, come riconosciuto da Marco Gentile che ha studiato la formazione del dominio signorile dei Rossi nel XIV secolo.[64]

Questo lignaggio deteneva già nel XIII secolo alcuni possessi castrensi. Tuttavia la loro definitiva affermazione sulla scena cittadina avviene all'interno del comune di popolo e mostra un tratto rilevante del nepotismo vescovile, che si pone in relazione alla mobilità sociale dei ceti dirigenti cittadini alla fine del Duecento. Una forte spinta al tentativo dei Rossi di distinguersi all'interno dell'aristocrazia parmense avviene a partire dal 1323, quando Ugolino, che a quel tempo aveva soltanto ventitre anni, diventa vescovo di Parma. Nel Trecento le parti più cospicue delle proprietà signorili nel contado parmense erano proprio quelle a disposizione della Mensa e durante il suo vescovato sembra che si realizzi una privatizzazione di parte dei beni vescovili e anche grazie a ciò i Rossi si espandono con risolutezza nel territorio.[65] Nel caso parmense il forte controllo sulla cattedra lasciava spazio alla possibilità di influenzare anche nel profondo le istituzioni laiche urbane. Il comune faceva talvolta affidamento alle abbondanti risorse vescovili, come dimostrano i casi trecenteschi di prestiti al comune[66] o di rifornimento di cereali durante le carestie.[67] In questa fase l'influenza politica dei Rossi sulla città è effettiva sia sul potere ecclesiastico, sia sulle istituzioni laiche urbane. Tra 1322 e 1326 si

zio, atti del convegno (Milano, 2003), a cura di F. Cengarle, G. Chittolini e G.M. Varanini, Firenze 2005, pp. 47-72: pp. 59 e sgg.

64. M. Gentile, *La formazione del dominio dei Rossi tra XIV e XV secolo*, in *Le signorie dei Rossi di Parma tra XIV e XVI secolo*, a cura di L. Arcangeli e M. Gentile, Firenze 2007, pp. 23-56; Id., *Giustizia, protezione, amicizia: note sul dominio dei Rossi nel Parmense all'inizio del Quattrocento*, in «Reti Medievali Rivista» 5 (2004), http://www.storia.unifi.it/_RM/rivista/atti/poteri/Gentile.htm. Per la scansione degli eventi di questa fase della storia della città: *Chronicon Parmense*, a cura di G. Bonazzi, Città di Castello 1902 (RIS^2, IX/9).

65. Gentile, *La formazione del dominio dei Rossi*, p. 25. Le proprietà che passano dalla Mensa ai Rossi sono Berceto, Bardone, Corniglio, Bosco, Roccaprebalza, Roccaferrara, Corniana e Castrignano; cfr. Id., *Terra e poteri. Parma e il Parmense nel ducato visconteo all'inizio del Quattrocento*, Milano 2001, p. 116 e R. Greci, *Parma medievale. Economia e società nel Parmense dal Tre al Quattrocento*, Parma 1992, p. 124.

66. *Chronicon parmense*, p. 217 (1331).

67. Ivi, 218 (ottobre 1331).

perfezionano le signorie di Rolando e Marsilio Rossi, i quali come è noto tentano di consolidare anche formalmente il loro potere con la concessione del vicariato imperiale.[68] Si deve riconoscere che anche attraverso il nepotismo seriale praticato presso la cattedra, i Rossi tentino di realizzare il loro progetto signorile sulla città. Il questo senso lo strumento del nepotismo sembrerebbe essere efficace, almeno in un primo tempo, poiché il processo di formazione della signoria cittadina appare instradato nel loro caso in modo piuttosto chiaro. Il progetto rimane però nella pratica irrealizzato, anche a causa dell'espansionismo militare degli Scaligeri, della forte opposizione interna dei Da Correggio alla strategia rossiana e della crisi economica e sociale vissuta da Parma, soprattutto nella primavera del 1335.[69] Tuttavia tra le strategie utilizzate per raggiungere l'obiettivo signorile c'era anche il controllo della chiesa cittadina e la privatizzazione dei beni ecclesiastici, come in effetti avviene con Ugolino, e in questo senso il nepotismo sembra funzionare perché permette a tale controllo di esercitarsi efficacemente.

Un altro caso in cui distinzione all'interno del corpo aristocratico urbano e pratica del nepotismo vescovile sembrano andare di pari passo è quello di Gubbio. Qui nella seconda metà del Duecento il presule era ancora un grande signore nel territorio, anche se si trovava a dover difendere i suoi possessi castrensi dai progetti dei laici e dal comune eugubino, come dimostra nel 1257 il caso di *Fracta filiorum Umberti* (Umbertide), illustrato da Sandro Tiberini.[70] Tra le fila dei cittadini di Gubbio interessati all'acquisizione di castelli e signorie è da evidenziare l'operato dei Gabrielli.[71] Nella seconda metà del Duecento diventano protagonisti presso le

68. Greci, *Parma medievale*, p. 47.

69. Sulle signorie urbane almeno A. Zorzi, *Le signorie cittadine in Italia (secoli XIII-XV)*, Milano 2010 e *Signorie cittadine nell'Italia comunale*, a cura di J.C. Maire Vigueur, Roma 2013. Sulla crisi a Parma da rilevare con attenzione le notazioni del *Chronicon parmense*, pp. 244-245, dove il narratore, acutissimo osservatore della vita economica della città, descrive con precisione lo stallo sui mercati (legna, grano, credito, terra e immobili) che il conflitto politico aveva innescato. Sul rapporto tra guerra e carestia: *Guerra y carestía en la Europa medieval*, a cura di P. Benito i Monclús e A. Riera i Melis, Lleida 2014, soprattutto L. Palermo, *Carestia, guerra e mercato nelle cronache medievali*, pp. 19-34.

70. S. Tiberini, S. Merli, *Il castello eugubino di Carbonana e i suoi signori (secoli XII - XVIII)*, Perugia 2015, pp. 19 e sgg.

71. A. Luongo, *Gubbio nel Trecento. Il comune popolare e la mutazione signorile (1300-1404)*, Roma 2016. I seguenti dati sui Gabrielli, dove non diversamente segnalato, rimandano a questo testo.

istituzioni comunali: sono soprattutto podestà e capitani del popolo, professionisti del circuito della politica urbana nell'Italia centrale.[72] Un ruolo fondamentale nella loro affermazione è dunque giocato dalle connessioni politiche da loro intessute alla fine del XIII secolo, soprattutto attraverso la figura di Cante, leader filo papale.[73] Nonostante il loro protagonismo nel sistema politico delle città, dalla fine del Duecento si concentrano anche sull'espansione fondiaria e giurisdizionale nel contado, come dimostra la loro signoria instaurata a Roccacontrada o gli acquisti del 1277 nella diocesi eugubina.[74] Si nota come i Gabrielli inizino a puntare anche alle rendite ecclesiastiche soltanto nel Trecento, talvolta in modo massiccio, in corrispondenza alla progettualità familiare di creare una propria signoria nel territorio eugubino, dove è noto che la stessa forza delle signorie ecclesiastiche impediva ai laici un facile ingrossamento dei possessi castrensi. Dagli inizi del Trecento tuttavia la famiglia si concentra sull'ottenimento di rendite ecclesiastiche, come testimonia il caso esemplare di Carbonana. Nonostante manchino testimonianze circa il possesso vescovile del castello nel Duecento e nel primo Trecento, Sandro Tiberini ritiene possibile l'appartenenza alle proprietà episcopali già in questa fase. La prima menzione del possedimento datata 1318, tuttavia, confermerebbe che il castello sottostava all'autorità del vescovo, ma che il comune di Gubbio e i Gabrielli nello specifico vi erano già interessati .[75] Questa possibile multipolarità di interessi verso i possessi castrensi è un tratto fondamentale dei rapporti di potere nei contadi e nei distretti delle città. Tale caratteristica è stata evidenziata ad esempio anche per il caso di Parma.[76] In tale contesto i Gabrielli – oltre a sfruttare il proprio successo presso le istituzioni del potere laico – tentano anche di privatizzare alcuni beni vescovili grazie al favoreggiamento praticato da un parente vescovo verso i suoi consanguinei.

Prima di parlare del nepotismo di Pietro Gabrielli, si deve accennare al loro inserimento presso la chiesa cittadina. Dagli inizi del XIV secolo hanno dei loro rappresentati all'interno del capitolo: tra 1313 e 1318 sono spesso testimoniati come canonici negli atti della chiesa locale, con il caso speciale di Ceccolo, laico con prole fino al 1317, che nello stesso anno riceve

72. Tiberini, Merli, *Il castello eugubino di Carbonana*, p. 28.

73. G. Ciappelli, *Gabrielli, Cante*, in *DBI*, 51 (1998), http://www.treccani.it/enciclopedia/cante-gabrielli_(Dizionario-Biografico)/.

74. Tiberini, Merli, *Il castello eugubino di Carbonana*, p. 27.

75. Ivi, p. 23.

76. Gentile, *La formazione del dominio dei Rossi*, p. 24.

un beneficio dal vescovo Francesco e oltre a lui sono diversi i Gabrielli che godono di benefici e che operano da protagonisti presso la curia.[77] La carriera ecclesiastica di Pietro dei Gabrielli, presule dal 1327 al 1344, rimane tuttavia la maggiore occasione presso la chiesa locale di cui la famiglia ha disposto. Durante il suo vescovato si rafforza l'interesse familiare per i beni della Mensa e soprattutto si perfeziona il controllo su Carbonana. Nel 1337 il vescovo concede a vita e senza contropartite alcune terre nella valle del Burano, nella pieve di Santa Maria e sul Monte Prugnolo, a Cantuccio di Bino.[78] Tale concessione si sommava ad altri episodi di privatizzazione di beni ecclesiastici tentati dal vescovo Pietro, che aveva sfruttato come "braccio armato" il nipote Rosciolo, come testimoniato da un arbitrato successivo del 1371.[79] I Gabrielli dunque sfruttano diversi canali di affermazione per diventare distinguersi all'interno dell'aristocrazia urbana. Se alla fine del Duecento hanno investito soprattutto nelle carriere presso il comune, incamerando un notevole capitale politico guadagnato presso altri centri del mondo comunale e la Curia papale, dal primo Trecento optano anche per le carriere ecclesiastiche e con il vescovo Pietro il nepotismo episcopale è praticato in modo piuttosto chiaro, sebbene piuttosto sfortunato sul piano dell'ingrossamento del patrimonio privato della famiglia.

L'ultimo esempio è quello di Asti. Nella prima metà del Duecento il contesto astigiano è peculiare per lo studio del nepotismo a causa del forte investimento nel controllo delle risorse della chiesa cittadina attuato dai Cocconato.[80] Anche per questa città, tuttavia, mi concentrerò sul Trecento e sull'esempio dei Malabaila, nonostante manchino al momento studi specialistici e approfonditi sulla chiesa astigiana trecentesca e i suoi legami con la realtà sociale ed economica. Si conoscono tuttavia alcuni aspetti centrali della fine del Duecento, grazie alle recenti analisi di Ezio Claudio Pia che hanno chiaramente mostrato come negli anni Novanta del Duecento le famiglie aristocratiche astigiane concentrassero le loro mire sulle

77. Tiberini, Merli, *Il castello eugubino di Carbonana*, p. 40.

78. Ivi, p. 45.

79. Ivi, p. 46.

80. Carocci, *Il nepotismo nel medioevo*, p. 73. Si vedano poi le ricerche di Marta Longhi: M. Longhi, *Santa Maria del Duomo ad Asti. Percorsi di ricerca e storia istituzionale*, in «Bollettino storico bibliografico subalpino», 107 (2009), pp. 409-436 e Ead., *I signori "de Radicata". Strategie di affermazione familiare e patrimoniale nel Piemonte nei secoli XII-XIV*, tesi di dottorato, Università di Torino, 2010.

proprietà del capitolo, al fine di aggirare la legislazione disciplinante del Popolo che vietava ai grandi aristocratici di effettuare nuove acquisizioni fondiarie.[81] Anche per questa ragione, con l'affermazione del Popolo cresce la presenza presso il capitolo di personaggi provenienti dalle famiglie che animavano il nuovo regime. Si apre così una fase di competizione per le risorse animata da nuovi protagonisti, portatori di strategie rinnovate. È nell'ottica della competizione aperta che, ad esempio, si devono interpretare le nuove misure di semplificazione nell'assegnazione dei benefici capitolari.[82] Questa apertura della dinamica interna alle élite astigiane suggerisce come lì la carriera presso la curia vescovile potesse rappresentare nel Trecento un canale di mobilità interna al ceto aristocratico o di distinzione interna alle famiglie del Popolo, e il nepotismo vescovile un fattore che poteva accelerare e rendere più funzionali tali processi di dinamismo sociale, in un contesto come quello astigiano in cui la corsa al possesso castrense si presentava accidentata perché piuttosto aperta.[83]

In tal senso il caso di Baldracco Malabaila appare senz'altro rilevante.[84] Fa parte della potente compagnia bancaria di famiglia che, oltre ad appartenere al ceto dirigente comunale,[85] detiene anche castelli nel territorio astigiano già prima del raggiungimento delle dignità vescovile di Baldracco.[86] La vita precedente al vescovato mi sembra peculiare, poiché poco si sa del suo stato di ecclesiastico prima che la compagnia di famiglia diventi la finanziatrice privilegiata della Curia avignonese, grossomodo nel ventennio che va dal 1342 al 1362.[87] Mancano notizie della sua formazione ecclesiastica, di cui però sono state ipotizzate le traiettorie; si può esser certi che tra il 1343

81. E.C. Pia, *La giustizia del vescovo. Società, economia e Chiesa cittadina ad Asti tra XIII e XIV secolo*, Roma 2014, pp. 163-165.

82. Ivi, p. 173.

83. R. Bordone, *Dalle origini comunali alla costruzione dei patriziati*, in *Le aristocrazie dai signori rurali al patriziato*, a cura di R. Bordone, Roma-Bari 2004, p. 111.

84. Id., *Malabaila, Baldracco*, in *DBI*, 67 (2006) (url: http://www.treccani.it/enciclopedia/baldracco-malabaila_(Dizionario-Biografico)/).

85. Sulle élite mercantili astigiane L. Castellani, *Gli uomini d'affari astigiani. Politica e denaro fra il Piemonte e l'Europa (1270-1312)*, Torino 1998.

86. R. Bordone, *Malabaila, Giacomo*, in *DBI*, 67 (2006), http://www.treccani.it/enciclopedia/giacomo-malabaila_(Dizionario-Biografico)/.

87. M. Chiaudano, *Note sui mercanti astigiani. I Malabaila*, in «Bollettino storico-bibliografico subalpino», 41 (1939), pp. 213-228; Y. Renouard, *Les relations des Papes d'Avignon et des Compagnies commerciales et bancaires de 1316 à 1378*, Paris 1941, pp. 111 e sgg. Su Baldracco: ivi, p. 16.

e il 1347 ha operato come capo della compagnia a Bruges e che nel 1346 ha ricevuto un canonicato a Lincoln. La funzione ecclesiastica non lo frena dal continuare ad essere funzionario della compagnia presso la piazza di Londra nel 1348 e si deve rilevare come nel 1346 il nipote Giovanni fosse canonico a York. La prebenda di Baldracco diviene però oggetto di discordia in Inghilterra e il chierico-finanziere viene pubblicamente accusato di essere nient'altro che un prestatore di denaro. Questa fase della vita di Baldracco accende una luce su un possibile tema interessante e poco frequentato, ossia quello dei chierici mercanti, sul quale la ricerca potrà forse dire di più.[88] Nel 1349 viene allontanato dall'isola e nonostante una carriera ecclesiastica in sostanza oscura – ma che dagli spiragli attraverso i quali possiamo osservare appare quantomeno tumultuosa – diventa vescovo di Asti.

Qui tra Due e Trecento i vescovi avevano lasciato nei fatti la città, installando la curia nel castello del Bene, nel cuore delle proprietà castrensi episcopali. Lì Baldracco, che fino a poco tempo prima era direttore di filiali centrali nella rete finanziaria continentale della compagnia che supportava la politica internazionale del papa, assume con rapidità e disinvoltura il ruolo di signore ecclesiastico, dedicandosi subito alla gestione dei molti rapporti feudali che spettavano al vescovo e si concentra sulla riorganizzazione del patrimonio vescovile, iniziando la stesura di un *liber iurium* dell'episcopato di Asti.[89] Nella curia di Baldracco ricorrono le presenze del fratello Antonio e di Percivalle Malabaila. Un caso interessante di tentativo di privatizzazione di beni episcopali è quello del castello di Monticello, detenuto dai Malabaila con concessione ottennale, che nel 1350 il vescovo concede in enfiteusi alla sua famiglia, d'accordo con la volontà di Clemente VI.[90] Tuttavia Renato Bordone ha riconosciuto come con tutta probabilità il capitolo sia riuscito a convincere il presule, che nel 1352 revoca la concessione enfiteutica alla sua famiglia, così da reinserire lo strategico possedimento tra le proprietà ecclesiastiche. Nel caso astigiano il capitolo sembra essere anche, in questa fase del XIV secolo, uno strumento non egemonizzato da una sola famiglia. Come sembrerebbe avvenire similmente anche Lucca, il capitolo può fun-

88. Sul rapporto tra ecclesiastici e denaro: A. Tilatti, *Il denaro e i preti. Qualche riflessione per i secoli bassomedievali*, in «Cristianesimo nella storia», 33 (2012), pp. 493-517.

89. Il frutto di quest'opera di riorganizzazione è il codice pergamenaceo denominato *Libro verde*, edito in *Il libro verde della Chiesa d'Asti*, a cura di G. Assandria, 2. voll., Pinerolo 1904-1907.

90. Bordone, *Malabaila, Baldracco*: l'enfiteusi è concessa a Francesco Malabaila, ai figli Antonio e Guidetto e al nipote Ludovico, per un censo annuo di 150 lire.

zionare come elemento di contrappunto della dinamica e della competizione sociale tra le élite cittadine e del territorio.[91]

3. È possibile a questo punto tirare qualche somma, facendo riferimento a due problematiche di ricerca che la rassegna fa emergere.

La prima riguarda il problema del metodo assunto, basato sulla comparazione. Poiché l'intento della ricerca è quello di gettare un primo sguardo complessivo sulla realtà generale dell'Italia dei comuni, si nota come i casi cittadini interessanti per studiare il nepotismo vescovile in quest'ambito sono abbondanti e travalicano senza alcun dubbio i limiti imposti dal testo. Se ne possono ricordare alcuni, esclusi da questa trattazione ma che presentano peculiarità che certamente apporteranno dati centrali alla conoscenza del problema sia per il XIII che per il XIV secolo. È possibile citare almeno Firenze,[92] Arezzo,[93] Lucca,[94] il nepotismo di Gregorio da Montelongo[95]

91. D.J. Osheim, *An Italian Lordship. The Bishopric of Lucca in the Late Middle Ages*, Berkeley-Los Angeles-London 1977, p. 47; cfr. A. Poloni, *La mobilità sociale a Lucca nel Duecento. Qualche riflessione sul ruolo delle istituzioni religiose*, in *Il patrimonio documentario della chiesa di Lucca. Prospettive di ricerca*, atti del convegno (Lucca, 2008), a cura di S. Pagano e P. Piatti, Firenze 2010, pp. 145-155.

92. G.W. Dameron, *Episcopal power and Florentine Society (1000-1320)*, Cambridge 1991; Id., *Florence and its Church in the Age of Dante*, Philadelphia 2005; Id., *Società e devozione nella Firenze medievale. Il caso del capitolo della Cattedrale (1250-1340)*, in «Ricerche storiche», XXVII (1997), pp. 39-52; vedi ora L. Tanzini, *Il vescovo e la città. Interessi e conflitti di potere dall'età di Dante a Sant'Antonino*, in «Annali di storia di Firenze», 8 (2013), pp. 81-111. Fondamentale anche per un'interpretazione generale della chiesa in Toscana nel tardomedioevo è R. Bizzocchi, *Chiesa e potere nella Toscana del Quattrocento*, Bologna 1987.

93. G. Ciccaglioni, *Tra unificazione e pluralismo: alcune osservazioni sull'esperienza pastorale e di dominio politico di Guido Tarlati, vescovo e signore di Arezzo (1312-1327)*, in «Cristianesimo nella storia», 29 (2008), pp. 345-375; A. Barlucchi, *Note sulla signoria aretina del vescovo Guido Tarlati (1321-1327)*, in *Le signorie cittadine in Toscana: esperienze di potere e forme di governo personale (secoli XIII-XV)*, a cura di A. Zorzi, Roma 2013, pp. 169-183; cfr. G.P.G. Scharf, *Potere e società ad Arezzo nel XIII secolo*, Spoleto 2013.

94. Si veda *supra*, nota 91.

95. M.P. Alberzoni, *Gregorio da Montelongo*, in *DBI*, 59 (2002); cfr. Ead., *Le armi del legato: Gregorio da Montelongo nello scontro tra Papato e Impero*, in *La propaganda politica nel Basso Medioevo*, pp. 177-237; cfr. nello stesso volume J.C. Maire Vigueur, *Religione e politica nella propaganda pontificia (Italia comunale, prima metà del XIII secolo)*, pp. 75 e sgg, e A. Tilatti, *Legati del papa e propaganda nel Duecento*, pp. 145-176.

o l'esempio rilevante di Bologna.[96] Nel caso della cattedra di San Petronio, infatti, se da un lato lo studio della chiesa cittadina nel Due e Trecento rimane ancora decisamente un «cantiere aperto», occorre porre l'accento sul caso notevole dei vescovi Ubaldini che tra 1240 e 1298 sembrano chiaramente aver egemonizzato la chiesa bolognese.[97] Tuttavia allo stato attuale degli studi mi sembrano ignote, anche a grandi linee, le modalità con cui questo sospetto nepotismo è stato praticato.

Un secondo aspetto conclusivo riguarda invece alcune delle domande di ricerca emerse dall'indagine: ad esempio qual è stata l'incidenza del nepotismo nel caso di vescovi che sono anche signori della città,[98] oppure quale rapporto è intercorso tra il nepotismo vescovile e quello cardinalizio e curiale a Roma. È impossibile per me qui rispondere in modo esauriente a tali quesiti. Tuttavia per il primo problema si potranno considerare a fondo i casi di Arezzo e, soprattutto, di Brescia e del vescovato di Berardo Maggi, in cui si intrecciano interessi della chiesa, della città e della famiglia del vescovo-signore;[99] riguardo invece la seconda questione, l'attenzione potrebbe essere posta sul caso di Ottaviano Ubaldini osservando nel dettaglio i vescovati dei suoi nipoti, che diventano vescovi di Pisa e Bologna.[100]

Ci si deve soffermare su un'altra domanda: qual è stata, nel Due e soprattutto nel Trecento, la tipologia patrimoniale che meglio si prestava al nepotismo vescovile? Dai casi studiati sembrerebbe essere stato il possesso rurale o meglio castrense, in particolare quello inserito tra i territori sottoposti alla signoria del vescovo, quando però i vescovi ancora dispongono più o meno abbondantemente di questo tipo di bene. È noto però

96. L. Paolini, *Storia della Chiesa di Bologna medievale: un "cantiere" storiografico aperto*, in *Codice diplomatico della Chiesa bolognese. Documenti autentici, interpolati falsi (IV-XII sec.)*, a cura di M. Fanti e L. Paolini, Roma 2004, pp. LV-LVII.

97. S.M. Collavini, *I poteri signorili degli Ubaldini nel contesto della signoria rurale toscana (1100-1250)*, in *Tra Montacciano e Firenze: gli Ubaldini e la città*, atti del convegno (Firenze-Scarperia, 2012), a cura di A. Monti e E. Pruno, Oxford 2016, pp. 16-27.

98. F. Negro, *I signori vescovi: note sul senso di una categoria*, in *Signorie cittadine nell'Italia comunale*, pp. 13-51.

99. G.M. Varanini, *Maggi, Berardo*, in *DBI*, 67 (2006), http://www.treccani.it/enciclopedia/berardo-maggi_(Dizionario-Biografico)/; cfr. Id., *Maggi, Emanuele*, http://www.treccani.it/enciclopedia/emanuele-maggi_(Dizionario-Biografico)/; Id., *Maggi, Federico*, in *DBI*, 67 (2006), http://www.treccani.it/enciclopedia/federico-maggi_(Dizionario-Biografico)/; Id., *Maggi, Maffeo*, in *DBI*, 67 (2006), http://www.treccani.it/enciclopedia/maffeo-maggi_(Dizionario-Biografico)/,

100. Collavini, *I poteri signorili degli Ubaldini*, p. 16.

come tale offerta nel Trecento sia fortemente diseguale nelle diverse diocesi dell'Italia centro-settentrionale. Nonostante dunque la differenza negli esiti, è possibile rilevare come in seno alle diverse aristocrazie cittadine (di più o meno nuova formazione), si noti in taluni casi la tendenza ad individuare nelle risorse castrensi della Mensa una delle strade di ingrossamento patrimoniale percorribile per accelerare il proprio processo di distinzione sociale e i tentativi in questo senso possono essere sia di appropriazione di una signoria puntuale, sia di diversi possessi distribuiti in modo zonale.[101] Questo è uno degli strumenti che permetterebbe ad alcuni lignaggi di dominare la scena cittadina e restare competitivi nel più generale processo di signorizzazione nella prima metà del Trecento, sia urbano sia rurale, che interessa ad esempio i casi di Malavolti e Rossi in modo evidente e direi efficace, e invece Gabrielli e Malabaila forse in maniera meno decisiva, eppure del tutto notevole. Ad ogni modo, non si trattava dell'unica via percorribile per accelerare il processo di distinzione del proprio casato attraverso le carriere ecclesiastiche: ad esempio si poteva investire nel campo giuridico e politico, dall'elevato valore simbolico, grazie all'assunzione da parte dei vescovi del titolo di conte, una pratica che nel Trecento si manifesta con sempre maggiore frequenza.[102]

Nel complesso il nepotismo vescovile, soprattutto quando il capitolo è sotto controllo del presule e dei suoi consanguinei, sembra essere uno strumento efficace per una solida aristocratizzazione dei lignaggi urbani, oppure per la distinzione all'interno dell'aristocrazia. Anche per il primo Trecento sembra valido quanto notato da Roberto Bizzocchi per la Toscana del Quattrocento, ovvero che potere politico e relativa leggerezza del carico di lavoro dei benefici semplici presso la canonica lasciavano materialmente molto tempo da investire sulla "grandezza" della famiglia, e mi sembra che gli sforzi in questo senso fossero indirizzati all'acquisizione di capitale politico.[103] È il caso dei Malavolti dalla fine del Duecento, tuttavia si può ipotizzare con convinzione che questo carattere può essere rinvenuto in altri esempi.

Viceversa i processi di distinzione si facevano più complessi e aleatori quando presso il capitolo si esprimevano vantaggiosi contrappesi politici

101. Su questa modellizzazione proposta da Paolo Cammarosano: G.M. Varanini, *Qualche riflessione conclusiva*, in *Poteri signorili e feudali*, pp. 249-263: p. 253.

102. A. Gamberini, *Vescovo e conte. La fortuna di un titolo nell'Italia centro-settentrionale (secoli XI-XV)*, in «Quaderni storici», 46 (2011), pp. 671-695.

103. Bizzocchi, *Chiesa e potere*, p. 17.

e materiali all'azione vescovile. Il nepotismo vescovile finiva così per diventare un'arma spuntata, sulla quale investire diventava troppo rischioso, poiché il rapporto "costi-guadagni" dell'azione si presentava largamente incerto. È questo il caso di Asti, potrebbe essere quello di Gubbio e, sebbene sia stato escluso da questa esposizione, di Lucca.[104] All'interno di questa dinamica il capitolo aveva la possibilità di resistere allo sfruttamento estensivo del nepotismo vescovile e si poteva sommare o alternare ad altri sistemi di contrappeso. Come mostra il caso dei Malavolti, la competizione con le altre famiglie aristocratiche poteva intervenire anche quando il capitolo era sotto controllo del vescovo. Si potevano attivare così diverse modalità di opposizione, ad esempio l'azione militare e politica di organismi esterni alla dinamica urbana, come avviene a Parma con l'alleanza tra da Correggio e Scaligeri. Oppure interveniva il papato avignonese, intento nel grande processo generale di centralizzazione e controllo periferico nella gestione delle risorse e delle cariche.

104. Poloni, *La mobilità sociale a Lucca nel Duecento*, p. 153.

Giulia Barone

Mobilità sociale e mondo mendicante

Se in generale il tema della mobilità sociale, per gran parte del periodo medievale e in gran parte dei contesti, presenta alcune difficoltà di definizione e le ricerche specifiche raggiungono risultati talvolta inferiori alle attese dei ricercatori, cercare di affrontarlo per l'ambito mendicante presenta una quantità di difficoltà ulteriori. Per questo il mio contributo, oltre che breve, sarà più orientato a tracciare alcune piste metodologiche piuttosto che a presentare risultati definitivi.

In primo luogo, una considerazione di massima: al momento della professione, il frate rinuncia, in modo ancor più drastico di tutti gli altri religiosi, ad ogni legame con la sua esistenza precedente; da quel momento, egli sarà conosciuto soltanto con il suo nome di battesimo e con l'indicazione del convento in cui ha pronunciato i voti. La sua vocazione, data la grande mobilità geografica dei membri degli Ordini, spesso lo porta molto lontano dal luogo di nascita, rendendo così ancora più ardua, se non impossibile, l'individuazione dell'originario contesto familiare e sociale.

Accade così che anche personaggi che hanno raggiunto posizioni di grande prestigio siano, per lo storico, dei "senza famiglia". Basti pensare che ad Elia, il secondo generale dell'Ordine minoritico dopo il fondatore Francesco (1221-1227 e 1232-1239), non si è riusciti ad attribuire con certezza né l'origine geografica (continua ad essere citato alternativamente come Elia da Assisi o da Cortona), né l'ambiente sociale da cui proveniva (gli si attribuiscono attività molto diverse, dal maestro al materassaio fino al notaio).[1] Altro caso ben noto è quello di Girolamo da Ascoli, generale

1. S. Vecchio, *Elia d'Assisi (Elia da Cortona, Buonbarone)*, in *Dizionario Biografico degli Italiani* (d'ora in poi *DBI*), 42 (1993), pp. 450-458. Una sintesi delle ricerche più

dell'Ordine francescano e poi pontefice con il nome di Niccolò IV (1288-1292), che solo molto tardivamente, e in mancanza di qualsiasi informazione sulla sua famiglia di origine, venne inserito tra gli ascendenti di una nobile famiglia di Ascoli Piceno (i Masci), con cui pare certo che non abbia avuto alcun rapporto.[2]

La nebbia sulle origini sociali di molti importanti personaggi non si addensa solo sul mondo minoritico: il generale domenicano e poi papa, col nome di Benedetto XI (1303-1304), il cosiddetto Niccolò Bocassini[3] era conosciuto nel suo Ordine come Niccolò da Treviso e non pare abbia mai potuto fregiarsi di un cognome essendo semplicemente un Niccolò figlio di un non meglio noto Boccassio.

Ma anche quando abbiamo qualche informazione sull'origine familiare, la scelta mendicante non pare proprio possa ricondursi ad una cosciente strategia di avanzamento sociale. Si prenda il caso di Giovanni da Vercelli, maestro generale dei frati Predicatori negli anni 1264-1283. La sua sarebbe stata una famiglia di ricchi allevatori di bestiame del Biellese;[4] non esistono comunque tracce di rapporti fra Giovanni e la sua famiglia dopo la sua professione religiosa nel convento dei Predicatori di Vercelli, città ove si era trasferito per studiare diritto.

Un caso interessante è quello di Giovanni da Parma, ministro generale francescano tra il 1247 e il 1257, la cui esistenza è stata certamente segnata dal nepotismo di uno zio ecclesiastico, rettore dell'ospedale di S. Lorenzo di Parma, che lo avviò agli studi. Il giovane, intellettualmente dotato, giunto a Parigi, venne in contatto con i Francescani, presenti nell'ambiente universitario parigino sin dagli anni Venti del XIII secolo, ed entrò a far parte della famiglia minoritica, deludendo probabilmente, almeno in questa prima fase, il suo patrono.[5]

Altrettanto oscure sono le origini sociali del grande teologo, ministro generale dei Francescani e infine cardinale, Bonaventura da Bagnoregio. Longpré ha raccolto tutti i pochi frammenti disponibili su origini e prima

recenti sul personaggio si può consultare nel volume *Elia di Cortona tra realtà e mito*, Atti dell'Incontro di studio (Cortona, 12-13 luglio 2013), Spoleto 2014.

2. G. Barone, *Niccolò IV*, in *DBI*, 78 (2013), p. 357.

3. Cfr. I. Walter, *Benedetto XI*, in *Enciclopedia dei Papi,* II, Roma 2000, pp. 493-500.

4. L. Canetti, *Giovanni da Vercelli*, in *DBI,* 56 (2001), pp. 253-256. Anche nel caso del generale domenicano l'attribuzione alla nobile famiglia Garbella è tardiva e priva di fondamento.

5. A. Maierù, *Buralli, Giovanni*, in *DBI*, 15 (1972), pp. 381-384.

formazione di colui che, alla nascita, portava il nome di Giovanni Fidanza o, più probabilmente di Fidanza, dati che risultano però tardivi e contraddittori.[6] L'esistenza di Bonaventura è documentata solo da quando, ormai studente a Parigi – probabilmente di Arti –, viene accolto nella famiglia minoritica e diventa il più brillante allievo di Alessandro di Hales, allora maestro reggente in teologia nella capitale capetingia.

I frati di cui, nel Duecento, conosciamo con esattezza le origini familiari appartengono in gran parte alla nobiltà e, per loro, l'entrata nell'Ordine – dei Minori o dei Predicatori – difficilmente può essere ricondotta alla casistica della mobilità sociale verticale; né il nobile parmense Salimbene de Adam,[7] né Tommaso discendente dell'aristocratica casata dei Conti di Aquino, né – a maggior ragione – i tanti cadetti delle famiglie baronali romane diventati frati Predicatori[8] hanno cercato, nella professione religiosa, una promozione sociale. Per quanto riguarda questi ultimi, ci si può chiedere quanto l'appartenenza all'Ordine e la grande cultura di alcuni di loro (prima della promozione cardinalizia erano maestri di teologia a Parigi Annibaldo Annibaldi e Matteo Orsini) abbia favorito la loro entrata nel Sacro Collegio, visto che, nella seconda metà del Duecento, accedono al cardinalato anche molti altri esponenti di famiglie baronali che appartengono al clero secolare e non possono vantare altrettanto brillanti carriere accademiche (Giangaetano Orsini, Giacomo e Pietro Colonna, Giacomo Savelli, ecc.).

L'assoluto disinteresse dimostrato dai confratelli nel conservare memoria biografica di personaggi, notissimi in vita e/o assurti ad altissimi incarichi nella Chiesa, è conferma, indiretta ma persuasiva, della cesura che, per gli uomini del XIII e XIV secolo, rappresentava l'ingresso nell'Ordine. Solo in età molto successive e in una diversa temperie culturale si cercherà di colmare queste lacune biografiche, che appariranno allora incomprensibili.

Quando di parla di Mendicanti, inoltre, è necessario ricordare che l'entrata nell'Ordine, per decenni, non ha offerto alcun tipo di garanzia di

6. E. Longpré, *Bonaventure de Bagnoregio*, in *Dictionnaire d'histoire et géographie ecclésiastique*, IX (1937), coll. 741-788.

7. Su Salimbene, esiste ormai una bibliografia vastissima. Qui si rinvia alla ormai datata voce di R. Manselli, *Adam, Salimbene de*, in *DBI*, 1 (1960), pp. 228-231 e al volume di M. Guyotjeannin, *Salimbene de Adam, un chroniqueur franciscain*, Turnhout 1995 che, meglio e più di altri, ha indagato il contesto familiare e sociale del cronista francescano.

8. G. Barone, *La Curia e i frati Predicatori (1250-1325)*, in *Niccolò da Prato e i frati Predicatori tra Roma e Avignone*, in «Memorie domenicane», 44 (2013), pp.150 e sgg.

un miglioramento della situazione sociale. Chi sceglieva di seguire l'esempio di Francesco era mosso solo da motivazioni di tipo religioso; non solo, come frate Minore, non avrebbe avuto diritto a possedere alcunché, ma si impegnava anche ad uno stile di vita oltremodo austero. Come lamentava Salimbene, una volta abbandonata la casa paterna, la sua dieta si era ridotta al consumo quotidiano di cavoli.[9] E non dimentichiamo che una delle accuse mosse ad Elia fu quella di aver fatto uso di cavalli per i suoi spostamenti,[10] mentre Giovanni da Parma, il generale modello, avrebbe percorso l'Europa a piedi.[11]

Lo *status* clericale dei Predicatori consentiva loro alcune facilitazioni, soprattutto se impegnati nello studio e, a maggior ragione, nell'insegnamento. Ma anche per loro l'ingresso tra le fila dei Predicatori non poteva rientrare in una strategia di mobilità sociale. Gli uffici, come tra i Francescani, erano a tempo e la scelta cadeva sui frati che avevano dimostrato capacità superiori alla media, quali esempi di vita o come organizzatori (nel caso dei ministri provinciali e del ministro generale). Va poi sempre ricordata la meritocrazia che dominava il campo degli studi. Il controllo sul loro impegno quotidiano e sui progressi nello studio era strettissimo. Chi veniva inviato al convento di S. Jacques di Parigi, per completarvi la propria preparazione teologica, aveva dovuto superare una selezione durissima.

Chi mirava a garantire al proprio figlio un *cursus honorum* nelle istituzioni ecclesiastiche non aveva motivo di incoraggiare una professione religiosa tra i Mendicanti, come dimostrano la dura opposizione del padre di Salimbene e della famiglia di Tommaso di Aquino. Non vi erano benefici in vista per un frate mendicante e solo pochissimi frati, e dopo molti anni dalla fondazione dei rispettivi Ordini, sono stati chiamati dal pontefice a ricoprire alte cariche ai vertici della Chiesa. Il caso del domenicano Guala, vescovo di Brescia dal 1229-1230 per volontà di Gregorio IX, restò a lungo isolato,[12] così come quello del suo confratello Ugo di Saint-Cher, promosso

9. Salimbene de Adam, *Cronica*, a cura di G. Scalia, Bari 1966 (Scrittori d'Italia, 232-233), p. 138.

10. Per le accuse di *carnalitas*, di amore del lusso e della buona cucina si veda G. Barone, *Frate Elia*, in Ead., *Da Frate Elia agli Spirituali*, Milano 1999, pp. 53 e sgg.

11. Per una visione globale dell'esperienza religiosa di Giovanni da Parma si veda *Giovanni da Parma e la grande speranza*, a cura di A. Cacciotti e M. Melli, Milano 2008 (Biblioteca di Frate Francesco, 5).

12. Su Guala si veda G. Andenna, *Guala*, in *DBI*, 60 (2003), pp. 119-123.

cardinale nel 1244 da Innocenzo IV. È solo dal pontificato innocenziano che i vescovi mendicanti aumentano rapidamente di numero, mentre bisognerà aspettare gli anni Settanta del Duecento perché la presenza di Minori e Predicatori all'interno del Sacro Collegio diventi una costante. Dalla metà del Duecento Minori e Predicatori sono, inoltre, sempre più spesso confessori e cappellani nelle più importanti corti europee.

Se dunque è certo che per alcuni individui particolarmente dotati la scelta di entrare in un ordine mendicante ha significato raggiungere posizioni di prestigio che nulla dovevano alle loro origini familiari e sociali, si è trattato sempre e soltanto di una mobilità personale, senza conseguenze di rilevo per la famiglia di origine.

In primo luogo – e questa è una considerazione che vale anche al di fuori dell'ambito di ricerca che è oggi il mio – il nepotismo, classico meccanismo di promozione sociale, per manifestare i suoi effetti ha bisogno di alcune precondizioni. Nell'ambito familiare, lo zio prete deve avere nipoti che dimostrino una qualche capacità intellettuale e una famiglia che sia disponibile a sacrificare un figlio maschio – un potenziale padre lavoratore – sottraendolo alle sue responsabilità familiari. Se poi lo zio farà in qualche modo carriera nella Chiesa, il nipote potrà ricavarne dei vantaggi solo se avrà raggiunto una certa competenza e avrà ben utilizzato la possibilità di studiare. Ma se lo zio avrà fatto una carriera molto rapida e non ci sarà stata una strategia familiare avviata già da tempo, la famiglia difficilmente potrà ricavarne dei vantaggi. Le famiglie aristocratiche o – dal Duecento – del Popolo, hanno il grande vantaggio di aver già elaborato una sorta di pianificazione dello sviluppo familiare che consente loro di profittare, immediatamente, di possibili comportamenti nepotistici da parte di un membro della famiglia. La nobiltà ha poi, intorno a sé, una vasta clientela che potrà condividere i vantaggi delle fortunate carriere di uno o più membri della famiglia, innescando in questo caso un reale processo di mobilità sociale.

Un'altra grave difficoltà si presenta a chi vuole studiare il fenomeno in ambito mendicante, sebbene riguardi più in generale un aspetto specifico della scelta di vivere *sub Regula*. Chi nulla può possedere, nulla potrà donare in vita né legare per testamento dopo la sua morte. I testamenti, una fonte tanto ricca di informazioni sulla mobilità sociale in ambito laico, sono naturalmente assenti in ambito mendicante. I soli che hanno la possibilità di testare sono quei pochi che, inseriti ai vertici della Chiesa secolare, ricevono dal pontefice la *licentia testandi*.

Ma anche se ci si rivolge al *corpus* di testamenti cardinalizi raccolto da Agostino Paravicini Bagliani, il bottino è assai scarso. Nel Duecento, ben sette cardinali domenicani avevano ottenuto la possibilità di testare, ma solo di due (Ugo Aycelin[13] e Niccolò da Prato[14]) abbiamo conservato integralmente le ultime volontà, mentre di Latino Malabranca conosciamo solo un codicillo testamentario. Dai due testamenti risulta chiaramente che l'erede dei frati Predicatori diventati cardinali è il loro Ordine, nelle sue varie accezioni (conventi, province, singole chiese). Così Niccolò da Prato ha dato precise disposizioni per la costruzione di un monastero femminile nella sua città;[15] mentre Ugo Aycelin lega ingenti somme al convento di Clermont, ove ha scelto di essere sepolto, ma anche a Santa Sabina e a Santa Maria sopra Minerva allora in costruzione. Analogo atteggiamento si può ricavare da notizie sparse, conservate in cronache locali o in documentazione interna all'Ordine, relative ad altri illustri confratelli.

Ancor più scarse sono le informazioni riguardanti i cardinali francescani: quattro sembrano aver ottenuto la *licentia testandi* ma di uno solo, Bentivegna Bentivegni, abbiamo conservato il testamento e tre codicilli. Una sola fonte non consente certo di stabilire confronti attendibili: leggendo le ultime volontà di Bentivegna, l'Ordine appare comunque meno centrale. Il cardinale ricorda tutti i più importanti conventi francescani umbri, sua regione di origine ma, a Todi, sua città natale, tutte le istituzioni ecclesiastiche cittadine ricevono dei legati.[16] È bene comunque ricordare che – almeno da un punto di vista giuridico – chiese e conventi francescani non sono proprietà dell'Ordine ma della Santa Sede, che ne ha concesso l'uso ai Minori, e ciò può aver indebolito il rapporto tra i frati e le loro sedi. Il testamento contiene poi una moltitudine di legati di modesto valore (solo uno arriva a 100 fiorini) a numerosi nipoti e pronipoti, mentre nei codicilli si insiste sulla distribuzione da parte dei suoi esecutori testamentari di de-

13. A. Paravicini Bagliani, *I testamenti dei cardinali del Duecento*, Roma 1980 (Miscellanea della Società Romana di Storia Patria, XXV), pp. 276-317.

14. Ivi, pp. 427-437. Un'eccezione è rappresentato dal codicillo di Latino Malabranca (ivi, pp. 268-271), che contiene esclusivamente i legati al Capitolo della Basilica Vaticana, comunque di rilevantissimo valore.

15. Sulla costruzione del monastero si veda L. Cinelli, *Il monastero di San Niccolò a Prato e i primordi della vita religiosa femminile*, in *Niccolò da Prato e i frati Predicatori tra Roma e Avignone*, in «Memorie domenicane», 44 (2013), pp. 171-220.

16. Per il testamento di Bentivegna si veda Paravicini Bagliani, *I testamenti dei cardinali*, pp. 234-249.

naro a «pauperibus consanguineis suis masculis et mulieribus [...] consideratis paupertatibus, conditionibus et qualitatibus personarum».

Per concludere, vorrei ricordare che quanto detto finora vale solo per i primi Ordini, cioè i rami maschili di Minori e Predicatori. Clarisse e Domenicane, con l'eccezione di S. Damiano di Assisi e di pochissimi altri insediamenti di francescane che godevano del *privilegium paupertatis*, cioè del diritto di non possedere, condividono sostanzialmente la vita delle monache benedettine. Per loro si può parlare effettivamente di mobilità orizzontale. Da quel che si può desumere dalla documentazione conservata dei grandi monasteri romani (il domenicano S. Sisto e i monasteri di Clarisse di S. Silvestro in Capite e di S. Lorenzo in Panisperna[17]), gran parte delle monache appartenevano all'aristocrazia, che si trattasse di antica nobiltà o di nobiltà cittadina, anche se pare relativamente diffusa la presenza di figlie dei *clientes* delle casate più illustri.

17. Sulle domenicane di S. Sisto si veda il saggio di C. Carbonetti, *Le domenicane di S. Sisto nel secolo XIV*, in corso di stampa; sui monasteri di Clarisse romani, vedi A. Rehberg, *Nobiltà e conventi nel Trecento romano. Il caso dei monasteri delle clarisse di S. Silvestro in Capite e di S. Lorenzo in Panisperna* e I. Ait, *Il patrimonio del monastero di S. Lorenzo in Panisperna*, in corso di stampa.

Anna Rapetti

Monachesimi e mobilità tra XI e XV secolo

Se mobilità sociale e medioevo sono una coppia inconsueta, come sostiene Sandro Carocci,[1] lo è forse ancora di più l'accostamento del primo elemento della coppia al monachesimo, perché sembra esserci una contraddizione irrisolvibile tra *stabilitas* monastica, fondata sulla rinuncia al *saeculum*, e mobilità sociale o geografica, che presuppongono un lucido e attivo coinvolgimento in esso, considerato o utilizzato come l'ambito di un'azione che travalica gli intenti spirituali e le mura del chiostro. La contraddizione appare particolarmente stridente tanto se si prende in considerazione il solo monachesimo benedettino, nella sua declinazione tradizionale cluniacense e in quelle riformate che continuarono a moltiplicarsi a partire dall'XI secolo e durante una lunga, plurisecolare stagione di cambiamenti, quanto, e ancor più, se ci si rivolge a quello eremitico, la cui rinnovata vitalità spirituale e istituzionale nel basso medioevo andò di pari passo – e se ne alimentò – proprio con la sua capacità di attrarre nelle proprie fila e promuovere uomini dinamici e capaci.[2] Nonostante la contraddizione, il monachesimo degli ultimi secoli del medioevo, scandito

1. S. Carocci, *Mobilità sociale e medioevo*, in «Storica», 43-44-45 (2009), pp. 11-55.

2. Tra gli ultimi, in ordine di tempo, a richiamare la vitalità del monachesimo italiano quattrocentesco ricordo soltanto M. Tagliabue, *San Giovanni Battista del Venda (Padova). Un secolo di storia monastica (1350-1450) tra albi e olivetani*, Cesena 2015, pp. 1-8; l'autore, in questo suo studio su un monastero al centro di un articolato episodio di rifondazione e riforma, sottolinea ancora una volta che le radici del rinnovamento di tutto il monachesimo italiano tardomedievale affondano nel Trecento, nei numerosi e originali episodi di riforma che, sebbene circoscritti geograficamente e a volte fragili nei loro sviluppi istituzionali, furono tuttavia significativi di un clima di rinnovamento che fece presa tra i fedeli e suscitò un certo numero di ingressi nelle nuove – o rinnovate – fondazioni eremitiche e cenobitiche, rivitalizzandole.

da cicli di crescita e di declino e dai numerosi e multiformi tentativi di comunità e congregazioni di darsi nuova vitalità,[3] conobbe e favorì, accanto all'immutabilità dei suoi ideali fondativi, forme di mobilità sociale.

Il ruolo sociale di monaci e cenobi subì, nel periodo che stiamo considerando, cambiamenti molto profondi; un'ovvietà che, tuttavia, è bene avere presente. I mutamenti dipesero almeno in parte dall'andamento ciclico, quasi fisiologico, delle fasi di crescita e di contrazione delle diverse esperienze monastiche che si succedettero in questi secoli.[4] Dall'altra parte c'è il fatto che, cambiando le gerarchie sociali e le gerarchie di valori, e soprattutto la loro importanza relativa, mutarono di conseguenza i canali di mobilità individuati dalle società. La crescita e il declino di ordini, congregazioni e comunità furono influenzati dalla maggiore o minore capacità di attirare vocazioni, capacità che, nello stesso tempo, consolidò proporzionalmente la fama di questo o di quel cenobio come possibile canale di mobilità. Fu anche, semplicemente, una questione di mode; per dirla in breve, una condizione individuale (o famigliare) che per diversi motivi – economici, religiosi, ma anche di status – poteva essere molto appetibile nel XII o XIII secolo – un esempio per tutti: diventare converso in un'abbazia cistercense dell'Italia settentrionale – non lo era più nel Trecento, sostituita da altre – diventare eremita o anche converso in una certosa, sempre a titolo esemplificativo – che meglio riflettevano le mutate rappresentazioni dei valori di una società profondamente differente. Quello che chiamiamo successo delle diverse forme di vita monastica dipese in larga parte dalla capacità di corrispondere a questi mutamenti, di riflette-

3. Una ancora importante messa a punto su questo tema è quella di A. Rigon, *Vescovi e monachesimo*, in *Vescovi e diocesi in Italia dal XIV alla metà del XVI secolo*, Atti del VII convegno di storia della chiesa in Italia (Brescia, 21-25 settembre 1987), a cura di G. De Sandre Gasparini, A. Rigon, F. Trolese e G.M. Varanini, Roma 1990, pp. 149-181. L'autore distingue due fasi, la prima delle quali, particolarmente feconda, vide la nascita, nella prima metà del Trecento, della congregazione di Monte Oliveto e l'inizio dell'espansione certosina «grazie agli sforzi congiunti di riforma da parte di papi, vescovi, concili generali e locali» (ivi, p. 153).

4. Per un'ampia confutazione della tesi della crisi tardomedievale del monachesimo, si veda per tutti il volume *Il monachesimo italiano nel secolo della grande crisi*, Atti del V convegno di studi storici sull'Italia benedettina (Abbazia di Monte Oliveto Maggiore, Siena, 2-5 settembre 1998), a cura di G. Picasso, M. Tagliabue, Cesena 2004; si rimanda in particolare, per i temi trattati in questo studio, a F.G.B. Trolese, *Monaci, libri, università: l'influsso in Italia della «Benedictina»*, ivi, pp. 463-500, e a F.A. Dal Pino, *Eremitismo libero e organizzato nel secolo della grande crisi*, ivi, pp. 377-431.

re le aspettative dei gruppi sociali più dinamici, di fornire loro canali di mobilità differenti e più complessi rispetto ai tradizionali legami di natura patrimoniale, e diversificati in base alle aspettative di questi gruppi sociali, che non sono omogenei né diacronicamente e nemmeno sincronicamente. Nel fluido intreccio di legami e relazioni tra comunità monastiche e laicato, ciascuna delle due parti trovò occasioni per migliorare la propria posizione nelle gerarchie della ricchezza, del prestigio sociale e della partecipazione politica; quando queste occasioni furono mancate o vennero meno, le comunità entrarono in crisi.

1. *Reclutamento benedettino, politiche cittadine e mobilità sociale*

Uno degli strumenti di analisi è senz'altro il reclutamento, che coinvolge la mobilità geografica e quella sociale, a seconda dei gruppi che venivano attratti da un cenobio o da un ordine piuttosto che da un altro. La mobilità collegata all'ingresso nel monastero creava e ricreava l'identità sociale degli individui, un fenomeno ben visibile anche nel monachesimo tradizionale. Prendiamo un esempio veneziano, San Zaccaria, un grande monastero benedettino femminile fondato nell'anno 829 dal doge Giustiniano Particiaco come monastero privato, che divenne rapidamente uno dei principali della città lagunare (in quel torno di anni letteralmente in fase di formazione, urbanistica, politica e sociale) e che continuò a prosperare per quasi un millennio, fino alla soppressione nel 1810. Il reclutamento fu fin dall'inizio largamente aristocratico, sia nei vertici che nella composizione del *conventus*. Monache e soprattutto badesse provenivano in larga percentuale da famiglie che possiamo qualificare come aristocratiche e, dal punto di vista geografico, dalla città o al più da località situate entro i confini limitatissimi del ducato.[5] Il monastero restò strettamente legato da un lato al potere e al titolo ducale – elettivo –, come dimostra il ricorrere degli stessi cognomi nella comunità, soprattutto nei suoi vertici, dall'altro al gruppo di famiglie dell'aristocrazia, un gruppo quanto mai fluido e aperto, continuamente modificato dall'arrivo dei nuovi ricchi, in ascesa grazie alla mercatura, e dalla scomparsa, spesso per estinzione, delle famiglie più antiche.

5. Le informazioni si fondano sull'uso, precoce e abbastanza diffuso, anche se non omogeneamente, nella documentazione monastica veneziana, dei cognomi di famiglia per tutti i membri della comunità.

Nel XII secolo sono ricorrenti le omonimie tra alcune badesse e i dogi che si succedono al potere, ricorrenze che spesso si sovrappongono anche cronologicamente, o quasi. Per limitarsi a un caso: Vita e Nella Michiel occuparono la carica abbaziale senza interruzione dal 1116 al 1141; il loro parente Domenico Michiel fu doge dal 1118 al 1130, e un altro Michiel, Vitale II, dal 1156 al 1172. Sulla base di queste scansioni cronologiche, che non possono essere casuali, si può persino ipotizzare che controllare l'abbaziato di San Zaccaria potesse essere uno dei passi che favorivano la conquista del titolo ducale. Ed ecco il primo caso in cui si riconosce un legame diretto tra cenobi, ascesa sociale delle famiglie che ambivano a entrare nel gruppo dirigente del ducato, quello più prossimo ai dogi, e politica ducale; un legame talmente stretto ed efficace, anche quando comparve il comune, che avere una donna della propria famiglia nel cenobio poteva aprire la porta alla cooptazione – informale ma pur sempre efficace, vista la fluidità del gruppo dirigente cittadino – delle nuove famiglie da parte di quelle già installate al centro.

A partire almeno dal 1151 sappiamo che il monastero aveva adottato le *consuetudines* di Cluny, «secundum Deum et beati Benedicti regulam atque instituciones Cluniacensium fratrum»;[6] in effetti non ci sono tracce che questa adesione influisse in qualche modo sulla comunità, che continuò a prosperare e a governarsi sfruttando i propri legami col potere ducale, con le famiglie ad esso legate e con i nuovi gruppi di potere collegati al giovane comune, sorto nel 1141. San Zaccaria non entrò a far parte giuridicamente della *ecclesia cluniacensis*, ma la scelta di abbracciarne la normativa segnava una svolta per il cenobio, un tentativo di uscire dall'isolamento dorato del ducato per creare un collegamento con istanze sovra regionali. Contemporaneamente iniziarono ad arrivare i privilegi da Roma.

Ma era una mobilità bidirezionale? Vale a dire, monacarsi a San Zaccaria rappresentava anche per le donne un canale di mobilità? Per tutte, ma in modo particolare per quelle definite velate, appartenere al grande cenobio era un elemento di prestigio individuale e famigliare, anche per la possibilità di partecipare all'amministrazione del ricco patrimonio del cenobio. Più specificamente, ritengo potesse esserlo in senso orizzontale

6. A. Rapetti, *Una comunità e le sue badesse: organizzazione e reclutamento a San Zaccaria*, in *«In centro et oculis urbis nostre»: la chiesa e il monastero di San Zaccaria*, a cura di B. Aikema, M. Mancini, P. Modesti, Venezia 2016, pp. 23-36, in particolare pp. 25-26.

per quante, provenienti da famiglie aristocratiche già stabilmente al potere, prendere il velo nel cenobio rappresentava un prestigioso cambiamento di status e una via che garantiva loro l'esercizio di un certo margine di autonomia nei processi decisionali della comunità.[7] Per altre, e per le loro famiglie, poteva essere una mobilità verticale: basti pensare a quelle donne la cui monacazione coincideva con la contemporanea ascesa politica delle ricche famiglie di provenienza, decise a inserirsi nel gruppo dirigente cittadino. Certo, a volte il meccanismo si inceppava. Tra le monache di San Zaccaria troviamo a fine XII secolo la figlia di Romano Mairano, ricco mercante in cerca di promozione, gravemente danneggiato, nel 1171, dalla rappresaglia bizantina contro i veneziani residenti a Costantinopoli, che lo gettò pressoché sul lastrico;[8] fu forse questo il motivo per cui la figlia Ardefrosia non sembra aver raggiunto i livelli superiori della gerarchia comunitaria,[9] riflettendo forse il suo insuccesso lo scacco ben più clamoroso subito dal padre.

Il carattere necessariamente aristocratico del reclutamento nei monasteri benedettini, in particolare in quelli femminili, fu teorizzato nel XII secolo da Ildegarda di Bingen.[10] In una società di gruppi famigliari ancora fluidi e mobili, tanto in ascesa come in discesa, come era quella veneziana di quel tempo, l'accesso a San Zaccaria poteva quindi rappresentare una reale garanzia di aristocratizzazione per la famiglia che riusciva nell'intento.[11]

Che gli antichi monasteri veneziani potessero essere un valido mezzo per arricchire, consolidare o addirittura ottenere *ex novo* un prestigio e un'affermazione sociale e politica anche per diverse schiatte della Terraferma – anzitutto per quelle di Padova – lungo tutto il periodo XI-XIV secolo,

7. Su questo punto, in riferimento alle monache cluniacensi, si rimanda alle utili considerazioni di G. Andenna, *Sanctimoniales cluniacenses. Studi sui monasteri femminili di Cluny e sulla loro legislazione in Lombardia (XI-XV secolo)*, Münster 2004.

8. G. Rösch, *Der Venezianische Adel bis zur Schließung des Großen Rats. Zur Genese einer Führungsschicht*, Sigmaringen 1989, p. 111.

9. S. Carraro, A. Rapetti, *Female Monasteries in Venice: Religious Dynamics and Political Power*, in *Life and Religion in the Middle Ages*, a cura di F. Sabaté Curull, Cambridge 2015, pp. 219-233, qui p. 224.

10. Da ultimo si veda D. Rando, *Mobilità sociale e mondo ecclesiastico*, in questo stesso volume.

11. A. Rapetti, *La formazione di un'aristocrazia: monache e monasteri femminili a Venezia tra IX e XII secolo*, in «Anuario de estudios medievales», 44 (2014): Monogràfico: *Espacios de espiritualidad femminina en la Europa medieval. Una mirada interdisciplinar*, pp. 215-238.

nonostante i mutamenti politici e istituzionali, merita di essere brevemente riconsiderato alla luce del tema della mobilità, soprattutto se si tiene presente che il meccanismo agiva non soltanto per le stirpi politicamente più potenti. Il legame feudale, o più semplicemente i rapporti economici – primo tra tutti l'affittanza – e giuridici – l'attività di notaio, di amministratore o, ripetutamente, di testimone – con abati della laguna offrì anche a famiglie più modeste, potremmo dire di estrazione "borghese", quantomeno non aristocratica, appartenenti a un notabilato locale, dinamico e autorevole, composto da agiati proprietari fondiari, l'opportunità di consolidare la propria posizione in seno alla società locale, stabilendo rapporti duraturi con la potente e spesso ingombrante vicina capitale attraverso le sue monache.[12] Del resto, la sua potenza patrimoniale e l'intraprendenza di molte badesse attiravano, come dirò tra poco, non solo donne che potevano aspirare a esercitare un notevole potere gestionale, ma anche laici che evidentemente trovavano, nel farsi conversi, un modo di accrescere il loro prestigio all'interno della comunità locale in cui continuavano a risiedere, e forse anche un'occasione di consolidamento patrimoniale personale, oltre che di intensificazione della propria pratica religiosa.

2. *Mobilità mimetica e* imitatio monachorum: *farsi conversi*

Conosciamo le vicende di un gruppo di conversi di San Zaccaria abitanti a Monselice, grande e fiorente borgo vicino a Padova,[13] tanto da meritare nel Duecento e nel Trecento la qualifica di «quasi-città», dove l'ente possedeva uno dei suoi principali e più antichi nuclei patrimoniali. Siamo negli anni Settanta del XII secolo. Così come coloro che chiedevano di diventare monache, i laici che volevano farsi conversi prima di essere accolti dovevano compiere un anno di prova, al termine del quale dona-

12. Tra i case-studies più interessanti e documentati si possono ricordare, oltre al citato San Zaccaria, anche i monasteri di Sant'Ilario e di San Nicolò del Lido; si veda M. Bolzonella, *L'espansione patrimoniale di enti religiosi e monastici veneziani nel territorio padovano (sec. X in.-XIV ex.): dinamiche socioeconomiche e riflessi politici*, tesi di dottorato, Università degli studi di Padova, XXIII ciclo, pp. 178-202.

13. S. Bortolami, *Monselice «oppidum opulentissimum»: formazione e primi sviluppi di una comunità semiurbana del Veneto medioevale*, in *Monselice. Storia cultura arte di un centro minore del Veneto*, a cura di A. Rigon, Monselice (PD) 1994, pp. 101-171, p. 101; A. Rigon, *Le istituzioni ecclesiastiche e la vita religiosa*, ivi, pp. 211-235, p. 212.

vano i loro beni al cenobio, proferivano voti di obbedienza alla badessa ed erano accolti nella comunità per il tempo della loro vita («do, dono et offero me et mea bona cuncta [...] ecclesie et monasterio, ubi vitam meam in Dei servicio et in obediencia suprascripte abbatisse diffinire et stare ordino et dispono» dichiarò davanti al notaio un certo Celemano nel 1176); una vita che sarebbe trascorsa da quel momento nella «domus pro conversis» a Monselice o anche, forse soltanto per le donne, a Venezia, presumibilmente presso il cenobio. L'ingresso nella comunità dei nuovi confratelli, sancito simbolicamente dalla consegna di «vestes pro conversis», assicurava loro, insieme al mantenimento, il godimento dei medesimi benefici spirituali delle monache. La valenza simbolica della loro scelta era resa evidente dal viaggio a Venezia, dove si svolgeva il rito dell'*osculum pacis*, concesso dalla badessa e dalle *sorores*, e la consegna appunto della nuova veste. Il caso dei conversi di Monselice ci riconduce, pur per un'altra epoca, al medesimo nodo di temi che sono stati studiati di recente a proposito di quel Carlo figlio di Liutprando che agì negli anni centrali del IX secolo;[14] se il collegamento con un monastero potente attraverso la cessione dei propri beni, magari faticosamente messi insieme nell'arco di una vita, poteva essere interpretato come un esempio non di ascesa fallita ma, al contrario, di una strategia forse persino più complessa di promozione sociale, la loro conversione assumeva una più chiara connotazione positiva di tentativo ben riuscito, a partire da motivazioni spirituali e religiose, di creare legami con un ente importante, lontano, ma la cui presenza si faceva sentire da secoli nel borgo. Come secoli prima, il passaggio dalla condizione di allodiere a quella di affittuario di un potente monastero, rafforzata dalla connotazione religiosa dell'appartenenza al *conventus*, doveva ancora essere considerato un buon modo di garantirsi un'ascesa sociale e un mezzo di mobilità geografica: i conversi potevano trasferirsi a

14. L. Feller, A. Gramain, F. Weber, *La fortune de Karol: marché de la terre et liens personnels dans les Abruzzes au haut Moyen Âge*, Roma 2005: appartenente a un gruppo sociale di incerta definizione, a metà tra un ceto contadino benestante e l'aristocrazia di livello più basso, agì insieme al suo gruppo parentale tra 830 e 870. I suoi investimenti fondiari, accuratamente pianificati e attuati, possono essere – e sono stati – interpretati ora come un'ascesa sociale mancata, poiché si conclusero con la cessione a un grande monastero delle terre accumulate, e con la loro retrocessione in affitto, ora, come accennato nel testo, come una più complessa e sofisticata strategia di autopromozione; cfr. P. Cammarosano, *Marché de la terre et mobilité sociale dans les Abruzzes aux IXe-XIe siècles. À propos d'un livre récent*, in «Revue historique», 130 (2008), pp. 369-382.

vivere, temporaneamente o definitivamente, a Venezia, nella capitale. Ciò che attirava questi uomini e queste donne verso il monastero veneziano era evidentemente un'aspettativa di promozione sociale, intrecciata a spinte religiose che naturalmente non devono essere escluse a priori, era sia il legame con un cenobio prestigioso, sia l'adozione, attraverso una cerimonia che imitava l'entrata nel chiostro delle monache, di uno stile di vita che ugualmente imitava il prestigioso modello di vita monastico, conferendo a queste persone una visibilità sociale nuova e maggiore. Doveva infine esserci un altro importante e concreto elemento di attrazione dei laici verso San Zaccaria, vale a dire la possibilità di accedere direttamente alle risorse patrimoniali dell'ente, nel caso particolare a quelle terre di Monselice, che erano uno dei nuclei fondiari più antichi e importanti del monastero, e di cui i conversi diventavano gli amministratori.

Come si possono leggere dunque gli atti di dedicazione dei conversi alla luce del tema della mobilità? Possiamo pensare che, per un certo periodo (cioè nel XII-XIII secolo), farsi converso per un laico volesse dire tentare un'ascesa sociale in seno alla società locale attraverso l'adozione mimetica del modello di vita monastico, ancora estremamente prestigioso anche se forse non più dominante in modo esclusivo. Quello della *imitato monachorum* come forma di vita per i fratelli conversi fu un tema continuamente richiamato nell'ambito di diversi ordini, tra i quali camaldolesi e vallombrosani. La *imitatio*, cioè «l'emulazione di una vita consacrata condotta nel rispetto delle norme apostoliche e in piena conformità ai precetti canonici» era il paradigma su cui misurare il livello di perfezione cristiana raggiunto da ciascuno.[15] Proprio grazie al meccanismo del mimetismo della perfezione monastica, l'attrazione per la condizione di frate laico fu così forte, come dimostra la sua rapida diffusione nei diversi ordini benedettini, vecchi e nuovi; il fatto che non vi sia sempre stata una vera e propria definizione del loro status giuridico, e che la loro evoluzione seguisse dinamiche empiriche, conferma una volta di più non soltanto la fluidità dei meccanismi e la molteplicità dei canali di promozione sociale, ma anche la variabilità del concetto stesso di promozione sociale, che nel caso di

15. F. Salvestrini, *«Recipiantur in choro [...] qualiter benigne et caritative tractantur». Per una storia delle relazioni fra camaldolesi e vallombrosani (XI-XV secolo)*, in *Camaldoli e l'ordine camaldolese dalle origini alla fine del XV secolo,* Atti del I Convegno internazionale di studi in occasione del millenario di Camaldoli, 1012-2012 (Monastero di Camaldoli, 31 maggio-2 giugno 2012), a cura di C. Caby, P. Licciardello, Cesena 2014, pp. 53-96, qui p. 78.

chi si faceva converso o conversa poteva concretizzarsi in un miglioramento individuale nella considerazione e nel prestigio goduti nel proprio spazio sociale. È del resto un meccanismo che funziona per tutto il periodo considerato;[16] cambiano però, anche profondamente, i modelli monastici da imitare. Nel XII secolo, tra i più ambiti vi fu, come è noto, quello cistercense, il cui fascino si esercitò anche sulle élite politiche e intellettuali comunali, attirandone sia come monaci che come conversi diversi esponenti.[17] Ma la novità portata dai monaci bianchi finì per attenuarsi sotto le spinte normalizzatrici provenienti tanto dai vertici dell'ordine quanto da Roma, e il capitolo generale intervenne, ridimensionandolo, anche sul fenomeno dei conversi borghesi e aristocratici.

3. *Identità individuale, identità di gruppo e nascita delle congregazioni*

In generale, furono gli stessi aspetti che caratterizzarono l'espansione dell'ordine cistercense (l'appoggio di Roma, la rete di relazioni internazionali, la ricchezza, ecc.) a essere percepiti come elementi di identità sociale e religiosa, e a fare dell'ordine un canale di mobilità sociale. Ma c'è dell'altro: la capacità dei monaci bianchi di presentarsi come efficace strumento di promozione si fondò sullo sviluppo di un ordine fortemente coeso, stretto

16. Non diversamente, anche se in termini più generali, Carocci ricorda che «il normale comportamento di chi aspira al riconoscimento sociale appare anche nel medioevo il mimetismo, cioè l'adozione dei modelli culturali tipici dei ceti dominanti» (Carocci, *Mobilità sociale e medioevo*, p. 51). Sotto la stessa spinta avrebbero agito anche quei gruppi della piccola nobiltà o cittadini che cominciarono nell'XI e XII secolo a fondare monasteri e canonicati, imitando le pratiche della grande aristocrazia e dei sovrani dell'epoca precedente (L. Milis, *Monaci e popolo nell'Europa medievale*, Torino 2003, p. 70).

17. Uno degli ambiti di ricerca più fecondo di risultati, anche se oggi meno attraente per gli studiosi, è stato quello dei conversi cistercensi, della loro origine sociale e del loro ruolo come mediatori tra la società laica e l'ente monastico, in favore del quale attivavano capacità progettuali, conoscenza del mondo economico e relazioni personali e famigliari. Rosso de Burgo di Chiaravalle della Colomba, Bonifacio Classo dell'abbazia di Casanova, Arderico Piperata e Goslino Pagano di Chiaravalle Milanese, sono nomi ormai noti nella storiografia sull'ordine, a proposito dei quali si veda A. Rapetti, *La formazione di una comunità cistercense. Istituzioni e strutture organizzative di Chiaravalle della Colomba tra XII e XIII secolo*, Roma 1999, pp. 172-175; G.G. Merlo, *Tra «vecchio» e «nuovo» monachesimo (metà XII-metà XIII secolo)*, in Id., *Forme di religiosità nell'Italia occidentale dei secoli XII e XIII*, Cuneo-Vercelli 1997, pp. 9-33; L. Chiappa Mauri, *Paesaggi rurali di Lombardia (XII-XV secolo)*, Roma-Bari 1990.

da legami orizzontali e verticali tra abbazie, oltre che sui consueti vincoli personali tra abati. La formazione di questi nessi altamente formalizzati e articolati, in una parola la nascita di congregazioni monastiche e di ordini veri e propri, che coinvolse anche le fondazioni tradizionali mediante il collegamento formale tra monasteri autocefali e l'imposizione del capitolo generale e della visita anche agli ordini che ne erano privi, non fu soltanto un passaggio fondamentale del processo di razionalizzazione e istituzionalizzazione dei fenomeni monastici, tipico dei secoli centrali e finali del medioevo;[18] per i membri degli ordini rappresentò anche un formidabile circuito di mobilità, anzitutto geografica, e in qualche caso sociale, attraverso l'assunzione di una carica di vertice nel passaggio da un cenobio o da un eremo all'altro, anche se diventò sempre meno determinante via via che le strutture congregazionali dei diversi ordini andavano consolidandosi.

In una data imprecisata della prima metà del XII secolo – forse nel 1136 – un gruppo di donne nella diocesi di Laon, con l'appoggio del loro vescovo, «depositis omnibus lineis indumentis atque pelliciis, solis tunicis laneis utuntur» e, cosa ancora più inaudita, si guadagnavano il cibo quotidiano dedicandosi in solitudine ai più duri lavori dei campi «manibus propriis», disboscando con scuri e zappe e roncando i terreni. Non c'è solo, in questo racconto, l'espressione di una spiritualità pauperistica ed eremitica tutto sommato diffusa in quell'epoca; le monache agivano «vitam Clarevallensium monachorum per omnia imitantes», cioè volevano essere cistercensi attraverso l'imitazione dello stile di vita o quello che loro ritenevano fosse lo stile di vita cistercense: cercarono di crearsi una identità religiosa e sociale nuova e credibile, garantita dal prestigio dell'ordine che offriva garanzie e prerogative istituzionali e che metteva in collegamento anche le sue più piccole abbazie con il resto della congregazione e col papato. Ai nostri occhi rimangono delle sconosciute, forse ricche o benestanti, dal momento che abbandonarono «pellicce e indumenti di lino», ma prive di una precisa identità (e mi pare significativo che il loro cenobio sia chiamato semplicemente *Monsteriolum*), che per volontà propria e del loro vescovo si fecero cistercensi; individuarono cioè, nell'ordine nato poco lontano da loro, un canale di mobilità e di definizione di un'identità socia-

18. La produzione storiografica su questi temi è ormai molto articolata e abbondante; mi limito a ricordare, tra i numerosi studi di G. Melville, *Alcune osservazioni sui processi di istituzionalizzazione della vita religiosa nei secoli XII e XIII*, in «Benedictina», 48 (2001), pp. 371-394, e la raccolta di saggi *Mittelalterliche Ordnungen und Klöster im Vergleich: metodische Ansätze und Perspektiven*, a cura di G. Melville, A. Müller, Münster 2007.

le, non tanto individuale ma di gruppo. Questa comunità acquisì grazie a questa operazione una fisionomia religiosa e sociale ben definita che prima le mancava, garantendo lustro a se stessa e alla diocesi.[19]

Vi era dunque una mobilità veicolata dall'ordine cistercense, tra il *saeculum* e il chiostro, ma vi era una mobilità anche all'interno del cenobio, dove i ruoli e le funzioni mutavano, e non solo per il fisiologico ricambio dei membri più anziani con quelli più giovani, dove i monaci più abili oppure quelli con il network più promettente (ma dovevano dimostrare di saperlo anche attivare, quel network) potevano accedere alle cariche più importanti, quelle di cellerario, di priore e infine di abate. In breve, l'organizzazione della gerarchia comunitaria prevedeva per alcuni la possibilità di salire sino all'abbaziato, ultima tappa di un percorso di promozione interna il cui prestigio si riverberava anche all'esterno del cenobio, investendo senza dubbio le famiglie di provenienza di questi monaci. Si possono ricostruire in certi casi delle vere e proprie carriere, scandite quasi come un *cursus honorum*, che portavano alcuni monaci fino al vertice dell'abbazia; o anche carriere per qualche ragione interrotte, o magari abortite proprio alla soglia del titolo abbaziale. È il caso di Baiamonte Vicecomite, cellerario nella piacentina abbazia di Chiaravalle della Colomba per almeno un ventennio, e artefice di molte delle più imponenti operazioni di incremento del patrimonio fondiario perseguite con successo dai monaci della Colomba. Di famiglia aristocratica, si promossero le sue capacità individuali e naturalmente anche la sua rete di relazioni. Famiglia e affini dovettero a loro volta ottenere ulteriore prestigio dal ruolo decisionale e dall'attività di Baiamonte all'interno di un cenobio ricco e rispettato.[20]

4. *La mobilità attraverso gli uffici pubblici*

La prassi di arruolare negli uffici pubblici ecclesiastici, monaci e frati si diffuse e concentrò cronologicamente tra XIII e XIV secolo, sebbene in modo disomogeneo nell'Italia dei comuni e della monarchia, come dimostrano chiaramente le recenti e sempre più puntuali ricerche su diverse aree

19. C. Boyd, *Un convento cistercense nell'Italia medioevale. La storia di Rifreddo di Saluzzo (1220-1300)*, Savigliano 1983, p. 63; per la citazione si veda Migne, *PL*, 156, coll. 1001-1002.

20. Rapetti, *La formazione di una comunità cistercense*, pp. 130-135.

e città della penisola.[21] Queste restituiscono un panorama estremamente variegato negli aspetti specifici e nelle scelte politiche tanto dei gruppi dirigenti laici quanto dei vertici degli ordini monastici. Molto spesso insieme ai religiosi vennero impiegati dei laici, e spesso questi ultimi furono assunti in sostituzione dei primi negli uffici più importanti, magari dopo un periodo nemmeno tanto lungo. La decisione di servirsi di religiosi anziché di laici, che rifletteva ovviamente la fiducia accordata ai monasteri cittadini più influenti e radicati nel tessuto sociale, poteva dipendere da molti altri elementi, che devono essere interpretati all'interno del complesso di scambi di beni materiali e immateriali che sempre caratterizzava i rapporti tra singoli enti monastici e gruppi dirigenti laici.[22] Ad essere coinvolti furono le case degli ordini riformati nati tra XI e XIII secolo: dapprima cistercensi e umiliati, a cui si aggiunsero, o si sostituirono, certosini e camaldolesi nel Trecento, oltre naturalmente ai Mendicanti, tutti espressione di un dinamismo del tutto nuovo e di un'apertura e di un interesse verso il laicato e le sue istituzioni altrettanto originali.

La varietà di scelte, da un lato, e l'estremo pragmatismo a cui, nel preferire gli uni o gli altri, si attenevano i gruppi dirigenti, dall'altro, rendono improbabile l'ipotesi che l'impiego negli uffici pubblici potesse essere considerato un vero e proprio canale di mobilità per i religiosi e per i loro parenti: troppo aleatorio e troppo legato, tra altri elementi, ai rivolgimenti politici e ai mutevoli equilibri di potere, per poter garantire un duraturo miglioramento della considerazione sociale di cui potevano godere singoli religiosi,[23] anche se non mancano i casi di monaci chiamati a più riprese a ricoprire incarichi pubblici.[24] L'impiego di propri membri negli uffici pubblici poteva risultare addirittura oneroso – e quindi essere scoraggiato – per la comunità, costretta a rinunciare, magari per qualche anno, al lavoro dei propri membri più abili e attivi (dovevano essere quelli che si erano già distinti nell'amministrazione entro il chiostro ad essere chiamati dal comu-

21. *Churchmen and Urban Government in Late Medieval Italy, c. 1200-c. 1450: Cases and Contexts*, a cura di F. Andrews, M. A. Pincelli, Cambridge 2013.

22. C. Caby, *Hermits and the Communes: the Camaldulese in the Service of the Communes in the Thirteenth to Fifteenth Century*, in *Churchmen and Urban Government*, pp. 268-284.

23. F. Andrews, *Epilogue*, in *Churchmen and Urban Government*, pp. 348-357: pp. 350-352.

24. Per esempio il priore camaldolese di San Michele di Arezzo occupò uffici comunali nel 1340 e poi ancora nel 1348: Caby, *Hermites and the commune*, p. 274.

ne); d'altro canto portava, senza dubbio, benefici all'istituzione in termini di salari, di concessioni di terre, di protezione da parte delle autorità laiche. Contava dunque, per la comunità nel suo insieme, la possibilità di partecipare alla vita pubblica, con tutto ciò che questo comportava in termini di riconoscimento sociale e di opportunità di radicamento e di espansione;[25] in qualche caso vi era una forma di promozione concreta anche per colui che aveva lavorato fuori del chiostro al servizio della città, il quale riusciva, una volta rientrato nel monastero, a fare carriera fino a raggiungere le cariche di priore o di abate. Resta tuttavia impossibile capire se queste promozioni dipendessero – come sembra probabile – da dinamiche del tutto interne al gruppo monastico o invece fossero favorite anche, e in che misura, dall'attività svolta al servizio delle istituzioni laiche.

5. *Ordini trecenteschi tra eremitismo e mobilità*

Come si è accennato, fasi di fioritura, crisi e magari nuova fioritura delle congregazioni medievali si succedettero e sovrapposero una all'altra modificando di volta in volta la capacità di attrazione delle comunità nei riguardi del laicato. Fu un fenomeno strutturale che quelle, che pure erano state molto forti e prestigiose, venissero, ad un certo punto, sostitute nel cuore dei fedeli da altre nuove, o che tali apparivano, spesso grazie anche all'azione di uomini che con monaci e comunità nuove o rinnovate creavano speciali vincoli spirituali. Fu per questa via che gli olivetani, la cui espansione avvenne inizialmente nell'ambito circoscritto di Toscana, Umbria e Lazio, superarono per la prima volta i confini dell'Italia centrale, radicandosi nella diocesi di Padova.[26] Costoro, come pure i certosini, esercitarono un'attrazione non soltanto spirituale, ma anche intellettuale, su studiosi e letterati che, legandosi anche solo con vincoli informali, attraverso donazioni di libri o arredi sacri, o somme di denaro, ai cenobi più vitali, rinsaldarono la propria appartenenza a quei circoli. E proprio l'interessamento e il coinvolgimento nella vita delle nuove comunità di una

25. Andrews, *Epilogue*, p. 354.

26. Il loro radicamento avvenne grazie all'interessamento del vescovo Ildebrandino Conti, il quale favorì insieme l'insediamento di certosini e camaldolesi «trasmettendo la propria predilezione» per questi ordini «ai membri della propria *familia*»: Rigon, *Vescovi e monachesimo*, p. 169.

cerchia di ecclesiastici e laici, intellettuali ed esponenti dell'aristocrazia, se da un lato accrebbero il prestigio dei monaci, dall'altro ne fecero un fattore di definizione sociale di quelle stesse cerchie. Certosini, camaldolesi, olivetani, cioè gli ordini più vitali e dinamici del XIV secolo, furono quelli che meglio svolsero questa funzione e che meglio di altri offrirono uno spazio di autorappresentazione sociale, individuale e di gruppo, ai letterati e agli uomini appartenenti per esempio alla cerchia petrarchesca; a questi ultimi i rapporti con monaci ed eremiti offrirono una via di affermazione e di consolidamento di tale appartenenza e, in ultima analisi, di definizione del proprio status sociale.[27]

I camaldolesi conobbero, come altri negli ultimi secoli del medioevo, una stagione di grande fioritura coincidente con l'inurbamento dell'ordine, uno spostamento che suscitò una rinnovata, forte attrazione sui ceti urbani.[28] Il fenomeno è stato ben studiato per il Veneto. Uno dei principali centri di irraggiamento di un particolare modello di riforma camaldolese, tra XIV e XV secolo, si costituì infatti nei due cenobi veneziani di San Michele di Murano e di San Mattia. Da queste due fondazioni partì un movimento di rinnovamento istituzionale, disciplinare e culturale che, dalla laguna, interessò le fondazioni dell'entroterra veneto fino a coinvolgere la congregazione nel suo complesso.[29] Su di essi le autorità laiche della Repubblica esercitarono fin dalla loro fondazione un controllo costante e spesso invadente, intervenendo energicamente nelle elezioni abbaziali, in occasione delle quali riuscirono a imporre a più riprese i candidati locali su quelli forestieri sostenuti dall'ordine o dal papato.

27. Dei molti studi sul monachesimo nel Veneto del Trecento e del Quattrocento, mi limito a citare, accanto al saggio menzionato nella nota precedente e in riferimento a quanto qui si discute, A. Rigon, *Amici padovani del Petrarca e il monastero di Santa Maria della Riviera*, in *Fra' Giovannino fratello del Petrarca e monaco olivetano*, a cura di A. Rigon, M. Tagliabue, in «Studi Petrarcheschi«, 6 (1989), pp. 241-255; sul vescovo di Padova Ildebrandino Conti, tra i principali artefici del primo insediamento di olivetani e camaldolesi nel nord Italia, si veda anche M.C. Billanovich, *Il messale del vescovo Ildebrandino Conti*, in *Vescovi medievali*, a cura di G.G. Merlo, Milano 2003, pp. 267-294, che richiama i primi e ancora fondamentali studi sul prelato patavino di Paolo Sambin (*ibidem*, nota 11).

28. Un'ampia e aggiornata messa a punto della storia dell'ordine in *Camaldoli e l'ordine camaldolese*.

29. G. Vedovato, *L'espansione camaldolese nel Veneto tra la fine del XII secolo e l'inizio del XVI*, in *Camaldoli e l'ordine camaldolese*, pp. 351-366, in particolare pp. 358-359; Caby, *De l'érémitisme rurale*, pp. 625-631 sul rapporto tra esigenze di riforma e sviluppo degli *studia humanitatis* nel monastero di San Michele di Murano.

Gli abati che si susseguirono tra gli ultimissimi anni del Trecento e la metà del Quattrocento nei due cenobi furono tutti l'espressione più netta dell'intreccio di legami tra patriziato, proteso alla conquista della Terraferma e impegnato, tra l'altro, a consolidare il controllo degli enti ecclesiastici del territorio sottomesso, e quei monasteri della laguna, capifila di un movimento riformatore legittimato nel quadro giuridico di una congregazione osservante e sostenuto dal papa veneziano Gregorio XII e dai suoi successori, oltre che dal senato veneziano. I loro nomi (Venier, Giraudo, Donà) sono quelli di famiglie del patriziato assai vicine al potere. L'abbaziato appare dunque come l'ulteriore esibizione di uno status famigliare già ben consolidato attraverso altri canali, anteriori e diversi dalla carriera entro il chiostro. Sul piano individuale invece, il prestigio derivante dalla conquista del titolo di abate è indubbio ma, più che modificare, rappresentava piuttosto la sanzione di un predominio del proprio gruppo e, all'interno della congregazione, il riconoscimento di specifiche e non comuni doti di comando e, per così dire, di leadership, messe al servizio dei molti interessi che si coagulavano in quest'epoca intorno ai monasteri e agli ordini più dinamici. Il cantiere edile di San Michele di Murano, avviato alla fine del XV secolo, offrì tanto alla congregazione quanto al patriziato un progetto ambizioso e condiviso intorno al quale si coagulò un gruppo, saldamente collegato al potere pubblico, di amici della comunità camaldolese, desideroso, come classe dirigente della Repubblica, di contribuire alla *renovatio* urbanistica della città avviata alla fine del Quattrocento.[30] Ma non si deve dimenticare che quello stesso gruppo dirigente, benché per tutto il XV secolo fornisse il maggior numero dei riformatori della congregazione, nei primi anni Trenta del Quattrocento aveva fatto quadrato a difesa dei propri interessi di casta contro i tentativi del priore generale e umanista, Ambrogio Traversari, di imporre un più stretto rispetto della disciplina a San Mattia, comportandosi di fatto come un elemento di freno alle spinte riformatrici.[31]

Se dunque non si può parlare di un monachesimo motore di ascesa sociale in senso proprio, nemmeno per gli ordini più vitali nel basso me-

30. C. Caby, "*Nostrae religionis, verum etiam huius civitatis decus et ornamentum*": *les chantiers religieux en Italie à la fin du Moyen Age. Á propos de la reconstruction de San Michele di Murano*, in *Pouvoir et édilité. Les grands chantiers dans l'Italie communale et seigneuriale*, a cura di É. Crouzet-Pavan, Roma 2003, pp. 159-193, in particolare pp. 188-189.

31. Caby, *De l'érémitisme rural*, p. 591: l'aver evitato la rimozione del priore accusato di sodomia fu «pour les Venitiens, en particulier les nobles protecteurs de San Mattia, une victoire de la solidarité familiale, de la solidarité de caste et de la solidarité vénitienne».

dioevo, è però possibile e opportuno considerare altri elementi che rientrano nella sfera della mobilità, meno incisivi sul piano sociale ma certo non del tutto inefficaci. La continua circolazione di eremiti da una fondazione all'altra, la cui intensità hanno ben dimostrato gli studi di Cécile Caby,[32] fu anzitutto funzionale alle esigenze di riforma e di rifondazione di comunità considerate, per motivi diversi, in crisi e bisognose di un intervento correttivo dei vertici dell'ordine, ma dimostra anche che le reti congregazionali, come ho accennato all'inizio, funzionarono come circuiti di mobilità, anzitutto geografica e in alcuni casi anche sociale, almeno sul piano individuale: essere spostati da una comunità periferica ad un'altra più centrale e magari assumere una carica di vertice in questo passaggio,[33] aveva senza dubbio il sapore della promozione, ma non per questo si trasformava in una promozione famigliare. Non sono rari tra l'altro i casi di confratelli che, tra un incarico direttivo e l'altro, trascorrevano periodi di pausa in cui tornano nei ranghi delle comunità presso le quali venivano inviati. Ma è stato anche notato come un fatto interessante che, sul piano geografico, il reclutamento fosse relativamente omogeneo nelle fondazioni toscane, nelle quali la clausura eremitica si conservò a lungo, mentre fu molto più variegato in quelle veneziane, che invece si orientarono rapidamente verso la cenobitizzazione; evidentemente il rigore eremitico limitava a un ambito locale la forza di attrazione. Nessuna sorpresa invece che in entrambi i casi i superiori delle case appartenessero ai ceti dirigenti, tanto in Toscana quanto a S. Mattia e S. Michele di Murano.[34]

Anche per i certosini, come già per i cistercensi, il tema della composizione del *conventus*, della provenienza sociale e geografica di eremiti e conversi e della loro posizione entro la comunità si collega direttamente alle questioni legate alla mobilità. Gli studi in questo ambito sono però relativamente poco numerosi, e soprattutto offrono dati piuttosto disomogenei, complice anche la nota reticenza degli eremiti a far trasparire il proprio volto attraverso le fonti, la carenza strutturale di comunicazioni tra centro (Grenoble, Roma) e periferie, e una tradizione documentaria quantomai

32. Basti il riferimento a San Mattia di Murano che «au XVe siècle est un monastère de passage» (Caby, *De l'érémitisme rural*, p. 398).

33. Considerazioni analoghe possono essere fatte anche per i certosini: Cristoforo Marini da Milano, priore della Certosa di San Gerolamo di Bologna dal 1444 al 1453, ricoprì lo stesso incarico in altre nove certose durante la sua vita (P. Rocchi, *I priori della certosa di S. Girolamo della Cesara di Bologna*, Salzburg 2006 (Analecta Cartusiana, 238).

34. Caby, *De l'érémitisme rurale*, p. 398.

accidentata;[35] nel complesso sembrano tuttavia confermare il carattere aristocratico del reclutamento fin dagli inizi. Nel XII secolo il tasso di ecclesiastici tra gli eremiti delle prime certose si aggirava intorno al 75% e, in tutti i casi studiati, si trattava di membri dell'aristocrazia.[36]

Per l'epoca successiva, in cui l'ordine conobbe un'estensione geografica del tutto nuova rispetto alle origini, l'analisi può essere condotta in modo più articolato, grazie anche al moltiplicarsi delle certose femminili. Già nel XIII secolo si ebbe infatti una vera e propria ondata di fondazioni femminili, concentrate in un'area geografica abbastanza circoscritta.[37] Preannunciando alcuni elementi del più spettacolare sviluppo del ramo maschile dell'ordine, che vide nascere nel Trecento un folto gruppo di grandi certose aristocratiche, queste comunità – una quindicina nel giro di un secolo – sorsero grazie al sostegno determinante della nobiltà savoiarda e del Delfinato, le cui figlie e sorelle vi entrarono in gran numero occupando spesso le cariche di vertice.[38] Se questo fenomeno può essere interpretato come una manifestazione di straordinaria vitalità dell'ordine in un'epoca considerata invece, dalla storiografia, di ripiegamento se non proprio di crisi, esso va inteso anche alla luce delle strategie delle famiglie aristocratiche di definizione del proprio status, della propria posizione e delle proprie alleanze negli equilibri politici del tempo; lo stesso meccanismo di autopromozione e autorappresentazione di stirpe agì, un secolo più tardi, nelle fondazioni delle maggiori certose maschili, con risultati ancora più soddisfacenti.

Se le donne provenivano per lo più da un bacino geografico e sociale circoscritto, che cosa si può dire degli uomini? Le trecentesche certose lom-

35. Qualche considerazione in proposito si legge in E. Canobbio, *Tra Grenoble e Avignone. La certosa di San Salvatore nel XIV secolo*, in *Il fascino dell'eremo. Asceti, certosini, trappisti sul Mombracco nei secoli XIII-XVIII*, a cura di R. Comba, Cuneo 2010, pp. 131-138, in particolare pp. 133-134.

36. Alcuni di loro avevano probabilmente ricevuto anche una formazione culturale prima dell'entrata nell'eremo, che poi mettevano a frutto nel lavoro di trascrizione che, in questo primo secolo, costituiva praticamente l'unico tipo di lavoro praticato; cfr. D. Mielle de Becdelièvre, *Une enquête sur le fonds cartusien du XIIe siècle de la bibliothèque municipale de Grenoble*, in *Certosini e cistercensi in Italia (secoli XII-XV)*, a cura di R. Comba, G.G. Merlo, Cuneo 2000, pp. 81-92: p. 82.

37. P. Paravy, *Conclusions*, in *L'ordre des Chartreux au XIIIe siècle*, Actes du colloque international d'histoire et de spiritualité cartusienne (VIIIe centenaire de la fondation de la chartreuse de Valbonne, 11-13 juin 2004), Salzburg 2006 (Analecta cartusiana, 234), pp. 137-143.

38. Ivi, pp. 141-142.

barde di Garegnano, nei pressi di Milano, e di Pavia furono popolate dapprima da eremiti di origine piemontese, forse provenienti dalle più antiche Pesio e Casotto, ma nel giro di un ventennio vi affluirono in gran numero professi di origine milanese; entro un secolo il gruppo era composto omogeneamente di milanesi o di uomini provenienti dal Dominio.[39] Quanto alla provenienza sociale, erano uomini dalle solide fortune economiche fondate su attività diversificate – rendite fondiarie, mercatura, prestito – e, in alcuni casi, appartenenti alle famiglie mercantili più in vista nella Milano viscontea.[40] Non era la promozione economica pura e semplice che queste famiglie o questi uomini ricercavano, ma una forma più complessa di distinzione sociale che, anzitutto, meglio rispondesse alla sensibilità religiosa e culturale dell'epoca, segnata dalle profonde lacerazioni che attraversarono la Chiesa e le coscienze in quegli ultimi secoli del medioevo. Non è un caso che proprio nelle certose sorte nel Trecento si esprimesse in modi nuovi il rapporto tra le élite sociali e culturali, per esempio nella consuetudine delle amicizie spirituali o nell'esaltazione del modello della vita eremitico-erudita.[41] La capacità di fornire questi servizi di natura spirituale fu alla base della ripresa certosina – e caratterizzò in buona misura anche la fase di riforma quattrocentesca dei camaldolesi – a dimostrazione del fatto che si trattava di questioni assai sentite in certi ambienti elitari. Le comunità erano un punto di riferimento per i nobili e i magnati, in favore dei quali pregavano e che accoglievano nelle loro file.[42] La consuetudine – non solo perdurante, ma addirittura in grande espansione presso i certosini, come dimostrano le lunghe liste di benefattori, principi e sovrani poste in apertura degli atti dei capitoli generali trecenteschi, ai quali gli eremiti assicuravano la loro preghiera[43] – di legare la propria salvezza a un particolare ente monastico faceva di quest'ultimo un potente

39. E. Canobbio, *Aspetti della presenza certosina e cistercense nel dominio visconteo-sforzesco*, in *Certosini e cistercensi*, pp. 475-505, in particolare p. 482.

40. Ivi, p. 484.

41. A. Rigon, *Per la gloria di Dio e la salvezza del principe. Certosini e mondo politico alla fine del Medioevo*, in *Certose di montagna, certose di pianura. Contesti territoriali e sviluppo monastico* (Villar Focchiardo-Susa-Avigliana-Collegno, 13-16 luglio 2000), a cura di S. Chiaberto, Borgone Susa (TO) 2002, pp. 129-135, qui p. 133.

42. Ivi, p. 135.

43. Gli atti dei capitoli generali certosini sono editi parzialmente, per il periodo qui considerato, in diversi volumi della collana «Analecta cartusiana»; per questo lavoro sono stati utilizzati i volumi di J. Clark, *Transumptum ex chartis Capituli Generalis ab anno 1250 ad annum 1379, a V.P.D. Joanne Chauvet, Professo Cartusiae, et Scriba Ordinis*, Salzburg 1998 (Analecta cartusiana, 100:29) e di M. Sargent, J. Hogg, *The Chartae of the*

catalizzatore di gruppi sociali e di ceti che condividevano le medesime ansie spirituali e culturali e che trovavano in esso un mezzo di definizione o addirittura di consolidamento del loro specifico status.

Oltre a questo, la diretta dipendenza delle certose del Tre-Quattrocento dai poteri politici dominanti ne fece luoghi di formazione del consenso che, evidentemente, attiravano l'interesse di famiglie ricche, ma forse bisognose di altri elementi di distinzione sociale, quale appunto il collegamento politico con il gruppo al potere. La fondazione di certose nel Trecento avviene per iniziativa di ricchi mercanti (a Lucca, Siena, Pisa), di grandi signori (i Collalto e la certosa del Montello), e di personaggi del calibro di Niccolò Acciaioli, Gian Galeazzo Visconti, Giovanna di Napoli, Borso d'Este, un'aristocrazia del sangue e del denaro, come l'ha definita Antonio Rigon,[44] che riuscì in questo modo a mantenere o a creare un legame intimo col mondo monastico unendo i tradizionali interessi politici alle motivazioni religiose. La munificenza di principi e sovrani, signori e mercanti si dispiegò nella costruzione di chiese che divennero veri e propri templi di famiglia, sepolcreti per sé e per i parenti[45] e luoghi di identità dinastica capaci di coagulare gli interessi politici della stirpe e di stemperarne rivalità e lotte: mi limito a citare il caso, marginale ma interessante, di una piccola fondazione piemontese, quella di Mombracco, nel Saluzzese, dapprima eremo, a metà del Duecento, diventato certosa intorno al 1280 e poi rivitalizzato un quarantennio più tardi, per volontà dei figli del marchese Tommaso I di Saluzzo, esclusivamente a fini di memoria e di pietà dinastica:[46] come non pensare che il collegamento con luoghi così palesemente legati ai maggiori poteri del territorio non fosse inteso anche come canale di mobilità, per i singoli eremiti ma soprattutto per le famiglie?[47]

Famiglie che, nelle proprie strategie, indirizzavano i loro membri tanto verso il gruppo degli eremiti quanto verso quello dei conversi. Nel Duecento e nel Trecento – come già per i cistercensi nel XII secolo – non era la provenienza sociale a contraddistinguere i frati laici, i quali potevano appartenere

Carthusian General Chapter: Paris, Bibliothèque Nationale MS Latin 10887, Part I, 1438-46 (Ff. 1-144), Salzburg 1984 (Analecta cartusiana, 100:3).

44. Rigon, *Vescovi e monachesimo*, p. 163.

45. Caby, *"Nostrae religionis"*, qui p. 167.

46. R. Comba, *Il fascino dell'eremo del Mombracco su prete Taurino e compagni: metà XIII secolo*, in *Il fascino dell'eremo*, pp. 9-16.

47. P. Grillo, *Fra devozione e politica: i Saluzzo e la certosa di Mombracco*, in *Il fascino dell'eremo*, pp. 17-26.

a famiglie dell'aristocrazia locale, già largamente consolidate, o a quelle in via di affermazione. Gli esempi, provenienti dalle certose piemontesi di Pesio, Casotto e Monte Benedetto, parlano anche di più di un membro di questi gruppi parentali entrati nelle certose sia come eremiti che come conversi: a fine Duecento troviamo un Pietro Mazzavacca *grangerius* di Pesio, fratello dell'eremita Raimondo e figlio di Audisia, che si era donata alla certosa.[48] Si trattava evidentemente, per quelle famiglie che cercavano prestigio, consolidamento e magari anche una ascesa sociale attraverso la monacazione di propri membri, di diversificare le scelte strategiche, praticando un modello di investimento che fu anche quello della famiglia Pipa.[49] A metà del Duecento Andrea si fece converso nella certosa di Pesio, dove già era converso suo fratello Guglielmo, nelle cui mani donò, al momento della dedicazione, un castagneto. Un terzo fratello acconsentì alla donazione; altri tre membri furono testimoni dell'atto.[50] I Pipa, dispiegando una vera e propria strategia famigliare, seppero utilizzare il legame multiplo con Pesio come canale di consolidamento della propria affermazione sociale, iniziata con l'accumulazione di terre.[51] Non escludo che la scelta di farsi conversi avesse a che fare con la volontà della famiglia di esercitare un qualche controllo sui negozi della certosa, cosa che forse più difficilmente in quell'epoca poteva riuscire se il proprio parente diventava eremita: si tratta di poco più che di un'illazione, difficile per di più da verificare, anche se, ritengo, non irragionevole.

6. *Conclusioni: una mobilità fragile*

Sullo scorcio del periodo qui considerato si videro riemergere quegli interessi di tipo economico che tradizionalmente avevano attirato il laicato verso i monaci e gli eremiti e che, a partire dal Trecento, erano stati affian-

48. S. Beccaria, *Primi sondaggi sui conversi in area subalpina*, in *Certose di montagna*, pp. 117-127: p. 126.

49. Dinamiche famigliari del tutto simili si riscontrano in riferimento ad altri ordini, tra cui quello di Camaldoli; la scelta di dedicazione di uno spesso trascinava altri membri della famiglia nella stessa direzione, con un movimento che talvolta si prolungava per più di una generazione (Caby, *De l'érémitisme rural*, p. 399).

50. Beccaria, *Primi sondaggi*, p. 126

51. P. Guglielmotti, *I signori di Morozzo nei secoli X-XIV. Un percorso politico nel Piemonte meridionale*, Torino 1990, p. 230. Sotto questo punto di vista, la vicenda dei Pipa riproduce i meccanismi di promozione individuati per l'abruzzese Carlo di Liutprando: cfr. sopra nota 14.

cati, o addirittura sostituiti, dal peso dei condizionamenti politici e degli elementi simbolici. La ricchezza di certe fondazioni ancora – o di nuovo – induceva molti a cercare con esse un rapporto prevalentemente o puramente economico, che doveva risultare remunerativo anche sul piano sociale, oltre che su quello finanziario. Gli investimenti, studiati da Luisa Chiappa Mauri, del celebre scultore e architetto Giovanni Antonio Amadeo, attivo nel cantiere della Certosa di Pavia negli anni Sessanta e Settanta del Quattrocento, parlano di un rapporto stretto e duraturo con i certosini fatto anche di concreti interessi fondiari e di fruttuose operazioni patrimoniali, rese possibili dalla sua lunga frequentazione con gli eremiti.[52] Grazie al favore e alla fiducia di cui godeva e alla sua abilità nell'amministrare i propri guadagni, l'Amadeo si arricchì notevolmente e divenne quello che si dice "un uomo di successo"; le sue recenti fortune gli consentirono il passaggio al rango dei proprietari fondiari benestanti, abbandonando definitivamente quello ben più povero e modesto degli artigiani in cui era nato.[53]

Continuava dunque a esserci una relazione diretta tra il prestigio di cui i cenobi godevano e la loro percezione da parte del mondo laico come canali di mobilità; questa relazione si rifletteva nelle fasi alterne di fioritura-crisi-riforma delle diverse forme di vita monastica, nella netta preferenza accordata dapprima ai monasteri cluniacensi e a quelli cistercensi, poi, nel Trecento e Quattrocento, ai certosini, ai camaldolesi e agli olivetani. Gli eremiti diventarono, verso la fine del medioevo, particolarmente attraenti per un laicato sempre più inquieto ed esigente, sul piano culturale e spirituale, a cui offrirono molteplici canali di aggregazione e di consolidamento del proprio profilo sociale o, in altri casi, non necessariamente disgiunti dai primi, occasioni di arricchimento e di acquisizione di un benessere materiale che ne modificava radicalmente la posizione all'interno del *corpus* sociale. Ciononostante, il monachesimo bassomedievale non poté essere un vero e proprio motore di modificazione delle complesse e mutevoli gerarchie sociali del tempo, anche se offrì spesso una sorta di palcoscenico, sul

52. Una delle operazioni economiche più impegnative fu avviata nel 1479, quando Amadeo, insieme a un socio, prese in affitto per nove anni la vastissima possessione di Binasco, di quasi 300 ettari, appartenente appunto alla Certosa; cfr. L. Chiappa Mauri, *Investire nel Quattrocento: le scelte di un parvenu*, in Ead., *Terra e uomini nella Lombardia medievale*, Roma-Bari 1997, pp. 92-105, soprattutto pp. 100-101.

53. Ivi, pp. 92-93. La definitiva acquisizione di una nuova posizione sociale fu sancita dall'ingresso del figlio di Giovanni Antonio nello Studio pavese, da cui uscì infine con una laurea in medicina: cfr. *ibidem*.

quale gruppi e individui misero in atto le proprie strategie di promozione. Resta il fatto che, quando ci fu, si trattò prevalentemente di una mobilità individuale, per quanto articolata nelle forme, al massimo circoscritta a una o due generazioni della medesima famiglia. Fama, potenza e ricchezza delle comunità monastiche ed eremitiche non potevano che investire anche i loro membri più attivi e visibili nel secolo, garantendo – o incrementando – il prestigio personale di uomini particolarmente capaci; oltre a questo, molti cenobi furono in grado di offrire a questi stessi uomini un terreno, un ambito di azione nel quale mettere in gioco forme di autopromozione o di definizione del proprio status. Anche il solo atto di entrare a far parte di alcune di queste comunità religiose poteva essere un mezzo per crearsi un prestigio nuovo e visibile nel proprio ambito sociale. Difficilmente però tutto ciò si traduceva in un'ascesa stabile di un intero gruppo famigliare. Il monachesimo, soprattutto nella seconda metà del medioevo, offrì soluzioni adeguate alla volontà di moltissimi individui di santificazione e anche di promozione sociale, ma su un piano rigorosamente personale, conservando in ultima analisi quel carattere costitutivo di separazione dal *saeculum* e di coerente evasione dalla terra e persino dall'umanità.

Tommaso di Carpegna Falconieri

La composizione sociale del clero secolare: alcune città a confronto

In questa comunicazione presento una panoramica sulla composizione del clero cittadino investito della cura d'anime fra XII e XIII secolo, proponendo esempi relativi a diverse città dell'Italia centro-settentrionale, in particolare (ma non soltanto) Roma, Milano e Verona, e concentrandomi soprattutto sulla parte iniziale del periodo, che si presta a considerazioni interessanti specialmente in termini di confronto con il laicato e con il clero che attorniava il vescovo, nella prospettiva di uno studio sulla mobilità di un intero gruppo sociale. Il clero urbano costituisce un segmento della società ecclesiastica che è maggioritario dal punto di vista della numerosità e intermedio dal punto di vista del grado di prestigio e benessere economico rispetto ai canonici della cattedrale, in alto, e ai salariati, in basso.[1] La vastità dell'argomento, alcune notevoli problematiche di metodo storico e un approfondimento storiografico ancora non omogeneo rispetto ai diversi territori, impediscono di proporre comparazioni rigorose fra le varie città.[2]

1. Per i quali si vedano rispettivamente i saggi di Andrea Tilatti e di Michele Pellegrini in questo volume.

2. Limitatamente a Roma, mi sono già occupato di questo argomento in un altro convegno organizzato da Sandro Carocci: T. di Carpegna Falconieri, *Strumenti di preminenza: benefici e carriere ecclesiastiche (secoli XII-XIV)*, in *La nobiltà romana nel Medio Evo*, Atti del Convegno internazionale (Roma, 20-22 novembre 2003), a cura di S. Carocci, Roma 2006, pp. 199-210. Per lo *status quaestionis* in generale, mi permetto di rimandare a un mio articolo di qualche anno fa: T. di Carpegna Falconieri, *Il clero secolare nel basso medioevo: acquisizioni e proposte di ricerca*, in «Archivio della Società romana di storia patria», 132 (2009), pp. 23-40, in cui si trova un'appendice bibliografica piuttosto robusta e suddivisa per aree geografiche; a questo debbo aggiungere almeno il più recente: A. Rigon, *Le congregazioni del clero in Italia: bilancio degli studi e prospettive di ricerca*, in *Realtà archivistiche a confronto: le associazioni dei parroci urbani*, Atti del convegno (Ravenna, 24

Di conseguenza, questo intervento può essere inteso soprattutto come programmatico. Vorremmo infatti mettere le città a confronto, e magari far sì che un giorno si possa scrivere una storia sociale del clero nel medioevo italiano (che è cosa ben diversa da una storia ecclesiastica); ma come possiamo procedere?

La storiografia più risalente, di solito di impianto localistico ed erudito, ha il pregio di fornire numerose informazioni puntuali, e tuttavia si rivela poco utile alla nostra indagine poiché non conosce oppure – quando di matrice ecclesiastica – addirittura rifiuta il concetto di mobilità riferito al clero, che raramente viene inteso come un gruppo sociale.[3] Inoltre, come è noto, per l'Italia non abbiamo a disposizione repertori prosopografici generali dei chierici.[4] La ricerca andrà pertanto compiuta confrontando le monografie sparse, i repertori locali e i numerosi autori che si cimentano nelle storie cittadine e che di quando in quando, soprattutto trattando dei canonici delle cattedrali, si soffermano sulla composizione sociale del clero. Si dovranno confrontare gli esempi proposti dalla storiografia,

settembre 2010), a cura di G. Zacchè, Modena 2011, pp. 9-21. Ricordo che in Italia l'area territoriale maggiormente indagata da questo punto di vista è, ormai da parecchi decenni, il Veneto (si ricordino gli studi di Paolo Sambin, Giuseppina De Sandre Gasparini, Bianca Betto, Antonio Rigon, Sante Bortolami, Maureen Miller…). Aggiungo che esistono diverse monografie dedicate nello specifico a una città italiana. Tra gli esempi relativamente recenti: T. di Carpegna Falconieri, *Il clero di Roma nel medioevo. Istituzioni e politica cittadina (secoli VIII-XII)*, Roma 2002; M. Pellegrini, *Chiesa e città: uomini, comunità e istituzioni nella società senese del XII e XIII secolo*, Roma 2004; *Storia della Chiesa riminese*, Rimini 2010-2015, 4 voll. (i volumi relativi all'età medievale sono stati curati da Raffaele Savigni e Augusto Vasina). È proprio il binomio Chiesa (o clero) e città ad essere presente in diverse monografie, a conferma del fiorire di questo tipo di studi che incrociano società urbane e istituzioni ecclesiastiche, soprattutto a partire dal libro di A. Rigon, *Clero e città. Fratalea cappellanorum, parroci, cura d'anime in Padova dal XII al XV secolo*, Padova 1988.

3. Si leggano in proposito le prime pagine di libro di Maureen C. Miller, *The Formation of a Medieval Church: Ecclesiastical Change in Verona, 950-1150*, Ithaca 1993 (trad. it.: *Chiesa e società in Verona medievale*, a cura di P. Golinelli, Verona 1998), che per contro, trattando del cambiamento come categoria fondamentale, è perfettamente consono al nostro discorso. Per es. p. 1: «This book is about change: how we measure it, how we explain it, and how we use it to carve the past into periods». Analogamente, tutto il recente libro di Hugh M. Thomas sul clero inglese è incentrato sulla sua storia sociale e ha un capitolo (il quinto) interamente dedicato al tema della promozione sociale: H.M. Thomas, *The Secular Clergy in England, 1066-1216*, Oxford 2014.

4. Si vedano per confronto gli studi in Germania (su cui nel corso del convegno si è soffermata Daniela Rando), in Francia, Portogallo, Polonia, Inghilterra e Svizzera: una panoramica in Carpegna Falconieri, *Il clero secolare nel basso medioevo*, pp. 35-37.

mettendosi alla ricerca di paragoni stringenti, muovendosi all'interno di quella che però appare già fin da ora come una «infinita fenomenologia».[5] Dietro a questi problemi di natura storiografica si celano quelli di ordine metodologico, che originano invece dalla natura delle fonti. La storia del clero secolare in cura d'anime nel medioevo centrale è molto difficile da ricostruire, lo si è già ripetuto in molte occasioni. Questo clero ha infatti lasciato una massa enorme di documentazione, ma, paradossalmente, resta spesso silente, a causa soprattutto della povertà tipologica delle fonti (quasi solamente atti privati), nonché, al livello della costruzione identitaria che si raggiunge per mezzo della narrazione, a causa della mancanza di autorappresentazioni. Il clero di città non si è raccontato come corpo sociale, non si è costruito la propria storia. E all'altezza cronologica che trattiamo, non esistono neppure le visite pastorali, che invece non di rado descrivono dettagliatamente la condizione sociale dei membri del clero. Come è ben noto soprattutto dopo la serie di ricerche compiute negli anni Novanta del secolo scorso sulla *Genèse médiévale de l'anthroponymie moderne*,[6] il massimo problema che si frappone fra noi e la possibilità di studiare il clero dal punto di vista della storia sociale sta nel fatto che il sistema antroponimico con cui i chierici vengono individuati nella documentazione medievale rende molto difficile la loro identificazione. Il chierico porta quasi sempre solo il nome proprio e l'attributo della funzione o del grado che ricopre, mentre i patronimici e i cognomi sono rari e le parentele non vengono dette; pertanto i nessi con le famiglie di origine e con il resto della società cittadina restano opachi. Il problema è davvero serio, perché riguarda tutti i chierici, anche i canonici delle cattedrali. La risposta data dalla storiografia non giunge più all'azzardo con cui, nei tempi passati, si attribuivano a determinate famiglie aristocratiche cardinali, vescovi e prelati basandosi sulla sola base delle assonanze onomastiche, ma anche oggi si deve fare una grande attenzione a non considerare dimostrazioni quelle che invece sono semplici congetture, a volte anticipando al XII e al XIII secolo realtà sociali attestate solo in seguito.[7]

5. Pellegrini, *Chiesa e città*, p. 5.

6. *Genèse médiévale de l'anthroponymie moderne*, II/1, *Persistances du nom unique. Le cas de la Bretagne. L'anthroponymie des clercs*, a cura di M. Bourin e P. Chareille, Tours 1992.

7. Si veda per esempio come Pascal Montaubin ragiona sull'appartenenza sociale dei canonici di Anagni del Duecento, i quali nel suo dire fanno parte della «petite noblesse du diocèse et de la cité, *autant qu'on puisse dégager les origines sociales d'une minorité*

Nell'attesa che si costruiscano dei repertori prosopografici utili per analizzare comparativamente le serie di individui provenienti dalle diverse realtà cittadine nel corso del tempo, ci si può occupare della mobilità degli interi gruppi sociali in continua, vicendevole interazione, e tentare alcuni confronti. Nel nostro caso, ritengo che si possa mettere in relazione il gruppo sociale costituito dal clero curato con gli altri gruppi di ecclesiastici attivi in una determinata città, nonché con la società cittadina nel suo insieme. Propongo dunque schematicamente alcuni dati e alcune considerazioni al riguardo. La suddivisione tra il clero della cattedrale e il clero di città è presente in ogni città medievale. Però tranne a Milano, dove la divisione tra clero ordinario e clero decumano è addirittura carolingia, in tutte le altre città, Roma compresa, fino al XII secolo non esiste una determinazione in positivo del clero *non* della cattedrale, del clero *non* palatino, a meno che non sia una indicazione molto generica (a Roma vi è un indistinto *universus clerus*).[8] A partire dal XII secolo appare invece evidente una presa di coscienza del clero locale come gruppo distinto, in seno alla Chiesa cittadina, rispetto al vescovo e ai canonici. La cosa è stata ben studiata soprattutto nelle città venete[9] e un poco anche a Roma.[10] Questo clero di città si organizza riunendosi in associazioni che prendono i nomi di *scholae*, *congregationes*, *fratalee*, *fraternitates*, *societates*, che si diffondono in tutta Italia, tanto a nord quanto a sud, e delle quali se ne conoscono diverse decine. Sono organismi collegiali che nascono in genere con lo scopo di celebrare le liturgie per i confratelli defunti, ma che rapidamente assumono

d'entre eux» [il corsivo è mio]: P. Montaubin, *Entre gloire communale et vie commune: le chapitre cathédral d'Anagni au XIIIe siècle*, in «Mélanges de l'École française de Rome. Moyen Âge», 109/2 (1997), pp. 303-442: p. 374. Questa frase contienc una congettura ottenuta tramite la generalizzazione di un pugno di casi identificati, congettura della quale lo studioso è perfettamente consapevole, tanto che nel corso del medesimo saggio (pp. 369-393 per gli aspetti sociologici relativi ai canonici) egli dichiara di considerare «impossibile» la ricostruzione delle prosopografie dei canonici prima del Duecento, e «delicata» la ricostruzione delle prosopografie di quel secolo. Si veda anche, analogamente, lo studio di V. Polonio, *Istituzioni ecclesiastiche della Liguria medievale*, Roma 2002, pp. 128-129 con riferimento all'origine sociale dei canonici della cattedrale di Genova nel XII secolo e alla difficoltà di ristabilirla in base ai dati onomastici.

8. Carpegna Falconieri, *Il clero di Roma*, spec. il cap. II.1.

9. B. Betto, *Le nove congregazioni del clero di Venezia, secoli XI-XV*, Padova 1984; Rigon, *Clero e città* (per Padova); Miller, *The Formation of a Medieval Church* (per Verona).

10. Carpegna Falconieri, *Il clero di Roma*.

una marcata funzione politica perché danno un'espressione istituzionale a un gruppo sociale. Attraverso queste associazioni, che hanno tutte origine endogena ma vengono formalizzate e riconosciute dal vescovo, il clero cittadino esercita alcune forme di autogoverno. Ebbene, l'attestazione del fiorire di queste *societates* clericali si può dire all'incirca coeva alle esperienze di associazionismo laicale che portano all'instaurarsi del comune, delle quali condividono, diremmo, la *forma mentis*. Anche un esito politico è comparabile: quasi ovunque (benché con modalità diverse a seconda dei luoghi), queste *societates* condividono l'indirizzo del comune ponendosi spesso in posizione dialettica nei confronti del proprio vescovo e del capitolo della cattedrale, rivendicano diritti propri – per esempio quelli legati alle rendite parrocchiali, ai diritti di sepoltura, all'ordine di precedenza nelle processioni. Questo parallelismo tra clero e città nella contrapposizione con il vescovo è stato proposto da Bianca Betto per Venezia e da me per Roma.[11] Esso corrisponde alla considerazione che

> il processo evolutivo che porta il clero cittadino a costituirsi in una società istituzionalmente definita [...] è corrispondente al processo evolutivo che porta la parte laica della cittadinanza [...] a costituirsi in comune.[12]

Tale processo va senz'altro compreso nel dettaglio e nella fenomenologia locali, ma appare generalizzabile. Il suo studio comparato permetterà, ad avviso di chi scrive, di cogliere con maggiore esattezza le interazioni fra società e politica del clero di città, istanze di riforma e istituzione dei comuni; per esempio, a Milano, il rapporto stretto fra clero decumano e pataria milanese già a metà dell'XI secolo,[13] e a Roma, quasi un secolo dopo, il nesso fra insurrezione del clero urbano, presenza di Arnaldo da Brescia e istituzione del comune cittadino negli anni Quaranta del XII

11. Betto, *Le nove congregazioni*, pp. 110-114; Carpegna Falconieri, *Il clero di Roma*, pp. 96-98.

12. Ivi, p. 86. Cfr. anche A. Rigon, *Schole, confraternite e ospedali*, in *Pensiero e sperimentazioni istituzionali nella "Societas Christiana" (1046-1250)*, Atti della sedicesima Settimana internazionale di studio (Mendola, 26-31 agosto 2004), a cura di G. Andenna, Milano 2007, pp. 407-427: pp. 424-426.

13. C. Violante, *I laici nel movimento patarino*, in *I laici nella "societas cristiana" dei secoli XI e XII,* Atti della terza Settimana internazionale di studio (Mendola, 21-27 agosto 1965), Milano 1968, pp. 597-687; riedizione in C. Violante, *Studi sulla cristianità medievale. Società, istituzioni, spiritualità*, a cura di P. Zerbi, Milano 1972, 2ª ed. 1975, pp. 145- 246. Il diacono Arialdo, capo patarino, apparteneva al clero decumano, e forse anche il cronista Landolfo seniore.

secolo.[14] Di tali interazioni tra clero di città e società comunale, d'altra parte, già sappiamo qualcosa, poiché la presenza dei chierici e delle loro associazioni nel confronto politico delle città italiane ha formato l'oggetto di un importante articolo di Antonio Rigon intitolato *Il ruolo delle chiese locali nelle lotte tra magnati e popolani*.[15] Rigon ha presentato con qualche particolare il caso di Milano,[16] ripercorrendo la dialettica fra clero decumano e ordinario, ricordando l'insurrezione del clero minore avvenuta nello stesso anno dell'istituzione della Credenza di S. Ambrogio (1198), cioè dell'organismo politico dei popolari, e poi ripercorrendo gli scontri fino al 1277, anno della matricola delle famiglie nobili milanesi e degli statuti capitolari dell'arcivescovato, in cui si stabilì che i membri del capitolo cattedrale e del clero ordinario dovessero essere sempre «de nobili genere procreat[i], videlicet capitaneus vel vavassor... et de antiqua prosapia civitatis seu dioecesis Mediolanensis».[17] Ha poi presentato il caso di Firenze, dove invece la vicenda procede esattamente in senso inverso, tanto che dal 1312 gli ecclesiastici di Firenze e contado non potevano più accedere alle cattedre fiorentina e fiesolana, in forte parallelismo con le norme antimagnatizie. Ancora, Antonio Rigon ha riportato esempi relativi a Brescia, Padova, Perugia, Piacenza, Genova, Cremona, Bologna, Modena, Reggio Emilia, Pistoia, Lucca, Acqui e Parma, cosicché la cosa migliore da fare è rimandare direttamente al suo lavoro.

Naturalmente, sarebbe ridicolo sostenere che le associazioni del clero urbano siano equiparabili per importanza all'esperienza comunale; tuttavia, i nessi tra questi due tipi di istituzione vanno sottolineati, in quanto sono culturalmente vicini. È lo stesso Rigon ad avere osservato in un altro suo lavoro come, al principio del Duecento, Boncompagno da Signa assimilasse i

14. Carpegna Falconieri, *Il clero di Roma*, pp. 71-72.

15. A. Rigon, *Il ruolo delle chiese locali nelle lotte tra magnati e popolani*, in *Magnati e popolani nell'Italia comunale,* Atti del convegno di studi (Pistoia, 15-18 maggio 1995), Pistoia 1997, pp. 117-135.

16. Per il quale si veda anche – soprattutto per il tema delle contrapposizioni tra clero ordinario e clero decumano – A.M. Ambrosioni, *Milano, papato e impero in età medievale. Raccolta di studi*, Milano 2003.

17. E. Cattaneo, *Gli Statuti del Venerando Capitolo del Duomo di Milano*, in «Ambrosius», XXX (1954), pp. 283-324: p. 297; cfr. Rigon, *Il ruolo delle chiese locali*, pp. 120-121, che cita G. Franceschini, *La vita sociale e politica nel Duecento*, in *Storia di Milano*, Milano 1954, IV, pp. 291-292. Intorno alla peculiarità di questa chiusura sociale del capitolo della Chiesa milanese rispetto alle altre città italiane (ma non rispetto alle città tedesche) ha parlato A. Tilatti nel corso del convegno.

movimenti confraternali, nei quali egli comprendeva le associazioni di chierici, ai comuni per quel che concerne l'emanazione di norme consuetudinarie e statuti: «Nella coscienza di un contemporaneo, per quel che riguarda la produzione di statuti, il movimento confraternale era posto accanto a quello comunale, la cui terra d'elezione veniva individuata nell'Italia».[18] Queste associazioni di chierici vanno accostate alle *coniurationes* di cittadini dal punto di vista sociale – ivi compreso il punto di vista della mobilità – perché condividono il medesimo ambiente politico e culturale. Esse ci permettono di mettere in relazione l'enorme cambiamento rappresentato dalla nascita dei comuni con la ristrutturazione della società ecclesiastica corrispondente alla grande riforma della Chiesa: il mutare dei rapporti tra clero e laicato, i nuovi assetti della proprietà di fronte alla intervenuta assenza di genealogie legittime di ecclesiastici, il riposizionamento del chierico all'interno del proprio gruppo familiare, del proprio ente ecclesiastico, della intera società urbana.[19] E ancora, il rapporto tra i parroci e la loro comunità di fedeli, quello tra famiglia eminente, patronato e parrocchia/vicinato (che a Genova e a Roma porta all'attribuzione di un cognome di famiglia ad alcune chiese).

Si può allargare ulteriormente il quadro interpretativo, mettendo il clero curato in relazione con l'espansione urbana del X-XIII secolo: una crescita vertiginosa che ovviamente non coinvolse solo la popolazione laica. Il candido mantello di chiese che ricoprì l'Europa secondo le parole celebri di Rodolfo il Glabro,[20] ebbe ricadute enormi dal punto di vista della demografia e della composizione sociale del clero. Si possono portare ad esempio i casi già studiati del regno d'Inghilterra[21] oppure, restando in Italia, quelli delle città di Verona e di Roma.[22] Al fiorire o rifiorire delle città, alla crescita demografica generale, dovette corrispondere ovunque

18. Rigon, *Schole, confraternite e ospedali*, p. 425.

19. T. di Carpegna Falconieri, *Il clero secolare tra primo e secondo millennio*, in *Riforma o restaurazione? La cristianità nel passaggio dal primo al secondo millennio: persistenze e novità*, Atti del XXXVI convegno del Centro di studi avellaniti (Fonte Avellana, 29-30 agosto 2004), Negarine di San Pietro in Cariano 2006, pp. 71-82.

20. Rodolfo il Glabro, *Cronache dell'Anno Mille (Storie)*, a cura di G. Cavallo e G. Orlandi, Milano 1990, pp. 132-133.

21. Thomas, *The Secular Clergy in England.*

22. Miller, *The Formation of a Medieval Church*, pp. 41-53. A Roma nel XII secolo furono costruite almeno cento chiese, come si evince dal confronto fra il catalogo di Cencio camerario (fine XII secolo, in *Codice topografico della città di Roma*, a cura di R. Valentini, G. Zucchetti, Roma, Istituto storico italiano per il medio evo, 1946, III, pp. 223-270) e tutte le attestazioni precedenti. Sul ruolo degli enti ecclesiastici nell'urbanizzazione del

una "domanda" di clero molto significativa. Si tratta di sacerdoti che, non poveri come i preti salariati del basso medioevo, non ricchi come i canonici della cattedrale, ci appaiono socialmente vicini alle categorie intermedie dei *cives*. I quali, è evidente ma non è inutile ribadirlo, non facevano solo gli artigiani, i mercanti o i magistrati, ma anche i preti. Questi ultimi condividono le istanze politiche dei loro parenti laici – spesso si autodeterminano ridefinendo il loro rapporto con il vescovo – e ne condividono altresì gli strumenti di espressione istituzionale, che sono in entrambi i casi delle associazioni.

Ora, il punto fondamentale è che la maggior parte di questo gruppo di ecclesiastici – i rettori delle cappelle che si avviano a divenire parrocchie, i sacerdoti che godono di un beneficio semplice – nell'alto medioevo non esisteva affatto. Ai parroci, agli arcipreti delle chiese battesimali, che già esistevano da secoli e ora aumentano anch'essi di numero, si vanno aggiungendo molti altri preti, chiamati a dire messa e ad amministrare i sacramenti a popolazioni in aumento vertiginoso. Siamo davvero di fronte al nascere di un ceto nuovo, quello che diverrà il «basso clero», una parte del quale finirà col trovarsi a vivere al limite della sussistenza. E ci troviamo al contempo di fronte a un enorme movimento sociale che è parte dei mutamenti delle società cittadine al tempo dei comuni: riscontriamo la possibilità di diventare chierici da parte di individui che sospettiamo appartenenti a gruppi sociali che fino ad allora non avevano avuto accesso o che avevano avuto un accesso solo limitato al clericato. L'ipotesi è allora quella di un circolo: cresce la popolazione, si rendono necessarie nuove istituzioni per la cura pastorale, i nuovi membri del clero sono reclutati anche nei ceti emergenti, ovvero i ceti emergenti si caratterizzano anche per avere accesso ad alcune cariche ecclesiastiche, che naturalmente possono essere più o meno remunerative, ma che in ogni caso hanno una ricaduta dal punto di vista economico e sociale. Una quota di ricchezza e di prestigio in città può passare ora attraverso questo canale. I sistemi di organizzazione, le *fratalee* di cappellani e le *coniurationes* di cittadini – e, poco dopo, le confraternite religiose, vero elemento ibrido tra i due gruppi – ci appaiono analoghe, in questo mondo culturalmente piuttosto compatto.

Insomma non possiamo certo dire che i preti abbiano eretto i comuni (il fantasma di Mazzini ci darebbe la caccia in eterno); ma che il clero di

XII secolo: É. Hubert, *Espace urbain et habitat à Rome du Xe siècle à la fin du XIIIe siècle*, Roma 1990.

città – più o meno antagonista rispetto al vescovo – abbia avuto voce e ruolo accanto alle istituzioni comunali, soprattutto nella loro fase iniziale, dimostrando modalità organizzative comparabili a quelle della società laica, questo è un fatto. La proposta è dunque semplice, forse banale: il clero di città può essere studiato dal punto di vista sociale non solo e non tanto come un corpo separato, ma come una componente vicina alla società laica. Come il tramonto dei miti ottocenteschi che idealizzarono il comune in quanto trionfo della borghesia ha permesso ormai da decenni di ridisegnare i contorni reali dei rapporti tra aristocrazie e ceti medi nella costruzione delle istituzioni comunali negando la contrapposizione tra borghesia – supposta fondatrice del comune – e nobiltà – presunta sua eterna antagonista –, così l'avvenuto superamento delle letture rispettivamente laiciste e clericali della storia medievale consente una analoga rilettura del rapporto tra clero e laicato nell'esperienza comunale – soprattutto del XII secolo – evidenziando non solo la differenziazione (che in effetti ci fu e fu intensa) ma anche la porosità degli insiemi.

Andrea Tilatti

Capitoli e canonici. Esempi e riflessioni

1. *Quale mobilità?*

Quasi due decenni fa, in un libro assai noto, citato e discusso, che si proponeva di tracciare una sintesi storica del fenomeno urbano europeo al passaggio tra le epoche medievale e moderna, Marino Berengo riservò ai capitoli e ai canonici più di metà dell'ottantina di pagine dedicate al clero secolare, a sua volta distinto da quello regolare.[1] Il privilegio sembrava giustificato dalla considerazione che «per seguire il rapporto tra il mondo dei chierici e quello dei laici, per intendere il peso che la Chiesa esercita entro le mura di una città, il capitolo è forse il primo luogo cui ci dobbiamo indirizzare: ancor prima, forse, che verso la curia episcopale; prima certamente che alle parrocchie».[2] Questo mio appunto quantitativo circa il libro di Berengo, compresa la citazione, è stato anticipato da Emanuele Curzel nel 2003, all'esordio di uno sguardo sintetico sulla storiografia capitolare fra Italia e Germania,[3] e ripreso da Matteo Melchiorre nel 2014, nelle pagine iniziali di una monografia sul capitolo della cattedrale padovana, durante il primo secolo del dominio veneziano.[4] Evidentemente si tratta di un ottimo

1. M. Berengo, *L'Europa delle città. Il volto della società urbana europea tra Medioevo ed Età moderna*, Torino 1999, pp. 675-754, dei capitoli si tratta alle pp. 700-745. Il clero regolare impegna un altro capitolo del libro: pp. 755-851.

2. Berengo, *L'Europa delle città*, p. 702.

3. E. Curzel, *Le quinte e il palcoscenico. Appunti storiografici sui capitoli delle cattedrali italiane*, in *Canonici delle cattedrali nel medioevo*, in «Quaderni di storia religiosa», 10 (2003), pp. 39-67: p. 39.

4. M. Melchiorre, *«Ecclesia nostra». La cattedrale di Padova, il suo capitolo e i suoi canonici nel primo secolo veneziano*, Roma 2014, p. 12.

modo per cominciare un discorso su capitoli e canonici e permette di attribuire all'*auctoritas* berenghiana, da una parte, la responsabilità di sottolineare l'importanza storica del tema e, dall'altra, di denunciarne per l'Italia la penuria storiografica, notata a punto da Berengo[5] e poi sovente lamentata.

La percezione della quantità è sempre soggettiva e relativa. Segnalo che Pascal Montaubin qualificava come «abondante» la storiografia «sur le monde canonial italien»,[6] per precisare tuttavia che esistevano differenziazioni regionali e che per la maggior parte essa era costituita da saggi di erudizione locale, spesso anche risalenti nel tempo. Sicuramente il perimetro di tale campo specialistico ha una misura variabile a seconda di cosa in esso sia compreso. Se al di là degli studi di carattere giuridico-istituzionale, politico, religioso, prosopografico, cari alla storiografia tedesca, ma anche francese e inglese, che non sono molto frequenti in Italia,[7] si uniscono pure le edizioni di fonti, come cartulari, statuti, necrologi e obituari, o anche le opere più estese su città e diocesi, allora esso si allarga notevolmente.[8] Sicuramente si restringe fin quasi a scomparire se si cercano studi consacrati ai capitoli e ai canonici osservati consapevolmente e francamente attraverso la lente e le categorie interpretative della mobilità sociale, come intesa nelle più recenti iniziative di ricerca, nel nostro paese e altrove.[9] Il destino, del resto, sembrerebbe comune per settori ben più ampi della storia medievale italiana,[10] anche se si tratta probabilmente solo di cambiare occhiali e linguaggio.

5. Berengo, *L'Europa delle città*, pp. 712, 739.

6. P. Montaubin, *Entre gloire curiale et vie commune: le chapitre cathédral de Anagni au XIIIe siècle*, in «Mélanges de l'École française de Rome. Moyen Âge», 109/2 (1997), pp. 303-442: p. 309.

7. Alla citata monografia di Melchiorre, occorre premettere il corposo volume di E. Curzel, *I canonici e il Capitolo della cattedrale di Trento dal XII al XV secolo*, Bologna 2001, e quello di A. Rehberg, *Die Kanoniker von S. Giovanni in Laterano und S. Maria Maggiore im 14. Jahrhundert. Eine Prosopographie*, Tübingen 1999. Cenni consistenti alla realtà di un capitolo si trovano anche in R. Brentano, *A New World in a Small Place. Church and Religion in the Diocese of Rieti, 1188-1378*, Berkeley-Los Angeles-London 1994, pp. 184-232.

8. Si veda il sunto di Curzel, *Le quinte e il palcoscenico*, pp. 39-56.

9. Notevole è, ad esempio, lo sforzo di ricerca promosso dal PRIN *Social Mobility in the Middle Ages (Italy, XII-XV Century) - La mobilità sociale nel medioevo italiano (secoli XII-XV)*, che riunisce studiosi delle Università di Roma Tor Vergata, Cagliari, Milano e Pisa.

10. Cfr. S. Carocci, *Introduzione: la mobilità sociale e la "congiuntura del 1300". Ipotesi, metodi d'indagine, storiografia*, in *La mobilità sociale nel medioevo*, a cura di S. Carocci, Roma 2010, pp. 1-37.

Proprio Berengo, in modo più esplicito di altri e salvo errore, ha usato almeno una volta l'espressione "mobilità sociale", a proposito del reclutamento dei canonici spagnoli, in genere non condizionato fino all'inizio del secolo XVI da serrate nobiliari o da altri fattori di esclusione.[11] Si trattava di un accenno alla così detta mobilità "pura",[12] riguardante i singoli personaggi e le rispettive famiglie, ma forse si può dire qualcosa di più reinterpretando quanto già si sa.

La parola stessa *canonicus*, impiegata come aggettivo a partire dal VI secolo, voleva connotare non solo persone, ma anche il riferimento a una regola, a un modello ideale, il "canone", appunto, della vita chiericale.[13] Si potrebbe dire che a quell'epoca si fosse già determinata una sorta di mobilità "strutturale", che aveva portato alla lenta individuazione di un clero peculiare, assimilato per alcuni aspetti all'esperienza monastica, ma caratterizzato sopra tutto dalla vicinanza al vescovo e dall'osservanza dei doveri canonici (recita dell'ufficio, residenza presso la chiesa episcopale e obbedienza al pastore, ricezione degli *stipendia* ecclesiastici...). Tuttavia, l'*ordo canonicus*, diverso da quello monastico, non costituì per molto tempo un'istituzione o uno stato giuridico separato da altri, anche se di fatto la divaricazione era percepita nella realtà di un clero che assumeva fisionomie differenziate rispetto al suo più largo corpo. In ogni caso, il legame con le cattedrali e i vescovi fu determinante e in età carolingia, com'è noto, si susseguirono gli esempi e le esperienze (Bonifacio a Fritzlar, Crodegango a Metz) che misero in luce alcuni caratteri fondamentali: l'uso liturgico romano e la preghiera corale, la condivisione di dormitorio e refettorio in una disciplina claustrale, cioè la vita comune sebbene fosse permessa la proprietà individuale, il riferimento agli *antiquorum patrum canones*, tutti dettagli raccolti nella così detta regola di Aquisgrana (816), che fissò l'immagine di un'élite chiericale riunita attorno alle cattedrali, anche se

11. Berengo, *L'Europa delle città*, p. 738.

12. Rimando ancora, per comodità, alla sintesi di Carocci, *Introduzione*, p. 16.

13. Le considerazioni qui riportate tengono conto di C. Dereine, *Chanoines*, in *Dictionnaire d'histoire et géographie ecclésiastiques*, VI, Paris 1953, cc. 353-405; con alcune precisazioni di C.D. Fonseca, *Medioevo canonicale*, Milano 1970. Una efficace rassegna storiografica si può leggere in C. Andenna, *Mortariensis Ecclesia. Una congregazione di canonici regolari in Italia settentrionale tra XI e XII secolo*, Berlin 2007, pp. 17-174, ma con uno sguardo attento sopra tutto alle così dette "canoniche regolari"; si veda ora la sintesi di B. Meijns, *Les chanoines séculiers: histoire et fonctions dans la société (IXe-XIIe siècle)*, in *Les chapitres séculiers et leur culture. Vie canoniale, art et musique à Saint-Yrieix (VIe-XIIIe siècle)*, a cura di C. Andrault-Schmitt e P. Depreux, Limoges 2014, pp. 15-30.

non mancavano altri tipi di canoniche o anche semplicemente di *scholae* sacerdotali, spesso ubicate in contesti rurali.

Nel quadro di un'istituzione ormai affermata, un altro momento d'intensa caratterizzazione e direi anche di ascesa in termini di prestigio e di funzioni fu il periodo della restaurazione/riforma ecclesiastica dei secoli XI-XII. In tale circostanza si elaborarono ulteriori precisazioni giuridiche del fenomeno canonicale, mediante l'affermazione del modello, ideologico ed ecclesiologico insieme, della Chiesa primitiva, imperniato sopra tutto sul valore della povertà individuale. Ciò avveniva sovente in polemica con gli abusi "consentiti" dalla regola di Aquisgrana e del modello carolingio, e incise specialmente su una generazione nuova di canoniche regolari, improntate per lo più al rispetto della così detta regola di sant'Agostino.[14] Più difficile fu invece l'azione sui capitoli delle cattedrali, pre-esistenti e spesso resistenti alle pulsioni di riforma.

Posso notare che questo movimento storico fu, per dir così, assecondato da una visibilità storiografica ascendente, durante la fruttuosa temperie degli studi sulla "riforma gregoriana", che in Italia fu pure, per qualche tempo, un modo "vincente" di intendere il medioevo e la medievistica. Ciò mi sembra non privo di conseguenze sulla percezione stessa dei fenomeni storici e sulla valutazione della loro portata e del loro significato. Secondo Cosimo Damiano Fonseca, infatti, «la grande stagione del movimento canonicale [...] può dirsi conclusa intorno alla metà del XII secolo», per imboccare nel Duecento una china discendente che nel Trecento deteriorò in «crisi permanente e irreversibile declino».[15] Il giudizio di Fonseca si giustificava in base a un punto d'osservazione che, come avvenne spesso per quella fortunata storiografia medievistica, dedicava la massima attenzione «alla elaborazione dottrinale e ai risvolti ecclesiologici, teologici e ideologici legati alla sua [del movimento canonicale] stessa ragione d'essere all'interno del corpo ecclesiale».[16]

14. In Italia, sul piano storiografico un punto di svolta su questi temi fu segnato dal Convegno della Mendola del 1959: *La vita comune del clero nei secoli XI e XII*, Atti della Settimana di studio (Mendola, settembre 1959), 2 voll., Milano 1962; cfr. Andenna, *Mortariensis ecclesia*, pp. 61-82.

15. C.D. Fonseca, *Vescovi, capitoli cattedrali e canoniche regolari (secoli XIV-XVI)*, in *Vescovi e diocesi in Italia dal XIV alla metà del XVI secolo*, Atti del VII Convegno di storia della Chiesa in Italia (Brescia, 21-25 settembre 1987), a cura di G. De Sandre Gasparini, A. Rigon, F. Trolese e G.M. Varanini, Roma 1990, pp. 83-138: pp. 83, 86.

16. Fonseca, *Vescovi, capitoli cattedrali*, p. 83.

A questo punto, se dovessi assumere come valida in assoluto l'affermazione di uno specialista, come Fonseca, dovrei aspettarmi di riscontrare solo una mobilità discendente per i secoli bassomedioevali, ma le cose non stanno esattamente così. I capitoli delle cattedrali, ai quali – è bene precisarlo – ho limitato la mia attenzione, lasciando da parte i canonici regolari, mantennero per tutti i secoli del medioevo un ruolo distinto ed eminente all'interno dell'organizzazione della Chiesa secolare e, più in generale, della società, dato che – come si sa – i confini ideali e pratici tra queste due sfere, benché definiti o definibili in elaborazioni giuridiche, teoriche e storiografiche, nel medioevo non erano mai netti e indiscutibili nella realtà vissuta.

Se è palese che, per quanto possiamo apprendere dalle fonti, la dimensione carismatica e disciplinare, ossia il "canone" della perfezione sacerdotale, ha assicurato un potente veicolo d'ascesa e d'affermazione per l'ideale canonicale, è altrettanto palese che tale crescita si inverava in elementi assai concreti e visibili, che assunsero altrettanto valore e si perpetuarono nel tempo, sebbene soggetti a continua evoluzione. Mi riferisco, ad esempio, alla simbiosi/unione con i vescovi, sia pure caratterizzata da vari gradi di collaborazione o di conflitto che si concretizzarono di solito in diritti più o meno esclusivi di elezione, sebbene ben presto contestati e superati, in ambito italiano, specialmente mediante la riserva papale; mi riferisco al radicamento privilegiato nella chiesa madre della diocesi, che diventò la sede del capitolo e l'oggetto principale della cura liturgica e materiale, senza tuttavia implicare obblighi ineludibili di cura d'anime, demandata ad altre figure chiericali, come mansionari, custodi e cappellani; oppure alla definizione di un numero ristretto di membri del capitolo articolati in dignità e funzioni, un numero che diventò chiuso, commisurato alle risorse economiche, e contribuì a formare una precisa coscienza identitaria di gruppo insieme con altri fattori di carattere simbolico, come ad esempio il culto di santi peculiari; mi riferisco inoltre all'immagine di un clero particolarmente istruito, protagonista delle scuole cattedrali e che dal XII secolo in poi accoglieva spesso personaggi i quali avevano percorso il curriculum di formazione universitaria; e mi riferisco infine alla costituzione di un patrimonio immobiliare, rimontante sovente ai secoli del pieno medioevo, al quale contribuirono in diversa maniera i vescovi, il clero, i laici *pontentes* e devoti, e che divenne progressivamente peculiare e separato da altre mense ecclesiastiche, e specialmente quella episcopale, per frazionarsi di seguito in prebende individuali capaci di fornire flussi considerevoli di denaro sonante; nonché all'assunzione fin dai secoli IX e X di diritti decimali, immunitari e signorili che divennero a volte assai estesi e, per quanto erosi, non scomparvero mai completamente e strinsero vincoli di dominio su cose e persone.

Tutti questi aspetti si sono ovviamente manifestati con modalità assai diversificate e con esiti storiografici altrettanto dispari,[17] nella storia delle singole istituzioni, con cronologie e combinazioni talmente varie da non consentire l'agio di tracciare linee "normali" di evoluzione, ma nell'insieme contribuiscono a spiegare l'appetibilità del maggiore dei benefici minori del clero secolare,[18] che era capace di coagulare in sé un notevole ventaglio di interessi: la tradizione religiosa, il ruolo istituzionale, il lustro culturale, il benessere economico, la rilevanza politica, la ragnatela di relazioni, spendibili in prima istanza nel contesto di una città o di una diocesi, senza precludere la comunicazione con reti più ampie, fino ad assumere l'estensione dell'intera cristianità occidentale. Il canonicato agglutinava così vantaggi materiali, simbolici e carismatici, garantiva il decoro a chi stava già in alto nella scala sociale e contribuiva a depurare lo status di chi

17. Non è qui possibile proporre un'efficace sintesi bibliografica. Per alcune suggestioni comparative, oltre ai titoli citati alle note 13 e 14, si possono indicare *Istituzioni monastiche e istituzioni canonicali in Occidente (1123-1215)*, Atti della settima Settimana internazionale di studio (Mendola, 28 agosto-3 settembre 1977), Milano 1980; *Le monde des chanoines (XIe-XIVe siècle)*, in «Cahiers de Fanjeaux», 24 (1989); *I canonici al servizio dello Stato in Europa. Secoli XIII-XVI - Les chanoines au service de l'Etat en Europe du XIIIe au XVIe siècle*, a cura di H. Millet, Ferrara 1992; *Canonici delle cattedrali nel medioevo*, in «Quaderni di storia religiosa», X (2003). Un tema fruttuoso è stato quello relativo alle elezioni episcopali, anche se l'obiettivo era puntato più alla figura dei pastori che ai collegi elettorali; per alcuni esempi, che riprenderò: A. Rigon, *Le elezioni vescovili nel processo di sviluppo delle istituzioni ecclesiastiche a Padova*, in «Mélanges de l'Ecole française de Rome. Moyen Age-Temps Modernes», 89 (1977), pp. 371-409; G. Silano, *Episcopal Elections and the Apostolic See. The Case of Aquileia: 1251-1420*, in *Diritto e potere nella storia europea, Atti in onore di Bruno Paradisi*, Firenze 1982, I, pp. 163-194; M. Ronzani, *Vescovi, capitoli e strategie famigliari nell'Italia comunale*, in *Storia d'Italia, Annali*, 9: *La Chiesa e il potere politico dal Medioevo all'età contemporanea*, a cura di G. Chittolini e G. Miccoli, Torino 1986, pp. 101-146; D. Rando, *Le elezioni vescovili nei secoli XII-XIV*, in D. Rando, *Religione e politica nella Marca. Studi su Treviso e il suo territorio nei secoli XI-XV*, I*: *Società e istituzioni*, Verona 1996, pp. 177-205, pp. 195-196 (già in *Storia di Treviso*, II: *Il medioevo*, a cura di D. Rando e G.M. Varanini, Venezia 1991, pp. 375-397).

18. «Un chanoine du chapitre cathédral était donc parvenu au sommet de la hiérachie des bénéfices ecclésiastiques séculiers considérés comme mineurs» (H. Millet, *Les chanoines du chapitre cathédral de Laon 1272-1412*, Roma 1982, pp. 186-187).

poteva aver guadagnato posizioni sul piano economico, esercitando magari attività lucrose, ma sentiva il bisogno di ricollocarsi sul piano della considerazione e onorabilità.[19] Non può dunque stupire che diventare canonico potesse essere considerato un buon "affare". Ma perché e come questo "affare" poteva definirsi davvero buono?

2. *Qualche esempio e alcune proposte di interpretazione*

Accennerò ora ad alcuni punti che, da quanto ho potuto leggere e comprendere, mi sembrano cruciali, se si volesse procedere a uno studio fondato sui parametri interpretativi delle ricerche sulla mobilità sociale, applicati al campo specialistico della storia canonicale.

Una considerazione preliminare riguarda le fonti e giova a fornire una grossolana delimitazione cronologica, oltre la quale un tal genere di indagine sembra più promettente. Infatti, fino a un certo momento, a volte per tutto il Duecento e anche oltre, è difficile condurre discorsi analitici, perché le fonti consentono poco e male di ricostruire le biografie dei canonici, le relazioni con le loro famiglie, i legami interpersonali o cetuali. Per il XII secolo i documenti sono ridotti, in genere di natura patrimoniale, spesso slegati e intermittenti, e offrono normalmente informazioni parziali, relative a qualche canonico, ma non al complesso del loro gruppo.[20] Diventa pertanto difficile cogliere dinamiche individuali o comunitarie, anche se alcuni lineamenti di superficie si intravedono: come, ad esempio, il presidio delle famiglie aristocratiche del territorio e urbane, estesamente rappresentate nei collegi, la cui constatazione spinse Hagen Keller a supporre forse un eccessivo parallelismo tra le vicende dei capitoli tedeschi e italiani.[21] Per andare

19. Sulla diversità delle gerarchie sociali: Carocci, *Introduzione*, pp. 12-14.

20. Può essere utile, sebbene non esaurisca la varietà tipologica dei documenti, P. Cammarosano, *Italia medievale. Struttura e geografia delle fonti scritte*, Roma 1991, pp. 210-265; si veda inoltre *L'histoire des moines, chanoines et religieux au Moyen Âge. Guide de recherche et documents*, a cura di A. Vauchez e C. Caby, Turnhout 2003.

21. Cfr. H. Keller, *Origine sociale e formazione del clero cattedrale dei secoli XI-XII nella Germania e nell'Italia settentrionale*, in *Le istituzioni ecclesiastiche della "Societas christiana" dei secoli XI e XII. Diocesi, pievi e parrocchie*, Atti della sesta Settimana internazionale di studio (Milano, 1-7 settembre 1974), Milano 1977, pp. 136-186: pp. 143-151, 155-157. La presenza delle famiglie di tradizione "signorile" è evidente, ma non esclusiva, a Padova (A. Tilatti, *Canonica-canonici di Santa Maria di Padova: tra aspirazione alla continuità e spinte di rinnovamento (secoli X-XIII)*, in *Il "Liber ordinarius" della Chiesa*

più in profondità occorre inoltrarsi nel Duecento, ma sopra tutto nel Tre e Quattrocento,[22] quando si moltiplicano in quantità e qualità le fonti, sia interne (obituari e necrologi, libri liturgici, statuti, registri amministrativi di varia natura, epistolari, memoriali dei canonici, visite pastorali, prediche e sermoni…), sia esterne (archivi di istituzioni e famiglie, carte notarili, carte giudiziarie, relazioni diplomatiche, cronache…), e s'accrescono insieme la fatica della ricerca come pure le possibilità di comprensione. Intendo dire che studiare a fondo un'istituzione capitolare richiede un consistente investimento di tempo, energie, competenze storiche e archivistiche, nella speranza che sussistano, per il caso considerato, studi paralleli e adeguati sulle strutture sociali, istituzionali, politiche e – perché no? – economiche del contesto d'elezione. La lezione che si trae è quella dell'irriducibilità delle situazioni particolari a lineamenti, per dir così, di regolarità, dato che le sfasature e le sfumature sono pressoché infinite e spesso traggono in inganno. L'idiografia trionfa sempre sulla nomotetica e questa è una constatazione da ricordare.[23]

Al di là di tali considerazioni generali, credo si possa dire anche altro muovendo da un esempio assai particolare. Francesco Petrarca, nella lettera *Posteritati*, rammenta la gioia con la quale Giacomo II da Carrara lo accolse a Padova, verso la metà del Trecento, tanto da paragonarla al gaudio con il quale sono ricevute in cielo le anime felici, e rammenta pure che il signore padovano, «sapendo che sin da giovinetto avevo assunta la condizione di chierico, per non tenermi legato a sé soltanto, ma con vincoli più stretti alla sua stessa terra [*patria*], mi fece nominare canonico di Padova».[24] La prebenda era stata procurata dal Carrarese, che "convinse"

padovana. Padova, Biblioteca Capitolare, ms. E57, sec. XIII, a cura di G. Cattin, A. Vildera, Padova 2002, pp. XXIX-LXX: pp. LVI-LIX [anche in «Reti Medievali Rivista», 3 (2002) 1, http://www.rmojs.unina.it/index.php/rm/article/view/247. Ultimo accesso aprile 2016]) e a Trento (Curzel, *I canonici*, pp. 66-68, 235-239), ma è difficile, prima del Tre-Quattrocento, trarre conclusioni affidabili, data la precaria conoscenza del contesto complessivo.

22. Questo dato è abbastanza evidente in molte ricerche. Si vedano, a titolo d'esempio: Montaubin, *Entre gloire curiale*; Curzel, *I canonici*; Millet, *Les chanoines*.

23. Questo vuol dire Melchiorre, constatando la irriducibilità dei canonici a tipologie *standard* (Melchiorre, *«Ecclesia nostra»*, pp. 279-282), ma a conclusioni simili approdano anche Curzel, *I canonici*, pp. 236-237, e, nonostante tendenze più sistematizzanti, Millet, *Les chanoines*, pp. 139-147.

24. «Inter multa, sciens me clericalem vitam a pueritia tenuisse, ut me non sibi solum sed et patrie arctius astringeret, me canonicum Padue fieri fecit»: F. Petrarca, *Lettera ai posteri*, a cura di G. Villani, Roma 1990, pp. 62-63. Matteo Melchiorre, erroneamente,

un congiunto a dimettersi dal capitolo, e fu solennemente conferita al poeta durante una cerimonia pubblica, il 18 aprile 1349, alla presenza del vescovo, Ildebrandino Conti, e del legato apostolico Guy de Boulogne;[25] grazie a essa Petrarca ebbe una casa nei pressi del duomo e una rendita annua di 260 ducati, una tra le più lucrose del capitolo.[26] Poco importa se poi egli non osservò, o quasi, le prescrizioni sulla residenza: in ciò era in buona compagnia.

Di primo acchito si potrebbe dire che, data l'eccezionalità della figura, Petrarca non rappresenti il prototipo canonicale, ma il suo breve, per quanto intenzionalissimo, racconto memoriale può servire da ispirazione per rispondere ad alcuni degli interrogativi del questionario mutuato dall'invito a partecipare alle ricerche sulla mobilità sociale nel mondo ecclesiastico e che ha guidato queste mie riflessioni: essere canonico come aiuta a determinare la posizione di un singolo e di una famiglia nelle gerarchie sociali? E, soprattutto, come permette di modificare tale posizione? Inoltre, su quali delle molte gerarchie in cui si articola lo spazio sociale intervengono con maggiore efficacia le risorse a disposizione di un canonico?

Innanzi tutto, il bacino sociale nel quale nuotavano i canonici delle cattedrali aveva un suo perimetro "geografico", che – come dirò più avanti – presentava una geometria variabile, ma era particolarmente circoscritto a livello urbano. Petrarca afferma che il signore gli procurò un canonicato per tenerlo stretto non soltanto a sé ma alla *patria*. Difficile credere che, in un contesto letterariamente così sorvegliato quanto una lettera rivolta ai posteri, egli abbia usato casualmente la parola "patria", con tutti gli affetti e le pulsioni emotive che il richiamo alla terra dei padri è capace di evocare. Il poeta era onorato ma insieme onorava una delle istituzioni principali della città e la città stessa. Mi pare che ne sortisca un'efficacissima evidenza storica dell'intimo e reciproco legame, anche simbolico e rappresentativo, tra il capitolo cattedrale e la città, a conferma di quanto sottolineato storiograficamente da Berengo, sebbene anche questo legame subisca, avvicinandosi alla fine del medioevo una serie di allentamenti e rimodulazioni.

attribuisce al poeta il «tanto cum gaudio», che rappresenta invece la felicità del Carrarese (Melchiorre, *«Ecclesia nostra»*, p. 283).

25. Per l'*iter* del conferimento della prebenda a Petrarca: C. Bellinati, *La casa canonicale di Francesco Petrarca a Padova. Ubicazione e vicende*, in *Contributi alla storia della Chiesa padovana nell'età medioevale*, I, Padova 1979, pp. 83-224: pp. 88-90.

26. Bellinati, *La casa canonicale*, pp. 90-95; Melchiorre, *«Ecclesia nostra»*, p. 282.

Non tutti i capitoli e le patrie erano uguali, ovviamente, ed è facile immaginare che Petrarca non avrebbe accettato il canonicato in una città e in una chiesa assai meno illustri o semplicemente meno gradite. Egli rappresenta retoricamente sé stesso come un'anima felice e Padova come il paradiso, al quale era giunto dopo aver abbandonato l'arcidiaconato a Parma e dove decise di rimanere, nel 1365, quando rifiutò l'offerta di un canonicato a Firenze.[27] La disparità di prestigio o di valore che separava i diversi canonicati si coglie, ad esempio, considerando le preferenze dei patrizi veneziani, a partire dall'inizio del Quattrocento: se Padova e Treviso, pingui e vicine a Venezia, erano massicciamente presidiate, un'invadenza assai minore si riscontra per altre città del dominio, lasciate con maggior agio agli esponenti della società locale o a forestieri.[28] Ma se si osserva con ancora maggior attenzione si vede che anche le prebende di un capitolo blasonato come quello padovano erano diverse l'una dall'altra e che quindi anche i canonici non erano tutti uguali.[29] Si spiegano così i continui passaggi di mano tra i canonici in carica di benefici che si rendevano vacanti, se dotati di particolare lucrosità.[30]

Per rispondere ai quesiti circa la mobilità sociale è indispensabile sapere chi erano i canonici e non solo sul piano dei loro nomi e della loro biografia personale, ma anche rispetto alla qualità dei benefici detenuti, alla composizione complessiva dei capitoli e alle strutture sociali che li circondavano. Normalmente si scopre un'inarrestabile dinamica della fisionomia del gruppo dei canonici. Il loro mutevole amalgama interno seguiva e rispecchiava abbastanza fedelmente l'evoluzione del clima politico e sociale esterno, prima

27. Su queste vicende cfr. U. Dotti, *Vita di Petrarca*, Roma-Bari 2004³, pp. 204-205, 378-379; con un certo pathos drammatico ricostruisce la vicenda del rifiuto del canonicato fiorentino, seguito a una prima accettazione, G. Billanovich, *Petrarca letterato*, I: *Lo scrittoio di Petrarca*, Roma 1947, pp. 273-275; circa il peculiare legame del poeta con i Carraresi: G.M. Varanini, *Francesco Petrarca e i da Carrara signori di Padova*, in *Petrarca politico*, Atti del Convegno (Roma-Arezzo, 19-20 marzo 2004), Roma 2006, pp. 81-97.

28. Si legga: G. Del Torre, *Patrizi e cardinali. Venezia e le istituzioni ecclesiastiche nella prima età moderna*, Milano 2010, pp. 83-89. Marino Sanudo, nel 1483, attento a quanto poteva offrire il territorio, non manca però di menzionare le cinquanta prebende della canonica cividalese e le ventiquattro di Aquileia, come elemento di distinzione e di pregio: M. Sanudo, *Itinerario per la Terraferma veneziana*, edizione critica e commento a cura di G.M. Varanini, Roma 2014, pp. 432, 438.

29. Cfr. Tilatti, *Canonica-canonici*, pp. XLVII-L; Melchiorre, *«Ecclesia nostra»*, pp. 279-303.

30. La prassi è riscontrabile anche a Trento: Curzel, *I canonici*, p. 298.

che si manifestassero fenomeni di irrigidimento corrispondenti «al generale processo di chiusura oligarchica e di soggezione cortigiana dei patriziati cittadini italiani della piena Età moderna».[31] Diverso è, ad esempio, constatare che i seggi erano proporzionalmente distribuiti fra esponenti di famiglie di pari livello (come si intuisce, sebbene con messe a fuoco incerte, a Trento o a Padova tra i secoli XII e XIII), oppure individuare sbilanciamenti determinati da vari fattori: l'autorevolezza di un vescovo volitivo, che premiava chierici del suo *entourage*, le alleanze di consorterie famigliari o di parti politiche, per arrivare al predominio di una sola famiglia o di un signore o di un'entità statuale, che potevano agire incontrastati o rivaleggiare per raggiungere un'ampia gamma di compromessi con le interferenze di poteri esterni, sopra tutto con quello papale.[32] Le condizioni elencate qui sopra non erano a loro volta stabili e si potevano avvicendare anche entro un medesimo capitolo, con il passare del tempo e il mutare delle condizioni esterne. I cambiamenti si colgono nelle realtà meglio indagate, come Trento, oppure Padova: per entrambe esistono monografie specifiche, ma per la città euganea si dispone pure di una serie di studi, che pur impostati secondo diverse problematiche consentono di avere una panoramica cronologica assai ampia.[33]

Mi sembra di poter dire che la chiave per interpretare questi movimenti è in prima istanza politica, più che "sociale". In Italia, a differenza dalla

31. Cfr. R. Bizzocchi, *Chiesa e potere nella Toscana del Quattrocento*, Bologna 1987, p. 23.

32. Il punto d'arrivo, circa il controllo dei benefici canonicali e dei contrappesi sociali e politici, in un dinamico rapporto di coordinazione tra il signore e il papato è ben rappresentato da Bizzocchi, *Chiesa e potere*, pp. 177-193.

33. Per Padova: F.S. Dondi dall'Orologio, *Serie cronologico istorica de' canonici di Padova*, Padova 1805; C. Bellinati, *Cattedrale e capitolo di Padova all'epoca di Ezzelino III da Romano (1237-1259)*, in *S. Antonio 1231-1281. Il suo tempo, il suo culto e la sua città*, Padova 1981, pp. 335-343; ai quali si possono aggiungere, sull'asse diacronico, Tilatti, *Canonica-canonici*; Rigon, *Le elezioni vescovili*; L. Gaffuri, D. Gallo, *Signoria ed episcopato a Padova nel Trecento. Spunti per una ricerca*, in *Vescovi e diocesi in Italia*, pp. 923-956; S. Collodo, *Lo sfruttamento dei benefici canonicali*, in S. Collodo, *Una società in trasformazione. Padova tra XI e XV secolo*, Padova 1990, pp. 277-296 (l'intero volume va considerato); per finire con Melchiorre, *«Ecclesia nostra»*. La bibliografia sarebbe assai più estesa e dovrebbe includere anche quadri d'insieme più ampi, come alcuni saggi di Sante Bortolami sulla società padovana tra XII e XIII secolo (ora in S. Bortolami, *Urbs antiquissima et clara. Studi su Padova nell'età comunale*, a cura di M. Bolzonella, Padova 2015); J.K. Hyde, *Padova nell'età di Dante. Storia sociale di una città-stato italiana*, Trieste 1985 (ed. or. New York 1966); B. Gibbs Kohl, *Padua under the Carrara, 1318-1405*, Baltimore-London 1998; ma da qui si può partire per svariati approfondimenti.

Germania, quasi non esistono i capitoli riservati ai ceti nobiliari. L'esempio duecentesco di Milano è quello sempre citato, e spiegato come imitazione di quelli tedeschi,[34] ma è stato interpretato anche come esperimento che anticipava la definizione di un vero e proprio ceto, giuridicamente definito, quello della nobiltà urbana.[35] A Firenze, pur riscontrando una netta prevalenza dei seggi canonicali monopolizzati dall'aristocrazie urbana, solo tardivamente, fra il 1460 e il 1525, furono erette dodici nuove prebende destinate *a priori* alle famiglie fondatrici, e fenomeni analoghi si notano in altre città dello stato regionale mediceo.[36] A Venezia inutilmente, fra il 1527 e il 1530, il Senato richiese al papa l'autorizzazione a costituire in San Marco cinquanta prebende da 200 ducati, da conferire esclusivamente ai patrizi.[37] Da questo punto di vista, prescindendo da eccezioni e con l'avvertenza di prestare attenzione ai mutamenti cronologici, almeno ancora per il Due e Trecento, si potrebbe parlare per l'Italia di fluidità sociale, che non si solidificava in norme di monopolio assoluto dei benefici canonicali,[38] anche se la prassi premiava di gran lunga quantitativamente i rampolli delle famiglie eminenti.

La tipologia più ricorrente del canonico, in effetti, è quella di chi otteneva il seggio in coro per una sorta di "privilegio" o, meglio, di vantaggio

34. Cfr. E. Cattaneo, *Gli statuti del venerando capitolo del Duomo di Milano*, in «Ambrosius», 30 (1954), pp. 283-323: p. 297; C. Castiglioni, *Gli ordinari della Metropolitana attraverso i secoli*, in «Memorie storiche della diocesi di Milano», 1 (1954), pp. 11-56; L. Besozzi, *La "matricula" delle famiglie nobili di Milano e Carlo Borromeo*, in «Archivio storico lombardo», 110 (1984), pp. 273-330. Altra eccezione fu Pisa: M. Ronzani, *Arcivescovi, chiesa cittadina e comune a Pisa nella prima metà del Trecento*, in «Bollettino storico pisano», 57 (1988), pp. 11-38: p. 20.

35. Cfr. G. Castelnuovo, *Bons nobles, mauvais nobles, nobles marchands? Réflexions autour des noblesses italiennes en milieu communal (XIIe-début XVIe siècle)*, in «Cahiers de recherches médiévales et humanistes», 13 (2006) [= *La noblesse en question (XIIIe-XVe s.)*], pp. 85-103: p. 96. Cfr. P. Grillo, *Milano in età comunale (1183-1276)*, Spoleto 2001, pp. 324-329.

36. Bizzocchi, *Chiesa e potere*, p. 21. L'esempio fu seguito a Pistoia, Volterra, Pisa e Arezzo.

37. La richiesta conseguiva alla constatazione che larga parte della pletorica aristocrazia lagunare, in difficoltà economica all'inizio del secolo XVI, sfruttava i benefici ecclesiastici per un decoroso mantenimento: G. Del Torre, *Stato regionale e benefici ecclesiastici: vescovadi e canonicati nella Terraferma veneziana all'inizio dell'Età moderna*, in «Atti dell'Istituto Veneto di Scienze, Lettere ed Arti», CLI (1992-1993) IV, classe di scienze morali, lettere ed arti, pp. 1171-1236: p. 1176.

38. Curzel, *I canonici*, 236-237.

di famiglia o di ceto,[39] e quindi si trovava in una posizione tendenzialmente di uguale livello rispetto a quella occupata nella società. In questi casi, più che di mobilità si potrebbe parlare di conservazione di *status* o di manifestazione o corrispondenza di uno *status*, che utilizzava i benefici ecclesiastici per ragioni di potere o di decoro o di soddisfacimento delle necessità famigliari, non ultime quelle economiche. Per cogliere questi ultimi aspetti, sono significative le rinunzie volontarie agli stalli corali, che rivelano come essi non rappresentassero né un punto d'arrivo né una condizione stabile, ma solo uno dei tanti mezzi di sostentamento reputati onorevoli per membri di famiglie privilegiate. Non sono inusuali, ad esempio, i casi di sfruttamento delle prebende canonicali quali temporanee borse di studio, con il successivo abbandono da parte del beneficiato, appena esaurite le esigenze scolastiche;[40] oppure non difettano le testimonianze circa prebende conseguite sovente in giovanissima età e mantenute fino al momento di scegliere una diversa militanza. Così fu per Conte da Carrara, figlio naturale di Francesco il Vecchio, che scelse il mestiere delle armi e una vita decisamente avventurosa, dopo che il padre lo aveva avviato, forse undicenne, alla carriera ecclesiastica, come canonico e arciprete a Padova (1381-1388) e con l'obiettivo, fallito, di diventare patriarca d'Aquileia.[41] In tutte queste circostanze, non mi sembra che il canonicato fosse primariamente concepito come elemento di promozione sociale, ma era pur sempre una posizione consona a uno *status* privilegiato, che lasciava aperte numerose opzioni, svincolato com'era da obblighi stringenti di cura d'anime, e sopra tutto assicurava la disponibilità di denaro contante, particolare non secondario anche per individui e famiglie dotati di patrimoni consistenti in una società nella quale si accresceva continuamente il bisogno di liquidità.

Ma in Italia è facile identificare anche altri tipi di canonici, appartenenti a strati sociali più modesti. Per costoro la prebenda, oltre che i risvolti istituzionali, politici, economici, aveva una considerevole rilevanza nella scalata a posizioni di prestigio sociale. Per questi personaggi si può pensare a storie personali di ascesa, spesso legate a meriti di studio (la cultura universitaria

39. Utili sono le considerazioni della Millet, *Les chanoines*, pp. 187-192.

40. Alcuni esempi si possono individuare a Padova, città universitaria: Melchiorre, *«Ecclesia nostra»*, pp. 287-290. Esistevano comunque anche i canonici-professori.

41. Su Conte da Carrara, figlio illegittimo di Francesco il Vecchio da Carrara: M. Franceschini, *Carrara da Conte*, in *Dizionario biografico degli Italiani*, 20 (1977), pp. 646-649; ma si veda A. Rigon, *Gente d'armi e uomini di chiesa. I Carraresi tra Stato pontificio e Regno di Napoli*, di prossima pubblicazione.

era comunque un canale di promozione), a lunghe e operose militanze nel chiericato, oppure a servizi resi a personaggi influenti: vescovi, cardinali, papi, innanzi tutto, ma anche potenti laici e sopra tutto signori cittadini, principi o autorità statali regionali. Le biografie di questo tipo sono numerose, a volte si arrestano a pochi dati, in altre circostanze sono sorprendenti per la brillantezza degli esiti, in ogni caso rendono evidente l'esistenza di una comprensibile mentalità orientata alla carriera.[42] Mi limito a pochi esempi. Nella Padova dei secoli XIV e XV si trovano canonici come Antonio Turchetti, figlio di un consigliere di Francesco il Vecchio da Carrara, che subentrò in capitolo a Petrarca e la cui pur breve esperienza canonicale contribuì a consolidare fortune famigliari in ascesa tra professione notarile, prestito feneratizio e servizio dei signori;[43] o di Giovanni Enzegnerati, che da custode (1372) divenne canonico (1374) e persino arciprete al luogo di Conte da Carrara (1388), proprio nel momento in cui la signoria carrarese fu scalzata dai Visconti, e abitò fino alla morte (1397) nella casa prima destinata a Petrarca;[44] oppure Benedetto Galli della Galta (†1425), di modesta origine sociale, ma che seppe guadagnarsi la fiducia dei prelati e, in successione, delle signorie carrarese e veneziana a cavallo tra Tre e Quattrocento, assicurando una crescita economica e di posizione sociale per sé e per la propria famiglia e coronando la propria lunga militanza canonicale con la dignità di arciprete.[45] Dagli stalli corali patavini mosse anche la folgorante ascesa del veneziano non patrizio Lodovico/Alvise Trevisan (†1465), che morì cardinal camerlengo di santa romana Chiesa e sconfinatamente ricco grazie al cumulo incessante di be-

42. Cfr. Millet, *Les chanoines*, p. 185.

43. Cfr. A. Medin, *Il successore del Petrarca nel canonicato di Padova*, in *Padova in onore di Francesco Petrarca MCMIV*, II, Padova 1909, pp. 51-57; Collodo, *Lo sfruttamento*, p. 282. Per la posizione sociale dei Turchetti: Silvana Collodo, *Credito, movimento della proprietà fondiaria e selezione sociale*, in Collodo, *Una società in trasformazione*, pp. 195-275: pp. 247-249; E. Grisot, *Per la storia delle élites cittadine nel basso medioevo: la famiglia padovana dei Turchetti nei secoli XIV e XV (con l'edizione dei documenti di famiglia)*, tesi di laurea, Università di Padova, Facoltà lettere e filosofia, rel. S. Collodo, a.a. 1996-97. Nel Trecento si ricorda anche un altro canonico Turchetti: Giovanni Matteo (Bellinati, *La casa canonicale*, p. 197).

44. Bellinati, *La casa canonicale*, pp. 106-110. Bellinati definì l'Enzegnerati una «nobile figura di sacerdote e di canonico» (p. 109), in contrapposizione alla sua modesta origine sociale e come esito di una condotta che, da quanto si sa, sembrerebbe improntata alla lealtà verso l'istituzione più che a favorire interessi di famiglia o di parte.

45. A. Rigon, *Clero e città. "Fratalea cappellanorum", parroci, cura d'anime in Padova dal XII al XV secolo*, Padova 1988, pp. 153-155.

nefici e di uffici ecclesiastici e a un'abilità personale che si manifestava sia nelle imprese militari, sia nelle relazioni diplomatiche. Egli rimase sempre legato a Padova e al capitolo, dal quale provenivano molti dei suoi *familiares*.[46] E una fulgida ascesa fu anche quella di un altro cittadino veneziano, Francesco Argentini (†1511), di origine famigliare non nobile, ma capace di sfruttare il proprio servizio nella famiglia del cardinale Giuliano Della Rovere, per ottenere prima una mansionaria a Padova (1492), poi un canonicato (1504), quindi il vescovado di Concordia in Friuli (1506) e la porpora cardinalizia nell'anno stesso della morte, beneficiando progressivamente fratelli e nipoti e assicurando loro un avvenire migliore.[47] Gli esempi si potrebbero moltiplicare e non solo per la città euganea. Per alcuni il canonicato era un traguardo, per altri una tappa, ma per tutti è stato uno snodo di passaggio e di promozione, a partire da posizioni non di primissimo piano, ma che comunque già mostravano almeno gli indizi di un agio economico che però da solo non bastava a dar corpo a ambizioni di distinzione più spinta.

L'accertamento della realtà impone però cautela prima di giungere a conclusioni generalizzanti, specialmente in alcuni contesti storici, come quelli signorili, laddove la discrezionalità nell'assegnazione dei benefici ecclesiastici, e *in primis* canonicali, assumeva i connotati dell'abuso. Nel campionario degli "umili" che sembrano emergere nella Padova carrarese, infatti, non mancano i prestanome, coloro che occupavano un seggio per conto d'altri, i quali – perché laici o impegnati in altri uffici – non potevano sedere direttamente su quello scranno, ma ne percepivano i frutti come ricompensa per i loro servigi, secondo una prassi tutt'altro che rara.[48] Così fu per due fratelli, Francesco e Andrea Squarcialupi, che in sequenza tennero un canonicato a nome dello zio Baldo Bonafari, originario di Piombino, giunto a Padova come studente e diventato poi uomo di fiducia di Francesco Novello da Carrara. Anche Bonafari fu a sua volta controfigura di Conte da Carrara, del quale era stato pure istitutore.[49] Casi analoghi a Padova sono documentati anche per altri personaggi, che assumevano il canonicato solo

46. Sul Trevisan: oltre agli studi di P. Paschini, *Da medico a patriarca di Aquileia, camerlengo e cardinale di Santa Romana Chiesa*, in «Memorie storiche forogiuliesi», 23 (1927), pp. 1-56; P. Paschini, *Lodovico cardinal camerlengo (†1465)*, Roma 1939; Del Torre, *Patrizi e cardinali*, pp. 49-53; Melchiorre, *«Ecclesia nostra»*, pp. 292, 343-346.

47. Melchiorre, *«Ecclesia nostra»*, p. 233 e nota 11.

48. Cfr. G. Chittolini, *Stati regionali e istituzioni ecclesiastiche nell'Italia centrosettentrionale del Quattrocento*, in *Storia d'Italia, Annali*, 9, pp. 149-193: pp. 167-168.

49. Cfr. Collodo, *Lo sfruttamento*, pp. 277-280, 289-292.

nominalmente. Per costoro si trattava di stare «come / d'autunno / sugli alberi / le foglie», e per lo storico si tratta di non sbagliare le valutazioni. Se non fosse stato, infatti, per la temerarietà dei fratelli Squarcialupi, che una volta cessata la signoria carrarese intentarono invano una causa civile contro lo zio per recuperare i redditi del beneficio mai intascati, probabilmente l'intera vicenda non sarebbe emersa e i loro nomi sarebbero apparsi come effimere stelle di un firmamento per nulla fisso.[50]

Il che introduce un altro problema nodale: come si diventava canonico? Petrarca, con un apparente candore di riconoscenza, dice che fu il signore Carrarese a farlo canonico. Aveva ragione, ma tecnicamente ciò non era era possibile. Giacomo II aveva semplicemente premuto, con la forza che la sua mano poteva imprimere, i tasti giusti: dai canonici, al vescovo, fino alla sede apostolica.[51] Invero, non vigeva alcuna uniformità giuridica su chi detenesse formalmente il potere di designare i canonici, per i quali occorre tra l'altro distinguere l'*electio* dalla *collatio* del beneficio,[52] e tra un passo e l'altro gli inciampi erano frequenti. In alcuni casi l'elezione spettava ai vescovi, che erano comunque i primi tra i canonici, in altri erano i collegi stessi a cooptare i propri membri, con o senza il consenso degli ordinari. A partire dall'inizio del Duecento s'infittirono le riserve papali e gli interventi dei legati apostolici, fino a che, nel Tre-Quattrocento, si constata che praticamente nessun candidato era privo di lettere apostoliche con diritti di aspettativa (il che equivaleva a renderle necessarie ma non sufficienti), in altre circostanze anche i poteri sovrani cercarono di influire sulla scelta.[53] Ma al di là di chi *de iure* poteva eleggere un canonico, gli intrecci strettissimi intercorrenti tra i detentori del potere politico e il controllo del conferimento dei benefici ecclesiastici, e in particolare delle prebende canonicali, sono ben conosciuti, particolarmente per il periodo finale del medioevo.[54]

50. Ivi, pp. 277-289.

51. Petrarca aveva abbandonato Parma, perché si erano deteriorati i rapporti con il vescovo Ugolino Rossi, ostile ai di Correggio, che avevano favorito il poeta (Dotti, *Vita di Petrarca*, p. 205).

52. Curzel, *I canonici*, pp. 228-229.

53. Cfr. Berengo, *L'Europa delle città*, p. 732; Curzel, *I canonici*, p. 227.

54. Il ducato di Milano, caso unico, istituì un economato dei benefici vacanti: Chittolini, *Stati regionali e istituzioni ecclesiastiche*, pp. 163-170; M. Ansani, *La provvista dei benefici (1450-1466). Strumenti e limiti dell'intervento ducale*, in *Gli Sforza, la Chiesa lombarda, la corte di Roma. Strutture e pratiche beneficiarie nel ducato di Milano (1450-*

Se la valenza "politica" è abbastanza comune, ogni promozione a un seggio canonicale implicava una trattativa, il cui esito non era di per sé scontato e nella quale si palesavano schieramenti e reti di rapporti di diversa estensione. Hélène Millet aveva sottolineato l'importanza di questo intreccio di relazioni, specialmente per chi non era favorito da un privilegio di nascita.[55] Io direi che, almeno guardando al panorama italiano, il privilegio di nascita, più che uno stallo in coro, facilitava l'efficienza delle reti di relazione. Proprio perché i «seggi più lucrosi della Chiesa cittadina vennero sempre più considerati alla stregua di strumenti vuoi d'affermazione, vuoi di "resistenza"»,[56] la competizione poteva essere assai vivace, spesso orientata a escludere e a ostacolare i candidati, e poteva quindi sfociare conflitti sociali capaci di compromettere anche il funzionamento delle istituzioni ecclesiastiche, come ha osservato Mauro Ronzani, per la fine del Duecento, a Pisa.[57] Tuttavia le situazioni erano assai diverse, e a Verona, nel marzo del 1280, furono eletti – apparentemente senza contrasti – ben 14 canonici scelti nella cerchia degli Scaligeri e dei loro collegati, sintomo della completa subordinazione della chiesa locale al signore.[58]

Proprio l'alto tasso di politicizzazione delle nomine induce a un'ulteriore riflessione, connessa con l'evoluzione storica tre-quattrocentesca. La tendenza alla polarizzazione del potere nelle mani di famiglie signorili e di organismi statuali di dimensione regionale, se da una parte semplificava le ragioni dei conflitti interni alle città e facilitava anche il dialogo e gli

1535), a cura di G. Chittolini, Napoli 1989, pp. 1-113. Ma la vigilanza era estesa ovunque. Bizzocchi, *Chiesa e potere*, pp. 163-193; A. Prosperi, *Dominus beneficiorum: il conferimento dei benefici ecclesiastici tra prassi curiali e ragioni politiche negli stati regionali tra '400 e '500*, in *Strutture ecclesiastiche in Italia e in Germania prima della riforma*, a cura di P. Prodi, P. Johanek, Bologna 1984, pp. 51-86; Del Torre, *Stato regionale e benefici ecclesiastici*, pp. 1171-1236; D. Girgensohn, *Sui rapporti tra autorità civile e chiesa negli stati italiani del Quattrocento*, in *L'Italia alla fine del Medioevo: i caratteri originali nel quadro europeo*, I, a cura di F. Salvestrini, Firenze 2006, pp. 117-142; Del Torre, *Patrizi e cardinali*, pp. 83-91.

55. Millet, *Les chanoines*, p. 192.

56. Ronzani, *Vescovi e capitoli*, p. 142.

57. Cfr. M. Ronzani, *Famiglie nobili e famiglie di "Popolo" nella lotta per l'egemonia della Chiesa cittadina a Pisa fra Due e Trecento*, in *I ceti dirigenti nella Toscana tardo comunale*, Atti del III Convegno (Firenze, 5-7 dicembre 1980), Firenze 1983, pp. 117-134.

58. Cfr. G.M. Varanini, *La chiesa veronese nella prima età scaligera: Bonincontro arciprete del Capitolo (1273-1295) e vescovo (1296-1298)*, Padova 1988, pp. 49-57; G.M. Varanini, *Signoria cittadina, vescovi e diocesi nel Veneto: l'esempio scaligero*, in *Vescovi e diocesi in Italia*, pp. 869-921: p. 883; Ronzani, *Vescovi, capitoli*, pp. 143-144.

accordi con il principale interlocutore esterno, peraltro sempre più invadente, ossia il papato, aveva per corrispettivo la presenza, nei capitoli delle città private di autonomia, di una crescente aliquota di forestieri, anche se non necessariamente sfruttatori parassitari e assenteisti della prebenda. Fu così per Trento,[59] per Treviso[60] e per Padova nel primo secolo veneziano, quando si verificò una violenta e immediata invasione del capitolo da parte dei patrizi veneziani, cagionando rancori e rinsentimenti.[61] Resta da capire se questo fenomeno in casi assai particolari, come quello padovano, possa aver inciso sulla vitalità stessa del legame tra capitolo e città; un legame che tuttavia rimaneva forte, al punto da consigliare prudenza laddove il principe o il governo della città dominante minacciassero «la naturale aspirazione [dei sudditi] a che i benefici delle loro chiese fossero riservati a ecclesiastici locali, o comunque scelti da loro».[62]

Se si uniscono i dati derivanti dallo studio sulle biografie dei canonici con quelli relativi alle modalità della loro elezione, si determina anche un campionario pressoché illimitato di vicende individuali o di gruppo, che marcano curve altrettanto varie di sviluppo. Il canonicato poteva essere una questione strettamente personale, che si esauriva con la morte del protagonista, o una tradizione di famiglia, dinastica, che si prolungava attraverso le generazioni e si poteva conquistare e perdere, o un tassello di una strategia assai più ampia di penetrazione nelle strutture della Chiesa e, da qui, in quelle della società. Dagli stalli del coro si poteva iniziare la salita verso l'ufficio episcopale, o la porpora cardinalizia, fino al papato, oppure guardare di più al mondo secolare, collaborando con i *potentes*, oppure dedicarsi agli ozi della cultura o all'insegnamento in scuole di diversa caratura. I canonici potevano godere per molti decenni un'unica prebenda, o esserne collezionisti compulsivi, cumulando benefici in mezza Europa. Anche per i cumulatori di benefici occorre prestare attenzione analitica. Si trattava di personaggi che normalmente avevano scalato la gerarchia ecclesiastica della Chiesa, in particolare cardinali,[63] o che prestavano servizio nella curia papale, o in altre curie cardinalizie

59. Curzel, *I canonici*, pp. 189-219.

60. Del Torre, *Stato regionale e benefici ecclesiastici*, pp. 1205-1212.

61. Ivi, pp. 1196-1205; Melchiorre, *«Ecclesia nostra»*, pp. 305-331, ma tutto il libro è incentrato sui rapporti con la Dominante.

62. Chittolini, *Stati regionali e istituzioni ecclesiastiche*, p. 168.

63. Per alcuni esempi bibliograficamente aggiornati: *Die Kardinäle des Mittelalters und der frühen Renaissance*, a cura di J. Dendorfer, R. Lützelschwab, Firenze 2013.

o prelatizie.[64] Molte delle prebende che sovente ricevevano quando la loro carriera era ormai avanzata rappresentavano semplici fonti di introiti finanziari, ma non è escluso che altre rappresentassero, anche nell'affettività del singolo individuo, una sorta di centro dove veniva puntato il compasso che con variabile raggio descriveva l'area del proprio cerchio inclusivo. Spesso quel centro era appunto un canonicato, al quale restavano legati in modo particolare. Non posso ovviamente esemplificare per intero questa lussureggiante varietà,[65] ma se essa viene parametrata sul singolo individuo, per quanto rappresenti bene il concetto di vari generi di mobilità, mi sembra che resti confinata in un dominio abbastanza renitente alla classificazione razionale e alla intelligibilità storiografica. Perciò è forse ora opportuno tentare di leggere "imprese" più corali.

Le riuscitissime strategie di ascesa dei conti di Lavagna/Fieschi, così come sunteggiate da Mauro Ronzani, sembrano aver le proprie radici nella "conquista" del capitolo di Parma, avvenuta a cavallo tra il XII e il XIII secolo. Nel giro di qualche decennio del pieno Duecento, i Fieschi colonizzarono altri capitoli, occuparono episcopati e raggiunsero per due volte la cattedra di san Pietro, con Innocenzo IV (1243-1254) e Adriano V (luglio-agosto 1276), e fu proprio Innocenzo IV a imprimere un'accelerazione nella teoria e nella prassi della riserva papale sui benefici: sintomo di una consapevolezza che non aveva certo inventato, che però era stata in lui acuita dalla formazione giuridica, nonché dalle urgenze del conflitto con Federico II, così come dalla concreta esperienza vissuta, per dir così, in famiglia.[66]

Ci si può interrogare se questa scalata possa essere considerata la reazione/rivincita esemplare di un grande lignaggio dell'aristocrazia signorile all'emarginazione patita per opera delle società cittadine comunali, una reazione avvenuta sfruttando le risorse di prestigio istituzionale ed economiche della Chiesa, tradizionale appannaggio di queste stirpi, ma in-

64. Per qualche dato sulla pratica del cumulo dei benefici cfr. Millet, *Les chanoines*, pp. 223-230, ma anche le schede prosopografiche di Montaubin, *Entre gloire curiale*, pp. 401-442; più ristrette appaiono le carriere dei canonici di Trento: Curzel, *I canonici*, pp. 455-701. I saggi contenuti in *I canonici al servizio dello Stato* (per l'Italia: Parma, Pavia, Santa Maria della Scala in Milano e San Pietro in Roma) offrono un più vasto scenario. Valgono qui le considerazioni circa la diversità dei capitoli: non tutti esposti alle medesime brame, a causa sopra tutto dell'esiguità di alcune rendite, rispetto ad altre.

65. Un campionario si può scorrere in *Une galerie de portraits de chanoines séculiers français entre 1250 et 1530*, a cura di H. Millet, in *Canonici delle cattedrali nel medioevo*, pp. 245-286 (ma si vedano anche altri saggi del volume).

66. Ronzani, *Vescovi, capitoli*, pp. 101-146.

castonate nel cuore stesso della vita urbana. Di certo questa può essere un'interpretazione, ma essa conduce il discorso su un piano parzialmente diverso, rispetto a quello prefisso per il mio contributo. Con la parabola dei Fieschi, infatti, lo spazio sociale sembra dilatarsi al massimo della sua estensione possibile, coinvolge l'intera cristianità occidentale e supera il campo dei capitoli cattedrali. Tuttavia prassi analoghe sono state seguite anche a livelli più circoscritti: penso agli Ubaldini bolognesi, oppure alla famiglia Della Torre, che nell'arco di un secolo circa, a partire dal 1273, occupò per quattro volte, in maniera intermittente, la cattedra patriarcale aquileiese, ma seppe garantire la continuità del potere tramite il presidio attento e costante dei tre capitoli (di Aquileia, Cividale del Friuli e Udine) che affiancavano quella figura di vescovo e principe così singolare per l'Italia.[67] In tutti questi casi l'occupazione o comunque il controllo degli scranni canonicali da parte delle famiglie sono stati fondamentali. La composizione di un collegio capitolare è perciò un indicatore di politiche di più ampia portata, anche se commisurate – come dicevo – a geometrie spaziali diverse e variabili.

A questo punto dovrei dire che quel che è stato possibile per i Fieschi nel Duecento, non lo sarebbe probabilmente stato più tardi, dopo l'affermazione delle signorie cittadine e poi degli stati regionali. Ma ciò significherebbe, innanzi tutto, prendere un rischio e, in secondo luogo, restare nel campo della politica e della subordinazione della disponibilità dei luoghi in capitolo a tali esigenze. Volevo concludere in modo un poco diverso, per mostrare che ci sarebbe spazio anche per altre considerazioni.

Il 20 settembre 1295, Bonifacio VIII nominò il vescovo di Anagni. Quasi per sottolineare la bontà della scelta, così si rivolse all'eletto:

> Noi dunque, memori che la detta Chiesa, mentre agivamo in un più basso grado, avendovi ottenuto ancor nell'adolescenza un canonicato e un beneficio, ci nutrì come madre e ugualmente benefica ci onorò, e che da essa, ascendendo gradualmente, fummo promossi a benefici di altre chiese e anche alle dignità ecclesiastiche, memori di ciò, a te, già canonico di Padova e nostro cappellano, abbiamo rivolto i nostri occhi.[68]

67. Si veda un cenno in Ronzani, *Vescovi, capitoli*, p. 134; ma si tratta di uno studio ancora ampiamente da fare, almeno sotto questa prospettiva. Un punto di partenza resta comunque la disanima evenemenziale di P. Paschini, *Storia del Friuli*, Udine 1975^{3}, pp. 401-546.

68. «Nos igitur memores existentes quod predicta ecclesia, dum in minoribus ageremus, adhuc infra etatem adolescentie constituti, et canonicatum et benefitium ibidem

Benedetto Caetani non scordò mai la propria esperienza giovanile nel capitolo di Anagni, dove per altro affondavano le radici della potenza signorile del suo casato, e rimase sempre affettuosamente legato al "suo" capitolo cattedrale, che molto più a lungo di altri, anche per la benevolenza del pontefice, preservò una forma di vita comune.[69] Da lì, egli rammenta, era partita la sua ascesa, lì aveva trovato il primo nutrimento nel grembo della Chiesa. Come Benedetto Caetani, moltissimi canonici entravano nei capitoli adolescenti, se non bambini, e vi trascorrevano a volte un'intera esistenza che non poteva non nutrirsi anche di vita religiosa, di liturgia, di ritualità istituzionali, comunque ispirate e connesse – al di là di ogni traligname nto – alle radici dell'antico ideale canonicale, che da solo e in principio doveva e poteva giustificare la coscienza di essere in qualche modo "speciali". Da quel passo essenziale *gradatim promoti fuimus ascendendo*, ricorda Bonifacio, come se sapesse che il canonicato poteva schiudere le strade dell'ascesa.

essemus adepti, nos fovit ut mater et sicut benefica honoravit, et quod inde ad aliarum ecclesiarum benefitia et etiam dignitates ecclesiasticas gradatim promoti fuimus ascendendo, – in te, tunc canonico Paduano, cappellanum nostrum, deriximus oculos» (*Les registres de Boniface* VIII..., a cura di G. Digard, M. Faucon, A. Thomas, R. Fawtier, I, Paris, E. de Boccard, 1907, n. 400, coll. 142-143). Ugualmente significative le parole premesse alla successiva nomina episcopale (3 agosto 1299): «Anagninam tamen ecclesiam, in qua, dum in minoribus ageremus, adhuc infra etatem adolescentie constituti canonicatum obtinuimus et prebendam, nostraque promotionis initia recolimus recepisse, ac ejus populum, nobis et ecclesie Romane devotum, ut de benivolentia natali soli omittamus, quadam nimirum affectionis prerogativa prosequimur et que ad honorem et comodum ejusdem ecclesie Anagnine cedere valeant solerti studio quantum nobis ex alto permittitur procuremus...» (*Les registres de Boniface* VIII..., II, Paris 1904, n. 3149, coll. 452-453).

69. Montaubin, *Entre gloire curiale*, pp. 345-346, 373.

Michele Pellegrini

Clero non beneficiato, preti mercenari e salariato ecclesiastico: una prospettiva sul tardo medioevo

1. *Il prete povero: antichi spettri e moderne realtà*

Sin dalla fine del XII secolo l'immagine del prete povero, sfornito di dignitosi mezzi di sussistenza, è uno spettro che si aggira con una certa frequenza, più che nelle strade, nella mente dei vertici della cristianità latina. Il «clamor clericorum pauperum, quod in aures Domini Sabaoth credimus introire» irrompe ad esempio nell'arenga della decretale[1] con cui Innocenzo III, nel 1198, introduceva definitivamente nella normativa canonistica l'obbligo per il vescovo di assicurare il mantenimento di tutti i chierici maggiori ordinati *sine titulo*, suddiaconi compresi.[2] Ripercorrendo poi la successiva normativa canonistica e sinodale relativa prima al titolo di ordinazione, poi alla ripartizione dei proventi beneficiali e alla congrua porzione da assicurare al clero effettivamente impegnato nella *cura animarum,* non sarebbe disagevole seguire il periodico riaffiorare

1. È la lettera *Quum secundum Apostolum* indirizzata da Innocenzo III al vescovo di Zamora (1198, Potthast 71) accolta prima nelle *compilationes antiquæ* (Comp.III.3.5.1) e poi nel *Liber extra* (X.3.5.16).

2. Per l'evoluzione della normativa canonistica sulla proibizione delle ordinazioni assolute e l'elaborazione del *titulus patrimoniii* tra XII e XIII secolo, oltre al classico V. Fuchs, *Der Ordinationstitel von seiner Entstehung bis auf Innozenz III. Eine Untersuchung zur kirchlichen Rechtsgeschichte mit besonderer Berücksichtigung der Anschauungen Rudolph Sohms*, Bonn 1930 (Kanonistische Studien und Texte, 4), rist. anast. Amsterdam 1963, pp. 103-118, si veda la voce di V. De Paolis, *Titolo di ordinazione*, in *Dizionario degli istituti di Perfezione*, IX, Milano 1997, coll. 1181-1189, e il recente profilo tracciato da O. Condorelli, *Esercizio del Ministero e vincolo gerarchico nella storia del diritto della Chiesa*, in *L'istituto dell'incardinazione. Natura e prospettive,* Milano 2006, pp. 41-95: pp. 64-73 (in traduzione spagnola in «Jus Canonicum», 90, 2 (2005), pp. 487-528.

del tema della povertà clericale e del fascio di argomentazioni riconducibili al paventato slittamento del chierico impoverito verso l'esercizio di quelle "opere servili" che una già lunga tradizione penitenziale e antropologica riconduceva alla categoria dei mestieri impuri, sordidi, illeciti. Si approderebbe così direttamente al canone II del *decretum de reformatione* della XXI sessione del tridentino, che torna a normare sul titolo d'ordinazione appunto per ovviare all'indecente possibilità che dei sacerdoti debbano «cum ordinis dedecore mendicare aut sordidum aliquem quaestum exercere».[3]

È ben noto, tuttavia, come ad onta di tutta questa elaborazione normativa e anzi, almeno in parte, proprio in conseguenza di essa, fra Tre e Quattrocento restasse largamente aperto lo spazio che consentì la formazione di quello che è stato spesso definito "un proletariato ecclesiastico". Sotto quella etichetta – coniata in ambito modernistico e utilizzata nel corso degli anni Settanta da grandi storici del clero bassomedievale e che oggi ci può apparire datata – viene con certo arbitrio ma anche con efficacia raccolto un variegato insieme di figure: vicari, cappellani, *socii, coadiutores*, altaristi, preti salariati o comunque non beneficiati, spesso assunti con un contratto a termine dai curati titolari o da patroni e comunità. Se questa fetta del clero resta indubbiamente per gli ultimi due secoli del medioevo quella meno conoscibile e conosciuta[4] nondimeno possiamo anche dire che la storiografia specifica assume come dato assodato «l'enorme crescita numerica di questi preti e la loro progressiva proletarizzazione»[5] nel corso degli ultimi secoli del medioevo. A partire dallo studio ancora imprescindibile offerto nel 1976 da Dietrich Kurze[6] e fino al recente quadro d'insieme fornito, anche per questo tema, dalla sintesi di Berengo

3. *Conciliorum Œcumenicorum Decreta,* a cura di J. Alberigo, J. Dossetti, P. Jannou, C. Leonardi, P. Prodi, consulente H. Jedin, editio tertia, Bologna 1973, pp. 728-729.

4. Cfr. M. Berengo, *L'Europa delle città. Il volto della società urbana europea tra Medioevo ed Età moderna*, Torino 1999, p. 684, che addita i chierici maggiori non beneficiati non solo come la massa più numerosa della gente di Chiesa in molte città, ma anche quella «meno agevole da ricostruire nei suoi tratti e nelle sue forme di vita».

5. Sono le espressioni utilizzate da D. Rando, *"Religiosi ac presbyteri vagabundi". Vescovi e disciplina clericali dai Registri delle ammissioni nella diocesi di Trento (1478-1493)*, in *La Parrocchia nel medio evo. Economia, scambi, solidarietà,* a cura di A. Paravicini Bagliani e V. Pasche, Roma 1995, pp 167-207: p. 175.

6. D. Kurze, *Der niedere Klerus in der sozialen Welt des späteren Mittelalters*, in *Beiträge zur Wirtschafts- und Sozialgeschichte des Mittelalters. Festschrift für Herbert Helbig zum 65. Geburtstag,* a cura di K. Schulz, Köln-Wien 1976, pp. 273-305.

selle città dell'Europa,[7] di aumento – e talora di aumento esponenziale – si parla concordemente, almeno in termini generali. Gli storici più avvertiti non hanno peraltro mancato di sottolineare come variazioni congiunturali e regionali dovettero certo segnare il montare di quella generale sovrabbondanza di preti, puntualmente descritti come ignoranti e inadeguati, che un vescovo francese denunciava già nel 1447, in termini di «ineffrenata moltitudo sacerdotum»;[8] variazioni che le fonti disponibili e lo stato della ricerca consentono tuttavia di cogliere, anche nelle realtà meglio indagate e più favorite sul piano della documentazione, solo in modo approssimativo e parziale.

Le cause dell'ampliarsi di questo "clero minore" – minore beninteso non quanto al grado di istituzione nell'ordine sacro, che anzi per sua natura questa fascia del clero secolare annovera principalmente sacerdoti "da messa", ma minore socialmente ed economicamente in quanto esclusi dal godimento di un beneficio o solo insufficientemente sostenuto da esso – sono opportunamente state ricondotte all'effetto congiunto di una strutturale e crescente insufficienza dei benefici e del parallelo incremento della manodopera clericale.[9] Da un lato dunque, a sollecitare e indurre l'aumento del personale ecclesiastico, ci sono l'aspirazione di molte comunità rurali affermatesi in centri diversi e lontani dalle antiche sedi plebane ad avere in loco un proprio prete, ma soprattutto la crescita esponenziale di anniversari, cappellanie e più in generale della richiesta privata di messe: prassi il cui diffondersi – sostenuto dalla dottrina del purgatorio e dell'efficacia computabile del sacrificio eucaristico – consentirebbe di cogliere il profilarsi sul finire del medioevo di quel "clero per i morti", rudimentale e adibito alla sola meccanica ripetizione del rito eucaristico, che – secondo una felice definizione di Francis Rapp[10] – andrebbe ad affiancare, progressivamente separandosene, quel "clero per i vivi" sul quale soltanto si sarebbero a lungo

7. Cfr. Berengo, *L'Europa delle città*, pp. 675-686, part. p. 684.

8. Anche qui riprendo le osservazioni di Rando, *Religiosi ac presbyteri,* p. 175 e nota 4, dove anche viene citata l'espressione usata nella lettera sinodale dal vescovo Guillaume de la Tour per denunciare la sovrabbondanza di preti ignoranti e inadeguati nella sua diocesi di Rodez (contesto per cui si veda N. Lemaitre, *Le Rouergue flamboyant: clergé et paroisses du diocèse de Rodez (1415-1563),* pref. di J. Delumeau, Paris 1988, p. 156).

9. Rando, *Religiosi ac presbiteri*, p. 175.

10. F. Rapp, *Rapport introductif,* in *Le Clerc séculier au Moyen Age,* Actes des congrès de la Société des historiens médiévistes de l'enseignement supérieur public (Amiens, 1991), Paris 1993, pp. 9-25: p. 16.

esercitati tutti gli sforzi tesi a garantire standard pur minimi di competenza intellettuale e condotta morale. D'altro lato e parallelamente agisce invece l'aggravarsi della crisi e della perdita di valore reale delle rendite parrocchiali, che spinge all'ordinario cumulo dei benefici e alle incorporazioni, oltre e più che a nuove dotazioni. Insomma: fattori diversi che determinano una strutturale insufficienza dei benefici ed un aumento anche fisiologico delle situazioni di non residenza, e dunque delle occasioni di impiego di manodopera clericale non beneficiata.

Sono, queste, tendenze generali, che si svolgono allora con ritmi ed intensità assai varie, e vanno ad incidere su realtà locali differenti tra loro per consistenza e forme di organizzazione dei patrimoni ecclesiastici, per le differenti politiche di reclutamento più o meno consapevolmente adottate degli episcopati con l'ammissione all'ordinazione sacra, per la diversa intensità del controllo e delle trasformazioni esercitati dai vertici ecclesiastici e dai patriziati locali sulla provvista beneficiale. La grande varietà degli assetti che, luogo per luogo, caratterizza il rapporto tra disponibilità delle risorse beneficiali e manodopera clericale è un dato che emerge con chiarezza dal confronto degli studi su singole realtà locali e che trova poi la sua conferma più evidente nell'intensità di quella mobilità clericale che, laddove indagata, ha ovunque chiaramente evidenziato l'instaurarsi di flussi di emigrazione da aree dove abbondava il clero sovrannumerario verso bacini di attrazione caratterizzate da una più solida disponibilità di risorse, più ancora che dalla scarsità del clero locale.

Ciò detto, per dar almeno conto delle difficoltà che hanno segnato e segnano l'interesse storiografico verso questo segmento inferiore del già non troppo indagato clero secolare delle nostre città, occorre preliminarmente osservare come sulla sua conoscibilità gravi il peso della nulla o assai esigua rappresentazione di questi preti nelle fonti più utili e saccheggiate. L'insieme della documentazione relativa all'iter della collazione beneficiale, difatti, così come i registri relativi al controllo esercitato dagli episcopati, o per altri versi dai poteri statali, sul complesso dei benefici ecclesiastici dei territori ad essi soggetti, per loro natura ci permettono solo di rado, e sempre comunque indirettamente, di coglierne la presenza. Così è almeno fin quando le più tarde visite pastorali non iniziano a mostrarceli in azione in modo meno rapsodico. Prima dello spartiacque segnato dalla disponibilità di queste ultime fonti, le pur preziosissime liste di ordinazione, laddove presenti, censiscono certo anche questa porzione del clero locale; ma ai fini del nostro interesse la loro utilità rimane, almeno in prima battuta, assai limitata, dato che quelle liste fotografano l'insieme degli ordinandi sulla linea di partenza di una carriera professionale che esse da sole non ci consentono affatto di seguire nei suoi esiti e nel suo svolgimento, che non di rado si compie in diocesi diverse da quelle di ordinazione.

Laddove indagate quelle liste mostrano peraltro come, almeno in Italia, l'ordinazione *ad titulum patrimonii* sia ormai – nel Trecento come nel Quattrocento – quella più frequente e ordinaria tra i chierici secolari.[11] A fronte di una minoritaria élite di chierici che possono direttamente o indirettamente contare sulla rendita di un beneficio già prima dell'accesso agli ordini maggiori, in quasi tutte le realtà indagate la stragrande maggioranza degli ordinandi veniva dunque ammessa alla consacrazione in ragione del fatto che il patrimonio privato della loro famiglia appariva capace di assicurare in misura sufficiente il loro futuro sostentamento; quelle stesse liste tuttavia, e così il resto della superstite documentazione relativa alle ordinazioni (tutta assai laconica circa l'esame preventivo degli ordinandi) non ci dicono affatto – di norma – se, ed eventualmente in qual modo, gli episcopati provvedessero poi ad appurare e farsi garantire l'effettiva esistenza e la disponibilità di tali rendite,[12] e la loro capacità di tenuta nel tempo o, almeno, a fissare la misura (comunque discrezionale) della loro "sufficienza". Doveva del resto esser ben chiaro alle parti, che, a dispetto di quanto preteso dalla normativa sul titolo di ordinazione, non sarebbe auspicabilmente poi stato quel patrimonio familiare a sostenere (almeno non da solo o per sempre) il tenore

11. Cfr. almeno S.A. Bianchi, *Per una storia della chiesa veronese: promozioni agli ordini sacri durante l'episcopato di Pietro della Scala (1351-1387)*, in «Studi storici Luigi Simeoni», 37 (1987) pp. 77-127; 38 (1988) pp. 47-82: p. 124 (qui anche, alle pp. 78-79, i rinvii alla bibliografia essenziale degli studi e delle edizioni sulle promozioni agli ordini del tardo medioevo, particolarmente indagate per l'area veneta); E. Marin, *Generaliter clerici nuncupantur omnes qui in ecclesia Christi deserviunt. Chierici ordinati a Portogruaro alla fine del Trecento*, in «Atti dell'Accademia "San Marco" di Pordenone», 12 (2010), pp. 87-110: p. 98.

12. Non trovo segnalate per l'Italia testimonianze di registrazioni puntuali dei contenuti economici del titolo patrimoniale e dell'identità di coloro che lo costituiscono, del tipo riferito per la diocesi di Rodez tra 1444 e 1455 da Lemaitre, *Le Rouergue flamboyant*, p. 162. Dalle stesse fonti l'autore ricava anche il dato relativo all'ammontare della rendita annua minima ritenuta sufficiente, allora attestata sulle 10 *livres*, cifra che rappresenta un *minimum* vitale, e a cui pure si fermano o superano di poco la maggior parte dei *tituli*. Anche in questi casi, tuttavia, l'accertamento passa esclusivamente attraverso la testimonianza giurata di alcuni parrocchiani presentati dal candidato, mentre il confronto tra le registrazioni e gli atti originali superstiti mostra in molti casi il carattere fittizio della costituzione di certi titoli (ivi, pp. 163-165).

di vita del nuovo prete; per il quale, invece, proprio a partire e in ragione dell'ottenuta ordinazione, si apriva la via per l'ottenimento di un beneficio, o almeno lo stabile godimento di una sua congrua porzione e degli altri vari proventi connessi allo svolgimento del ministero sacerdotale. Doveva cioè essere chiaro già allora ciò che oggi, pur dai frammenti di informazione disponibili, appare evidente allo storico: il fatto cioè che il massiccio ricorso al titolo patrimoniale nelle ordinazioni dei chierici secolari, molto più che a garantire lo stabile sostentamento di una parte del corpo ecclesiastico col ricorso a patrimoni privati, copriva allora strategie individuali e familiari tutte volte ad assicurare agli ordinandi la possibilità di un più o meno rapido accesso alla rendita del patrimonio delle chiese. Fino a che punto, poi, questo sistema servisse anche ad imporre una ineludibile preselezione degli aspiranti al presbiterato in base al profilo sociale e alla capacità economica delle famiglie di provenienza, è questione che, oltre ad essere postulata, andrebbe anche verificata volta per volta alla luce di ricostruzioni sistematiche sui profili socio-economici e le carriere degli ordinati nelle varie diocesi. Ricerche che dovrebbero mirare a mettere in luce quale fosse, caso per caso, il livello minimo di capacità economica e credito sociale ritenuto accettabile, e a quantificare in qualche modo anche l'entità di quei rientri tra le fila del clero secolare degli ordinati *religionis pretextu* che, dopo la metà del Cinquecento, sarebbero stati additati come una delle più praticate scappatoie che avevano contribuito alla crescita delle ordinazioni assolute e, dunque, dell'impoverimento di una fetta del clero.[13]

Tutto dunque sta, per lo storico, nella possibilità e nella capacità di cogliere, oltre l'apparente uniformità del formale titolo di accesso registrato dalle liste di ordinazione, i diversi fattori sostanziali che avrebbero variamente influenzato le carriere di quegli ordinati, e *in primis* il loro riuscito o mancato accesso al godimento di un beneficio più o meno ricco.

La questione non è priva di importanza quando si voglia guardare alla storia dei livelli economicamente e socialmente più deboli del clero basso-

13. Si rammenti che sarebbero stati proprio la frequenza di tali passaggi e il numero dei chierici che «sic promoti, et e claustro exeuntes et per saeculum vagantes, vel mendicare vel sordidum quaestum exercere [...] cogantur» a motivare, nell'ottobre del 1568, l'intervento di Pio V che estendeva anche ai religiosi le prescrizioni del tridentino sul titolo di ordinazione dei secolari, limitando l'ammissibilità del *titulum paupertatis* ai soli chierici degli istituti religiosi che avessero già emesso i voti solenni e perpetui. (Cfr. De Paolis, *Titolo di ordinazione*, col. 1185, e *Codicis Iuris canonici fontes*, a cura di P. Gasparri, Roma 1937, vol. I, n. 129, pp. 229-231).

medievale nella prospettiva dello studio della mobilità sociale, provando a ricostruire le attese che potevano star dietro, e almeno in parte animare, l'avvio di un giovane alla professione ecclesiastica anche quando magari non si poteva contare – né in partenza, né al termine del più o meno lungo periodo di avviamento alla carriera che intercorreva tra la prima tonsura e l'ordinazione diaconale – su alcuna solida garanzia di un riuscito inserimento; garanzie quali potevano essere non soltanto il già avvenuto conseguimento o la sicura aspettativa di un beneficio – che le liste di ordinazione ci dicono privilegio quasi esclusivo della ristretta élite di chierici appartenenti a livelli socialmente privilegiati – quanto ad esempio l'affiancamento al prete presso cui si era svolto l'apprendistato. Si deve in proposito sempre tener conto di quanto sappiamo sulla larghissima dispersione che pare contrassegnare, in questi secoli, l'iter formativo e l'iniziale *cursus* clericale: De La Roncière, ad esempio, traccia, per la campagna fiorentina del Trecento, un quadro assai preciso. Dalle ordinazioni del vescovo di Fiesole del 1310-1311, che per gli originari dalla campagna (in massima parte provenienti dal ceto artigiano e dal piccolo notabilato locale) attestano il conferimento di 96 prime tonsure e 64 promozioni agli ordini a fonte di 22 ordinazioni presbiterali, egli può dedurre un rapporto di 4,3 tonsurati e 3 chierici per ogni prete; rapporto destinato a crescere stabilmente sino a raggiungere, nel 1360-1370, il livello di 6 chierici per ogni prete ordinato: solo il 15% di quanti intraprendevano il *cursus* clericale viene dunque effettivamente ordinato prete, e questo nel contesto di «zone ben servite, probabilmente privilegiate, e di un periodo fausto» ed in cui pur tuttavia si evidenzia «un clima di competizione, in cui gli insuccessi sono numerosi». Il dato, pur riferito a un contesto non generalizzabile, addita comunque una dispersione massiccia, che porta lo studioso francese ad ipotizzare il carattere ordinario di "riconversioni" motivate proprio dal palesarsi della mancata prospettiva di ottenere un beneficio.[14] Occorrerà dunque verificare se, ed eventualmente in quale misura e per quali ragioni, almeno in alcuni

14. «Tonsurati e titolari degli ordini minori non sono tutti destinati al sacerdozio. Dopo una breve carriera eventualmente come chierico presso un parroco sono poi spinti nella maggior parte a sposarsi e a prendere tutt'altra professione. [...] ma né la tonsura né il posto di chierico sono allora concepiti come mezzi di formazione di un'elite laica: entrare nel clero significa implicitamente brigare per un beneficio.» C.M. de la Roncière, *Nella campagna fiorentina nel XIV secolo. Le comunità cristiane e i loro parroci,* in *Storia vissuta del popolo cristiano*, dir. J. Delumeau, ed. it. a cura di F. Bolgiani, Torino 1985, pp. 374-402, alle pp. 371-375; l'inciso citato a p. 375.

contesti, crebbe invece progressivamente il numero di quanti erano disponibili a investire comunque sulle possibilità offerte da una ordinazione apparentemente senza troppe prospettive.

Quanto alla sua provenienza sociale e geografica, cosa sappiamo positivamente di questo "basso clero" non beneficiato, una fetta ora più ora meno consistente del quale è parso possibile definire in termini di "proletariato ecclesiastico"? Va da sé che, in tutti i contesti indagati, non mancano certo testimonianze, casi, medaglioni, utili a documentare ed argomentare quel che ci si attende: frequente provenienza straniera, origini sociali modeste o, meglio si potrebbe dire, oscure (cioè semplicemente escluse da una riconoscibilità spesso riservata solo agli appartenenti alle famiglie eminenti), prevalente reclutamento in aree rurali o montane, nessun accesso agli studi superiori. Eppure è difficile non avvertire come inadeguata la riduzione del discorso sulla provenienza e la collocazione sociale del clero inferiore bassomedievale agli schemi sottesi a certi abbozzi di sintesi, come questo, pur utile e coraggioso, proposto da Francis Rapp nel 1985:

> I chierici di cui rigurgitavano le città erano per la gran parte ricchi benestanti, quelli che vivevano in campagna vi erano normalmente cresciuti, i più sprovvisti erano quelli che erano scesi dalle loro montagne per farsi ordinare, quasi di soppiatto, da un vescovo compiacente e che spesso erano costretti a condurre una vita vagabonda, mettendo in vendita al miglior offerente il loro potere sacerdotale. I mansionari che certe fonti additano come mercenari non avevano del resto né la ricchezza, né la scienza, né le relazioni che avrebbero potuto permettere loro di far carriera.[15]

2. *Una realtà: i preti di un popolo cittadino nella Siena del primo Trecento*

Per dare un'idea meno astratta di una realtà irriducibilmente più complessa di ogni facile schema occorre calarsi in contesti circoscritti, illuminati da indagini ravvicinate. Pur sapendo di non poter in questo modo fornire solidi schemi generali da confrontare a quelle immagini, provo anzitutto a condurvi per un attimo nella realtà che conosco più da vicino,

15. F. Rapp. *La paroisse et l'encadrement religieux des fidèles du XIV*[e] *au XVI*[e] *siècle*, in *L'encadrement religieux des fidèles au Moyen-âge et jusqu'au Concile de Trente. La paroisse, le clergé, la pastorale, la dévotion,* Actes du 109e congrès national des sociétés savantes (Dijon, 1984), Paris 1985, pp 27-43: p. 31.

cioè quella senese del primo Trecento. Qui alcune considerazioni possono essere avanzate grazie alla possibilità di intrecciare i dati di due fonti a loro modo precoci come, da un lato, la Tavola delle Possessioni del 1318-1320 – prima grande impresa di accertamento catastale conservata per una città comunale,[16] fonte che, basata com'è sulla capillare ricognizione di tutte le unità fondiarie del contado, fornisce dati anche sui patrimoni di chiese e conventi e su quelli privati dei chierici, ordinariamente non censiti dalle altre fonti fiscali tardo-comunali – e, dall'altro lato il *Liber titulorum beneficiorum Senensis Ecclesiae*, coevo registro vescovile[17] che censisce i documenti comprovanti la legittimità della collazione del beneficio esibiti al vescovo, in ottemperanza d'una deliberazione sinodale, da tutti i rettori di chiese, e quelli comprovanti l'ordinazione presentati da tutti i sacerdoti, anche non beneficiati, della città e della diocesi.[18]

Limito qui l'osservazione – necessariamente ravvicinata – al microcosmo costituito da un solo "popolo" cittadino, quello di S. Quirico in Castelvecchio, non certo per avvalorarne una qualche rappresentativa esemplarità, ma semplicemente per mostrare, nella sua complessità, l'immagine

16. Per una prima descrizione della fonte – oggi nel fondo *Estimo* dell'Archivio di Stato di Siena (d'ora in poi ASSi) – si vedano almeno W.M. Bowsky, *Le finanze del Comune di Siena 1287-1355*, Firenze 1976, pp. 118-131, e G. Cherubini, *La tavola delle possessioni del Comune di Siena*, in «Rivista di storia dell'agricoltura», 14 (1974), n. 2, pp. 5-14. I dati della fonte utilizzati nelle pagine seguenti sono stati attinti dalla schedatura analitica condotta nel quadro del *Progetto Tabula: per un'edizione digitale della Tavola delle Possessioni del Comune di Siena,* iniziativa promossa dal Dipartimento di Scienze storiche e dei beni Culturali dell'Università di Siena della quale sono responsabile scientifico: informazioni sul progetto e sul suo stato di avanzamento in http://www.dssbc.unisi.it/it/ricerca/progetti-di-ricerca/progetto-tabula. Qui anche è reperibile una più completa bibliografia di riferimento.

17. Il registro (Archivio Arcivescovile Siena (d'ora in poi AASi) 3395, cc. 1-39), è il più antico della serie dei *libri titulorum* dell'episcopato senese; la sua redazione venne deliberata nel sinodo che il vescovo Donusdeo Malavolti celebrò a pochi giorni di distanza dal suo insediamento, nel gennaio del 1318. Il registro è stato largamente utilizzato da Bowsky (*Un comune*, pp. 367-372), nel contesto di una ricostruzione d'insieme che non ha comunque esaurito le potenzialità di questa fonte preziosa. Per una più precisa descrizione del registro e della serie, sapientemente analizzate nel quadro dell'organizzazione documentaria della Chiesa senese del Trecento, si veda. G. Chironi. *La mitra e il calamo. Il sistema documentario della Chiesa senese in età pretridentina (sec. XIV-XVI),* Siena 2005, pp. 69-75.

18. Riferisco qui i primi – ancora parziali – risultati di una più sistematica ricerca che mi propongo di compiere, a margine del progetto di edizione del *Liber Titulorum*, sul clero senese del primo Trecento.

di una realtà concreta e delle non poche difficoltà che pone la sua lettura. Nel 1319 vediamo vivere in questa non certo ricca vicinìa, posta ai margini del nucleo più antico della città, almeno 5 preti, solo tre dei quali sono titolari di un beneficio. Fra questi beneficiati spicca il prete Guido di Guido, da oltre un decennio rettore in carica della chiesa parrocchiale, ufficio al quale era stato eletto grazie al *consiglio* di un altro Guido, canonico della cattedrale, che è forse un suo congiunto:[19] è censito per un patrimonio fondiario di oltre 426 lire.[20] Poco più sostanzioso è il patrimonio fondiario di prete Cecco, rettore della chiesa di Santa Maria di Campagnatico, nel Grossetano, allirato per quasi 500 lire.[21] Più modesto – ma i dati sono qui forse incompleti – quello dell'anonimo pievano della pieve di Tocchi, in diocesi di Volterra, ma anche lui residente – almeno sul piano fiscale – nel popolo cittadino.[22] Quelli che si aggirano attorno alle 450-500 lire sono patrimoni di una certa consistenza, che collocano i due rettori senz'altro

19. AASi, 3395, c. 3v: «Ecclesia Sancti Quirici Castri Veteris. Dominus Guido rector dicte ecclesie docuit se electum et postulatum per bone memorie dominum Raynaldum olim Senesem episcopum de consilio ser Guidonis canonici, et confirmatum per eumdem patrem per instrumentum manu ser Gualcherii notarii. Item docuit de suo sacerdotio per licteras domini Beringherii episcopi Fesulani suo sigillo sigillatas».

20. ASSi, *Estimo* 104, cc. 57r-58r: «presbiter Guido Guidi rector ecclesie Sancti Quirici de Castri Veteris»; il suo patrimonio, stimato complessivamente 426 lire 8 soldi e 4 denari, si compone di 8 unità fondiarie ubicate a S. Salvatore a Pilli, Forcole e Mugnano, e di una casa nella vicina contrada di S. Marco che possiede in comune con *domina Rosa Ranerii* (quest'ultima censita, per questa sola comproprietà, in ASSi, *Estimo* 107, c. 354r)

21. ASSi, *Estimo* 104, c. 497r: presbiter Cecchus qd Ildebrandini, rector Ecclesie Sancte Marie de Campagnatico, la stima del suo patrimonio – che si compone stavolta di soli beni urbani – ammonta a 495 lire, oltre 460 delle quali corrispondenti a una casa *cum stufa* nel popolo e contrada di S.Quirico, confinante con le mura e col palazzo di donna Becca Provenzani *de Salvanis*; le residue 30 lire corrispondono invece a due carbonaie adiacenti le vecchie mura e di fronte alla chiesa dei frati Carmelitani, che questo prete tiene in enfiteusi ventinovennale l'una dal menzionato prete Guidone, rettore della chiesa parrocchiale, l'altra dalla suddetta donna Becca dei Salvani.

22. ASSi, *Estimo* 104, c. 508r La stima del patrimonio dell'anonimo *plebanus de Tocchi* ammonta a sole 100 lire, corrispondenti alla sola casa posta nel popolo di residenza *iuxta plateam Sacti Quirici predicti*. In questo caso tuttavia appare plausibile che il dato restituito dall'elenco dei proprietari cittadini sia solo parziale: manca in questo caso il volume relativo ai beni dei proprietari del distretto in cui sorgeva la sede plebana di Tocchi, e il cui territorio rurale, prossimo al *Castrum* e alla piccola *villa prope plebem* risulta illuminato in maniera solo parziale dalla documentazione residua (cfr. *Gli insediamenti della repubblica senese nel catasto del 1318-1320*, a cura di V. Passeri con la collaborazione di L. Neri, Siena 1994, alle pp. 42-43).

nella porzione alta dei 292 proprietari del popolo, due terzi dei quali hanno patrimoni immobiliari che non superano le 150 lire.[23] Pur esclusi da quel centile superiore che vanta patrimoni superiori alle 1000 lire, questo clero beneficiato si colloca comunque al di sopra della stragrande maggioranza dei piccoli professionisti, dei maestri d'arte e degli altri artigiani censiti, i cui patrimoni si aggirano di norma fra le 60 e le 200 lire.[24]

Nel popolo risiedono tuttavia anche altri due preti, privi di beneficio: un prete cremonese, Giacomo *de Guarengis*, che il *Liber titulorum*, pur senza indicarci esplicitamente a che titolo, ci dice risiedere presso la chiesa di S. Quirico: è un prete immigrato con qualche esperienza, visto che è stato ordinato a Piacenza 13 anni prima;[25] si tratta, forse, di un sostituto o un coadiutore assoldato dal benestante rettore, ma ovviamente le nostri due fonti (e neppure altre, almeno allo stato attuale della ricerca) ci dicono qualcosa in merito alla sua provvigione o agli accordi che regolano il suo *stare* e verosimilmente il suo operare presso la chiesa parrocchiale. Ad una prima lettura la sua assenza tra i proprietari censiti nella Tavola potrebbe essere interpretata come un indizio del fatto che i suoi introiti fossero tali da non avergli consentito investimenti immobiliari o fondiari nel paese. Ma a sconsigliare una tale meccanica deduzione stanno molte considerazioni: ovvie alcune, come la possibilità che tali investimenti siano stati compiuti altrove, magari nella terra di origine grazie alle "rimesse" di questo prete emigrato; meno evidenti (e meritorie di ulteriori indagini) altre, come il fatto che l'alto numero di chierici residenti in città censiti nella Tavola per la sola proprietà di una casa parrebbe additare come assai diffusa e a

23. Un dato orientativo riferito alla ricchezza immobiliare degli enti e dei proprietari privati di questa *libra*, raffrontati a quelli di altre 26 circoscrizioni urbane, è fornito da G. Cherubini, *Proprietari, contadini e campagne senesi all'inizio del Trecento,* in Id., *Signori, contadini, borghesi. Ricerche sulla società italiana del basso Medioevo,* Firenze 1974, p. 243, tabella 1. Per un quadro complessivo del tenore delle proprietà immobiliari in questo popolo cfr. D. Balestracci, G. Piccinni, *Siena nel Trecento. Assetto urbano e strutture edilizie*, Firenze 1977, pp. 116-117.

24. Tra i 283 patrimoni di questa lira per i quali abbiamo dati raffrontabili, 27 sono quelli stimati oltre le 1.000 lire, altri 27 quelli compresi tra le 1.000 e le 400 lire, 31 quelli compresi tra le 400 e le 200 lire, 113 quelli tra le 200 e le 60 lire 85 quelli inferiori alle 60.

25. «Presbiter Jacobus de Cremona, qui moratur in ecclesia Sancti Quirici Castri Veteris» è registrato nel *Liber Titulorum* tra i «Sacerdotes non habentes beneficia in civitate et diocesi Senensi qui docuerunt de suo sacerdotio», alla c. 26v, dove viene trascritto integralmente l'*instrumentum* comprovante la sua ordinazione presbiterale conferita, su mandato del vicario del vescovo di Cremona, dal vescovo di Piacenza il 18 settembre del 1304.

suo modo normale tra il clero cittadino – almeno per i livelli intermedi e con l'ovvia esclusione degli appartenenti alle famiglie economicamente e socialmente più rilevanti – un regime economico principalmente basato sul godimento e la cura del patrimonio fondiario del beneficio e sulla ricchezza mobile, più che sull'investimento a titolo personale in terra e beni immobili.

Diversa, e ancor meno fortunata appare poi la posizione di prete Guidarello, l'altro non beneficiato censito dalla Tavola nel popolo, di cui già il diminutivo sembra palesare una chiara differenza di scala rispetto al rettore Guido. La stima delle proprietà di prete Guidarello ammonta a 56 lire, corrispondenti al modesto valore attribuito alla sua casa, ubicata *in via stufe* non lontano della chiesa parrocchiale;[26] un valore che, all'interno del popolo di residenza, avvicina il suo profilo patrimoniale a quello degli artefici meno qualificati: un sarto, qualche calzolaio, un battilana, o anche un "gridatore di morti" che sta comunque – almeno patrimonialmente – meglio di lui. La sua provenienza locale, o comunque il suo radicamento urbano, parrebbe attestato dalla proprietà della casa; e se nella Tavola è detto stare a S. Quirico, è anche plausibile pensarlo impegnato a qualche titolo in qualcuna delle "povere" chiese più vicine, come quelle di S. Agata o S. Marco, per le quali il *Liber titulorum* quasi non offre dati.

Ancor più simile al profilo sociale del cosiddetto proletariato ecclesiastico appare, nella fonte vescovile, la figura di un prete Neri di Accorso, che proviene dalla parrocchia di S. Martino in Cecione nel piviere di S. Cresci a Montefioralle, presso Greve, diocesi fiesolana.[27] Egli giustifica appunto col suo stato di povertà la recente immigrazione dal Chianti a Siena, esibendo una licenza di trasferimento concessagli solo pochi mesi prima dal suo diocesano, al quale aveva dichiarato che, non avendo mai potuto godere di *stipendia* sufficienti e non potendo più sopravvivere *sine pecunia* nella sua terra, desiderava recarsi a Siena dove riteneva che, con l'aiuto di Dio, avrebbe potuto sostentarsi più comodamente esercitando *suum pre-*

26. ASSi, *Estimo* 104, c. 507r: dove è indicato come «presbiter Guidarellus qui moratur in Sancto Quirico», la casa che costituisce tutto il suo patrimonio è stimata in 56 lire 13 soldi 4 denari.

27. Il *Liber titulorum* lo registra, alla c. 35r-v, tra i sacerdoti della città e della diocesi che, non potendo produrre l'atto comprovante l'ordinazione, producono in luogo di questo testimonianze giurate. In realtà il nostro sostituisce alla testimonianza l'esibizione della licenza di trasferimento concessagli dal suo vescovo, cosa che sembra sottolineare un suo qualche isolamento.

sbiterale officium. Compatendo dunque con affetto paterno la *paupertas* di prete Neri, il vescovo di Fiesole gli aveva rilasciato la dimissoria:[28] eppure Neri non era un giovane prete. Era stato ordinato almeno una ventina d'anni prima, e al momento della redazione del *Liber titulorum*, a differenza di diversi altri preti extradiocesani di recente immigrazione e ordinazione[29] non sembra affatto aver trovato alcun impiego stabile come cappellano.

3. *Una evoluzione: il clero di una pieve della Valpolicella fra Tre e Quattrocento*

Se l'incrocio tra le due fonti senesi ci consente di osservare, come in un fermo immagine, uno spaccato del "clero minore" confrontato col rimanente del clero e del laicato del suo contesto di vita, quadri in movimento, capaci di additare tendenze e svolgimenti possibili, ci vengono da altri tipi di analisi ravvicinate, come ad esempio la microstoria della chiesa di S. Flo-

28. Questo il tenore delle *lictere* del vescovo fiesolano Tedici, datate 28 febbraio 1318: «Presbitero Nerio Accursi parrochie sancti Martini in Cioccione plebatus sancti Cresci de Montefioralle Fesulane diocesis. Cum tibi, a bone memorie fratre Philippo predecessore nostro in presbitero ordinato, sufficientia sicut asseris nequaquam stipendia sufficiere dignoscantur, et proptera in partibus illis nequeas sine pecunia commorari et ad civitatem Senarum te conferre desideres reputans cum Dei adiutorio ibi commodius in tuis necessiatibus substentari, paupertati ac necessitati tue paterno compatientes affectu, ut cum presentium testimonio licterarum in dicta civitate et eiusdem diocesi possis libere commorari ac tuum presbiterale officium exercere de licentia tamen venerabils patris Senensis episcopi tenore presentium tibi duximus indulgendum».

29. A mero titolo di esempio: un prete *Johannes Jacobi* cappellano di S. Giovanni è pistoiese e presenta recente lettera testimoniale del suo ordinario che (comunque dopo il 1307) l'ha consacrato, lettera in cui, constatando l'impossibilità di ottenere un beneficio a Pistoia, chiede ed ottiene licenza di trasferirsi altrove. (c. 30r). Tura, cappellano della chiesa di Santo Stefano, è di Colle di Val d'Elsa, e si presenta insieme a prete Rosso, cappellano del duomo, prete Bianco, cappellano della pieve cittadina di S. Giovanni, prete Manno, rettore della chiesa di Campriano e al chierico Bonatto, colleghi dei quali non si dichiara la provenienza, ma che sono stati ordinati insieme a lui, nella stessa occasione e per mano dello stesso vescovo (il vicario del vescovo di Firenze): essi testimoniano dunque l'uno per l'altro dell'avvenuta ordinazione, che non possono comprovare con documenti scritti (c. 29v). Netta è l'impressione che si tratti di un gruppo molto solidale, forse tutto di provenienza colligiana. Un altro prete, Ser Neri di Domenico, è detto essere «cappellano di messer Buonaguida» ed è stato ordinato a titolo della pieve di Coppiano, proprio il pievano testimonia di aver avanzato per lui al vicario di Siena la richiesta della licenza necessaria perché fosse ordinato a Firenze.

riano di Valpolicella – antica pieve che, con le sue nove chiese dipendenti, rappresenta ancora sul finire del Trecento un centro ecclesiastico di notevole importanza delle zone collinari prossime a Verona[30] – che Giuseppina De Sandre ha seguito sulla scorta della contabilità dell'arciprete Giovanni de Ochis da Grezzana (1383-1417).[31] Si tratta di un arciprete ben inserito nella società locale, la cui famiglia (la madre vedova e la famiglia del fratello, tutti residenti presso la pieve e non nella località della valle attigua da cui il ceppo proveniva) sembra appartenere a quel ceto di conduttori non sprovvisti del tutto di terre proprie che qualifica questa parte della Valpolicella. Dalla professione ecclesiastica di questo suo esponente la famiglia dell'arciprete trae qualche sicuro vantaggio (prendendo in locazione per canoni vantaggiosi alcune terre della pieve), ma nel quadro di un'azione economica che persegue su più fronti il suo tenace acquisire e che non gravita certo soltanto sulla relazione con la chiesa di cui Giovanni è titolare; una relazione che, sul piano economico, conosce peraltro anche la dinamica del dare, visto che nel 1405 una fetta dei beni della madre del prete serve a dotare l'altare della Madonna della Misericordia.[32] Accanto e sotto di lui opera come cappellano un solo altro prete, anche lui del posto, e la cui famiglia appare ugualmente ben inserita nella società locale, pur se con un'azione economica più modesta. Sono essi soli ad agire nella e per la chiesa, sebbene il collegio della pieve, che non compare mai altro che come astrazione documentaria, sia formato anche da altri detentori di chiericati. Essi dividono – ma non sappiamo in quali proporzioni – i redditi della chiesa, che sappiamo essere ingenti[33] e derivanti più dalla decima che dai fitti.

Al tempo della visita del Barbaro, mezzo secolo più tardi, la situazione è radicalmente mutata: titolare della pieve è ora un aristocratico canonico padovano che non vi fa residenza, e che lascia sul posto due preti, entrambi forestieri: il cappellano Giovanni da Imola e un prete emiliano, titolare dell'altare della Madonna della Misericordia. La visita permette di valutare

30. Per un inquadramento complessivo del contesto locale cfr. G.M. Varanini, *La Valpolicella dal Duecento al Quattrocento*, Fumane (VR) 1985, pp. 233-260.

31. Cfr. G. De Sandre Gasparini, *Aspetti di vita religiosa, sociale ed economica di chiese e monasteri nei secoli XIII-XV*, in *Chiese e monasteri nel territorio veronese,* a cura di G. Borelli, Verona 1981, pp. 133-196: pp. 158-173.

32. Ivi, p. 173.

33. In base a una stima retrospettiva la De Sandre ipotizza una rendita annua in denaro di oltre 140 lire e un gettito di circa 120 quintali di granaglie, in massima parte frumento (cfr. ivi, p. 169).

i rapporti tra questo clero e il popolo, che appaiono non privi di tensioni, specie nelle questioni inerenti beni e diritti della pieve, che i cappellani lamentano misconosciuti od usurpati dai parrocchiani,[34] in un contesto nel quale è invece positivamente attestato l'impegno anche economico delle singole ville nella dotazione di una loro chiesa e nel mantenimento *in loco* di un sacerdote stipendiato *ab hominibus*.[35]

Esempi come questo additano il compiersi fra il pieno Trecento e il Quattrocento di processi (certo non omogenei né nei tempi né negli esiti) di progressiva destrutturazione di un sistema relativamente ordinato, apparentemente fondato su un meccanismo di provvista dei benefici curati del territorio che, pur rimanendo sotto il controllo delle stesse forze in lizza per l'accaparramento delle dignità o delle semplici quote di reddito, pur fornendo ordinariamente occasione a casi di godimento non meno parassitario dei benefici collati, trovava comunque un sicuro bilanciamento nella maggiore vigilanza prestata delle comunità rurali, nella propensione a seguire il solco segnato dalla tradizione di un solido radicamento locale del clero curato, nella preoccupazione delle autorità pubbliche perché il mancato esercizio del servizio pastorale non desse adito al malcontento o a contrasti.[36]

4. *Povertà del clero subordinato e non residenza del clero beneficiato: tutto qui?*

È davvero solo al termine di questi processi di destrutturazione che si approda, in tempi e modi certo diversi, alle situazioni in cui l'impoverimento ed il disagio del "proletariato ecclesiastico" appare più conclamato e più avvertiti i problemi che questo pone sul piano dell'efficienza pastorale come su quello della tutela dell'*honor* sacerdotale? Fino a che punto

34. Cfr. ivi, pp. 173-175, ma si veda anche G. De Sandre Gasparini, *Vita religiosa in Valpolicella nella visita di Ermolao Barbaro*, in «Annuario storico della Valpolicella», (1986-1987), pp. 75-94.

35. Cfr. De Sandre Gasparini, *Aspetti di vita religiosa*, p. 175, ma soprattutto, per un caso ben indagato, M. Cipriani, *La tentata creazione di un beneficio parrocchiale per la comunità di Monte*, in «Annuario storico della Valpolicella», (1993-1994), pp. 77-100; Sempre dal *Liber visitationum* del Barbaro viene la notizia (segnalata ivi, p. 78, nota 7) del rettore della chiesa di Cona, stipendiato dai fedeli.

36. Cfr. Chittolini, *Note sui benefici rurali,* pp. 450-451.

agisce, nel determinare la percezione di questa apparente evoluzione, la disponibilità di fonti come le visite quattrocentesche, capaci non solo di registrare con una certa sistematicità situazioni praticamente irraggiungibili attraverso la documentazione precedente, ma per loro natura anche tali da enfatizzare, nella percezione del lettore, la portata delle criticità che si proponevano di rilevare, prima ancora che di correggere?[37]

Credo che proprio da un appiattimento degli storici sulla prospettiva interna alle fonti e alla visione dei loro autori provenga, ad esempio, la troppo schematica tendenza a collegare in modo diretto e pressoché univoco, nelle interpretazioni complessive come in certe analisi di caso, impoverimento del clero subordinato e non residenza del clero beneficiato. Si finisce così per risolvere l'interpretazione delle cause di un fenomeno che ha indubbia rilevanza sul piano della rappresentazione della reputazione sociale delle diverse figure del clero secolare, nella contrapposizione tra un modello ideale positivo di antica tradizione (quello del curato residente dignitosamente sostenuto dall'onesto godimento del beneficio) e una realtà in buona parte nuova (quella del clero "mercenario"), assai poco conosciuta, ma di cui in qualche modo, proprio in ragione della sua estraneità a quel modello, si postulano le manchevolezze, l'incompetenza, le miserie: una intrinseca debolezza, insomma, che spiega e finisce per legittimare la sua inferiorità sociale.

Credo che, dovendoci interrogare sull'evoluzione delle condizioni di questo "proletariato ecclesiastico" nella prospettiva della studio sulla mobilità sociale, valga la pena di riflettere non solamente, e forse non tanto sugli aspetti economici della condizione di subordinazione in cui operano questi preti (cioè sull'entità e i cespiti dei loro introiti e le variazioni delle loro condizioni di lavoro e di vita) quanto piuttosto sugli aspetti immateriali, sul valore sociale del loro ruolo e della loro figura. Mi pare che lo stato degli studi consenta ed inviti in questo senso all'approfondimento di alcuni aspetti, per maturare una migliore consapevolezza storiografica dei meccanismi che determinano tanto la comparsa e l'espansione delle nuove realtà quanto il consolidarsi delle immagini che ne descrivono la percezione e la rappresentazione sociale.

37. Per alcuni i casi in cui proprio le visite conducono lo storico a vedere l'esistenza di «un folto proletariato ecclesiastico fatto di cappellani altaristi cui si aggiungono molti chierici che sono ex frati» si vedano ad esempio le notazioni di F. Molinari, *I sinodi*, in *Storia religiosa della Lombardia. Brescia,* a cura di A. Caprioli, A. Rimoldi, E. Vaccaro, Brescia 1992, pp. 183-194: p. 186 (in riferimento alla visita del Bollani del 1568); P. Gios, *L'attività pastorale del vescovo Pietro Barozzi a Padova,* Padova 1977, pp. 157-158.

5. *Modelli ideologici e percezione sociale del clero subalterno: dal prete bestiale al prete mercenario*

L'elaborazione e il divulgarsi di un'immagine sempre più negativa del personale ecclesiastico impegnato in mansioni subalterne e vicarie, nel complesso male o insufficientemente retribuite, ha una sua storia. Essa emerge già nel dettato del canone 32° del IV Concilio lateranense dedicato alla congrua porzione.[38] Lì – pur nel quadro di una polemica che si appunta contro i patroni più che contro i titolari di beneficio non residenti, e di una prospettiva normativa che prefigura comunque profili vicariali stabili e dignitosamente retribuiti – si afferma già come principio generale, deducibile dall'esperienza, che l'esiguità delle retribuzioni trova immediata e diretta corrispondenza nella incompetenza culturale del clero effettivamente impegnato nel servizio parrocchiale: «unde fit ut in hiis regionibus (quelle in cui si riservano ai preti deputati a questi servizi "adeo exiguam portionem ut ex ea congure nequeant sustentari") pene nullus inveniatur sacerdos parrochialis qui vel modicam habeat peritiam litterarum».

Nei primi decenni del Trecento, la voce di un poeta senese di estrazione borghese, Bindo Bonichi,[39] ci offre un'efficace rappresentazione dell'ampia circolazione che lo schema sotteso al canone lateranense ave-

38. *Conciliorum Œcumenicorum Decreta*, pp. 249-250.

39. L'opera di Bindo Bonichi – di cui la voce di F. Ragni nel *Dizionario Biografico degli Italiani*, XII, Roma 1970, fornisce un profilo biografico con bibliografia aggiornata al 1971 – è stata recentemente oggetto dello studio e della nuova accorta edizione di Fabio Zinelli: (che supera l'ormai vecchissima edizione in *Rime di Bindo Bonichi da Siena edite ed inedite ora per la prima volta tutte insieme stampate*, a cura di J. Ferrari e P. Bilancioni], Bologna 1867). Il testo stabilito da Zinelli è disponibile in *LirIO. Corpus della Lirica Italiana delle Origini su cd-rom*. 1. *Dagli inizi al 1337*, Firenze 2011, mentre è annunciata in corso di stampa l'edizione critica e commentata dell'intero *corpus* del rimatore senese: Bindo Bonichi, *Rime*, a cura di F. Zinelli, in corso di stampa. Si vedano dunque F. Zinelli, *Tra ecdotica e stratigrafia: Dante lirico e i poeti minori del Trecento*, in *La tradizione della lirica nel medioevo romanzo. Problemi di filologia formale*. Atti del convegno internazionale, Firenze-Siena, 12-14 novembre 2009, a cura di L. Leonardi, Firenze 2011, pp. 267-302. Id., *Personificazioni di emozioni nella poesia comica di età comunale ('Malinconia', 'Tristezza' e le altre in Cecco Angiolieri, Bindo Bonichi, Buccio di Aldobrandino e in un anonimo serventese 'De claustro animae')*, in *«Ragionar d'amore». Il lessico delle emozioni nella lirica medievale*. Atti del convegno di Siena, 17-19 aprile 2013, a cura di L. Leonardi e A. Decaria, Firenze 2015, pp. 201-258; A. Ruffoni *Una lezione a tre nella Siena del XIV secolo: Benuccio Salimbeni, Bindo Bonichi e Tommaso della Gazzaia*, in «Bullettino senese di storia patria», 113 (2006), pp. 367-376.

va nella cultura dei laici. Cittadino impegnato nel reggimento del Comune (sarà a più riprese nel collegio di governo dei Nove) e di sicuro impegno religioso (morirà nel 1338 come oblato della Casa della Misericordia), Bindo si propone come esponente ideale di quella *gente mezzana* che a Siena, da un paio di generazioni, guidava il governo comunale in virtù di un vantaggioso compromesso stretto col ceto magnatizio. La sua è dunque una voce popolare,[40] ma una voce velenosa nei confronti dei popolari arricchiti ed arroganti – i *mezzani* divenuti tiranni dopo aver «assaggiato il giglio e San Giovanni» – non meno che della prepotenza dei grandi di sangue; una voce che moraleggia denunciando tanto le aspettative di arricchimento che spingono i padri ad avviare i figli a mestieri diversi dal proprio – perché «null'omo al mondo si può contentare» –, quanto i mormoramenti del popolo «che ha mal prelato», mormoramenti ipocriti – dice Bindo – perché i cattivi prelati sono la punizione inviata da Dio a un popolo non meno cattivo ed avido, e chi mormora «seria forse tale, se fosse posto nel simile stato».

Anche in vista del nostro interesse di studio è utile tornare ancora al suo sonetto *Le chiese son poder de' maggiorenti*, sonetto a suo modo celebre e spesso citato[41] in riferimento ai primi versi, che denunciano l'accaparramento dei benefici ecclesiastici maggiori da parte dei clan magnatizi, con una avidità brigosa che ad ogni vacanza alimenta contese, invidie e conflitti.[42]

> Le chiese so' poder de' maggiorenti / E s'ha 'l figliuol bistorto fa 'l piovano, / e se non l'ha, fanno degli altri el sano, / non el miglior, ma quel c'ha forti denti. Poi quando vaca, e' consorti e' parenti /ciascun vuol tener mano al figliano, / onde la 'nvidia, se v'è stata invano / talor riesce in mal de' contraenti.

40. Per una più compiuta contestualizzazione di questa voce poetica nella vita politica senese del primo Trecento si veda G. Piccinni, *Siena 1309-1310: il contesto*, in *Siena nello specchio del suo Costituto in volgare del 1309-1310*, a cura di N. Giordano e G. Piccinni, Pisa 2014, pp. 15-19-21.

41. Cfr. R. Brentano, *Vescovi e collocazione socio culturale del clero parrocchiale*, in *Pievi e parrocchie in Italia nel basso Medioevo (sec. XIII-XV)*, Atti del VI convegno di storia della Chiesa in Italia (Firenze, 21-25 settembre 1981), Roma 1984, p. 241; W.M. Bowsky, *Il contesto religioso precedente a Santa Caterina. La Chiesa senese sotto i Nove*, in *Atti del Simposio internazionale cateriniano-bernardiniano* (Siena 17-20 aprile 1980), a cura di D. Maffei e P. Nardi, Siena 1982, p. 41.

42. Riferisco il testo stabilito dall'edizione critica di Zinelli, segnalando che in più passi questo si discosta notevolmente da quello fornito dalle precedenti edizioni.

A noi interessano invece le due terzine finali, dedicate appunto al modo in cui quei rampolli dei *maggiorenti* senesi, una volta entrati in possesso del beneficio, provvedono all'officiatura delle chiese loro collate:

> Lassiamo star com'ell'è offiziata: / mettevi un bestial prete o monacone / che la sua regola ha disonorata,
> sì che 'l tiranno della possessione / fa vita dissoluta e disperata, / e già non pensa, che 'l vede el padrone.

L'immagine del sostituto vicario come *prete bestiale,* sembra rimandare – nel testo del Bonichi – a una animalità certo attinente all'assenza di capacità e competenze intellettive o culturali, ma già anche a una brutalità collegata a un'attitudine animalesca in quanto dominata da un'ansia del possesso, del guadagno, magro o pingue con cui soddisfare istinti comunque bassi, d'una servile ansia di profitto idealmente opposta al sereno e ordinato godimento che il padrone ricava da ciò che è suo. È proprio questo l'aspetto che diverrà prevalente nei giudizi sottesi a molti testi quattrocenteschi, quando ormai la figura sociale del prete ingaggiato dal titolare assenteista del beneficio è apertamente stigmatizzata come quella di "prete mercenario": esemplare in questo caso il testo – a suo tempo segnalato da Chittolini – della risposta fornita nel 1474 del vescovo di Cremona Giovanni Bottigella al duca in merito a una proposta incorporazione:

> l'unione seria gran danno a quella chiesa perché non abitando in quella il padrone proprio, presto veniria a mancare, perché standovi uno preticciolo mercenario attendaria ai suoi comodi e non quelli d'altri, deinde el prete mercenario non arìa quella cura dell'anime come el proprio padrone [...] come ogni dì vedo in che modo so' trattati questi benefici che non hanno prete fermo, quali ogni dì se mutano secondo gli trovano el migliore mercato e non hanno cura né amore ad li lochi.[43]

Se al principio del Trecento il vicario del beneficiato non residente è, dunque, rappresentabile e pensato come *prete bestiale,* nel tardo Quattrocento, egli è ormai chiaramente divenuto *prete mercenario*: a caratterizzare lo stigma negativo che connota la sua percezione sociale è ormai essenzialmente la sua qualifica di "salariato".

L'immagine irriducibilmente negativa del salariato ecclesiastico in quanto clero *mercenario* riconduce, in quei discorsi, certo alla presuppo-

43. Citato in G. Chittolini, *Note sui benefici rurali nell'Italia padana alla fine del Medioevo*, in *Pievi e parrocchie in Italia*, pp. 415-468: p. 456, nota 87.

sta disaffezione al popolo di un clero spesso forestiero, certo anche alla coscienza dell'inadeguato controllo esercitabile nei suoi confronti, certo all'idea, già cara al canone lateranense, per cui l'esiguità della *portio* era direttamente proporzionale all'assenza di *peritia litterarum*, ma soprattutto è riconducibile alla visione di un ministero pastorale che appare in ultima istanza viziato in origine dal trovare nella prospettiva dell'immediato guadagno la sua precipua se non unica motivazione. Credo vadano qui riprese, e paradossalmente applicate anche alla professione teoricamente più lontana dall'insignificanza sociale che connota nel discorso economico premoderno il lavoro fisicamente prodotto, alcune delle osservazioni che Giacomo Todeschini ha recentemente proposto in merito alla devalorizzazione del lavoro salariato bassomedievale in una densa riflessione che, a partire dalla lettura del libro di Thomas Piketty, ha dedicato su «Les Annales»[44] a *Servitù e lavoro alla fine del Medioevo*. Evidenziando le analogie tra la falsa meritocrazia oggi utilizzata per giustificare gli eccessi di disuguaglianza sociale e l'antico pensiero economico europeo sulla naturale inferiorità sociale e l'incompetenza economica dei salariati, Todeschini ha messo in luce con quale ampiezza di conseguenze agisca nel discorso economico e politico del tardo medioevo quella nozione di servitù volontaria sottesa alla lunga catena di descrizioni dei salariati come sospettabili di disonestà, dunque d'immoralità, per il fatto che essi desiderano il denaro che guadagnano, e dunque la percezione e la rappresentazione di quanti lavorano in vista di un salario – i *mercenarii* appunto – come soggetti unicamente caratterizzati dal loro desiderio di ottenere la *merces* (appunto la mercede, il salario). L'attitudine ciceroniana che designava i lavoratori manuali come servi volontari e dunque uomini socialmente abbietti si trasforma, tra la fine del medioevo il principio dell'età moderna, in un discorso articolato e complesso sulla dipendenza dei salariati come manifestazione della loro inferiorità sociale, a sua volta prodotto di una sottomissione volontaria che configura la loro vulnerabilità come debolezza morale.

Credo che le nostre fonti mostrino in modo inequivocabile come la percezione sociale di quella crescente porzione del clero identificabile come "salariato ecclesiastico", e più in generale dell'intero clero impegnato in mansioni subordinate, sia pienamente investita da queste trasformazioni dei quadri mentali, che influirono dunque direttamente nel determinare un

44. G. Todeschini *Servitude et travail à la fin du Moyen Âge. La dévalorisation des salariés et les pauvres "peu méritants"*, in «Annales HSS», 70/1 (2015), pp. 81-89.

riposizionamento in basso di tali mansioni e, di conseguenza, sulla loro appetibilità nel quadro delle strategie individuali e familiari di mobilità sociale. È come se la coloritura negativa e la stigmatizzazione sociale che la tanto iterata quanto inane condanna del cumulo e della non residenza portava con se finisse per stingere e fissarsi sulle figure dei sostituti assoldati dai beneficiati molto più che su questi ultimi; su chi accettava una condizione e un rapporto contrattuale considerato degradante per lo stato clericale molto più che su chi quei contratti proponeva e retribuiva.

Le ricadute storiografiche di questa constatazione sono rilevanti: è chiaro ad esempio che in questa prospettiva l'asse del problema, nella ricostruzione della condizione sociale di un'ampia fetta del cosiddetto "proletariato ecclesiastico" si sposta dalla quantità alla qualità della retribuzione, dall'entità economica della *mercede* pattuita alla sua natura, al suo configurarsi, e direi anche al suo apparire, come salario di un ingaggio mediato da un contratto privato piuttosto che come provvista assisa su un diritto di partecipazione, subordinata e più o meno predeterminata, al gettito del beneficio.

6. *Forme contrattuali, precarietà degli ingaggi, strumenti di subordinazione, retribuzione del servizio: un questionario sulla multiforme dipendenza del clero subordinato non beneficiato*

Ciò detto, moltissimi sono gli interrogativi che – mi sembra – meritano interesse e restano ancora aperti. Cosa realmente sappiamo dei meccanismi di ingaggio di questi preti? degli istituti o degli accordi chiamati a regolare e mediare la relazione – non solo economica – tra i titolari dei benefici e il variegato insieme di questi coadiutori e/o sostituti? Ad ingrossare le fila del "proletariato ecclesiastico" non sono difatti solo le figure di vicari del beneficiato non residente: v'è una più ampia fetta di coadiutori, il cui ingaggio si lega ora alla pluralità delle chiese annesse al beneficio, ora alle situazioni di più o meno prolungato impedimento di curati che tuttavia non intendono certo rinunciare al beneficio, ora non ultimo alla volontà di aumentare gli standard di solennità della celebrazione, elemento di prestigio niente affatto secondario nella relazione tra clero e comunità locali.

In merito alle contrattazioni tra beneficiati e clero "avventizio", e all'entità delle retribuzioni di questi ultimi, ad esempio, possiamo segnalare – a titolo di esempio e in ragione di una prima e assai cursoria disamina dei casi più indagati – che a Padova, a fine Quattrocento, è attestato un compenso annuo di 10, 15 ducati (contro una dotazione minima per beneficio curato di 25 ducati).[45] Per la diocesi di Pavia si parla, in riferimento al 1460, di cifre esigue e sono segnalati anche compensi in natura,[46] a Verona invece, a metà Cinquecento, sono attestate retribuzioni di 9 ducati, mentre il vescovo Giberti avrebbe fissato il salario minimo in 20 ducati.[47]

Non si deve poi trascurare il fatto che, ben al di là dell'entità della mercede pattuita (che poteva talora venir integrata dalla percezione piena o parziale di *adventicia curae* e diritti di stola), un peso decisivo dovevano averlo piuttosto gli accordi relativi alla durata e alla stabilità dei contratti o comunque alla removibilità dagli incarichi. Impossibile non segnalare in proposito le notizie relative ad alcune diocesi sarde del tardo Quattrocento, dove i preti impegnati in funzioni vicariali appaiono in una situazione di piena soggezione rispetto ai titolari del benefici proprio perché questi potevano in qualsiasi momento rimuoverli dal loro incarico; una situazione che è stata talora descritta in termini di un vero servaggio di questi vicari removibili *ad nutum*, i quali – come attesta il sinodo di Ottana del 1474 – per difendersi in qualche modo dai licenziamenti imprevisti o arbitrari, erano solamente riusciti ad imporre l'obbligo per i beneficiati di notificare l'avviso di licenziamento con almeno due mesi di anticipo.[48]

Cosa sappiamo, soprattutto, degli strumenti contrattuali impiegati? Direi che su questo punto l'introduzione sempre più frequente di veri ingaggi, stabili (come auspicato dalla normativa) o a tempo determinato (come attestato in molti casi), in cambio di una *mercede* predeterminata (e magari fissata già tenendo conto del gettito ricavabile dall'esercizio del ministero) trova in molte realtà un contrappeso nel ricorso a istituti più tradizionali,

45. Cfr. P. Gios, *L'attività pastorale del vescovo Pietro Barozzi a Padova (1487-1507)*, Padova 1977, pp. 157-159; cfr. Chittolini, *Note sui benefici rurali,* p. 455.

46. Cfr. X. Toscani, *Aspetti di vita religiosa a Pavia nel secolo XV,* Milano 1969, pp. 137, 142, 153, 158.

47. De Sandre Gasparini, *Aspetti di vita religiosa,* p. 178.

48. Citato in R. Turtas, *La Riforma tridentina nelle diocesi di Ampurias e Civita: dalle relazioni «ad limina» dei vescovi Giovanni Sanna, Filippo de Marymon e Giacomo Passamar (1586-1622)*, in *Studi in onore di Pietro Meloni*, Sassari 1988, pp. 233-259: p. 242, nota 22: «cando alchunu beneficiadu boleret bogare a su capellanu dae su servitiu de su benefitiu suo, qui duos meses ynnantis lu depiat avis are qui si agatet loghu de servire et gasi su servidore bolendo lassare cussu servitiu, depiat in cussu tempus avis are assu padrone suo a tale ciaschunu apat tempus de aconçare fatos suos»: M. Ruzzu, *La Chiesa Turritana dall'Episcopato di Pietro Spano ad Alepus (1420-1566),* Sassari 1974, p. 161.

legati al modello della collegialità: canonicati coadiutorali, "canonigadelli", porzioni clericali,[49] o comunque istituti che, nel loro ancoraggio a un lessico e una ritualità antichi, si rivelano tuttavia assai duttili e dunque capaci di mediare e dar forma a relazioni economiche e rapporti dipendenza dai contenuti reali assai vari, talora perfettamente coincidenti con quelli dell'ingaggio mercenario.

Provo a spiegarmi: quando scorro la documentazione notarile senese del pieno Trecento osservo che l'assunzione di coadiutori o vicari da parte di rettori di chiese cittadine o pievani –formalmente unici titolari del beneficio curato della rispettiva chiesa – passa da un istituto tradizionale come la creazione e la nomina di «servitores et canonici». Un istituto che, pur prevedendo come contropartita del servizio prestato *in divinis et in aliis necessariis* una indeterminata congrua prebenda assisa sulla massa beneficiale, esclude esplicitamente la trasformazione delle rispettive chiese in vere collegiate e una stabile modifica dell'assetto giuridico del beneficio,[50]

49. Arduo risulta in molti casi distinguere il momento in cui si opera lo slittamento verso la definizione dei più consistenti di questi chiericati come veri benefici annessi a quello principale della chiesa. Per l'area Padana, dove nel Quattrocento questo passaggio sembra ben attestato, una prima rassegna sulla diffusione e l'entità di questi chiericati, cappellanie, benefici clericali e d'altare, canonicati rurali – ormai autonomamente censiti (almeno quelli economicamente meno insignificanti) dai cataloghi beneficiari – è fornita da Chittolini, *Note sui benefici rurali,* pp. 420-422.

50. Prendo ad esempio dal *liber extensorum* del notaio Pietro di Michele da Casole (1364-1373) (AASi, 100, c. 78r) la *licentia* vescovile chiesta ed ottenuta il 13 novembre 1366 da ser Matteo, rettore della chiesa cittadina di S. Antonio per l'istituzione e la nomina di «unum canonicum et servitorem qui eidem deserviat in divinis»: [licentiam dedit dicto domino Matheo] «quod possit unum canonicum de quo sibi placuerit eligere in canonicum dicte sue ecclesie, et in fratrem suum eundem recipere et admittere ad dictum canonicatum dicte ecclesie cum prebenda decenti de quo sibi videbatur, [...] et protestatus fuit quod per hanc receptionem dicti canonici non intendit dictam suam ecclesiam facere collegiatam nisi opus esset»; ivi c. 78v., stessa data: ser Matteo «asserens dictam suam ecclesiam egere uno servitore et canonico ut in eadem melius et utilius in divinis deserviatur, et considerans de bonitate et sufficientia presbiteri Bandini olim Manchini de Senis [... eum] presentem et acceptantem elegit in suum et dicte sue ecclesie canonicum et in fratrem cum prebenda consueta et prout uni ex aliis dicte ecclesie canonicis de bonis dicte ecclesie persolvitur annuatim, ipsumque in canonicum dicte ecclesie per pacis osculum recepit, assignato eidem stallo in coro et loco in refectorio et capitulo dicte ecclesie, ac per proprium caputium quod portabat in capite ponens illud in capite dicti presbiteri de dicto canonicatu investivit, quibus peractis prefatus presbiter Bandinus detecto capite et felxis genibus et habens manus suas in manibus predicti domini Mathei promisit et fecit obedientiam et reverentiam debitam et honestam». Sull'impiego di questi canonicati nel quadro della normativa sinodale e

ma non lesina certo l'impiego di gesti e parole che rinviano al lessico concettuale della vita comune e della gerarchizzata fraternità tra chierici: bacio di pace, attribuzione di un seggio nella tavola del refettorio e nel coro, insediamento, prestazione dell'obbedienza manuale al titolare del beneficio. Lo stesso strumento, che le norme sinodali senesi si sforzano di subordinare a una autorizzazione vescovile, viene tuttavia ordinariamente utilizzato dagli stessi rettori e pievani anche per concedere piccole e grandi rendite a giovani chierici, talora avviati agli studi e sempre provenienti dalle famiglie magnatizie che monopolizzano allora il capitolo e la cattedra senese così come molte prelature nelle altre diocesi dello stato.[51] Solo il profilo familiare degli assunti a questi canonicati coadiutorali e la possibilità di seguire nel tempo l'assenza degli uni e la presenza degli altri nelle chiese in questione permette di distinguere dai *rentiers* i coadiutori/vicari; in un contesto in cui, per di più, l'entità delle prebende è tutt'altro che omogenea, visto che – ad onta dei tanti tranquillizzanti rinvii al loro adeguamento

della prassi documentaria della chiesa senese del tardo Trecento cfr. Chironi, *La mitra e il calamo*, pp. 100-101, 271-272.

51. Porto ad esempio, dal *liber extensorum* del notaio Geri di Nello (1342-1359), il caso ben documentato dei "canonicati" della Pieve di S. Valentino di Montefollonico, presso Torrita, compresa nel contado senese ma appartenente alla diocesi di Arezzo: all'indomani della rinuncia da parte di *dominus Ranuccius de Saracenis,* allora rettore della chiesa senese di S. Paolo, al suo 'canonicato' nella pieve (procura e rinuncia in AASi, 99, c. 1v e 2r (1342 ottbre 17), segue l'elezione, da parte del pievano ser Vanni, di quattro nuovi *servitores ac canonici* nella persona di due giovani e nobili chierici, i fratelli Niccolò e Porrina figli del nobile *miles* Francesco di messer Vanni de' Malavolti, assunti «cum prebenda trium modiorum frumenti de bonis dicte plebis cuilibet eorum ut studere et proficere possint in lietterali scientia annualiter perso venda» (c. 3r 1342 novembre 27) e di due più maturi (e meno nobili) presbiteri, ser Michele *Karole,* allora pievano nel battistero urbano di S. Giovanni, e ser Giovanni del fu Bartolo *de Laterino,* allora cappellano nella cattedrale, i quali vengono però assunti «cum prebenda consueta aliis canonicis de bonis dicte ecclesie annualiter assignari, ita tamen quod in hac consuetudine non intelligatur venire prebenda quem olim consueta erat assignari domino Ranuccio de Saracenis olim canonico dicte plebis» (ivi, cc. 3v-4r). Nel febbraio successivo è solo l'ultimo di questi a prendere, anche a nome degli altri, corporale possesso dei canonicati (c. 10r; 1243 febbraio 10). Solo ser Michele, tuttavia, sembra poi aver avuto un effettivo legame con la pieve e avervi svolto il suo ministero. Un lustro più tardi, alla morte del pievano Vanni, spetterà a lui, in qualità di unico membro del clero della pieve allora presente *in provincia* e con voce in capitolo, eleggere formalmente il nuovo pievano, che dopo matura deliberazione e molteplici *tractata* con le opportune persone, egli identifica – come era prevedibile – nella persona del giovane ma nobile chierico Niccoluccio di messer Francesco Malavolti, sebbene questi fosse *in minoribus* e allora (e a lungo ancora) assente da Siena (ivi, cc. 87r-v; 1347 luglio 23).

alla misura consueta – in non pochi casi si prevede esplicitamente un loro adeguamento alla qualità delle persone.

Su un piano generale, e in una prospettiva di lungo periodo, è stata opportunamente sottolineata la fattiva resistenza mostrata dalle istanze superiori della Chiesa secolare, e in specie dagli episcopati, di fonte alla prospettiva che la relazione tra il clero beneficiato e i loro sostituti/coadiutori slittasse interamente verso un regime di dipendenza precaria e diretta dei secondi dai primi esclusivamente mediato da contratti privati.[52] Dovremmo forse chiederci se il perdurante ricorso a strumenti e lessici di antica tradizione per dar forma giuridica a situazioni di dipendenza in buona parte nuove e di certo assai lontane, nella concretezza dei fatti, dalle realtà cui alludevano modelli come quello del collegio presbiterale, non servisse in qualche misura, e almeno in certi contesti, anche a ricondurre idealmente quei rapporti di dipendenza diretta e sostanzialmente privata in uno schema di impianto pubblico e chiaramente gerarchizzato, in cui non a caso riemergono anche i gesti della *fidelitas* che vincolano il dipendente all'*obedientia et reverentia debita et honesta.* Uno schema e degli strumenti invocati, magari, anche per depotenziare i rischi di una paventata insubordinazione di questo clero minore. Questa non era certo una minaccia recondita, come basterebbe a dimostrare il caso, ben indagato, della crisi apertasi a Padova nel 1310, di fronte alla organizzata renitenza dei vicari non beneficiati e di altri preti e chierici *in divinis officiis servientes* nelle *cappelle* della città; i quali si rifiutavano, allora, di svolgere mansioni e adempiere alcuni dei doveri propri dei titolari beneficiati di quelle chiese, specie quelli relativi al rapporto col vescovo.[53] Alla base della ribellione di questo clero subordinato c'era anche l'esclusione dei vicari dall'appartenenza all'organizzazione confraternale-corporativa che, in quella realtà urbana, raccoglieva i soli titolari delle cappelle cittadine. Nella soluzione della crisi l'azione dell'episcopato si orientò tuttavia, allora, proprio in direzione di un consolidamento delle funzioni della *fratalea cappellanorum*, di cui venivano ribaditi il ruolo di preminenza e il carattere esclusivo, e a cui sarebbero stati affidati rinnovati compiti di controllo su tutto il clero parrocchiale.

Nella vicenda patavina del 1310 troviamo schierati sullo stesso fronte, assimilati in una comune condizione di soggezione ed esclusione, tanto il

52. Cfr. Berengo, *L'Europa delle città,* p. 680.

53. Cfr. A. Rigon, *Clero e città. "Fratalea cappellanorum" parroci, cura d'anime a Padova dal XII al XV secolo*, Padova 1988, pp. 125-126.

clero subordinato "mercenario" come quello "prebendato", tanto i *vicarii* (che dobbiamo pensare assoldati privatamente in cambio di una *mercede*) quanto i *servientes* prebendati: la situazione di diretta dipendenza e l'esclusione dalla piena titolarità del beneficio sembra dunque prevalere sulla diversa forma giuridica che definiva il loro rapporto con la cappella parrocchiale e col suo titolare.

Anche osservando l'apparente alternativa tra *mercede* e *prebenda* in ordine al valore effettivo delle retribuzioni di questi coadiutori o *servientes*, un fattore niente affatto secondario da tenere in conto nel valutare l'appetibilità delle porzioni o prebende è quello costituito dal cambiamento che spesso si opera col passaggio dalla ripartizione dell'effettivo raccolto accumulato preso la pieve alla divisione dei cespiti nominali di entrata: così, nel 1456, il cappellano di Cavalo, villaggio povero la cui chiesa dipende dalla pieve di S. Giorgio di Valpolicella,[54] lamenta l'abbandono dell'antico sistema perché, ora che deve ricevere direttamente dai suoi fittavoli e parrocchiani, si trova di fronte solo *mali e pauperes* debitori. L'ammontare nominale delle *portiones* clericali risulta cioè gonfiato di crediti inesigibili, almeno da cappellani residenti obbligati a un confronto personale e ravvicinato coi problemi del popolo. Di qui la menzione non infrequente, nelle stesse fonti quattrocentesche, di cappellani giudicati *pauperes* sebbene godano della loro *provvisio*.

Possiamo ancora domandarci se e come incidano, nell'alternativa possibile tra *mercede* e *prebenda* così come nella reale consistenza delle retribuzioni, i casi in cui ad ingaggiare e retribuire il chierico legato a una chiesa non sono altri preti (cioè i titolari dei benefici), ma dei laici; siano essi i membri di una comunità di villaggio, chiamati a integrare in qualche forma il salario del cappellano quando insufficiente,[55] o anche i gestori laici o i fittavoli di patrimoni fondiari di un beneficio ecclesiastico, sui quali, nel quadro del controllo e dello sfruttamento di quei beni, incombeva anche l'onere di ingaggiare e retribuire il chierico che avrebbe servito la chiesa.[56]

54. Cfr. De Sandre Gasparini, *Aspetti di vita religiosa*, p. 177.

55. Cfr. Chittolini, *Note sui benefici rurali,* p. 455.

56. Ne riporto un caso, non certo infrequente, dalla documentazione senese: nell'ottobre del 1343 Piero di Messer Jacopo Colombini, cittadino e mercante senese, prendendo in locazione quinquennale, per la somma di 160 fiorini d'oro, dal priore della canonica di S. Pietro di Cerreto Ciampoli la canonica stessa, coi suoi beni, i mulini e con la chiesa di Tomarecchio da essa dipendente, si impegnava a far officiare le due chiese tenendovi sta-

Il questionario potrebbe ancora prolungarsi: l'accenno fatto poco sopra alle strutture associative del clero – cui anche in Italia la storiografia più recente non ha mancato di prestare attenzione[57] – mette in luce una pista di ricerca che andrebbe ulteriormente approfondita, sebbene le indagini già condotte paiano tutte evidenziare l'assenza di realtà associative capaci di esprimere, in modo prioritario o esclusivo, gli interessi e le attese proprio di questi livelli del clero urbano o rurale, mentre non sono attestate in Italia esperienze associative o di sostegno comunitario ai chierici non beneficiati di una specifica patria, paragonabili a quelli delle *familiarités* o delle *communautés de prêtres filleuls* o *communalistes* che sorgono in area francese, come nell'Alvernia o nella Franca Contea del tardo medioevo.[58] Volendo poi guardare alle trasformazioni che, fra Tre e Cinquecento, investono il valore sociale della condizione del clero non beneficiato e dell'impiego nelle funzioni ecclesiastiche subalterne ad esso affidate, appare determinante la possibilità di distinguere situazione da situazione sulla base della durata dell'impiego in tali mansioni e del loro inserimento in momenti determinati della personale carriera dei chierici. Una stessa situazione, difatti, doveva apparire diversamente onorevole e ben altrimenti appetibile se vissuta come passaggio nel quadro del lungo apprendistato proprio delle fasi iniziali di un iter professionale comunque orientato verso esiti differenti, o, all'inverso, come condizione professionale tipizzata e permanente, magari nel quadro di una stabile precarietà degli ingaggi. Si potrebbero in questo modo applicare anche al peculiare "mestiere di prete" alcune delle osservazioni che si vanno elaborando sulla non semplice evoluzione che sembra caratterizzare negli ultimi secoli del medioevo il rapporto tra apprendistato e lavoro salariato nel mondo delle attività artigianali.[59]

Soprattutto, ed infine, tutti gli elementi sin qui raccolti convergono nell'evidenziare la necessità di tornare ad analisi ravvicinate, di carattere

bilmente a sue spese un cappellano ed un chierico che le servissero *in divinis,* così come ad organizzare e finanziare l'annuale festività del santo patrono (AASi, 99, cc. 23v-26v; 1343 ottobre 6).

57. Cfr. A. Rigon, *Congregazioni del clero cittadino e storia della parrocchia nell'Italia settentrionale: il problema delle fonti*, in *La Parrocchia nel Medioevo. Economia, scambi, solidarietà*, Roma 1995, pp. 3-25.

58. Cfr. Berengo, *L'Europa delle città*, pp. 679-680.

59. Cfr. F. Franceschi, *Il mondo della produzione urbana. Artigiani, salariati, Corporazioni*, in *Storia del lavoro in Italia*, II, *Il medioevo*, a cura di F. Franceschi, Roma 2017, pp. 375-420, part. alle pp. 413-416.

prosopografico, condotte sull'intero clero di specifici contesti locali; ricerche che solamente consentono di evidenziare gli usi locali e le loro trasformazioni, e rendono talora possibile seguire il costruirsi delle carriere, e valutare, alla luce di possibili comparazioni, i successi e i fallimenti di quei progetti di affermazione professionale e di vita che passano, per questi preti, anche attraverso il coraggio di emigrare, la capacità di costruire relazioni, la scelta più o meno condizionata di accettare o meno un incarico. Si tratta, in definitiva, di continuare ad interrogarsi sulla sfuggente realtà di quella che resta ancora la porzione meno conoscibile e conosciuta, ma non certo meno interessante, del clero tardomedievale.

Poteri laici e traiettorie ecclesiastiche

Federica Cengarle

Carriera ecclesiastica e *patronage* politico

Ringrazio Sandro Carocci ed Amedeo De Vincentiis per il generoso invito a cimentarmi in un tema tanto ampio. In realtà, intendo solo riprendere alcune considerazioni a proposito di "carriere" vescovili promosse dall'appoggio politico dei signori temporali, ma anche stroncate o continuate per o nonostante il venir meno di questo appoggio. L'area di riferimento è l'Italia settentrionale, il periodo gli anni dello Scisma (1378-1417), essendo questi gli estremi cronologici e geografici del progetto «*Electi* und *provisi*: die Bischöfe in der Lombardei der Visconti», a cui sto lavorando all'interno dell'unità pavese coordinata da Daniela Rando, nell'ambito di un progetto più generale sulle *Personalentscheidungen bei gesellschaftlichen Schlüsselpositionen*, finanziato dalla Deutsche Forschungsgemeinschaft e coordinato dall'Università di Francoforte.

1. *Percorsi di ascesa all'ombra del principe*

Il caso certo più emblematico di promozioni episcopali all'ombra del signore è quello visconteo, analizzato da Andrea Gamberini nel suo saggio, comparso per la prima volta in Archivio storico lombardo nell'ormai lontano 1997.[1] Bene emergono, da quelle pagine, le ambizioni di Gian Galeazzo Visconti a sottrarre le cariche episcopali al controllo tanto dei pontefici – indeboliti dallo scisma e quindi maggiormente proni ai *desiderata* dei

1. A. Gamberini, *Il principe e i vescovi. Un aspetto della politica ecclesiastica di Gian Galeazzo Visconti*, ora in Id., *Lo stato visconteo. Linguaggi politici e dinamiche costituzionali*, Milano 2005, pp. 69-136.

signori temporali – quanto, soprattutto, dei capitoli cattedrali e di quelle famiglie che, attraverso il capitolo cattedrale, avevano governato le chiese locali. Secondo Gamberini, infatti, negli anni di Gian Galeazzo «le cattedre vescovili dello stato furono appannaggio pressoché esclusivo di casati assai vicini alla signoria, come i da Sesso, i Pusterla, i Rossi, i Giorgi; di numerosi consiglieri del principe, come il Centueri, il Filargis, il Castiglioni, il Maineri, il Capogallo, il San Giorgio, il Grassi, i due Borsano; di un membro della famiglia signorile, Tommaso dei Visconti di Fontaneto».[2]

Per riallacciarsi al tema del convegno, quale e quanta mobilità sociale determina la promozione alla cattedra episcopale in subordine al patronato del signore? Riprendendo la distinzione operata da Gamberini, iniziamo con alcune considerazioni a proposito dei casati «vicini» al Visconti.

Per un Rossi, per un Pusterla o per un da Sesso, la cattedra episcopale è l'esito naturale, anche se niente affatto scontato e comunque coadiuvato dalla preparazione culturale, dell'appartenenza ad un ceto sociale elevato e a quei lignaggi ai vertici delle lotte di fazione, tra cui, in un passato non ancora lontano, veniva reclutato il vescovo.[3] L'assunzione della mitria comporterebbe dunque, per questi personaggi, non una mobilità ascendente, quanto piuttosto il consolidamento di uno *status*, anche se ormai subordinato ad un potere superiore.

Certo, alla fine del Trecento la dignità episcopale non è più in grado di conferire al suo detentore lo stesso prestigio sociale e politico del passato. Questo prestigio è ormai prevalentemente legato alla capacità di muovere rendite e benefici.[4] In molte diocesi gli ordinari hanno però perso il controllo sulle temporalità della mensa vescovile, mentre le loro prerogative in merito ai benefici di collazione episcopale sono erose sia dalle riserve apostoliche – per quanto la storiografia tedesca abbia da tempo messo in dubbio l'effettiva portata di queste ultime –,[5] sia dalle frequenti intromissioni signorili, dettate ora dal desiderio di favorire i propri *fideles*, ora dal

2. Ivi, p. 85.

3. A. Gamberini, *Chiesa vescovile e società politica*, in *Il Vescovo la Chiesa la Città di Reggio in età comunale*, a cura di L. Paolini, Bologna 2013, pp. 183-205: p. 189.

4. F. Somaini, *La Chiesa novarese da fine Trecento a metà Cinquecento*, in *Diocesi di Novara*, a cura di L. Vaccaro e D. Tuniz, Brescia 2007, pp. 181-208: p. 181.

5. In proposito si veda almeno A. Meyer, *Zürich und Rom. Ordentliche Kollatur und päpstliche Provisionen am Frau- und Grossmünster 1316-1523*, Tübingen 1986; una sintetica messa a punto degli autori che hanno contribuito a questa rilettura in J. Erdmann, *"Quod est in actis, non est in mundo". Päpstliche Benefizialpolitik im "sacrum imperium" des 14. Jahrhunderts*, Tübingen 2006, p. 16.

timore di rovesciare delicati equilibri locali e creare nuovi motivi di risentimento nei confronti dei Visconti.[6] Segno di un particolare favore del principe è dunque la concessione di cattedre mediamente ricche, di cui i nuovi vescovi percepiscono i frutti almeno sino alla morte di Gian Galeazzo. Così, tra il 1388 ed il 1389, il parmense Jacopo Rossi, figlio di Beltrando e docente di diritto canonico allo *Studium* di Pavia,[7] sostituisce lo scomodo Pietro della Scala a Verona (900 fiorini),[8] ed ivi rimane per quasi venti anni, sino all'avvento della repubblica veneziana (1405), quando, divenuto a sua volta scomodo alla Serenissima, è traslato prima a Luni (1406; 2.000 fiorini) e poi a Napoli (1415; 2.000 fiorini).[9] I milanesi Pusterla sono invece destinati alla cattedra bresciana (700 fiorini):[10] sia Tommaso, chierico e studente *utriusque iuris*, eletto nel marzo del 1397 e morto nel corso dell'anno seguente; sia, previa dispensa pontificia a causa della giovane età, il suo diciannovenne congiunto Guglielmo (1399), titolare della diocesi, sia pur con qualche incertezza, sino al 1413, anno in cui al Pusterla subentra come amministratore apostolico Pandolfo Malatesta, omonimo cugino del signore di Brescia.[11]

6. Gamberini, *Il principe e i vescovi*, p. 110 e sgg.; Somaini, *La Chiesa novarese*, pp. 181-182; più in generale G. Chittolini, *Stati regionali e istituzioni ecclesiastiche nell'Italia centro settentrionale*, in *Storia d'Italia*, *Annali*, 9, *La Chiesa e il potere politico dal Medioevo all'età contemporanea*, a cura di G. Chittolini e G. Miccoli, Torino 1986, pp. 146-193.

7. Gamberini, *Il principe e i vescovi*, p. 92.

8. Questo è il dato circa il pagamento del *servitium commune* fornito da D. Hay, *La Chiesa nell'Italia rinascimentale*, Roma-Bari 1979, p. 193, che in questo caso, come in quelli successivi, conferma sostanzialmente C. Eubel, *Hierarchia catholica Medii aevi sive summorum pontificum, S.R.E. cardinalium, ecclesiarum antistitum series ab anno 1198 usque ad annum 1431*, I, Monasterii 1913, p. 522. Per il Della Scala si veda G.M. Varanini, *Della Scala, Pietro*, in *Dizionario Biografico degli Italiani* (d'ora in poi *DBI*), 37 (1989), pp. 461-463.

9. Gamberini, *Il principe e i vescovi*, p. 88n.; Hay, *La Chiesa*, pp. 188 e 191; sullo scisma della chiesa di Luni, iniziato nel 1407 (con il Rossi candidato romano, ed un Malaspina candidato avignonese) e ricomposto nel 1415, cfr. Gentile, *Terra e poteri*, p. 35n.

10. Hay, *La Chiesa*, p. 192.

11. L'avvicendamento del Malatesta sarebbe stato favorito dall'ostilità di Gregorio XII nei confronti del Pusterla, maturata dopo che questi aveva aderito all'obbedienza pisana (1409): A. Sina, *Guglielmo Pusterla e Pandolfo Malatesta nella sede vescovile di Brescia*, in «Brixia sacra», 3 (1912), pp. 70-79, in particolare pp. 73 e 75. Il vescovo Pusterla sarebbe già stato estromesso dalla città per pochi mesi nel 1403, durante i moti seguiti alla morte di Gian Galeazzo, secondo M. Zaggia, *Libri e cultura nella Brescia malatestiana*, in *Nell'età di Pandolfo Malatesta. Signore a Bergamo, Brescia e Fano agli inizi del Quattrocento*, a cura di G. Chittolini, E. Conti, M.N. Covini, Brescia 2012, pp. 109-190: p. 140; E. Canob-

L'orizzonte politico regionale di Gian Galeazzo sembra però rimanere sostanzialmente estraneo a questi vescovi, il cui principale progetto è ancora rafforzare, complice magari l'appoggio del Visconti a danno dei loro atavici concorrenti, il casato in patria. Formalmente allontanati, alla stregua degli officiali viscontei che hanno incarichi di governo, dalla città natia e dalle loro reti familiari e clientelari,[12] tanto il Rossi, quanto i Pusterla – che sarebbero peraltro rimasti fisicamente sempre a Milano, amministrando la diocesi tramite vicari[13] – immettono nell'organigramma della curia vescovile molto personale proveniente dalla città di origine e procedono all'assegnazione delle temporalità e dei benefici a loro disposizione in favore dei parenti e delle clientele familiari chiamati nella nuova sede.[14] Ma queste scelte a favore di membri estranei alla società locale rischiano di rompere equilibri economici e sociali interni alla diocesi, favorendo l'isolamento del vescovo e rendendone vieppiù subordinata la permanenza nella sede assegnata alle fortune del signore.

Se, per i discendenti di grandi casate cittadine, la dignità episcopale rappresenta il consolidamento di uno *status*, ben diverso è il caso dei cosiddetti «vescovi al servizio dello stato».[15] Un Centueri, un Filargo, un Capogallo o un San Giorgio, per citarne solo alcuni, acquistano o accresco-

bio, *Christianissimus princeps: note sulla politica ecclesiastica di Filippo Maria Visconti*, in *Il ducato di Filippo Maria Visconti, 1412-1447. Economia, politica, cultura*, a cura di F. Cengarle e M.N. Covini, Firenze 2015, pp. pp. 287-320: p. 290 e n. Alla fine del 1408 Gregorio trasferisce a Brescia il nipote, Antonio Correr; si veda D. Girgensohn, *Kirche, Politik und adelige Regierung in der Republik Venedig zu Beginn des 15. Jahrhunderts*, I-II, Göttingen 1996, I, p. 181 e n. Per un profilo bio-bibliografico del Pusterla si veda F. Pagnoni, *Pusterla, Guglielmo*, in corso di stampa in *DBI* (ringrazio l'autore per avermi cortesemente messo a disposizione le bozze).

12. Solo Tebaldo da Sesso subentra al congiunto Ugolino sulla cattedra episcopale della natia e declinante Reggio (1395-1439) (Gamberini, *Il principe e i vescovi*, p. 88n), «superando così quelle riserve che avevano fino ad allora indotto il Visconti a dirottare al di fuori della città di origine le ambizioni episcopali dei sudditi» (Gamberini, *La città assediata. Poteri e identità politiche a Reggio in età viscontea*, Roma 2003, p. 152). Sul declino di Reggio a fine Trecento cfr. Gamberini, *La città assediata*, p. 11 e *passim*; sui da Sesso ivi, pp. 148-154.

13. Sina, *Guglielmo Pusterla*; Pagnoni, *Pusterla, Guglielmo* e Id., *Pusterla, Tommaso*, in corso di stampa in *DBI* (ringrazio nuovamente l'autore).

14. Per il Rossi si veda Gamberini, *Il principe e i vescovi*, pp. 97, 111; M. Gentile, *Terra e poteri. Parma e il Parmense nel Ducato visconteo all'inizio del Quattrocento*, Milano 2001, p. 63 sgg.; per il Pusterla, Pagnoni, *Pusterla, Guglielmo*.

15. Per l'origine di questa definizione si veda Gamberini, *Il principe e i vescovi*, p. 120n.

no – non sempre, infatti, si tratta di *homines* del tutto *novi* – identità e peso politico, economico e sociale, remunerati, in cambio dei propri servizi al signore o alla sua famiglia, con l'attribuzione di cattedre episcopali e non solo, come bene illustra Gamberini.

Alle sue molte osservazioni in merito ai loro diversi profili sociali – non senza punti di contatto quali i legami con lo *Studium* di Pavia, l'appartenenza agli ordini religiosi e al consiglio del principe –, posso aggiungere solo una fugace considerazione in merito alla loro mobilità. Rispetto ai membri dei lignaggi cittadini che, apparentemente paghi delle rendite fornite dalla loro sede, non la mutano se non, eventualmente, dopo la morte di Gian Galeazzo, i vescovi-consiglieri si succedono invece l'uno all'altro sulle diverse cattedre episcopali dei domini viscontei. Guglielmo Centueri, nominato dopo ben note vicissitudini a Piacenza (gennaio 1383: 500 fiorini[16]), è traslato in breve nella meno ricca Pavia (settembre 1386: 400 fiorini[17]), ed ivi rimane per ben 26 anni, sino alla morte (giugno 1402); lo sostituisce Pietro Grassi che per Pavia (settembre 1402: 400 fiorini[18]) abbandona la più ricca diocesi cremonese, a cui era stato eletto un anno prima (luglio 1401: 500 fiorini[19]). In poco più di un anno Pietro Filargo ascende dalla cattedra piacentina (ottobre 1386: 500 fiorini) a quella vicentina (gennaio 1388: 1.000 fiorini[20]), per essere traslato, un anno e mezzo più tardi, alla molto meno ricca Novara (settembre 1389: 600 fiorini[21]), dove rimane ben 12 anni prima che, il 17 maggio del 1402, Gian Galeazzo ottenga per lui la nomina ad arcivescovo di Milano (3.000 fiorini[22]); a Novara (600 fiorini) lo sostituisce invece Giovanni Capogallo, qui traslato il 4 agosto 1402 dalla ben più ricca diocesi bellunese (1.600 fiorini[23]) che deteneva già dal giugno 1398, dopo che, nel febbraio 1402, Gian Galeazzo avrebbe invano offerto addirittura 100.000 ducati per insediarlo nella cattedra patriarcale di Aquileia (10.000 fiorini).[24]

16. Hay, *La Chiesa*, p. 192.

17. *Ibidem*.

18. Ma il duca aveva iniziato ad impetrare per lui la cattedra pavese presso il papa già a luglio (Gamberini, *Il principe e i vescovi*, p. 99n).

19. Hay, *La Chiesa*, p. 192.

20. Ivi, p. 193.

21. Ivi, p. 192.

22. *Ibidem*.

23. *Ibidem*.

24. Gamberini, *Il principe e i vescovi*, p. 87n. Il dato circa il *servitium* deriva sempre da Hay, *La Chiesa*, p. 192.

Gamberini sottolinea l'assenza di logica in queste traslazioni, dato che esse spesso non implicano apparentemente «un progresso di carriera, ovvero un acquisto di una sede più ricca o prestigiosa».[25] Mi chiedo invece se non sia possibile ipotizzare che, nel più generale processo di centralizzazione dello stato, venga a delinearsi anche una specie di *cursus honorum* vescovile interno ai domini viscontei che, prescindendo da considerazioni di carattere puramente economico, culmina nelle cattedre di Milano, sede metropolitana, Pavia e Novara. Vari fattori sembrerebbero spingere in questa direzione:

1) Pavia e Novara (Cremona costituisce un caso più complesso, tutto da approfondire) sono le due sedi vescovili in cui più di frequente, dopo una serie di rapidi avvicendamenti su cattedre più cospicue, vengono traslati i più fidati collaboratori del principe (Centueri, Filargo, Grassi e Capogallo).

2) Giunti in queste sedi, questi vescovi vi rimangono per lunghi anni (26 il Centueri, 12 il Filargo; non consideriamo i loro successori, dato che la loro ascesa è subito seguita dalla morte del Visconti), nonostante nel frattempo si siano rese disponibili cattedre ben più ricche all'interno dei domini viscontei.

3) Questi personaggi conservano il pieno favore di Gian Galeazzo, il quale si adopera ripetutamente per ottenere loro posizioni ancor più prestigiose nell'ambito della Chiesa: per intercessione del Visconti il Filargo lascia Novara per la sede metropolitana milanese (1402); il Grassi ottiene il generalato degli Umiliati, ancora prima di diventare vescovo (1398);[26] il Capogallo è candidato alla sede patriarcale di Aquileia (1402) (il suo trasferimento a Novara, nei tempi e nei modi, sembrerebbe quasi una specie di compensazione per la mancata assegnazione di quella sede prestigiosa).[27]

4) Infine, a prescindere dalla rendita, la cattedra pavese, secondo le parole dello stesso Gamberini, «per importanza non era probabilmente seconda ad altre nello stato»;[28] Pavia è infatti sede della corte e dello *Studium*, di cui il vescovo è cancelliere.[29] E Novara, già sede di Giovanni Visconti,

25. Gamberini, *Il principe e i vescovi*, p. 100.

26. Ivi, p. 98n.

27. A proposito del Capogallo cfr. D. Tuniz, *Giovanni Capogallo Vescovo di Novara 1402-1413*, in «Novarien», 3 (1969), pp. 126-153.

28. Gamberini, *Il principe e i vescovi*, p. 98.

29. Sul ruolo del vescovo-cancelliere si veda R. Crotti Pasi, *L'istituzione dello* Studium generale, in *Almum Studium Papiense. Storia dell'Università di Pavia*, I, *Dalle origi-*

non è da meno: diocesi di confine, dalla sua giurisdizione temporale dipendono territori strategici, ragion per cui ancora in età sforzesca si rimarca la necessità di «meterli persona fidata», come ricorda Francesco Somaini.[30]

2. *La perdita del patrono politico*

Veniamo invece ora al caso di quei vescovi che, soprattutto nei turbolenti anni di avvicendamenti determinati, in Italia settentrionale, dall'espansione viscontea e dalla morte di Gian Galeazzo, vedono sospendere o declinare la loro ascesa al venire meno del patrono politico.

Uno di essi è certo Pietro Della Scala, le cui vicende sono state già ripercorse da Gian Maria Varanini. Figlio illegittimo di Mastino II della Scala, signore di Verona e Vicenza, egli ha un'ascesa «rapidissima e tutta legata al favore paterno» nell'ambito della chiesa locale, ed è consacrato vescovo di Verona nel dicembre del 1350. Quando però Verona diventa viscontea (ottobre 1387), Gian Galeazzo cerca di sbarazzarsi al più presto dell'ormai vecchio e malato Scaligero, temendo il prestigio sociale e politico di un vescovo tanto legato alla precedente dinastia signorile. Ma questi, pur riconoscendosi suddito del Visconti, dichiara di voler «vivere et decedere episcopus veronensis», opponendo una fiera resistenza ai tentativi del nuovo signore di indurlo a rinunziare all'episcopato veronese (900 fiorini) per assumere quello, molto meno prestigioso ed economicamente redditizio, oltre che politicamente defilato, di Lodi (100 fiorini). Costretto infine ad accettare l'episcopato lodigiano (novembre 1388), Pietro lo regge fino al 29 giugno 1390 quando, cacciato anche da Lodi per volontà di Gian Galeazzo, si rifugia a Mantova, dove muore nel 1392 o 1393.[31]

Un destino per certi versi analogo ha Stefano, figlio illegittimo di Francesco Novello da Carrara, signore di Padova, prima canonico della cattedrale (1393), poi nominato «amministratore e rettore negli affari temporali e spirituali» della Chiesa padovana (1396) ed infine «episcopus electus» alla cattedra patavina (1402; 2.000 fiorini). Tale rimane sino al 1405 quando, durante l'assedio di Padova da parte di Venezia, l'*electus* ma non

ni all'età spagnola, tomo 1: *Origini e fondazione dello Studium generale,* Milano 2012, pp. 237-280, in particolare pp. 275-277.

30. Somaini, *La Chiesa novarese*, pp. 185.

31. Varanini, *Della Scala.*

confermato Stefano, assieme ad altri Carraresi, fugge a Firenze.[32] Immediatamente sostituito a Padova dal candidato veneziano, Albano Michele già arcivescovo di Corfù (1406), il Carrarese è provvisto in seguito della diocesi di Teramo (1412: 300 fiorini). Anche in questo caso, l'intreccio parentale e la fedeltà alla famiglia garantiscono a Stefano il seggio episcopale: Teramo, infatti, nel secondo decennio del Quattrocento, costituisce uno dei centri di forza, assieme ad Ascoli Piceno, di una nuova enclave di potere carrarese.[33] E anche in questo caso, la fine del dominio dei Da Carrara ad Ascoli (1426) costringe il vescovo, «che sembra non godesse più del consenso dei Teramani», ad abbandonare la sede abruzzese per quella di Tricarico (1427: 300 fiorini), che resignerà poi nel 1432.[34]

Tra coloro che, agli occhi di nuovi governanti, risultano troppo compromessi con il regime precedente per detenere la cattedra vescovile non vi sono solo questi figli illegittimi di signori cittadini, traslati non appena la famiglia ha abbandonato la città; o i vescovi viscontei, la cui cattedra vacilla dopo la morte di Gian Galeazzo (il Rossi è rimosso da Verona, il Pusterla perde, dopo qualche anno, Brescia); ma anche personaggi eminenti che ancora aspirano all'episcopio, come il già affermato canonista patavino Francesco Zabarella, futuro Cardinale Fiorentino.[35] Tornato a Padova assieme ai Carraresi per insegnare nella facoltà di diritto (1391) e da questi inviato a Carlo VI di Francia per chiedere aiuto contro l'espansionismo veneziano (1405),[36] per

32. A. Rigon, *Un'inchiesta su Stefano da Carrara vescovo di Teramo (1411- 1427) e di Tricarico (1427-1432)*, in *«Ubi neque aerugo neque tinea demolitur». Studi in onore di Luigi Pellegrini per i suoi settanta anni*, a cura di M.G. Del Fuoco, Napoli 2006, pp. 515-24: pp. 515-516.

33. *Ibidem*, p. 517.

34. *Ibidem*. Su Stefano si vedano anche A. Rigon, *Note su Stefano da Carrara vescovo di Teramo (1411-1427)* in *Monastica et humanistica. Scritti in onore di Gregorio Penco O.S.B*, a cura di F.G.B. Trolese, Cesena 2003 (Italia benedettina. Studi e documenti di storia monastica, 23), pp. 691-698; e Th.E. Morrissey, *Ecce sacerdos magnus: On Welcoming a New Bishop. Three Addresses for Bishops of Padua by Franciscus Zabarella*, in Id., *Conciliarism and Church Law in the Fifteenth Century. Studies on Franciscus Zabarella and the Council of Constance*, Farnham [u.a.] 2014, III (1ª ed. 1996), p. 3.

35. Per un breve profilo bio-bibliografico del personaggio si veda A. Belloni, *Professori e giuristi a Padova nel secolo XV. Profili bio-bibliografici e cattedre*, Frankfurt am Main 1986, pp. 204-208; più esauriente D. Girgensohn, *Francesco Zabarella da Padova: dottrina e attività politica di un professore di diritto durante il grande scisma d'Occidente*, in «Quaderni per la storia dell'Università di Padova», 26/27 (1993/1994), pp. 1-48.

36. Sul ventennale soggiorno presso l'ateneo patavino si vedano almeno Girgensohn, *Francesco Zabarella da Padova* (che ne ricostruisce la data dell'arrivo, p. 11 e n.);

ben due volte l'allora arciprete della cattedrale padovana[37] si sarebbe infatti visto sfuggire l'ambita cattedra patavina: una prima volta nel giugno 1406, cinque mesi dopo aver pronunciato l'orazione per la resa formale di Padova, quando Venezia, nonostante non fossero pochi coloro che avrebbero voluto lo Zabarella come vescovo – così almeno scrive Pier Paolo Vergerio in una lettera segnalata da Thomas Morrissey[38] –, considera troppa la sua contiguità con il regime appena deposto, optando piuttosto per un veneziano di sicura e provata fedeltà, Albano Michele; una seconda volta nel 1409, quando il Michele muore ed il capitolo della cattedrale elegge lo Zabarella, che in seguito rinuncia.[39]

3. *Una "carriera" curiale senza principe patrono*

Vorrei chiudere dilungandomi sul caso forse più noto – ma non unico – di un vescovo che, nonostante la morte del suo protettore, continua autonomamente la propria ascesa nell'ambito della curia: già arcivescovo di Milano per volontà di Gian Galeazzo (17 maggio 1402), successivamente premiato da Innocenzo VII per la sua fedeltà all'obbedienza romana con la concessione del titolo cardinalizio dei SS. Apostoli (12 giugno 1405) e, nello stesso settembre, della legazia dell'Italia settentrionale, privato poi dal Correr di tutti i suoi benefici per l'adesione alla soluzione conciliare dello scisma, Pietro Filargo da Candia entra infatti al concilio di Pisa come

Th.E. Morrissey, *Ein unruhiges Leben. Franciscus Zabarella an der Universität von Padua (1390-1410): die welt, die Nikolaus von Kues vorfand*, in Id., *Conciliarism and Church Law*, II (1ª ed. 1998). Per le relazioni con i Carraresi e la missione in Francia si veda G. Zonta, *Francesco Zabarella (1360-1417)*, Padova 1915, pp. 27-37, in particolare p. 35.

37. Questa dignità, la più alta del capitolo della cattedrale, gli è già conferita nel 1397 (Girgensohn, *Francesco Zabarella da Padova*, p. 12).

38. Morrissey, *Ecce sacerdos magnus*, p. 5.

39. Secondo Morrisey, in questo caso l'opposizione non sarebbe venuta tanto dal governo veneziano, che ormai affida allo Zabarella importanti e delicati incarichi (Zonta, *Francesco Zabarella*, p. 42 e sgg), quanto da Angelo Correr, papa con il nome di Gregorio XII, contrario alla sua proposta di soluzione dello scisma: Th E. Morrissey, *Cardinal Zabarella on papal and episcopal authority*, in Id., *Conciliarism and Church Law*, XIII (1ª ed. 1976), p. 39; Id., *Ecce sacerdos magnus*, p. 5. Lo Zonta, invece, attribuisce il fatto alla volontà di Venezia di insediare un patrizio veneziano; cfr. Zonta, *Francesco Zabarella*, p. 47 e n. Girgensohn riprende questa interpretazione (Girgensohn, *Francesco Zabarella da Padova*, p. 13).

candidato favorito e ne esce papa (eletto il 26 giugno e consacrato il 7 luglio 1409), senza che l'appoggio degli allora deboli eredi di Gian Galeazzo sia, in questo, affatto determinante.[40]

«Mercurii xxvi. die junii anno Domini mccccix, circa horam nonam in mane, dominus Petrus de Candia, Mediolanensis nuncupatus, de ordine fratrum Minorum, natione Graecus, magister in sacra Theologia Parisiensi, electus fuit in summum pontificem»: dagli *Acta concilii Pisani* bene emergono le diverse identità del Filargo, che potrebbero aver parimenti concorso alla elezione del primo pontefice pisano.[41]

La cattedra arcivescovile di Milano, da cui l'appellativo di cardinale Milanese, è l'ultimo atto di gratitudine di Gian Galeazzo Visconti verso colui che, grazie alla sua abilità diplomatica, gli ha procurato «una ricompensa tanto speciale e ampia, sino ad oggi negata ad altri pari o maggiori di [lui]»,[42] ovvero il titolo di duca di Milano. Dopo la morte di Gian Galeazzo, però, il Filargo si emancipa progressivamente dalla protezione viscontea.

Primo, secondo Andrea Biglia,[43] tra i tutori nominati dal duca per i suoi orfani giovanetti ma scalzato nel suo ruolo preminente da Francesco

40. Per un primo profilo del Filargo o, nella forma greca, Filargis, corredato da riferimenti bibliografici relativamente aggiornati, si veda A. Petrucci, *Alessandro V, antipapa*, in *Enciclopedia dei Papi*, III, 2000, pp. 610-613.

41. E. Martène, U. Durand, *Veterum scriptorum et monumentorum historicorum, dogmaticorum, moralium, amplissima collectio*, 9 voll., Parisiis, apud Montalant, ad Ripam PP. Augustinianorum, prope pontem S. Michaelis, 1724-1733, VII (1733), coll. 1103-1104. In questo senso particolarmente significativo, a partire dal titolo, è A. Tuilier, *L'élection d'Alexander V, pape grec, sujet venitien et docteur de l'Université de Paris*, in «Rivista di studi bizantini e slavi», 3 (1983), pp. 319-342.

42. Jo.Ch. Lünig, *Codex Italiœ diplomaticus, quo non solum multifariœ investiturarum literœ, ab augustissimis Romanorum imperatoribus Italiœ principibus & proceribus concessœ atque traditœ; verum etiam alia insignia varii generis diplomata ... continentur*, 4 voll., Francofurti & Lipsiæ 1725-1735, I (1725), col. 422.

43. «Tutores lecti Petrus Mediolanenſis Archiepiscopus, quem ille in Minorum ordine educatum, per Vicentiae, Brixiae, Novariae Epiſcopatus in eum locum provexerat. Alter Karolus Malateſta, Ariminienſium Dominus. Inde Jacobus Vermius. Ii praecipui nominati erant»; e, ancora: «Primi illi ab Duce nominati , quibus altior sensus esset , ut videre jam non se per has seditiones conſuli, verum tanquam Procuratores potius, quam familiae tutores, aut rerum administratores haberi, discesserunt, ultro aula abstinentes... Solus Archiepiſcopus Mediolani restitit, ne pedem domo elaturus» (Andrea Biglia, *Mediolanensium rerum historia*, a cura di F. Argelati, in *Rerum italicarum scriptores*, a cura di L.A. Muratori, XIX, Mediolani 1731, coll. 9-158: coll. 11-12). Dei due testamenti di Gian Galeazzo, il primo (1399) è edito in L. Osio, *Documenti diplomatici tratti dagli archivi milanesi*, I, Milano 1864, p. 318 e sgg.; il secondo (1401) è riassunto succintamente da

Barbavara, già primo camerario e favorito di Gian Galeazzo,[44] l'arcivescovo, al contrario del Dal Verme, non abbandona la corte e svolge, senza esito nonostante la sua comprovata abilità, alcune missioni diplomatiche per incarico del consiglio di reggenza.[45] Probabilmente l'ostilità nei confronti del Barbavara, adombrata dal Biglia,[46] cova latente. Dopo la fuga di questi da Milano (25 giugno 1403), nel luglio il Filargo assume infatti le redini del governo assieme ad Antonio Porro, «infenso inimico» dell'antico camerario ducale, e a Francesco Visconti, richiamato in città dal Porro. I tre, stando alle parole di Bernardino Corio, tengono la duchessa Caterina reclusa in castello, imponendole la propria volontà sotto la minaccia di levare altrimenti la plebe alle armi.[47] Tra i primi atti di governo, essi «nel populo ordinarono sei capitanii, uno per ciascuna porta»,[48] resuscitando a Milano quel Popolo che Gian Galeazzo, sin dal 1385, aveva proibito financo di nominare.[49]

B. Corio, *Storia di Milano*, a cura di A. Morisi Guerra, 2 voll., Torino 1978, II, pp. 968-970, che, ricordando solo alcuni tutori dei giovani principi, non cita tra loro il Filargo. Si veda, in proposito, N. Valeri, *L'eredità di Giangaleazzo Visconti*, Torino 1938, pp. 29-30.

44. Per un primo profilo del personaggio, corredato da riferimenti bibliografici, si veda N. Raponi, *Barbavara, Francesco*, in *DBI,* 6 (1964), pp. 141-142.

45. Il 18 settembre il Filargo è inviato a fare pace, lega o confederazione con Venezia, Padova e Firenze e con chiunque altro fosse in guerra con Milano, nel vano tentativo di sventare la creazione di una nuova lega antiviscontea (Valeri, *L'eredità*, p. 50). Nel marzo 1403 è poi a Roma, a trattare invano la pace tra i Visconti ed il papa Bonifacio IX (Corio, *Storia di Milano*, II, p. 982).

46. È da rilevare la parzialità del frate agostiniano e cronista guelfo milanese, che anche altrove non dà un giudizio del tutto positivo dell'arcivescovo francescano filo-ghibellino, ricordandone, oltre alla grande dottrina, anche l'amore per la tavola ed il lusso, attribuito alla sua origine greca (Biglia, *Mediolanensium rerum historia*, col. 41). Per gli schieramenti guelfi e ghibellini nella Milano di inizio Quattrocento si veda F. Del Tredici, *Il partito dello stato. Crisi e ricostruzione del ducato visconteo nelle vicende di Milano e del suo contado (1402-1417)*, in *Il ducato di Filippo Maria Visconti*, pp. 27-70.

47. Corio, *Storia di Milano,* II, p. 988; G. Giulini, *Memorie spettanti alla storia, al governo ed alla descrizione della città e della campagna di Milano ne' secoli bassi*, 7 voll., Milano, Francesco Colombo 1854-1857 (rist. anast.: Milano 1975), VI, p. 76; Valeri, *L'eredità*, p. 93. Sul Porro si vedano le recenti considerazioni di Del Tredici, *Il partito dello stato*, p. 35 e sgg.

48. Corio, *Storia di Milano*, II, 988; Giulini, *Memorie spettanti alla storia,* VI, p. 76.

49. *De penna dicentis contra statum domini, et datia etc.* (15/10/1385) in ASMi, Panigarola, 1 (A), cc. 34v-35, edito in *Antiqua ducum Mediolani decreta*, Milano 1654, pp. 88-89; cfr. F. Cengarle, *Lesa maestà all'ombra del Biscione. Dalle città lombarde ad una «monarchia» europea (1335-1447)*, Roma 2014, pp. 27-28. «Poca attenzione si è però pre-

È singolare ritrovare il Filargo, già fedele al primo duca ed al modello politico giangaleazziano, tra i fautori della rinascita delle istituzioni di Popolo. Non è comunque chiaro per quanto tempo l'arcivescovo abbia fatto parte del triumvirato. Di certo, il 7 gennaio 1404 la duchessa si rivale solo su Antonio Porro, catturato a tradimento e decapitato, e su Francesco Visconti, che si sottrae fortunosamente alla cattura fuggendo da Milano.[50] Le cronache non fanno, in quell'occasione, alcun riferimento al Filargo. È però l'arcivescovo ad accogliere il Barbavara quando, il 21 gennaio, questi, richiamato per volontà della duchessa Caterina «al governo dil dominio ducale», rientra in Milano «con grandissimo apparato»:[51] si tratta di un ben lieve contrappasso, a fronte del ruolo da lui sostenuto nel triumvirato, oppure dell'esito naturale di un progressivo riavvicinamento del pur sempre moderato Filargo alla duchessa, nonostante l'avversione verso il Barbavara?

Dopo la conclusione del secondo, breve, governo di questi (15 marzo), ai primi di aprile l'arcivescovo ricopre ancora incarichi diplomatici per i duchi.[52] Nei convulsi mesi successivi che vedono contrapporsi, a Milano, il

stata al contesto in cui Gian Galeazzo varò il divieto, che è quello del più eclatante provvedimento centralizzatore del Visconti, vale a dire la riforma fiscale con cui il signore attribuì alle propria Camera le entrate delle città a lui sottoposte. Quanti nominavano il Popolo (e avrebbero dovuto cessare di farlo) erano quanti si lamentavano per il fatto che "datia, pedagia et gabellas vel alia regalia" già spettanti ai vari comuni urbani erano ora divenuti di pertinenza della camera signorile: "Camerae pertinentes". Chi nominava il Popolo, insomma, era chi contestava la "modernità" della proposta politica di Gian Galeazzo», nota, in proposito, F. Del Tredici, *La popolarità dei partiti. Fazioni, popolo e mobilità sociale in Lombardia (XIV-XV secolo),* in *La mobilità sociale negli stati del Tre-Quattrocento: la vicenda della Lombardia*, a cura di A. Gamberini, in corso di stampa, testo alla nota 98 (il corsivo è mio). A proposito della rinascita del Popolo in questi anni, cfr. P. Grillo, *La fenice comunale. Le città lombarde alla morte di Gian Galeazzo Visconti*, in «Storica», 18 (2012), pp. 39-62.

50. Corio, *Storia di Milano,* II, p. 1000.

51. Ivi, p. 1001; Giulini, *Memorie spettanti alla storia,* VI, p. 83.

52. Secondo il Sanudo ed il Navagero, in quella data il Filargo, assieme a Jacopo Dal Verme, è a Venezia, per trattare a nome dei duchi una lega con la Serenissima; Marin Sanudo, *Vitae ducum Venetiarum italico scripte ab origine urbis sive ab anno CCCCXXI usque ad annum MCCCCXCIII*, in *Rerum italicarum scriptores*, a cura di L.A. Muratori, XXII, Mediolani 1733, coll. 399-1284: col. 806; A. Navagero, *Storia della repubblica veneziana*, in *Rerum italicarum scriptores*, a cura di L.A. Muratori, XXIII, Mediolani 1733, coll. 923-1216: col. 1076; entrambi sono citati in Giulini, *Memorie spettanti alla storia,* VI, p. 86. A proposito della lunga amicizia del Filargo con Venezia cfr. Girgensohn, *Kirche, Politik und adelige Regierung*, I, *passim.*

partito del giovane duca – o meglio, quello di Francesco Visconti, nel frattempo reimpatriato con l'appoggio di Castellino Beccaria – e quello della duchessa, sino a che questa viene imprigionata a Monza, i cronisti milanesi non menzionano il Filargo.

D'altronde, la morte di Bonifacio IX e l'elezione di Innocenzo VII (17 ottobre 1404) aprono ormai all'arcivescovo un orizzonte politico diverso e più ampio rispetto a quello milanese. Ben conoscendone le doti personali – «la capacità di giudizio, la maturità del consiglio, l'eleganza dei costumi, la profondità della conoscenza così come il suo essere esperto e aduso a gestire le questioni» –, il nuovo papa invita il Filargo a raggiungerlo, per comunicargli al più presto le innumerevoli necessità della Chiesa Romana, che rinascono quotidianamente come le teste dell'idra di Lerna, ed averne in merito il consiglio (23 dicembre).[53] L'arcivescovo risponde all'invito ai primi di marzo del 1405, partendo probabilmente poco dopo.[54] Il 20 giugno, da Roma, scrive al suo vicario generale a Milano e confratello, Francesco Crippa, notificandogli che il pontefice, dopo averlo creato cardinale (12 giugno), gli aveva concesso in commenda l'arcivescovato di Milano.[55]

53. «Non sub ea generalitate, qua caeteros apostolico favore prosequimur, sed adfectu specialissimo circa te gerentes internae considerationis intuitum, ac maturitatem consilii, elegantiam morum, profunditatem scientiae, quibus personam tuam pollere conspicimus, diligentius intuentes, quandoquidem extimantes quod tu, in maximis gerendarum rerum exercitiis nedum expertus, verum etiam, ut ita dixerimus, amodo tritus existis, Fraternitatem Tuam rogamus et hortamur in Domino, eidem nihilominus per apostolica scripta mandantes, quatenus compositis illic, utcumque poteris, rebus tuis, illicet in Dei nomine itineri te accingas, quacumque excusatione postposita, quanto citius id fieri poterit, profecturus. Optamus etenim tecum communicare imminentes Ecclesiae Romanae necessitates innumeras, et dietim non aliter, quam Lernae Hydrae capita renascentes, ut illud nobis super his et aliis occurentibus casibus consilium prebeas etc.» (F. Argelati, *Bibliotheca scriptorum Mediolanensium, seu acta et elogia virorum omnigena eruditione illustrium, qui in metropoli Insubriae oppidisque circumiacentibus orti sunt: Additis Literariis Monumentis Post Eorundem Obitum Relictis, aut ab aliis memoriae traditis*, 3 voll., Mediolani 1745, I, 2, col. 38).

54. Argelati, *Bibliotheca scriptorum Mediolanensium*, I, 2, col. 282; Giulini, *Memorie spettanti alla storia,* VI, 102.

55. La lettera, edita in G. Tiraboschi, *Vetera humiliatorum monumenta annotationibus ac dissertationibus prodromis illustrata, quibus multa sacræ, civilis, ac literatiæ medii ævi historiæ capita explicantur*, 3 voll., Mediolani 1766-1768, III (1768), pp. 46n-47n, è riassunta da Giulini, *Memorie spettanti alla storia,* VI, p. 108. Girgensohn rileva come Innocenzo VII elegga contemporaneamente al titolo cardinalizio Angelo Correr, veneziano di nascita, e Pietro Filargo, suddito della Serenissima, in Girgensohn, *Kirche, Politik und adelige Regierung*, I, pp. 98-99.

Il lungo soggiorno curiale del novello cardinale termina solo quando Innocenzo VII, separandosi a malincuore da lui, con bolla datata 11 settembre lo crea legato apostolico per i patriarcati di Aquileia e Grado e le province di Milano e Genova.[56]

Per quanto non cessino le ingerenze nelle questioni milanesi,[57] lo scisma, e la sua soluzione, diventano ormai la precipua occupazione del Filargo. Nella sua qualità di cardinale legato, egli continua ad intessere, in ormai completa autonomia, una ampia rete di relazioni diplomatiche.[58] Morto Innocenzo VII, la sua capacità di mobilitare opinioni è temuta nella curia romana. Il 7 luglio 1408, consapevole dei molti, in attesa di una presa di posizione da parte del cardinale Milanese per decidere la propria, Antonio da Lucca, segretario apostolico di Gregorio XII, cerca invano di dissuaderlo dall'aderire ufficialmente al giuramento di Livorno.[59] Ma la ri-

56. «[...] licet apud sedem apostolicam ex eminentia tui consilii valde necessarius habearis, nosque inviti, quodadmodo tanti viri praesentia careamus,[...]» (ASV, *Registri Vaticani* 333, cc. 348-349, cit. tratta da c. 348 v). Le competenze del nuovo legato sono dettagliate nelle lettere apostoliche successive (ivi, cc. 349v-363) e in ASV, *Registri Vaticani* 334, cc. 50-61. Secondo Eubel, il Filargo sarebbe partito da Viterbo, sede della curia, il 23 novembre 1405 (Eubel, *Hierarchia catholica*, I, p. 26n).

57. Durante la sua missione in qualità di legato apostolico del marzo 1406 a Venezia (in proposito Th. E. Morrissey, *Peter of Candia at Padua and Venice in March 1406* in *Reform and Renewal in the Middle Ages and the Renaissance. Studies in Honor of Louis Pascoe*, a cura di Th.M. Izbicki e Ch.M. Bellitto, Leiden 2000, pp. 155-173), il Filargo avrebbe spinto Jacopo Dal Verme e Galeazzo Gonzaga a tornare al soldo di Giovanni Maria, per arginare temporaneamente lo strapotere di Facino Cane e dei ghibellini suoi alleati, tra cui quello stesso Francesco Visconti accanto al quale l'arcivescovo aveva governato Milano nel 1403; cfr. Giulini, *Memorie spettanti alla storia,* VI, 109; Valeri, *L'eredità*, p. 188 e sgg. Ma egli cerca di mantenere sotto controllo soprattutto la chiesa milanese: nominato da Innocenzo VII arcivescovo commendatario, il novello cardinale continua a governarla tramite il suo vicario Francesco Crippa e ottiene dal papa la facoltà di disporre di dignità e benefici del capitolo e della cattedrale milanese (ASV, *Registri Vaticani* 334, 59v-61). Eletto papa dal concilio di Pisa, il 2 ottobre 1409 nomina arcivescovo di Milano il Crippa, nonostante, sin dall'autunno 1408, Gregorio XII avesse designato a quella dignità Giovanni Visconti (Giulini, *Memorie spettanti alla storia,* VI, p. 131-132; Eubel, *Hierarchia catholica*, I, p. 333).

58. Tra le competenze attribuite da Innocenzo VII al nuovo legato, vi è infatti la facoltà di stipulare, a nome del papa, leghe e confederazioni con prelati, re, principi, duchi, conti, baroni, nobili e comunità e di assoldare armigeri per difendere le terre tanto della Chiesa quanto dei suoi confederati e collegati contro gli scismatici: ASV, *Registri Vaticani* 334, cc. 58v-59.

59. «Multi enim magni et excellentes viri te unum observant, ex his quae feceris consilium suscepturi» (Martène, Durand, *Veterum scriptorum*, VII, col. 810). A Livorno (28

sposta è inesorabile: dal momento che entrambi i pontefici, radicati sui loro rispettivi troni senza minimamente volere la soluzione dello scisma, hanno perso il *Sol iustitiae*,[60] ogni cristiano deve virilmente imitare il partito dei cardinali, che persegue la riunificazione della Chiesa.[61] Anzi, il cardinale Milanese attiva immediatamente i suoi canali diplomatici per indurre Venceslao, re dei Romani e di Boemia, ed Enrico IV, re d'Inghilterra, a sostenere i cardinali, scrivendo direttamente ai sovrani, e agli *amici* che li circondano, quali un anonimo consigliere del Boemia e Thomas Arundel, arcivescovo di Canterbury e Cancelliere d'Inghilterra.[62]

giugno) il Filargo era presente solo per procura, la sua adesione ufficiale risale al 30 agosto (ivi, coll. 803-806; L. Bourgeois du Chastenet, *Nouvelle Histoire du Concile de Constance*, Paris 1718, pp. 525-530), ovvero al giorno successivo a quello in cui il partito dei cardinali lo ha nominato cardinale legato della marca Anconetana e del ducato di Spoleto (Martène, Durand, *Veterum scriptorum*, VII, coll. 858-859).

60. «Illi [i due papi] promiserunt, iuraverunt pariter et voverunt, ac in istam scilicet convenerunt sententiam: "a Dei ecclesia miserabile tollere schisma", quod facere, rei evidentia declarante, minime voluerunt. Nam unus in Aquilone thronum firmavit proprium, alius in medio sitam constituit mansionem, ac per hoc ambo deserentes radios Orientis, Solem justitiae perdiderunt» risponde il Filargo ad Antonio da Lucca (ivi, VII, col. 812). Il cardinale riprende l'immagine del *Sol iustitiae* anche nell'orazione introduttiva a Pisa: «Adeo quod princeps tenebrarum sedet in solio majestatis, et sol iustitiae eclipsatur» (G.D. Mansi, *Sacrorum Conciliorum Nova et Amplissima Collectio*, 31 voll., 1758-1798, XXVII, Venetiis 1784, col. 119). A proposito del lucifero *Sol iustitiae*, divino suggello dei pastori delle genti, cfr. F. Cengarle, *Il Sole ducale (1430): a proposito di una divisa viscontea*, in *Il ducato di Filippo Maria Visconti*, pp. 231-246, in particolare p. 236 e sgg. È da notare che anche il Filargo – cui Venceslao aveva concesso il titolo principesco – aveva, tra i suoi stemmi quel *Sol iustitiae* che, nella Francia di Carlo V, principi laici ed ecclesiastici avevano assunto a proprio emblema e che, verosimilmente dalla corte di Francia, era giunto anche a quella pavese di Gian Galeazzo Visconti. Proprio a questo suo simbolo potrebbe riferirsi lo Zabarella, nell'orazione con cui accoglie a Padova (1406) il cardinale Milanese, «tamquam Lucifer effulgens» tra gli altri cardinali (cfr. Morrissey, *Peter of Candia at Padua and Venice*, p. 166-167).

61. «Jure igitur concluditur clarius, partem cardinalium quae justitiam sequitur, debere Christianum quemlibet viriliter imitari» (Martène, Durand, *Veterum scriptorum*, VII, col. 813).

62. Martène, Durand, *Veterum scriptorum*, VII, coll. 813-817. È possibile che l'anonimo amico boemo sia quello stesso Benes von Chusnyk, con cui il Filargo era tornato da Praga per l'incoronazione ducale di Gian Galeazzo (1395) e che compare anche nell'elenco dei presenti a Pisa il 27 maggio 1409 (*magnificus et excelsus dominus Benesinus, baro regni Bohemie*, in Mansi, *Sacrorum Conciliorum Nova et Amplissima Collectio,* XXVII, col. 353). A proposito dello strenuo oppositore dei Lollardi, che persuase Enrico IV già nel 1408 ad abbandonare Gregorio XII e, successivamente, ad inviare a Pisa una delegazione inglese

A proposito del medesimo argomento scrive anche al duca di Milano, durante il soggiorno fiorentino dell'autunno successivo. Per quanto già deposto da Gregorio XII (28 settembre),[63] a Giovanni Maria Visconti il Filargo si rivolge nella triplice veste di tutore, di pastore e di legato apostolico, ripercorrendo gli avvenimenti più recenti sino al concistoro di Siena e alla sua partenza da quella città.[64] Le sue parole non hanno però l'esito sperato: il Visconti persevera nell'obbedienza romana, tanto che di lì a poco Gregorio XII nomina – «ad requisitionem, ut sensi, domini et ducis Mediolanensis», come lo stesso cardinale ci informa[65] – Giovanni Visconti, ventinovenne arciprete della cattedrale, arcivescovo di Milano in sostituzione del cardinale deposto.[66] Tra il giovane duca e il venerabile tutore la rottura è ormai aperta.

Non più l'appoggio di un principe, dunque, ma piuttosto un insieme fortuito ed irripetibile di qualità personali e di identità diverse avrebbero reso Pietro Filargo il prescelto dal concilio di Pisa. Unico, tra i cardinali presenti a Pisa, appartenente ad un ordine mendicante, in suo favore giocò verosimilmente il sostegno dei confratelli francescani che avevano abbandonato Gregorio XII, tra cui il ministro generale dell'ordine Antonio da Pereto.[67]

(G. Harriss, *Shaping the Nation. England 1360-1461*, Oxford 2006, p. 318), si veda almeno R. G. Davies, *Thomas Arundel as Archbishop of Canterbury, 1396-1413*, in «Journal of Ecclesiastical History», 14 (1973), pp. 9-21.

63. La deposizione del Filargo è differita rispetto a quella degli altri cardinali romani che avevano aderito al giuramento di Livorno cfr. ASV, *Registri Vaticani* 337, cc. 16-20; edito in Mansi, *Sacrorum Conciliorum Nova et Amplissima Collectio,* XXVII, coll. 67-73. Il cardinale Milanese giunge infatti a Siena subito dopo il concistoro del 19 settembre e Gregorio XII attende ad esprimersi nei suoi riguardi, cfr. Girgensohn, *Kirche, Politik und adelige Regierung*, I, pp. 319-320.

64. Martène, Durand, *Veterum scriptorum*, VII, coll. 869-872. La lettera è sicuramente successiva alla partenza del Filargo da Siena, a fine settembre, ed anteriore al 27 ottobre, data in cui il cardinale riceve da Ermolao Bragadini una lettera, in cui chiede spiegazioni per l'utilizzo dell'appellativo (*novem bestias*) usato nella lettera al duca di Milano per definire i nove cardinali eletti da Gregorio XII nel concistoro senese (ivi, coll. 881-883).

65. Nella sua lettera, scritta sempre da Firenze e indirizzata al cardinale Prenestino, cfr. Martène, Durand, *Veterum scriptorum*, VII, coll. 872-874, cit. da col. 873.

66. Secondo Giulini (*Memorie spettanti alla storia*, VI, p. 132), il fautore della nomina di Giovanni Visconti ad arcivescovo sarebbe stato invece Carlo Malatesta, che aveva però lasciato Milano già nell'agosto 1408. Per un primo profilo del condottiero riminese, corredato da una bibliografia aggiornata, cfr. A. Falcioni, *Malatesta, Carlo*, in *DBI*, 68 (2007), pp. 17-21.

67. Deposto dal suo ufficio il 20 novembre 1408 (ASV, *Registri Vaticani* 337, c. 10v.). Dal catalogo dei padri conciliari a Pisa edito dal Mansi, *Sacrorum Conciliorum Nova et Amplissima Collectio,* XXVII, col. 331 e sgg., i francescani presenti risultano: il da Pereto,

Anche l'origine cretese avrebbe avuto, secondo alcuni storici, un ruolo non irrilevante: suddito della Serenissima, dopo l'elezione al cardinalato è *bonum intercessorem apud papam* per Venezia, la cui precoce neutralità (novembre 1408) nello scontro tra il pur veneziano Gregorio XII ed il partito dei cardinali sarebbe stata garantita appunto dalla lunga amicizia con il Filargo;[68] greco per nascita, il suo non essere né italiano, né francese sarebbe stato gradito alle opposte rivalità nazionali,[69] e la sua elezione, bene accolta dall'imperatore bizantino, avrebbe potuto favorire la riconciliazione tra le Chiese greca e latina, auspicata dall'Università di Parigi.[70] Secondo altri, infine, egli dovrebbe la sua elezione proprio ai teologi dell'Università di Parigi, tra cui si era formato conseguendo il titolo di *magister in sacra Theologia* (1381/1382),[71]

i maestri Francesco Crippa, ministro della provincia milanese (e vicario di Pietro da Candia nella sede arcivescovile), Giovanni di Giorgio *de Lovania*, ministro della provincia bolognese, Marco da Parma, ministro della provincia romana (ivi, col. 335), frate Alano David, ministro della provincia di Tours (ivi, col. 347); i maestri Vitale Valentini, della provincia di Provenza, Giovanni di Giovanni da Firenze, Niccolò da Bologna, Lancellotto da Piacenza (ivi, col. 335) e Bartolomeo *de Nozaivella* (ivi, col. 336); il vescovo di Bobbio, Alessio da Seregno, mag. Theol. (ivi, col. 333; Eubel, *Hierarchia catholica*, I, p. 139), il vescovo di Sisteron, Nicolas Sacosta (Mansi, XXVII, c. 337; Eubel, I, p. 454); il vescovo di Digne, Bertrand Raoul, (Mansi, XXVII, c. 337; Eubel, I, p. 224); il vescovo di Faenza, Pietro *de Pago* (Mansi, XXVII, col. 339; Eubel, I, p. 246), il vescovo di Mondovì, Giovanni *de Saulo* (Mansi, XXVII, col. 354; Eubel, I, p. 349); frate Giovanni *Garsias*, professore di Sacra Pagina e procuratore dello studio di Tolosa (Mansi, XXVII, col. 338). Molti, in proporzione (5 su 17), sono invece i francescani tra coloro che fecero discorsi o sermoni davanti ai padri conciliari: lo stesso Filargo (26 marzo), un non identificato vescovo dell'ordine (4 aprile), Vitale (probabilmente il Valentini, 14 aprile), il maestro in teologia Bertrando Raoul, vescovo di Digne (21 aprile), il da Pereto (18 maggio) (ivi, coll. 114-115). Sui limiti di questa lista, e su quelle edite successivamente, si veda H. Millet, *Les pères du Concile de Pise (1409): édition d'une nouvelle liste*, in «Mélanges de l'Ecole française de Rome. Moyen-Age, Temps modernes», 93/2 (1981), pp. 713-790.

68. In proposito Girgensohn, *Kirche, Politik und adelige Regierung*, I, p. 324. Per i precedenti soggiorni del Filargo a Venezia, ivi, pp. 98-99 e Morrissey, *Peter of Candia at Padua and Venice*, pp. 159-160. La repubblica non manderà partecipanti né a Pisa, né a Cividale (Girgensohn, *Kirche, Politik und adelige Regierung*, I, p. 336), e aderirà a Pisa, abbandonando la sua equidistanza nei confronti di Angelo Correr e di Pietro Filargo, solo il 22 agosto 1409 (ivi, pp. 337 e sgg.).

69. Tuilier, *L'élection d'Alexander V*, p. 321 e n.

70. N. Valois, *La France et le grand Schisme d'Occident*, 4 voll., Hildesheim 1967 (rist. anast. Paris 1902), IV, p. 111 e nota; Tuilier, *L'élection d'Alexander V*, pp. 338-340; R.N. Swanson, *Universities, academic and the Great Schism*, Cambridge 1979, p. 14.

71. Il titolo, sicuramente successivo al mandato di Clemente VII del 15 settembre 1381 (*Chartularium Universitatis parisiensis*, a cura di H. Denifle ed E. Chatelain, 4 voll.,

ed in particolare all'abate di Mont Saint Michel, Pierre Le Roy, che, a Pisa in qualità di oratore del re di Francia, «Alexandri V in pontificem promotioni plurimum favit», ottenendo dal nuovo papa l'incarico di referendario.[72]

A fine Trecento, là dove un principe o una dominante dagli orizzonti politici ormai regionali o sovraregionali hanno la meglio sulle resistenze locali dei capitoli cattedrali, la cattedra episcopale è assegnata indipendentemente dal regolare *cursus honorum* all'interno della chiesa cittadina. I criteri di selezione dei nuovi vescovi non sono più dettati da logiche familistiche interne alla singola realtà urbana, bensì dalle qualità personali e/o dalle reti relazionali che i singoli individui mettono al servizio del governante. Venuto meno il patrono politico, queste caratteristiche individuali costruiscono comunque almeno una "carriera" curiale: l'origine cretese, per quanto umile, l'appartenenza all'ordine mendicante – nonostante la predilezione per la tavola ed il lusso malignamente sottolineata dal Biglia[73] –, la formazione universitaria parigina, l'insegnamento pavese, le relazioni diplomatiche, costruite prima al servizio del Visconti e impegnate poi nella soluzione dello scisma, consentono infatti a Pietro Filargo di ascendere autonomamente al soglio pontificio.

Parisiis, ex typis fratrum Delalain 1889-1897, III (1894), p. 302, n. 1463), sarebbe stato acquistato per 80 franchi d'oro, dopo una trattativa con il cancelliere dell'università Giovanni Blanchard (ivi, p. 359, n. 1511, art. 52); in proposito F. Ehrle, *Der Sentenzenkommentar Peters von Candia, des Pisaner Papstes Alexanders V. Ein Beitrag zur Scheidung der Schulen in der Scholastik des vierzehnten Jahrhunderts und zur Geschichte des Wegestreites*, in *Franziskanische Studien*, Suppl. IX, Münster in Westf., 1925, p. 10 e nota; A.E. Bernstein, *Pierre d'Ailly and the Blanchard affair. University and chancellor of Paris at the beginning of the great schism*, Leiden, Brill 1978, p. 98n. A proposito della crisi vissuta dall'Università di Parigi nel 1381, si veda R.N. Swanson, *Obedience and disobedients in the Great Schism*, in «Archivum Historiae Pontificiae», 22 (1984), pp. 377-387: p. 384 e n.

72. A proposito di quello che Guillaume Fillastre ebbe a definire «le plus grand canoniste du ce Royaume» (Bourgeois de Chastenet, *Nouvelle Histoire, Preuves*, p. 199), considerato il padre del Gallicanesimo, si vedano almeno *Gallia Christiana in provincias ecclesiasticas distributa*, XI, *De provincia Rotomagensi*, Parisiis, ex typographia regia 1759, coll. 526-527 (cit. tratta da c. 527), e V. Martin, *Les origines du Gallicanisme*, 2 voll., Paris 1939, I e II *passim*, in particolare I, p. 271 e n. Sulla presenza del Le Roy a Pisa si vedano almeno Mansi, *Sacrorum Conciliorum Nova et Amplissima Collectio,* XXVII, col. 334; Valois, *La France et le grand Schisme d'Occident,* IV, p. 92n.; Millet, *Les pères du Concile de Pise,* p. 743 (con rimando alle altre liste).

73. Cfr. nota 46.

Paolo Grillo

I religiosi al servizio dello stato (comuni e signorie, secoli XIII - inizio XIV)

Il 7 giugno del 1185 il comune di Alba rilasciò un documento che concedeva ampie esenzioni fiscali sui beni dell'abbazia cistercense di Santa Maria di Casanova. La motivazione, come riportava l'atto, era la gratitudine dei cittadini per il fatto che i *sancti viri* del capitolo monastico pregavano e celebravano messe *pro universo communi Albensi.*[1] Questo atto, sebbene probabilmente sia di produzione monastica,[2] ci ricorda la stretta connessione che esisteva anche nell'Italia comunale fra la politica e il sacro. Non si può parlare del rapporto fra comuni e enti ecclesiastici prescindendo dalla dimensione spirituale: le città avevano bisogno dell'intermediazione col divino garantita dagli uomini di chiesa non meno di quanto questi ultimi avessero bisogno della tutela e della benevolenza delle autorità civiche.

I religiosi, secolari o regolari, erano a tutti gli effetti parte del corpo civico. Per il semplice fatto di esistere e di mantenere una efficace disciplina interna, chiese, monasteri e conventi svolgevano un servizio essenziale alle città, garantendo la benevolenza divina sulla collettività. Ancora, molte di queste comunità praticavano fondamentali opere assistenziali, ospedaliere e caritative, essenziali per raggiungere quella buona armonia della società urbana che rappresentava idealmente il fine ultimo della vita associata. Quasi tutti i comuni, dal canto loro, ricambiavano questi servizi largheggiando in donazioni o esenzioni fiscali verso quegli enti che erano

1. *Cartario della abazia di Casanova fino all'anno 1313*, a cura di A. Tallone, Pinerolo 1903, p. 69, doc. 74, cfr. G.G. Merlo, *Forme di religiosità nell'Italia occidentale dei secoli XII e XIII*, Cuneo-Vercelli 1997, p. 18.

2. P. Grillo, *Monaci e città. Comuni urbani e abbazie cistercensi nell'Italia nord-occidentale (secoli XII-XIV)*, Milano 2008, pp. 103-104.

considerati maggiormente utili, sia per lo stile di vita perseguito, sia per le attività di soccorso a cui si dedicavano.

Esisteva dunque una notevole permeabilità tra le istituzioni civili e quelle della Chiesa, in particolare quelle episcopali, che si prolungò ben oltre i momenti incoativi del comune e sopravvisse ai duri conflitti di giurisdizione degli inizi del XIII secolo, per poi essere rilanciata da movimenti come l'*Alleluja* del 1232-33 e dalle successive, abili politiche di radicamento promosse da Gregorio IX e Innocenzo IV.[3] Si trattava di una permeabilità ben simboleggiata dall'uso delle chiese secolari e monastiche quali sedi di riunioni pubbliche e assemblee popolari, un uso prolungatosi per tutto il XIII secolo, anche dopo la costruzione dei palazzi comunali.

Di conseguenza, è opportuno definire con attenzione cosa si intende con "servizio" prestato dagli uomini di chiesa agli enti civici, dato che, appunto, anche la normale attività liturgica e le preghiere per la collettività potevano essere intese in tal senso. In queste pagine, ovviamente, si utilizzerà il concetto in modo più ristretto, limitandosi all'impiego dei religiosi in incarichi pubblici, esaminando in primo luogo il caso di coloro che ebbero, sia pur in via eccezionale, veri e propri ruoli di potere ai vertici dei governi cittadini e poi quello di chi ricoprì con regolarità uffici amministrativi in seno all'amministrazione comunale, soprattutto in campo finanziario.

1. *Gli incarichi straordinari di governo*

Pur tra i frequenti conflitti che, soprattutto nei primi decenni del Duecento, videro opposti comuni e Chiesa,[4] il quasi millenario legame fra i cittadini e i loro vescovi non venne mai meno[5] e questi ultimi rimasero un fondamentale punto di riferimento politico, soprattutto nei momenti di difficoltà e di disordini. Durante l'intero corso del secolo, i prelati, così come altri ecclesiastici secolari e regolari, furono spesso chiamati quali pacificatori o mediatori nel corso dei conflitti interni alle città. Non di rado, a que-

3. M.P. Alberzoni, *Città, vescovi e papato nella Lombardia dei comuni*, Novara 2001, L. Baietto, *Il papa e le città. Papato e comuni in Italia centro-settentrionale durante la prima metà del secolo XIII*, Spoleto 2007.

4. Alberzoni, *Città, vescovi e papato*, pp. 27-74.

5. G. Tabacco, *Egemonie sociali e strutture del potere nel Medioevo italiano*, Torino 1979, pp. 397-427.

sto scopo vennero loro attribuiti espliciti poteri di governo. Tali esperienze sono state di norma analizzate quali forme di dominio personale e signorile o effetti del coinvolgimento degli alti ecclesiastici nei conflitti di fazione.[6] Le ricerche degli ultimi anni, invece, hanno sottolineato la relativa diffusione di tale pratica e il fatto che molto spesso i vescovi e, più episodicamente, i frati accettavano rettorie o podesterie eccezionali con spirito di servizio nei confronti della cittadinanza, al fine di garantire la pace pubblica in momenti di crisi istituzionale o di transizione da un regime all'altro.[7] La casistica è in effetti abbastanza ampia e non sempre nettamente definita per la molteplicità delle titolature e delle cariche ricoperte.[8] Per quanto riguarda i vescovi, comunque, dalla fine del XII secolo agli inizi del Trecento sono state individuate alcune decine di casi di incarichi di governo in un gran numero di città lombarde, venete, emiliane e toscane.[9]

Dal punto di vista dell'uso di queste cariche quali vettori di promozione sociale, i frati non sembrano aver rappresentato un caso significativo. Durante il movimento della *magna devotio* del 1233, più noto come *Alleluja*, ebbero ruoli pubblici il frate francescano Gerardo da Modena a Parma e il domenicano vicentino Giovanni da Schio a Vicenza stessa e a Verona.[10] Frate Gerardo da Modena era esponente della potente famiglia dei Boccadabati, ma si trovò a operare in una città diversa, Parma, e per un periodo piuttosto breve che non consentì eventuali mire di radicamento;[11] Giovanni da Schio, o, più correttamente, da Vicenza, secondo le ricerche più recenti,

6. M. Ronzani, *Vescovi, capitoli, strategie familiari nell'Italia comunale*, in *Storia d'Italia. Annali*, 9, *La chiesa e il potere politico dal medioevo all'età contemporanea*, a cura di G. Chittolini, G. Miccoli, Torino 1986, pp. 103-147: pp. 138-139.

7. G.G. Merlo, *Ottone Visconti arcivescovo (e "Signore"?) di Milano. Prime ricerche*, in *Vescovi medievali*, a cura di G.G. Merlo, Milano 2003, pp. 25-71, G. Gardoni, *Vescovi-podestà nell'Italia padana*, Verona 2008, G.M. Varanini, *Vescovi, comuni cittadini e regimi signorili nell'Italia padana alla fine del Duecento. Un aggiornamento*, in *Berardo Maggi. Un principe della Chiesa al crepuscolo del Medioevo*, a cura di G. Archetti, Brescia 2012, pp. 3-40, F. Negro, *I signori vescovi: note sul senso di una categoria*, in *Signorie cittadine nell'Italia comunale*, a cura di J.-C. Maire Vigueur, Roma 2013, pp. 263-302.

8. F. Negro, *Vescovi signori e monarchia papale nel Trecento*, in *Signorie italiane e modelli monarchici*, a cura di P. Grillo, Roma 2013, pp. 181-204: pp. 183-185.

9. Gardoni, *Vescovi-podestà*, Negro, *I signori vescovi*.

10. A. Thompson, *Predicatori e politica nell'Italia del XIII secolo*, Milano 1996, pp. 41-42, 67-82.

11. Z. Zafarana, *Boccadabati Gherardo*, in *Dizionario biografico degli Italiani* (d'ora in poi *DBI*), 10 (1968), http://www.treccani.it/enciclopedia/gherardo-boccabadati_(Dizionario-Biografico)/.

sarebbe stato membro di una discendenza di giuristi, già inserita nell'organigramma comunale vicentino, che non sembra aver approfittato della breve rettoria del congiunto, peraltro terminata drammaticamente quando il frate, accusato di parteggiare per i da Romano, fu deposto e incarcerato.[12] Un trentennio più tardi si svolse il notissimo episodio del governo dei frati gaudenti Lodorengo degli Andalò dei Carbonesi e Catalano di Guido dei Malavolti prima a Bologna, nel 1265, e poi a Firenze, nel 1266. Queste esperienze richiederebbero nuovi e più dettagliati studi, dato che le interpretazioni del loro agire divergono spesso in modo drastico.[13] In generale, i due frati perseguirono un progetto di legittimazione del loro Ordine, di chiaro stampo aristocratico, che avrebbe potuto favorire anche le famiglie d'origine, ma, anche a causa della brevità degli incarichi, non sembrano esserci esplicite attestazioni che i parenti si siano effettivamente avvantaggiati del ruolo politico dei due religiosi.[14]

Assai più variegato è il caso dei vescovi. Spesso essi erano rappresentanti di ambiziose discendenze dell'aristocrazia urbana e del contado, che avrebbero potuto approfittare dell'occasione per consolidare o rafforzare il loro ruolo politico e la loro posizione sociale. La prima metà del Duecento, in realtà, non sembra aver concesso ai vescovi-rettori grandi opportunità di affermazione familiare. I vescovi-podestà più noti, Folco Scotti e Guidotto da Correggio, ricoprirono ruoli di governo in città diverse da quella di origine, dato che il primo, piacentino, ricevette da Federico II la rettoria straordinaria di Pavia nel 1220 e il secondo, parmigiano, fu eletto podestà di Mantova nel 1233.[15] Inoltre, le loro parabole di potere ebbero durata troppo breve perché potessero favorire un radicamento locale dei loro parenti. Guidotto, che agli inizi del 1235 venne ucciso per motivi forse legati

12. L. Canetti, *Giovanni da Vicenza*, in *DBI*, 56 (2001), pp. 263-267.

13. Si vedano ad esempio M. Gazzini, Fratres *e* milites *tra religione e politica. Le milizie di Gesù Cristo e della Vergine nel Duecento*, in «Archivio Storico Italiano», 162 (2004), pp. 3-78: pp. 47-74 e, per un'interpretazione diversamente sfumata, P. Borsa, *La nuova poesia di Guido Guinizzelli*, Firenze 2007, pp. 147-161.

14. La più recente messa a punto sulla signoria bolognese dei due frati è M. Gazzini, *I Disciplinati, la milizia dei frati Gaudenti, il comune di Bologna e la pace cittadina: statuti a confronto (1261-1265)*, in «Bollettino di Storia Patria per l'Umbria», CI (2004), pp. 419-437.

15. G. Forzatti Golia, *Istituzioni ecclesiastiche pavesi dall'età longobarda alla dominazione visconteo-sforzesca*, Roma 2002, pp. 244-253, G. Gardoni, *"Pro fide et libertate Ecclesiae immolatus". Guidotto da Correggio vescovo di Mantova (1231-1235)*, in *Il difficile mestiere di vescovo (secoli X-XIV)*, Sommacampagna 2000, pp. 131-187.

alla sua attività politica, benché considerato un martire, non riuscì né ad avere l'onore degli altari, né ad essere oggetto di un culto locale.[16]

Agli inizi del 1240, durante la lotta contro Federico II, si ebbe la breve rettoria straordinaria dell'arcivescovo Leone da Perego su Milano.[17] Il da Perego, esponente di una famiglia minore dell'aristocrazia ambrosiana, approfittò della carica arcivescovile per attribuire ad alcuni parenti ruoli di rilievo nell'ambito dell'amministrazione ecclesiastica, ma non riuscì a fare altrettanto in campo politico.[18] Dopo il 1250, la scelta di campo filonobiliare di Leone e la sua conseguente fuoriuscita dalla città dominata dai popolari, nel 1256,[19] impedirono qualsiasi ulteriore tentativo in tal senso. In un contesto di emergenza bellica si situano anche lunga stagione in cui Ottaviano degli Ubaldini operò fianco a fianco con i Bolognesi come legato di Innocenzo IV in Romagna, senza però ottenere alcun incarico politico formalizzato in città,[20] e la poco nota signoria su Brescia di Cavalcano *de Salis* nel 1258, chiamato a fronteggiare l'aggressività di Ezzelino da Romano.[21]

Il quadro si mostra più sfaccettato sullo scorcio del secolo, quando gli incarichi di governo attribuiti ai vescovi ebbero una durata assai maggiore e comportarono spesso l'attribuzione di poteri straordinari, di natura signorile. Questi furono talvolta sfruttati dai prelati per favorire il radicamento politico e l'ascesa sociale delle loro famiglie, ma la situazione non è generalizzabile e si richiedono attente analisi dei singoli casi.

Non furono pochi gli episodi in cui i vescovi si posero alla guida dei comuni animati dal reale interesse a garantire pacificamente il governo durante delicati periodi di transizione, senza mostrare interesse a consolidare il proprio potere o quello dei parenti. Così, ad esempio, fra il 1259 e il 1267, Bartolomeo da Breganze esercitò «scevro da qualsiasi condizionamento del-

16. Gardoni, *"Pro fide et libertate Ecclesiae immolatus"*, pp. 160-163.

17. R. Perelli Cippo, *Tra arcivescovo e comune. Momenti e personaggi del Medioevo milanese*, Milano 1995, p. 53.

18. Grillo, *Milano in età comunale*, pp. 326-327.

19. Lo schieramento politico di Leone a capo dei nobili milanesi è negato, in modo per me incomprensibile, da M. Pellegrini, *Perego, Leone da*, in *DBI,* 82 (2015), http://www.treccani.it/enciclopedia/leone-da-perego_(Dizionario-Biografico), che ignora completamente – fra le tante – l'esplicita testimonianza degli *Annales Placentini Gibellini*, a cura di G.H. Pertz, in *Monumenta Germaniae Historica*, *Scriptores*, t. XVIII, Hannover 1863, pp. 465-623: p. 509.

20. L. Paolini, *La Chiesa e la città (secoli XI-XIII)*, in *Storia di Bologna*, 2, *Bologna nel Medioevo*, a cura di O. Capitani, Bologna 2007, pp. 653-759: pp. 719-729.

21. Varanini, *Vescovi, comuni cittadini e regimi signorili*, pp. 12-14.

la sua potente consorteria» la sua egemonia su Vicenza dopo la fine della dominazione ezzeliniana, con «un ruolo di coesione e di promozione» all'interno «di un quadro istituzionale piuttosto disgregato e debole».[22] A sua volta, Ruggieri degli Ubaldini, fu il protagonista della deposizione di Ugolino della Gherardesca nel 1288, ma lasciò il potere dopo poco più di un anno e non sembra possibile attribuirgli alcun «progetto egemonico personale di lunga durata».[23] Connotazioni maggiormente partigiane ebbe infine la signoria del vescovo Giovanni degli Avvocati su Como, dal 1276 al 1282, che vide il prelato impegnato in una dura repressione del locale partito guelfo dei Vitani, ma non in una politica di affermazione personale o familiare.[24]

In altri casi, invece, l'acquisizione di poteri straordinari da parte dei vescovi fu la premessa a tentativi di controllo del potere, che portarono alla costituzione di signorie più o meno durature nelle mani dei parenti dei prelati. L'esempio più noto, su cui da tempo dibatte la storiografia, è indubbiamente quello di Ottone Visconti, anche se la ricerca recente ha demolito molte delle letture che attribuivano a Ottone un chiaro progetto di affermazione dinastica sin dalle origini del suo episcopato.[25]

Tradizionalmente, infatti, si sono attribuiti a Ottone una lunga signoria su Milano, dal 1277 – anno in cui guidò i fuoriusciti aristocratici alla vittoria contro il precedente regime torriano – alla morte, avvenuta nel 1295, e una coerente idea di costruzione di un potere familiare,[26] ma ultimamente questa immagine è stata significativamente ridimensionata, a partire dalle pagine di Mauro Ronzani, il quale ricondusse la nomina del Visconti alla cattedra milanese ai suoi legami con la curia romana e in particolare con il potente cardinale Ottaviano degli Ubaldini, togliendo dunque all'atto quell'aura di necessario riconoscimento della potenza viscontea col quale era stato di norma presentato dagli studiosi milanesi.[27] I membri della

22. Ivi, p. 13.

23. Negro, *Vescovi signori,* p. 187.

24. P. Grillo, *Avvocati Giovanni*, in *Repertorio delle esperienze signorili cittadine italiane*, consultabile all'url: http://www.italiacomunale.org/resci.

25. Si veda in particolare Merlo, *Ottone Visconti*, ma anche F. Somaini, *Processi costitutivi, dinamiche politiche e strutture istituzionali dello Stato visconteo-sforzesco*, in G. Andenna, R. Bordone, F. Somaini, M. Vallerani, *Comuni e signorie nell'Italia settentrionale: la Lombardia*, Torino 1998 (Storia d'Italia, diretta da G. Galasso, vol. 6), pp. 681-786: pp. 681-683.

26. Come ad esempio G. Franceschini, *La vita sociale e politica nel Duecento*, in *Storia di Milano della fondazione Treccani degli Alfieri*, IV, Milano 1955, pp. 115-392.

27. Ronzani, *Vescovi, capitoli, strategie familiari*, pp. 132-133.

schiatta viscontea, una famiglia che nel corso del Duecento era divenuta marginale nella vita pubblica milanese,[28] affiancarono infatti l'arcivescovo nella sua lotta contro i della Torre, fra il 1262 e il 1276, ma anche dopo il rientro in città degli aristocratici, alla fine di gennaio del 1277, e l'assunzione da parte di Ottone di una momentanea signoria su Milano, non si videro riconosciuto alcun ruolo di potere nell'ambito del comune, ricevendo invece, come era tradizione, prebende e posti di governo in seno al mondo ecclesiastico ambrosiano.[29] Fu solo un decennio più tardi – dopo che il fallito il tentativo signorile di Guglielmo di Monferrato e la ripresa della guerra civile con gli esuli torriani, culminata nel 1286 nella distruzione di Castelseprio, richiesero un prepotente ritorno di Ottone all'impegno diretto in politica – che si realizzò la presa del potere da parte di Matteo Visconti, nipote del prelato, come capitano del Popolo nel 1287, carica poi rinnovata a oltranza. Anche in questo caso, comunque, non vi è alcun riscontro del fatto che Ottone abbia deliberatamente disposto la propria successione al potere civile facendo nominare il nipote: Matteo approfittò sicuramente del prestigio che la parentela con l'arcivescovo gli forniva, ma seppe elaborare una propria proposta politica autonoma, mutando il precedente schieramento filoaristocratico della famiglia, e legandosi invece in una salda alleanza con il rinnovato movimento popolare milanese.[30] Insomma, la presenza di Ottone sulla cattedra ambrosiana e, momentaneamente, ai vertici del comune favorì sicuramente l'affermazione politica di Matteo, ma è eccessivo pensare a una vera e propria "intronizzazione" del nipote effettuata dall'arcivescovo.

Una più forte progettualità dinastica può invece essere individuata nella figura del vescovo bresciano Berardo Maggi, anche se, paradossalmente, i suoi risultati furono molto più effimeri rispetto all'affermazione viscontea. I Maggi erano stati una famiglia cittadina, ricca, ma marginale dal punto di vista politico,[31] fino agli anni centrali del Duecento, quando

28. P. Grillo, *Milano in età comunale (1183-1276), Istituzioni, società, economia*, Spoleto 2001, pp. 291-296, si riferisce prevalentemente al secolo XII la ricostruzione di E. Occhipinti, *I Visconti di Milano nel secolo XIII*, in «Archivio storico lombardo», CXXXVI (2010), pp. 11-24.

29. Merlo, *Ottone Visconti*, p. 63.

30. P. Grillo, *Milano guelfa (1302-1310)*, Roma 2013, pp. 34-36.

31. G. Archetti, *Berardo Maggi vescovo e signore di Brescia. Studi sulle istituzioni ecclesiastiche e sociali della Lombardia orientale tra XIII e XIV secolo*, Brescia 1994, pp. 30-37.

improvvisamente irruppe sulla scena Manuele Maggi, protagonista di una brillante carriera podestarile, culminata nel titolo di senatore di Roma nel 1257.[32] Suo figlio Berardo giunse nel 1275 alla cattedra episcopale bresciana e nel 1298 venne eletto rettore del comune per un quinquennio, con poteri straordinari per ricomporre la pace in città. Durante il suo governo, il Maggi si affiancò programmaticamente i parenti nell'esercizio del potere, assumendoli come consiglieri, facendo attribuire loro importanti incarichi pubblici e utilizzandoli come elementi di una politica di alleanze sovracittadine, come mostra il matrimonio da lui organizzato nel 1306 fra la nipote Cancellara e Simone di Ghiberto da Correggio. In tal modo egli preparò la vera e propria successione familiare che si compì alla sua morte: scomparso Berardo, il 16 ottobre 1308, fu il fratello Maffeo a curarne le esequie e le monumentali celebrazioni, dopodiché fu a sua volta eletto signore perpetuo della città. La signoria di Maffeo ebbe termine pochi anni dopo, nei convulsi avvenimenti che travolsero la città durante la discesa di Enrico VII, ma la famiglia conservò l'indiscussa *leadership* della parte ghibellina di Brescia per tutto il resto del secolo.[33]

Sembra aver seguito lo stesso schema l'affermazione di Guido Tarlati, vescovo di Arezzo, nominato signore della città nel 1321 ad opera di un preciso "blocco sociale" composto dagli strati superiori della popolazione, interessati alla pacificazione interna e a una politica di riforme fiscali. Benché scomunicato, alla sua morte avvenuta nel 1327 Guido aveva portato Arezzo al cuore dello schieramento ghibellino italiano e costruito le basi per la dinastizzazione della carica.[34] I Tarlati erano una famiglia signorile, ma ben radicatasi in città e attiva nel campo della mercatura e alla morte del vescovo ottennero di succedergli nel ruolo di *defensores civitatis*, anche se con poteri significativamente più ristretti di quelli che erano stati

32. J.-C. Maire Vigueur, *Nota sugli ufficiali bresciani*, in *I podestà dell'Italia comunale*, I, *Reclutamento e circolazione degli ufficiali forestieri (fine XII sec.-metà XIV sec.)*, a cura di J.-C. Maire Vigueur, I, Roma 2000, pp. 107-111: p. 111, G.M. Varanini, *Maggi Emanuele*, in *DBI*, 67 (2006), pp. 337-339.

33. Per tutte queste informazioni basti il rimando a G.M. Varanini, *Maggi Berardo*, in *DBI*, 67 (2006), pp. 323-326; Id., *Maggi Maffeo*, ivi, pp. 355-358.

34. G. Ciccaglioni, *Tra unificazione e pluralismo. Alcune osservazioni sull'esperienza pastorale e di domino politico di Guido Tarlati, vescovo e signore di Arezzo (1312-1327)*, in «Cristianesimo nella storia», 29 (2008), pp. 245-375, A. Barlucchi, *Note sulla signoria aretina del vescovo Guido Tarlati*, in *Le signorie cittadine in Toscana. Esperienze di potere e forme di governo personale (secoli XIII-XIV)*, a cura di A. Zorzi, Roma 2013, pp. 169-193.

assegnati a Guido.[35] Pure in questo caso, il successore fu un fratello del prelato, Pier Saccone, il cui dominio fu comunque relativamente breve, dato che nel 1336 egli dovette cedere la città al dominio di Firenze.[36]

Anche un predecessore del Tarlati sulla cattedra aretina, Guglielmino degli Ubertini, aveva perseguito negli anni Ottanta del Duecento una coerente strategia di costruzione di un potere personale, che si basava, più che su uno schieramento partitico, sull'appoggio costante al blocco sociale dell'aristocrazia cittadina, del quale la sua famiglia, che disponeva di importanti signorie nel contado, faceva indubbiamente parte. La morte del presule durante la battaglia di Campaldino, comunque, interruppe precocemente qualunque tentativo in senso dinastico.[37]

Come si vede, l'approccio dei vescovi al governo delle città non fu uniforme. In molti casi, l'incarico venne davvero interpretato come un "servizio" alla città, o eventualmente a una parte di essa, senza che si trasformasse in un'occasione di ascesa sociale dinastica. D'altro canto, un eccessivo coinvolgimento dei religiosi nell'instabile vita politica delle città poteva terminare drammaticamente con la marginalizzazione (i frati gaudenti a Firenze, rapidamente privati dei loro poteri dal governo popolare), l'esilio (Leone da Perego a Milano), il carcere (Giovanni da Schio al termine della sua rettoria vicentina), la morte in battaglia (Guglielmino degli Ubertini ad Arezzo) o addirittura l'assassinio (Guidotto da Correggio a Mantova). Poche, anche se importanti, furono le circostanze nelle quali gli ecclesiastici-rettori posero le basi per l'affermazione politica delle loro famiglie: rimangono insomma rari e cronologicamente ben delimitati i casi di reale affermazione familiare delle famiglie dei vescovi-rettori, di norma concretizzatasi in forme di dominio signorile, più o meno durature.

2. *I religiosi amministratori nelle città nell'Italia comunale*

Un altro aspetto, meno appariscente, ma più diffuso e duraturo, del coinvolgimento dei religiosi quali garanti di particolari aspetti della vita pubblica dei comuni fu il loro impiego in seno all'amministrazione citta-

35. Barlucchi, *Note sulla signoria aretina.*

36. G.P.G. Scharf, *Arezzo*, Spoleto 2015, pp. 27-28.

37. G.P.G. Scharf, *Vescovo e signore: la parabola di Guglielmino degli Ubertini ad Arezzo (1248-1288)*, in «Società e storia», 138 (2012), pp. 699-728.

dina, soprattutto in campo finanziario. L'importanza di tale prassi apparve da subito evidente. Già agli inizi XV secolo l'umiliato Giovanni da Brera, scrivendo la sua storia dell'ordine, dedicava un capitolo (il XXVI) al fatto che i frati nel Duecento «in quampluribus civitatibus Lombardiae exercebant officium canevarie» e garantivano la custodia delle chiavi delle porte pubbliche.[38] In epoca più recente, il servizio dei religiosi nelle città venne studiato principalmente come prova del prestigio di cui godevano nel mondo urbano,[39] finché Richard Trexler ha cambiato il punto di vista, chiedendosi perché i governi cittadini si rivolgessero proprio a loro e identificandone la ragione nel prestigio di cui gli uomini consacrati godevano e nella fiducia che potevano riscuotere grazie al loro *status*, superiore a quello dei funzionari laici.[40] Nel 2004, Frances Andrews ha fornito un importante contributo, basato sull'analisi del caso senese, che per la prima volta ha sottolineato le contraddizioni fra la scelta di vita monastica o conventuale dei monaci e dei frati e il loro coinvolgimento nel governo della città.[41] La stessa Andrews ha poi recentemente curato un'importante messa a punto dedicata a *Ecclesiastici e governo urbano nell'Italia del Basso Medioevo* che offre una panoramica assai ampia sulle diverse situazioni locali.[42]

Il quadro geografico è vastissimo e copre l'intera area dell'Italia comunale, dal Piemonte al Veneto fino al Lazio. Non tutte le città comprese in quest'area fecero ricorso all'opera dei religiosi, ma si può valutare che quelle che li utilizzarono fossero la maggioranza. Altrettanto ampio, a prima vista risulta anche l'arco cronologico. L'impiego di frati o monaci negli uffici finanziari delle città settentrionali come Como, Bergamo, Pavia, Cremona o Parma iniziò nei primi decenni del Duecento[43] e in alcuni casi,

38. L. Zanoni, *Gli Umiliati nei loro rapporti con l'eresia, l'industria della lana ed i comuni nei secoli XII e XIII sulla scorta di documenti inediti*, Milano 1911, p. 344.

39. Ivi, p. 216.

40. R.C. Trexler, *Honor Among Thieves. The Trust Function of the Urban Clergy in the Florentine Republic*, in *Essays Presented to Myron P. Gilmore*, I, *History*, a cura di S. Bertelli, G. Ramakus, Firenze 1978, pp. 317-334.

41. F. Andrews, *Monastic Observance and Communal Life: Siena and the Employment of Religious*, in *Pope, Church and city. Essays in honour of Brenda M. Bolton,* a cura di F. Andrews, C. Egger, C.M. Rousseau, Leiden-Boston 2004, pp. 357-383.

42. *Churchmen and Urban Government in Late Medieval Italy. C. 1200-c.1450. Cases and Contexts*, a cura di F. Andrews, M.A. Pincelli, Cambridge 2013.

43. A Como i primi religiosi canevari del comune sono menzionati in uno statuto del 1223, a Cremona un umiliato massaro dei mulini e uno addetto all'amministrazione delle cavalcate sono attestati rispettivamente nel 1234 e nel 1240: Zanoni, *Gli Umiliati*, pp. 223

come quello di Firenze, si prolungò fino al Quattrocento inoltrato.[44] Il periodo di maggior diffusione del fenomeno, però, ebbe inizio quasi ovunque dopo il 1250, con l'esplodere dei conflitti interni alle città, sia fra nobili e popolari, sia fra guelfi e ghibellini, per ridursi drasticamente entro la metà del secolo successivo. Emerge dunque un contesto politico abbastanza chiaro: l'impiego capillare e diffuso dei religiosi nell'amministrazione dei comuni italiani coincide da un lato con l'affermazione dei regimi popolari o, nel Settentrione, delle "signorie di popolo", e con le riforme fiscali e amministrative da questi promosse, dall'altro con il momento di forse massima conflittualità in seno ai comuni stessi.[45] Non sembra invece che abbia avuto influenza l'orientamento politico guelfo o ghibellino del comune, dato che di norma l'attribuzione di incarichi a uomini di chiesa passò indenne attraverso i mutamenti di regime, così a Milano come a Cremona e a Firenze.[46] Frati e monaci ebbero insomma un ruolo di rilievo nell'amministrazione delle guelfissime città dell'Italia centrale come nella ghibellina Verona dei della Scala.[47]

e 227. A Parma, l'impiego di penitenti al servizio del comune è attestato a cavallo del 1240, forse in conseguenza del successo locale del moto dell'*Alleluja*: F. Andrews, *Ut inde melius fiat: the Commune of Parma and its Religious Personnel*, in *Churchmen and Urban Government,* pp. 45-66: pp. 52-53. A Pavia, già nel maggio del 1232 il legato pontificio intimava al podestà di non imporre agli Umiliati l'esercizio di *civilia officia* senza il loro consenso: R. Crotti Pasi, *Gli Umiliati a Pavia nei secoli XII e XIII*, in *Sulle tracce degli Umiliati*, a cura di M.P. Alberzoni, A. Ambrosioni, A. Lucioni, Milano, Vita e Pensiero, 1997, pp. 317-337: p. 335. Lo statuto di Bergamo del 1248, riflettendo probabilmente una situazione precedente, prescriveva che due religiosi si occupassero della percezione dei pedaggi fra Adda e Oglio: M.T. Brolis, A. Beneggi, *The Tasks Assigned to the Humiliati by the Commune of Bergamo (Twelfth-Fourteenth Centuries)*, in *Churchmen and Urban Government,* pp. 136-148: p. 141.

44. Per Santa Maria degli Angeli e Firenze, si veda C. Caby, *Hermits for Communes: the Camaldolese in the Service of the Communes of Central and Northern Italy in the Thirteenth to Fifteenth Centuries*, in *Churchmen and Urban Governement,* pp. 268-284: p. 282. Anche a Pistoia, peraltro ormai dipendente da Firenze, l'uso di umiliati e carmelitani quali tesorieri pubblici si prolungò fino agli inizi del XV secolo: S. Tiboni, *Pistoia: A Case Study*, ivi, pp. 166-180: p. 180.

45. P. Grillo, *Cistercians as Administrators in the Thirteenth-Century Italian Communes*, in *Churchmen and Urban Government,* pp. 237-250: pp. 244-247.

46. Grillo, *Monaci e città*, p. 247, C.F. Weber, *Cremona: A Case Study*, in *Churchmen and Urban Government,* pp. 86-107: pp. 102 e 106; R. Davidsohn, *Storia di Firenze*, IV/1, *I primordi della civiltà fiorentina*, Firenze 1962, p. 201.

47. M.A. Pincelli, *Verona: A model Case in the Study of Relationship between Members of Religious Orders and the Government of the City*, in *Churchmen and Urban Government,* pp. 127-135.

Al di là di queste linee generali, le variabili locali erano molteplici. Come si è già accennato, vi erano comuni che, allo stato attuale delle ricerche, non sembrano aver fatto ricorso al servizio dei religiosi (Lodi), comuni che affidarono loro quasi tutti gli incarichi principali (Perugia) e comuni, forse la maggioranza, che si limitarono ad attribuire loro alcuni compiti ben specifici soprattutto in campo finanziario. Alcune città si affidarono esclusivamente a uomini provenienti da un dato ordine, altre invece attinsero abbastanza liberamente alle diverse comunità presenti sul territorio, altre ancora chiamavano addirittura personaggi dall'esterno del distretto comunale.

Anche osservato dal punto di vista dei religiosi, il quadro appare complesso e articolato. L'ordine meglio noto, sotto questo punto di vista, è indubbiamente quello degli Umiliati, che hanno goduto del maggior interesse storiografico, almeno a partire dalle ricerche di Luigi Zanoni, agli inizi del secolo scorso, poi proseguite in anni più recenti da diversi importanti studi.[48] Tradizionalmente legati all'area padana, gli Umiliati ebbero un ruolo di rilievo anche nell'Italia centrale, fornendo tesorieri, ufficiali finanziari e esattori di dazi e gabelle, nonché responsabili dei lavori pubblici, custodi delle armi o dei sigilli e altro ai comuni di Alessandria, Novara, Milano, Como, Bergamo, Brescia, Cremona, Pavia, Verona, Piacenza, Parma, Modena, Pisa, Firenze, Pistoia e Siena.[49] Più recente è stata l'acquisizione della fondamentale importanza ricoperta nell'ambiente urbano dai Cistercensi, che in più realtà affiancarono i mendicanti nel ruolo di predicatori o di confessori attivi in seno alle comunità urbane.[50] Benché le abbazie cistercensi si trovassero di norma al di fuori delle mura cittadine e fosse-

48. Zanoni, *Gli Umiliati.*

49. Ivi, pp. 223-234, da integrare con Grillo, *Milano in età comunale*, pp. 586-587, Weber, *Cremona: A Case Study*, p. 99, G. Archetti, *Gli Umiliati e i vescovi alla fine del Duecento. Il caso bresciano*, in *Sulle tracce degli Umiliati,* pp. 267-314: p. 274, Brolis, Beneggi, *The Tasks Assigned to the Humiliati,* p. 144, Crotti Pasi, *Gli Umiliati a Pavia,* p. 334, Andrews, *Ut inde melius fiat,* p. 57; C. Bruschi, *The Employment of Religious Orders in Piacenza between the Thirteenth and the Fourteenth Centuries*, in *Churchmen and Urban Government,* pp. 67-85: p. 74, Ead., *Gli umiliati a Parma (XIII-XIV sec.). Instaurazione e sviluppo di rapporti molteplici*, in «Rivista di storia e letteratura religiosa», XXXVI (2000), pp. 209-238: p. 231, P. Bonacini, *Employment of Religious in the Administration of the Modena Commune from the Twelfth to the Fifteenth Century*, in *Churchmen and Urban Government*, pp. 108-126: a p. 115, Pincelli, *Verona: A Model Case,* p. 131, Davidsohn, *Storia di Firenze,* p. 206, Tiboni, *Pistoia: A Case Study,* p. 171.

50. Grillo, *Monaci e città,* pp. XI-XII.

ro numericamente assai meno rispetto alle case umiliate, i monaci bianchi furono richiesti con una certa frequenza, in un'area geografica assai ampia. Nel Settentrione, i Cistercensi operarono come tesorieri di Milano e di Chieri, nonché, più saltuariamente, di Treviso e di Piacenza, mentre nell'Italia centrale ebbero un ruolo di rilievo nello stesso incarico a Firenze, Siena, Lucca, Viterbo e, solo episodicamente, a Perugia. A Parma essi amministravano le importanti saline comunali e la riscossione dei pedaggi sul fiume Taro, a Tortona si occuparono dell'ufficio delle scritture giudiziarie, a Firenze condivisero con gli Umiliati la responsabilità di custodire il deposito delle armi comunali e a Genova furono supervisori per i lavori di ampliamento del porto.[51]

Il coinvolgimento dei Mendicanti nell'amministrazione civica sembra esser invece stato geograficamente e cronologicamente più limitato. Frequentemente coinvolti nella vita politica delle città quali ambasciatori, consulenti o pacificatori, i frati minori e predicatori ebbero soprattutto ruoli di garanzia nella sorveglianza delle elezioni o delle nomine delle principali cariche municipali, dei consigli o dei notai, come a Parma, a Piacenza, a Cremona, a Treviso a Bologna.[52] Soltanto a Perugia i francescani sono attestati in ruoli amministrativi quali la supervisione ai lavori pubblici, al conio delle monete o alla redazione dei registri fiscali.[53] Molto più ampia, rispetto ai frati del primo ordine, fu l'utilizzazione dei terziari francescani, o Penitenti, che ricoprirono ruoli di rilievo nell'Italia centrale. In partico-

51. Ivi, pp. 247-248, Id., *Cistercians as Administrators,* Andrews, *Monastic Observance and Communal Life,* Ead., *Ut inde melius fiat,* pp. 59-60. I. Del Punta, *Religious and Public Life: Lucca, A Case Study*, in *Churchmen and Urban Government,* pp. 149-165: p. 159 e 161, E. Rava, *On the Trail of Religious in the Medieval Communes of Viterbo and Tuscia*, ivi, pp. 201-218: p. 204, Casagrande, *Religious in the Service of the Commune,* p. 197, P. Pirillo, *I cistercensi e il comune di Firenze (secoli XIII-XIV)*, in «Studi storici», 40 (1999), pp. 395-406.

52. P. Castignoli, *Il ruolo degli ordini mendicanti nel governo di Piacenza durante il secolo XIII*, in «Bollettino storico piacentino», XCIX (2004), pp. 207-223: pp. 212-213, Bruschi, *The Employment of Religious Orders*, p. 76; Weber, *Cremona: A Case Study,* p. 97, *Statuti del Popolo di Bologna del secolo XIII. Gli ordinamenti sacrati e sacratissimi*, a cura di A. Gaudenzi, Bologna 1888, p. 110, B. Szabò-Bechstein, *Sul carattere dei legami tra gli ordini mendicanti, la confraternita laica dei Penitenti ed il comune di Siena nel* Duecento, in «Mélanges de l'École française de Rome. Moyen Age. Temps Modernes», 89 (1977), pp. 743-747: p. 745, D. Rando, *"Ad confirmationem sancte et catholice fidei christiane". La prima presenza domenicana*, in *I frati Predicatori nel Duecento*, Sommacampagna 1996, pp. 53-105: p. 83.

53. Casagrande, *Religious in the Service of the Commune,* p. 190.

lare, a Perugia e a Bologna, fra Due e Trecento, i penitenti «sono massari, redigono i catasti, riscuotono tributi vari, sovrintendono a opere pubbliche, ricoprono incarichi annonari» e altro ancora[54] Essi ebbero ruoli più limitati a Parma, a Pisa, a Pistoia e a Siena.[55] Altri ordini ebbero una diffusione più limitata, ma ricoprirono comunque un ruolo rilevante in chiave regionale, come i Camaldolesi, che fornirono frequentemente tesorieri al comune di Arezzo e talvolta a Firenze, i Serviti, intensamente impiegati a Pistoia e più saltuariamente a Perugia o i Vallombrosani, che ebbero qualche ufficio a Siena.[56] Al di fuori dei grandi ordini, nelle singole località potevano esserci singoli enti, comunque riformati, in grado di costruire rapporti privilegiati con le autorità cittadine, come il monastero di San Benedetto dei monaci *albi* a Padova,[57] quello pulsanese di San Michele di Guamo a Lucca,[58] l'ordine dei frati di Valverde (probabilmente Gaudenti) a Cremona,[59] quello dei frati di San Guglielmo a Orvieto,[60] quello dei Fraticelli della Vergine a Pistoia[61] o i Silvestrini a Perugia.[62]

Nel secondo quarto del XIV secolo la situazione mutò drasticamente. Da un lato, infatti, molti comuni rinunciarono all'impiego di religiosi nell'amministrazione, dall'altro si può constatare una netta differenziazione tra le città dell'Italia settentrionale soggette a domini signorili – dove la prassi scomparve del tutto – e quelle governate dal Popolo nell'Italia centrale, dove l'impiego di frati e monaci si protrasse, anche se drasticamente ridimensionato, assai in là nel tempo.

54. G. Casagrande, *Religiosità penitenziale e città al tempo dei comuni*, Roma 1999, p. 170.

55. Andrews, *Ut inde melius fiat,* pp. 52-53, M. Ronzani, *Penitenti e ordini mendicanti a Pisa sino all'inizio del Trecento*, in «Mélanges de l'École française de Rome. Moyen Age. Temps Modernes», 89 (1977), pp. 733-741: p. 734, Szabò-Bechstein, *Sul carattere dei legami*, p. 746, Tiboni, *Pistoia: A Case Study,* p. 170.

56. Caby, *Hermits for Communes,* pp. 274-275, Tiboni, *Pistoia: A Case Study,* p, 175, Casagrande, *Religious in the Service of the Commune,* p. 196, Andrews, *Monastic Observance and Communal Life,* p. 366.

57. Al quale era affidata la custodia degli statuti cittadini: A. Rigon, *Ricerche sull'"ordo sancti Benedicti de Padua" nel XIII secolo*, in «Rivista di storia della Chiesa in Italia», XXIX (1975), pp. 511-535: p. 525.

58. Del Punta, *Religious and Public Life,* pp. 157-158.

59. Weber, *Cremona: A Case Study,* p. 100 e p. 104.

60. Zanoni, *Gli Umiliati,* p. 230.

61. Tiboni, *Pistoia: A Case Study,* p. 173.

62. Casagrande, *Religious in the Service of the Commune,* p. 196.

In Lombardia, l'affermazione del dominio sovracittadino dei Visconti, negli anni Trenta del Trecento, sembra abbia cancellato ovunque l'impiego di religiosi negli incarichi pubblici. Non sappiamo quando il comune di Milano, forse abbastanza precocemente, abbia rinunciato al servizio degli ecclesiastici, ma in altre città lombarde, come Cremona o Bergamo, la coincidenza fra la sottomissione ai Visconti e la scomparsa degli umiliati quali ufficiali comunali sembra invece assodata.[63] Probabilmente, più di un fattore contribuì a tale mutamento. Per gli uffici principali, quelli di tesoriere, nella nuova dominazione la nomina spettava ormai ai signori, i quali si facevano a loro volta garanti del comportamento dei personaggi, che non di rado erano loro strettamente legati. Non era dunque più necessario ricorrere a religiosi dato che onestà e imparzialità sarebbero stati, almeno in teoria, assicurati dai Visconti stessi. Anche in molti comuni popolari dell'Italia centrale, l'impiego degli uomini di chiesa conobbe una grossa crisi verso la metà del Trecento, probabilmente anche in questo caso in connessione con una profonda ristrutturazione dei meccanismi di amministrazione finanziaria. Contestualmente, come si è accennato, gli stessi ordini religiosi, dai Penitenti ai Camaldolesi, si dimostravano sempre più restii ad assoggettarsi al peso di obbligare i propri membri più validi a operare al di fuori del monastero, soprattutto dopo che la peste del 1348 ebbe drammaticamente assottigliato anche i ranghi monastici. Così, come si è già ricordato, a Perugia, nel 1348 si decise di rinunciare al servizio dei Penitenti[64] e a Siena, dopo il 1350, la carenza di monaci disposti a ricoprire la carica portò a una nuova assegnazione ai laici dell'incarico di camerlengo comunale.[65]

Bisogna però sottolineare che, mentre a Perugia i religiosi scomparvero definitivamente dall'amministrazione civica, a Siena soltanto i camerlenghi divennero laici, mentre i frati, probabilmente della Penitenza, continuarono a venir utilizzati come esattori e pedaggeri.[66] Anche a Pistoia, il servizio di umiliati e carmelitani quali tesorieri pubblici si prolungò fino agli inizi del XV secolo.[67] A Firenze, infine, l'uso si prolungò quasi immutato fino a tutto il XV secolo. Carmelitani, Serviti e Silvestrini fornirono i

63. Weber, *Cremona: A Case Study,* p. 100, Brolis, Beneggi, *The Tasks Assigned to the Humiliati,* p. 146.
64. Casagrande, *Religiosità penitenziale*, p. 175.
65. W. Bowsky, *Le finanze del comune di Siena. 1287-1355*, Firenze 1976, p 10.
66. Trexler, *Honor Among Thieves,* p. 320.
67. Tiboni, *Pistoia: A Case Study,* p. 180

camerari religiosi che dovevano controllare i loro colleghi laici (tre laici e un frate fino al 1415, quattro laici e due frati da quell'anno), i Camaldolesi di Santa Maria degli Angeli si occuparono di gestione degli estimi e della raccolta delle imposte almeno fino agli anni Settanta del Quattrocento, e i Cistercensi di Settimo ebbero la custodia della camera delle armi e del sigillo fino agli inizi del XVI secolo.[68]

3. *Il servizio nell'amministrazione cittadina: una mancata occasione di ascesa sociale*

Insomma, quasi tutti gli ordini regolari, purché nuovi o rinnovati, erano chiamati a contribuire al governo della città fornendo personale specializzato, destinato soprattutto a uffici finanziari o alla supervisione dei lavori pubblici. Rimane da domandarsi quali motivazioni spingessero i governi urbani a rivolgersi a queste figure. Per meglio dare una risposta, conviene prima di tutto identificare i personaggi a cui furono affidati i principali incarichi. In generale, è poco noto come fosse selezionato il personale e a quali categorie sociali appartenesse. Purtroppo, in questo campo, le ricerche non sono ancora pienamente soddisfacenti. Non sempre, infatti, gli studiosi hanno prestato attenzione a tale aspetto e anche laddove l'hanno fatto, la frequente assenza delle indicazioni cognominali limita drasticamente il campione statistico a cui attingere.[69] Dove disponiamo di informazioni sufficienti, però, il quadro risulta abbastanza omogeneo.

In primo luogo, come è lecito aspettarsi, la quasi totalità degli ufficiali noti era composta da *cives* originari del comune stesso. In questo si riflette la grande attenzione che il mondo comunale italiano aveva avuto non soltanto per gli ordini dalla specifica "vocazione" cittadina, come gli Umiliati o i Mendicanti, ma anche per gli ordini monastici riformati, che diedero vita a quel peculiare "monachesimo urbano" che ebbe una particolare vitalità nella Penisola.[70] Entrando in un ordine monastico o conventuale gli abitanti non perdevano il loro status di *cives* e continuavano a essere

68. Trexler, *Honor Among Thieves,* pp. 320-328.

69. Per Siena, Frances Andrews constata che è impossibile identificare lo *status* sociale delle famiglie dei camerlenghi: Andrews, *Monastic Observance and Communal Life,* p. 379.

70. V. Polonio, *Il monachesimo nel Medioevo italico*, in G.M. Cantarella, V. Polonio, R. Rusconi, *Chiesa, chiese, movimenti religiosi*, Roma-Bari 2001, pp. 81-190: p. 157.

membri del comune, chiamati a collaborare con esso nelle modalità e nei tempi più opportuni.[71]

Purtroppo nella maggior parte dei casi si ignorano le modalità di selezione dei religiosi destinati a far parte del personale amministrativo civico. Fanno eccezione pochi casi dove, grazie alla sopravvivenza dei registri dei verbali dei consigli comunali, si può avere qualche indicazione in più. Così, ad esempio, a Siena, nella seconda metà del Duecento, ci si limitava a chiedere all'abate di San Galgano di "concedere" uno dei suoi monaci per l'incarico.[72] Più articolato era l'atteggiamento del governo pistoiese, che nei primi decenni del Trecento domandava agli enti di fornire i nominativi dei frati disposti ad accettare gli uffici previsti e poi provvedeva a scegliere quelli più opportuni.[73] A Perugia, così come ad Arezzo, talvolta il comune indicava direttamente la persona di cui chiedeva il servizio, mentre in altri casi si rimetteva alla scelta dell'Ordine.[74]

Di quando in quando, compare qualche religioso che ricoprì più volte cariche pubbliche, a dimostrazione che alcuni personaggi, particolarmente abili o competenti, erano specificamente ricercati dalle autorità civiche, ma le informazioni sono ancora piuttosto scarse, dato che raramente disponiamo purtroppo di repertori articolati degli amministratori comunali. La figura più nota, da questo punto di vista, è probabilmente il frate silvestrino Bevignate, che doveva avere peculiari qualità come architetto e fu utilizzato dal comune di Perugia in molti cantieri (fra cui quello della celebre fontana) e fu anche al servizio delle fabbriche delle cattedrali di Perugia e di Orvieto.[75] Anche il frate penitente Giacomaccio Artusi aveva una certa rinomanza a Parma quale supervisore dello scavo di canali.[76]

Negli incarichi amministrativi si ricorda qualche caso di iterazione delle cariche, ma, allo stato attuale delle ricerche, essi risultano comunque troppo saltuari per pensare a un legame organico fra i comuni e alcuni, specifici, personaggi. A Siena, il monaco cistercense Ugo da San Galgano fu chiamato a ricoprire il compito di camerario comunale per ben cinque anni, dall'inizio del 1257 al 1259 e poi dal 1261 al 1262, ma probabilmente la

71. Grillo, *Cistercians as Administrators,* pp. 249-250.

72. Andrews, *Monastic Observance and Communal Life,* p. 366.

73. Tiboni, *Pistoia: A Case Study,* p. 175.

74. Casagrande, *Religious in the Service of the Commune,* p. 200; Caby, *Hermits for Communes,* p. 275.

75. Casagrande, *Religious in the Service of the Commune,* p. 195.

76. Andrews, *Ut inde melius fiat,* p. 56.

lunga iterazione era legata semplicemente al fatto che si trattava del primo tentativo di affidare l'ufficio a un religioso, prassi che divenne regolare solo dopo il 1276.[77] A Cremona si possono ricordare i casi di frate Zambonino de Rodano, che fu impiegato nell'amministrazione finanziaria del comune, nel 1306 e nel 1311, e soprattutto frate Giobbe, che è testimoniato nel 1316 come tesoriere regio (di Roberto d'Angiò) e poi come massaro del comune e della gabella nel 1326 e nel 1334.[78] Un personaggio di indubbio rilievo personale fu anche il frate umiliato Giacomo di Lemine, che fu canevario del comune di Bergamo nel 1299 e nel 1303 e affiancò a questi incarichi una ragguardevole carriera in seno all'ordine, dove fu prevosto della *domus* di Galgario nel 1317 e maestro generale nel 1338 fino al 1350.[79]

Queste figure, come si vede, rimangono purtroppo assai poco significative, sia perché molto isolate in un quadro documentario difficile, sia perché comunque di problematica identificazione sociale. Ignoriamo quali fossero le competenze specifiche che essi potevano offrire alle amministrazioni urbane e quale fosse la loro formazione personale. Per la maggior parte di loro, in assenza di indicazioni cognominali, è impossibile anche identificare l'origine familiare.

Anche allargando lo spettro di osservazione, non è facile individuare lo *status* sociale e l'eventuale formazione professionale dei religiosi che ricoprirono cariche pubbliche. In alcuni casi si trattava di membri del tradizionale gruppo dirigente comunale, appartenenti a stirpi di *milites* o di giuristi.[80] Più frequentemente, però, emergono figure di origine più schiettamente popolare, appartenenti a quelle famiglie di mercanti, ricchi artigiani e notai che costituivano la spina dorsale del *populus*. Tutti da discendenze di questa estrazione provenivano ad esempio i tesorieri cistercensi del comune di Milano.[81] Trattandosi di responsabilità con una forte componente tecnica, non c'è da stupirsi se gran parte degli ufficiali, esattamente come avveniva per i laici, proveniva dalle file del notariato. Così, Giovanna Casagrande ha studiato i penitenti postisi al servizio del comune di Perugia, concludendo che i personaggi che ebbero il numero maggiore di incarichi erano quasi tutti notai e mercanti di buona ricchezza, allibrati per più di

77. Andrews, *Monastic Observance and Communal Life,* pp. 365-366.

78. Weber, *Cremona: A Case Study,* p. 100.

79. M.T. Brolis, *Gli umiliati a Bergamo nei secoli XIII e XIV*, Milano 1991, pp. 236-237.

80. Così a Pavia e a Parma: Crotti Pasi, *Gli umiliati a Pavia,* p. 335, Andrews, *Ut inde melius fiat,* p. 57.

81. Grillo, *Monaci e città,* pp. 35-42.

100 lire, in particolare fra i massari, che dovevano essere economicamente affidabili.[82] I più numerosi erano comunque i notai,[83] fra cui spiccano alcune figure di rilievo come Pisano di Angelo, Paolo Buzzoli o Andrea di Giacomo, il redattore dell'elenco dei nobili cittadini detto *Libro Rosso*.[84] Se per i terziari il dato non stupisce, va sottolineato il ruolo di primo piano dei professionisti della scrittura anche in seno a ordini più tradizionali, come i Cistercensi[85] o i Minori, fra i quali si può ricordare il piacentino Guglielmo di Vigolo, canonico della chiesa dei Dodici Apostoli e francescano, già membro del consiglio cittadino, che dopo aver vestito l'abito fu massaro e poi camerario del comune nel 1275 e nel 1283.[86]

Nel complesso, insomma, non pare che i conventi, le *domus* religiose o i monasteri fornissero personale dotato di una preparazione particolare: si trattava di membri della mercanzia o, più spesso, del notariato urbano, che con gli esponenti laici degli stessi gruppi condividevano conoscenze giuridiche e tecniche contabili.[87] Allo stesso modo, come dimostrano i limitatissimi casi noti di iterazione degli incarichi, l'impressione, è che raramente si cercasse il servizio di una specifica persona; spesso, anzi, la documentazione dimostra il contrario: così, ad esempio, a Cremona, agli inizi del Trecento, i frati gabellieri che avessero voluto lasciare i loro posti potevano essere sostituiti da altri confratelli.[88]

Il servizio ai comuni presentava d'altronde una serie di risvolti negativi, che erano ben presenti ai contemporanei. Esaminando il caso senese, Frances Andrews ha sottolineato che spesso i monaci erano contrari ad assumersi responsabilità nell'ambito del governo cittadino, percepite come difficilmente conciliabili con i doveri di una vita consacrata.[89] Per gli ordini a più forte vocazione eremitica, il problema era particolarmente sentito, come dimostrano i numerosi problemi suscitati dall'impegno di monaci quali ufficiali in seno ai Camaldolesi.[90] Inoltre, il coinvolgimento dei religiosi negli affari di gover-

82. Casagrande, *Religiosità penitenziale*, pp. 183-184.
83. Ivi, p. 185.
84. Ivi, p. 171 nota e p. 175.
85. Grillo, *Monaci e città*, p. 247.
86. Bruschi, *The Employment of Religious Orders,* pp. 73-75.
87. W.R. Day jr., *The Cistercian Monks and the Casting Counter*, in *Churchmen and Urban Government,* pp. 251-267.
88. Zanoni, *Gli Umiliati,* p. 332, doc. 53.
89. Andrews, *Monastic Observance and Communal Life,* p. 369.
90. Caby, *Hermits for Communes,* p. 277.

no rischiava di legarli troppo strettamente alla *pars* al governo, esponendoli alle ritorsioni degli avversari politici. Così, ad esempio, i cistercensi di Fontevivo che amministravano le saline per il comune di Parma nel 1298 furono attaccati dai fuoriusciti guidati dai signori di Bargone.[91] Allo stesso modo, gli Umiliati di Bergamo, postisi al servizio del comune popolare, ebbero momenti di grande conflittualità con le autorità civiche durante i periodi di prevalenza aristocratica.[92] I loro confratelli milanesi, a loro volta, considerati troppo vicini ai della Torre, furono sostituiti quali incaricati della riscossione dei fodri e delle imposte ecclesiastiche dai frati dell'ospedale del Brolo dopo l'ingresso in città di Ottone Visconti, nel 1277.[93]

Insomma, bisogna domandarsi se, come pensano alcuni, ricoprire uffici pubblici fosse un privilegio esplicitamente ricercato dai religiosi[94] o un pesante dovere a cui adempiere per costrizione o al quale cercare di sottrarsi. Fra il 1247 e il 1251 gli Umiliati di Lombardia e i Cistercensi di Milano richiesero più volte e ottennero l'intervento di papa Innocenzo IV affinché i governi cittadini non potessero imporre loro incarichi secolari.[95] Bisogna comunque sottolineare che questi casi rimasero fondamentalmente isolati e che, passati gli anni più duri del conflitto fra Federico II e le città lombarde, nella regione non si ritrovano altri interventi del genere. Fonte di maggiori contestazioni fu il caso dei frati della Penitenza, il cui *status* incerto fra laici e religiosi li rendeva particolarmente sensibili alle richieste dei comuni urbani. Nel loro caso, dunque, si moltiplicarono le iniziative a tutela, sia da parte delle autorità ecclesiastiche locali, come il vescovo di Città di Castello che nel 1286 intervenne per impedire che i frati locali fossero obbligati a accettare uffici pubblici,[96] sia da parte del capitolo generale dell'ordine che tre anni dopo, a Bologna, vietò ai penitenti di ricevere *aliquod officium publicum*, fatto però salvo il caso in cui, rifiutando l'elezione, il frate o i suoi ministri *intollerabiliter gravarentur* ad opera delle autorità.[97] In alcuni casi, si ricorse addirittura ad esenzioni *ad personam*: il nobile ghibellino pisano Oddone Gualducci nel 1263 tornò all'obbedienza apostolica e en-

91. Grillo, *Cistercians as Administrators,* p. 247.
92. Brolis, Beneggi, *The Tasks Assigned to the Humiliati,* p. 146.
93. Grillo, *Milano in età comunale,* p. 587.
94. Crotti Pasi, *Gli umiliati a Pavia,* p. 335.
95. Andrews, *The Early Humiliati,* p. 240, e pp. 273-274, docc. 66-67, p. 281, doc. 95, Grillo, *Cistercians as Administrators,* p. 249.
96. Casagrande, *Religiosità penitenziale*, p. 203.
97. Ivi, p. 143.

trò nei frati della Penitenza, ma si fece prima garantire, con un'apposita lettera di papa Urbano IV, che il comune non gli avrebbe assegnato alcun ruolo pubblico.[98] Col procedere del XIV secolo, i segni di insofferenza si moltiplicarono. Nel 1312 i penitenti perugini incaricati della riscossione di una gabella straordinaria, si rifiutarono, finché, su pressione del governo locale non intervennero i loro stessi priori per obbligarli.[99] Una delibera del comune di Perugia del 1348 rivela che molti buoni uomini rinunciavano a entrare nell'*ordo poenitentiae* a causa del peso degli uffici da ricoprire. Si decise dunque di non obbligare oltre i frati, dato che comunque i laici avrebbero potuto occuparsi degli affari comunali.[100] Pochi anni prima, nel 1341, il comune di Pistoia non trovò alcun religioso della città intenzionato a coprire l'incarico di camerario e decise dunque di chiamarne dall'esterno, rivolgendosi a enti ecclesiastici di Firenze, città alla quale già dal 1331 il comune pistoiese era formalmente sottomesso.[101] Verso il 1355, infine, il capitolo dei Camaldolesi pose esplicitamente nei rinnovati Statuti dell'Ordine il formale divieto ai monaci di ricoprire qualunque ufficio pubblico che richiedesse loro di lasciare il monastero e recarsi nel mondo.[102]

Come si è accennato, lo scarsissimo numero di religiosi attestati più volte in seno alle amministrazioni cittadine permette di escludere che, con poche eccezioni, esistesse la possibilità di vere e proprie "carriere" nell'ambito dell'amministrazione civica. Non sembra dunque che i personaggi che si ponevano al servizio dei comuni ne traessero particolari vantaggi, se non lo stipendio corrisposto dalle autorità cittadine e la possibilità di crearsi una nuova rete di contatti, che però rimane, nei termini in cui la conosciamo, estremamente generica. Certo, per alcuni fra loro il salario poteva essere una risorsa importante e la sua perdita era minacciata per quei frati gabellieri che a Cremona si fossero allontanati senza permesso dal loro posto.[103] In generale, però, non vi sono notizie che inducano a pensare a peculiari ambizioni dei religiosi a percorrere carriere amministrative.

C'è chi pensa che, al contrario, il servizio al comune potesse agevolare il *cursus honorum* all'interno degli ordini.[104] In effetti, non è infrequente

98. Ronzani, *Penitenti e ordini mendicanti,* p. 735.
99. Casagrande, *Religiosità penitenziale*, p. 174.
100. Ivi, p. 175.
101. Tiboni, *Pistoia: A Case Study,* p. 176.
102. Caby, *Hermits for Communes,* p. 278.
103. Zanoni, *Gli Umiliati,* p. 235.
104. Pincelli, *Verona: A Model Case,* p. 131.

ritrovare i personaggi impiegati nell'amministrazione pubblica ricoprire negli anni successivi incarichi assai prestigiosi in seno alle istituzioni di appartenenza: si è già ricordato il caso dell'umiliato Giacomo di Lemine che dopo esser stato canevario del comune di Bergamo nel 1299 e nel 1303 conobbe una ragguardevole carriera in seno all'ordine, dove fu prevosto della *domus* di Galgario nel 1317 e maestro generale nel 1338 fino al 1350.[105] Fra i monaci, va menzionato almeno il cistercense Fazio Ferrari, tesoriere del comune di Milano nel 1271 e poi protagonista di una brillante carriera che nel 1295 lo vide trasferito nel monastero di Sant'Ambrogio, quale nuovo abate.[106] Altre volte, però, il rapporto cronologico era invertito e i religiosi furono chiamati al servizio del comune quando già ricoprivano ruoli di rilievo in seno all'ordine. Così, era già ministro della *domus* della Fontana dal 1259 quel Lanfranco Lazaroni che nel 1275 fu incaricato di riscuotere una taglia dai neoimmigrati in Bergamo.[107] A Pistoia il monaco Matteo Guidiccini fu eletto priore dei Carmelitani nel 1338 e divenne camerario del comune nell'anno successivo.[108]

Insomma, non sembra possibile costruire un chiaro rapporto di causa e effetto fra servizio pubblico e carriere interne all'ordine. Forse è più facile pensare che ci fossero monaci o frati dalle particolari qualità amministrative che venivano dunque impiegati in ruoli di alto livello sia in seno agli enti di origine, sia nell'amministrazione comunale. Spesso, in effetti, si trattava di personaggi già attivi sul mercato o nella gestione delle proprietà cittadine e dunque particolarmente competenti ad agire nel complesso scenario urbano.[109]

4. *Conclusioni*

A uno sguardo conclusivo, insomma, il quadro si presenta complesso. Fra la metà del Duecento e i primi decenni del Trecento, le città dell'Italia comunale, scosse da ripetuti conflitti sociali e fazionari, guardarono con favore al coinvolgimento di uomini di Chiesa nell'apparato di governo,

105. Brolis, *Gli umiliati a Bergamo,* pp. 236-237.
106. Grillo, *Monaci e città,* p. 41.
107. Brolis, *Gli umiliati a Bergamo,* p. 180.
108. Tiboni, *Pistoia: A Case Study,* p. 177.
109. Grillo, *Monaci e città,* pp. 38 e 107.

nella speranza che assicurassero onestà e neutralità politica. Tale coinvolgimento poteva prendere due forme, ordinaria – con l'impiego regolare di religiosi nell'ambito dell'amministrazione comunale, in particolare in seno agli uffici finanziari – e straordinaria, con l'attribuzione ai vescovi o a altri ecclesiastici di poteri eccezionali al fine di superare situazioni di emergenza o di pacificare le parti.

Nel primo caso, ciò che ricercavano i comuni non erano tanto il prestigio o le competenze individuali delle persone a cui venivano attribuiti gli incarichi, ma l'affidabilità e la neutralità, garantite dal buon nome degli enti che fornivano il personale. Questo, di fatto, non lasciava spazi alla creazione di rapporti diretti fra i singoli – e peraltro spesso recalcitranti – religiosi e il governo e dunque rendeva praticamente ininfluente il servizio ai comuni come mezzo di mobilità sociale. Nei pochi casi in cui è possibile identificare l'origine familiare dei frati o dei monaci-amministratori, si può constatare che essi appartenevano agli stessi gruppi sociali, in particolare il mondo del notariato e della mercatura, che fornivano anche i gestori laici degli uffici comunali. Per l'attribuzione di cariche straordinarie, invece, il prestigio personale e dinastico dei personaggi designati aveva un peso maggiore, ma solo in alcuni casi, piuttosto tardi, costoro approfittarono del loro ruolo pubblico per promuovere l'ascesa al potere della famiglia d'origine.

Nel complesso intreccio di rapporti personali, politici ed economici che legava i comuni italiani alle loro chiese, gli ecclesiastici al momento di indossare l'abito o ricevere la tonsura, non cessavano di considerarsi a tutti gli effetti *cives* e di potere o dovere assumere cariche di governo o amministrative, straordinarie o regolari.[110] Con poche, benché importanti eccezioni, quando questi cittadini-religiosi accettavano di assumere incarichi pubblici pensavano prevalentemente che si trattasse di un servizio alla collettività (benché talvolta prestato controvoglia) piuttosto che un'opportunità di ascesa personale e familiare.

110. Ivi, pp. XIX-XXIV.

Kristjan Toomaspoeg

I chierici al servizio dello stato nel Regno di Sicilia. Appunti di mobilità ecclesiastica (sec. XII-XIII)

Il mondo ecclesiastico del Mezzogiorno, come è ben noto, non trova paragoni in Italia centrale e settentrionale.[1] Tra le ragioni di questa diversità è da sottolineare la proliferazione delle diocesi meridionali – che sono ben 145 nell'epoca che stiamo esaminando –,[2] accompagnata da una disomogeneità dell'assetto ecclesiastico. Ovvero, assistiamo a diversi modelli diocesani tra cui spiccano le numerose e di solito anche povere diocesi cittadine come Tertiveri o Lavello, poi le diocesi abruzzesi di tradizione carolingia dove i presuli esercitavano dei diritti feudali e talvolta anche delle regalie, infine i ricchi ed influenti vescovati ubicati negli antichi capoluoghi longobardi o bizantini e le estese e prosperose diocesi siciliane di fondazione o rifondazione normanna.[3]

1. Si vedano C.D. Fonseca, *Particolarismo istituzionale e organizzazione ecclesiastica del Mezzogiorno medievale*, Galatina 1987 (Università degli Studi di Lecce. Dipartimento di Scienze storiche e sociali. Saggi e ricerche, 25); G. Vitolo, *Vescovi e diocesi*, in *Storia del Mezzogiorno*, dir. G. Galasso e R. Romeo, III, Napoli 1990, pp. 75-151; K. Toomaspoeg, *La pauvreté du clergé: le cas exemplaire des diocèses-cités du royaume de Sicile (XIe-XVe siècle)*, in *Puer Apuliae. Mélanges offerts à Jean-Marie Martin*, a cura di E. Cuozzo, V. Déroche, A. Peters-Custot e V. Prigent, Paris 2008 (Collège de France-CNRS. Centre de recherche d'Histoire et Civilisation de Byzance, Monographie, 30), II, pp. 661-689.

2. N. Kamp, *Monarchia ed episcopato nel Regno svevo di Sicilia,* in *Potere, società e popolo nell'età sveva (1210-1266),* Atti delle seste giornate normanno-sveve (Bari-Castel del Monte-Melfi, 17-20 ottobre 1983), Bari 1985 (Centro di studi normanno-svevi. Università degli Studi di Bari. Atti, 6), pp. 123-149: pp. 123-124; J.-M. Martin, *La Pouille du VIe au XIIe siècle*, Roma 1993 (Collection de l'École française de Rome, 179), pp. 566-582; *Storia delle Chiese di Puglia*, a cura di S. Palese e L.M. Di Palma, Bari 2008 (Pubblicazioni della Facoltà Teologica Pugliese, 1); *Storia delle Chiese di Sicilia*, a cura di G. Zito, Città del Vaticano 2009.

3. Kamp, *Monarchia ed episcopato*, pp. 125-126; Vitolo, *Vescovi e diocesi*, p. 431.

La principale caratteristica originale della Chiesa del Mezzogiorno era tuttavia la sua dipendenza dal potere laico. I re di Sicilia, sovrani di un territorio dove la riforma dell'XI secolo era stata solo parzialmente applicata,[4] esercitavano quasi sempre un controllo effettivo sulle nomine dei vescovi e si garantivano l'obbedienza dei presuli tramite il sistema delle decime degli incassi fiscali, giudiziari e monopolistici della Corona concesse alle diocesi e ad alcuni monasteri e chiese.[5] Le istituzioni ecclesiastiche, anche quelle più estese, ricevevano una parte consistente – talvolta anche la quasi totalità – dei loro redditi dallo Stato, cosicché si mantenne un "cordone ombelicale" tra il re e le gerarchie della Chiesa del Sud e si parla dell'episcopato del Sud come di un «fattore di coesione con la monarchia».[6] Anche il servizio curiale degli ecclesiastici raggiunse in questi territori dei livelli piuttosto importanti, venendo talvolta giudicato come eccessivo dai contemporanei.[7]

Le prospettive di una ricerca sulla mobilità ecclesiastica nel Mezzogiorno sono di conseguenza in un certo modo capovolte par rapporto al resto della Penisola che ha seguito altri percorsi storici. Allo stesso tempo, il Sud si distingue anche per un diverso stato di ricerca sulla questione, senza dubbio di un livello molto elevato per quanto riguarda le epoche normanna e sveva (1130-1266), mentre i secoli successivi, della dominazione angioina ed aragonese, sono stati esplorati con minore intensità.

Quello che fa la differenza è l'esistenza, per l'epoca normanno-sveva, di uno studio prosopografico esaustivo sui vescovi del Mezzogiorno, effet-

4. S. Fodale, *L'Apostolica Legazia e altri studi su Stato e Chiesa*, Messina 1991; *La Legazia Apostolica. Chiesa, potere e società in Sicilia in età medievale e moderna, con la presentazione di C. Naro,* a cura di S. Vacca, Caltanissetta-Roma 2000 (Storia e Cultura di Sicilia, Collana del Centro per lo studio della storia e della cultura di Sicilia della Facoltà Teologica di Sicilia, 19).

5. *Decimae. Il sostegno economico dei sovrani alla Chiesa del Mezzogiorno nel XIII secolo. Dai lasciti di Eduard Sthamer e Norbert Kamp,* a cura di K. Toomaspoeg, Roma 2009 (Ricerche dell'Istituto Storico Germanico di Roma, 4).

6. H. Houben, *I vescovi e l'imperatore*, in *Federico II nel Regno di Sicilia. Realtà locali e aspirazioni universali*, Atti del convegno internazionale di studi (Barletta, 19-20 ottobre 2007), a cura di H. Houben, Bari 2008, pp. 173-188: qui p. 174.

7. N. Kamp, *I vescovi siciliani del periodo normanno: origine sociale e formazioni spirituali*, in *Chiesa e società in Sicilia (1). L'età normanna*, Atti del I convegno internazionale organizzato dall'arcidiocesi di Catania, 25-27 novembre 1992, a cura di G. Zito, Torino 1995, pp. 63-89 (trad. it. di *Die Bischöfe Siziliens in der Normannenzeit: ihre soziale Herkunft und ihr geistlicher Bildungsweg*, in «Abhandlungen der Braunschweigischen Wissenschaftlichen Gesellschaft», 45 (1994), pp. 81-103): p. 75.

tuato da Norbert Kamp negli anni Settanta e Ottanta del secolo scorso. Alla sua monografia sull'argomento[8] si aggiungono numerosi saggi incentrati sugli ecclesiastici a servizio della corona siciliana, con molti accenni anche sulla questione della mobilità ecclesiastica nel Sud.[9] Benché fossero ormai trascorsi molti anni dalla pubblicazione del lavoro dello storico tedesco, i suoi studi rimangono ancora ineguagliabili, anche se seguiti da alcune ricerche di valore su taluni aspetti della tematica.[10]

Dal momento che la tematica dei vescovi e dei loro rapporti con la Corona è già stata trattata con maestria da Kamp, ho deciso di svincolarmi dalla pura e semplice questione del servizio curiale dei chierici, cercando di portare il discorso prima di tutto sulla mobilità sociale degli ecclesiastici come conseguenza o causa delle loro azioni a servizio del potere, a tutti i livelli della società. Allo stesso tempo, credo che sia utile accorpare il materiale pubblicato dallo storico tedesco in un insieme più grande, comprendente non solo i vescovi ma anche gli arcipreti, gli abati e le badesse. Queste categorie di ecclesiastici sono molto meno studiate, fatto che si spiega con una minore regolarità delle fonti a disposizione dello storico.[11]

8. N. Kamp, *Kirche und Monarchie im Staufischen Königreich Sizilien*, I, *Prosopographische Grundlegung: Bistümer und Bischöfe des Königreichs 1194-1266*, München 1973-1982 (Münstersche Mittelalter-Schriften, 10/I, 1-4).

9. Si veda in particolare N. Kamp, *Soziale Herkunft und geistlicher Bildungsweg der unteritalienischen Bischöfe in normannisch-staufischer Zeit*, in *Le istituzioni ecclesiastiche della «societas christiana» dei secoli XI-XII. Diocesi, pievi e parrocchie*, Atti della sesta Settimana di studio (Milano, 1-7 settembre 1974), Milano 1977, pp. 89-116 (questo saggio esiste anche in versione inglese, aggiornata da G.A. Loud e D. Milburn: *The Bishops of Southern Italy in the Norman and Staufen Periods*, in *The society of Norman Italy,* a cura di G.A. Loud e A. Metcalfe, Leiden-Boston-Köln 2002 (The medieval Mediterranean, 38), pp. 185-209).

10. Si vedano ad esempio G. Vitolo, *Vescovi e diocesi nel Mezzogiorno medievale: lo stato delle ricerche*, in *Munera parva. Studi in onore di Boris Uljanich*, a cura di G. Luongo, Napoli 1999, I, *Età antica e medievale*, pp. 427-441; Houben, *I vescovi e l'imperatore*; A. Scalise, *La diocesi potentina nel Medioevo: riflessioni su vescovi e patrimonio del clero*, in «Bollettino storico della Basilicata», 24 (2008), pp. 63-87; T. Leggio, *Abbazie benedettine, vescovi, aristocrazie locali e santità nell'Italia centro-occidentale appenninica (secc. XI-XIV): alcune considerazioni,* in «Sanctorum. Rivista dell'associazione per lo studio della santità, dei culti e dell'agiografia», 7 (2010), pp. 83-100; H. Houben, *Religious in Secular Offices in Late Medieval Southern Italy*, in *Churchmen and Urban Government in Late Medieval Italy, c.1200-c.1450*, a cura di F. Andrews e M.A. Pincelli, Cambridge 2013, pp. 307-318.

11. Un'estensione sul mondo monastico delle ricerche di Norbert Kamp è auspicata in P. De Leo, *Federico II e i monasteri latini del Regnum. Appunti per una indagine*, in

Lo stesso Norbert Kamp ha abbozzato le premesse di una ricerca in tal senso, iniziando a raccogliere i nomi degli abati e delle badesse in uno schedario, oggi custodito nel suo Lascito presso l'Istituto Storico Germanico a Roma.[12] Tuttavia, per avere una visione completa del materiale prosopografico, ci vorrà ancora molto tempo e, ora come ora, sono noti in un modo sistematico e continuativo soprattutto i presuli dei grandi centri monastici come Montecassino,[13] Montevergine[14] o Venosa.[15]

Come tutte le ricerche di prosopografia medievale, anche quella sulla mobilità ecclesiastica nel Mezzogiorno normanno e svevo subisce gli effetti della carenza di fonti. Infatti, le liste dei vescovi e abati sono spesso incomplete ed esistono non pochi diocesi e monasteri dei quali non si conosce alcun presule per nome: solo in alcune arcidiocesi meglio documentate si può arrivare a reperire e identificare sino al 70% dei loro superiori.[16] Di conseguenza, non si possono fornire delle statistiche credibili e bisogna procedere caso per caso. Selezionando gli esempi più significativi, si ottengono, per l'epoca che stiamo esaminando, circa 500 casi documentati che ci offrono delle informazioni utili sulla mobilità degli ecclesiastici e sulle loro attività a servizio del potere.

Uno studio di questa base dati offre molti esempi di una vera e propria "carriera": il più spesso trattasi di avanzamenti e spostamenti in ambito ecclesiastico, ma non mancano anche gli esempi provenienti dal mondo laico. Si distingue un numero di circa 150 vescovi o abati a servizio delle istituzioni che si potrebbero definire come "statali", ai quali si aggiungono le collaborazioni episodiche da parte dei fratelli di alcuni ordini religiosi.

Federico II e Montevergine, Atti del Convegno di Studi su Federico II organizzato dalla Biblioteca di Montevergine (Mercogliano (AV) - Palazzo Abbaziale di Loreto 29 giugno-1 luglio 1995), a cura di P.M. Tropeano, Roma 1998, pp. 65-76: p. 73.

12. Roma, Istituto Storico Germanico-Deutsche Historische Institut, Archiv, N 13, *Nachlass Norbert Kamp (1927-1999)*, Parte I, Karteikästen, 7. 1-3.

13. Si veda tra altri il recente e molto stimolante saggio di M. Dell'Omo, *Autorità degli abati di Montecassino ed esercizio del notariato nella Terra Sancti Benedicti fra XII e XIV secolo*, in *Bausteine zur deutschen und italienischen Geschichte. Festschrift zum 70. Geburtstag von Horst Enzensberger*, a cura di M. Stuiber e M. Spadaccini, Bamberg 2014, pp. 117-142.

14. G. Mongelli, *Cronotassi degli abati di Montevergine (1)*, in «Samnium», 31 (1958), pp. 135-160.

15. H. Houben, *Die Abtei Venosa und das Mönchtum im normannisch-staufischen Süditalien*, Tübingen 1995 (Bibliothek des Deutschen Historischen Instituts in Rom, 80).

16. Kamp, *Soziale Herkunft*, pp. 90-91.

Per poter esaminare appieno questi casi, bisogna riflettere su alcune questioni. Innanzitutto, torniamo sull'argomento del diritto di nomina dei vescovi e degli abati esercitato dal potere laico. Non si tratta solo delle intromissioni del re, sancite con il *Pactum Beneventanum* del 1156,[17] ma di un interventismo generale, esercitato anche da poteri signorili locali. Così, nell'epoca che stiamo trattando, una settantina di vescovi, abati e priori furono nominati direttamente dalla corte reale e molti altri sono riconducibili all'influenza dei poteri regionali e locali.

Allo stesso tempo, anche i papi riuscirono periodicamente a imporsi sulla questione delle nomine dei vescovi – così ad esempio durante l'età minore di Federico II – e, in generale, si occuparono personalmente della scelta dei presuli in alcune arcidiocesi-chiave. Così, nell'arco di tempo dei due secoli prima dell'avvento degli Angiò, ben 122 vescovi e arcivescovi e almeno una decina di abati del Sud provenivano direttamente dalla curia pontificia. Per prendere un solo esempio, quando l'antipapa Callisto III si conciliò con la Chiesa "ufficiale", egli ricevette dapprima l'incarico di rettore di Benevento, nello Stato della Chiesa, e poi quello dell'abate di Venosa, nel Regno di Sicilia.[18]

Abbiamo dunque a che fare con l'interventismo dei poteri esterni che non di rado favoriva una mobilità "esogena" degli ecclesiastici.[19] A questo si contrappose l'azione dei capitoli locali che avevano o rivendicavano il diritto di eleggere il proprio vescovo o abate e che di solito favorivano la mobilità "autogena".[20] La scelta del capitolo poteva tuttavia essere cassata dal papa o dal re o ostacolata dai poteri locali,[21] il che talvolta provocava

17. Kamp, *Monarchia ed episcopato*, p. 129.

18. W. Maleczek, *Calixtus III. (Johannes von Struma)*, in *Lexikon des Mittelalters*, II, München-Zürich 1983, col. 1398; Houben, *Die Abtei Venosa*, p. 163.

19. Non mi soffermo sui concetti di base della mobilità sociale nel medioevo, chiarite sulla scia di Pitirim Sorokin e David Herlihy ad esempio in S. Carocci, *Introduzione: la mobilità sociale e la «congiuntura del 1300». Ipotesi, metodi di indagine, storiografia*, in *La mobilità sociale nel Medioevo*, a cura di S. Carocci, Roma 2010 (Collection de l'École française de Rome, 436), pp. 1-37; sulla questione della mobilità "esogena" e "autogena" si veda ivi, p. 18. Sull'argomento esiste una ormai sconfinata produzione storiografica, alla quale anche il mio ateneo ha contribuito: così *Mobilità e immobilità nel Medioevo europeo: atti del 2. Seminario di studio dei Dottorati di ricerca di ambito medievistico delle Università di Lecce e di Erlangen, Roma, Istituto storico germanico, 1-2 aprile 2004,* a cura di H. Houben e B. Vetere, Galatina 2006 (Pubblicazioni del Dottorato in storia dei centri delle vie e delle culture dei pellegrinaggi nel Medioevo euromediterraneo, 3).

20. Kamp, *Soziale Herkunft*, p. 115.

21. Così nel 1233 il vescovo di Aversa cassò l'elezione della badessa di San Biagio, affermando che «idem conventus electionem abbatisse sue per eum et de mandato suo face-

dei veri e propri scismi: così ad esempio nel 1205 nella diocesi di Cerenzia, dove il conte di Crotone impose per un certo tempo come vescovo il proprio cappellano,[22] nel 1233 nell'abbazia di San Giovanni Evangelista di Lecce,[23] negli anni 1230-1240 nell'arcipretura di Altamura[24] o negli anni 1250 in tutto il regno, quando non pochi vescovati e alcuni monasteri avevano due titolari, uno sostenuto dal re e altro dal papa.[25]

L'interesse dei re e dei papi riguardava di solito solo le diocesi più importanti e il loro interventismo è più raro in quella galassia di piccole diocesi-città che caratterizzava il Mezzogiorno continentale. Si tratta di solito di casi molto particolari, così, ad esempio, quando il capitolo di Lavello nel 1226 elesse come vescovo un membro dell'Ordine del Tempio, elezione cassata da Onorio III perché senza precedenti,[26] quando il capitolo

re tenebatur»: *Nachlass Norbert Kamp*, I, 7. 1, foglio non numerato (Kamp ha tratto questa informazione dal manoscritto n. 2048 dell'Universitätsbibliothek Graz, collezione di fonti raccolte da Julius Ficker tra il 1874 e il 1876: A. Kern, *Die Handschriften der Universitätsbibliothek Graz*, II, Wien 1956, p. 409).

22. Kamp, *Kirche und Monarchie*, I,2, pp. 898-900; Id., *Politica ecclesiastica e struttura sociale nel regno svevo di Sicilia*, in «Archivio storico per le province napoletane», 95 (1978), pp. 9-20: p. 13.

23. A. Frascadore, *Le badesse del monastero di San Giovanni Evangelista di Lecce attraverso la documentazione degli anni 1133-1525*, in *Tancredi Conte di Lecce Re di Sicilia*, Atti del Convegno internazionale di studio (Lecce, 19-21 febbraio 1998), a cura di H. Houben e B. Vetere, Galatina 2004 (Università degli Studi di Lecce. Dipartimento dei Beni delle Arti e della Storia. Saggi e Testi, 16), pp. 233-286: p. 254.

24. Federico II nominò nel 1232 come arciprete il suo cappellano Riccardo da Brindisi, osteggiato dal vescovo di Gravina: *Storia delle Chiese di Puglia*, p. 54.

25. Per non dare che un unico esempio, a Bari risiedette un arcivescovo tedesco nominato da Corrado, mentre un arcivescovo titolare scelto dalla curia, il Domenicano Enrico Filangieri, soggiornò presso la corte pontificia: Kamp, *Kirche und Monarchie*, I,2, pp. 593-596. Lo stesso succedette anche in alcuni monasteri come Santa Maria delle Monache di Capua, dove l'incarico della badessa fu contestata nel 1254 da Marotta d'Aquino, candidata della curia e Altruda de Preturo, eletta dal capitolo (1254 gennaio 27 e marzo 24, *Les registres d'Innocent IV (1243-1254)*, a cura di E. Berger, Roma 1884-1921 (Bibliothèque des Écoles françaises d'Athènes et de Rome, IIe série. Registres et lettres des papes du XIIIe siècle, 5), nn. 7252 e 7387) e Santa Maria di Isernia dove la badessa si era fatta eleggere, prima del gennaio 1255, dalle suore del monastero, in modo irregolare, facendosi confermare non dal papa ma da Corrado (1255 gennaio 31, *Les registres d'Alexandre IV (1254-1261)*, a cura di C. de la Roncière, J. de Loye, P. de Cénival e A. Coulon, Roma 1895-1959 (Bibliothèque des Écoles françaises d'Athènes et de Rome, IIe série. Registres et lettres des papes du XIIIe siècle, 6), n. 116).

26. Kamp, *Kirche und Monarchie*, I,2, p. 638; H. Houben, *Templari e Teutonici nel Mezzogiorno normanno-svevo*, in *Il Mezzogiorno normanno-svevo e le Crociate*, Atti delle quat-

di Sant'Agata de' Goti aveva scelto nel 1231 come presule un uomo manifestamente incolto[27] o quando a Frigento si elesse nel 1239 come vescovo un uomo laico.[28] Tuttavia, anche in questi casi l'autonomia locale poteva essere frenata dall'azione degli arcivescovi, come quelli di Benevento, Salerno e Capua, che nominavano come vescovi dei membri del proprio capitolo diocesano. Lo stesso ragionamento vale anche per il mondo monastico, dove gli abati e priori delle istituzioni principali furono scelti dai papi e/o re, mentre i cenobi di dimensioni medie e piccole disponevano di una certa autonomia, a patto di godere di buoni rapporti con il proprio vescovo diocesano. Gli interventi delle massime autorità riguardavano anche in questo caso le situazioni estreme: così, nel febbraio 1204 Innocenzo III impose come nuovo abate di Santa Eufemia il proprio cappellano, visto che il monastero benedettino, in serissime difficoltà nel scegliere l'abate, aveva finito per eleggere come nuovo presule l'abate cistercense di Corazzo, il che provocò una frase ironica del papa, «non bene aratur in bove et asino, nec induenda est vestis ex lana linoque contexta».[29] I monasteri dipendenti da grandi cenobi come Cava o Montecassino furono invece il più spesso muniti di abati provenienti dalla Casa madre.

Come ho appena accennato, quando il capitolo locale dispose di una scelta libera del proprio presule, essa finiva, contrariamente a quello che si potrebbe pensare, a sostenere la mobilità sociale: la schiacciante maggioranza dei presuli eletti *in loco* proveniva dal proprio monastero o dalla propria diocesi, cosicché alcuni di loro furono persino accusati di essersi fatti eleggere da propri parenti.[30] Le origini sociali di questi uomini sono da cercare nel ceto di maggiorenti locali,[31] ma soprattutto nello strato di nota-

tordicesime giornate normanno-sveve (Bari, 17-20 ottobre 2000), a cura di G. Musca, Bari 2002 (Centro di studi normanno-svevi. Università di Bari. Atti, 14), pp. 251-288: p. 268.

27. Kamp, *Kirche und Monarchie*, I,1, p. 287.

28. Ivi, I,1, p. 260.

29. *Nachlass Norbert Kamp*, I, 7. 1, foglio non numerato, tratto da *Innocentii III romani pontificis opera omnia*, II, ed. J.-P. Migne, Paris 1855 (PL 215), n. 234, coll. 264-265.

30. Così Bartolomeo a Siracusa nel 1215, Kamp, *Kirche und Monarchie*, I,3, pp. 1238-1240.

31. Scalise, *La diocesi potentina*, pp. 66 e 82. Tra il XII e il XV secolo, tutte le famiglie "per bene" di Potenza hanno avuto almeno un membro nelle gerarchie ecclesiastiche locali: ivi, p. 87. Lo stesso fenomeno è documentato a Lucera, A. Antonetti, *Alcune note sulla Chiesa lucerina tra Bizantini e Normanni (secc. X-XII)*, in «Itinerari di ricerca storica. Università degli Studi di Lecce. Dipartimento di Storia, Società e Studi sull'Uomo», n.s., 28/2 (2014), pp. 99-119: pp. 116-117.

bili con la formazione da giurista, cosicché abbiamo persino degli esempi di giudici cittadini laici che si sono fatti consacrare vescovi.[32]

Un'altra questione da tenere presente è quella del prestigio degli ecclesiastici. Il fatto che la maggioranza delle diocesi fossero di dimensioni limitate e poco dotate di mezzi di sussistenza non impediva ai loro presuli di godere di un grande prestigio sociale, persino nel caso della diocesi di San Leone in Calabria, abitato da 300 anime.[33] Così, nelle numerose piccole suffraganee dell'arcidiocesi di Benevento, assistiamo ad un lavoro di auto-celebrazione tramite la compilazione di opere agiografiche più o meno convincenti[34] e tramite la creazione di monumenti architettonici.[35] Osservando ad esempio i ruderi della cattedrale di Montecorvino in Capitanata,[36] si nota come questo edificio, di dimensioni ridotte, riproduca gli elementi di cattedrali ben più grandi. Le stesse considerazioni possono peraltro essere fatte anche nel caso delle congregazioni monastiche più importanti, come ad esempio quella di Cava de' Tirreni.[37]

32. Kamp, *Politica ecclesiastica,* pp. 9-10. Si veda il caso del giudice Giovanni da Frigento che in appena due mesi entrò nello stato clericale, divenne suddiacono, arciprete e infine vescovo della sua città natale: Kamp, *Kirche und Monarchie*, I,1, p. 260. Nel 1279-80, una certa Alerda, *filia episcopi Siracusani*, nata senza dubbio ancora in epoca sveva, ebbe la licenza per potersi sposare con Squarcia de Riso da Napoli, visto che la sua nascita, avvenuta quando il padre non era stato ancora consacrato vescovo, era del tutto legittima: *I Registri della cancelleria Angioina,* XXIII, *1279-1280*, a cura di R. Orefice De Angelis, Napoli 1971 (Testi e documenti della storia napoletana pubblicati dall'Accademia Pontaniana, 23), p. 226.

33. Si vedano Toomaspoeg, *La pauvreté du clergé*, in diversi passaggi, e L. Santoro, *Storia di Scandale*, Roma 2007, pp. 29-57.

34. Kamp, *Soziale Herkunft*, pp. 102-103.

35. Si assiste innanzitutto alla costruzione di cattedrali. Una fonte molto importante sono anche le sepolture dei vescovi, studiati per lo più per quanto riguarda l'epoca immediatamente successiva a quella che ci interessa a presente: W. Angelelli, *Le immagini della morte. I sepolcri dei vescovi in Abruzzo alla fine del Medioevo*, in *L'évêque, l'image et la mort. Identité et mémoire au Moyen Âge*, a cura di N. Bock, I. Foletti e M. Tomasi, Roma 2014, pp. 277-278.

36. J.-M. Martin, G. Noyé, *La cité de Montecorvino en Capitanate et sa cathédrale*, in «Mélanges de l'École française de Rome. Moyen Âge et Temps Modernes», 94 (1982), pp. 513-549; M.S. Calò Mariani, *Fiorentino e Montecorvino. Due città gemelle*, in *Fiorentino ville désertée nel contesto della Capitanata medievale. Ricerche 1982-1993*, a cura di M.S. Calò Mariani, F. Piponnier, P. Beck e C. Laganara Fabiano, Roma 2012 (Collection de l'École française de Rome, 441), pp. 655-670.

37. A. Galdi, *Le Vitae dei santi abati cavensi tra memoria e autorappresentazione,* in *Riforma della Chiesa, esperienze monastiche e poteri locali: la Badia di Cava nei secoli*

Il prestigio dei vescovi e abati è illustrato da un fenomeno molto particolare, notato a suo tempo da Norbert Kamp, ovvero l'apparizione dei *cognomina* come *de Episcopo, de Archiepiscopo, de Abate* ecc.[38] Diventare vescovo o abate provocò in molti casi la creazione di una nuova famiglia o il conferimento di un nome ad una famiglia sino ad ora sconosciuta. Per portare solo un esempio, nel 1208 quando Felix, un Salernitano, divenne vescovo di Satriano, egli lasciò la propria dimora nella sua città natale ad un parente che si chiamò *Rogerius filius quondam Marie*. Ma, nel 1214, quando Ruggero a sua volta vendette la casa, egli si fece chiamare come *Rogerius qui dicitur de episcopo Felicio*.[39] A Barletta, una delle poche città importanti pugliesi senza sede vescovile, la Chiesa locale era retta da un arciprete: va da se che troviamo nella città una famiglia *de Archipresbitero*.[40]

Dunque, gli incarichi ecclesiastici erano prestigiosi e, allo stesso tempo, furono in molti casi conferiti da poteri esterni, compresi quelli laici.[41] Di conseguenza, molto spesso la mobilità ecclesiastica nel Mezzogiorno procedette nel senso inverso a quello che ci interessa a presente, ovvero gli incarichi di abate o vescovo furono conferiti come premi a delle personalità già attive presso lo Stato o ai loro amici e parenti. Non faccio riferimento ai casi più plateali, come quando il giovane Federico II nominò suo medico personale, nel 1211, il vescovo di Policastro,[42] ma a quelli più diffusi, quando furono promossi degli uomini già presenti nelle strutture ecclesiastiche, ad esempio membri dei capitoli locali o monaci. Si tratta di una prassi che può essere considerata come la regola generale e della quale possiamo prendere due esempi indicativi.

XI-XII, Atti del Convegno internazionale di studi (Badia di Cava, 15-17 settembre 2011), a cura di M. Galante, G. Vitolo, G.Z. Zanichelli, Firenze 2014 (Millennio Medieval», 99. Strumenti e studi n. s. 36), pp. 77-96.

38. Kamp, *Soziale Herkunft*, p. 115; Id., *Politica ecclesiastica*, pp. 10-11.

39. Kamp, *Kirche und Monarchie*, I,2, p. 768.

40. «Iohannes Citius filius Angeli de Archipresbitero Barolitano»: P. Dalena, *La Chiesa di Barletta tra XI e prima metà del XIV secolo: note di prosopografia del clero locale*, in Id., *Minima medievalia*, Bari 2012 (Itineraria, 13), pp. 214-227: p. 224. La famiglia è ben documentata in epoca angioina, si veda ad esempio 1284 settembre 10, *I Registri della cancelleria Angioina,* XLIV, *1265-1293*, a cura di M.L. Storchi e S. Palmieri, Napoli 1998-1999 (Testi e documenti della storia napoletana pubblicati dall'Accademia Pontaniana, 44), II, p. 675.

41. Non mancano certo esempi di promozione all'interno della curia pontificia o dei capitoli arcivescovili, come quando Innocenzo IV nominò la sorella del proprio ostiario Guglielmo Guarna badessa di San Giovanni delle Moniali di Capua (1252 maggio 21, *Les registres d'Innocent IV*, n. 5706), ma ora mi concentrerò sui casi provenienti dal mondo laico.

42. Kamp, *Kirche und Monarchie*, I,1, pp. 470-471.

Per primo, uno dei casi più eloquenti di mobilità sociale nel Mezzogiorno normanno, ovvero quello di Matteo de Salerno, notaio, vice-cancelliere e cancelliere nella corte siciliana nella seconda metà del XII secolo.[43] Come è ben noto, due dei suoi fratelli hanno goduto, grazie a lui, di una carriera ecclesiastica – Costantino, un monaco cavense, divenne abate di Venosa[44] e Giovanni vescovo di Catania – e il figlio di Matteo, Nicola, divenne nel 1182 arcivescovo di Salerno.[45] Un terzo fratello, Ruggero, fece invece una scalata sociale nel mondo laico, accedendo nel rango cavalleresco, suo figlio Riccardo ricevette da Tancredi la contea di Aiello, il che diede anche l'origine al cognome della famiglia, e l'altro figlio, Guglielmo, era feudatario di Lettere.

L'altro esempio proviene invece dal livello locale e dall'epoca quando il vescovato del Mezzogiorno subì un'intromissione della nobiltà di origine longobarda residente nella zone di confine tra il Regno e lo Stato della Chiesa.[46] Anche questo caso è molto noto perché è tratto dalla biografia di san Tommaso d'Aquino: come si sa, Tommaso, membro di una delle casate più potenti del Regno, fu inviato intorno al 1231 come oblato nel monastero benedettino di Montecassino ma poi, dopo un soggiorno a Napoli, cambiò vocazione e si aderì all'ordine dei Predicatori. La sua scelta così come suo progetto di recarsi a Roma e poi a Parigi furono duramente contestati dalla famiglia che finì per sequestrarlo e tenerlo per un paio d'anni sotto custodia.[47] Si afferma di solito che la famiglia avesse voluto preparare Tommaso per diventare abate di Montecassino, ma bisogna specificare che Montecassino era in quei tempi ancora un potenziale trampolino di lancio per una carriera vescovile.[48] Un probabile nipote di san Tommaso è peraltro noto come vescovo di Sarno nel 1254,[49] e un'altra era nello stesso anno badessa di Santa Maria delle Monache di Capua.[50]

43. Si veda il riassunto della biografia e la presentazione della bibliografia esistente in F. Panarelli, *Matteo d'Aiello,* in *Dizionario Biografico degli Italiani* (d'ora in poi *DBI*), 72 (2009), pp. 212-216.

44. Houben, *Die Abtei*, pp. 158-162, 165 e 178.

45. Kamp, *Kirche und Monarchie*, I,1, pp. 425-432.

46. Kamp, *Soziale Herkunft*, pp. 110-111; Id., *I vescovi siciliani*, p. 77.

47. F. Scandone, *Roccasecca patria di S. Tommaso de Aquino*, in «Archivio storico di Terra di Lavoro», 1 (1956), pp. 33-176 (I), 2 (1959), pp. 7-51 (II), qui I, pp. 85-90; M. Maccarrone, *La famiglia d'Aquino e la politica territoriale di Innocenzo III ai confini della Campania papale*, in Id., *Studi su Innocenzo III,* Padova 1972, pp. 165-219: pp. 215-216.

48. Kamp, *Soziale Herkunft*, pp. 99-100.

49. Kamp, *Kirche und Monarchie*, I,1, pp. 480-481.

50. *Les registres d'Innocent IV*, n. 7252.

Montecassino è un buon esempio dei legami annodati tra le dinastie nobili del Regno e il monachesimo benedettino, dal momento che nel XII secolo ben tre abati provenivano dalla famiglia dei conti dei Marsi[51] e che, alla fine del secolo e all'inizio di quello successivo, uno dei più noti abati del cenobio, Roffredo de Insula, apparteneva ad una casata dei feudatari dei d'Aquino.[52] Si possono trovare altri casi del genere ma, di solito, i rapporti tra la nobiltà locale e regionale e i monasteri del Regno avevano un carattere molto meno "paritario" e consistevano in un puro e semplice patronato dei nobili sui cenobi. Basta prendere l'esempio delle suore benedettine di San Giovanni Evangelista di Lecce: per tutta l'epoca normanna, le badesse provenivano dalla famiglia del fondatore del monastero, Accardo di Lecce, trattandosi di due sue sorelle e di una figlia, e anche a seguito, l'abbazia fu diretta dalle esponenti dell'aristocrazia locale.[53] Una lunga serie di cenobi e chiese erano retti quasi ininterrottamente dai membri delle casate fondatrici o donatrici, così Sant'Anna di Messina,[54] San Benedetto di Polignano,[55] la Martorana di Palermo,[56] Sante Lucia e Agata di Matera,[57] San Lorenzo in

51. Leggio, *Abbazie benedettine*, p. 88. Seguendo lo stesso modello, i vicini conti di Sabina erano invece legati a San Salvatore Maggiore di Rieti: *ibidem*.

52. T. Kölzer, *Dell'Isola, Roffredo*, in *DBI*, 38 (1990), pp. 78-82.

53. Frascadore, *Le badesse*, pp. 236-237.

54. Si veda il testamento di Ola, moglie del fondatore del monastero, del novembre 1177. Dopo la morte di Ola, la badessa del monastero sarebbe dovuto essere «domina Agnetis consobrina mea filia domini Sergii Logothete»; come fideiussori del testamento sono elencati diversi parenti illustri di Ola: C.A. Garufi, *I documenti inediti dell'epoca normanna in Sicilia,* Palermo 1899 (Documenti per servire alla storia di Sicilia, I s., 18), pp. 166-167, n. 68.

55. Come nota Norbert Kamp (*Nachlass Norbert Kamp*, I, 7. 1, foglio non numerato), nel marzo 1109, Muriel «que fuit uxor domini Gundoini senioris huius civitatis…» donò con il consenso del proprio figlio Petronus «qui nunc dominatur predicta civitate» alla badessa Agnes, «dulcissime filie mee» e suo monastero dei beni immobiliari: G. Coniglio, *Le pergamene di Conversano*, I, Bari, Società di Storia Patria per la Puglia, 1975 (Codice Diplomatico Pugliese 20), pp. 148-150, n. 63. Un'altra donazione a beneficio della badessa Agnes, da parte della nuova «dominatrix» della città, Filippa, è stata effettuata nel luglio 1148: D. Morea, *Il chartularium del monastero di S. Benedetto di Conversano*, Bologna 1892, I, pp. 189-190, n. 96.

56. La prima badessa della Martorana, Sylveria, era nipote dei fondatori, Goffredo de Martorana e sua moglie Aloysia, 1194 maggio 23, Garufi, *I documenti inediti*, pp. 257-264, n. 107, in particolare p. 259, riga 28.

57. Nel 1208, Mathia Baronissa, forse apparentata a Maione di Bari, fece una cospicua donazione a beneficio del monastero, prese l'abito monacale e per mandato del cardinale di San Teodoro e legato pontificio in Puglia, Gregorio, e dell'abate di Sant'Eustachio di Matera, ne venne nominata badessa: F. Panarelli, *Le origini del monastero femminile*

Amalfi[58] e così via. Nel 1255, il vescovo eletto di Siracusa cercò di impedire il passaggio dell'incarico di badessa di Santa Maria delle Moniali da madre a figlia, ma fu bloccato dal papa che reintrodusse in carica la nuova badessa.[59]

I monasteri, soprattutto quelli femminili, erano utilizzati dalla nobiltà e dai potenti del Regno per collocare i propri figli: così, Maione di Bari "sistemò" la propria sorella Eustochia come badessa di Santa Scholastica di Bari.[60] Come altrove così nel Mezzogiorno troviamo degli esempi di donne "di potere", provenienti dall'alta aristocrazia, a testa dei cenobi, come ad esempio Beatrice Lancia, benefattrice di Santa Maria de Valle Giosafat e poi, tra il 1250 e il 1263, per due volte badessa di Santa Maria delle Moniali di Messina.[61]

Si possiedono alcuni esempi di incompetenza dimostrata da abati che avevano ricevuto il loro incarico grazie alle proprie origini e non per le loro capacità: così, già nel 1071, Transmundus, figlio di Oderisio conte dei Marsi, fu nominato da Desiderio di Montecassino abate del monastero di Santa Maria di Tremiti, ma, essendo un uomo giovane e poco colto e avendo trattato male i suoi monaci, fu destituito dall'incarico e confinato nel monastero cassinese.[62] Dunque, i cenobi locali, a differenza di grandi monasteri a capo delle vere e proprie congregazioni, possono essere considerati in molti casi come delle "sacche d'immobilità" in un mondo ecclesiastico meridionale che in altri contesti offre formidabili esempi di mobilità sociale.

delle SS. Lucia e Agata a Matera e la famiglia di Maione di Bari, in «Archivio normanno-svevo», 3 (2011-2012), pp. 19-32: pp. 30-31.

58. Come nota Norbert Kamp (*Nachlass Norbert Kamp*, I, 7. 2, foglio non numerato, basato sulle informazioni tratte da manoscritti inediti della Biblioteca della Società Napoletana di Storia Patria e dal *Codice diplomatico Amalfitano*, a cura di R. Filangieri di Candida, Napoli 1917, in particolare II, p. 72, n. 323), la badessa del monastero era nella prima metà del XIII secolo Sica, figlia di Sergio Augustarizzi e gli atti di San Lorenzo offrono molte informazioni sulle attività della famiglia.

59. 1255 settembre 5, *Les registres d'Alexandre IV*, n. 775.

60. Panarelli, *Le origini*, pp. 29-30.

61. C.A. Garufi, *Per la storia dei secoli XI-XII. Miscellanea diplomatica*, in «Archivio Storico per la Sicilia Orientale», 11 (1914), pp. 145-170: p. 146 in nota; *Les actes latins de S. Maria di Messina*, a cura di L.R. Ménager, Palermo 1963 (Istituto Siciliano di Studi bizantini e neoellenici. Testi e documenti, 9), pp. 180-181, n. 26; C.A. Garufi, *Le benedettine in Sicilia da san Gregorio al tempo svevo*, in «Bullettino dell'Istituto Storico Italiano», 47 (1932), pp. 255-282, qui p. 282, n. 3.

62. *Leonis Marsicani et Petri Diaconi Chronica monasterii Casinensis*, a cura di E. Wattenbach, in *Monumenta Germaniae Historica. Scriptores*, 7, Hannover 1846, pp. 551-844: pp. 715-716.

Lasciamo adesso a parte i casi degli uomini o delle donne che dovevano i loro incarichi all'interno della Chiesa ai legami con il potere laico e affrontiamo l'argomento a cuore di questa comunicazione, ovvero gli esempi di persone che fecero carriera presso lo Stato proprio perché erano degli ecclesiastici. Come è stato notato, questi casi si evidenziano soprattutto al livello molto alto della società, quando i prelati erano dei consiglieri e familiari del re, e poi al livello strettamente locale, con la quasi totale esclusione dell'apparato amministrativo regionale e municipale, dal momento che i giustizieri o camerari e altri esponenti del governo territoriale erano tutti dei laici.[63]

Troviamo degli ecclesiastici a servizio dei re di Sicilia a cominciare dal regno di Ruggero II, con dei personaggi come il chierico e poi arcivescovo di Messina Enrico,[64] e con un'intensità particolare dai tempi di Guglielmo I (1154-1166). Gli uomini della Chiesa servivano i re come dei diplomatici, così l'arcivescovo tranese Bertrando negli anni 1160[65] o, dall'altra estremità cronologica, Giovanni vescovo di Cefalù e Berardo arcivescovo di Palermo che erano inviati di Federico II a Damasco e Bagdad e al Cairo.[66] In alcuni casi, abbiamo a che fare con degli uomini di un orizzonte più ampio, come Riccardo, vescovo di Andria, che soggiornò per sei anni in Terra Santa, nella corte di Baldovino III e di Amalrico I[67] o Guglielmo, primo arcivescovo di Monreale che Riccardo Cuor di leone voleva fare eleggere arcivescovo di Canterbury.[68]

Dal 1168 possediamo il primo esempio di un vescovo cancelliere del regno, con Stefano di Perche che era anche arcivescovo eletto di Palermo,[69] ma che forse doveva il suo incarico ecclesiastico al suo servizio curiale e non vice versa, come anche l'arcivescovo successivo, Gualterio, membro del consiglio dei familiari del re e, insieme con il vice-cancelliere Matteo de Salerno, l'uomo chiave della politica siciliana.[70] A cominciare dal regno di Guglielmo II e sino alla sua abolizione nel 1239-1240, il consiglio dei

63. Kamp, *Monarchia ed episcopato*, p. 146; Houben, *Religious in secular offices*, p. 308.

64. Kamp, *I vescovi siciliani*, p. 74.

65. Kamp, *Kirche und Monarchie*, II,2, pp. 545-547.

66. Kamp, *Monarchia ed episcopato*, p. 144.

67. Kamp, *Kirche und Monarchie*, II,2, p. 563.

68. Ivi, I,3, pp. 1186-1189.

69. Ivi, I,3, p. 1112.

70. Ivi, I,3, pp. 1112-1119.

familiari del re era composto di prevalenza dai vescovi, ma si distinguono anche molti abati, come quello cistercense di Casamari, Giovanni, primo ecclesiastico a servire come ufficiale – custode dei sigilli (e quindi a capo della cancelleria) – l'apparato statale di Federico II.[71]

Solo nell'ultimo decennio del regno di Federico il ruolo dei prelati nell'amministrazione centrale diminuì, ma anche a questi tempi troviamo formidabili esempi di presuli a servizio della causa dell'imperatore, come Berardo de Castanea, arcivescovo di Palermo,[72] Atto vescovo di Teramo,[73] Pandolfo, vescovo di Patti[74] o Gualterio de Ocra vescovo di Valva poi arcivescovo di Capua.[75] La corte federiciana pullulava ancora di ecclesiastici, spesso consiglieri e familiari dell'imperatore: per renderne conto, è sufficiente prendere un qualsiasi atto della cancelleria, come ad esempio quello emesso presso Ascoli Piceno nel luglio 1240, sottoscritto da tre vescovi, due abati e quattro laici.[76] Come è stato notato da Norbert Kamp, in questi anni Federico II nominò in modo sistematico negli incarichi vescovili dei rappresentanti della nobiltà a servizio dello Stato, come ad esempio, tra molti, Riccardo de Logotheta, vescovo di Cefalù,[77] o Riccardo de Rocca, presule di Ariano,[78] ovvero non fu più l'ecclesiastico a diventare amministratore, bensì il burocrate a diventare vescovo.[79]

In alcuni casi, i prelati erano anche dei comandanti dell'esercito, sia a servizio del papa che del re o imperatore: così l'arcivescovo capuano Rainaldo Gentile, Gualterio di Palearia, Richerio vescovo di Melfi[80] e di-

71. T. Kölzer, *La monarchia normanno-sveva e l'Ordine cistercense*, in *I Cistercensi nel Mezzogiorno medievale*, Atti del Convegno internazionale di studio in occasione del IX centenario della nascita di Bernardo di Clairvaux (Martano-Latiano-Lecce, 25-27 febbraio 1991), a cura di H. Houben e B. Vetere, Galatina 1994 (Università degli Studi di Lecce. Dipartimento di Studi Storici dal Medioevo all'Età contemporanea 28. Saggi e ricerche, 24), pp. 91-116: p. 110; Houben, *Religious in Secular Offices*, p. 308.

72. Kamp, *Kirche und Monarchie*, I,2, pp. 576-581; Id., *Monarchia ed episcopato*, p. 142.

73. Kamp, *Kirche und Monarchie*, I,1, pp. 56-57.

74. Ivi, I,1, pp. 318-319, I,3, pp. 1088-1095.

75. Ivi, I,1, pp. 70-71, I,1, pp. 128-133.

76. *Acta imperii inedita saeculi XIII et XIV. Urkunden und Briefe zur Geschichte des Kaiserreichs und des Königreichs Sizilien,* a cura di E. Winkelmann, Innsbruck 1880 (rist. Aalen 1964), I, pp. 316-317, n. 357.

77. Kamp, *Kirche und Monarchie*, I,3, pp. 1063-1066.

78. Ivi, I,1, pp. 225-226.

79. Kamp, *Monarchia ed episcopato*, p. 139; Id., *Politica ecclesiastica*, pp. 16-17.

80. Kamp, *Monarchia ed episcopato*, p. 144.

versi abati di Montecassino tra i quali spicca Roffredo de Insula, un vero e proprio abate guerriero. Nel 1215, quando si trattò di trovare un sostituto all'abate cassinese Adenolfo, deposto e imprigionato da Innocenzo III, la scelta della curia cadde sul camerario del monastero, Stefano, un uomo che aveva il vantaggio di provenire da una famiglia dei militari e che era entrato a Montecassino sotto Roffredo.[81]

Diverse volte, l'adesione di un presule al re e alla sua corte fu messa alla prova dai conflitti politici: per non prendere che un unico esempio, Atto, arciprete di San Flaviano, si schierò nel 1190 con Enrico VI contro Tancredi, si dovette esiliare nella corte imperiale ma tornò vincitore nel 1194.[82] Di solito, i presuli dovevano scegliere tra l'obbedienza papale e quella reale ed esistono tantissimi e ben noti esempi di oscillazioni, scelte di partito e conflitti violenti.

Alcuni vescovi e abati dimostrano invece una formidabile capacità di sopravvivenza politica, attraversando senza difficoltà delle epoche difficili come appunto gli anni 1190, la reggenza di Innocenzo III nel regno, gli anni successivi alla seconda scomunica di Federico II o il regno di Manfredi. Così, Cesario de Anglo (Alagno), che esercitò l'incarico di arcivescovo di Salerno dal 1225 al 1263.[83] In realtà, come è stato notato da Hubert Houben, bisognerebbe mettersi non al livello della grande politica, ma a quello degli stessi ecclesiastici, motivati prima di tutto dalla necessità di difendere i diritti dei propri diocesi e monasteri, come illustra molto bene il caso di Aldoino, vescovo di Cefalù, e dei suoi tormentati rapporti con Federico II.[84] Prendiamo l'esempio di Balsamo, abate di Cava, fedele a Federico II anche dopo la sua scomunica nel 1228,[85] che assicurò la protezione del sovrano al proprio cenobio, evitando che questo subisca la sorte dell'altro grande monastero benedettino, Montecassino, messo sotto sequestro dall'imperatore.[86]

81. *Ryccardi de S. Germano Chronica*, a cura di C.A. Garufi, Bologna, 1937-1938, 1936 (Rerum Italicarum Scriptores, 7,2), pp. 60-61.

82. Kamp, *Kirche und Monarchie*, I,1, pp. 51-52.

83. Ivi, I,1, pp. 438-445.

84. Houben, *I vescovi e l'imperatore*, in particolare pp. 175-176 e 188.

85. A. Pratesi, *Balsamo*, in *DBI*, 5 (1963).

86. G. Vitolo, *'Vecchio' e 'nuovo' monachesimo nel regno svevo di Sicilia*, in *Friedrich II. Tagung des Deutschen Historischen Instituts in Rom im Gedenkjahr 1994*, a cura di A. Esch e N. Kamp, Tübingen 1996 (Bibliothek des Deutschen Historischen Instituts in Rom, 85), pp. 182-200: p. 197.

Un caso tragicomico è quello di Giovanni, vescovo di Sant'Angelo de' Lombardi: egli dovette la sua carriera al fatto di provenire da una famiglia dei vassalli del conte Tommaso di Acerra, ma fu giudicato nella curia pontificia come *vilis et inlitteratus persona*. Al momento dell'incoronazione di Manfredi, quando i presuli si trovavano davanti una scelta decisiva di adesione o al papa o al nuovo re, Giovanni cercò di trovare un compromesso, recandosi alla cerimonia di incoronazione, ma portando addosso dei vestiti semplici. I suoi colleghi l'hanno tuttavia spinto a cambiarsi, il che costò al vescovo un trasferimento e poi una lunga sospensione sotto Carlo I.[87]

Al livello locale, troviamo alcuni ecclesiastici tra gli uomini di fiducia e collaboratori dei signori territoriali. Così, Oderisio, vescovo di Penne nella seconda metà del XII secolo, era legato al signore feudale del proprio territorio, il conte Gozzelino di Loreto,[88] Herveus, vescovo di Sessa Aurunca nell'ultimo quarto del secolo,[89] e Pietro, presule di Telese,[90] provenivano dall'entourage dei conti di Caserta e il quasi contemporaneo vescovo di Gaeta, Pietro, era alleato del conte di Fondi Riccardo de Aquila.[91] Peraltro, non di rado, come nota Kamp, i signori locali si servirono dei presuli per accaparrare dei diritti e possedimenti diocesani, così ad esempio a Tricarico nel 1237.[92]

All'inizio del XIII secolo, il vescovo di Penne, un Cistercense, finì per prestare un giuramento di fedeltà al conte Berardo di Loreto e Conversano[93] che esercitava un controllo molto stretto sulla diocesi,[94] opponendosi a Innocenzo III; a Carinola la vedova del conte Roberto di Caserta sosteneva nel 1215 un vescovo che la corte pontificia considerava totalmente incapace[95] e ad Anglona il vescovo fu insediato nel 1219 dal conte Riccardo di Gravina.[96] A Squillace, nel 1231, si sfociò un conflitto acceso e violento tra

87. Kamp, *Kirche und Monarchie*, I,2, pp. 766-767.

88. Ivi, I,1, pp. 37-38; M. Grande, *Cronotassi dei vescovi di Penne dalle origini alla fine del XIII secolo*, in «Bullettino della Deputazione Abruzzese di Storia Patria», 84 (1994), III s., pp. 5-16: pp. 10-11.

89. Kamp, *Kirche und Monarchie*, I,1, pp. 186-187.

90. Ivi, I,1, pp. 291-292.

91. Ivi, I,1, pp. 81-82.

92. Ivi, I,2, p. 801.

93. Ivi, I,1, pp. 41-42.

94. Tra il 1194 e 1199, il vescovo era un fratello del conte: ivi, I,1, pp. 38-40; Grande, *Cronotassi*, pp. 11-12.

95. Kamp, *Kirche und Monarchie*, I,1, p. 163.

96. Ivi, I,2, p. 782.

il vescovo appena eletto e il potente camerario imperiale Riccardo che, tramite il matrimonio con Elisabetta d'Altavilla, era diventato signore cittadino. Il litigio che comportò anche l'uccisione dell'arcidiacono di Squillace terminò quando il vescovo fu promosso dal papa arcivescovo di Reggio, mentre l'incarico vescovile passò poco più tardi ad un nipote ventenne di Riccardo.[97]

Allo stesso tempo, un vescovo di Melfi, benché vivesse con una concubina e praticasse il nepotismo e altre attività illecite, fu mantenuto per un certo tempo nel suo incarico da Innocenzo III proprio perché serviva di intermediario con i poteri locali con i quali aveva ottimi rapporti.[98] Ancora nel 1252, l'abate di un monastero importante come San Vincenzo al Volturno fu nominato da Innocenzo IV su raccomandazione del conte di Caserta.[99]

Gli abati e le badesse dei cenobi di media e piccola entità erano molto legati alla nobiltà e ai poteri locali: così, nel 1217, il conte di Nardò Bernardo Gentile diede un'importante concessione al monastero di Santa Maria di Nardò, retto da un suo consanguineo.[100] Anche in questo caso, le scelte politiche locali e regionali provocavano dei conflitti, a cominciare dal caso di Alferada, badessa di Santa Maria in Cingla presso Ailano che si alleò intorno al 1113 con Rainulfo conte di Alife per opporsi al monastero di Montecassino, finendo per essere minacciata di sospensione dal papa Callisto II che l'accusava di *feminea superbia*.[101]

Prima di affrontare l'impatto del servizio curiale sulla carriera e sullo status sociale degli ecclesiastici, conviene riflettere brevemente sui criteri di scelta di questi uomini da parte delle autorità laiche. Il criterio di base era la preparazione culturale dei vescovi e abati, un argomento trattato da Norbert Kamp in un modo sufficientemente ampio da poter evitare ulteriori approfondimenti.[102] Si trattava di uomini colti, spesso con un bagaglio universitario, con delle conoscenze giuridiche ma anche letterarie. Prendiamo

97. Ivi, I,2, pp. 988-989.

98. Ivi, I,2, pp. 488-489.

99. 1252 novembre 8, *Les registres d'Innocent IV*, n. 6079.

100. 1217 agosto, F. Ughelli, *Italia sacra*, X, Venezia 1722, coll. 299-300.

101. R. Fidanzia, *Badesse, contesse e principesse. Protagonismo femminile e cultura in Alife dall'alto medioevo al Cinquecento*, in *Civitas Aliphana. Alife e il suo territorio nel Medioevo*, a cura di F. Marazzi, Cerro al Volturno 2015 (Studi Vulturnensi, 6), pp. 47-54, qui p. 48.

102. Kamp, *Soziale Herkunft*, pp. 113-114.

un unico caso, quello di Riccardo Palmeri, vescovo di Siracusa dal 1157, poi arcivescovo di Messina, un Inglese, amico personale di Tommaso Becket, a capo della cancelleria reale siciliana sino all'avvento di Tancredi: egli aveva studiato in Francia e fece scrivere sulla sua lastra tombale: «Anglia me genuit, Francia me instruxit, Trinacria me fovit».[103] L'educazione prevale sulle origini sociali, anche se abbiamo alcuni esempi di presuli provenienti dall'alta nobiltà che abbiano servito lo stato, come il cancelliere Gualterio di Palearia,[104] il vescovo di Penne Ottone, fratello del conte di Loreto e fedele di Enrico VI e Costanza,[105] Marino Filangieri, familiare di Federico II,[106] e i membri delle casate Cacciaconti e Fortebraccio, promossi alla fine dell'epoca sveva.[107]

La maggior parte dei presuli di corte proveniva dalla nobiltà cavalleresca o cittadina,[108] come rispettivamente Aldoino vescovo di Cefalù[109] e Samaro arcivescovo di Trani,[110] e in alcuni casi persino dalla borghesia, come Pietro di Ravello, uno dei reggenti del regno nel 1239.[111] Andando oltre, possiamo notare l'appartenenza di gran parte di questi uomini a quel strato sociale intermediario che dalla fine dell'epoca normanna in poi forniva dei funzionari alla corte reale. Come abbiamo visto, questo «Dienstadel», come essa fu definita da Norbert Kamp,[112] divenne predominante nell'episcopato meridionale negli anni 1240, quando Federico II nominò dei vescovi a proprio piacimento.

Gli incarichi ecclesiastici del Mezzogiorno erano talvolta vettori di mobilità internazionale, così ad esempio dopo la conquista normanna di

103. Kamp, *Kirche und Monarchie*, I,3, pp. 1013-1018.

104. Ivi, I,2, pp. 509-514, I,3, pp. 1122-1125 e 1210-1215.

105. Ivi, I,1, pp. 38-40; Grande, *Cronotassi*, pp. 11-12.

106. Kamp, *Soziale Herkunft*, p. 113.

107. Kamp, *Monarchia ed episcopato*, p. 133.

108. Kamp, *I vescovi siciliani*, pp. 70-71. Si veda il caso del patriziato cittadino dell'area amalfitana, diffuso in tutto il Regno, compreso l'ambiente ecclesiastico, in S. Morelli, *Le élites burocratiche nel Mezzogiorno angioino: mobilità sociale e processi identitari*, in *La mobilità sociale nel Medioevo*, pp. 187-207: pp. 189-190.

109. E. Winkelmann, *Bischof Harduin von Cefalu und sein Prozeß. Eine Episode aus dem Leben Kaiser Friedrichs II.*, in «Mitteilungen des Instituts für Österreichische Geschichtsforschung. Ergänzungs-Band», 1 (1885), pp. 298-358; M. Grana, *Il processo di Alduino II, vescovo di Cefalù (1223-1224)*, Palermo 1988; Houben, *I vescovi e l'imperatore*, pp. 180-188.

110. Kamp, *Kirche und Monarchie*, II,2, pp. 548-550.

111. Ivi, I,1, pp. 93-96.

112. Kamp, *Politica ecclesiastica*, p. 18.

Sicilia, quando Ruggero I insediò nell'isola un gran numero di monaci e vescovi di origini ultramontane,[113] o negli anni 1160 quando la reggente, Margherita di Navarra introdusse nella corte dei prelati iberici del proprio seguito,[114] come fece più tardi anche la regina Costanza d'Aragona,[115] o sotto Corrado che si accompagnò di alcuni vescovi tedeschi.[116] Allo stesso tempo, fu soprattutto la curia pontificia a garantire un influsso quasi permanente di stranieri, soprattutto originari dello Stato della Chiesa, negli incarichi vescovili del regno.[117] Ma, alcuni dei presuli non regnicoli, come Riccardo Palmeri di Siracusa o Enrico Monachus di Bilversheim di Catania[118] entrarono a servizio della corte grazie ai loro meriti e furono premiati solo a seguito con il titolo di un vescovo.

Alla tematica dei criteri di scelta è in qualche modo collegato il soggetto dei monaci a servizio del potere laico, che merita di essere precisato, trattandosi di un elemento che distingue l'epoca normanno-sveva da quella angioina successiva. Nel nostro caso, trattasi per lo più di collaborazioni a termine, così quando il potere normanno si servì dei Benedettini calabresi per ricreare l'assetto della chiesa siciliana[119] e quando Federico II utilizzò i Cistercensi e i cavalieri Teutonici come amministratori di tenute rurali, architetti e castellani.[120]

Come è stato sottolineato, quello che contava non era in primo luogo l'ordine religioso di appartenenza, ma la personalità dell'uomo:[121] la questione del ruolo dell'individuo a scapito dello strato sociale o dell'istituzione di provenienza è molto rilevante nel Mezzogiorno dove né l'epi-

113. Kamp, *I vescovi siciliani* pp. 64-66.

114. Prendiamo i casi di Egidio, venuto in Italia con la regina Margherita, abate di Venosa e poi, prima di essere destituito da Alessandro III, per un breve periodo abate di Montecassino (Houben, *Die Abtei*, pp. 160-162) e di Giovanni, vescovo di Malta, membro della corte di Margherita (Kamp, *Kirche und Monarchie*, I,3, p. 1165).

115. Si veda il caso di Garsias, vescovo di Potenza tra il 1218 e il 1221, Kamp, *Kirche und Monarchie*, I,2, p. 796.

116. Kamp, *Monarchia ed episcopato*, p. 133.

117. Kamp, *Soziale Herkunft*, pp. 104-105.

118. Kamp, *Kirche und Monarchie*, I,3, pp. 1217-1221.

119. Kamp, *Soziale Herkunft*, pp. 98-99.

120. Kamp, *Monarchia ed episcopato*, p. 146; Kölzer, *La monarchia normanno-sveva,* pp. 109-110; Vitolo, *'Vecchio' e 'nuovo' monachesimo*, p. 198; Houben, *Religious in Secular Offices*, pp. 308-311.

121. Kamp, *Monarchia ed episcopato*, pp. 144 e 147; Kölzer, *La monarchia normanno-sveva,* pp. 110 e 112.

scopato né gli ordini religiosi o congregazioni monastiche costituivano un gruppo autonomo di potere all'interno della società e dove si assisteva solo «all'azione di alcune personalità di particolare spicco».[122] Basta prendere due esempi di uomini di Chiesa molto ben noti a servizio di Federico II: il gran maestro dell'Ordine Teutonico Ermanno di Salza[123] ed Elia, ex generale dei Francescani, a servizio dell'imperatore dal 1239 al 1250.[124] Entrambi agivano non di rado contro il proprio ordine di appartenenza, dal momento che Ermanno di Salza fu accusato dal proprio capitolo di passare troppo tempo nella corte imperiale[125] ed Elia fu costretto di lasciare l'ordine dei frati Minori dopo la seconda scomunica di Federico II.

Essere un ecclesiastico a servizio della corte reale o imperiale o anche dei poteri locali ebbe un grande impatto su singoli uomini o donne e sulle loro famiglie. Prima di tutto, aderirsi al potere laico permetteva un'ulteriore carriera ecclesiastica, così ad esempio nel ben noto caso di Gualterio di Palearia che da Troia passa a Palermo e poi a Catania. Poi, il sostegno del sovrano, disponente di un potere diretto sulle strutture ecclesiastiche del Mezzogiorno, permise ai vescovi e abati di esercitare senza intoppi il controllo delle risorse diocesane e, soprattutto, sistemare dei parenti e degli amici negli incarichi a livello del vescovato o di tutta la Chiesa del Sud.[126] Così, Gualterio, arcivescovo di Palermo dal 1169 al 1190, introdusse un proprio fratello nell'amministrazione della diocesi, ne fece diventare un altro – il suo futuro successore Bartolomeo – vescovo di Agrigento e senza dubbio favorì

122. Kamp, *Monarchia ed episcopato*, p. 147.

123. H. Kluger, *Hochmeister Hermann von Salza und Kaiser Friedrich II.: ein Beitrag zur Frühgeschichte des Deutschen Ordens*, Marburg 1987 (Quellen und Studien zur Geschichte des Deutschen Ordens, 37); U. Arnold, *Der Deutsche Orden zwischen Kaiser und Papst im 13. Jahrhundert*, in *Die Ritterorden zwischen geistlicher und weltlicher Macht im Mittelalter*, a cura di Z.H. Nowak, Toruń 1990 (Universitas Nicolai Copernici. Ordines militares. Colloquia Torunensia Historica, 5), pp. 57-70; H. Houben, *Alla ricerca del luogo di sepoltura di Ermanno di Salza a Barletta,* in «Sacra Militia. Rivista di storia degli ordini militari», 1 (2000) pp. 165-177.

124. G. Barone, *Federico II di Svevia e gli Ordini Mendicanti*, in «Mélanges de l'École Française de Rome. Moyen Âge-Temps Modernes», 90/2 (1978), pp. 607-626 (rist. in Ead., *Da frate Elia agli Spirituali*, Milano 1999 (Fonti e richerche, 12), pp. 141-160); C.D. Fonseca, *Federico II e gli Ordini Mendicanti*, in *Friedrich II. Tagung des Deutschen Historischen Instituts in Rom*, pp. 163-181, qui pp. 174-176.

125. Arnold, *Der Deutsche Orden zwischen Kaiser und Papst*, p. 62.

126. Su questa prassi, si veda ad esempio Scalise, *La diocesi potentina*, p. 73.

l'elevazione dei suoi uomini di fiducia, Dionigi e Tommaso, rispettivamente negli incarichi di vescovi di Teramo e di Cassano.[127] Allo stesso tempo, l'arcivescovo Nicola di Messina teneva come *magister domus* della diocesi un proprio nipote[128] e, nel 1195-1197, il vescovo di Catania, Ruggero Orbus, si servì del proprio fratello come giustiziere nel territorio diocesano.[129] Più tardi, Roffredo abate di Montecassino ricevette da Tancredi due castelli, che egli prontamente consegnò sotto la custodia di due propri parenti, e lo stesso abate tentò di "sistemare" il fratello Gregorio, forse un laico, come arcivescovo di Trani,[130] mentre Doferio di Caiazzo, quando divenne arcivescovo di Bari nel 1189, e Carus, quando entrò in carica come arcivescovo di Monreale nel 1194, portarono con sé tutta una serie di parenti.[131] Tali esempi sono molto frequenti e sembra si fosse trattato di una prassi generalizzata. In alcuni casi, la prepotenza della famiglia del presule provocò dei conflitti più o meno accesi e talvolta sanguinari, come ad esempio a Sorrento in epoca dell'arcivescovo Alferio (1197-1227).[132]

L'esercizio di incarichi ecclesiastici conferiva dunque prestigio e risorse agli uomini a servizio del potere laico e, allo stesso tempo, l'impiego dei prelati forniva alla corte reale un personale qualificato e sottoposto ad un vincolo di obbedienza, vista la dipendenza economica delle Chiese dal sovrano. Il servizio curiale era un fattore di mobilità sociale, talvolta in un modo molto esplicito, ad esempio quando uomini di origini non eccelse accedettero a servizio della corte, seguendo di solito un percorso ecclesiastico parallelo a quello laico. Era il caso di Gualterio, arcivescovo di Palermo nella seconda metà del XII secolo, che aveva iniziato la sua carriera come arcidiacono di Cefalù, entrando poi a servizio di Guglielmo I come educatore dei suoi figli e diventando esponente della corte, canonico della Cappella Palatina e infine arcivescovo.[133] Lo stesso vale, al livello locale, per Pietro Guarinus, vescovo leccese e uomo di fiducia del conte Tancredi,[134] per Doferio di Bari, Felix di Satriano[135] e molti altri, spesso di origini sconosciute.

127. Kamp, *Kirche und Monarchie*, I,1, pp. 50-51, I,2, pp. 939-940, I,3, pp. 1112-1119.
128. Kamp, *I vescovi siciliani*, p. 69.
129. Kamp, *Kirche und Monarchie*, I,3, pp. 1207-1209.
130. Ivi, pp. 550-552.
131. Ivi, I,1, pp. 151-152, I,2, pp. 574-576, I,3, pp. 1190-1195.
132. Ivi, I,1, pp. 376-378.
133. Ivi, I,3, pp. 1112-1119.
134. Ivi, I,2, pp. 730-731.
135. Ivi, I,2, p. 768.

Come abbiamo visto nel caso delle famiglie *de Archiepiscopo* o *de Episcopo*, non solo i prelati ma anche i loro parenti beneficiarono di una formidabile ascesa sociale. Per non portare che due esempi, Peregrinus, un cappellano del papa probabilmente originario di Asti, fu inviato nel 1216 nel Mezzogiorno come arcivescovo di Brindisi, portando con sé la propria famiglia che lo considerava con il proprio *primus patruus*.[136] Nel 1240 invece, un Petrus *Archiepiscopi Russanensis*, probabilmente figlio dell'arcivescovo greco di Rossano, Basilio, servì Federico II come castellano nell'Abruzzo.[137] Alcune di queste nuove casate divennero importanti, così abbiamo a Capua una famiglia dei *de Archiepiscopo* che è entrata tra i *maiores et potentes* della città, ma anche una famiglia dei giuristi *de Episcopo* – il nome si riferisce ad un vescovo di Caserta dell'epoca federiciana –, molto nota, da dove proveniva il logoteta di Carlo II e Roberto, Bartolomeo de Capua.[138] In altri casi, una famiglia nobile già esistente ricevette "una spinta" grazie alla carriera ecclesiastica e statale di un parente: così nei ben noti esempi dei Cicala campani,[139] di Anglo o Alagno di Amalfi.[140]

Per concludere questa breve presentazione, vorrei solo sottolineare alcuni fatti. Per primo, come è stato scritto da Norbert Kamp, la Chiesa del Mezzogiorno era un ambiente che favoriva la mobilità sociale degli uomini di origini talvolta poco eccelse ma dotate di notevoli capacità personali e di una buona educazione. Nel basso della società, questo fenomeno era sostenuto dai capitoli diocesani e nell'alto dalla corte reale.

Per secondo, il servizio dello Stato si svolgeva in parallela con la carriera ecclesiastica, cosicché più si saliva di grado nella corte reale, più ci si elevava anche nell'ambito della Chiesa. Il fatto di combinare le carriere statale ed ecclesiastica diede ai singoli uomini la possibilità concreta di scalare le gerarchie sociali e, molto spesso, di dare un nome e una posizione alla propria famiglia.

Dunque, il mondo ecclesiastico del Mezzogiorno era un contesto di alta mobilità sociale, sia autogena che esogena. In teoria, un uomo capace, proveniente da una famiglia non nobile ma con risorse sufficienti per

136. Ivi, I,2, pp. 667-671.

137. Kamp, *Politica ecclesiastica*, p. 10.

138. Kamp, *Kirche und Monarchie*, I,1, pp. 121-128 e 171-173, I,3, pp. 1083-1085; Id., *Politica ecclesiastica*, p. 11.

139. Kamp, *Kirche und Monarchie*, I,3, pp. 1049-1054.

140. Ivi, I,1, pp. 438-445.

farlo studiare, poteva scalare le gerarchie ecclesiastiche locali ed entrare in contatto con il potere laico, mettendo le proprie conoscenze a servizio dello Stato.

Tuttavia, questo quadro generale, che rischia di offrirci un'immagine troppo idealizzata della situazione, deve essere più definito e precisato, nella luce di una serie di eccezioni ed obiezioni. Così, non dobbiamo dimenticare il caso dei cenobi locali, fondati, mantenuti e controllati dalla nobiltà medio-alta, che con il suo inconfutabile immobilismo sfugge completamente allo schema appena presentato. Più grave – perché documenta una prassi molto diffusa a tutti i livelli della società – è il fatto che gli incarichi ecclesiastici fossero spesso stati concessi come benefici o premi ai funzionari particolarmente devoti, il che ci fa chiedere, se fosse ancora possibile parlare di una "mobilità ecclesiastica". Tuttavia, bisogna notare che questi funzionari erano di solito dei chierici che, come è stato appena detto, scalavano le gerarchie dello Stato e della Chiesa in un modo parallelo.

Infine, il controllo del potere laico sul mondo ecclesiastico non sempre finiva per promuovere gli uomini migliori, dal momento che i potenti locali, in particolare di rango comitale, spesso spinsero avanti dei presuli incolti e impreparati che mai avrebbero salito i gradini dell'amministrazione statale. Si possiedono non pochi casi di incompetenza dei presuli e la parte preponderante del vescovato meridionale, ovvero circa 70% delle diocesi, non dimostra alcun tipo di fioritura intellettuale.

Si assiste quindi a due percorsi diversi di mobilità, al livello locale e provinciale e al livello della corte reale. Nel primo caso, i notabili cittadini di estrazione medio-bassa ebbero la possibilità di emergere e di promuovere la propria famiglia, ma la loro ascesa di solito si fermava a questo livello.

Nel secondo caso, invece, si mescolavano molte tendenze diverse, dall'influsso di uomini provenienti dal mondo monastico all'apparizione di quelli che hanno studiato nelle università, dall'emergersi delle persone di origini umili all'influsso della grande e media nobiltà, dalla promozione degli oriundi del Regno al richiamo degli "stranieri" illustri a servizio della Corona e della Chiesa del Mezzogiorno.

Gian Maria Varanini

Strategie familiari per la carriera ecclesiastica (Italia, sec. XIII-XV)

1. *Premessa*

La lunga campata cronologica coperta da questo convegno presuppone, come *terminus post quem*, la novità costituita dalla crescente influenza della curia romana nel quadro politico ed ecclesiastico in precedenza tendenzialmente egemonizzato, nelle diocesi così come nelle realtà monastiche, dalle aristocrazie locali; influenza che entra in dialettica in modo molto complesso con i singoli contesti cittadini, influenzati dall'articolarsi della lotta politica locale e da altri fattori, come il prestigio dei vescovi (non senza l'influsso anch'esso intermittente e vario dell'impero). Le scelte compiute dalle "famiglie" nell'alto e nel pieno medioevo in tali contesti, non solo attraverso la fondazione di chiese private, ma anche nella direzione del controllo delle cariche episcopali e abbaziali, restano fuori dagli schematici cenni che in questo intervento cercherò di dare – concentrando l'attenzione soprattutto sull'Italia centro-settentrionale e sulle città di tradizione comunale – a proposito di un problema comunque amplissimo.

A partire dai decenni centrali e finali del secolo XII, le "famiglie" devono dunque compiere – per conseguire l'obiettivo di una fruttuosa "carriera ecclesiastica" dei propri esponenti – scelte diversificate, che implicano un superamento dei confini diocesani. Questi accorgimenti plurimi possono configurare vere e proprie "strategie", aventi come obiettivo tanto il mantenimento di una posizione già raggiunta quanto una ascesa sociale, da realizzarsi anche grazie al riverbero positivo, al ritorno in termini economici o in termini d'immagine rispetto al capitale investito – che si tratti di capitale relazionale, o simbolico, o monetario, o culturale.[1] Descrivere e contestualizzare tali scelte "strategiche" è l'obiettivo di questo saggio.

1. Su questi concetti, ormai correnti nella storiografia, si cfr. V. Mele, *Capitale simbolico e stile della vita in Pierre Bourdieu*, in «Sociologia e ricerca sociale», 13 (2007), fasc.

Ho deliberatamente usato nel capoverso precedente gli apici ("carriera ecclesiastica", "famiglie", "strategie"), perché – muovendosi su un arco di tempo plurisecolare – occorrerà innanzitutto richiamare la problematicità e la polisemia dei termini evidenziati, che figurano nel titolo di questo intervento. A questa operazione preliminare, che comporta di per se stessa, in qualche misura, di entrare nel merito del discorso, è dedicato il primo paragrafo di questo contributo, imperniato soprattutto sul Duecento, ma con considerazioni e constatazioni che si proiettano anche sui secoli successivi.

Successivamente, passerò in rassegna alcune tipologie di fonti (con particolare riferimento ai secoli XIV e XV); e infine proporrò alcuni esempi concreti di percorsi di ascesa sociale conseguita mediante l'acquisizione di cariche ecclesiastiche, in contesti temporali e geografici diversi. Tenterò, in quest'ultima sezione, di evidenziare le grandi difficoltà che si incontrano nel tentativo di considerare – a proposito dell'oggetto di questa ricerca – soltanto le élite, ma di tener conto anche delle famiglie di livello sociale inferiore. Infatti l'aspirazione a una carriera ecclesiastica e il desiderio di ricavare dall'esercizio di cariche ecclesiastiche potere economico, potere ideologico e potere coercitivo non è prerogativa soltanto dei ceti eminenti cittadini o delle aristocrazie rurali che si muovono sugli scenari degli Stati regionali; ma è un desiderio che coinvolge anche, con obiettivi proporzionati alle risorse impiegate e agli spazi sociali e geografici presidiati, anche élite rurali o borghigiane oppure ceti medi urbani. Peraltro l'obiettivo di una miglior conoscenza di questi meccanismi per il complesso di una società, assai più rilevante rispetto a una ennesima riproposizione delle scelte delle grandi casate, è spesso frustrato dalla documentazione, almeno allo stato attuale degli studi.

Richiamerò infine brevemente, attraverso l'analisi di una fonte seriale, il ruolo cruciale di uno degli strumenti che il rinnovamento del secolo XII, e il grande sviluppo e la grande diffusione dell'istituzione universitaria, mette a disposizione dei chierici e delle famiglie che li esprimono, vale a dire l'istruzione, il capitale culturale (e segnatamente gli studi di diritto canonico), un "comune denominatore" che è – non si scopre nulla ribadendolo, ma bisogna farlo – un formidabile ascensore sociale.

Va segnalato infine che – per circoscrivere in qualche modo un tema sconfinato – le pagine seguenti concentrano l'attenzione sul clero secolare,

84, p. 1-22. Cfr. anche i riferimenti di Sandro Carocci nel testo programmatico distribuito in preparazione di questo convegno.

trascurando l'argomento quasi altrettanto vasto delle "strategie" familiari che si orientano, e delle "carriere" che si sviluppano, negli ordini mendicanti, così profondamente intrecciati alle trasformazioni delle società italiane dal Duecento al Quattrocento (soprattutto forse in quest'ultima fase temporale, e soprattutto in riferimento alle Osservanze).

2. *Problemi di lessico*

L'aggettivo "ecclesiastico"

Come accennato all'inizio, ambedue le coppie di aggettivo e sostantivo che strutturano il titolo (carriera ecclesiastica, strategie familiari) meritano di essere circondati di molte cautele. Ed è innanzitutto banale, ma non per questo meno opportuno, richiamare quanta astrazione e quanto potenziale anacronismo ci sia nella distinzione / opposizione tra "ecclesiastico" e "laico". Ciò vale non solo per il pieno medioevo e per il secolo XII-XIII, rispetto al quale oltre trent'anni fa un noto articolo di Daniela Rando (che recava nel titolo l'antinomia *laicus-religiosus*) segnò un momento importante di riproposizione del problema, almeno nel quadro della storia sociale, politica ed ecclesiastica dell'Italia settentrionale;[2] ma vale anche per i secoli successivi, sui quali insiste la cronologia di questo incontro di studio, e vale persino per il pieno e tardo Rinascimento, anche oltre i limiti cronologici assegnati a questo contributo.

Al riguardo, ci si può riparare dietro l'ombra illustre di Dionisotti. Le sue pagine a questo proposito sono troppo celebri perché valga la pena di soffermarvisi a lungo. I nomi dei chierici che si fanno nel saggio dello studioso anglo-piemontese sono quello del maggiore e più "laico" trattatista che scrive sulla famiglia (L.B. Alberti), e poi – variamente distribuiti tra ipotesi di carriere vescovili e cardinalizie, pentimenti, effettive riuscite – quelli di Poliziano, Ariosto, Guicciardini, Bembo, Paolo Giustiniani, Querini, Trifon Gabriele eccetera.[3] Nomi importanti del primo e del pieno Cinquecento, dunque.

2. D. Rando, Laicus/religiosus *tra strutture civili ed ecclesiastiche: l'ospedale di Ognissanti in Treviso (sec. XIII)*, in «Studi medievali», s. III, 24 (1983), poi in *Esperienze religiose e opere assistenziali nei secoli XII e XIII*, a cura di G. G. Merlo, Torino 1987, pp. 43-84.

3. C. Dionisotti, *Geografia e storia della letteratura italiana*, Torino 1967 (Saggi, 409), pp. 43-66 («Chierici e laici»).

Un altro paio di esempi di personaggi un po' meno famosi possono confermare del resto che ancora in pieno Rinascimento si può transitare tranquillamente, in tempi rapidissimi, dall'una all'altra "carriera". Un primo caso, a fine Quattrocento, è quello del dalmata Bonino Bonini, già tipografo a Venezia e Brescia, poi spia veneta in Francia e in Savoia, e poi canonico e decano del capitolo di Treviso in quanto benemerito della repubblica veneta, con l'appoggio esplicito del Consiglio dei Dieci.[4] Il secondo concerne Domenico Bollani, un patrizio veneto che tra 1547 e 1557 era stato ambasciatore della repubblica presso Edoardo VI d'Inghilterra, poi aveva fatto parte del consiglio dei Dieci e successivamente aveva proseguito la carriera politico-amministrativa come luogotenente generale del Friuli. Bollani fu nel 1558 podestà di Brescia, ma a partire dal 4 maggio 1559, senza essere ancora prete perché celebrò la prima messa il 15 agosto 1559, fu vescovo della stessa città.[5] Anche se quello del Bollani è per cronologia un caso limite, non mancavano nel patriziato veneziano antecedenti quattrocenteschi di questo tipo di "carriere ecclesiastiche": si pensi a Fantino Dandolo che nel suo servizio alla repubblica è – nella città di Padova – dapprima provveditore straordinario al momento della conquista, poi per due volte podestà e infine vescovo (e non manca certo, nel suo caso, una positiva ricaduta di questa duplice significativa esperienza sul prestigio della casata, o meglio del ramo di appartenenza).[6] E lo stesso vale per un altro vescovo padovano, come Pietro Donà, in precedenza governatore di Perugia per il papa.

In uno scenario cittadino, o nel sistema di potere di uno stato regionale, l'idea di una "carriera ecclesiastica" come realtà "altra", nettamente distinta dal mondo dei laici, può essere dunque da parte dello storico – persino in riferimento al Cinquecento inoltrato – la proiezione sul passato di una realtà contemporanea, e occorre una volta di più estrema cautela dal punto di vista interpretativo. Non a caso il concilio di Trento cercò di modificare questo stato di cose, ordinando che gli ammessi al chiericato non

4. Basti qui il rinvio a A. Cioni, *Boninis (de) Bonino*, in *Dizionario Biografico degli Italiani* (d'ora in poi *DBI*), 12 (1971) (http://www.treccani.it/enciclopedia/bonino-bonini_(Dizionario-Biografico)/.

5. D. Montanari, *Disciplinamento in terra veneta. La diocesi di Brescia nella seconda metà del XVI secolo*, Bologna 1987 (Annali dell'Istituto storico italo-germanico. Monografie, 8), pp. 13-14.

6. M. Melchiorre, *«Ecclesia nostra». La cattedrale di Padova, il suo capitolo e i suoi canonici nel primo secolo veneziano (1406-1509)*, Roma 2014 (Nuovi studi storici, 92), p. 147.

superassero quantitativamente il fabbisogno reale del "sistema" e riducendo dunque le posizioni ambigue.

Né si deve ritenere che questo stato di cose valga esclusivamente per le posizioni di vertice e per gli strati alti della società. In effetti, uno degli sforzi compiuti dalle gerarchie ecclesiastiche a partire dal Quattrocento è proprio quello di "definire" l'ecclesiastico, di "clericalizzare" il clero,[7] attraverso procedure di identificazione e di disciplinamento, in una istituzione ecclesiastica caratterizzata dal «crescente legalismo». Tre secoli e mezzo dopo Graziano e la codificazione dei «duo genera christianorum», il processo di distinzione era lungi dall'essere completato.[8] Lungo tutto il tardo medioevo, dunque, questa ambiguità e questa reversibilità ha costituito una caratteristica importante delle "strategie" poste in essere dalle famiglie, aristocratiche e non solo.

Va detto, in conclusione, che non sempre negli studi anche recenti si è tenuto conto in modo adeguato di questa problematica, che costituisce una difficoltà ulteriore e un monito per lo studioso di oggi. Il quale è chiamato a valutare di volta in volta la pertinenza dell'aggettivo che definisce i percorsi e le carriere che costituiscono la ragion d'essere stessa della sua ricerca, evitando ogni sfumatura di anacronistica proiezione sull'età pre-tridentina della più netta separazione tra ciò che è ecclesiastico e ciò che non lo è, affermatasi a partire dal tardo Cinquecento.

Le strategie "familiari"

Qual è il soggetto che pone in essere una serie di azioni preordinate e congegnate, accortamente predisposte, per l'acquisizione in successione – da parte di una o più persone legate tra da vincoli di sangue – di più cariche ecclesiastiche, vale a dire una *strategia*,[9] e ottiene o attende da tali azioni

7. Cfr. T. di Carpegna Falconieri, *Il clero secolare tra primo e secondo millennio*, in *Riforma o restaurazione? La cristianità nel passaggio dal primo al secondo millennio. Persistenze e novità*, Atti del XXVI convegno del Centro studi avellaniti (Fonte Avellana, 29-30 agosto 2004), Negarine di San Pietro in Cariano (Verona) 2006, pp. 71-82, a p. 74.

8. Si vedano anche le belle pagine conclusive («Verso un disciplinamento clericale?») del saggio di D. Rando, *«Religiosi ac presbyteri vagabundi». Vescovi e disciplina clericale dai Registri delle ammissioni nella diocesi di Trento (1478-1493)*, in *La parrocchia nel medio evo. Economia, scambi, solidarietà*, a cura di A. Paravicini Bagliani e V. Pasche, Roma 1995 (Italia Sacra. Studi e documenti di storia ecclesiastica, 53), pp. 203-207.

9. La locuzione «strategie famigliari» che mi è stata proposta come titolo di questa comunicazione richiama (certo consapevolmente) un articolo pionieristico di Mauro Ron-

un accrescimento nella considerazione sociale (in altre parole, un maggior capitale relazionale) e/o anche un concreto riscontro economico?[10]

A partire dagli anni Settanta, il tema della "famiglia" è stato cruciale anche per la medievistica italiana, soprattutto per ciò che concerne i ceti dirigenti. Più che il volume del 1974 di Jacques Heers sul *Clan familial au moyen âge* (peraltro subito segnalato da Tabacco come «un grande affresco», pur se «eseguito alla brava»),[11] fu decisivo per l'insediamento di questa problematica, come è noto, un convegno parigino organizzato dall'École française de Rome su *Famille et parenté dans l'Occident médiéval*;[12] ma ricerche di prosopografia famigliare importanti erano state anche in precedenza pubblicate da Violante (arrivato a quella prospettiva *via* Tellenbach) e da altri.

L'affermazione del principio patrilineare[13] e dei meccanismi di selezione fra gli eredi contribuì in modo potente, nei secoli centrali del medioevo, a definire il soggetto che programma e progetta le proprie relazioni con le istituzioni ecclesiastiche. Si riscontra questo nesso con particolare chiarezza e consequenzialità nelle scelte delle famiglie baronali romane del Duecento, laddove si pianifica rigorosamente anche la ri-laicizzazione dei figli chierici (prudentemente arrestatisi, beninteso, agli ordini minori) in caso di una quinquennale sterilità del matrimonio dei figli maggiori in età.[14] È un esempio di quella reversibilità dall'ecclesiastico al laico, alla quale si accennava sopra.

zani, uscito trent'anni fa, sul quale ritornerò brevemente più avanti: M. Ronzani, *Vescovi, capitoli e strategie famigliari dell'Italia comunale*, in *Storia d'Italia. Annali*, 9, *La Chiesa e il potere politico dal Medioevo all'età contemporanea*, a cura di G. Chittolini e G. Miccoli, Torino 1986, pp. 99-146.

10. Sono questi gli obiettivi formulati nel questionario proposto ai relatori del convegno.

11. G. Tabacco, recensione a J. Heers, *Le clan familial au moyen âge. Étude sur les structures politiques et sociales des milieux urbains*, in «Studi medievali», III s., 17 (1976), pp. 219-224 (poi in G. Tabacco, *Medievistica del Novecento. Recensioni e note di lettura*, a cura di P. Guglielmotti, Firenze 2007 (Reti Medievali-E book, Monografie, 5), I *(1951-1980)*, pp. 363-368 (citazione a p. 368).

12. *Famille et parenté dans l'Occident médiéval,* Actes du colloque de Paris (6-8 juin 1974), a cura di G. Duby e J. Le Goff, Roma 1977 (Collection de l'École française de Rome, 30).

13. F. Allegrezza, *I legami parentali e la loro percezione*, in *La nobiltà romana nel medioevo*, a cura di S. Carocci, Roma 2006 (Collection de l'École française de Rome, 359), pp. 187-197.

14. S. Carocci, *Baroni di Roma. Dominazioni signorili e lignaggi aristocratici nel Duecento e nel primo Trecento*, Roma 1993 (Nuovi studi storici, 23), pp. 165-169; Id., *Il*

Se la didascalica chiarezza di questi esempi e di questa documentazione non è usuale, le scelte che vanno nella stessa direzione sono frequenti e diffuse, nello spazio politico e sociale italiano, in un arco di tempo molto lungo, a far data dal XII-XIII secolo e dunque dall'insediamento sociale definitivo del principio patrilineare. Si deve aggiungere però che la *domus* agnatizia, e la sua ferrea programmazione dei destini dei figli (con l'avvio di uno o più di essi alla "carriera" clericale), non esauriscono le possibilità di "strategia" di politica ecclesiastica, sullo scenario urbano, o signorile/rurale. È ovvio infatti che, anche mantenendo un'accezione forte di "strategia" – in quanto serie di azioni tipologicamente diversificate ma tutte finalizzate al raggiungimento di un obiettivo –, le scelte del singolo ramo o del nucleo più semplice (la coppia, in favore dei figli) che appartengono a una casata aristocratica o patrizia e ne porta il cognome possono creare un alone positivo che si ripercuote a vantaggio dell'intero clan (o comunque di un gruppo parentale allargato).

Ad esempio, l'occupazione di uno spazio funerario di prestigio, che per i gruppi familiari di *target* medio-alto è uno dei più frequenti e apprezzati ritorni simbolici della carriera di un ecclesiastico, può ricollocarsi oggettivamente nella prospettiva di affermazione del gruppo parentale allargato, anche se la costruzione della cappella o della tomba risale all'iniziativa *di un solo ramo* o *di un solo individuo.* Questa dialettica dev'essere ridefinita in ogni caso specifico; e non può essere semplificata o data per risolta una volta per tutte.[15]

E un altro esempio, noto e importante, di "strategie familiari" che coinvolgono (per il livello più alto delle cariche ecclesiastiche, cardinalato e papato) gruppi parentali complessi è quello dei Fieschi[16] e degli Ubaldini nei decenni centrali del Duecento e dunque nel contesto dell'ormai compiuta affermazione della monarchia papale. Fu proprio sulla base di questi *case-studies* che fu messo a fuoco una trentina d'anni fa il concetto e il termine di «strategie familiari». L'indagine esemplare di Ronzani fu favorita da fonti di buonissima qualità, a partire dalla *Cronica* di

nepotismo nel medioevo. Papi, cardinali e famiglie nobili, Roma 1999 (La corte dei papi, 4), p. 105.

15. Ricavo le formulazioni citate nel testo dalla recensione di Tabacco a Heers, sopra citata (nota 11), a p. 367 della recente riedizione.

16. Sui quali cfr. in seguito (con attenzione ai diversi contesti cittadini) anche G. Petti Balbi, *Governare la città. Pratiche sociali e linguaggi politici a Genova in età medievale*, Firenze 2007 (E-Book, 9), pp. 83-98.

Salimbene,[17] ma anche di un testamento come quello di Ottobuono Fieschi, che detta «i criteri di trasmissione della cospicua porzione di beni destinata all'uomo di chiesa di volta in volta più importante» in un ampio giro parentale.[18] È interessante il confronto tra l'operato dei Fieschi e degli Ubaldini e quello di altre famiglie di prestigio citate dallo storico pisano. Ovviamente, anche i da Porcari e i Visconti di Pisa, o i Cacciaconti di Siena sono interessati alle "carriere ecclesiastiche", e fanno una politica di ampio respiro. Ma da parte loro non emerge certo con altrettanta chiarezza una capacità previsionale, una regia, l'adozione di una pluralità di strumenti, il coinvolgimento di più rami dell'agnazione a livelli diversi, la promozione sociale di clienti non legati al ceppo in questione da vincoli di sangue, come accade per i Fieschi e secondo modalità diverse per gli Ubaldini.

Principio patrilineare ma anche persistente importanza dell'agnazione estesa come soggetto e beneficiario di una "politica ecclesiastica", dunque. Ovviamente questi principi sono diffusi, anche se le ricerche approfondite non sono poi moltissime. Nel Due-Trecento romano si trova però almeno un altro esempio di questo modelli di comportamento di una grande *domus*, pervasiva sul piano della politica ecclesiastica, capace di muoversi autonomamente su scenari nazionali e internazionali sfruttando i collegamenti con la curia romana nel cui ambito originariamente si afferma, passando poi «dal coordinamento curiale al coordinamento laico»; si tratta degli Orsini.[19]

Ma in prosieguo di tempo, e spostandosi in spazi diversi, il quadro si complica ulteriormente. Basterà a questo riguardo l'esempio del patriziato veneziano trecentesco e quattrocentesco, che nella percezione storiografica esterna e corrente costituisce una realtà tendenzialmente piuttosto omogenea e compatta, ma che presenta invece nelle sue strutture compatta e

17. Testimonianze esplicite e di prima mano come quella del francescano parmense non si trovano tanto facilmente: non a caso, il suo primo editore (il laico e socialista Ferdinando Bernini, influenzato da Salvemini: fors'anche per questo attento al problema, e non solo per amore del campanile) fu anche autore di un saggio a suo modo anticipatore intitolato *Innocenzo IV e il suo parentado*, in «Nuova rivista storica», 24 (1940), pp. 1-24. Sul Bernini (1891-1954), cfr. una discreta scheda in https://it.wikipedia.org/wiki/Ferdinando_Bernini (consultata il 25 giugno 2016).

18. Ronzani, *Vescovi, capitoli e strategie famigliari*, p. 124.

19. F. Allegrezza, *Organizzazione del potere e dinamiche familiari. Gli Orsini dal Duecento agli inizi del Quattrocento*, Roma 1998 (Nuovi studi storici, 44), pp. 86 e sgg. (la citazione è il titolo di un paragrafo).

omogenea, mentre al contrario l'organizzazione dei ceppi parentali tardomedievali cela grandi differenziazioni al proprio interno, con chiare ricadute sulle scelte politico-sociali, possibili carriere ecclesiastiche compresa. Certo, resta vero in generale che

> i patrizi veneziani, come i loro simili fiorentini, vivevano in due mondi familiari, uno centrato sull'abitazione, l'altro sulla stirpe. L'attaccamento principale del patrizio era verso la famiglia immediata – coloro che vivevano nella sua casa –, tuttavia egli si muoveva anche in un mondo di parentela più largo – la casata.[20]

Ma è anche evidente che un conto sono le strategie dei Foscari, che nel 1379 – quando l'estimo compilato in occasione della guerra di Chioggia consente una "fotografia" di gruppo – constano di 3 soli nuclei familiari, e un conto quella di altre casate.

> Niente a che vedere – tanto per far dei nomi – con i Morosini, i Corner, i Contarini che si dividevano in una quantità di rami, con decine di esponenti in grado di farsi valere nel dibattito politico o nell'apparato mercantile e finanziario che gravitava attorno all'emporio realtino.[21]

Per questi clan, è sempre aperta la dialettica fra tensione all'unità – le fraterne, e le convivenze pluri-nucleari, in genere sono frequenti – e quella inevitabile dispersione residenziale, che può allentare (ma non sempre) i vincoli identitari e influire anche sulla gestione della politica ecclesiastica complessiva.[22]

Grazie ad alcune ricerche importanti, il caso veneziano consente inoltre, anche sul piano dell'attenzione alle cariche ecclesiastiche, qualche rapida osservazione a proposito degli orientamenti – in genere assai meno studiati e meno studiabili, se non nel contesto di ricerche molto approfon-

20. D. Romano, *Patrizi e popolani. La società veneziana nel Trecento*, Bologna 1993 (Biblioteca storica), pp. 65-66.

21. G. Gullino, *La saga dei Foscari. Storia di un enigma*, Caselle di Sommacampagna (Verona) 2005 (Nordest nuova serie, 28), p. 23. Ritengo inutile in questa sede il rinvio all'immensa bibliografia sul patriziato veneziano (negli ultimi decenni, Rösch, Castagnetti, ecc. per le fasi più risalenti, e soprattutto la storiografia anglosassone e in generale straniera per il Tre-Quattrocento: Chojnacki, Finlay, Queller, Raines…; da ultimo, per il Quattrocento e dopo, la sintesi di G. Gullino, *Venezia. Un patriziato per cinque secoli*, a cura di A. Caracausi ed E. Ivetic, Caselle di Sommacampagna (Verona) 2005 (Nordest nuova serie, 141).

22. A titolo di esempio, nell'anno 1500 la famiglia Contarini «si articolava in 107 diversi nuclei famigliari» (Gullino, *La saga*, p. 23).

dite di storia sociale di una città – dei ceti popolari. Nella società lagunare, mentre le famiglie dei popolani grandi tendevano a imitare i comportamenti patrizi (e i non rari matrimoni erano per esse ovvio veicolo di ascesa sociale), è facile osservare – il punto di riferimento è ancora la monografia di Dennis Romano – la radicale diversità del modello famigliare del popolo minuto, «isolato dalle grandi reti di parentela»: ma non per questo disinteressato, come lo studioso americano dimostrò sulla base di puntuali esempi, a politiche ecclesiastiche suscettibili di favorire l'affermazione (a livello di parrocchia, e non solo) di propri esponenti.[23]

Nel XIII secolo, dunque, si viene definendo il quadro operativo (costituito dal posizionamento e dalla trasformazione di soggetti e di contesti diversi: il papato, la curia romana, l'assetto istituzionale e beneficiale delle diocesi; per tacere delle trasformazioni e crisi del mondo monastico, che mettono talvolta in palio ricchi premi per chi è intraprendente e accorto) all'interno del quale il soggetto "famiglia"– che a sua volta viene precisando, nel tempo, le sue caratteristiche e la sua struttura – compie le scelte per la carriera ecclesiastica dei propri componenti. Gli studi hanno approfondito le modalità di queste scelte principalmente per le grandi casate, mentre resta molto meno conosciuto – quanto meno per quest'epoca relativamente risalente, ma in realtà anche per i secoli successivi: in primo luogo per un banale quanto decisivo condizionamento delle fonti documentarie[24] – il *modus operandi* delle famiglie di livello sociale inferiore, cittadine e rurali, per le quali soprattutto la carriera ecclesiastica è momento e strumento di ascesa sociale.

Indubbiamente, in alcuni casi è legittima un'interpretazione forte del concetto di "strategia". Ma occorre sempre *distinguere frequenter*, perché in molti casi di strategia nel senso proprio del termine non si può parlare, a patto di indebolire la significatività del concetto applicandolo a scelte che

23. Romano, *Patrizi e popolani*, pp. 75 e sgg. (popolani grandi), pp. 141 e sgg.

24. In ogni tipo di lista di ecclesiastici – canonicale, monastica, conventuale; maschile o femminile – il chierico è menzionato semplicemente con il nome, o col nome e patronimico: in modo sistematico sino al Duecento, ma con molta frequenza anche più avanti nel tempo, quando nella società urbana italiana il "cognome", o meglio il secondo elemento del sistema onomastico, è già consolidato nella documentazione scritta corrente, sia pure con eccezioni per le famiglie eminenti. Richiama questo punto, elementare e decisivo, T. di Carpegna Falconieri, *Strumenti di preminenza. Benefici e carriere ecclesiastiche (secoli XII-XIV)*, in *La nobiltà romana nel medioevo*, p. 200.

configurano progetti più modesti: quella scontata contiguità alle istituzioni ecclesiastiche a livello locale, e quella capacità di "occupare" benefici e cariche, che anche nei secoli precedenti tutte le élite dell'Italia medievale hanno perseguito,[25] oppure quelle scelte di conservazione di uno *status quo*, di controllo su uno *stock* di cariche ecclesiastiche già in precedenza acquisite, che non sono "strategia" e non vanno certo in direzione della mobilità sociale.[26]

3. *Carriere ecclesiastiche e mobilità sociale nel Trecento e Quattrocento: nuove e vecchie tipologie di fonti (e loro limiti)*

Premessa

A partire dai primi decenni del Trecento, progressivamente compaiono e si consolidano o nell'Italia centro-settentrionale formazioni politiche via via più estese territorialmente, e soprattutto tendenzialmente più stabili (almeno a partire dalla seconda metà del secolo XIV e dagli inizi del seguente) e in grado di controllare le istituzioni ecclesiastiche locali. Ciò modifica notevolmente lo scenario sul quale si muovono le famiglie localmente autorevoli, desiderose di emergere o di consolidare la propria posizione politica ed economica, anche attraverso (o prevalentemente, o esclusivamente) la carriera ecclesiastica di uno tra i propri esponenti. Oltre che – possibilmente – instaurare un rapporto diretto con Avignone e/o con Roma,[27] è infatti ora indispensabile interfacciarsi con un'autorità politica

25. È noto il caso di Agnello Ravennate, che "strategicamente" era stato «dedicato dalla famiglia a una carriera ecclesiastica»: P. Cammarosano, *Nobili e re. L'Italia politica dell'alto medioevo*, Roma-Bari 1999 (Quadrante, 96), p. 151.

26. Su questi temi immensi, mi limito a rinviare qui ai due saggi di sintesi presenti in *La Chiesa e il potere politico*, dovuti a Giovanni Tabacco per l'alto medioevo (*Il volto ecclesiastico del potere nell'età carolingia*, pp. 5-41) e a Giuseppe Sergi per i secoli centrali del medioevo (*Vescovi, monasteri, aristocrazia militare*, pp. 73-98); ma le segnalazioni bibliografiche potrebbero essere ampliate *ad infinitum*.

27. Come quadro generale, cfr. G. Chittolini, *Papato e stati italiani*, in *Lo stato del Rinascimento in Italia 1350-1520*, a cura di A. Gamberini e I. Lazzarini, Roma 2014 (La storia. Saggi, 5), pp. 421-439, il solo saggio nell'importante miscellanea che mette a fuoco problemi di politica ecclesiastica; ma è interessante nella prospettiva che qui interessa anche F. Somaini, *Il tracollo delle città-Stato e il ruolo dei centri urbani nella nuova geografia politica dell'Italia rinascimentale*, ivi, pp. 231-239.

locale che – si tratti della corte signorile o degli organi di governo della città dominante – è più incisiva rispetto al passato per ciò che concerne il controllo delle nomine vescovili e abbaziali, e in generale della materia beneficiale. La "politica ecclesiastica" dei Visconti o degli Scaligeri o dei Carraresi[28] o – per esempio – del marchese di Monferrato, o ancora – più avanti nel tempo – della repubblica di Venezia rispetto alla Terraferma e dello stato visconteo-sforzesco, e le fonti che derivano da questi rapporti che via via si assestano, costituiscono dunque una nuova e condizionante cornice, entro la quale si disegnano le strategie familiari.

È bene chiarire che il nuovo scenario politico, osservato dalla parte delle famiglie e non dei governi, non modifica granché – rispetto allo schema duecentesco illustrato da Ronzani per Fieschi e Ubaldini – la scacchiera sulla quale si muovono i *top-players* (tipicamente, le famiglie regnanti di un'entità sovrana, foss'anche uno stato signorile di media importanza o uno dei piccoli principati emiliani o appenninici). Per queste casate, a parte la corsa all'ambitissimo cardinalato,[29] la strategia è ora finalizzata alla

28. Per questi tre casi di studio, valgono ancora in parte le linee generali proposte da Gigliola Soldi Rondinini, dal sottoscritto e da Laura Gaffuri e Donato Gallo negli atti del convegno – ormai lontano nel tempo – su *Vescovi e diocesi in Italia dal XIV alla metà del XVI secolo*, Atti del VII convegno di storia della chiesa in Italia (Brescia, 21-25 settembre 1987), a cura di G. De Sandre Gasparini, A. Rigon, F.G.B. Trolese e G.M. Varanini, Roma 1990 (Italia sacra. Studi e documenti di storia ecclesiastica, 43-44), nel vol. II; ma ci sono state integrazioni importanti in particolare per Verona (cfr. ad es. M.C. Rossi, *Governare una chiesa. Vescovi e clero a Verona nella prima metà del Trecento*, Caselle di Sommacampagna (Verona) 2003 (Biblioteca dei Quaderni di Storia Religiosa, III) e per la signoria viscontea (cfr. ad es. A. Gamberini, *Il principe e i vescovi. Un aspetto della politica ecclesiastica di Gian Galeazzo Visconti*, in «Archivio storico lombardo», 223 (1997), pp. 39-115 (poi in A. Gamberini, *Lo stato visconteo. Linguaggi politici e dinamiche costituzionali*, Milano 2005 [Studi e ricerche storiche], pp. 69-136) e Id., *La nobiltà del pastore. Una nota sui processi di formalizzazione di* status *nel Trecento*, in *Medioevo dei poteri. Studi di storia per Giorgio Chittolini*, a cura di M.N. Covini, M. Della Misericordia, A. Gamberini e F. Somaini, Roma 2012 (I libri di Viella, 141), pp. 77-96, che piace citare qui per l'esplicito riferimento al fatto che la "nobiltà" della carica vescovile «si riverberava sulla stessa parentela del presule (almeno nella *communis opinio* [...]», p. 84).

29. Per la caccia ai cappelli cardinalizi, che delle politiche ecclesiastiche degli stati costituisce parte integrante, cfr. per Giovanni de' Medici, a prova di una tradizione di studi assai risalente, l'antica ricerca di G.B. Picotti, *La giovinezza di Leone X. Il papa del Rinascimento*, Milano 1928 (e Roma 1981[2] [rist.anast., *Premessa* di M. Petrocchi, *Introduzione* di C. Violante]), in particolare cap. II, «La caccia dei benefizi», pp. 67-159; e inoltre, per altri due casi celeberrimi, M. Pellegrini, *Ascanio Maria Sforza. La parabola politica di un cardinale-principe del Rinascimento*, Roma 2002 (Nuovi studi storici, 60); I. Lazzarini,

conservazione piuttosto che all'ascesa sociale. Non farò dunque parola di Visconti, o Estensi, o Scaligeri. Il discorso cambia invece per ciò che concerne l'insieme delle aristocrazie e dei patriziati italiani delle città capitali, elencate nel Quattrocento dalla cronaca di Benedetto Dei, che ricordava 59 casati genovesi, 142 veneziani, 250 milanesi e 365 fiorentini.[30] E cambia ancor più per i "patriziati" o élite che dir si voglia, di quelle che sono sempre più stabilmente città soggette a un signore o a una dominante: e cambia per i ceti inferiori urbani, per le élite rurali, tutti *Stände* assai interessati, ai vari livelli, alle carriere ecclesiastiche.

Prima di proporre alcuni esempi, è necessaria tuttavia ancora qualche osservazione preliminare sulle fonti a disposizione. Essa ci porterà a constatare, purtroppo, i forti limiti che – nel loro combinarsi sempre vario nel tale e talaltro contesto cittadino o territoriale – esse pongono per una ricostruzione che vada al di là della banale presa d'atto dei più scontati meccanismi (la selezione tra i figli, *in primis*) atti a conservare e consolidare posizioni, posti in essere dalle famiglie della più ristretta élite. Resta molto difficile anche soltanto l'intravedere le scelte funzionali al progresso nelle carriere ecclesiastiche degli esponenti di casate non di vertice.

Tipologie di fonti tre-quattrocentesche: fonti "statali" e fonti "cittadino-diocesane"

Dal nuovo contesto istituzionale sopra segnalato nascono nuovi organismi burocratici finalizzati al controllo, da parte del potere politico centrale delle istanze locali, per l'accesso alle carriere ecclesiastiche. I due casi più significativi e meglio noti sono quello veneziano e quello lombardo.

A Venezia, l'accorta politica del governo patrizio ha reso possibile, con la sua sistematicità, l'elaborazione e l'edizione recente da parte degli

Gonzaga Francesco, in *DBI*, 57, (2001), pp. 756-760; D.S. Chambers, *A Renaissance Cardinal and His Worldly Goods: The Will and Inventory of Francesco Gonzaga (1444-1483)*, London 1992 (Warburg Institute Surveys and Texts, XX), e per aggiornamenti *I Gonzaga e i papi. Roma e le corti padane fra Umanesimo e Rinascimento (1418-1620)*, Atti del convegno (Mantova-Roma 21-26 febbraio 2013), a cura di R. Salvarani, Città del Vaticano 2013 (Monumenta studia instrumenta liturgica, 74).

30. Questo raro dato d'insieme e comparativo è giustamente valorizzato, pur nella consapevolezza di una affidabilità che è tale solo in termini generali, da F. Leverotti, *Famiglia e istituzioni nel medioevo italiano. Dal tardo antico al rinascimento*, Roma 2005 (Università/ Studi storici, 648), pp. 149 e sgg.

eruditi di *dossiers* documentari mirati: si tratta delle *Probae* (il termine indica la votazione «per ballotas» dei candidati) del Senato veneziano alle dignità ecclesiastiche nel Veneto, parzialmente relative al XIV secolo ma soprattutto quattrocentesche, e concernenti anche la Terraferma.[31] Dunque, il principale organo di governo di una importante città dominante mette a punto un meccanismo per contemperare la ragion di stato e le ambizioni familiari nei confronti delle cariche ecclesiastiche; ambizioni che si traducevano, nelle votazioni, in accordi e/o in veti (contro le concentrazioni eccessive di cariche importanti in una grande famiglia). È una documentazione che esalta le strategie familiari, le evidenzia. Non a caso l'edizione del Cenci, pur nella sua esiguità e selettività – concerne infatti in buona sostanza soltanto le candidature presentate per la copertura delle principalissime cariche ecclesiastiche: vescovadi e abbaziati importanti dello stato *da Terra* e dello stato *da Mar* – ha costituito un punto di partenza essenziale e sicuro per gli studi che hanno proposto ricerche d'insieme sul rapporto fra il patriziato veneziano e le istituzioni ecclesiastiche tenendo d'occhio anche la prospettiva prosopografica (come nelle ricerche di Girgensohn, e più recentemente di Del Torre).[32] Tuttavia, è ancora una volta una ristretta *couche* di famiglie patrizie a essere privilegiata da questa documentazione.

Anche nello stato lombardo nacque nel Trecento una istituzione in linea con la trasformazione politica in atto, mirante al tendenziale controllo e contemperamento, da parte del potere statale, delle aspirazioni di famiglie e comunità al controllo delle chiese e al conseguente sviluppo delle carriere: si tratta dell'economato dei benefici vacanti, la documentazione concernente il quale peraltro è scarsa.[33] Per il pieno Quattrocento è stata invece di recente tentata, per questa compagine politico-territoriale, un'operazione ambiziosa e di grande respiro, quella promossa da Giorgio Chitto-

31. *Senato Veneto. "Probae" ai benefizi ecclesiastici*, a cura di C. Cenci, o.f.m., in C. Piana, C. Cenci o.f.m., *Promozioni agli ordini sacri a Bologna e alle dignità ecclesiastiche nel Veneto nei secoli XIV-XV*, Quaracchi (Firenze) 1968 (Spicilegium bonaventurianum, III), pp. 313-454.

32. Cfr. rispettivamente D. Girgensohn, *Kirche, Politik und adelige Regierung in der Republik Venedig zu Beginn des 15. Jahrhunderts*, Goettingen 1996 (Veröffentlichungen des Max-Planck-Instituts für Geschichte, 118) e G. Del Torre, *Patrizi e cardinali. Venezia e le istituzioni ecclesiastiche nella prima età moderna*, Milano 2010 (Studi e ricerche storiche).

33. Si cfr. soprattutto M. Ansani, *La provvista dei benefici (1450-1466). Strumenti e limiti dell'intervento ducale*, in *Gli Sforza, la Chiesa lombarda, la corte di Roma. Strutture e pratiche beneficiarie nel ducato di Milano (1450-1535)*, a cura di G. Chittolini, Napoli 1989 (Europa mediterranea. Quaderni, 4), pp. 1-113.

lini coi *Materiali per la storia ecclesiastica lombarda nel Quattrocento*,[34] con l'obiettivo esplicito di dare una visione "di sistema" del rapporto fra società lombarda e Chiesa, attraverso un materiale coerentemente organizzato. Tale materiale proviene tanto dagli archivi delle città lombarde (con particolare attenzione ai fondi notarili delle curie vescovili) e del governo sforzesco, quanto dagli archivi della curia romana[35] (con sistematica regestazione: si tratta dei *libri annatarum* da Pio II ad Alessandro VI, e delle suppliche indirizzate a papa Pio II [1458-1464]). L'ottica, peraltro, è quella dello stato, e in linea di massima è fuori dalla prospettiva di questa grande indagine collettiva la ricerca su una singola famiglia. E quando ciò accade, si tratta sempre delle famiglie di vertice che hanno accesso anche diretto alla Curia romana, senza necessariamente passare per Milano.[36] Solo in futuro, dunque, l'insieme di queste indagini sulla chiesa (o sulle chiese) visconteo-sforzesca potrà mostrare tutte le sue potenzialità nella prospettiva delle famiglie. Del resto, anche nei lavori di sintesi dedicati alla Toscana, o alla già citata Venezia,[37] la minuta ricostruzione di una specifica "strategia familiare" è rara, meramente esemplificativa.

In astratto, apparirebbero più promettenti – per una ricostruzione che punti a scendere al di sotto del livello delle famiglie più eminenti – le indagini sistematiche a scala di una singola città o diocesi, e dunque in grado di indagare con una rete di informazioni a maglie potenzialmente più strette, e in grado di catturare non solo pesci grossi ma anche clan familiari di minore importanza (non meno utili però anzi nella prospettiva che qui ci interessa). Negli studi sulla storia ecclesiastica lombarda sopra menzionati questa prospettiva non è assente, già adesso: è stato infatti indagato il contesto cittadino (anche se non ancora diocesano, l'erezione non essendo

34. Un quadro dei volumi usciti dal 1994 al 2012 in G. Battioni, *Benefici ecclesiastici maggiori e minori delle diocesi del ducato di Milano negli* Introitus et exitus *e nel* Quindenniorum liber *del pontificato di Niccolò V (1447-1455). Primo supplemento a «Camera apostolica»*, in *Medioevo dei poteri*, pp. 149-150.

35. Parzialmente conservati nell'Archivio di Stato di Roma e nelle Archives Nationales di Parigi.

36. Si veda il lungo paragrafo «Forze locali», dedicato alle politiche ecclesiastiche dei Rossi, dei Sanvitale, dei Pallavicino, dei Torelli e dei Lupi nel corso del Quattrocento, nell'ampio studio di G. Battioni, *La diocesi parmense durante l'episcopato di Sacramoro da Rimini (1476-1482)*, in *Gli Sforza, la Chiesa lombarda*, pp. 115-213, a pp. 140-184.

37. Si veda rispettivamente R. Bizzocchi, *Chiesa e potere nella Toscana del Quattrocento*, Bologna 1987 (Annali dell'Istituto storico italo-germanico in Trento, Monografie, 6); Del Torre, *Patrizi e cardinali*.

anteriore al 1580) di Crema.[38] In questo senso possono essere valorizzate fonti come le promozioni agli ordini sacri (conservate in qualche caso anche per gli inizi del Trecento),[39] le visite pastorali e le relative liste di parroci (lungi dall'essere «superflue e povere note di statistica o curiose notizie biografiche soltanto»),[40] i cataloghi dei benefici (non di rado predisposti, anche retrospettivamente, fra Quattrocento e Cinquecento, nell'ambito di qualche tentativo di riforma o di riorganizzazione) le *tabule sepulturarum* o *libelli sepulcrorum* che pur raramente si conservano per alcuni conventi,[41] visto che come s'è detto la concessione di uno spazio sepolcrale o la creazione di una cappella è uno dei più significativi risarcimenti e compensi, in termine di capitale simbolico, che un chierico può erogare alla casata che l'ha generato e sorretto nella sua carriera.

I limiti di queste fonti analitiche, che pure forniscono dati complessivamente abbondanti, sono tuttavia evidenti. Prendo l'esempio di una delle tipologie ora citate, le liste di promozioni agli ordini sacri. A parte il fatto che spesso comprendono percentuali non trascurabili di promossi prove-

38. Anche soltanto scorrendo l'indice dei nomi della monografia dedicata a questa piccola città, si ha chiara la percezione della fitta presenza degli esponenti delle famiglie della modesta élite locale – i Terni, i Benvenuti, i Vimercati (lasciando da parte il ceppo signorile dei Benzoni): è un insieme di dati che ben si presta alla ricostruzione per ciascuna di queste casate di un progetto d'insieme, basato sul controllo dei seggi canonicali ma anche di prebende, benefici, altari. Cfr. *Chiese, conventi e monasteri in Crema e nel suo territorio dall'inizio del dominio veneto alla fondazione della diocesi. Repertorio di enti ecclesiastici tra XV e XVI secolo*, a cura di I. Lasagni, Milano 2008 (Materiali di storia ecclesiastica lombarda [secoli XIV-XVI], 10), pp. XX-XXI e *ad indicem*.

39. Per questa tipologia, cfr. qui sotto, note 43 ss e testo corrispondente.

40. Cito da Lasagni, *Introduzione*, in *Chiese, conventi e monasteri in Crema*, p. XIII, che si riferisce nel caso specifico a Brescia cinquecentesca.

41. A titolo di esempio, menziono i due conventi domenicani di S. Maria delle Grazie a Milano e di S. Anastasia a Verona; si veda rispettivamente S. Aldeni, *Il 'Libellus Sepulcrorum' e il piano progettuale di S. Maria delle Grazie*, in «Arte lombarda», 67 (1983), pp. 77-89 e le ripetute citazioni della «Tabula sepulturarum existentium in domo Sanctae Anastasiae de Verona» in T. Franco, *Attorno al "pontile che traversava la chiesa": spazio liturgico e scultura in Santa Anastasia*, in *La Basilica di Santa Anastasia a Verona. Storia e restauro*, a cura di P. Marini e C. Campanella, Verona 2011, p. 48, nota 12 e sgg. Altre testimonianze di questo tipo – punto di partenza eccellente per la ricostruzione di "strategie" da parte di famiglie per le quali l'investimento in eternità passa anche attraverso la carriera di un membro dell'agnazione o del nucleo – sono inedite; si veda ad esempio, per il convento femminile milanese di S. Marta, la *Nota di quelli sepolti nella nostra chiesa esteriore* redatta a partire dalla fine del Quattrocento (Biblioteca Ambrosiana di Milano, ms. A.198 Suss.; devo questa segnalazione alla cortesia di Edoardo Rossetti, che ringrazio).

nienti da fuori diocesi – «religiosi ac presbyteri vagabundi»[42] che vanno in giro cercando fortuna e carriera, provvisti di *littere dimissorie* del proprio vescovo –, per la loro stessa natura è infatti assai difficile e dispendioso incrociarle con altri dati. Così, nelle liste della diocesi di Padova del primo Quattrocento, comprendenti diverse centinaia di nominativi,[43] la presenza di illegittimi[44] non di rado appartenenti a grandi casate (bresciane, padovane, veneziane, friulane: Poncarale, Lion, Forzatè, Dandolo, Della Torre) è sicuramente interessante, ma costituisce comunque una ennesima sfaccettatura delle strategie delle grandi famiglie, e nulla più. Altri dati significativi sono certo ricavabili dal ricco documento: parecchi chierici sono figli di lanaioli; numerose sono le coppie di fratelli, ordinati simultaneamente o in successione di tempo. Ma moltissimi promossi sono carneadi, e occorrerebbe una ricerca mirata sulle fonti notarili (o sulle fonti fiscali, disponibili per questa città nel Quattrocento)[45] per andare oltre alla semplice attestazione di uno scalino di "carriera" superato dal singolo chierico.

Sempre sulla base delle promozioni agli ordini sacri, un'altra osservazione mi sembra importante. La notevole frequenza delle promozioni *ad titulum sui patrimonii*[46] (e anche quella più rara *ad mensam* di qualche

42. Rando, *«Religiosi ac presbyteri vagabundi». Vescovi e disciplina clericale.*

43. Cfr. P. Posenato, *Chierici ordinati a Padova dal 1396 al 1419*, in *Fonti e ricerche di storia ecclesiastica padovana*, II, Padova 1969, pp. 11-106. Per altri riferimenti bibliografici sulle liste di ordinazioni sacerdotali, a Padova e non solo, cfr. S.A. Bianchi, *Chierici, ma non sempre preti. Itinerari clericali nel Veneto tra la fine del XIII e gli inizi del XV secolo*, in *Preti nel medioevo*, Caselle di Sommacampagna 1997 (Quaderni di storia religiosa, IV), pp. 47-91, con ulteriore bibliografia (Mirouse, Tabbagh, Swanson).

44. Su questo tema, sparsi accenni (prevalentemente per lo spazio francese tardomedievale) in *La bâtardise et l'exercice du pouvoir en Europe du XIIIe au début du XVIe siècle*, a cura di É. Bousmar, A. Marchandisse, C. Masson e B. Schnerb, Villeneuve d'Ascq 2015 (Collection Histoire).

45. Per un caso padovano di questo genere – si tratta di un notaio che ha un figlio sacerdote, ancora menzionato nel nucleo familiare, dunque formalmente convivente e ancora "a carico" del padre –, si cfr. la polizza fiscale esaminata in G.M. Varanini, *Professionalità cancelleresca e tipologie documentarie nei domini veneziani del Quattrocento. Il* De arte cancellarie *del notaio Giovanni da Prato della Valle*, in *Archivi e archivisti in Italia tra medioevo ed età moderna*, a cura di F. De Vivo, A. Guidi e A. Silvestri, Roma 2015 (I libri di Viella, 203), pp. 335-358, a pp. 342-343. Nella denuncia fiscale, il notaio ricorda ai funzionari che «el prete», del quale non si dice neppure il nome, «andarà a star al suo luogo de San Daniele dante Domino»; dunque, più che progettarne la carriera vuole sbarazzarsi di una fastidiosa bocca (il nucleo familiare era di ben 16 persone).

46. Sulla base cioè di risorse fornite o garantite dallo stesso candidato alla promozione, o dalla sua famiglia; non essendo egli (ancora) titolare di un beneficio.

laico facoltoso) nelle liste pubblicate per il Trecento e Quattrocento[47] ha un suo considerevole significato, anche se l'incidenza di questo dato è molto varia.[48] Essa implica infatti l'appoggio della famiglia, ed è tanto più significativa quanto più è modesta l'origine sociale dei tonsurati o degli accoliti che in tal modo si garantiscono, perché evidentemente in questi casi l'"investimento" incide maggiormente. Peraltro, anche in questi casi, nulla ci dice che la carriera del chierico "promosso" ai primi gradi del chiericato non si fermi lì, e – lungi dall'essere l'inizio di un percorso – non sia invece un parcheggio, un binario morto, o una prima tappa dalla quale si può tornare indietro.

Proseguendo in questa rassegna, sono naturalmente da tenere nella massima considerazione le dichiarazioni esplicite, le manifestazioni d'intenti a proposito delle strategie per la carriera ecclesiastica che possono comparire nella documentazione privata delle famiglie italiane dei secoli XIII-XV. Ovvio il ricorso, innanzitutto, al materiale epistolare: ma ancora una volta esso concerne solo la crema della società, e poco ci interessa in questa sede la possibilità di individuare qualche spregiudicatezza in più o qualche giravolta tattica in più posta in essere per conseguire un (futuro) cardinalato Medici, o Gonzaga, o Sforza, o magari anche Arcimboldi;[49] così come non interessa molto illustrare il caso dei Rossi di Parma, esemplare anche nel fallimento del tentativo di svincolarsi dal condizionamento sforzesco e di acquisire vescovati e cappelli cardinalizi, ma provvisto di tutti gli ingredienti del caso (giuspatronati, illegittimi da sistemare, commende, ecc.).[50] Siamo ancora a un livello socio-politico troppo alto. Un po' più utili, nella prospettiva di una maggior attenzione a strati meno elevati della società, sono invece i libri di famiglia, dai quali qualche rara indica-

47. Più in Italia che altrove, sembra; in Francia nel Quattrocento la solidarietà familiare che supporta il *titulus* sembra venire meno.

48. Appare non a caso più forte nelle liste delle diocesi delle grandi e ricche città dell'Italia padana. Viceversa, per la maggiore incidenza nella regione alpina, rispetto ad altre aree, dei *tituli* clericali garantiti da signori, cfr. Rando, *«Religiosi ac presbyteri vagabundi»*, p. 171.

49. F. Somaini, *Un prelato lombardo del XV secolo: il card. Giovanni Arcimboldi vescovo di Novara, arcivescovo di Milano*, Roma 2003[2] (Italia sacra. Fonti e documenti di storia ecclesiastica, 73).

50. Cfr. G. Battioni, *Aspetti della politica ecclesiastica di Pier Maria Rossi*, e F. Somaini, *Una storia spezzata: la carriera ecclesiastica di Bernardo Rossi tra il «piccolo stato», la corte sforzesca, la curia romana e il «sistema degli Stati italiani»*, in *Le signorie dei Rossi di Parma tra XIV e XVI secolo*, a cura di L. Arcangeli e M. Gentile, Firenze 2007 (E-Book. Quaderni, 7), rispettivamente alle pp. 101-107, 109-186.

zione *apertis verbis* emerge, tanto sul versante fiorentino e toscano quanto su quello veneziano.[51]

In conclusione di questa lunga e un po' sconfortante disamina, bisogna riconoscere a mio avviso che, per ampliare verso il basso lo spettro d'indagine sulle politiche famigliari in tema di carriera ecclesiastica, le ricerche future non potranno – a parte la classica prospettiva prosopografica, peraltro non sempre sicura nell'esito[52] – che allungare lo sguardo ai secoli successivi. È possibile ad esempio raccogliere indizi interessanti e convergenti sul primo Cinquecento, per due contesti rilevanti come Firenze e Venezia: riguardano sempre i "nobili", ma quanto meno c'è un riconoscimento esplicito della generalizzazione del fenomeno della presenza di almeno un ecclesiastico nella compagine familiare. «All'inizio del Cinquecento Giovanni Cambi [*un cronista*] avrebbe registrato il fatto nuovo che in Firenze "ogni chasa grande" aveva "el prete"».[53] E quasi con le stesse parole, esattamente negli stessi anni, il cronista veneziano Gerolamo Priuli annota (1509) che «quando uno nobille havea molti fiolli, ne faceva uno prete et tutti vivevanno soto l'ombra sua».[54]

Queste osservazioni sul primo Cinquecento trovano conferma e supporto nel fatto che, per la piena età moderna, è possibile talvolta – con ricerche mirate su ambiti territoriali definiti – a codificare le carriere ecclesiastiche dei cadetti delle famiglie dei piccoli patriziati come la prassi assolutamente ordinaria.[55] Si riesce insomma, in tali casi, a conseguire quella «accumulazione densa dei dati», che Delille ha messo a fuoco in una ricerca di qualche anno fa, dedicata proprio alle strategie familiari (non solo in campo ecclesiastico, ma *anche* in tale campo) poste in essere nella società meridionale italiana (in contesti campani e pugliesi).[56] E infine, solo nella

51. Cfr. qui oltre.

52. Per un caso quattrocentesco di fallimento di questa opzione – quello delle mie estese ricerche sul patriziato veronese –, si veda qui sotto, nota 66 e testo corrispondente.

53. R. Bizzocchi, *Chiesa e aristocrazia nella Firenze del Quattrocento*, in «Archivio storico italiano», 140 (1982), p. 271.

54. G. Del Torre, *Stato regionale e benefici ecclesiastici: vescovadi e canonicati nella terraferma veneziana all'inizio dell'età moderna*, in «Atti dell'Istituto veneto di scienze, lettere ed arti. Classe di scienze morali, lettere ed arti», 151 (1992-93), p. 1185, citato anche da G. Gullino, *Venezia. Un patriziato per cinque secoli*, a cura di A. Caracausi e E. Ivetic, Caselle di Sommacampagna (Verona) (Nordest nuova serie, 141), p. 32.

55. C. Casanova, *«Gentilhuomini ecclesiastici». Ceti e mobilità sociale nelle legazioni pontificie*, Bologna 1999 (Heuresis, 9. Sezione di scienze storiche, 6).

56. G. Delille, *Famiglia e potere locale: una prospettiva mediterranea*, Bari-Roma 2011, p. 19. La citazione è ripresa nella discussione su questo e altri volumi da Ferdinando

piena età moderna – in un sistema ormai assestato – è possibile persino un calcolo previsionale, di tipo economico, sulla redditività per la famiglia del giovane avviato alla carriera beneficiale. Si considera infatti, nell'ottica della casata di appartenenza, che vale la pena di acquisire una commenda gravata di pensioni, solo se l'età del candidato è bassa, e si fanno al riguardo gli opportuni conti.[57]

4. *Ricostruire le carriere dei chierici: esempi trecenteschi e quattrocenteschi*

In questa sezione del mio contributo, propongo alcune osservazioni su differenti contesti istituzionali e politici all'interno dei quali è possibile, nonostante i fortissimi limiti sopra evidenziati, osservare in modo documentato comportamenti e scelte compiute, ai fini della costruzione di "carriere" ecclesiastiche famigliari, ribadendo ancora che trascuro di proposito il *jet-set*, le grandi casate che governano gli stati o si muovono comunque autonomamente nell'ambito dello spazio politico italiano, istituendo contatti diretti con Avignone e con Roma.

Nelle Chiese locali soggette alle signorie trecentesche

Nel contesto delle esperienze di governo monocratico trecentesco,[58] la condizione previa perché si possa approfondire qualche studio di caso è il già ricordato controllo delle istituzioni ecclesiastiche (secolari e monastiche) diocesano-cittadine, che le principali signorie cittadine (i Visconti a Milano, gli Scaligeri a Verona, i Bonacolsi e i Gonzaga a Mantova, gli

Mirizzi, nel suo intervento (IV della serie) in *A proposito di quattro libri recenti di storia della famiglia*, in «Quaderni storici», 48 (2013), fasc. 143, pp. 626-627.

57. Svolge interessanti osservazioni in questa prospettiva A. Pizzati, *Commende e politica ecclesiastica nella Repubblica di Venezia tra '500 e '600*, Venezia 1997 (Memorie della Classe di Scienze morali, lettere ed arti, 70), ad esempio p. 210. Ovviamente potevano entrare in gioco anche altri fattori, a modificare il dato puro e semplice del rapporto tra costi ed età del candidato: il prestigio dell'abbazia acquisita, il "capitale relazionale" costituito da un buon rapporto con qualche autorevole percettore di pensione (ciò che poteva abbreviare i tempi o procurare sconti).

58. Cfr. in generale *Signorie cittadine nell'Italia comunale*, a cura di J.C. Maire Vigueur, Roma 2013 (Italia comunale e signorile), che trascura peraltro i temi della politica ecclesiastica.

Estensi a Ferrara, i da Carrara a Padova) conseguono, in qualche caso a partire già dal Duecento,[59] in modo piuttosto sicuro (a prescindere dall'intermittente consenso papale). Si crea un recinto, uno spazio all'interno del quale si entra, con le necessarie mediazioni, *ad nutum* del signore e all'interno del quale si può sviluppare una carriera. Mi limito a un paio di esempi, quelli di Verona e di Padova.

Alla fine del Duecento, il capitolo della cattedrale di Verona è sostanziosamente occupato da esponenti delle famiglie filoscaligere, che respingono vittoriosamente i tentativi di infiltrazione dei chierici romani e di chi a Roma si era rivolto (in uno dei pochi momenti nei quali Verona e Roma non sono "in guerra").[60] Nella prima metà del Trecento poi il capitolo veronese si "delocalizza", parallelamente al crescere delle ambizioni politiche di Cangrande I e di Mastino II, e per diversi decenni è un porto di mare, ove figurano ancora lambertazzi bolognesi, ma poi orvietani, bresciani, parmensi, veneziani, bergamaschi, cremonesi, reggiani, forlivesi, modenesi, piemontesi. In almeno quattro o cinque casi (Filippeschi di Orvieto, Carbonesi di Bologna, Dalle Nozze di Cremona, Ervari di Firenze, oltre ovviamente ai Malaspina e ai da Correggio: tutte famiglie inurbate a Verona, e ad eccezione ovviamente delle ultime due si tratta di famiglie di taglia media o comunque non eccelsa) è documentata attorno al canonico di turno la presenza di notai (che talvolta hanno gli ordini minori, sono mansionari o accoliti, e sono suoi familiari del canonico), *domicelli*, beneficiati, appunto mansionari.[61] Certo non si può parlare di vere e proprie arrampicate sociali, "dal basso"; ma nella seconda metà del secolo, nella stessa città,

59. Per il caso degli Scaligeri resta valido nelle sue linee generali un mio antico studio (G.M. Varanini, *La chiesa veronese nella prima età scaligera. Bonincontro arciprete del capitolo (1273-1295) e vescovo (1296-1298)*, Padova 1988 [già in «Le Venezie francescane», V, 1987, fasc. I-II[), poi arricchito dalle ricerche di Maria Clara Rossi (citate qui sotto, nota 61).

60. Bastino i nomi degli Aleardi, Zaccari, del Mesa, «de Cesarina» (si tratta del figlio di un notaio strettamente legato ad Alberto I della Scala), Guardalucchesi, Nichesola, da Angiari, «de Bella», Castelbarco, da Saviola (mantovani legati ai Bonacolsi), Carbonesi e da Loiano (ghibellini bolognesi), a fronte di un Gregorino da Montelongo (il cognome parla da solo), e pochi altri; Varanini, *La chiesa veronese*, pp. 52-60, cui rinvio per brevità anche per la collocazione sociale.

61. Cfr. il saggio citato nella nota precedente, e tra le ricerche di Maria Clara Rossi: *Gli 'uomini del vescovo'. Familiae vescovili a Verona (1259-1350)*, in «Archivio Veneto», 45-46 (2000-2001), pp. 21-84 (parte prima), pp. 5-41 (parte seconda); *I notai di curia e la nascita di una 'burocrazia' vescovile: il caso veronese* (con *Schede biografiche dei notai*

il ruolo di ascensore sociale del favore signorile, a vantaggio di esponenti della piccola burocrazia signorile, è molto più evidente in un capitolo che è nuovamente localistico.[62] E per quanto riguarda Vicenza, soggetta a Verona dal 1311 al 1387, già da molto tempo è stato dimostrato che seggi canonicali, benefici parrocchiali, monasteri di città e diocesi sono riserva di caccia per le famiglie veronesi intente a costruire per i propri figlioli modeste "carriere", nelle quali il chierico mantiene spesso spiccati tratti di reversibilità di *status*.[63]

Non diversa è la situazione di Padova carrarese nella seconda metà del Trecento. In questa città, le carriere ecclesiastiche dei rampolli delle famiglie contigue al signore (spesso di origine "borghese", nel declino progressivo delle grandi casate aristocratiche di respiro regionale o comunque sovralocale come i Camposampiero o i Lendinara) si costruiscono attorno all'egemonia di Francesco il Vecchio da Carrara, alla crescente sua solidarietà coi vescovi della città, all'appoggio esplicito del francescanesimo antoniano.[64] E la conquista, sia pure per un arco di tempo non lunghissimo (anzi, proprio per questo) di Feltre e Belluno e di Treviso (1384-88) da parte della signoria padovana nella sua avventurosa politica degli anni 1360-1388, mostra l'immediatezza dell'ampliamento degli spazi per le famiglie dell'*entourage* signorile.[65]

di curia (fine XIII-metà XIV secolo), in *Vescovi medievali*, a cura di G.G. Merlo, Milano 2003, pp. 73-164.

62. Per la sua composizione nella seconda metà del secolo, si veda in breve C. Adami, *Una visita dei canonici della cattedrale di Verona (1360)*, in *Canonici delle cattedrali nel medioevo*, Caselle di Sommacampagna (Verona) 2003 (Quaderni di storia religiosa, 10), pp. 165-180.

63. Basti qui rinviare alla invecchiata e compilativa – ma ricchissima di informazioni, e perciò ancora assai utile – ricerca di G. Mantese, *Memorie storiche della Chiesa vicentina*, vol. II (*Dal Mille al Milletrecento*), Vicenza 1954, in particolare pp. 143 e sgg., pp. 187 e sgg., pp. 211 e sgg., pp. 243 e sgg.

64. Resta importante il saggio di S. Collodo, *Per la storia della signoria carrarese. Lo sfruttamento dei benefici canonicali di Padova nel XIV secolo*, in G. Cracco, A. Castagnetti, S. Collodo, *Studi sul medioevo veneto*, Torino 1981, pp. 95-110; cfr. anche B.G. Kohl, *Padua under the Carrara, 1318-1405*, Baltimore-London 1998, e ora, per un quadro d'insieme *ex post* con bibliografia aggiornata, Melchiorre, *«Ecclesia nostra». La cattedrale di Padova*, pp. 41-66.

65. Cfr. per Treviso il saggio ancora validissimo di G. Liberali, *La dominazione carrarese in Treviso*, Padova 1935 (Pubblicazioni della Facoltà di Lettere e filosofia, Università di Padova, 9); per Feltre e Belluno bastino qui (anche per una bibliografia aggiornata) i cenni forniti in G.M. Varanini, *Nota introduttiva*, in *I documenti di Liazaro notaio vescovile*

Nel Quattrocento: considerazioni generali

Tra i distinti elementi che condizionano la ricostruibilità dei progetti di carriera portati avanti dalle famiglie cittadine, nel Quattrocento – come si è accennato in precedenza – si definisce assai meglio il contesto istituzionale, che va ad acquisire margini di prevedibilità e regolarità di meccanismi in precedenza impensabili, con la codificata mediazione nei confronti di Roma e di un potere papale sempre più forte dei governi di Milano, Venezia, Firenze (ma anche Torino, Ferrara, e perfino Carpi o Mirandola): i concordati dunque, e anche i vincoli posti dall'organizzazione degli ordini mendicanti e del monachesimo benedettino riformato. Inoltre, il reticolo delle fonti che possono esprimere la soggettiva scelta – il progetto del gruppo agnatizio (o della singola linea dinastica) che si deve muovere, costruendo un vantaggio competitivo rispetto alle famiglie concorrenti – si fa talvolta più fitto e promettente, sì da far balenare la possibilità di intravedere i vari passaggi di un percorso (la "strategia") e i riscontri in termini di mobilità sociale ascendente.

Gli archivi famigliari, che pure in molti contesti documentari cittadini nel Quattrocento prendono consistenza, possono fornire testimonianze primarie e decisive: i testamenti, ad esempio, possono fotografare la crescente propensione a regolarizzare uno dei meccanismi più noti, ovvero il confinamento in una posizione ecclesiastica del secondogenito o terzogenito, pur senza maggiorascati formalizzati. Mancano però studi mirati su *dossiers* documentari ampi, a questo riguardo, e in mancanza di fonti soggettive, la sola indagine prosopografica può essere insufficiente. Mi permetto di fare un esempio che viene da mie insistite ricerche. In una quindicina di indagini monografiche su famiglie del patriziato veronese del Quattrocento (nessuna di antica estrazione aristocratica e "feudale", ma tutte in generale uscite dal grande rinnovamento del Due-Trecento scaligero) svolte nei decenni scorsi,[66] non sono riuscito ad andare molto al di là dell'occupazione degli stalli capitolari e di qualche beneficio cittadino.

Solo un aspetto definibile come "strategico" è emerso. Si tratta dell'attenzione, già manifesta nel Quattrocento, ai chiericati rurali coincidenti

di Feltre e Belluno (1386-1422), a cura di G.M. Varanini e C. Zoldan, saggi introduttivi di G.M. Varanini e D. Bartolini, Roma 2011 (Fonti per la storia della Terraferma veneta, 28), pp. IX-XLVI.

66. Le elenco qui, rinunciando per evidenti ragioni di spazio ai rinvii bibliografici puntuali: Turchi, Pindemonte, Giuliari, Bevilacqua-Lazise, Da Lisca, Miniscalchi, Lando, Pompei, Del Bene, Saibante, Della Torre, Maffei, Lafranchini, Cipolla.

con i luoghi del possesso fondiario (sovente solido e compatto) di queste famiglie veronesi. È la premessa della committenza ecclesiastica cinque-seicentesca (cappelle e oratori di villa, controllo variamente esercitato delle pievi rurali e delle parrocchie in via di consolidamento) e del paternalismo ecclesiastico sei-settecentesco nell'ambito della "civiltà della villa veneta",[67] non diversamente del resto da quanto accadeva nelle campagne toscane ove il giuspatronato delle famiglie fiorentine nei luoghi di egemonia fondiaria e sociale era una realtà diffusa.[68] Peraltro, nella stessa Terraferma veneta, in altre diocesi le cose andavano assai diversamente. Un'esaustiva ricerca compiuta sulla diocesi di Treviso consente infatti di constatare la modesta appetibilità, per le famiglie cittadine di Treviso (in ipotesi, quelle che possono considerare un beneficio pievano una tappa di carriera ecclesiastica), dell'ambito del clero curato secolare, sostanzialmente abbandonato a preti raccogliticci e immigrati. Infatti, «su 650 sacerdoti in cura d'anime operanti in diocesi nell'arco di 35 anni...solo una quarantina si diceva di origine trevigiana».[69]

Come è ovvio, tracce rade ma significative delle scelte in materia di politica ecclesiastica familiare possono invece da una tipologia documentaria che è per sua natura plurigenerazionale e proiettata "strategicamente" verso il futuro, ovvero i libri di famiglia o di ricordanze. Nel

67. Si vedano le suggestive pagine (più volte ristampate) di G. Cozzi, *Ambiente veneziano, ambiente veneto. Governanti e governati nel dominio di qua dal Mincio nei secoli XV-XVIII*, in *Storia della cultura veneta*, diretta da G. Arnaldi e M. Pastore Stocchi, 4 (*Il Seicento*), t. II, Vicenza 1984, pp. 536-538 (par. 7, «La funzione della chiesa e della devozione»); inoltre P. Mometto, *La vita in villa*, ivi, 5 (*Il Settecento*), t. I, Vicenza 1985, p. 611. Per un singolo precoce esempio (il patrizio vicentino Gasparo Monza che nel Quattrocento restaura la chiesa del villaggio di Dueville e ne diviene giuspatrono), G.M. Varanini, *Cittadini e «ville» nella campagna veneta tre-quattrocentesca*, in *Andrea Palladio e la villa veneta. Da Petrarca a Carlo Scarpa*, a cura di G. Beltramini, Venezia 2005, p. 46. Ma l'interesse delle famiglie patrizie per il controllo "strategico", diretto o indiretto, del contesto agrario di proprio riferimento anche attraverso le istituzioni ecclesiastiche, è evidente soprattutto scorrendo i verbali delle visite pastorali di età moderna, ove si incontrano spesso illegittimi o agnati del proprietario egemone come cappellani o curati o parroci.

68. Bizzocchi, *Chiesa e potere nella Toscana del Quattrocento*, p. 173.

69. Siamo però nella prima metà del Quattrocento; cfr. L. Pesce, *La Chiesa di Treviso nel primo Quattrocento*, Roma 1987 (Italia sacra. Studi e documenti di storia ecclesiastica, 38), I, p. 388. Diverso è il discorso a Venezia, ove a comporre socialmente il clero secolare cittadino convergono patrizi, ma anche famiglie popolari e artigiane (anche del popolo minuto) che «trovavano [...] possibilità di carriera per i figli»; vedi in proposito le belle pagine di Romano, *Patrizi e popolani*, pp. 141-147.

Trecento fiorentino vi fu – nel periodo della più stretta contiguità fra l'oligarchia mercantile che egemonizzava la parte guelfa e le istituzioni ecclesiastiche cittadine (oltre che il papato); periodo poi conclusosi con la reazione "anticlericale" della Guerra degli Otto Santi – il caso ben noto dei Corsini, che controllarono per trent'anni l'episcopato di Fiesole (con Andrea e poi Neri) e per un tempo minore (con Piero, poi cardinale) l'episcopato di Volterra e poi di Firenze: con accertati vantaggi patrimoniali per il loro fratello Matteo, come risulta appunto dal libro di ricordanze. Come è stato osservato, è questo

> avvicinare e quasi confondere l'amministrazione dei beni loro [*ad Andrea, Neri e Pietro Corsini*] affidati in qualità di vescovi, con quella dei beni di famiglia loro spettanti o condotti da fratelli e parenti,

che caratterizza nel Trecento anche altre casate dell'*establishment* guelfo, non si riscontra del secolo successivo con altrettanta spregiudicatezza, ma di quando in quando affiora.[70] Francesco Sassetti, per esempio, in una sorta di promemoria stilato per i figli afferma in modo esplicito che «con la tonsura si poteva salvare il patrimonio della famiglia», e designa allo scopo – confermando una pratica all'epoca ormai consolidatissima – il quarto figlio (che nell'affresco famoso di Ghirlandaio a S. Trinita un papa guarda con occhi benevolmente auspicanti, come aveva già osservato Burckhardt); egli si appoggiò per questo appunto a Lorenzo il Magnifico. Riguardo a Francesco Castellani, del fatto che «uno mio figlolo s'è voluto designare alla religione» (si tratta non sorprendentemente di un illegittimo) lo apprendiamo però da una lettera al Magnifico, non dalle *Ricordanze*, che hanno in questo caso un tratto prevalente di libro di conti piuttosto che di memorie. Tra l'altro gli obiettivi, nel caso specifico, sono più di consolidamento e di mantenimento di posizioni acquisite che non di ulteriore e progressiva affermazione chiericale, visto che la carriera di Bartolomeo Castellani si svolge prevalentemente all'interno dei giuspatronati Castellani.[71] Quanto a Ugolino Martelli, egli dà bensì notizia del fatto che il figlio Ludovico è entrato in un ordine religioso (un pensiero di meno, per il padre); ma questa è la sola ed unica notizia che si

70. Per quanto riportato sopra, cfr. A. Petrucci, *Introduzione*, in *Il libro di ricordanze dei Corsini (1362-1457)*, a cura di A. Petrucci, Roma 1965 (Fonti per la storia d'Italia, 100), pp. XVI-XIX (XVIII per la citazione).

71. Cfr. G. Ciappelli, *Una famiglia e le sue ricordanze: i Castellani di Firenze nel Tre-Quattrocento*, Firenze 1995 (Quaderni di "Rinascimento", 27), p. 177 nota 72, p. 90 e nota 129, con ampia e analitica documentazione.

dà su costui nell'intero testo.[72] Per quanto riguarda invece la memorialistica veneziana, qualche spunto interessante si ricava dalle memorie degli Ziliol, una famiglia di cittadini (non di patrizi) che sceglie

> una strategia di diversificazione delle carriere che permette loro di usufruire di tutte le possibilità offerte da Venezia ai suoi cittadini. Lungo tutto il Cinquecento, lo schema della divisione delle carriere si ripete in modo regolare a ogni generazione: uno o due figli cominciano un'attività mercantile, uno o due altri seguono la carriera ecclesiastica e agli altri restano gli uffici e, soprattutto a fine secolo, gli studi. Più la famiglia è numerosa (e a fine secolo lo è davvero!) e più numerose sono le figlie mandate in convento...[73]

Si ha l'impressione che solo sul lungo periodo si assestino i regolati meccanismi di selezione tra i figli, per la tutela del patrimonio familiare. Si è già accennato che è nel Cinquecento che un cronista fiorentino constata che tutte le maggiori famiglie della città toscana hanno in casa un ecclesiastico; e per quanto riguarda Venezia un testimone autorevole come Tommaso Campanella nel 1606 osservò che «la maggior parte de' nobili veneziani viveno di canonicati e di vescovati: e per non perdersi, le famiglie nobili han questo soccorso per li secondogeniti e per la moltitudine de' figlioli».[74]

Nel Quattrocento: varianti regionali

Ribadita, dunque, la difficoltà di identificare – se non sul lungo periodo, entrando profondamente nell'età moderna delle aristocrazie provinciali consolidate – strategie praticate in modo diffuso, è infine possibile abbozzare alcune varianti "territoriali", allo scopo di definire scenari che costituiscano lo sfondo di future possibili ricerche, anche sulla base di qualche indagine recente che ha arato il terreno.

72. Ugolino di Niccolò Martelli, *Ricordanze dal 1433 al 1483*, a cura di F. Pezzarossa, Roma 1989 (La memoria familiare, 3), p. 22 e nota.

73. A. Bellavitis, *«Quando la Seconda Corona della Veneta Repubblica si racconta»: la Cronichetta da ca' Ziliol*, in *Family Memoirs from Venice (15th-17th centuries)*, a cura di J.S. Grubb, con un contributo di A. Bellavitis, Roma 2009 (Fonti per la storia di Venezia, Sezione V-Fondi vari), p. XXXV.

74. Citato, in un saggio anche altrimenti utile nella prospettiva che qui interessa, da R.C. Mueller, *Sull'*establishment *bancario veneziano. Il banchiere davanti a Dio (secoli XIV-XV)*, in *Mercanti e vita economica nella Repubblica Veneta (secoli XIII-XVIII)*, a cura di G. Borelli, Verona 1985, I (distribuito in formato digitale da *Reti Medievali*: http://www.rmoa.unina.it/1000/1/RM-Mueller-Banchieri.pdf; p. 4). Mueller deriva a sua volta la citazione da Angelo Ventura.

Una prima considerazione va fatta a proposito dei capitoli delle cattedrali. È noto che in Italia sono rari gli studi sui questi classici luoghi d'intersezione tra le famiglie di una élite cittadina e il mondo ecclesiastico.[75] Si tratta peraltro, com'è parimenti noto, di istituzioni la significanza ecclesiale delle quali è debole: «la specificità dei capitoli sta nella loro *secularitas* ossia nella loro inestricabile connessione di Chiesa e Mondo che li caratterizza», sì che si può anche dubitare che l'appartenenza a questo clero bifronte integrato socialmente coi laici (e massime per l'appunto con le famiglie di provenienza), dei quali condivide stili di vita e aspirazioni, rientri davvero a tutti gli effetti in una "carriera ecclesiastica".[76] Ma tenendo presente questo limite strutturale, è evidente che gli studi approfonditi sui capitoli darebbero buonissimi frutti, per conoscere meglio le ricadute di arricchimento e di prestigio sulle famiglie di origine del canonico. È un peccato perciò che uno dei pochi capitoli tardomedievali studiati accuratamente per lo spazio cisalpino non sia "italiano", ché tale non è ecclesialmente e politicamente il capitolo di Trento. Nella diocesi atesina, comunque, lo stallo capitolare dell'aristocratico locale o tirolese può produrre a grappolo soddisfacenti esiti di controllo di cappellanie, e di cariche minori per le clientele; e c'è anche un documentato nesso tra i cappellani e le professioni artigiane e liberali della piccolissima (4-5.000 abitanti) città: *aurifex*, *becarius*, *cerdo*, *hospes*, *murator*, *merzadrus*, *notarius*, ma anche notai.[77]

Un paio di recenti studi relativi a capitoli tre-quattrocentesche di città padane consentono tuttavia di iniziare ad articolare meglio il quadro. A Reggio Emilia, secondo le veloci ma incisive osservazioni di Gamberini, a fine Trecento il capitolo appare la roccaforte della nobiltà civica, ignorato dalle grandi casate signorili del contado e poco permeabile da parte di *homines novi*.[78] Il profilo del capitolo di Padova è invece più mosso, tanto

75. Oltre che per Roma (Montel, Barone) e Firenze (Dameron), abbiamo studi monografici sui capitoli di Trento (che Italia non è) e ora su Padova (cfr. qui oltre); e qualche altro caso di studio non esaustivo. Cfr. il bilancio storiografico di E. Curzel, *Le quinte e il palcoscenico. Appunti storiografici sui capitoli delle cattedrali italiane*, in *Canonici delle cattedrali nel medioevo*, pp. 39-67.

76. Per questi dubbi, cfr. quanto ho osservato nelle prime pagine di questo contributo.

77. E. Curzel, *I Canonici e il Capitolo della cattedrale di Trento dal XII al XV secolo*, Bologna 2002 (Istituto Trentino di Cultura. Pubblicazioni dell'Istituto di Scienze religiose in Trento, series maior, VIII).

78. Gamberini, *La nobiltà del pastore*, pp. 78 e sgg. (par. 2, «Vescovi e capitoli cattedrali: tra certificazione di status e produzione di status»).

più che l'ampio studio ad esso dedicato consente di allargare lo sguardo a tutta la porzione orientale della Terraferma veneta (oltre alla diocesi di Padova, quella di Treviso, e parte del Friuli[79]), per la quale densità di notizie e bontà di ricerche lasciano intravedere i percorsi e strategie familiari delle famiglie veneziane.[80]

È ben noto che il controllo della repubblica lagunare sulle cariche ecclesiastiche è in linea di principio piuttosto rigido sull'intero territorio della Terraferma; la dice lunga il fatto che nel 1425 fu votata in Senato, anche se venne respinta, una *pars* che voleva riservare ai veneziani *tutti* i benefici di *tutto* il dominio, e proponeva che i benefici vacanti dopo un solo mese fossero a disposizione dell'autorità politica. Norme draconiane che dicono la "fame" dei patrizi veneti; ma effettivamente nel capitolo di Padova, e in generale nell'insieme dei benefici delle diocesi del Veneto orientale, essi nel Quattrocento spadroneggiarono, con marcate differenziazioni di ceto (le carriere dei patrizi, che fanno i canonici, sono abbastanza nettamente distinte da quelle dei semplici *cives* veneziani, che fanno i cappellani e i mansionari). Fra i fattori che agevolano le carriere c'è certamente ai gradi bassi una certa meritocrazia e anzianità di servizio: 27 cappellani diventano mansionari o custodi (ma raramente canonici); c'è anche mobilità da mansionari a clero curato (extra-capitolo). Qui, le famiglie si vedono poco, mentre al livello del reclutamento dei canonici, è lecito ipotizzare che la pressione delle *casade* conti moltissimo. Su 199 canonici attestati a Padova tra il 1405 e il 1509,[81] 110 sono veneziani e di questi 81, cioè i ¾, sono patrizi (7 Michiel, 6 Barbo, 5 Giustinian: si noti, sono tutte le *casade* di

79. Ben diverso è il rapporto con Venezia delle città e diocesi della Terraferma centro-occidentale, da Vicenza in là. Ciò vale naturalmente su tutti i piani (economico, politico-istituzionale, fiscale), e questa constatazione ha portato a teorizzare lo schema delle "due Terraferme"; mi permetto per questo di rinviare a G.M. Varanini, *La Terraferma veneta nel Quattrocento e le tendenze recenti della storiografia*, in *1509-2009. L'ombra di Agnadello: Venezia e la Terraferma*, Atti del convegno internazionale di studi (14-16 maggio 2009), a cura di G. Del Torre e A. Viggiano, Venezia 2011 (= «Ateneo veneto. Rivista di scienze lettere ed arti. Atti e memorie dell'Ateneo veneto», 197 (2010), terza serie, 9/I), pp. 13-63, ove non manca qualche cenno sulle questioni di politica ecclesiastica e beneficiale.

80. Melchiorre, *«Ecclesia nostra». La cattedrale di Padova, il suo capitolo*. L'amplissima bibliografia che correda questo studio esime dal segnalare qui la ricca tradizione di studi precedente.

81. Rispettivamente, l'anno della conquista della città e del suo distretto da parte di Venezia, e l'anno del temporaneo disfacimento dello stato di Terraferma, a seguito della sconfitta dell'esercito veneziano ad Agnadello, durante la guerra della lega di Cambrai.

ecclesiastici santi e santissimi del primo Quattrocento[82]). Inoltre 8 canonici su 199, quindi una percentuale piccola ma non infima, hanno meno di 10 anni di età; e le *resignationes* ai familiari, le permute tra fratelli, le procure a parenti strettissimi sono numerose. In ognuno di questi casi, la caccia al canonicato andrebbe contestualizzata in un percorso individuale e/o in una strategia familiare, della quale è talvolta possibile leggere qualche passaggio (anche diretto e brutale: non mancano camerlenghi e podestà di Padova in carica, e neppure un nipote di doge, che chiedono e ottengono canonicati per fratelli e figli). Non a caso dunque la documentazione veneziana definisce la cattedrale di Padova «ecclesia nostra»: "proprietà" delle famiglie patrizie venete in modo ancor più incisivo di quanto i seggi canonicali delle città toscane (ma non i benefici minori) "appartengano" alle famiglie fiorentine,[83] mentre il quadro che riguarda Brescia, Verona, Bergamo è diverso e sostanzialmente più favorevole ai patriziati locali.[84]

La storiografia veneziana ha coniato la definizione di "dinastie ecclesiastiche" per indicare quelle grandi famiglie – i Corner, i Grimani, i Pisani, i Soranzo – che fra Quattro e Cinquecento «erano fautrici di una politica filoromana» e puntavano molto, appunto, sull'acquisizione dei benefici ecclesiastici.[85] La documentazione è assai ricca, dunque, ed è stata accurata-

82. Il patriarca san Lorenzo Giustiniani, Giovanni Michiel e Ludovico Barbo iniziatori della riforma di S. Giustina, ecc.

83. Nella sua sintesi, ancora validissima, su *Chiesa e potere nella Toscana del Quattrocento*, Bizzocchi scriveva infatti di «mantenimento per via di Roma del controllo delle aristocrazie locali sulle loro chiese», in aggiunta beninteso al «cumulo dei benefici realizzabile in curia» compresi i benefici soggetti a giuspatronato. Il controllo del capitolo cattedrale non sfugge alle regole: 80% dei seggi, per l'intero secolo, agli aristocratici fiorentini, che abbinano il controllo della situazione locale e la familiarità con la curia romana. Arezzo, Pistoia: 60% ai locali, 20% fiorentini, 20% altri; Volterra: 50, 20, 30; Pisa: 40, 40, 20.

84. Questi contesti sono in grado di resistere all'imperialismo beneficiale veneziano, e sono piuttosto le famiglie locali (non prive del resto di appoggi diretti in curia romana, non mediati da Venezia) a disegnare strategie. Per Verona le indicazioni migliori e più recenti vengono dal saggio di M. Cipriani, Familia *ideale e* familia *reale: il vescovo Ermolao Barbaro e i suoi uomini (1453-1471)*, in «Rivista di storia della Chiesa in Italia», 65 (2012), pp. 389-429. Analoghe osservazioni potrebbero farsi per un'altra città retta da un patriziato robustissimo ma politicamente non indipendente, come Bologna.

85. Cfr. G. Gullino, *Marco Foscari (1477-1551). L'attività politica e diplomatica tra Venezia, Roma e Firenze*, Milano 2000 (Storia, 260), pp. 37-38 (ove si accenna al fallito tentativo di Marco Foscari di avviare il figlio Filippo al galero cardinalizio, sulle orme dello zio Pietro, e sul ripiego costituito dai matrimoni «con donne appartenenti a casate legate alla Sede Apostolica»). Come è noto, le famiglie "papaliste" costituirono un problema gra-

mente studiata; eppure è assai raro che macchinazioni esplicite architettate dai clan patrizi vengano compiutamente alla luce. Emerge solo perché c'è un processo, ad esempio, un clamoroso caso (tardo-quattrocentesco) di occultamento – pianificato con grande attenzione – di rendite ecclesiastiche all'interno di un patrimonio familiare. Lorenzo Gabriel, vescovo di Bergamo, fece infatti amministrare dal fratello Zaccaria gli introiti beneficiali, e Zaccaria intestò anche al fratello gli acquisti (fondiari e non solo) effettuati con quegli introiti, in modo da mantenere la condivisione patrimoniale ma da "riciclare" come reddito mercantile quello che proveniva dalle rendite episcopali. Anche il sepolcro del vescovo (premorto), una bellissima tomba rinascimentale, fu pagata dal fratello.[86]

Qualche cenno infine ancora sulla Lombardia sforzesca, ove dall'inesauribile carteggio emerge talvolta la precisa consapevolezza, da parte dei più avvertiti esponenti della corte, dell'estrema attenzione con la quale – tanto da Milano quanto dalle altre principali città dello stato – le famiglie patrizie guardano alla materia beneficiale e in generale alle carriere ecclesiastiche. Esemplare al riguardo quanto scrive nel 1475 il potente segretario Cicco Simonetta a Sacramoro da Rimini, che si trova in Curia romana: si invita l'accorto vescovo di Parma a suggerire a Sisto IV di frenare l'ingordigia cardinalizia e curiale sui benefici lombardi, «anco perché li zentilhomini et zitadini nostri non possono essere compiazuti né proveduti per li loro fioli de beneficio che sia de dignità né valore alcuno».[87]

Fra i molti temi che potrebbero essere toccati sulla base del caso lombardo, ne sottolineo due, che hanno ambedue una valenza generale, e sono stati messi a fuoco da ricerche recenti.[88] Il primo è quello dello spazio sepolcrale come patrimonio simbolico della famiglia del chierico. I chierici ripagano famiglie, comunità, clan aristocratici che li hanno espressi o in qualche modo supportati mediante la cessione ai fini funerari di quote maggiori o minori dello spazio sacro (si tratti di una cappella, o di un

ve per la politica veneziana nella seconda metà del Quattrocento; cfr. G. Del Torre, *«Dalli preti è nata la servitù di quella repubblica». Ecclesiastici e segreti di stato nella Venezia del Quattrocento*, in *Venezia. Itinerari per la storia della città*, a cura di S. Gasparri, G. Levi e P. Moro, Bologna 1997 (Biblioteca storica), pp. 131-158.

86. Del Torre, *Appendice I. Carriera politica e benefici ecclesiastici in una famiglia veneziana del primo Cinquecento*, in Del Torre, *Patrizi e cardinali*, pp. 175-195.

87. Battioni, *La diocesi parmense durante l'episcopato*, pp. 190-191.

88. *Famiglie e spazi sacri nella Lombardia del Rinascimento*, a cura di L. Arcangeli, G. Chittolini, F. Del Tredici e E. Rossetti, Milano 2015.

altare). Qualità e servizio liturgico sono funzionali dunque alle ascese o alle discese sociali, ma anche alla tenuta o all'allentamento dell'identità di clan.[89] Il tema è vastissimo e ovviamente ovunque studiato; ed è troppo importante per essere lasciato soltanto agli storici dell'arte, sì che sarebbero preziose riflessioni d'insieme sul versante della storia sociale e politica. Non meno rilevante è un altro spunto, sorretto dall'amplissimo spoglio erudito che gli studiosi lombardi hanno compiuto negli ultimi decenni: i numerosi percorsi biografici di chierici, che si svolgono fra città e contado o nel fitto tessuto di borghi della bassa milanese e della Brianza. Famiglie della nobiltà rurale o del notabilato di borgo (si tratta di centri di varia dimensione: Lonate Pozzolo, Vigevano, Varese, Vimercate, Abbiategrasso, Busto Arsizio, Gallarate...) riescono a gestire le carriere ecclesiastiche e a ottenere adeguate contropartite in termini di egemonia o comunitaria, o di villaggio, o di parentado, combinando in vari equilibri il condizionamento del principe, margini di autonomia tutelati dal giuspatronato comunitario o agnatizio, ambizioni di singole linee familiari o di singoli individui.[90]

5. *«Chi dietro a iura, e chi ad aforismi». Istruzione e mobilità sociale dei chierici (secoli XIII-XV)*

Premessa

A conti fatti, gli spunti proposti sin qui non offrono molto a proposito della carriera ecclesiastica come ascensore sociale: molte notizie sono contraddittorie, e soprattutto molto è il "sottinteso" sino al Quattrocento, quando finalmente la gamma delle fonti documentarie, soprattutto private, si amplia. Sembra di poter dire in generale – anche se è solo un'impressione – che le cariche ricoperte dai chierici sono funzionali alla conservazione di uno *status* familiare almeno altrettanto di quanto non siano all'affermazione sociale, al consolidamento economico, alla ricaduta positiva e alla crescita in termini di prestigio a vantaggio della famiglia d'origine.

89. Non è raro infatti che un sepolcro, fondato da un solo ramo o da un individuo, faccia poi da "ombrello" all'agnazione intera, diventando lo strumento dell'egemonia di quel ramo; o all'inverso che ne sancisca la definitiva affermazione.

90. Si cfr. il volume citato sopra, a nota 88, e specialmente F. Del Tredici, *I benefici della parentela. Famiglie, istituzioni ecclesiastiche e spazi sacri nel contado di Milano (XIV-XV secolo)*, alle pp. 309-343.

La letteratura storiografica più aggiornata postula che nel periodo considerato il "capitale culturale" (certo non solo l'istruzione universitaria, e non solo il diritto canonico) costituisca in maniera via via più incisiva un elemento importante per favorire le ascese sociali, integrando (e talvolta sostituendo) il capitale economico e sociale, necessario e sufficiente nei secoli centrali del medioevo per andare avanti nella carriera clericale. Per quanto riguarda soprattutto l'Europa centrale e settentrionale, Menant e Anheim hanno in effetti mostrato di recente (per gli anni 1250-1350 circa) il forte rilievo dell'istruzione come vettore di mobilità sociale clericale: i progressi "meritocratici" dei chierici in possesso di gradi accademici sono notevoli, mentre in Italia, in Spagna e in Provenza c'è a giudizio dei due studiosi (almeno nei capitoli delle cattedrali) maggiore resistenza della nobiltà.[91] E anche nelle città tedesche esiste un rapporto diretto e strettissimo tra l'acquisizione del titolo dottorale e la carriera; a Erfurt nel Trecento e Quattrocento il 91% dei giuristi gode di prebende.[92]

Tenendo conto anche di queste riflessioni recenti, in questo paragrafo conclusivo tenterò di fornire su questo punto qualche indicazione ulteriore per quanto riguarda l'Italia soprattutto per il Quattrocento.

Formazione giuridica e carriera clericale nel Duecento e Trecento: cenni

Nei secoli precedenti, come è noto, l'invito ai chierici perché si istruissero – dato che «Ecclesia Dei filios desiderat eruditos» – provenne, fra XII e XIII secolo, direttamente dal papa. A partire da Innocenzo III studenti e professori di teologia e diritto canonico possono percepire per 5 anni i frutti delle loro prebende in deroga a normative locali in contrario. Nell'ambito specifico dei capitoli cattedrali, la ricezione e «l'effettiva incidenza delle disposizioni pontificie e conciliari nel tessuto scolastico episcopale e più in generale nella rivitalizzazione della cultura in seno alle chiese matrici» ebbe effetti immediati e notevolissimi. Lo ha mostrato di recente una ricerca esemplare dedicata alla regione subalpina e ai suoi numerosi capitoli

91. É. Anheim, F. Menant, *Mobilité sociale et instruction. Clercs et laïcs du milieu du XIIIe au milieu du XIVe siècle*, in *La mobilità sociale nel medioevo*, a cura di S. Carocci, Roma 2010 (Collection de l'École française de Rome, 436), pp. 342-379.

92. Cfr. R. Gramsch, *Erfurter Juristen im Spätmittelalter: Die Karrieremuster und Tätigkeitsfelder einer gelehrten Elite des 14. Und 15. Jahrhunderts*, Leiden-Boston 2003 (Education and Society in the Middle Ages and Renaissance, 17); ma cfr. il contributo di Daniela Rando in questo volume.

cattedrali.[93] Con molte differenze fra i capitoli colti e ricchi del Piemonte del nord e il depresso sud della regione, si constata la larga diffusione del titolo di *magister* e di pratiche di insegnamento, e soprattutto nella prospettiva che qui interessa la ripetuta attenzione per la carriera ecclesiastica dei parenti o di membri dell'*entourage*, grazie al lascito di biblioteche o di provvigioni al nipote più meritevole («qui profecerit et magis habilis sit ad studendum») o al nipote potenziale canonico o allo scolaro povero. Il «ruolo ricoperto dalle prebende canonicali nella realizzazione di un *iter studiorum* importante per intraprendere carriere nelle gerarchie ecclesiastiche» è riconosciuto come «fondamentale».[94]

Va anche ricordata una circostanza ben nota, ma a sua volta rilevante. Nelle città italiane il panorama dei luoghi e degli "istituti di formazione" *lato sensu* intesi è sin dai secoli centrali del medioevo più ricco e più vario che non oltralpe. Di conseguenza, anche altre occasioni di formazione culturale del clero, diversa da quella universitaria e giuridico-canonistica, debbono essere segnalate e valorizzate, quantunque una documentazione davvero "mirata" non sia particolarmente precoce. Dalle fonti notarili tuttavia emergono, di quando in quando, dati sull'apprendistato clericale e su forme semi-strutturate di istruzione per giovani aspiranti chierici. A Treviso nel Trecento sono stati ad esempio segnalati i contratti «ad adiscendum artem et officium clericatus», e l'organizzazione di "corsi di formazione"; nella stessa città, sempre nel Trecento un prete Salomone possiede quattro tavole «a scolaribus» per lo svolgimento di lezioni.[95] Inoltre a Padova, nel Quattrocento, una *commissaría* testamentaria prevede l'istituzione di prebende clericali per ragazzi di umili origini, da istradare alla vita ecclesiastica.[96] Sono forme di supporto alla crescita e al consolidamento sociale non diverse da quelle riscontrabili in altre attività professionali, così come

93. P. Rosso, *«Constituatur magister idoneus a prelato». La ricezione in area subalpina delle disposizioni dei concili lateranensi III e IV sull'istruzione del clero*, in «Reti medievali. Rivista», 17 (2016), fasc. 1, pp. 467-562 http://www.rmojs.unina.it/index.php/rm/article/view/486, citazione a p. 473. Rosso lamenta ancora una volta la carenza di analisi prosopografiche a proposito dei capitoli italiani e la carenza di dati d'insieme analoghi a quelli offerti da Millet, Verger e Moraw per Francia e Germania; non a caso fu un tedesco, Hagen Keller, che molti anni fa studiò anche per l'Italia la «origine sociale e formazione del clero cattedrale» per un periodo ancora precedente.

94. Ivi, p. 493.

95. G. Cagnin, *«Ad adiscendum artem et officium clericatus». Note sul reclutamento e sulla formazione del clero a Treviso (sec. XIV)*, in *Preti nel medioevo*, pp. 93-124.

96. Melchiorre, *«Ecclesia nostra». La cattedrale di Padova, il suo capitolo*, p. 229.

(è ben noto) non diverse sono le dinamiche associative e confraternali tra clero secolare e artigianato. Nella stessa regione veneta, infine, l'istituzione di un collegio universitario per studenti trevigiani, con posti anche per i canonisti,[97] va nella stessa direzione: favorire i capaci e meritevoli ancorché privi di mezzi, perché raggiungano i gradi più alti degli studi. Ed esperienze analoghe non mancano in altre sedi universitarie italiane.

Ma tornando alla formazione canonistica, in riferimento ancora al caso veneziano ricorderò poi che quasi in ognuna delle circa 40 *probae* ai benefici ecclesiastici votate dal Senato veneto nell'ultimo terzo del Trecento è presente tra i candidati uno studente (o più studenti) in diritto canonico, e almeno in una decina di casi fra i candidati sono presenti *cives nostri*, veneziani non patrizi (chierici o frati che fossero: di per sé le *probae* erano riservate ai patrizi).[98] Dei 344 chierici veneti ordinati a Bologna tra 1344 e 1508, inoltre, 100 sono veneziani, 50 veronesi, 30 vicentini, 30 padovani, 10 trevigiani. Sono dati che confermano la mobilità clericale in funzione della formazione culturale, e che lasciano intravedere nello Studio teologico bolognese il motivo primario della presenza dei veneti nella città emiliana.[99]

Ancora nella seconda metà del Quattrocento, del resto, incontri fortunati nella città emiliana potevano favorire il salto di qualità di carriere che sarebbero state di grandissima rilevanza, come quella del futuro cardinale Bartolomeo Roverella. Costui proveniva da una famiglia del notabilato locale di Rovigo nel Polesine. Il padre, un notaio, si era inserito abilmente nel funzionariato estense, a Ferrara, e aveva programmato con grande accortezza le carriere studentesche ed ecclesiastiche dei figli, tutti laureati (dei fratelli di Bartolomeo, uno fu olivetano a S. Giorgio di Ferrara, uno fu vescovo della città; e un loro nipote *ex fratre*, Filiasio, fu arcivescovo di Ravenna). Bartolomeo ebbe una buonissima educazione (fu allievo di Guarino a Ferrara) con ovvie ricadute "ferraresi" sulle sue amicizie; ma fu l'incontro a Bologna con la curia di Eugenio IV nel 1438, e in particolare i rapporti stretti col cardinale Ludovico Trevisan, che allargò in modo decisivo suoi scenari. E sulla famiglia il riverbero sociale e politico di queste carriere ecclesiastiche, soprattutto quella del cardinale, fu inevitabile: a

97. L. Gargan, *Studenti trevigiani a Padova fra Tre e Quattrocento: il lascito di Tommaso Salinguerra*, in «Quaderni per la storia dell'Università di Padova», 13 (1980), pp. 1-35.

98. *Senato veneto. "Probae" ai benefici ecclesiastici*, *passim*.

99. C. Piana o.f.m., *Promozioni di religiosi agli ordini sacri a Bologna (1341-1508)*, in Piana, Cenci, *Promozioni agli ordini sacri a Bologna*, pp. 7-311.

fine secolo il cronista Caleffini annovera i Roverella fra i «zentilhomini moderni» della società ferrarese.[100]

Studi universitari in diritto canonico e carriera clericale: Padova 1450-1470

Ma naturalmente non sono i casi singoli che contano, a proposito del nesso istruzione/carriera clericale; bensì le istituzioni e i movimenti collettivi.

Soffermando ancora l'attenzione sull'ambiente padovano/veneziano, si può ricordare innanzitutto il celebre giudizio di Enea Silvio Piccolomini, che in modo spiccio definisce l'Università di Padova – con Bologna, l'altra grande fucina di formazione canonistica dell'Italia padana nord-orientale – come le *scholae generales* dei veneziani, soggiungendo senza giri di parole che un certo numero di giovani patrizi della Dominante si dedica al diritto canonico per motivi molto pragmatici: «quidam ius canonicum secuntur, qui beneficia querunt».[101] In effetti, riprendendo in mano il *dossier* del capitolo padovano che è stato sopra esaminato, sui 199 canonici della cattedrale del Quattrocento 71 hanno studiato all'Università; di questi 71, ben 53 sono giuristi, e di questi 53, 43 sono canonisti. E i risultati si videro, eccome, perché fra i 199 si contarono 14 cardinali e 44 vescovi. Persino i birocciai romani erano consapevoli dell'infestante presenza e influenza nella curia pontificia di chi proveniva dalle rive del Bacchiglione e del Brenta, visto che negli anni dei papi veneziani incitavano i muli, per le strade della città eterna, al grido «Su villano! Se tu fossi padovano, saresti papa o castellano».[102]

Proprio una fonte "padovana" importante e trascurata (ancorché da tempo edita), gli *Acta graduum* dell'Università,[103] consente di testare la

100. Questo bellissimo esempio è ricostruito puntualmente da E. Traniello, *Roverella, Bartolomeo*, in *DBI*, in corso di stampa.

101. D. Gallo, *Università e signoria a Padova dal XIV al XV secolo*, Trieste 1998 (Dipartimento di Storia, Università degli Studi di Padova, Confronta/2), pp. 58-60.

102. Melchiorre, *«Ecclesia nostra». La cattedrale di Padova, il suo capitolo*, p. 291 (citazione derivata da Paschini).

103. Gli *Acta* sono disponibili per l'intero secolo (oltre che per i successivi); in questa sede si è scelto come *test* il ventennio 1450-1470, quando lo *Studium generale* patavino sta diventando ormai in via definitiva, anche per le pressioni del governo della Dominante, il luogo di formazione esclusivo dei ceti dirigenti dell'Italia nord-orientale, senza quelle tendenze centrifughe verso altri atenei che ancora nella prima metà del seco-

provenienza sociale (oltre che geografica) di chi si avvia (sia o meno già inserito, al momento dell'immatricolazione, nell'*ordo clericalis*) agli studi canonistici, e li conclude. Fra 1450 e 1470, le cerimonie di addottoramento in diritto canonico o *in utroque* a Padova, reperiti in svariatissime sedi archivistiche nella citata meravigliosa edizione,[104] sono 227. Di esse, 132 concernono italiani[105] e 95 transalpini, dei quali circa l'80% dell'area tedesca (ivi compresi i trentini e i tirolesi e gli olandesi, pochissimi),[106] con qualche maggiore incisività per le regioni dell'attuale Austria e della Germania meridionale (ma tutti i territori sono presenti, anche il Nord).

La percentuale dei laureati che alla fine della carriera studentesca risultano in godimento di un beneficio e/o ricoprono un ufficio ecclesia-

lo portavano non pochi studenti di Terraferma a preferire Ferrara o Bologna (cfr. sul punto, anche per un aggiornamento bibliografico, una mia breve nota: G.M. Varanini, *«Nonnulli presumptuosi». Due ducali ai rettori di Verona a proposito di studi universitari*, in «Quaderni per la storia dell'Università di Padova», 39 (2006), pp. 211-219). Oggetto dello spoglio sono stati dunque *Acta graduum academicorum Gymnasii Patavini ab anno 1451 ad annum 1460*, a cura di M.P. Ghezzo, Padova 1990 (Fonti per la storia dell'Università di Padova, 12), e *Acta graduum academicorum Gymnasii Patavini ab anno 1461 ad annum 1470*, a cura di G. Pengo, Padova 1992 (Fonti per la storia dell'Università di Padova, 13, t. II, 2). Complessivamente, i documenti pubblicati nei due volumi (relativi a tutte le tipologie di grado accademico conseguito) sono 1697 (694 nel primo decennio, 1003 nel secondo). Ho preso in considerazione soltanto i nomi degli addottorati. Nel testo ho scritto che quella tentata in questa sede è una prima approssimazione a questa fonte ricchissima, perché le liste dei testimoni presenti a ciascuna cerimonia dottorale forniscono – per l'abitudine di convocare conterranei, connazionali, compagni di studi – quantità immensa di informazioni ulteriori a proposito di altri studenti in diritto canonico che non necessariamente si ritrovano poi fra i laureati (origine geografica, titolarità di un beneficio o di una carica ecclesiastica goduta già nel corso degli studi o al momento di iniziarli ecc.). Ma nonostante la disponibilità di indici onomastici e toponomastici eccellenti (che riducono i rischi delle omonimie) un controllo incrociato di questi dati nelle molte centinaia di documenti interessati (come è ovvio, studenti di diritto canonico possono ben essere testimoni a lauree in civile o in arti o in medicina) si è rivelato una operazione troppo complessa e lunga per gli scopi del presente lavoro. Infatti, i notai si limitano spesso a menzionare gli studenti come «i(uris) stud(entes)» o «leg(um) scol(ares)», senza specificare se si tratti di canonisti o di civilisti; né è sempre facile attribuire a una lista di testimoni o a un singolo la locuzione abbreviata.

104. La documentazione sopravvissuta non è sicuramente completa.

105. Ivi compresi gli istriani e dalmati, in quanto sudditi della repubblica veneta.

106. Ad eccezione dei polacchi, sono discretamente rappresentate le nazionalità dell'est europeo (ungheresi e transilvani, croati, cechi in discreto numero, uno o due slovacchi). Da occidente provengono due o tre inglesi, tre o quattro francesi (dal Delfinato, dalla Borgogna, dall'area sabauda), tre chierici di Maiorca e un barcellonese.

stico[107] (pievano, canonico, commendatario, chierico "generico", ecc.; ci sono anche un paio di vescovi) è fra i transalpini di un terzo circa, assai superiore a quella riscontrata fra gli italiani, che è inferiore a un quinto. Nel caso dei transalpini, la provenienza geografica di questi chierici "in carriera" rispecchia equilibratamente il totale del campione (gran maggioranza di tedeschi, qualche ceco, qualche ungherese, qualche croato); nel caso degli italiani si notano due concentrazioni, nell'area padovano-veneziana e nell'area adriatica e meridionale (Rimini, Civitanova Marche, Recanati, Teramo, Fondi, Atessa, Napoli, un buon numero di località pugliesi e alcune siciliane, altre del regno non identificate, e sull'altra sponda Capodistria, Dolcigno, Ragusa). Lasciando da parte chi vive a Venezia e a Padova (non pochi preti in cura d'anime, del resto), nel caso degli "adriatico-meridionali" e dei transalpini è in più casi evidente che la carriera era iniziata in patria; sulla base di quali impulsi e "strategie", non sappiamo. Il beneficio si configura evidentemente come "borsa di studio", sostegno finanziario per la prolungata assenza che – essendo l'*iter* studentesco coronato da successo – giovò poi sicuramente alla carriera del chierico e alla sua famiglia.

Ma in questa sede interessano soprattutto le "strategie" delle famiglie italiane. Il controllo sull'efficacia degli studi canonistici come possibile acceleratore dell'ascesa sociale di una famiglia della media società urbana può peraltro esser fatto utilmente, sulla base di questi dati, solo per Venezia e per le città della Terraferma veneziana, che forniscono *stock* abbastanza numerosi di laureati.[108] Per Venezia, ove la torta dei benefici da spartire per le ragioni politiche sopra esposte era particolarmente cospicua, la serie dei patrizi che come Enea Silvio Piccolomini studia diritto canonico per poi accaparrarsi benefici è lunghissima. Tuttavia non sono poche neppure le famiglie di *cives*, non patrizie, che avviano alla laurea uno o più esponenti; né manca qualche pievano cittadino.[109] Ma a Padova, Vicenza, Tre-

107. Impossibile precisare se acquisiti prima dell'inizio della carriera studentesca o nel corso di essa.

108. I canonisti formatisi a Padova, provenienti da altre città del centro-nord d'Italia, sono pochissimi: qualche fiorentino, in particolare (Caponsacchi, Pazzi).

109. Segnalo alla rinfusa (tenendo conto anche delle località del Dogado) Carli, Cane, Gusmaci, Zuccoli, Lorenzi, Orsini, della Sega; Angelo Fasolo (poi vescovo di Feltre), Pietro Corvi di Adria, Stefano da Venezia prete, Marco Tommasini di Venezia, Giovanni prete rettore di S. Bartolomeo di Padova. Ovviamente in questa e nelle note successive si omette, per ragioni di spazio, qualsiasi riferimento bibliografico sulla storia sociale delle città menzionate.

viso, Brescia le famiglie locali eminenti che esprimono studenti in diritto canonico prevalgono nettamente;[110] a Verona poi un solo nominativo non appartiene al patriziato.[111] Le provenienze, che pur ci sono, dai centri minori (e peraltro, forse dalle élite di questi centri: nobiltà locale, talvolta di un certo spessore), come Serravalle o Montagnana, o da qualche località istriana, non bastano a riequilibrare un quadro segnato dall'egemonia urbana. Anche la "risorsa laurea", utile in prospettiva per rafforzare le carriere ecclesiastiche, sembra esser stata sfruttata almeno in questa congiuntura da chi era già in partenza molto più attrezzato; essa è funzionale piuttosto alla conservazione di posizioni che al livello della singola diocesi erano già abbastanza ben garantite, che non a incentivare la mobilità sociale.

In conclusione, appare confermato il giudizio di Menant e Anheim[112] a proposito del fatto che nella società italiana alla fine del medioevo l'istruzione universitaria dei chierici ha certo una notevole grande importanza in termini complessivi, ma non è uno strumento particolarmente incisivo per fare carriera se non si appartiene già alle élite urbane.

110. Per Padova, tra le famiglie dell'élite si annoverano Calza, «de Castro» (i docenti universitari), dal Legname, Dottori, Lion, Orsati, Zabarella; tra quelle di livello inferiore, o ignote, Ruggeri, «de Odis», da Vanzo, dal Ponte, «de Monte». Per Vicenza, si segnalano Pigafetta, Saraceni, da Schio, Chiericati, Capra, Mattarelli, Nievo, Trissino a fronte dei soli «del Tonso» e di un Gaspare da S. Savino. A Treviso, si incontrano Colbertaldo, Zuccareda, da Onigo, del Bosco (conti palatini), da Spinea, e sull'altro versante «de Felettis» e Bardellini. Forse lievemente diversa, a vantaggio dei ceti inferiori, la situazione a Brescia e Bergamo, mentre anche Crema esprime un Benzoni, Feltre un Ramponi, il Friuli una batteria di nobili (Strassoldo, Cuccagna, Spilimbergo, da Sacile) ma anche qualche "borghese" (Lionelli, Rasmi).

111. Si tratta di un esponente dei «de Montagutis», a fronte di Della Torre, Dionisi, Rosmini, Brenzoni, Nichesola, Fracastoro, Guantieri, Maggi ecc.

112. Cfr. qui sopra, nota 91.

Indice dei nomi

Indici dei luoghi

Finito di stampare
nel mese di novembre 2017
dalla Grafica Editrice Romana s.r.l.
Roma